백투더 바이블 01

GENESIS

창세기 (상)

장종길 지음

김의원 박사 추천

수정3판

그리심

Back to the Bible

by

Jong Gil JANG

Grisim Publishing Co.
Seoul, Korea

이 책의 주된 목적은

신학자들의 연구를 한 단계 끌어내리고,
일반 신도의 수준을 한 단계 끌어올려
누구나 쉽게 접근할 수 있도록
인도하려는 데 그 목적이 있습니다.

신앙생활을 오래하셨는데도
성경이 여전히 수학문제같이 어렵게만 느껴지시는
분들에게 도움을 줄 것입니다.

특히 일반 성도들에게는
성경에 대한 지식이 풍부하더라도
성경 전체를 조망할 수 있는 훈련이 부족합니다.

따라서 이 교재는
성경 본문에 충실하면서도
성경의 통일성을 견지하고 구속사적 해석의 원리를
적용하여 설명하려고 노력하였습니다.
그것은 곧 하나님의 위대하신 섭리를 이해하는
빠른 길이기도 하기 때문입니다.

무엇보다도, 이 교재는
누구나 성경에 친근해질 수 있도록
쉽게 접근했다는 것입니다.
그러므로
아주 자세한 해설과 자료보다는
전체적인 흐름을 잡으려
강해식으로 설명했습니다.

지금, 곧 연필을 들고 시작하십시오.
여러분의 가장 친한 친구가
옆에서 설명해 주는 느낌을 받을 수 있을 것입니다.

저자 장 종 길

추천사

현재 우리는 범세계적인 정보 시대에 살고 있습니다. 정보의 부재 시대는 이미 갔습니다. 원하는 분야에 대해 조회만 하면 얼마든지 많은 정보를 확보할 수 있습니다. 그래서 정보 홍수라는 말이 우리에게 익숙해져 있습니다. 그런데 막상 접수한 정보를 대하면 정보의 빈곤을 느끼지 않을 수 없습니다. 질적 수준에 문제가 있는 정보들 때문입니다. 사회가 이런 문제를 안고 속앓이를 하고 있음을 우리는 익히 알고 있습니다.

이른바 초고속 정보화 시대에 있는 교회도 풍부한 목회 자료와 이들 자료들의 질적 난해성 사이에서 많은 고민을 하고 있습니다. 현재 우리 한국 교회는 컴퓨터에 의한 자료보다는 출판물에 의한 자료 의존도가 아직은 높은 상태입니다. 그러므로 질적으로 우수한 자료의 출판이 시급하다 할 수 있습니다. 질적인 우수성의 기준 중 하나는 정보를 사용하는 현장 사역자들의 필요를 정확하게 이해하고 있는지의 여부입니다. 그 자료를 수집한 현장 사역자들이 친근성을 가지고 쉽게 사용할 수 있게 해야 합니다. 많은 번역서들이 이 문제를 안고 있음을 우리는 알아야 합니다. 단순한 소개 정도로 정보를 전달하는 것은 또 다른 문제, 즉 현장화라는 과정을 요구하기 때문입니다. 다른 하나는 자료의 신뢰성입니다. 정확한 정보를 적절하게 인용한 자료를 간직하는 것은 필수적인 도리입니다. 이것이 부족할 경우 선의의 피해자를 계속해서 낳을 수 있습니다.

추천자는 새로운 출판물, 새로운 정보를 접할 때마다 이런 염려로부터 해방될 수 있기를 늘 바라고 있는 사람 중의 한 명입니다. 그런데 본서는 이런 점으로부터 필자를 안심시키는 책이라고 봅니다. 우리 한국의 목회자들은 굵게 잘라 놓은 정보보다는 잘게 정리된 정보에 익숙합니다. 한국적인 상황이 특수하기 때문입니다. 확신하건대 이 책을 접하는 분들은 이런 면에서 공감할 것입니다. 또한 본서의 필자는 많은 출판 경험을 통해 인용되는 정보를 어떻게 사용해야 한국의 사역자들이 잘 활용할 수 있는지를 잘 알고 있는 분이라고 봅니다. 다른 책들이 외국의 좋은 내용을 단순히 알려주고 있는 반면에, 본서의 필자는 내용을 잘 요리해서 일정한 분야의 독자들이 효과적으로 사용할 수 있게 배려했다는 점이 본서의 장점이라 할 수 있습니다. 앞으로 출판 매체를 통해 정보를 제공하려는 분들이 참고하여 따라야 할 모델이라 생각하여 자신 있게 추천합니다.

김 의 원 박사 (총신대학교 총장)

金義援

머리말

이 책은 학문적인 책이 아니다. 나는 히브리어 학자도 아니고, 고등비평가도, 고대역사가도, 고고학자도 아니다. 나는 전문가는 아니지만 평범한 사람들을 위해 이 책을 썼다. 내가 이 책을 쓰는 것은 마치 어려운 문제를 풀 때, 선생님에게 가지고 가는 것보다 학생들끼리 더 잘 풀 수 있는 경우와 같다. 우리가 문제를 선생님에게 가지고 가면 그는 이미 우리가 아는 사실을 설명하려고 하든가, 혹은 우리가 원치 않는 굉장한 대답을 하든가, 아니면 정말 궁금한 것과는 전혀 상관이 없는 것을 말해준다. 이럴 때는 선생보다 학생끼리 서로 잘 도와 줄 수 있다. 그것은 학생들이 그 문제에 대해 별로 아는 것이 없기 때문이다. 그리고 한 학생이 알고 싶은 문제는 다른 학생이 최근에 부딪쳤던 문제이다. 그러나 전문가는 이미 오래 전에 경험했기 때문에 그 문제를 잊어버렸거나 그 주제 전체를 아주 새로운 시각에서 보기 때문에 정말 학생이 무엇을 어려워 하고 있는지 깨닫지 못한다. 왜냐하면 학생들에게는 전혀 문제도 되지 않는 것을 그는 보고 있기 때문이다.

위의 글은 [시편사색](*Reflections on the Psalms*)이라는 책 제 1장에 기록된 C. S. 루이스의 글입니다.

저는 이 교재, 「*Back To The Bible*」을 쓰게 된 동기를 감히 C. S. 루이스의 글을 빌어 시작해야 될 것 같습니다. 저 역시 이런 입장에서 이 책을 썼기 때문입니다. 그야말로 저는 주저했습니다. 학자도 아니요, 신학이라야 기초과정을 졸업한 것 외에는 별로 내세울 것이 없는 제가 성경 교재에 손을 댄다는 것은 무모한 일이었기 때문이었습니다. 너무 많은 교재들이 쏟아져 나오는데 과연 이 책이 독자들에게 도움이 될 것인가를 염려하기 시작했습니다. 그러나 저는 지난날 제가 겪어왔던 경험을 생각하고 용기를 내게 되었습니다.

제가 주님을 알게 된 것은 고등학교를 졸업하고 그 이듬해인 65년도였습니다. 그리고 성경에 눈을 뜬 것은 성서유니온에서 3년, 그리고 내가 직장을 총신대학교로 옮긴 후에도 몇 년이 지난 80년도의 일이었습니다. 거의 15년의 세월 동안 적어도 나에게는 성경이 꿀송이보다 더 달다는 것은 거짓말이었습니다. 그렇게 그렇게 세월을 흘려보냈습니다. 나름대로 신학서적을 들척이고, 열심히 주일학교 교사, 중고등부 교사를 했지만, 그것은 단순히 공과의 내용을 전달하는 앵무새였습니다. 그 말씀은 제 속에서 녹아서 나온 것이 아니라 단순한 지식의 전달이었습니다. 누가 친절히 성경의 내용을 소개해 주는 사람이 없었기 때문이었습니다. 그 어두운 청년 시절은 회상하기조차 싫은 일이었습니다. 적어도 성경 속에 있는 복음의 내용이 나를 뜨겁게 하지는 못했습니다. 저의 종교적인 생활이 가끔 나를 뜨겁게 할 뿐이었습니다. 그리고 이내 식어버리고, 또다시 긴 터널을 지내곤 했습니다. 아마, 지금도 저와 같은 경험 속에 있는 사람들이 부지기수일 것입니다. 다만 기쁨을 맛보려고 억지로 기쁜 체 하면서 지내는 신자들이 많이 있을 것입니다. 불행한 일입니다.

그러는 가운데 제가 성경에 눈을 뜨게 된 획기적

인 계기가 있었습니다. 교회 내에서 주일마다 예배 후에 둘러 앉아 성경을 읽자는 남자 집사님들의 제안이 있었습니다. 신학교에 근무한다는 이유로 제가 성경의 내용을 간단하게 알려주어야 할 입장에 서게 되었습니다. 문제가 심각해졌습니다. 공과 내용만 전달했던 저에게 성경의 흐름을 이야기 해달라는 것은 너무 큰 도전이 아닐 수 없었습니다. 급한 대로 몇 권의 주석을 들쳐보고 그 내용을 소개해야 했습니다. 집사님들의 반응이 있을 리 없었습니다. 단지 성경을 같이 읽는다는 데에 의의가 있었습니다. 요한일서, 요한복음, 누가복음 그렇게 소개하기를 몇달이 지나갔습니다. 그러다가 로마서를 소개하게 되었습니다. 지금도 로마서의 내용이 어려운데, 그 당시는 오죽했겠습니까?! 신기한 것은 그 정도라도 좋다는 집사님들의 반응이었습니다. 집사님들이 얼마나 말씀을 체계적으로 공부안했으면 그랬겠습니까?

그때, 주위에서 굴러다니는 로마서 1장과 2장을 요약한 것이 있었습니다. 그것을 복사해서 같이 공부한 것까지는 좋았는데, 3장서부터는 그나마 요약된 것이 없었습니다. 집사님들은 내용을 계속 요약해서 달라고 하고. 할 수 없이 제가 직접 요약하기 시작했습니다. 책상 가득히 참고서적을 갖다놓고 요약하다가 저는 로마서 3장에서 크게 도전을 받았습니다. 하나님이 축복의 잔을 부으신 것이었습니다. 닫혀 있던 신앙의 눈을 뜨게 하셨던 것입니다. 눈이 휘둥그래졌습니다. “그래, 바로 이것이구나!!” 저는 책상을 치며 일어섰습니다. 제가 그렇게 찾던 보석을 발견한 것이었습니다. 저는 그날 온종일 기뻐했습니다. 성경에서 광맥을 발견했기 때문이었습니다. 이후 차 속에서도, 길거리에서도, 집에서도 그 기쁨이 좀처럼 가라앉지 않았습니다. “내 눈을 열어서 주의 법의 기이한 것”을 보게 하셨던 것입니다. 그 기쁨은 계속 이어졌습니다. 성경공부 모임이 재미 있어졌습니다. 단순한 내용의 전달이 아니라, 복음을 전달하기 시작했습니다. 그리고 저는 바빠지기 시작했습니다. 매주 한 장씩 성경을 요약 교재화 시켜나갔습니다. 이후로 노는 시간이 아까웠습니다. 그 팀과 함께 2년동안을 매주 모여서 공부하고 기도했습니다. 변화가 있었고 열매도 있었습니다.

그 뒤로 꾀를 부릴 때도 있었지만 성경공부팀을 지도했습니다. 이 교재는 이런 일로 인해 그 기초가 이루어진 것입니다. 더욱이 총신대학에서 20여년간의 ‘신학지남’과 신학교재의 편집과정은 성경공부의 재미를 붙이는 일에 가속화를 가져다 주었을 뿐 아니라 혹 잘못될 수 있는 신학상의 오류를 잡아주는 계기가 되었습니다. 무엇보다 교수님들과의 접촉은 이 교재를 작성하는 데 큰 밑걸음이 되었습니다. 그리고 하나님은 저를 생의 막다른 골목으로 인도하셨습니다. 울며 부르짖는 저에게 문득 성경 교재를 써야 겠다는 생각이 떠오르게 하셨습니다.

대체로 우리네 성경 교육이 너무 지나치게 추상적이거나 아니면 너무 원론적인 접근에 그치고 있습니다. 그리고 성경 본문을 직접 연구하기 보다는 주제별로 접근하기 때문에 좀처럼 성경에 재미를 느끼지 못합니다. 그래서 우리는 성경 본문을 직접 연구하고 묵상하는 일에 더욱 열심을 내야 할 것입니다. 따라서 본 교재는 성경 본문의 맥을 잡을 수 있도록 질문을 던지면서 강해식으로 설명했습니다.

이 책을 저서라고는 했지만, 저의 학문으로 보아 우리 주위에서 찾아볼 수 있는 좋은 교재의 요약 정리라고 해야 할 것입니다. 특별히 도움을 준 것은 김희보 목사님의 저서와 김영철 교수님의 저서, 그리고 총신대학 교수님들의 저서들이 크게 도움이 되었습니다. 이 책의 감수를 쾌히 승락해 주셨던 김의원 교수님(총신대학교 총장, 구약학), 그리고 이 책을 추천해 주시고, 저에게 서적을 통한 복음 전도를 늘 말씀해 주셨던 고 김희보 목사님(전 총신대학장, 구약학)의 말씀을 기억합니다.

이 책의 수정 증보판을 내면서, 몇 분에게 감사를 드립니다. 구문분석과 함께 전체 내용을 검토하며 조언해 주신 서울성경연구원 대표 배동한 목사님, 이 책의 편집을 대폭 수정하신 덴티북의 이성국 사장님, 그리고 이 책의 출간을 위해 친히 교정까지 보면서 심혈을 기울이신 조경혜 사장님께 고마움을 드립니다. 무엇보다 매일 저를 위해 기도해주시는 김완신 목사님과 동현교회 성도들에게 감사드립니다. 아무쪼록 이 교재를 가지고 성경을 공부하시는 분들에게 하나님의 은총이 함께 하시기를 기원합니다.

1998. 11. 1.
수정판을 내면서

수정 3판을 내면서

책을 인쇄하려고 필림을 넘겼는데, 인쇄소로부터 급한 연락이 왔습니다. 필림 상태가 좋지않아 인쇄를 할 수 없다는 것이었습니다. 이미 있던 화일을 간단히 수정해서 출력하려다 기왕 다시 제작할 바에는 대수술을 감행하자, 그래서 몇달을 고생하여 재수정판을 내놓게 되었습니다.

이 책의 성격이 평신도를 위한 것이기에 깊은 분석은 하지 않으려고 노력했습니다. 그러나 어떤 곳은 원문을 직접 다루어야 했습니다. 또 권말 부록에 있던 특강들을 해당 장에다 풀어 정리했습니다. 앞의 부분을 대폭 수정했는데, 특히 홍수 사건과 메소포타미아를 중심한 배경사를 정리해서 소개했습니다. 이 교재의 특성상 필요 이상의 깊은 내용은 될 수 있으면 피했습니다. 어쨌든 그러다보니 책의 부피가 조금 늘어났습니다.

이 교재가 성경을 연구하려는 분들에게 조금이라도 안내서가 되었다면 이보다 더 큰 보람이 없을 것입니다. 더욱 노력하십시오. 성경의 보화는 끝이 없으니까요.

2004년 4월, 저자로부터

목 차

[확대경] 성경본문을 공부하다 조금 자세하게 다루어야 할 부분을 확대 설명한 것입니다.

이 교재의 특징

본 교재는 무엇보다 성경 본문에 충실하려고 노력했다. 그러면서도 자칫 성경의 통일성을 놓치기가 쉬운 것을 감안, 언약 개념이 성경을 이해하는 데 중요한 요소라고 여겨, 성경 전체를 관통하는 언약의 흐름을 파악할 수 있도록 안내했다. 아래에 안내한 교재의 특징들을 잘 활용하면서 성경을 읽어나가면 성경을 보는 재미가 생겨날 것이다. 이 교재의 최선의 목표는 성경을 혼자 공부할 수 있는 수준

장별 제목

중심내용 : 본문의 내용이 무엇인가를 간단하게 숙지할 수 있도록 요약해 놓았다. 이 요약은 본 과에서 배울 내용을 한눈에 볼 수 있게 해준다.

도입 부분 : 본과에 들어가기 전에 지난 과에서 배운 내용을 간단히 이야기하고 이번 과에서 어떤 내용을 공부할 것인가를 안내했다. 이 부분은 음악에서 서곡(序曲)에 해당하는 부분으로 대단히 중요하므로 꼭 읽어야 한다. 그래야 전체의 흐름을 이해할 수 있기 때문이다.

본문개관 : 매장마다 본문의 내용을 간단하게 요약, 정리했다. 이 부분은 각 장을 정리하는데 도움을 준다.

확대경 : 본문에서 신학적인 정리 및 자세한 설명이 필요할 때는 확대 설명해 놓았다. 내용이 그리 쉽지 않기 때문에 깊이 있게 공부하지 않을 분은 그냥 지나가도 된다. 만약 리더가 있다면 안내를 받자. 그러나 확대경은 본문의 이해를 위해 꼭 필요한 신학적 내용의 요약 정리이다. 이 부분을 더욱 확대하여 교회에서 특강으로 해결하는 것도 좋은 방법이다.

까지 끌어올리는 것이다. 그것은 본인의 끊임없는 노력이 필요함은 두말할 나위가 없다. 너무 쉬운 것만 찾다 보면 우리의 믿음이 성장할 수 없다. 어려운 내용을 쉽게 설명하려고 노력했으나 한계가 있었다. 다만 성경(말씀) 동산에는 무궁무진한 보화가 있다는 사실을 알려주려고 애를 썼을 뿐이다. 말할 수 없는 보화를 캐내는 작업은 본인 스스로가 해야 한다. 안내자는 안내자일 뿐이다.

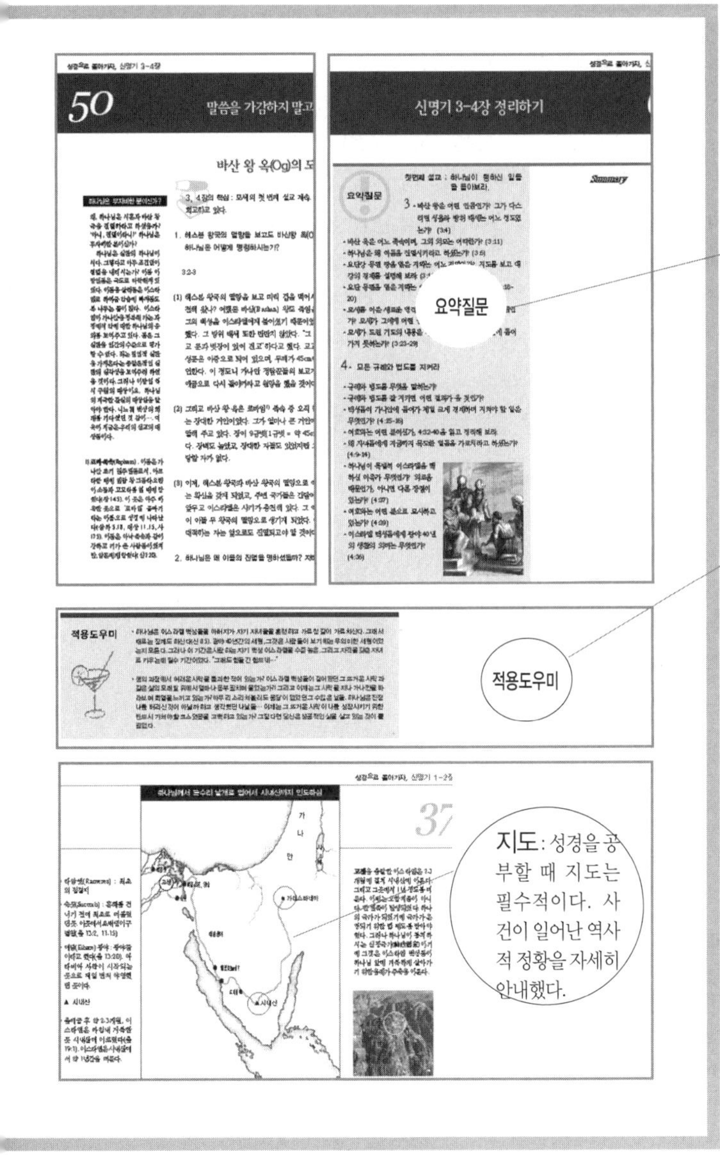

용어해설 : 본문에서 내용의 도움을 위해 꼭 설명이 필요한 부분은 간단하게 적어두었다. 최근에 발간된 주석성경에 이에 대한 해설이 잘 되어 있기에 꼭 필요한 것이 아니면 설명을 생략했다.

요약정리 및 질문 : 매과마다 요약 질문을 넣어 그 장의 내용을 정리했다. 질문을 통해 내용을 정리해보자. 리더는 숙제로도 활용할 수 있다. 더욱이 연구과제를 통해 신학적인 문제도 정립할 수 있겠다.

적용도우미 : 말씀이 우리의 삶에서 적용되지 못한다면 지식만을 자랑하는 공부가 되기 쉽다. 삶의 적용을 위한 내용을 실었다. 그러나 그 적용은 개인에 따라 달라질 수 있다. 본문에 대한 정확한 이해가 먼저 선행되어야 하고, 또한 그 말씀이 우리 삶에 적용되어야 한다. 각자가 더 추가적인 적용을 이끌어내자.

질문식 문제 및 해설: 본 교재는 먼저 질문을 하고 그 질문에 해설을 하는 식으로 정리하되 전체의 흐름을 강해식으로 전개했다. 따라서 차례대로 답을 적어 간다면 성경 본문의 내용을 아주 쉽게 이해할 수 있을 것이다.

이 교재를 사용하시는 분들을 위하여

혼자 공부하시는 분에게

첫 째 물론, 성경공부를 하기 전에 기도하셔야지요! 본문을 잘 이해하게 해달라고 성령님께 지혜를 부탁하세요.

둘 째 오늘 배울 본문을 정독하면서 여러 번 읽으십시오. 혹시 영어 성경을 보신다면 함께 읽으십시오. 그리고 필요한 부분에는 구문분석을 소개했습니다. 내용의 흐름을 이해하는 데 도움을 줄 것입니다.

셋 째 이 교재는 문제를 먼저 던지고, 그에 대한 해설을 소개했습니다. 그런데 그 해설을 먼저 읽어보려는 유혹에서 벗어나야 성공합니다. 반드시 본인의 말로 답을 쓰십시오. 그리고 설명을 참고하세요.

넷 째 이 교재의 설명이 부족하신 분은 간단한 주석 또는 강해서를 참고하십시오. 그러나 이 교재의 주 목적이 전체의 흐름을 잡는 것이고, 또 너무 자세한 주석은 진도에 방해를 가져오기에 많이 생략했습니다.

다섯째 혼자 공부하시다 이해가 잘 안 가는 문제는 여백에다 기록했다가 나중에 교역자의 안내를 받으십시오.

여섯째 꼭 한 번에 한 과씩 진도를 나갈 필요는 없습니다. 맛있는 뷔페에 가서는 정량보다 더 많이 먹는 것처럼 여러 과를 하셔도 됩니다. 따라서 이 교재가 어떤 사람에게는 몇 주나 몇 달이 걸릴 수 있고 어떤 사람에게는 더 걸릴 수도 있습니다.

일곱째 그 날 배운 내용을 주위 사람들에게 교재를 보지 않고 설명해 보십시오. 물론 완전히 자기 것으로 소화해서 자신의 말로 전달하셔야 합니다. 정 그럴 상대가 없다면, 자녀나 친구에게, 그래도 없으면 이불 속에서라도 혼자 중얼거려보세요. 그 효과가 배로 나타날 것입니다.

여덟째 소개된 성경 구절을 다 찾아 적으신다면 그보다 더 좋은 효과는 없겠지요. 그렇지 못하더라도 소개된 성경 구절은 꼭 찾아보아야 합니다. 아주 반드시.

아홉째 Close up은 어떤 사람에게는 너무 어렵겠지만, 어떤 사람에게는 도움이 될 것입니다. 잘 활용하시면 이해에 큰 도움이 될 것입니다. 책 소개는 필요하신 분을 위해 안내했습니다.

열 째 분명한 것은 이 교재가 반드시 완전하다는 것은 아닙니다. 성경에서 보다 풍성한 꼴을 얻게 하기 위한 기초과정일 것입니다. 보다 깊은 연구는 자기 스스로 하셔야 합니다. 꼭 부탁드리는 것은 잘 성장하셔서 교회에서 성경을 지도하는 교사가 되기를 바랄 뿐입니다. 노력하십시오.

구역공부 교재로 사용하시는 분들께

첫 째 구역의 활성화가 교회부흥의 첩경임은 누구나 다 아는 사실입니다. 그러나 말씀 중심으로 모이는 모임이 아니면, 그 모임이 계속 불타오를 수 없습니다. 인위적인 열심은 곧 시들해지기 때문이니까요.

먼저, 교재를 나누어 주시고 집에서 숙제를 해오게 하십시오. 성경 구절을 적어 오게 하되 바쁜 사람은 성경을 찾아보았다는 증거로 성경 페이지 숫자라도 적어 오게 하세요. 물론 안 해 오는 분에게는 벌금을 물리세요. 집에서 이 교재를 사용하시는 방법은 앞의 내용을 참고하십시오.

둘 째 만약 당신이 인도자라면, 앞에서 '혼자서 공부하는 사람에게' 말했던 내용대로 하십시오. 철저히 준비하셔서 속이 후련하게 해주셔야 합니다. 자세한 설명보다는 그 본문이 의미하는 내용을 아주 간단하고 알기 쉽게 설명해 주셔야 합니다.

셋 째 구역 모임은 시간을 그리 길게 잡을 수는 없을 테니까, 짧은 시간 내에 그 내용을 소화할 수 있도록 지도자나 지도를 받는 분들이 미리 준비를 잘 해오셔야 합니다. 그래서 구역 모임에서는 중요 내용을 토론, 요약해 주는 방법이 나을 것입니다. 물론 잘 이해가 안 되는 부분은 지도자가 설명해 주셔야 합니다.

넷 째 나머지 재미나는 프로그램은 지도자가 안내하십시오. 이 교재에 나와 있는 삽화를 예쁘게 색칠해 오게 하는 방법도 그 하나일 것입니다. 또는 좋은 책을 선정, 그 내용을 서로 소개하는 방법도 있을 것입니다.

성경공부 모임의 교재로 사용하시는 분들께

첫 째 우선 앞의 내용을 참고하십시오. 성경공부 시간이 얼마나 되는지 잘 모르겠지만, 물론 집에서 각자 충분히 공부를 해오게 하시는 것이 효과적입니다. 주로 교역자나 전문 성경공부 지도자가 인도하게 되겠기에 보다 깊은 토론을 할 수 있을 것입니다.

둘 째 그러나 어느 한 주제를 가지고 너무 깊은 토론을 하는 것은 유익하지 못합니다. 더욱이 교역자가 없는 성경공부 모임에서는 너무 깊은 토론을 하지 않는 것이 좋습니다. 이런 문제는 교인 전체를 대상으로 강사를 모시거나 본 교회 교역자의 특강으로 해결하는 것이 좋습니다.

셋 째 그보다는 성경 전체의 맥을 잡아 가는 것이 효과적입니다. 우리의 논쟁거리는 신학자들 사이에서도 논쟁이 되는 것이 대부분입니다. 만약, 성경공부 모임에 처음 참석하는 분이 있다면 더더욱 비효과적입니다. 많은 지식의 습득보다 성경 본문이 전하려는 핵심 메시지가 무엇인지를 알려고 노력하십시오.

“

내가 공을 세우나
은혜 갚지 못하네

”

서 론

1. 모세 오경(五經)이란 무엇을 말하는가?
2. 모세오경을 성경에서는 어떤 용어로 불렀는가?
3. 오경의 저자는 누구인가? 성경에서 어떻게 말하고 있나?
4. 모세 오경 중 특히 창세기의 내용을 제일 처음 들어야 했던 사람들은 누구였나? 즉, 제 1차 독자들은 어느 시대 누구였는가?
5. 오경을 모세의 저작으로 보지 않는 학자들도 있다. 바벨론 포로 이후에 쓰여졌다는 주장을 하는 학자들도 있다. / '문서설'이란?
6. 누가, 소위 문서설(文書說, Document hypothesis)이라는 것을 처음 주장하게 되었을까? 그리고 왜?
7. '창세기'라는 명칭은 어디서 유래되었나?
8. 언제쯤 기록되었나?
9. 주제와 메시지를 살펴보자.
10. 창세기 구조

1. 모세 오경(五經)이란 무엇을 말하는가?

(1) 창세기는 출애굽기, 레위기, 민수기, 신명기와 더불어 원래는 한권의 책으로 되어 있었다. 이 책은 주전 15세기 경에 모세가 기록했다. 물론 모세의 직접 저작을 부인하는 학자들도 있다.

- 모세 오경에는 저자에 대한 암시가 없다. 모세가 저자라는 언급도 없으며, 그 외에 누가 저자라는 증거가 나와 있지 않다. 이러한 익명성은 고대의 문헌들의 특성이기도 하다. 이와 마찬가지로 여호수아, 사사기, 사무엘서, 열왕기서, 역대기, 에스라, 느헤미야서도 누가 기록했는지에 대한 암시가 없다. 수천 개가 넘는 아카드 문헌들 중에서 저자에 대한 명백한 언급을 하고 있는 문헌은 단지 세 개 뿐이라고 한다.

(2) 모세 오경 : 펜타튜코스(pentateuchos)라는 헬라어에서 온 말인데 펜타(penta)는 '다섯(5)' 이라는 말이고, 튜코스(teuchos)는 '부분' (volume) 또는 '권' (券)을 말한다. 유대인들은 이것을 '토라'(Torah, 교훈)라고 부른다. 영어로는 보통 신약의 명칭(헬라어 '노모스, νόμος' 예 : 마 5:17, 눅 16:17, 행 7:53, 고전 9:8) 대로 '율법'(Law)으로 번역했다.

2. 모세오경을 성경에서는 어떤 용어로 불렀는가?

모세 오경은 비록 익명의 것이긴 하지만 그럼에도 불구하고 모세라는 중심적인 인물이 저작 활동을 했다는 것을 암시해 주는 부분들이 있다(출 17:14, 민 33:2, 출 24:4, 34:27, 28 등).

• 갈 3:10 "무릇 율법 행위에 속한 자들은 저주 아래 있나니 기록된 바 누구든지 **율법 책**에 기록된 대로 온갖 일을 항상 행하지 아니하는 자는 저주 아래 있는 자라 하였음이라."

• 마 12:5 "또 안식일에 제사장들이 성전 안에서 안식을 범하여도 죄가 없음을 너희가 **율법**에서 읽지 못하였느냐."

• 느 8:3 "수문 앞 광장에서 새벽부터 오정까지 남자, 여자 무릇 알아 들을 만한 자의 앞에서 읽으매 뭇백성이 그 **율법책**에 귀를 기울였는데"

• 수 8:31 "이는 여호와의 종 모세가 이스라엘 자손에게 명한 것과 **모세의 율법책**에 기록된 대로 철 연장으로 다듬지 아니한 새 돌로 만든 단이라 무리가 여호와께 번제와 화목제를 그 위에 드렸으며."

• 느 10:28 "그 남은 백성과 제사장들과 레위 사람들과 문지기들과 노래하는 자들과 느디님 사람들과 및 이방 사람과 절교하고 **하나님의 율법**을 준행하는 모든 자와 그 아내와 그 자녀들 무릇 지식과 총명이 있는 자가 :29 다 그 형제 귀인들을 좇아 저주로 맹세하기를 우리가 하나님의 종 모세로 주신 **하나님의 율법**을 좇아 우리 주 여호와의 모든 계명과 규례와 율례를 지켜."

• 신 31:9 "모세가 이 **율법**을 써서 여호와의 언약궤를 메는 레위 자손 제사장들과 이스라엘 모든 장로에게 주고"

• 행 15:1 "어떤 사람들이 유대로부터 내려와서 형제들을 가르치되 너희가 모세의 법대로 할례를 받지 아니하면 능히 구원을 얻지 못하리라 하니."

● **신약에서 :**

- 갈 3:10 (   ), 마 12:5 (   )
- 눅 16:16, 막 12:26, 눅 2:22, 요 7:23도 찾아보자.

● **구약에서 :**

- 수 8:34 (**율법**), 왕하 22:8, 느 8:3 (   )
- 수 8:31 (   ), 스 7:16 (**주의 법**)
- 느 10:28, 29 (   ),
- 단 9:11 (**하나님의 종, 모세의 법**)

3. 성경에서는 오경의 저자를 누구라고 말하는가?

(1) 신 31:9 (   )가 이 율법을 써서 여호와의 언약궤를
(2) 눅 24:44 (**모세의 율법**)과 선지자의 글과 시편에 나를 가리켜
(3) 행 15:1 (   )대로 할례를 받지 아니하면
(4) 출 17:14, 24:4-8, 민 33:1, 2, 신 31:9, 22를 참고로 보라.

4. 모세오경 중 특히 창세기의 내용을 제일 처음 들어야 했던 사람들은 누구였나? 즉, 제 1차 독자들은 어느 시대 누구였는가?

(1) 애굽에서 이제 막 탈출해 나온 이스라엘 백성들은 '야웨' 하나님에 대한 믿음과 그에 대한 지식이 거의 없었을 것이다. 하나님은 애굽의 신들을 박살내고, 또 당시 최강의 애굽 군대를 홍해에 수장시키시면서까지 이스라엘 백성을 구출해 내셨다. 모세는 아직은 모든 면에서 미숙한 광야 이스라엘 백성에게 '여호와 하나님'에 대해 소개할 필요가 있었다. '400여년간 잠잠하셨던 조상의 하나님이 이제야(?) 나타나셔서 이렇게 메마른 광야에 인도해 내신 목적이 무엇인가?' 하고 의아해하는 이스라엘 백성에게 모세는 바로 '여호와' 하나님이 이 온 천지와 우주 만물을 창조하셨다고 강조하고 있는 것이다. 우선 출애굽기 19:1-6을 읽어보자.

(2) 그 하나님이 어떻게 우리의 조상을 인도하셔서 애굽에 체류하게 되었는가를 보여주어야 했다. 그리고 그들이 거룩한 백성으로 어떻게 하나님을 섬겨야 하는 가를 기록할 필요가 있었다.

5. 그러나 오경을 모세의 저작으로 보지 않는 학자들도 있다. 바벨론 포로 이후에 쓰여졌다는 주장을 하는 학자들도 있다. 이들은 '문서설'을 주장하고 있다. 이들 비평학자들1)의 주장점은 무엇인가?

(1) 문서설이란? : 이들은 모세오경 전체가 최소한 4개의 문서(J, E, P, D)를 기초로 편집된 것으로 본다. 문서설이란 창세기 1장에서는 엘로힘(Elohim)을 사용한 E문서, 2장에서는 야웨(Yahweh)를 사용한 J문서가 있다고 보는 가설적인 학설을 말한다. 오경은 이런 여러 개의 이야기와 시와 율법의 모자이크라고 말한다. 물론 이러한 견해에 대한 결정적인 증거는 없다.

(2) J 문서 : 구약에서 하나님을 가리키는 '여호와'에게서 딴 것
E 문서 : 보다 일반적인 하나님의 명칭인 '엘로힘'에서 딴 것
D 문서 : 신명기적 문서
P 문서 : 제사장적 문서. 주로 신학적이고 제사적인 문제

1) 비평학자들은 이런 문서들을 포로기간이나 포로기 직후에 나온 산물로 본다. 이 문서를 작성한 학파가 5경을 편집했을 것이라고 본다. '출애굽기에서 신명기까지 기록된 것 같은 방대하고 풍부한 성문법이 어떻게 모세가 살던 시대에 가능했겠는가?'라고 부정적인 생각을 가진 사람들은, 기원전 2250년 전에 살았고(D. Rohl이라는 고고학자는 함무라비의 연대를 주전 1569년으로 잡는다. 문명의 창세기, 666면) 55년 동안 고바벨론을 지배했던 왕인 함무라비의 법전이 발견된 후로는 그들의 주장에 힘을 잃었다. 조금 깊게 연구할 분은 [새로운 형태의 모세오경연구](배제민 저, 총신대학 출판부)를 참고하라. 전문적인 책이다.

6. 누가, 소위 문서설(文書說, Document hypothesis)이라는 것을 처음 주장하게 되었을까? 그리고 왜?2)

프랑스의 의사인 쟌 아스트뤽(Jean Astruc)이라는 사람은 창세기에서 서로 다른 하나님의 칭호(여호와, 엘로힘)를 보고, 이는 서로 다른 두 문서를 종합하여 기록한 것이라고 생각했다. 즉, 하나님의 이름을 야웨(YHWH)로만 사용하는 한 문서와 하나님의 이름을 엘로힘(Elohim)으로 사용되는 또 다른 한 문서, 곧 두 문서로 구성되었다는 것이다. 물론, 결정적 증거는 없었고, 단순한 추측에 불과한 한 개인의 억측이었다.

(1) 그러나, 이 한 개인의 억측은 당시의 독일의 명망이 높았던 성경학자, 아이히호른(J.G. Eichhorn)에 의해 채택된다. 물론 그는 더욱 비평적으로 발전시켜 야웨문서(Yahwist document)와 엘로림 문서(Elohim document)로 구분시켰다.

(2) 뒤이어 나온 독일의 학자들은 엘로힘 문서를 두 부분으로 쪼개 초기, 후기 문서로 나누었다. 그리고 더 나아가 이 이론을 모세오경 다섯 책에 모두 적용시켰다.

2) 모제스 헐쉬 세갈(M.H. Segal)의 논문, "모세오경의 저작: 새로운 진단"(구약신학논문집, 제 6권, 합동신학교출판부, 윤영탁 역), 141-196면 참조

문서설이 나오게 된 배경은?

• 특별히 지난 19세기 중반, 학자들은 성경이 어떻게 기록되었는가를 깊이 연구하기 시작했다. 이들은 성경은 어떤 문학적, 역사적 그리고 철학적 기준에 따라 평가되어야 한다고 주장하기 시작했다. 이러한 운동은 우선 독일의 합리주의와 프랑스의 자유주의를 따르는 19세기 중반의 구약학자들의 폭넓은 관 심을 갖기 시작했다. 더욱이 1862년 찰스 다윈의 「종(種)의 기원」(*The Origin of Species*)의 출간은 종교를 비롯한 모든 것들이 진화론과의 관계 속에서만 설명되어져야 했다.

특히 이러한 주장은 율리우스 벨하우젠(Julius Wellhausen) 과아브라함쿠엔넨(A. Kuenen)의 작품에서 더욱 두드러지기 시작했다. 이들은 구약 성경도 진화론적인 신학적 역사적 발전의 전제와 발맞추어 재해석되어야 한다고 주장했다. 따라서 모세오경은 더 이상 모세의 작품이 아니라는 것이다. 그래서 모세오경은 병행되는 자료들, 그리고 가끔은 상충(相衝)되는 여러 자료들을 조합한 산물이거나, 아니면 주전 8세기부터 4세기에 이르기까지 어떤 수집가들이나 편집자들이 보기 좋게 짜집기해 놓은 산물이라는 주장을 해 왔다.

(3) 그리고 이런 사상들은 벨하우젠의 저서에서, 모세 오경뿐만 아니라 전체 히브리 성경의 발전 과정과 고대 이스라엘의 종교와 역사의 발전까지도 포함하는 엄청난 영향력을 지닌 포괄적인 체계로 집대성되었다. 벨하우젠이 등장했을 때(1877년)에 오경(五經)에는 적어도 4개의 일차적인 자료들이 존재했다고 하는 견해가 비평 학계에서 우세했다(J, E, D, P 문서들). 이러한 주장들이 몰고온 파장은 적지 않은 것이었다. 어떤 이들은 이러한 재구성에 여호수아를 포함시켜 육경(六經, Hexateuch)이라고 불렀다.

• **J 문서** : 모세의 직접 저작을 부인하는 학자들은 주전 9세기 혹은 8세기(주넌 850년경) 유다에서 쓰여진 문학작품이 있었을 것이라고 주장한다(J 문서). 이 작품에는 하나님에게 적합한 이름인 '야웨'라는 이름만을 썼다고 한다. 따라서 J 문서는 남왕국의 관점을 대표한다는 것이다. 그리고 약 그리고 그 후 약 1세기쯤 뒤에(주전 750년경) 아마도 에브라임 지역에서 기록되었을 듯한 병행되는 내용을 기록한 것이 있었는데 이 작품 속에는 엘로힘(Elohim)이라는 이름만 사용되었다는 것이다.

• **D문서**(Deuteronomy, 신명기) : 주전 700년경에 무명의 서기관들이 두 왕국(비록 이스라엘은 주전 722년에 이미 멸망했지만)에 있었던 종교적 경향들을 대적하기 위해 D문서를 기록했다는 것이다. 그런데 이 문서는 어떤 이유로 분실되었다가 주전 621년 유다의 요시아 왕이 예루살렘 성전에서 그 문서를 발견했고, 이를 계기로 영적 부흥의 핵심을 삼았다는 것이다(왕하 22:8에서 "율법책"과 동일한 것으로 봄). 이 문서는 친유다적인 경향을 가지는 것으로 보았다.

• **P문서**(제사장 문서) : 주전 500년 경 바벨론에서 역사적인 골격을 지닌 새로운 율법전이 나왔다(P). 이 제사장 문서의 저자 역시 여호와라는 이름이(떨기나무 불꽃에서가 아니라 출 6:2에서) 모세에게 계시되기 이전까지는 여호와라는 이름을 사용하기를 꺼렸다. 그 때까지는 P문서에도 엘로힘이라는 이름을 사용하면서 때때로 엘 사다이(El Shaddai)이라는 이름을 사용하였지만, 출 6:2이후에는 P문서에도 오직 '여호와' 라는 이름만 사용했다는 것이다.

• **JEPD 문서** : 어떤 한 수집가가 P 작품을 이미 편집된 JED와 병합하고(JEPD), 거기에다 약간의 새로운 자료를 추가하였다(Rjedp). 이 최후의 합본된 작품이 결국, 에스라 시대보다 몇 세대 이후에 여호수아서와 분리되어 지금은 오경(五經)으로 정경화(正經化) 되었다는 것이다.

• **마틴 노스(Martin Noth)**와 같은 학자들은 여호수아에서 열왕기서에 이르는 책들은 신명기 기자의 작품 가운데 일부라는 주장을 해 왔다. 왜냐하면 이러한 책들이 신명기와 동일한 종교적이고 역사적인 철학을 표현하고 있기 때문이라고 주장한다.

• 물론, 계속되는 탐구에 의해서 이들 문서들 가운데서도 서로 상충되는 사실들을 발견하게 되었다. 세부적인 사항에 견해를 달리하는 것들이 있다고 주장, 각기 다양한 단층(stratum)들을 J, J1, J2; E, E1, E2; D1, D2, P, Ph, Pg, Ps 등으로 표시했다. 또한 그 외에도 속(俗)자료(L), 혹은 유다 및 에브라임 문서들과 독특하게 구별되는 에돔 지역에 기원을 둔 남방문서(S)를 찾아냈다고 주장한다.

(4) 자, 위에서 우리는 문서설의 주장점을 간략하게나마 살펴보았다. 우리는 여기서 어떤 모순된 주장점들을 발견할 수 있을까?

(5) 자, 과연 이런 구약에 대한 비평적 접근 방식에 이의가 없을까? 이 모든 주장들은 진화만이 구약의 현상을 설명해 줄 수 있다는 가정 하에서만 주장될 수 있는 이론들이다. 구약이 모세와 선지자들의 작품인지, 아니면 무명의 저자들에(물론, 그들 문서에 모세와 선지자의 이름을 덧붙여 그 구성에 신빙성을 더하고자 했지만) 의해 수집되어진 문서인지 내적, 외적 증거는 무엇일까?

(6) 이 이론에 따르면, 서로 수세기나 떨어진 두 사람의 저자들이, 그들의 작품 속에서, 그들의 일상생활에서 여호와라는 성호(聖號)를 수없이 사용했으면서도, 오로지 그 작품만을 위해서 그 성호 사용을 일부로 기피했을 것이라는 가정을 인정해야 한다.[1)]

(7) 여기서는 설명을 더 진행시키지 말자. 더 깊은 설명은 이 교재의 특성상 적합치 않다. 너무 전문적인 분야이기에 그것은 학자들의 몫으로 돌리자.[2)] 어쨌든 이런 가설들은 점차 설득력을 잃어가고 있다.

1) E문서와P문서에 따르면, '여호와' 라는 이름이 모세에게 계시되기 전까지는 세상에 알려지지 않았다고 주장한다. 이런 주장은 그 근거가 없다. 그렇다면 하나님을 섬긴 인물들이었던 족장들이 하나님의 진짜 이름을 몰랐다는 주장이 된다. 성경에서는 '섬기다' (to worship)에 해당되는 고정적인 표현을 "여호와의 이름을 부르다"로 표현하고 있다. 하나님의 이름을 알지 못하고는 결코 하나님이 참된 예배가 있을 수 없기 때문이다. "여호와의 이름을 부르다"는 말씀은 창세기 4:26, 12:8 등에서 이미 입증되고 있다.

2) 이런 문서설을 반대하는 학자의 논문을 보려면 모제스 헐쉬 세갈(M.H. Segal)의 논문, "모세오경의 저작: 새로운 진단"(구약신학 논문집, 제 6권, 합동신학교출판부, 윤영탁 역, 141-196면)이라는 논문을 읽어보자.

7. "창세기"라는 명칭은 어디서 유래되었나?

(1) 히브리어 명칭 : 베레쉬이트(בְּרֵאשִׁית, 태초에)는 창세기 1:1의 첫단어이다. 고대에는 첫 번째나 두 번째 단어를 책의 이름으로 정하는 관습이 있었다. (בְּרֵאשִׁית בָּרָא אֱלֹהִים אֵת הַשָּׁמַיִם וְאֵת הָאָרֶץ 창 1:1)

(2) 영어 명칭 : Genesis : 헬라어 게네세오스(geneseos)에서 온 말로 '출생, 족보, 기원사'란 뜻이 있다.

8. 언제쯤 기록되었나?

모세가 살았던 역사적 기간은 열왕기상 6:1에 "이스라엘 백성이 애굽 땅에서 나온지 480년이요, 솔로몬이 왕이 된지 4년째"라는 구절을 보면 알 수 있다. 이 때가 역사적으로 주전 966년이다. 따라서 이스라엘이 광야에서 방황했던

40년간은 B.C. 1446-1406년[1]이 된다.

9. 주제와 메시지를 살펴보자.

(1) 창세기는 여러 가지 기원을 말하고 있다. 하늘과 땅의 기원, 빛과 어두움, 바다와 하늘, 땅과 채소, 해, 달, 별들, 바다와 궁창, 동물과 인간, 죄와 구속, 축복과 저주, 사회와 문명, 결혼과 가정, 예술과 기술과 산업 등의 기원에 대해 말하고 있다. 창세기는 나머지 모든 성경을 이해하는데 기본이 되는 책이다. 특별히 하나님과 자연, 하나님과 인간, 그리고 인간과 인간 사이의 관계를 탁월하게 밝혀주는 책이다.

(3) 구약 성경은 이스라엘 나라를 취급한다. 이스라엘의 역사, 시(詩), 이스라엘 선지자들의 말들이 기록되었다. 왜, 하나님의 말씀이 이 한 나라에 국한되었는가? 구약성경은 그 의문에 대해 대답하고 있다. 이스라엘은 언약의 나라이다. 하나님은 구약 시대에 그 분의 신정(神政)을 이스라엘 안에 수립하셨다. 그러면 왜, 하나님은 언약의 나라를 가지셨는가? 그리고 어떻게 이스라엘이 그런 나라가 되었는가? 이런 의문들이 창세기에서 풀린다.

(4) 창세기에서 천지창조를 말하고(창 1장), 오직 하나님만이 우주의 창조자이심을 뚜렷이 보여주고 있다. 이런 창조의 사역은 하나님의 무한한 능력을 나타내고 있다. 그것이 힘써 일하심에 의해서가 아니라 단지 그 분의 능력을 발하심으로써 우주를 창조하셨다고 기록하고 있다. 따라서 창세기는 많은 神들이 있다는 다신론(多神論)을 배격하고, 神은 전혀 존재하지 않는다는 무신론을 배격한다. 또 모든 것이 神이라는 범신론도 배격하고 있다. 오직 '여호와'[2]만이 유일(唯一)한 하나님이심을 말하고 있다.

(5) 이제, 이런 전능하신 하나님이 주도권을 가지시고 그의 백성과 더불어 언약을 맺으신다. 에덴 동산을 창설하시고 그곳에 처음 신정(神政)을 베푸셨다. 하나님은 왕이 되시고 인간은 그의 백성이었다. 백성은 왕께 도전해서는 안 된다. 그러므로 **에덴 동산은 최초로 나타난 하나님의 왕국이었다.** 그러나 인간은 하나님을 반역한다. 인간은 타락한다. 그리고 타락한 후에도 끝도 없는 반역으로 일관했다. 그럼에도 불구하고 하나님은 자기의 백성들을 구원하시기 위해 그의 언약을 신실히 지켜나가신다. 인간을 구원하실 메시야가 오실 것이라고 약속하신다(창 3:15).

1) 그러나 이 출애굽의 연대를 1446 B.C.보다 약 200년 후인 약 1229 B.C.경으로 보는 학자들도 있다. 그 이유로써 <아마르나 서신>에 나타난 하비르(Habiru)의 침략이 이스라엘이 아니라고 주장한다.

• 또 출 1:11의 애굽의 바로가 이스라엘 노예들로 하여금 "국고성 비돔과 라암셋"을 건축했다는 기록을 들어 그 공사는 람세스 2세(1290-1224 B.C.) 때에 있다고 주장한다. 따라서 이들은 이스라엘의 출애굽 연대를 B.C. 1229 경으로 본다. - 자세한 것은 김희보, 구약이스라엘사, 총신대학출판부, 95-103면을 참조해 보라.

• 조금 전문적인 책이기는 하지만 기존 학자들의 주장을 뒤엎은 영국 출신이며 이집트 고고학자인 데이비드 M. Rohl이 지은 「*A Test of Time*, 시간의 풍상」(해냄출판사, 2003)이라는 책을 읽어보자. 성경과 관련된 초기 역사를 이해하는데 도움이 된다. 물론 이 책 저자의 연대 계산은 정통 고고학계의 주장과는 다르다.

2) 하나님의 이름은 정확히 알 수 없다. 우리나라에서는 '여호와'라고 익숙해져 있다. 원래 유대인들은 하나님의 이름(יהוה)을 직접 부르지 못했다. 따라서 쓰기는 יהוה라고 하고 부르기는 '아도나이'라고 불렀다. 그래서 자음 YHWH란 이름에 아도나이란 모음을 찍었다. 그래서 יְהֹוָה이 되었고, 이를 '야웨' '야훼'라고 한다. (자세한 것은 본교재, 출애굽기, 66면을 볼 것.)

10. 창세기 구조

• 송제근, 창세기 어떻게 설교할 것인가, 1장 : 창세기의 구조와 신학, 두란노, 11-27면

• 1:1 ~ 2:4a / 근본적 서론

• 원시 역사

2:4b ~ 6:8 / 첫 번째 역사의 실패

6:9 ~11:32 / 두 번째 역사의 실패

1) 원시시대(제1경륜) : 하나님은 하나님의 나라를 소극적으로 수동적으로, 심지어 부정적으로 진행시키신다. 문제가 생겼을 때 주의를 환기시키는 정도로 개입하신다.

• 족장 역사

12 ~ 23장 / 아브라함 역사의 성취

24 ~ 27장 / 이삭의 역사의 성취

28 ~ 36장 / 야곱의 역사의 성취

37 ~ 50장 / 요셉의 역사의 성취

족장시대(제2경륜) : 하나님은 하나님의 나라를 적극적으로, 능동적으로, 긍정적으로 진행시키신다. 제2경륜시대의 역사는 거의 성취와 성공으로 이어진다.

창세기 1-2장 요약

• 태초에 천지를 창조하심
• 하나님은 영원 전부터 스스로 계신 분이다.
• 피조물을 다스리시는 하나님의 통치권 강조(1:3~2:3)
• "보시기에 좋았더라" – 만물은 하나님의 목적에 모두 부합한 것이다. 하나님의 선하신 뜻대로 창조되었다.
• "하나님의 모양과 형상 대로"– 인간은 피조물 가운데 최고의 위치를 차지한다.
• 인간은 만물의 대리 통치자이다. – 온 땅은 인류의 번성을 위하여 주어진다.
• 안식일 : 다른 6일과 구별하여 복주셨다.
• 아담 창조 :에덴 동산을 다스려라(2:15, 19–20).
• 단 한 가지, 즉 선악과를 제외하고는 할 수 있는 모든 자유를 허락하심
• 남자의 몸으로부터 여자를 지으심

1-2장 : 성경의 기초가 되는 본질적인 사상 : "오직 한 분 하나님만이 창조주이시다." 이는 당시 이교 다신론 사상에 철퇴를 내리는 선언이었다.

1장 : ① '바라'(create, בָּרָא)라는 독특한 단어를 사용하고 있는데, 이는 하나님을 주어로 사용할 때에만 사용된 동사이다(無에서 有를 창조). 즉 창조물을 만들 때 기존의 어떤 재료를 사용했다는 개념이 없다.

② 하나님이 말씀으로 창조하셨다.

• "하나님이 가라사대"(וַיֹּאמֶר אֱלֹהִים) : 3, 6, 9, 11, 14, 20, 24, 26절
• 창조명령 "~이 있으라"(יְהִי) : 3, 6, 9, 11, 14, 15, 20, 24, 25절
• 성취 "~하시매 그대로 되니라"(וַיְהִי) : 3, 7, 9, 11, 15, 24, 30절)

③ 하나님의 형상 대로 창조하시되 남자와 여자를 창조하심

2장 : ① '야짤'(יָצַר, form, fashion, shape)이라는 단어 사용하고 있는데, 이 단어는 진흙을 가지고 어떤 모양을 '빚어내는' 도공(陶工)의 활동을 묘사하는데 사용되는 단어이다. (2:4-25은 1:1-2:3의 내용을 구체적으로 다루고 있다.)

② 1장에서는 말씀으로 창조하셨지만, 2장에서는 '행동에 의한 창조'라고 말할 수 있다. (말과 행동은 히브리적인 개념과 세계관으로 볼 때 상호배타적인 것이 아니라 상호 보충적이다.)

③ 흙으로 인간을 '지으시고' 그의 코에 생기를 넣으시고 그의 뼈로 여자를 만드심 – 도공의 모습

3:1-24 요 약

• 세상은 원래 창조된 모습에서 타락으로 인해 가시와 엉겅퀴를 내는 곳이 되었다.

• 에덴에는 물이 풍부하고 많은 나무와 과실들로 가득찬 곳이었다(2:8-17). 이렇게 좋은 곳이 왜 파괴되었는가? 3장은 그 원인을 설명한다.

• 인간은 모든 피조물들과 완전한 조화 가운데 있었다. 생명을 유지하기 위하여 비록 해야 할 일이 있기 했지만(2:15) 땀흘리는 고통은 겪지 않아도 되었다. 인간과동물은 오직 식물만을 음식으로 삼았다.

• 뱀의 유혹
• 하나님의 금지명령을 어겨 타락한 후 이들에게 다가온 결과
• 이들에게(뱀, 하와, 아담) 내려진 형벌

• 이렇게 해서 죄가 세상에 들어오게 되었고, 일단 죄가 세상에 들어온 후 그 죄가 어떻게 확산되어 나갔는가가 이후의 내용이다.

3장 타락 · 심판 · 구원 약속

▶ 1장에서는 "하나님이 보시기에 좋았더라"라는 말씀이 반복적으로 강조되었다. 즉 1장이 왜 세상이 존재하게 되었는가에 대한 신학적 가르침을 제공하고 있다면, 2-3장은 그 아름답던 세상이 왜 파멸의 상태에서 도덕적인 악에 굴복하게 되었는가를 보여준다. 하나님이 원래 만드셨을 때 이 세상은 아름다웠다. 그러나 인간의 고의적인 반역을 통하여 세상은 타락했다. 이 세상을 그렇게 만든 책임이 하나님께 있는 것이 아니라 인간에게 있다고 강조한다. 그러나 3장은 이런 인간이 다시금 구원 받을 수 있다는 소망을 선포한 장이기도 하다.

3장 ① 사단은 하나님의 나라를 파괴하기로 결심하고 에덴 동산으로 접근전을 시도한다. 사단은 분명히 창세기 2:16-17의 금지명령을 알고 있었을 것이고 뱀을 도구로 하여 에덴 동산에 대형 폭탄을 설치한다.

② 하와에게 다가선 뱀은 하나님의 금지명령에 대한 의심을 불러 일으켜 그녀를 유혹한다. 이 나무의 열매를 따먹으면, 인간은 스스로 선악을 판단하고, 선악에 대하여 도덕적 자율권을 확립하게 되고, 그럼으로써 하나님의 특권을 빼앗아 "하나님과 같이 될 것"이라고 유혹했다.

③ 뱀의 간계를 통하여 하와는 하나님의 말씀을 의심하게 되었고(1절), 또 하나님의 선하심도 의심하게 된다(4, 5절). 결국 하와는 그 과일을 따먹고, 그리고 남편에게도 갖다 주어 먹게 했다(6절).

④ **결과** : 한 마디로 행동은 간단했지만 그 결과는 너무 처절했다. 수치감(7절), 공포로 인한 하나님으로부터의 도피(8절), 그리고 이들 가운데는 분열이 나타난다.

⑤ **심판** : 뱀은 흙을 먹을 것이며 인류와 투쟁하나 결국 상하게 될 것이다(창 3:14-15). 여자는 육체적 형벌(아이 출산시 고통 수반)과 남편과의 관계에서 좌절감을 맛보게 될 것이다. 자녀의 어미로서, 또 남편과의 관계 속에 있을 때 오는 행복보다는 고통, 비천, 천대를 경험하게 될 것이다. 남자라고 나을 것이 없다. 남자는 땅의 소산을 얻기 위해 땀흘리며 수고하겠지만 도전과 실패를 맞게 될 것이다. 그러나 하나님은 이들에게 가죽옷을 해입히심으로써 자비를 베푸신다.

4:1~6:4 죄는 눈사태처럼

4장

• 일단 죄가 들어온 이후에 죄는 눈사태처럼 팽창해 갔다.

• 가인은 그가 지은 죄 때문에 괴로워했다. 그런데 가인의 7대손 라멕은 죄로 인해 괴로워하기 보다는 오히려 검가, 즉 칼의 노래를 불렀다. 죄악은 그렇게 빠른 속도로 확산되어 갔다는 것이다.

• 이후 성경의 역사는 죄의 팽창사, 죄의 편만사라고 할 수 있다. 창세기 3장은 죄가 인류에게 침투한 첫 출발점이다. 한 사람 아담으로 말미암아 죄가 들어왔지만 그 죄는 전 인류에게 파장을 미친다. 따라서 사망이 모든 사람에게 이르렀다.

① 세상에 일단 죄가 들어오자 사태는 걷잡을 수 없이 파국으로 치닫는다. 죄는 눈사태처럼 늘어만 갔다. 하와는 가인과 아벨을 출산한다. 하나는 농사꾼, 또 하나는 목동이 되었다(1-2절).

② "세월이 지난 후"(3절)의 일이었다. 두 아들은 하나님 앞에 제사를 드렸다. 그런데 아벨의 제사는 열납되었고, 가인의 제사는 그렇지 못했다. 그래서 가인은 하나님 앞에 화를 낸다(어떤 학자는 화를 낸 주체가 가인이 아니라 아벨이었다고 주장한다. – 여기서는 생략). 어쨌든 하나님은 불만에 가득찬 가인을 찾아가 "너는 죄를 다스려야만 한다"고 경고하셨지만, 오히려 가인은 하나님의 경고를 무시했을 뿐 아니라 그의 동생 아벨을 살해한다(5-8절). 최초의 살인이 시작되었다. 죄는 더욱 팽창하며 온 세상으로 퍼져나간다. 이후 인류 역사는 살인의 역사로 치닫는다.

③ 그의 부모가 형벌을 받은 것처럼 가인 역시 형벌을 받는다. 어떤 형벌일까? 가인은 유랑하며 정처없는 생활을 한다(11-14절). 가인은 그의 유랑 생활에서 "무릇(모든) 만나는 자마다 나를 죽이겠나이다"라고 하면서 자비를 원한다. 하나님은 그에게 표를 주사 만나는 누구에게든지 죽음을 면케 하사 자비를 베푸셨다(15절).

④ 4:17-24 (가인의 후손 언급) : 여기서는 가인의 자손들이 누구냐 하는 것이 관점이 아니라 그들의 삶과 특질과 형태에 있다. 그들의 죄의 신랄함과 폭력성을 다시한번 강조한다. 가인은 공동체를 가진 성(에녹 城)을 처음으로 건설한 사람이다. 특별히 그의 후손 중에서 폭력적인 라멕이 등장한다. 그는 살인을 하고 오히려 검가(살인의 노래, 잔인한 복수의 노래, 자랑의 노래)를 부른다(23-24절). 이들 가인의 후손은 인간의 기술과 문명은 발달시켰지만 하나님 없는 문화만을 창출했을 뿐이었다.

⑤ 하나님은 죽은 아벨 대신 셋을 주신다(26절). 그리고 사람들은 여호와의 이름을 부르게 된다. 그렇다고 최초의 '좋은 상태'로 돌아갈 수는 없다. 인류는 번성했지만 죄 역시 창성해 갔다. 이러므로 한 사람으로 말미암아 죄가 세상에 들어오고 죄로 말미암아 사망이 왔다(롬 5:12).

인류는 태어나서 낳고 죽는다(5:1–32)

5장

① 아담에서 노아까지(5:1-31) : 인류는 태어나서 죽는다. 인류는 하나님의 명령(창 1:26-31)처럼 번성했지만, 저주와 고통스런 노동을 겪는다(5:29).

② 출생, 삶, 그리고 죽음이 동일하게 반복되지만 그곳에는 슬픔만 있다. 즉 죄는 계속해서 팽창을 거듭할 뿐 결코 사라지지 않는다. 결국 세상은 전혀 통제 불능 상태에 이른다(6:1-4).

③ 그런 속에서 에녹과 같은 의로운 사람도 있었다. 그는 하나님과 300년을 동행하며 살았는데, 하나님이 그를 죽음을 거치지 않고 하늘나라로 데려 가셨다. 사람들에게 죽음 이후의 삶이 있다는 것을 보여주셨다.

④ 노아의 아버지 라멕은 하나님께서 '약속한 자손'이 나타나기를 꾸준히 기다렸음을 본다. 그래서 라멕은 아들을 낳고 그 이름을 '노아'[1]라고 했다. 이 땅에서의 삶이 당시의 생활을 얼마나 힘들게 했는가를 알 수 있다. 이들은 그 힘든 수고에서 벗어나게 할 약속된 후손을 기다리고 있었다. 그만큼 세상은 악이 관영했다(창 6:5).

1) 노아(노아흐, נֹחַ) - 노아의 이름에 대하여는 많은 논란이 있어 왔다. '나함' (נחם,-안위, 즐거음)과 관련시키고 있다(창 5:29). 또는 누아흐(נוּחַ -안식)와도 관련시키고 있다.

통제불능한 세상(6:1–13)

6~9장

① 세상은 죄악으로 관영했다. 그래서 더이상 통제 불능의 세상이 되어버렸다. 마침내 하나님은 인류에게 심판을 내라시기로 작정하신다. 인류는 "그 마음의 생각의 모든 계획이 항상 악할 뿐"이었다(6:5). 하나님은 인간을 지으신 것을 후회하시며 한탄하신다. 이 말은 하나님의 안타까운 감정의 표현이다.

② 그렇다고 하나님의 후회가 일련의 거대한 실수가 발생했음을 뜻하는 것이 아니다. 하나님의 후회에는 반드시 조치가 취해져야만 함을 의미한다. 따라서 하나님의 인류의 죄악에 대해 심판을 내리시되 다른 이들과는 구별된 노아를 남겨두시기로 작정하신다(8절). 마침내 큰 홍수를 내려 인류를 심판하시기로 하시고 노아에게 방주를 지으라고 명령하신다. 방주 안에 들어갈 그의 가족과 동물들이 구원받을 것이다(6:14-22).

③ 홍수의 진행은 9장(홍수일지, 182면) 내용을 보기로 하자. 홍수가 물러간 뒤

길가메시 서사시 11번째 서판

「길가메쉬 서사시」의 11번째 서판(높이 6인치) : 메소포타미아의 홍수와 그 주인공인 우트나피쉬팀의 이야기가 실려 있다. 이 서판은 오스틴 레어드(A.H. Layard)가 1853년 니느웨에서 발견했다. (대영박물관 소장)

방주로부터 나온 노아는 제사를 드림으로써 하나님께 경배했다(8:20).

④ **노아언약** : 다시는 인류를 물로써 심판하지 않겠다고 약속하신다(8:21-22). 그 증표로 무지개를 하늘에 두셨다. 최초 인간에게 위임하신 명령이(창 1:26-31) 제2의 아담인 노아에게 다시 내려졌다. 인간은 계속해서 번식하고, 피조물을 다스리고, 땅으로부터 소산을 얻을 것이다(9:1-3). 비록 인간의 부패성은 변하지 않았지만 하나님께서는 인간을 새로운 질서가 부여된 세계, 즉 자연의 과정들아 본존될 것임이 엄숙하게 보장된다. 그러나 동물들을 피채 먹어서는 안 되며, 인간의 생명을 취해서도 안 된다(9:4-6).

⑤ 홍수 후 노아는 농사를 짓는다. 어느날 노아는 술에 취해 장막에서 벗은 채로 잠이 들어 버렸다(9:20-21). 함은 이런 아비의 모습을 보고 아무런 조치를 취하지 않고 그의 형제들에게 그 상황을 일러바친다. 그러나 셈과 야벳은 옷을 가지고 어깨에 메고 뒷걸음쳐 아비의 하체를 덮어주었다. 아비의 하체를 보지 않았다는 말이다(9:23). 술에서 깨어난 노아는 함의 후손인가나안을 저주한다. 그러나 셈과 야벳, 특히 셈을 크게 축복한다(9:25-27).

노아의 자손들 · 바벨탑

10~11장

① 홍수가 지나갔지만 죄는 여전히 자리잡고 그 확산을 계속한다. 10장에 노아의 아들 셈, 함, 야벳을 통한 후손들이 소개된다. 함족의 후손 중 특이한 인물을 만난다. 세상의 처음 영걸이라는 불리는 '니므롯'이라는 인물이다. 죄는 다시 새로운 형태로 나타났다. 사람들이 다시 번성해갈 때 이들은 시날(수메르) 평지에 거대한 제국을 건설한다. 그들은 한 도성과 탑을 건축한다. 이들은 인간 나라를 건설하려 했다. 이들은 하나님의 약속을 믿고 사는 삶을 원치 않고 스스로 인류를 보존하겠다는 삶을 살아간다. 인류는 점차 하나님을 멀리하고 우상 숭배의 극을 치닫게 된다.

③ 하나님은 이런 악한 행위에 제동을 거셨다. 하나님이 원하시는 공동체는 이런 모습이 아니었기 때문이다. 언어를 혼잡게 하심으로써 인류를 강제적으로 온 땅에 흩으신다.

26

족장사

11:27~50:26

① 족장사는 1-11장에서 사용된 것과 동일한 기법으로, 즉 톨레돗(תּוֹלְדוֹת) 공식을 사용하여 다섯 부분으로 되어 있다.

바로 앞에서 아브라함의 비굴함(자기 아내를 누이라고 했다.)

2:4-11:26(태고사)	11:27-50:26(아브라함~애굽 도착)
① 천지의 창조된 대략이 이러하니라(2:4-4:26) / 창조 및 인간의 불순종 ② 아담 자손의 계보가 이러하니라 (5:1-6:8) / 셋 - 노아의 계보 ③ 노아의 사적은 이러하니라 (6:9-9:26) / 타락, 홍수, 언약 ④ 셈과 함과 야벳의 후예는 이러하니라 (10:1-11:9) / 나라 목록, 바벨 사건 ⑤ 셈의 후예는 이러하니라(11:10-26) / 셈 - 아브람의 계보	⑥ 데라의 후예는 이러하니라(11:27-25:11) / 아브라함의 이야기 ⑦ 이스마엘의 후예는 이러하니라 (25:12-18) / 이스마엘의 계보 ⑧ 이삭의 후예는 이러하니라(25:19-35:29) / 이삭-야곱까지의 축복의 전달 ⑨ 에서(에돔)의 대략이 이러하니라 (36:1-37:1) / 에서의 계보 ⑩ 야곱의 약전이 이러하니라(37:2-50:26) / 요셉, 애굽의 이스라엘

설명: 톨레돗[1] 구절들은 위에서 보는 대로 아담~아브라함까지 5개와 아브라함부터 애굽의 이스라엘까지 5개의 연결고리로 되어 있다. 질서 정연했던(1:1-2:3) 세계는 급속한 혼란과 반란으로인해 죄악으로 첨철되었다(2:4-11:26). 창세기 2:4-11:26의 기사들과 족보들을 통해 인간이 어떻게 창조주에 대해 반역했는가 그 침투 과정을 소개하고, 점점 더 악해져 가는 반역에 하나님은 심판과 은혜로 대처하셨다. 하나님은 홍수 시대를 심판하셨다. 그리고 홍수 이후 바벨탑을 세우면서까지 대항하는 인류를 언어의 혼잡으로 세상에 흩으셨다. 이렇게 창세기 앞 부분의 뚜렷한 주제는 죄의 침투력이다. 죄는 에덴 동산 안에서나 밖에서나, 홍수 전이나 홍수 후에도 여전히 강력한 세력으로 등장한다.

이제 창세기 11:27의 데라의 기사로부터 시작하는 족장사는 '왜 열국 중에서 이스라엘이 차음으로 하나님의 백성으로 선택되었는가'를 설명해 주고 있다. 아브라함과 이삭과 야곱으로 이어지는 족장들의 삶과 역사가 창세기 12-50장에 펼쳐진다. 장차 이들의 혈통에서 약속하신(창 3:15) 메시야가 탄생하게 될 것이다.

1) 창세기 전체 구조와 톨레돗에 대한 기록은 김의원, 하늘과 땅, 그리고 족장들의 톨레돗, 총신대학교출판부, 총론을 보라.

② 바벨탑 사건 이후 인류들은 온 땅에 흩어지게 된다. 그러나 이들에게는 점차 우상숭배와 미신이 횡행하게 되었다. 인류는 구원에 대한 소망이 전혀 없어진 것 같이 보였다. 그러나 하나님은 한 민족을 택하시고 완전히 구별된 삶을 살게 하심으로 그 민족 가운데서 구속주 메시야가 나게 하시려고 지금까지의 작전을 바꾸신다. 이스라엘은 그 메시야가 오시는 통로 역할을 하게 된다. 그래서 하나님은 새로운 무대를 준비하신다. 그리고 한 사람을 불러낸다.

그가 바로 아브라함이었다. 셈족(창 11:10-27을 보라)에서 난 한 아들(창 3:15)은 하나님이 계획하시는 새로운 무대의 주인공으로 등장한다. 하나님은 아브라함을 갈대아 우르에서 불러내어 한 민족을 형성케 하신다.

아브라함 언약

① 아브라함에게 처음에 약속하신(창 12:1-3) 내용은 다음과 같이 점진적으로 확대 계시된다.

(1) 가나안 약속(창 13:14, 15:7) ➔ (2) 수효 증대(창 13:16, 15:5, 22:17) ➔ (3) 약속된 땅의 범위(창 15:18-21) ➔ (4) 열왕들이 나옴(창 17:6, 16) ➔ (5) 그들의 하나님이 되심(창 17:7-8) ➔ (6) 다른 이들의 복의 매개자가 될 것임(창 22:18)

창 12:2 "내가 너로 큰 민족을 이루고 네게 복을 주어 네 이름을 창대케 하리니 너는 (**복**)의 (**근원**)이 될지라."

② 아브라함에게 제시된 언약은 영원한 언약이다. 이 약속은 영원히 집행되어 갈 것이며, 전 세대를 통하여 믿음의 백성 모두에게 그 복이 확대될 것이다. "또 네 '씨' 로 말미암아 천하만민이 '복' 을 얻으리니"(창 22:18). 이와 같은 언약은 이삭을 낳게하심으로 약속의 첫 단계를 성취하셨다. 가임(可妊) 능력이 상실된 상태에서 이삭이 태어난 사건은 전능하신 하나님만이 하실 수 있는 일이었고, 이 말씀을 굳게 믿는 아브라함의 믿음에 대한 증거였다.

③ 아브라함의 후손이 중다해지고 가나안 땅을 차지하리라는 약속이 문자적 의미에서 성취되었다. 이 일을 모세에게 다음과 같이 말씀하신다. 출애굽기 23:31을 읽어보라. 신명기 10:22도 보라. 또 여호수아에게는 어떻게 말씀하셨을까? (수1:3) 물론 이 가나안 지역의 정복은 점진적으로 이루어졌다(출23:29). 결국 솔로몬 때에 가서 완전히 이루어졌다(왕상 4:21).

④ '아브라함의 자손' 이라는 개념은 신약에서 '복음을 영접하는 자들' 이라는 개념으로 바뀌어졌다.

현재의 브엘세바:
족장들이 살던 곳이다

족장들의 역사

① 족장들의 역사는 하나님 나라의 왕국 건설을 위해,
- 롯, 엘리에셀, 이스마엘, 에서는 분리 또는 제거하는 역사로,
- 아브라함, 이삭, 야곱은 후사로 부르시는 작업이다.

② 물론, 하나님의 나라의 후사를 준비하시고 지명하시는 이는 하나님이시다. 즉, 하나님 왕국의 건설의 주도자는 하나님이시라는 말이다. 아브라함을 통하여 세워지는 그 복된 나라는 전적으로 하나님에 의해 세워지는 하나님의 나라요, 초자연적 능력과 그의 주권적인 뜻에 의해서 세워지는 나라이다. 우리는 여기서 에서보다 야곱을 선택하시는 하나님의 주권을 본다. 또 유다의 부도덕한 결과로 태어난 아들 베레스도 그리스도가 오시는 조상들 가운데 들게 하신다. 인간의 어떤 도덕적인 선함 때문에 택함을 받은 것이 아님을 본다.

③ 요셉의 역사 역시 스스로 개척한 역사가 아니라 하나님에 의해서 되어진 역사요, 하나님의 왕국과 관련된 역사(창 45:1-8, 50:20, 46:1-4)이다. 그는 "하나님의 나라의 실현"을 위하여(창 45:7,8, 50:19-20) 부름을 받은 것이다. 그의 생애는 하나님의 약속의 성취와 하나님 나라의 건설을 위해 쓰임받은 생애였다.

④ 그러면서도, 이 하나님의 나라의 구성원으로 부름받은 족장들 모두가 "믿음으로 순종했다"고 말하고 있다(히 11장). 족장들 모두 그들의 생애에서 확실한 살아있는 신앙을 보여준다. 그들은 하나님을 만나고, 신앙생활을 위해 투쟁하고, 그리고 오랜 기다림 후에 약속이 성취된다는 사실을 배웠다. 우리는 이들의 생활을 통해서, 우리의 생활을 완전히 하나님께 의뢰해야 한다는 것과 세상의 방법과 체제를 철저하게 부정하라는 것을 배운다.

⑤ 하나님의 주권적 섭리, 그 섭리를 이루기 위해 부름받은 사람은 오직 "믿음으로 순종"해야 한다. 그러기에 이 족장들의 삶은 나와 무관하지 않다. 그들은 어떤 초인적인 영웅이 아니었다. 우리들과 같이 죄를 짓고, 용서를 받아야 했고, 불안해 하기도 했다. 그러면서도 영원한 본향을 사모한 그 당시의 성도였다는 것이다. 그래서 우리에게도 소망이 있다는 말이다.

(동 교재, 창세기하에서)

1장

천지창조 · 하나님의 왕국

- 천지창조(1:1-2:3) - 여호와 하나님만이 주권자이며 우주의 창조자이심을 보여준다.
- 인간은 어떤 존재인가? - 하나님이 창조하신 땅을 정복하고 계발할 책임과 하나님의 피조물을 다스려야 할 하나님의 대리 통치자이다.
- 하나님의 왕국 - 창 1장에서 <하나님의 나라>가 강조되고 있다.
- 문화명령(1:28) - 문화명령이란 무엇인가?

태초에 하나님이 천지를 창조하시니라. 모세가 이 메시지를 전할 때쯤 이방세계에서는 우주 창조에 대한 다양한 견해가 있었다. 종족들마다 많은 신들이 있어 그 신들에 의해 이 우주가 만들어졌다고 믿어왔다. 400여년간 애굽의 신들과 애굽 왕만 보고 자랐던 이스라엘 백성들도 야웨 하나님에 대한 믿음이 희미했다. 광대한 제국을 건설케 했던 애굽 신에 비해 여호와 하나님은 누구인가? 그가 만약 전능한 신이라면, 어찌하여 우리를 노예로 수백년간을 무관심하게 내버려두었단 말인가? 광야생활을 하고 있는 이스라엘 백성, 아직은 여호와에 대한 개념이 미숙한 백성들에게 모세는 오직 "여호와" 하나님만이 온 세상의 주권자요 창조자임을 선포하고 있다(창 1:1–2:3).

이 세상과 모든 피조물들은 오랜 동안 진화의 과정을 거쳐 생성된 것이 아니다. 그렇다고 이방인들의 신화에 나오는 창조관처럼 터무니 없는 주장도 아니다. 절대자 여호와 하나님이 "하늘과 땅"을 창조하셨다. 해와 달과 별들, 그리고 인간이 살아가는 이 지구가 '태초에' '여호와' 하나님에 의해 창조되었다. 그것도 무(無)에서 유(有)를 창조하셨다. 물론 이러한 선포는 그 당시의 다양한 우주 창조의 개념을 잠재우는 엄청난 폭탄과 같은 선언이었으리라.

성경은 하나님을 증명하려 하지 않는다. 성경은 이 세상의 시작은 어디이며, 이 세상은 왜 생겨났는가, 그리고 그 궁극적인 목적은 무엇인가에 대해 말해주고 있다. 한 마디로 이 우주에 존재하는 모든 것이 하나님의 피조물이라는 것이다. 여기에서 우리는 하나님의 절대 주권과 위엄이 강조되고 있음을 본다. 그렇다면, 왜 이 우주를 창조하셨으며, 왜 인간을 지으셨는가? 하나님은 왕이시고 인간은 그의 백성이 되는 나라, 그 "하나님의 나라"가 창세기 1장에서 시작되고 있다. 그 찬란한 완성을 향해(계 21–22장) 이제 막 인간이 살아가야 할 환경을 만드시고 계신 것이다. 어떻게 그 나라가 완성을 향해 움직여 갈까? 물론 그 역사가 성경 전체에 깔려 있다. 우리는 지금 그 역사의 탐험을 시작하려 하고 있다.

창조의 시작 (1:1~2)

본문도입

창세기 첫 구절은 "하나님께서 태초에 천지를 창조하셨다"는 근본적인 명제를 선언하고 있다. 여기서 저자는 하나님의 존재를 증명하려 하지 않는다. 하나님은 살아계신 존재로 이미 전제하고 창세기를 시작하고 있기 때문이다. 2절은 창조 직전의 상황(혼돈과 공허)을 표현하고 있다.

אֱלֹהִים

<엘로힘> 3인칭 남성, 복수, 명사: 구약에서 2,570회 사용되었다. "강하고 능력있는 존재자"라는 의미이다. 창조의 주체이시며, 행동하시고 말씀하시는 분이시다. 역사의 시작이며 유일하신 절대자이시다. 이 단어는 창조주 또는 절대자에 대해서 통상적으로 쓰인다. 형태로는 복수이지만 의미상으로는 단수이다.

1하나님이 — **창조하시니라**(בָּרָא)
/천지를
/태초에

2땅이 — **혼돈하고**
공허하며
흑암이 — **있고**
/깊음 위에
신은 — **운행하시니라**
/하나님의 /수면에

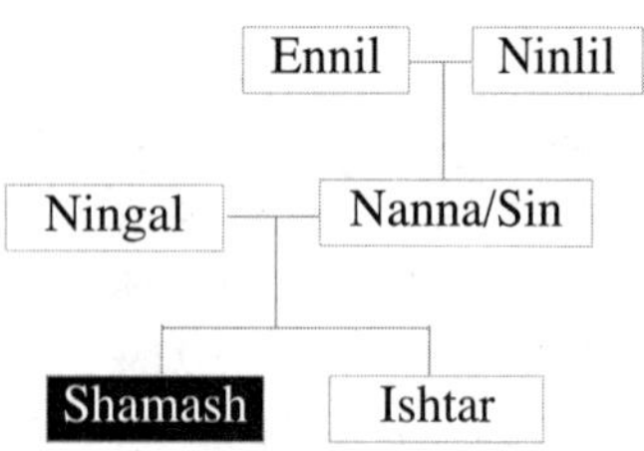

흑암이 깊음 위에 있고 : 땅도 흑암(darkness)에 싸여 있고 물로 덮여 있어서 인간이 거주할 수 없었다. 물 속이고 물 밖이고 온통 암흑투성이었다. 이런 상태를 깊음(tehom, 물결,파도,깊음)으로 표현했다.

1. 누가 이 광대한 우주를 창조했나?

1:1

(1) 창조의 말씀에서 우리는 하나님이 누구신지 알 수 있다. 오직 여호와 하나님만이 온 우주의 창조자요 주관자이시다. 이스라엘 백성들이 400여년간 머물던 애굽에는 많은 신들이 있었다. 레(Re)는 최고의 주권을 행사하는 태양신이었다. 바벨론 신화에는 마르둑(Marduk)이란 신이 티아맛(Tiamat)이란 용으로 더불어 싸워 이기고 그의 시신(屍身)으로 우주를 만들었다고 생각했다. 그리고 티아맛의 군대장관 킹후(Kinghu)의 피로써 인간을 만들었다고 이해했다. 가나안에서는 쉐메쉬(Shamash)*가 태양신이고, 반면에 '엘'(EL)이 주신(主神)이었다. 이스라엘 백성들도 조금은 이런 이교(異教) 사상에 젖어 있었을 것이다. 모세의 "태초에 하나님(엘로힘, אֱלֹהִים)이 천지를 창조하셨다"는 이 한마디는 이런 이교도의 세계관에 철퇴를 내리는 선언이었다. 성경의 첫마디는 이스라엘의 '야웨' 하나님이 온 우주 만물을 창조하셨다는 것이다. "여호와여 신(神) 중에 주와 같은 자 누구니이까 주와 같이 거룩함에 영광스러우며 찬송할 만한 위엄이 있으며 기이한 일을 행하는 자 누구니이까"(출 15:11).

(2) 따라서 창세기 1장의 내용이 진화냐, 창조냐를 설명하기 위해 쓴 것이 아님이 분명하다. 성경은 하나님의 존재를 증명하려 하지 않았다. 하나님이 계신 것을 전제로 시작하고 있다. 그래서 성경은 무신론자를 어리석은 자라고 했다(시 14:1). 무신론 사상은 악하고 교만한 것이다(시 10:4). 성경에서는 불가지론(不可知論, Agnosticism), 무신론(無神論, Atheism), 다신론(多神論, Polytheism)을 철저히 배격하고 있다. 오직 유일하신 하나님이 천지를 창조하셨다는 유일신적(唯一神的) 사상을 말하고 있을 뿐이다. 사

도신경의 첫 구절도 이를 언급하고 있다.

2. 언제 이 광대한 우주를 창조하셨는가? (1:1)

이 세상이 창조되기 전까지는 아무것도 존재하지 않았던 때가 있었다. 하나님은 그 '태초' 이전에 이미 영원히 스스로 계시는 분(출 3:14, 시 90:2)이시라고 성경은 말하고 있다. 말씀(Logos), 즉 제 2위이신 성자(聖子)께서도 천지가 창조되던 때, 즉 '태초'에는 이미 존재하고 계셨다고 말한다(요 1:1). 피조물이 아니라는 말이다. 따라서 '시간'도 창조 이전에는 존재할 수 없었다. 그래서 어거스틴은 세계가 '시간 안에'(*in tempore*) 창조되었다고 주장하는 것보다는 '시간과 함께'(*cum tempore*) 창조되었다고 말하는 것이 더 정확하다고 했다.

3. 창조 당시의 상황은 어떠했나?

1:2 땅이 (혼돈하고) ( ) 흑암이 깊음 위에 있고 '하나님의 신'은 수면 위에 ( )하시니라.

하나님은 이 세상을 무(無)에서 창조하셨다. 이는 어떤 선재적(先在的)인 물질이 필요치 않았다는 말이다. '무에서'라는 말은 이방 신화에서 처럼 이미 존재하고 있는 어떤 물질(혼돈)에서 '창조'에로 이루어진 것을 말하는 것이 아니다. 본문은 혼돈 자체도 하나님의 창조임을 말하고 있다.

- 혼돈하고(תֹהוּ,Tohu, formless) : 어떤 틀이 갖추어져 있지 않은 상태. 이 단어가 사 45:18에서는 '인간이 살 수 있는' 이란 구절의 반대 의미로 사용되었다(사 44:9, 59:4).
- 공허하며(בֹהוּ, bohu, contentless, empty) : 무가치, 무의미의 뜻이 아니라 틀에 채워져야 할 내용물이 없다는 말이다. 즉, '혼돈하고 공허하다'는 말은 인간이 거주하기에 필요한 것들이 갖추어져 있지 않은 상태를 말한다. 이 단어는 예레미야 4:23-27에서 사용되었다. 예레미야는 이방의 침략을 받고 황폐해진 이스라엘 땅을 묘사할 때, 이 단어를 결합하여 사용했다. 예레미야는 새들이 날아가 버렸고, 산도 움직여졌고, 도시는 뿌리가 뽑혔다고 묘사하고 있다. 그 때에 땅은 태초처럼 공허하고 혼돈하게 되었다고 울부짖는다(렘 4:23).
- 운행하다(רָחַף, 라하프) : 이 동사의 피엘형은 "배회하다, 떨리다(렘 23:9), 너풀거리다(신 32:11), 운행하다"라는 뜻이 있다. 이는 성령님의 창조사역을 설명하고 있는 말로서, 지구를 감싸고 돌면서 부단히 창조활동을 수행하시는 모습을 묘사한 말이다. 이 단어는 독수리가 자기 새끼를 보호하는 모습을 표현할 때 사용한 단어와 같다(신 32:11).

- 창조하다(barah, בָּרָא) : 하나님은 아무것도 없던 무(無)의 상태에서 온 우주와 삼라만상을 만들어내셨다. 여기 '창조하다'(barah)라는 말은 '무에서의 창조'를 암시하고 있다. 무에서에의 창조를 암시하는 성경 구절을 참고로 읽어보라(롬 4:17, 히 11:3, 시 33:6,9, 암 4:13).
- '창조하다'라는 말은 이외에도 '아싸'(עָשָׂה, 만들다, 제조하다, 형성하다)라는 말과 '야짜르'(יָצַר, 기존 재료를 가지고 만들 경우, 토기장이가 진흙으로 그릇을 만들 때와 같이)라는 말이 쓰였으나 교대적으로 사용되었다(창 1:26 27, 2:7).
- 하나님의 신(רוּחַ, ruach) : 어떤 학자(von Rad)는 이 단어를 '공포의 大風'(a mighty wind)으로 해석하기도 했다. 물론 정확치 않은 해석이다. 하나님의 신이란 성령님을 가리킨다. 물론 그 당시 사람들이 이 단어를 삼위일체의 한분으로 이해했을리 없고(삼위일체의 교리는 주후 325년 니케아 종교회의에서 공적으로 교리화 되었다), '하나님의 신'이라는 표현이 하나님의 능력의 출현을 뜻하는 것으로 이해했을 것이다.

천지창조 (1:3–23)

본문도입

각 일의 창조사역 : 하나님께서 천지만물을 "말씀"으로 창조하셨다. 그 말씀은 그대로 성취되어졌다("그대로 되니라"). 하나님은 그가 만드신 만물을 보신 후의 소감을 "보시기에 좋았더라"고 표현하셨다. 하나님이 의도하신 대로 창조되었다는 말이다. 여섯 째 날 인간을 하나님의 형상으로 지으심으로써 창조를 완성하신다. 본문은 이 모든 창조가 하나님에 의하여 친히 되어졌다고 강조하고 있다.

1. 엿새 동안의 창조 사역을 말해보라.

(1) 첫째 날에 창조하신 것은? (3-5절) (빛 , light, אוֹר, 오르)

이 빛은 물론 태양이 창조되기 이전에 창조된 것이다. 따라서 하나님은 태양이나 달이 없어도 우리에게 빛을 줄 수 있다는 것을 증거하고 있다(칼빈). 이제 뒤이어 창조되는 피조물에게는 그들의 생존을 위해 반드시 빛이 필요하다. 그러므로 빛의 창조가 제일 먼저 언급되었다.

(2) 둘째 날 창조하신 것은? (6-8절) ( )

둘째 날은 땅과 그 위에 있는 모든 것 사이를 분리하는 사역이었다. 궁창을 만드셨다. 궁창(firmament)이 물 가운데 있어서 "물과 물 사이를 나누라"고 선포되었다. 그리고 그 궁창을 '하늘'(sky)이라고 칭하셨다. 성경에는 이 하늘도 새가 날아다니는 하늘, 일월성신이 있는 둘째 하늘, 하나님이 계신 셋째 하늘로 구분하고 있다. 오늘 본문은 첫번째 것을 의미한다. 궁창(라키아, רָקִיעַ)은 넓게 퍼진 것(expance)을 의미한다. 지구를 둘러싸고 있는 대기권으로서 가벼운 구름덩이들로 차 있었을 것이다.

• 하나님이 : 엿새 동안의 창조사역을 살펴보라. 하나님께서 온 우주와 그 속에 있는 피조물 전체를 직접 창조하셨다는 것을 알 수 있다. 하나님께서 온 우주를 통치하시는 주권자이심을 장엄하게 드러내고 있다. 주어가 엘로힘(אֱלֹהִים)으로 되어 있다. 옆의 구문에서 '하나님'(엘로힘)을 직접 확인 체크해 보자.

• 가라사대 : 하나님의 주권적인 창조 사역이 '말씀'으로 이루어졌음을 알 수 있다.

• 주어 • 주동사(**견고딕**)

1 하나님이 —— **창조하시니라** (בָּרָא)
/천지를
/태초에

2 땅이 —— **혼돈하고**
공허하며
흑암이 —— **있고**
/깊음 위에
신은 —— **운행하시니라**
/하나님의 /수면에

3 하나님이 —— **가라사대**_하시매
/빛이 있으라
//(결과)
빛이 —— 있었고

4 그 빛이 —— 좋았더라
/하나님의 보시기에

하나님이 —— **나누사**
/빛과 어두움을
5 **칭하시고**
/빛을 낮이라
칭하시니라
/어두움을 밤이라

"저녁이 되며 아침이 되니 이는 첫째 날이니라"

6 하나님이 —— **가라사대**
/궁창이 —— 있어
/물[들의] 가운데[에]
나뉘게 하리라
/물과 물(로)(=사이를)

7 하나님이 —— **만드사** (עָשָׂה)
/궁창을
나뉘게 하시매
/궁창 아래의 물과
궁창 위의 물로
//(결과)
그대로 되니라

8 하나님이 —— **칭하시니라**
/궁창을 하늘이라

"저녁이 되며 아침이 되니 이는 둘째 날이니라"

9 하나님이 —— **가라사대** ... 하시매
/물이 —— 모이고
/천하의 /한곳으로
/뭍이 —— 드러나라

//(결과)
그대로 되니라

10 하나님이 —— **칭하시고**
/뭍을 땅이라
칭하시니라
/모인 물을 바다라

//(결과)
하나님의 보시기에 좋았더라

이하 생략

1절: 독립절? 연계절?

학자들 중에는 창세기 1:1에 '태초에'라고 번역되고 있는 단어(베레쉬트, בְּרֵאשִׁית)의 비분리전치사 벳(ב)에 정관사 하(ה)가 없기 때문에 "in the beginning"이 아니라 the를 뺀 "in beginning" 또는 "when beginning"이라고 번역해야 된다고 주장한다. 그래서 영역 성경 NEB나 The Ancher Bible이 이 번역을 취했다. 만약 이 견해를 취한다면 1절은 2절에 종속된 부대 상황이 된다. 그렇다면 하나님이 6일 창조 사역은 기존에 있는 물질의 변경에 지나지 않는다. 무(無)에서의 창조가 아니라는 말이다. '태초에'라는 말은 시간의 처음이라기 보다는 영원 속의 어느 특정한 시대를 암시하는 것처럼 보인다. 그러나 성경에는 정관사 없이 독립적으로 사용하는 다른 용례들이 있다(신 33:21, 레 2:12, 느 12:44, 잠 4:7, 사 46:10, 암 6:6 등등). 전통적인 견해는 1절은 독립 문장으로 문맥적으로 창세기의 전체이며 1:2-3:3은 1:1의 설명구절이라고 할 수 있다.

- 유재원, 창세기 강해 1장, 대영사
- 손석태, 두란노 HOW 시리즈, 창세기

(3) 셋째 날 창조하신 것은? (9-13절) (   )

하늘 아래의 물을 한 곳으로 모이게 하셨다. 그래서 마른 땅이 드러났다. 하나님이 명하시니 "그대로 되었다"(it was so, וַיְהִי־כֵן). 그래서 '뭍' (יַבָּשָׁה, 얍바사)을 '땅' (אֶרֶץ, 에레쯔, land)이라 칭하시고, 모인 물은 '바다' (יַמִּים, 얌밈, seas)라 칭하셨다. 바다를 복수형으로 나타냈다. 물로 덮힌 표면이 넓고 광대함을 나태내기 위해서였다.

이렇게 셋째 날까지 창조하셨으나 움직이는 것은 아직 창조하지 않으셨다. 이렇게 해 놓으시고 하나님은 식물로 땅을 덮을 계획이셨다. 11절을 읽어 보라. 미리 만반의 준비를 해놓고 씨 맺는 초목과 열매 맺는 나무를 제공하셨다. 그러므로 땅 자체가 스스로 생명체를 탄생시킨다는 생각을 처음부터 차단시키신다. 그것은 어디까지나 하나님의 창조명령에 의한 것이다. 초목이나 나무는 태양의 빛을 가지고 있지 않아도, 꼭 필요하지도 아니함을 볼 수 있다. 태양은 넷째 날에 지음을 받았기 때문이다. 이제 제 3일의 사역이 끝남으로써 그 거주자를 맞이할 준비를 갖추게 되었다. 그러나 인간이 거주하기에는 아직 더 창조될 것들이 남아 있었다.

(4) 넷째 날 창조하신 것은? (14-19절) (태양, 달, 별들   )

하늘의 궁창에 광명(מְאוֹר, 마오르, lights, 발광체)[1]이 있게 하셨다. 그 기능은 무엇일까? 낮과 밤을 분리하고, 징조와 사시(四時)와 일자와 년한을 위해서 만들어졌다. 광명은 이미 실재하고 있는(5절) 빛과 어두움을 분리하기 위한 목적으로 창조되었다. 제 4일과 제 1일을 비교해 보라.

(5) 다섯째 날 창조하신 것은? (20-23절) (   )

이제 살아 움직이는 생물체를 만드셨다. 큰 물고기, 움직이는 모든 생물, 날개 있는 모든 새들을 창조하셨다(bara). 여기서 '생물' (נֶפֶשׁ חַיָּה, 네페쉬 하야)이란 말에서 처음으로 '영혼' (네페쉬, נֶפֶשׁ)이 사용되었다. 식물들이 생명이 없다는 관점에서 생물에게는 '영혼' 이 있다는 점을 언급하고 있다. 물론 여기서는 '숨 쉬는 것' 이상을 가리키지 않는다.

1)

אוֹר(오르) - 빛

מְאוֹר(마오르) - 빛을 비취는 자, light-bearer, luminary, 발광체

첫날의 '빛' 은 여기서의 '광명' 과는 다르다. 그것은 근원적인 빛을 의미한다. 그러므로 태양은 빛의 근원이 아니라 그 빛을 부분적으로 비취는 광명체일 뿐이다.

기반조성	채움
1일 – 빛	4일 – 광명체
2일 – 하늘	5일 – 물고기, 새
3일 – 땅과 채소	6일 – 짐승과 인간
7일 – 안식	

처음 3일은 하나님은 혼돈하고 공허한 땅에 말씀으로 형태를 부여하신다. 그리고 그 다음 3일에 형태를 갖춘 세계를 충만하게 채우신다.

창조하다 בָּרָא

1장에서 사용한 '바라'라는 단어는 구약에서 하나님의 행동을 묘사할 때에만 사용되고, 창조할 때 재료가 사용된 경우에는 전혀 사용되지 않았다. 이 단어는 인간의 경우에는 전혀 유례를 찾아볼 수 없는 하나님의 고유의 행동을 묘사하고 있다. 따라서 '제조하다, 짓다'라는 뜻으로 번역될 수 없다. 이 동사는 오직 하나님만이 하실 수 있는 행위이다.

그러므로 1장의 중심 문구는 하나님의 피조 세계가 선하다는 것이다(4, 10, 12, 18, 21, 25, 31절). 물질이 악하다는 의미는 전혀 없다.

(6) 여섯째 날 창조하신 것은? (24-27절) (　　　　　　　　　　　　　　　　　　　　)

이제 창조의 마지막 날이 되었다. 이 날에 동물을 만드시고, 창조의 정점인 인간을 만드셨다. 인간 창조는 하나님이 심사숙고하셨다는 사실이 확실히 강조되어 있다. 위에서 보는 대로 첫 사흘과 나중 사흘이 짝을 이루고 있다. 첫 사흘은 '틀'을 갖추는 사역을, 나중 사흘은 '틀'에 채워질 내용물을 창조하셨다. 각각의 날은 그와 상응하는 날에 보충되고 있음을 볼 수 있다. 제 1일과 4일, 제 2일과 5일, 제 3일과 6일이 한 쌍을 이루고 있다. 그러나, 여기서의 '날'(욤)에 대한 해석은 아주 다양하다.

2. 창 1:1에서 "천지를 창조"하셨다는 말은 결국 무엇을 의미하는가?

엿새 동안의 창조사역을 살펴보면 한마디로 "여호와 하나님께서 하늘과 땅 그리고 그 속에 모든 동식물을 직접 창조하셨다"는 것이다(출 20:11, 느 9:6). 하늘과 땅이란 전 세계, 온 우주를 의미한다. 하늘에 있는 뭇 별들(신 4:19, 시 8:3)과 하나님과 천사들이 거하는 곳인 셋째 하늘, 곧 하늘들의 하늘까지(왕상 8:27, 시 2:4, 115:16) 다 창조하셨다. 천사도 창조하셨다(욥 38:4-7 참조). 하늘과 땅, 보이는 것과 보이지 않는 것, 동물과 식물, 영적 존재와 비영적 존재들이 이 창조 속에 다 내포된다. "만물이 주에게서 나오고 주로 말미암고 주에게로 돌아간다"(롬 11:36).

3. 그러면, 이 모든 창조 사역은 결국은 누구를 위한 것인가?

인간이 거주할 수 있는 최고의 환경을 만드시는데 있었다. 인간이 창조의 정점이기 때문이다. 비록 우리가 살고 있는 이 지구가 수천의 항성들과 태양과 별들에 비해 그 크기를 비교할 수 없지만 오직 이 지구만이 인간을 위한 거주지로 만드셨다. 종교적 도덕적 면에서 우주의 중심이라고 할 수 있다. 물론 물리적인 중심이라는 말은 아니다.

4. 하나님은 그가 지으신 창조물을 보시고 "심히 좋았더라"라고 말씀하셨다. 이 말씀의 의미는 무엇인가? <'심히 좋았더라' 라는 표현을 찾아보라>

(1) '좋다'(טוֹב, 토브)는 말은 '좋은, 선한, 즐거운, 유쾌한' 이라는 뜻으로 쓰

• 날(욤, יוֹם, Yom) : '욤' 이라는 단어가 오늘날 24시간의 하루인지, 아니면 장구한 기간을 의미하는지는 학자들마다 다른 의견을 말하고 있다.

였다. 성경에서 이 말은 내적인 • 영적인 품질을 말할 때 사용하는 말이다. 하나님께서 창조하신 피조물들이 내적/영적으로 만족스러울 뿐 아니라 선한 것이었음을 선언하는 말이다. '심히' (מְאֹד, very, 메오드, 1:31)라는 말은 '열렬히, 대단히'라는 뜻이다. 이 말은 다른 단어와 연결될 때 최상급의 의미를 가진다. 그러므로 '심히 좋았다' 는 말은 하나님께서 그 지으신 창조물에 대한 최고의 만족감을 표현한 말이다. 인간은 하나님께서 자신이 지으신 피조물 중에 최고로 만족하신 피조물이었음을 알 수 있다.

(2) 또한 이 말은 모든 창조물이 하나님의 근본 의도 대로 완성된 것임을 알 수 있다. 토기장이가 가마에서 도자기를 막 꺼냈을 때 마음에 들지 않아 표정이 일그러지는 상황을 생각해 보자. 하나님께서 만물을 창조하셨을 때, 한없이 기쁘고 마음에 들었음을 깨닫는다. 하나님께서 설계하신 대로 모든 것이 드러났음을 알 수 있다. 그래서 본문은 특별히 그 점을 강조하기 위해 '심히'(very)라는 말을 덧붙였다.

(3) 물질 세계는 악한 것이 아니다. 창조 당시의 기준으로 본다면 물질은 선한 것이다. 하나님께서 이미 선하다고 선언하셨기 때문이다. 창조주이신 하나님의 기준에서 피조세계는 선했기 때문이다. 우리는 여기서 물질 자체를 악한 것으로 보는 이원론(二元論) 사상은 잘못임을 알 수 있다.[1] 이는 사람의 기준과 판단임을 알 수 있다.

(4) 하나님은 이 세계 위에 아무런 악한 것을 만들어 놓지 않으셨다. 인간을 포함한 모든 피조 세계가 원초적으로 선했다는 것이다. 이는 신학적으로 매우 중요한 사항이다. 이 '선한 질서를 깨뜨린 것'(=죄)이 무엇인가 하는 문제를 제기할 수 있는 길을 터놓는다. 그리고 이 문제는 모든 만물이 종국에 가서는 이와 같은 상태로 회복될 것이라는 사실을 암시한다. 이 세계는 결국은 '새 하늘과 새 땅'(계 21:1)이 될 것이기 때문이다.[2]

(5) 무엇보다 하나님의 창조 활동의 절정은 인간이다(창 1:26-28). 인간은 피조물 중에서 유일하게 하나님과 인격적 관계를 갖는다. 하나님의 형상으로 창조되었기 때문이다. 하나님의 형상을 가진 남자와 여자는 하나님의 이름으로 세상을 다스릴 수 있게 되었다. 그리고 2:4-25에서는 그 인간 창조와 에덴 동산에서 피조물로서의 역할을 구체적으로 언급하고 있다.

1) 하나님은 영원 전부터 존재하셨고(시 90:1-2, "주여 주는 대대에 우리의 거처가 되셨나이다 산이 생기기 전, 땅과 세계도 주께서 조성하시기 전 곧 영원부터 주는 하나님이시니이다.") 세계는 그 시작을 갖는다(창 1:1). 주는 능하셔서 어떤 것이 존재하도록 명하시기를 원하시고(시 33:9), 존재하지 않는 것들을 마치 존재했던 것처럼 부르실 수 있다(롬 4:17).

하나님이 모든 것을 조성하셨고 하늘과 땅과 그 안에 무엇이든지 조성하셨다(출 20:11, 느 9:6). 그의 능력에는 한계를 정함이 없으며, 그에게 모든 피조물들이 절대적으로 의존하고 따라서 그가 없이는 만물이 동(動)하거나 움직일 수 없다(단 4:35, 시 115:3).

2) 윌리암 라솔, 박철현 역, 구약개관, 크리스챤다이제스트, 127면.

36

동물과 인간의 창조 (1:24~31)

▶ 동물 창조 ◀

방주로 들어가고 있는 동물들. 하나님이 말씀으로 지은 피조물들이다.

1. 인간이 천사와 구별됨과 같이 동물들도 인간과 구별된 존재로 만드셨다. 인간은 최초의 한 쌍의 부부로부터 온 인류가 탄생되었지만 동물은 그렇지 않다. 어떻게 창조하셨나?

1:24 땅은 생물을 (　　　　　) 내되 (육축)과 (기는 것)과 (　　　　)을 **종류대로** 내라.

(1) 하나님은 다섯째 날까지의 사역을 통해 동물과 인간이 살아갈 수 있는 환경을 조성하시고 "비로소" 동물과 인간을 만드셨다. 땅이 각 종류대로 씨 맺는 채소와 열매를 내는 것처럼(11절), 동물들도 그 종류대로(20-24절) 만드셨다. 동물들은 인간과 달리 땅과 자연과 아주 밀접하게 관련되어 있다. 지상의존적인 존재로 만드셨다. 동물들은 비유기체적이고 무생물체적인 피조물과는 다른 존재이다.

(2) 동물들은 때로는 '살아있는 혼' 이라고 불리기도 한다(창 1:20, 21, 24). 생명의 일반적인 원리에서는 동물들도 '혼' (네페쉬)을 갖는다. 그러나 살아있을 때만 혼이 있고 죽음과 동시에 없어진다. 즉, 동물들은 본능과 욕망과 감정들은 있으나 인간처럼 높은 인식능력과 욕구력이 없다. 물론 이성도 의지도 없다. 언어도, 종교도, 도덕도, 미적 감각도 없다. 더욱이 하나님이나 불가시적인 것들 진, 선, 미에 대한 관념이 없다. 미술 감상하는 원숭이를 보았나? 자살하는 짐승이 있던가? "아, 인생(人生)이, 아니 동생(動生)이 고달프구나!!" 그런 동물은 없다.[1]

1) H. 바빙크, 원광연 역, 개혁교의학 개요, 크리스챤다이제스트, 제11장 창조와 섭리.

2. 동물도 식물처럼 그 종류대로(1:11) 창조하셨다. 그 종(種)은 그 종(種)을 생산할 것이다. 이것은 변이(變移)를 허용치 않는다. 이를 본문은 어떻게 표현했는가?

1:24-25

- **가축**(뻬헤마, בְּהֵמָה) : 네 발을 가진 포유류 동물을 가리킨다. 곤충이나 파충류와는 구별된 짐승으로서, 야생 동물과 구별된다.

- **기는 동물** (레메스, רֶמֶשׂ) : 많은 다리로 움직이는 것으로서, 주로 곤충을 말한다.

- **땅의 짐승**(חַיְתוֹ־אֶרֶץ, 하이토 에레쯔) : 가축과 구별된 야생동물을 말한다. 인간과 관계가 긴밀하지 않은 동물들을 가리킨다.

(1) 덩치가 아주 커다란 동물로부터 눈에 잘 보이지 않는 작은 벌레에 이르기까지 모든 종류의 짐승들과 땅에 기어다니는 것으로 충만케 하셨다. 물론, 그 동안 멸종된 생물도, 또 원형을 찾기가 어려울만큼 변형된 것들도 있음을 인정해야 한다. 이 생물들은 그들 고유의 본능과 그 생존 목적을 가지고 살아가고 있다. TV에 나오는 [동물의 왕국]을 보라. 각기 존재 목적을 가지고 살아가는 동물들의 모습에서 무엇을 느끼는가? 처음 창조시 인간들이 잡아 먹기 위해서, 또는 옷을 해입기 위해 창조하신 것은 아니다.

(2) 그러나 인간은 동물보다 훨씬 뛰어나다. 둘 사이에는 점진적인 변이(變移)가 아니라 깊은 단절이 있다. 오늘 날 심리학이 인간의 영혼을 동물의 혼으로부터 해석하려고 하나 그것은 하나님이 창조 행위에 역행하는 길이다. 인간은 하나님께로부터 더욱 멀어질 때 동물의 수준까지 떨어질 수 있다. 우리는 동물들을 통해서 덕과 부도덕의 상징들을 찾을 수 있다. 개는 충성의 상을, 비둘기는 순결의 상, 곧 하나님을 갈구하는 영혼의 마음을 그려주고 있다.

☞ 각 동물의 본능과 성격을 통하여 알 수 있는 것은 무엇인가 말해보자.

개미를 보고 : "아, 그 개미 용감하네"(?)
호랑이를 보고 : "그 놈 되게 부지런하네"(?) 아마, 그렇게 느끼는 사람은 없을 것이다. 황소를 보고는 '힘'을 느낄 것이고, 당당함으로는 사자, 교활하기로는 여우, 기백으로는 말(馬)일 것이다. 벌레는 빈곤의 상을, 비둘기는 순결의 상을 보여준다. 인간과 그 형상이 가장 가까운 원숭이에게서는 무엇을 느낄 수 있는가? 그것은 위로부터 온 영이 없는 육체적 기관의 독특성이 무엇을 의미하는 지를 보여준다. 어쨌든 우리 인간은 이런 동물들의 본능을 보고 깨닫는 점이 많을 것이다.

그런데, 모기는 왜 만드셨지? - 글쎄, 아마 아무데서나 자지 말고 꼭 집에 가서 자라고 만드셨대나봐. 그러면 말미잘, 짚신벌레, 해파리, 고슴도치 등은 왜 만드셨을까? 아, 나도 몰라. 뭐, 징그러운 것도 있어야지 상대적으로 깨끗함을 알게 될게 아닌가?! 전부 '미쓰 코리아' 라면, 글쎄. 아마 재미 없을꺼다.

(3) 그렇다면 천사도 하나님의 피조물인가? 그렇다. 성경은 참으로 천사들이 있다고 가르친다. 천사는 인간적인 상상이나 신비적 창조물이 아니다. 천사는 하나님으로 말미암아 창조되었고, 그의 뜻에 복종하며 그의 종으로 부름 받은 영적 존재라고 가르친다. 천사는 인간보다 지식에 있어서나 능력에 있어서 우위에 있음에도 불구하고 인간들과 천사들 사이에는 큰 차이가 있다. 천사들은 혼들이 아니다. 그들은 육체적 생활을 위해서 의도된 것이 아니고 순전히 영물들이다(히 1:14 참조).

▶ 인간 창조 (1:26~27) ◀

본문도입

인간은 천사와 구별된 존재이다. 그리고 동물과도 전혀 다른 존재이다. 그렇다고 인간은 신이 될 수 없다. 인간은 피조물이기 때문이다. 피조물이지만 인간은 하나님의 형상으로 지음을 받았다. 아름다운 하나님의 창조를 유지하기 위해서는 하나님의 형상을 가진 존재가 필요하다. 그래서 인간은 하나님의 창조 목적을 수행할 대행자로 지음을 받았다.

• **생물** : "생물(נֶפֶשׁ חַיָּה, 네페쉬 하야, living soul)을 그 종류대로" 여기서 '생물' 이란 말은 창세기 2:7에 있는 '생령' 이라는 말과 언어상으로는 차이가 없다. 인간은 하나님이 직접 인간 개인에게 '생기' 를 불어넣음으로써 생겨졌지만, 동물은 그 종류대로 되어지기를 말씀으로 명하여 생겨진 것이다. 만물은 다 하나님의 말씀으로 이루어졌지만, 인간은 하나님의 생기를 직접 받았다. 따라서 인간의 혼은 죽으면 하나님께로 돌아간다(전 12:7). 여기서 '생물'이란 주로 코나 폐로 숨쉬는 동물들을 가리킨다.

1. 인간은 하나님 앞에서 어떤 존재인가?

1:26, 27

(1) 앞에서 본 것처럼 인간은 동물과는 그리고 천사와는 달리 하나님의 형상을 입은 존재이다. 천사가 하나님의 아들들이요 하나님의 힘있는 용사들이며 능력있는 군사들인반면 인간은 하나님의 종족이다. 한 식구라는 말이다. 하나님은 영원한 경륜 가운데 창조를 계획하셨다. 그것은 하나님의 기쁘신 뜻이었다. 이제 그 계획대로 마침내 무한한 우주를 창조하셨다. 그런데, 하나님은 하나님의 창조 목적을 수행할 대행자가 있어야 했다. 무한한 지혜와 권능으로 지으셨기에 그 우주를 관할할 자도 아주 특별한 존재로 만드셔야 했다.

(2) 그렇다면 인간을 어떤 존재로 만들어야 할까? 이제 이 모든 피조물들이 해야할 일은 자신의 창조자를 기억하여 찬양하며 예배하며, 그 크신 덕과 영광을, 그리고 그 베푸신 모든 은혜와 창조에 대해 감사하는 일이다. 인간은 만물을 지배하면서, 만물을 통하여, 그리고 '자발적인 순종'을 통하여, 하나님의 영광을 드러내야 한다. 아담은 하나님과의 계속적인 교제를 가지면서 만물을 통치해야 한다. 인간은 지음받은 존재이기 때문에 지은 이에게 의존할 수 밖에 없는 존재이다(행 17:28).

그렇다고 해서 인간은 로보트와 같은 피동적인 존재가 아니라 하나님 앞에서 명령을 받으며, 그 명령에 가부간 결단해야 할 존재이며, 물론 그가 결단한 자기 자신의 행위에 책임을 져야 하는 존재여야 한다(수 24:1, 고후 5:20, 갈 6:7-8). 그러므로 인간은 하나님이 지으신 만물을 통치할 대리 통치자(vice-regent)라고 할 수 있다.

צֶלֶם

2. 인간 창조가 갖는 창조의 특이성은 무엇인가?

1:26-27

(1) 하나님은 인간을 하나님의 형상(첼렘, image, צֶלֶם)과 모양(데무트, likeness, דְמוּת)대로 만드셨다. 하나님이 창조하신 우주를 통치할 대리 통치자이기 때문이다. 그러나, 이런 인간 안의 하나님의 형상은 인류의 타락으로 말미암아 인식 불가능한 정도로 손상되었다. 이제 손상된 하나님의 형상은 그리스도 안에서, 그 분의 인격과 사역을 통해 다시 회복된다. 십자가의 그리스도에게로 돌아오는 것만이 인간이 잃었던 하나님의 형상을 다시 찾을 수 있는 유일한 길이다.

1:26a 하나님이 가라사대 우리의 (　　　)을 따라 우리의 (　　　) 대로 우리가 사람을 만들고

(2) 피조물 중에서 유일하게 인간이 갖고 있는 하나님과의 관계는 의도적으로 사용된 '하나님의 형상'이라는 표현이다. 이 말이 다른 피조물들과 구분하여 하나님과 가까움을 표시하는 데 사용할 수 있었던 가장 근접하는 말이다. '모양'이라는 말은 앞의 단어 '형상'이란 말을 더욱 분명하게 정의해 준다. 두 단어를 하나로 묶어볼 때 "비슷하기는 하지만 동일하지 않은 모습으로"라는 것을 의미한다고 볼 수 있다.[1)]

1) 윌라암 라솔, 같은 책, 128면

(3) 위의 설명과 같이 오직 인간만이 하나님과의 사랑과 생명과 결속(結束)의 관계 속에서 창조되었다는 말이다. 하나님은 인격적인 분이신데, 인간도 마찬가지로 그러하다는 말이다. 하나님은 어떤 구체적인 성품들을 가지신다(예; 사랑, 공의, 무소부재, 전지전능 등). 이와 마찬가지로 인간도 어떤 구체적인 성격들을 가진다.

따라서 인간들은 하나님의 윤리적 성품들, 예를 들면 그분의 '의와 거룩'(엡 4:24)과 그분의 '지식'(골 3:10)을 나타내야 한다. 인간은 창조된 세계를 채우고, 경작하고, 다스림으로써 우주적인 관계에서 신적인 기능을 행해야 한다. 물론 창조자의 능력들도 드러내야 한다. 이런 면에서 인간은 왕(vice-regent)으로 창조되었다. 인간은 하나님 왕가(王家)의 구성원으로 창조되었다.[2)] 한 식구로 창조되었다는 말이다.

2) Gerard Van 그로닝겐,유재원 · 류호준 역, 구약의 메시야 사상(기독교문서선교회, 1997), 118-119면

하나님의 왕국(나라)

[잠깐만!] 앞으로 계속되는 설명을 위해 아래 문제를 다루고 나가자.

왕권 사상 어디서부터?

1) 성경의 핵심 주제는 학자들마다 그 주장하는 것이 다르다. 상당히 많은 학자들이 '하나님 나라'가 구약 성경신학의 중심임을 강조한다. 그래서 아담을 첫 번째 '왕적 인물'이라고 주장하기도 한다. 그런데 왕권 사상을 강조하는 학자들 중에는 메시야 사상이라는 성경적 개념을 인간 역사의 과정에서 기원된 것으로 보려 한다. 이런 학자들은 초기 왕권 개념이 원시적 백성들의 법정에서 시작된 것으로 보고 있다.

또 이와 반대되는 주장을 하는 신학자들 중에는 왕권에 관한 연구를 다윗에게서부터 (그의 기름부음, 보좌에 앉음, 왕적 기능들) 시작하려 한다. 그러나 성경에 나타나는 최초의 완전한 왕적 인물에 대한 연구는 창세기 1장에서부터 시작해야 한다. 그 출발점이 이스라엘 왕정 시대의 왕궁이 아니라 에덴 동산이다.

Gerard Van 그로닝겐, 유재원 · 류호준 역, 구약의 메시야 사상(기독교문서선교회, 1997), 117-118면

1. 창세기 1장에서는 꼭 '창조'라는 사실만 강조하고 있을까?

(1) 창세기 1장에서 무엇보다 우선적으로 계시되는 것이 "하나님의 왕국(나라)"이다. 하나님의 왕국 건설이 본 장의 중심 주제라 할 수 있다.[1] 이 세상은 하나님이 창조하셨기에 오직 하나님께만 절대권이 있다고 말씀하신다. 즉, '하나님의 왕국'은 만물(萬物)이 복종되어지는 동시에 인간이 하나님께 자발적인 순종을 해야 하는 왕국이었다. 하나님은 왕이시고, 인류(아담과 그 후손을 통한)는 그의 백성이었다.

(2) 하나님은 에덴 동산을 만드시고 여기에 대리 통치자를 두셔서 그를 '아담'(혹은 사람, 인류)이라 하시고, 창세기 1:28에 나와 있듯이 땅을 정복하고 모든 생물을 다스리는 책임을 주셨다. 그러므로 에덴 동산은 하나님의 나라의 완성을 향해 가는 시발점이다. 만약 인류가 타락하지 아니했다면 완성으로서의 천국은 그 길이 매우 순조로웠을 것이다.

2. 하나님은 아담이 이 책임을 억지로 수행하지 않고 기쁘게 수행하도록 그와 '언약'을 맺으시고 자발적인 순종으로 일하게 하셨다.

(1) 하나님께서 자신의 형상과 모양으로 인간을 창조하실 때, 하나님 자신과 인간 사이에 생명의 결속의 관계를 세우셨다. 이러한 관계가 하나님의 언약의 본질적인 측면이다. 그러면 왜 꼭 '언약'의 방법대로 인간과 결속(結束)하시는가? 하나님은 자신이 지은 아담을 교제의 당사자로 보신다. 즉 하나님과 아담 사이를 부모와 자녀의 관계로 교제하기를 원하신다. 당사자를 인격자로 보시기 때문이다. 서로 책임을 지는 존재, 그러기 위해서는 서로 언약을 맺는 것이 필수적이다. 2장에서 조금 더 자세히 취급하자.

(2) 불행히도 이 땅의 '하나님의 왕국'은 첫 아담의 타락으로 붕괴되어졌다. 그러나 완전히 붕괴된 것은 아니었다. 이 왕국은 둘째 아담되신 예수 그리스도에 의해 다시 건설되게 된다. 이 하나님의 나라가 역사의 단계마다 어떻게 나타나는 가는 앞으로 계속 살펴보게 될 것이다.

그러면, 인간이 해야 할 일은? (1:28)

본문도입

사람은 하나님의 계획 속에 창조되었다. 사람을 창조하신 후에 하나님은 사람에게 명하셨다. 무엇이라고 명하셨나? – "생육하라, 번성하라, 충만하라, 정복하라, 다스리라." 아래의 구문을 주의 깊게 살펴보자.

1. 그렇다면 하나님의 형상인 인간이 해야 할 일은 무엇인가? 즉, 축복과 사명은 무엇인가?

구문: *by* 채호덕

26 하나님이 —— **가라사대**…하시고
/우리가 —— **만들고(עָשָׂה)**[1]
/사람을
/형상을 따라①
/우리의
/모양대로②
/우리의

> 1) 하나님의 계획 :
> 우리가 사람을 만들자!
> 어떤 모양으로?
> ① 우리의 형상을 따라,
> ② 우리의 모양대로

그(들)[2]로 —— **다스리게 하자**[3]
/바다의 고기와 공중의 새와 육축과 온 땅과 땅에 기는 모든 것을

27 하나님이 —— **창조하시되(בָּרָא)**
/사람을[4]
/자기 형상 곧 하나님의 형상대로
창조하시고
/남자와 여자를

28 하나님이 —— **복을 주시며**
/그들에게
이르시되[5] …하시니라
/그들에게
/생육하고 ①
/번성하여 ②
/충만하라 ③
/땅에
/정복하라 ④
/땅을
/다스리라 ⑤
/바다의 고기와 공중의 새와 땅에 움직이는 모든 생물을

> 5) 하나님께서 사람에게 하신 명령 :
> ① 생육하라!
> ② 번성하라!
> ③ 충만하라!
> ④ 정복하라!
> (②~④: 이 세 동사는 표현만 다를 뿐 '많다'는 의미의 강조이다.)
> ⑤ 다스리라!
> /바다의 고기와
> /공중의 새와
> /땅에 움직이는 모든 생물

2) 여기서 '사람'을 "그들"이라는 복수형으로 썼다. 뒤이어 27절에 나오는 남성과 여성으로 다스리게 하셨다.

3) 하나님의 목적 :
그가 다스리게 하자!.
무엇을? - 고기, 새, 육축, 온 땅, 모든 것

4) 사람을 만드신 과정은 2:7에서 언급되었다. 2:7에서는 사람을 지으시려는 계획과 목적 등을 알 수 있다.

2. 위의 분석에서 보는 것처럼 하나님은 위대하고 영원한 계획을 갖고 계셨다. 신약에서는 이를 '경륜'(οἰκονομία, 오이코노미아)이라고 표현했다(엡 1:10, 3:2, 9 골 1:25). 여기서 '경륜' 이란 용어는 하나님의 의중(意中)에 가지고 계신 영원한 계획과 작정(목적, 혹은 뜻)과 그것들을 이루시는 '방법'을 가리킨다.

창조와 그 목표

1. 그렇다면 왜 하나님은 이 우주를, 그리고 인간을 창조하셨을까?

(1) "인간의 행복을 위하여"라는 주장이 있다 : 주로 플라톤, 세네카, 필로 같은 고대 철학자들이 주장했다. 종교개혁 시대에는 주로 인문주의자들, 그리고 18세기에 와서 칸트, 슐라이어막허, 릿츨 같은 이성주의자들에 의해 주장되었다.[1)]

위 주장의 문제점은 무엇일까?

① 피조물이 하나님을 위하여 존재하는 것이 아니라 하나님이 피조물을 위하여 존재한다는 점이 문제가 있다.

② 그렇다면 왜 인생에게 많은 고통과 악함이 있는가?

③ 성경에 이에 대한 구절이 없다.

(2) 둘째, "하나님의 영광을 위하여, 그리고 피조물의 행복을 위하여" 창조했다는 주장이다. 스트롱의 설명을 들어보자.

- A.H. Strong : "창조의 궁극적인 목적이 하나님의 영광인 동시에 종속적인 목적은 피조물의 행복이다. 하나님의 영광의 선포는 또한 그의 피조물들에게 향한 모든 복리(福利)를 포함한다."

- 사 43:7, 사 60:21, 롬 11:36, 계 4:11을 읽어보자.[2)]

2. 하나님은 꼭 인간을 창조해야 될 필연적 이유가 있지 않으셨다. 왜냐하면 그는 "모든 일을 그 마음의 원대로 역사하시는 자의 뜻을 따라"(엡 1:11) 역사하시는 분이시기 때문이다.

1) 하문호, 기초교의신학(신론), 도서출판 그리심

2)
- 이사야 43:7 "무릇 내 이름으로 일컫는 자 곧 내가 내 영광을 위하여 창조한 자를 오게 하라 그들을 내가 지었고 만들었느니라."
- 이사야 60:21 "네 백성이 다 의롭게 되어 영영히 땅을 차지하리니 그들은 나의 심은 가지요 나의 손으로 만든 것으로서 나의 영광을 나타낼 것인즉"
- 로마서 11:36 "이는 만물이 주에게서 나오고 주로 말미암고 주에게로 돌아감이라 영광이 그에게 세세에 있으리로다 아멘."
- 계시록 4:11 "우리 주 하나님이여 영광과 존귀와 능력을 받으시는 것이 합당하오니 주께서 만물을 지으신지라 만물이 주의 뜻대로 있었고 또 지으심을 받았나이다 하더라."

하나님의 형상대로

그밖에 형상에 관한 용어

① 빌립보서 2:6-8을 읽어보자.

- 본체, 형상(μορφή 모르페) - 그리스도의 인격에 실제적이고도 불가분리적으로 보존되어 있는 하나님의 성품이다(E.H. Gifford).
- 형체(ὁμοίωμα 호모이오마) - 같은 종류의 사물들 간의 관계를 말한다(Lightfoot).
- 모양(σχῆμα 스케마) - 모르페(형상)와 대조되는 것으로, 모르페가 본래적이고 본질적인 것이라면, 스케마는 우연적이고 외부적인 것을 말한다(Lightfoot).
- 에이콘(εἰκών 형상) = 구약의 '첼렘' 에 해당되는 단어(마 22:20, 골 1:15) - 원형(原形)과 상사(相似 - 모양이 서로 비슷한 것)를 의미한다.
- 에이도스(εἶδος 형상) - 가시성(visibility)을 강조한다.

- 엡 4:24 "하나님을 따라 의와 진리의 거룩함으로 지으심을 받은 새 사람을 입으라."
- 골 3:10 "새 사람을 입었으니 이는 자기를 창조하신 자의 형상을 좇아 지식에까지 새롭게 하심을 받는 자니라."

1) 인간의 구조적 본성에 대해서는 최홍석, 죽음의 정의와 뇌사, 신학지남(2003년 겨울호, 통권277호), 53면 이하를 참조해 보자.

1. 하나님은 그의 영원하신 경륜을 따라 위대한 계획을 세우셨다. "자, 우리가 사람을 만들자." '어떤 모양으로 만들까?'

כִּדְמוּתֵנוּ	בְּצַלְמֵנוּ	אָדָם	נַעֲשֶׂה	אֱלֹהִים	וַיֹּאמֶר
after our likeness	in our image	man	Let us make	God	said, And

☞ 아래의 설명은 동 교재, 창세기(하), 부록에 실려 있는 "하나님의 형상대로"라는 특강의 내용을 다시 수정 정리한 것입니다.

(1) 인간은 이 땅의 것으로 만족할 수 있는 존재인가?

물론 아니다. 인간은 비록 두 발은 땅 위를 딛고 있지만 그 머리는 위를 향하여 있고, 그의 눈은 하늘 꼭대기를 향하고 있는 존재이다. 인간은 감각적이고 일시적인 것에 만족하지 않고 영적이고 영원한 하늘의 선한 것을 추구하는 존재이다. 하나님의 형상대로 창조함을 받았기 때문이다. 그렇다면 형상과 모양이라는 말은 무슨 뜻일까?

(2) 형상 - (צֶלֶם, 첼렘, image) : '베다, 짜르다' 라는 단어에서 유래, 또는 '새기다' (to carve), 혹은 '탁마' (琢磨, to cut)에서 유래되었다.

모양 - (דְּמוּת, 데무트, likeness) : '~와 비슷하다' 는 단어에서 유래

(3) 창세기 1:26의 형상과 모양이라는 단어가 창세기 5:1에서는 '모양'(데무트, likeness)으로만 되어 있다(개역성경은 '형상' 으로 되어 있음, 공동번역은 '모습'). 창세기 9:6에서는 '형상' (첼렘, image)이라는 단어로만 되어 있다. 따라서 두 단어가 의미하는 바와 같이 사람은 하나님의 형상을 가진 존재이며, 하나님을 대표하는 존재임을 알 수 있다.

(4) 학자들은 하나님의 형상을 다음과 같이 정의하고 있다.[1)]

- 좁은 의미 : 범죄 후의 잃어버린 하나님의 형상으로 "참 지식, 의(義), 성(聖)" 등을 말한다(엡 4:24, 골 3:10*).

• 넓은 의미 : 범죄 후에도 아직 남아 있는 하나님의 형상으로서 다른 동물들에게서는 발견할 수 없는 이성과 지성과 양심, 그리고 만물통치권 등을 말한다.[1)]

1) 하문호, 교의신학(인간론), 도서출판 그리심, 65-75면.

2. 그러면, 어떤 면에서 인간은 하나님과 닮은꼴이란 말인가?

① 창 1:26 –"온 땅과 동물들을 다스리라." 이런 통치력을 행사하는 면에서 사람은 하나님과 같다고 할 수 있다. 하나님의 형상대로 창조하신 목적이 만물을 다스리게 하심이었다.

② 또다른 면은 사람이 남자와 여자로 창조되었다는 데 있다. 남자는 여자와 동반자적 관계[2)]가 필요한 존재이며, 사람이란 사회적 존재(social being)이며, 남자는 여자를, 여자는 남자를 서로 보완한다는 의미에서 사람은 하나님을 반영하고 있다.

2) 여성도 남성과 동등하게 왕으로서 창조되었다. 그러나 여성에게는 왕적 지위와 기능에서 자신이 분담하는 구체적이고 독특한 역할이 주어졌다(Gerard Van 그로닝겐). 하나님은 인간들을 창조하시되, 남자만도 아니고, 배제적으로 여자만도 아니고 두 사람이 상호결합되고 상호 의존하는 상태에서 하나님의 똑같은 모양의 전달자이다.

③ 창 1:28 – 하나님이 사람을 축복하시고 그들에게 사명을 위탁하셨다는 사실로부터 우리는 사람이 인격을 소유한 영적 존재이며, 동시에 책임을 지니고 있는 인격적 존재라는 점에서 하나님을 닮았다고 할 수 있다.

3. 동물과 인간이 다른 점은 무엇인가?

동물에게는 참다운 것, 선한 것, 아름다운 것에 대한 개념을 갖고 있지 않다. 이들이 소유하고 있는 것이란 감각적인 의식이나 욕구이지, 그 감각적인 것을 통해서 만족한다든지, 영적인 것에 이를 수 없다. 인간 역시 동물들과 똑 같이 감각적인 욕구를 가지고 있다. 그러나 인간은 이런 욕구의 세계를 넘어 이성과 양심에 의해서 높고 다른 선한 곳에 이르고자 하는 의지를 받았다. 인간은 사고할 수 있고, 감각적인 표상(表象)의 세계에서 비물질적인 사상의 세계와 영원한 이념의 영역에까지 올라갈 수 있도록 총명(understanding)과 이성(reason)을 부여받았다.[3)]

3) H. 바빙크, 원광연 역, 개혁교의학 개요, 크리스챤다이제스트, 제12장 사람의 기원, 본질, 그리고 목적, 219면 이하.

4. 타락 이후 하나님의 형상은 상실되었는가?

① 타락 후 인간 안에 있던 하나님의 형상이 손상(損傷)되었다고 말할 수 있다. 그러나 상실되었다고는 말하지 않는다. 창세기 5:3을 보자. 아담이 타락한 이후인데도 자기의 모양, 자기의 형상대로 아들을 낳았다고 했다. 아담은 아들 셋을 낳고, 자기의 모양 곧 자기 형상과 같은 아들을 낳았

다고 기록하고 있다. 그렇다면 셋도 하나님의 형상을 지니고 있음에 틀림없다. 더욱이 성경은 아담의 본성의 타락으로 인하여 부패되고 오염되었기에, 이러한 부패와 오염을 자기의 아들에게 전가시켰을 것이라고 추측할 수 있다.

② 창세기 9:6을 보자. 물론 홍수 이후다. 하나님은 노아에게 약속하신다. 다시는 사람 때문에 땅을 저주하는 일은 없을 것이며, 오히려 인류를 구속하기 위한 자기의 목적을 이루시기 위하여 땅을 보존할 것이라고 하신다(8:20-22). 그래서 다시금 번성하고 땅을 채우라는 명령이 반복되고 있다(창 9:1). 그리고 동물이 사람을 두려워하게 될 것이며(2절), 사람들은 동물들을 먹어도 된다는 허락이 암시적으로 주어진다(3절). 그러나 피채 고기를 먹지 못하도록 금하신다. 그리고 사람을 죽인 짐승이나 동료인간을 죽인 사람은 모두 피값을 지불해야 할 것을 명하신다(5절). 왜 다른 사람을 죽이면 안되는가? 그것은 그가 '하나님의 형상' 을 지니고 있기 때문이다. 아니 그 보다는 사람이 곧 '하나님의 형상' 이기 때문이다.[1] 시편 8편과 야고보 3:9을 읽어보자.[2]

5. 그러니까 인간은 하나님의 형상대로 창조되었지만, 죄 때문에 지식과 의와 거룩의 고상한 속성들을 잃어버렸다. 그러나 그에게 주신 선물 중 아직도 "작은 잔여물"이 현재 남아 있다. 이것으로도 그에게 모든 죄책을 느끼기에 충분하다는 말이다.

하나님에게는 겉으로 볼 수 있는 그 분의 고유한 '형상' (테무트)이 있다. 모세는 그 형상을 보았다(민 12:8, 시 17:15와 비교). 그러나 하나님을 눈에 보이는 사물로 바꾸어 놓을 소지가 있는 사람들에게는 허용하지 않으셨다(신 4:12).

6. 그러면, 구원받은 우리는? 내부적으로는 물론(엡 4:24*), 외부적으로도(빌 3:21*) 자기를 창조하신 자의 형상을 좇아 새롭게 될 것이다. 이는 바로 그들 속에 그리스도의 형상이 이루어지게 되는 것이다(갈 4:19). 그리스도는 하나님의 형상인데(고후 4:4), 인간은 바로 이 하나님의 형상으로부터 타락했을 것이고, 예수 그리스도는 다시 자신의 형상으로 재창조하기 위해(고후 3:18), "죄 있는 육신의 모양(ὁμοιώμα)" 으로 오셨다(롬 8:3).

1) H. 바빙크, 위의 책, 제12장 사람의 기원, 본질, 그리고 목적, 246면 이하.

2)
- 시편 8편 - 물론 이곳에는 '하나님의 형상' 이라는 말은 안나오지만 하나님의 형상대로 지음 받은 인간을 말하고 있다. "주께서 사람을 '하나님' 보다 약간 못하게 하시고 영광과 존귀로 그 머리에 관을 씌우셨나이다"(5절). 창 1:27-28의 말씀을 반영하고 있다.
- 야고보서 3:9을 보자. "…이것으로 우리가 주 아버지를 찬송하고 또 이것으로 하나님의 형상대로 지음 받은 사람을 저주하나니"

- 엡 4:24 "하나님을 따라 의와 진리의 거룩함으로 지으심을 받은 새 사람을 입으라."
- 빌 3:21 "그가 만물을 자기에게 복종케 하실 수 있는 자의 역사로 우리의 낮은 몸을 자기 영광의 몸의 형체와 같이 변케 하시리라."

하나님의 형상대로 회복되어야 할 필요성

① 롬 8:29 - 죄로 타락한 인간은 하나님의 원래의 형상으로 회복되어야 할 필요가 있다. 이들로 아들의 형상, 다시말해 하나님의 형상을 닮아가게 하시는 것이 하나님께서 우리를 향하신 예정하신 목표다.

② 고후 3:18 - 그런데 이러한 변화는 이 세상에서 계속 이어지는 과정이며(영광에서 영광으로 이른다), 이러한 역사는 성령의 역사라고 강조하고 있다.

③ 골 3:9,10 - 하나님의 형상을 닮아 점점 자라가야 한다는 말은 "옛사람"을 벗어버리고 "새사람"을 입는다는 말로도 표현할 수 있다. 엡 4:22-24도 읽어보라.

④ 마지막으로, 하나님의 형상대로 자라가야 한다는 말은 온전한 형상이신 예수님처럼 닮아가야 한다는 말이다. "우리가 흙에 속한 자의 형상을 입은 것 같이 또한 하늘에 속한 자의 형상을 입으리라"(고전 15:49). 요일 3:2도 보라. 비록 인간은 감각적인 땅의 것이요 제한된 존재요, 죽을 존재이지만, 그러함에도 불구하고 영원한 것에 목적을 둔 존재요, 영원한 것을 찾도록 의도된 존재이기에 그 존재의 목적이 있다.

히브리서 1:3을 보라. "이는(아들은) 하나님의 영광의 광채시요, 그 본체의 <정확한> 형상이라." '정확한 형상' (χαρακτήρ, 카락테르) : 주화(鑄貨)는 그 주화를 만들어낸 원판과 똑같이 복사되어 나온 것이다. 이와같이 그리스도는 아버지를 정확히 복사한 분이시다. 그리스도는 하나님의 완전한(정확한) 형상이시다. 그가 성육신 하실 수 있으셨던 것은 사람이 하나님의 형상대로 지음을 받았기 때문이다. 그는 전혀 죄가 없으셨기에(히 4:15), 우리는 그리스도 안에서 완전한 상태에 있는 하나님의 형상을 보게 된다.

그러므로 인간은;

- 인간은 아직도 하나님의 형상을 소유하고 있는 존재이다.
- 하나님의 형상은 죄로 인해 형편없이 부패되고 오염되어 있다. 따라서 인간은 하나님의 형상으로 회복되어져야 할 존재이다.
- 그러나 성령의 새롭게 하시고 거룩케 하시는 사역이 없이, 인간 본성 자체로서는 하나님을 왜곡되게 닮을 수밖에 없다.
- 우리는 점차 성화의 과정을 통해 회복되어 질 것이다. 물론 완전한 성화는 이 세상에서 이루어지지 않는다.

종교명령과 문화명령

1. 인간은 만물을 다스려야 할 대리 통치자이기에 하나님이 부여하신 무한한 지혜를 가지고 하나님이 주신 문화명령을 지켜야 할 것이다. 이제, 하나님의 축복으로 인간은 그 숫자가 증가될 것이고, 인간은 땅을 정복해야 할 것이다.

(1) 28절의 '정복하다'(카바쉬, כָּבַשׁ)라는 말은 '지배하다, 억압하다, 짓밟다' 등의 뜻도 있으나 여기서는 26절의 내용과 같이 '다스림(통치)'이라는 의미이다. 그에게 모든 창조를 계발(啓發)하고, 하나님의 창조를 다스려야 할 책임이 주어졌다. 만일, 사람이 계속하여 하나님을 영화롭게만 한다면(종교 명령), 세상은 인간으로 인해 축복을 받게 될 것이었다. 하나님과 인간 사이의 언약 관계가 의도된 대로 제 가능을 다한다면 인간은 복을 받을 것이다. 인간은 하나님의 형상 대로 창조되었기에 만물을 다스리면서(문화 명령), 자발적으로 하나님을 영화롭게 할 수 있었다. 그가 옳은 방향

으로 다스리기만 한다면 말이다. 그러나 타락하고 만다. 물론 타락 이후에도 이 명령은 계속 지켜져야 했다(창 9:1).

(2) 그렇다면 하나님께서 인간에게 내리신 문화명령들은 구체적으로 어떤 것인가? (28절을 자세히 보자.)

◐ 문화명령(인간과 만물관계) : 이런 인간에게 하나님은 그가 만드신 만물을 맡기시고 그 통치권을 부여하셨다. 그래서 하나님의 형상대로 지으셨다. 하나님의 대리 통치자로서 인간은 지구를 정복하고 모든 생물을 다스려야 할 책임이 있다. 그 독특한 책임, 곧 문화명령을 주신다:"생육하고 번성하고 다스리라." 이것은 수평적인 차원에서 명령이다.

하나님이 ― **복을 주시며** (바라크, ברך) – 축복하다, 복을 주다, 찬양하다
/그들에게
― **이르시되** …하시니라
/그들에게
/생육하라 (파라, פרה) - 열매 맺다, 다산하다, 결실 풍부하다
/번성하라 (라바, רבה) - 많다, 크다, 증가하다
/충만하라 (마라, מלא) - 채우다, 가득차다, 충만하다
/땅에
/땅을 정복하라 (카바쉬, כבש) - 정복하다, 속박하다, 강요하다.
/다스리라 (라다, רדה) - 밟다, 다스리다, 지배하다.
/바다의 고기와 공중의 새와
땅에 움직이는 모든 생물을

2. 위의 내용과 같이 우주에 대한 인간의 관계를 설명하고 있다. 즉 인간의 왕적 능력과 감독을 가리키는 용어들이 사용되었다.

(1) '생육하라, 번성하라, 충만하라, 정복하라, 다스리라'는 명령 등을 보면 인간이 이것들을 지킬 수 있는 능력이 있음을 확증해 준다. 또한 남자와 여자는 모두 왕적인 존재로 지음 받았다. 이들은 서로와의 관계 속에서 자신들의 왕권을 행사해야 한다.

(3) 여기 나오는 명령 외에 창세기 2:16-17에서도 인간은 주권자이신 창조주 여호와의 관계를 어떻게 지속해야 하는가를 명령하셨다. 이 명령을 지킴으로써 인간은 하나님의 뜻 안에서 살아야 한다. 또한 하나님은 창조 질서 속에서 인간이 지켜야 할 3가지 규례를 주셨는데, 즉 ① 안식일과 ② 결혼과 ③ 노동이다.

물론 이는 하나님이 정하신 것이어서 반드시 준수해야 할 책임이 인간에게 있다. 특별히 우리는 여기에서 두 가지 변개(變改)할 수 없는 명령이 있음을 발견한다. 어떤 명령(사명)일까?

① **종교명령**(하나님과 인간관계) : 하나님의 형상인 인간은 창조주인 하나님을 마땅히 섬기고 사랑하며 그의 창조의 의도를 이 땅에 펼쳐가는 '종교명령'을 가진 피조물이다. 그 어떤 동물도 이런 종교적 본성을 갖고 있지 못하다.

② **문화명령**(인간과 만물관계) : 이런 인간에게 하나님은 그가 만드신 만물을 맡기시고 그 통치권을 부여하셨다. 하나님의 대리 통치자로서 인간은 지구를 정복하고 모든 생물을 다스려야 할 책임이 있다. 그 독특한 책임, 곧 문화명령을 주신다: "생육하고 번성하고 다스리라."

3. 결론으로, 인간 창조 기사에서 강조점은 무엇인가?

(1) '인간은 왕이 되고, 왕의 지위를 가지며, 주권적 창조주요 통치자와 더불어, 그리고 그분 아래서 왕으로 창조된 자들로서의, 다시 말해 대리인의 역할을 하도록 창조되었다.'[1)]

(2) 이런 왕권 개념은 성경 전체를 통하여 확연하게 반복되거나 암시적으로 나타나 있다.

예, ① 창세기 9:1-7 (노아와 그 아들들에게)
② 시편 8편 (인간을 영화와 존귀로 관씌우셨다)
③ 고전 6:3 (구속 받은 인간이 천사를 판단하게 될 것이다)
④ 인간의 원래 왕적인 성격, 지위, 직무에 대한 내용이 '타락한 인류가 완전히 구속과 회복을 말하는' 신약의 많은 단락에서 분명히 나타난다(주로 계시록에서)

4. "하나님, 먹을 것은 안주시나요?" 그럴 리가 있나! 29-30절을 자세히 읽어보고 무엇을 주셨는가 보라. 처음부터 육식을 허락하셨는가?

1:29, 30

인간에게는 육식이 허용되지 않았음을 알 수 있다. 물론 동물 세계에도 강한 놈이 약한 놈을 잡아 먹고 살라고 지으신 것은 아니다. 그런데 TV에 나오는 '동물의 왕국' 시간에 보면 강한 놈이 약한 놈을 마구 잡아먹는 모습

1) Gerard Van 그로닝겐, 유재원·류호준 역, 구약의 메시야 사상(기독교문서선교회, 1997), 124면.

을 볼 수 있다. 물론, 이런 일은 인간이 타락한 후에 온 결과이다. 짐승들이나 인간은 처음에는 초식을 취했을 것이다. 그러나 만물을 총괄하여 다스려야 하는 하나님의 대리 통치자가 타락했으니, 자연히 그가 거하는 세상에도 부패가 들어왔다. 유순했던 동물들이 맹수가 되고, 식물계 또한 최초의 풍성했던 열매들을 제대로 산출하지 못했을 것이다. 인간과 동물 그리고 동물간의 화목이 깨어지게 되었다. 죄악이 크게 역사하여 창조계는 가시와 엉겅퀴를 내게 되었다. 인간에게 육식은 노아 창조 이후 허락하신다(창 9:2).

창조 기사가 다른 성경에 어떤 영향을 주었을까?

1. 이사야 40:12-31은 앗수르의 핍박에 지쳐 있는 이스라엘 백성을 위로하기 위해 하나님이 홀로 이 땅을 창조하지 않았느냐고 증언한다. 하나님은 결코 우상이 아니라고 잘라 말하면서 아직도 하나님이 이스라엘을 사랑하고 계심을 증언한다(44:24).

2. 아모스는 죄의 심판이라는 위협과 선언을 강조하기 위해 3개의 창조시를 사용한다 : 아모스 4:13, 5:8-9, 9:5-6 / 아모스는 창조주를 향하여 회개하고 돌이키는 일이야말로 도래할 비극을 피할 수 있는 유일한 길이라고 선포한다(암 5:8-9).

3. 몇몇 시편들은 하나님의 비교불가성(比較不可性), 불변성을 노래하면서 여호와를 창조주로 경축한다(시 136:5-9, 89:5-9). 시편 8편, 47편, 91편, 93-99편에서는 하나님의 위대하심이 온 땅을 초월하시면서도 온 땅에 충만하다고 노래한다.

4. 욥기 28장과 잠언 8장은 창조주이신 하나님의 솜씨가 그 누구와도 비교할 수 없는 지혜를 증명해 준다고 주장한다(욥 28:25-26). 욥기 8:22-36은 하나님의 지혜를 살피기 위해 온 만물의 창조에로까지 거슬러 올라간다. 하나님이 무한한 지혜를 사용하셔서 온 만물을 창조하셨기 때문이다.

▶ 이런 창조 기사들은 하나님의 위대하심을 강조한다. 이러한 강조는 하나님의 형상들 - 조성자, 심판자, 주인, 현인과 같은 형상들 - 을 반영해 주는 성경의 하나님 상을 완성시켜준다. (폴 R. 하우스, 구약신학)

창세기 1 장 요약 정리

이번 과에서 배운 내용을 요약 정리해 보세요.

요약질문

- 태초는 언제를 가리키는가?
- 하나님은 무(無)에서 이 우주를 창조하셨다. 이방인의 창조관과 어떻게 다른가? '만물이 어디서부터 왔는가'라는 물음을 과학이 결코 대답하지 못한다.
- 창조 직전의 상태를 어떻게 묘사하고 있는가? (2절)
- 1:1-2절의 창조가 첫째 날에 포함되는가? (H. 바빙크, 하나님의 큰 일, 제 11장)
- "혼돈"(tohu)이란 어떤 상태를 말하는가?
- "공허하며"(bohu)란 어떤 뜻인가?
- 2절의 땅은 25b절의 땅과 어떻게 다른가?
- 다양한 창조설이 있다. 재창조설(Gap theory)이란 어떤 학설인가? 특강을 보고 설명해 보라.
- 하나님은 천지만물을 무엇으로 창조하셨나? (3, 6, 9, 11, 14, 24절) - 참고 : 요 1:1-3
- "하나님이 보시기에 좋았더라"라는 말은 어떤 뜻인가? 단순한 아름다움만을 말하는 것인가?
- '날'(욤)에 대한 다양한 견해가 있다. 어떤 견해들이 있는가? 24시간설, 시대설, 문학적 구도설 등
- '하나님이'라는 단어에 색깔을 칠해보자. 여기에서 우리는 무엇을 느끼는가? 하나님의 절대주권에 대해 이야기해 보라.
- 이방 신화에는 그들 나름대로의 창조설화가 있다. 조사연구하여 발표해 보자.

- 왜 하나님은 인간을 자기의 형상대로 창조하셨는가? (26절하)
- 형상과 모양은 어떤 뜻인가?
- "우리가 사람을 만들자"에서 '우리는' 누구를 가리키는가?
- 인간은 무엇을 다스리는가? (26절)
- 하나님이 인간에게 하신 명령은 무엇인가? (28절)
- 문화명령과 종교명령의 개념을 정리해 보라.

Summary

2절 : 땅(earth, 에레츠, אֶרֶץ) : 지구, 대지, 육지, 영토

25b절 : "땅(아다마, אֲדָמָה)에 기는" : 흙 - 여기서는 개간되며, 경작이 가능한 토지, 육지, 땅을 말한다.

연구과제

(1) 진화론은 어떤 학설인가?
(2) 아담 전에도 인간이 있었다는 주장이 있는데?
(3) 창조에 대한 다양한 학설
(4) 형상과 모양
(5) 하나님의 나라 (천국)에 대한 개념 정리
(6) 문화 · 종교명령이란 무엇인가?

문화 명령이란?

문화 명령
(Cultural Mandate)

1. 문화명령이란 무엇인가? 먼저 창세기 1:26-28을 자세히 읽어보자.

하나님은 창조 질서 속에서 인간이 지켜야 할 3가지 규례를 주셨다. 즉 **안식일**, **결혼**, **노동**이다. 물론 이는 하나님이 정하신 것이어서 반드시 준수해야 할 책임이 인간에게 있다. 특별히 여기서 노동은 인간의 의무이며 축복이 된다. 하나님의 형상으로 창조된 인간은 이 세상을 정복하고 모든 생물을 다스릴 책임이 있다. 따라서 이 노동(섬김)의 개념은 창세기 1:26-28의 명령과 밀접하게 연결된다. 우리는 여기에서 두 가지 변개(變改)할 수 없는 명령이 있음을 발견한다. 어떤 명령(사명)일까?

(1) **종교명령**(하나님과 인간관계) : 하나님의 형상인 인간은 창조주인 하나님을 마땅히 섬기고 사랑하며 그의 창조의 의도를 이 땅에 펼쳐가는 '종교명령'을 가진 피조물이다. 그 어떤 동물도 이런 종교적 본성을 갖고 있지 못하다. 인간은 만물을 다스리면서 하나님의 영광을 드러내는 존재이다. 종교란 수직적인 차원에서 창조주 하나님과 인간을 묶어 연결하는 행위를 말한다.

(2) **문화명령**(인간과 만물관계) : 이런 인간에게 하나님은 그가 만드신 만물을 맡기시고 그 통치권을 부여하셨다. 그래서 하나님의 형상대로 지으신 것이다. 하나님의 대리 통치자로서 인간은 지구를 정복하고 모든 생물을 다스려야 할 책임이 있다. 그 독특한 책임, 곧 문화명령을 주신다: "생육하고 번성하고 다스리라." 이것은 수평적인 차원에서 명령이다.

2. "생육하고 번성하여 땅에 충만하라"는 의미는 무엇일까?

물론 이 말은 자녀들만을 많이 낳으라는 단순한 의미가 아니다. 인간은 하나님의 형상이기에 창의성과 재능을 가지고 있다. 에덴 동산은 바로 창의력을 발휘할 수 있는 최고의 장소였다. 이 명령 수행은 창조물 속에서 인간의 잠재능력을 최대로 발휘해서 모든 가능한 것을 이끌어내는 문화계발과 문화창달을 의미한다. 이 명령이 제대로 지켜진다면, 즉 인간의 역사가 하나님의 뜻대로만 진행된다면 인간의 지구 지배는 이루어졌을 것이다. 그러나 인간은 타락하고 만다. 생육하고 번성하고 땅에 충만하라는 이 명령은 다른 지시들과 더불어 노아와 그 가족에게 반복된다(창 9:9:1-7).

3. 역사 속에서 문화명령은 어떻게 나타났는가?

인간의 타락은 하나님과 인간 사이의 관계에 변화를 가져왔다. 따라서 문화명령에도 변화를 가져왔다. 인간은 죄로 인해 하나님과의 방향성을 상실했고, 마땅히 찬양을 받으셔야 할 하나님을 "썩어질 사람과 금수와 버러지의 형상"(롬 1:23)으로 바꾸어버림으로써 인간 문화의 모든 영역이 하나님 없는 문화를 만들어 가게 되었다. 이제 이 세상은 문화를 발전시키지만 하나님과는 관계가 없는 문화를 창출해 낼 뿐이다.

4. 그러나 이제, 그리스도 안에서의 구속으로 말미암아 그 방향성이 다시 제자리를 잡는다. 따라서 문화명령은 최초의 의도대로 다시 지켜져야 한다. 그리스도 안에서 구속은 죄인과 하나님과의 끊어진 관계를 다시 연결시켜, 종교의 방향성을 회복시켰기 때문이다. 이제 크리스찬은 하나님의 영광을 위하여 우리에게 주신 가정, 사회, 문화, 경제, 정치 등의 모든 삶의 영역에서 하나님의 진정한 의도가 드러나도록 매진해야 한다. 문화적 사명(명령)은 시간적인 차원에서 '역사'라고 불리우는 진행과정을 가리키는 암시적인 뜻이 있다. 인류의 역사는 하나님이 원하시는 방향과는 늘 다른 방향으로 흘러갔지만, 하나님은 주도권을 가지고 그가 예정하신 목표에로 이끌어가신다. 그 과정에서 하나님은 일꾼들을 부르신다. 그리고 특별한 임무를 주신다. 어떤 사람은 그 임무에 아주 충실하고, 어떤 사람은 게으름을 피운다.

<읽어볼 책 : 데오도르 플랜팅어, 성경과 구원역사, 여수룬>

52 확대경(No. 2)

하나님의 경륜

οἰκονομία

☞ 하나님의 창조 경륜이란 무엇인가? 하나님은 왜 이 우주와 인간을 창조하려고 계획하셨을까? 창조의 궁극적인 목표는 무엇일까?

1. 경륜(經綸)이란 무엇인가?

(1) 경륜이란 헬라어 '오이코노미아'(οἰκονομία)란 말을 번역한 것이다. 이 단어는 헬라어에서 가정을 관리하는 것에 대해 사용한다. 이 단어는 감독(direction), 대비, 준비(provision), 관리, 행정(administration)이라는 뜻을 가지고 있다(킷텔 단권 사전, 요단).

첫째로, 가정을 관리하는 책임과 그 임무를 수행하는 것에 대해 사용되었다(눅 16:2ff). 바울은 이 단어를 사도적 임무를 수행하는 것에 적용시켰다(고전 9:17, 골 1:25, 엡 3:2). 이 사도적 임무는 하나님이 주신 것이며 교회를 섬기는 일이었다.

둘째로, '하나님의 구원 계획'에 대해서 이 단어가 사용되었다. 즉 하나님의 구원계획(경륜, 經綸)과 그 계획의 성취(드러남)를 가리키는 용어로 사용되었다.

- 엡 1:9 "그 뜻의 비밀을 우리에게 알리셨으니 곧 그 기쁘심을 따라 그리스도 안에서 때가 찬 **경륜**(οἰκονομία)을 위하여 예정하신 것이니"(헬, 10절)
- 엡 3:9 "영원부터 만물을 창조하신 하나님 속에 감취었던 비밀의 **경륜**(οἰκονομία)이 어떠한 것을 드러내게 하려 하심이라."
- 바울은 거짓 교사들이 이 믿음 안에 있는 교훈보다는 허황된 이론들을 가르친다고 말하면서 이런 허황된 이론은 하나님의 **경륜**을 이루지 못한다고 지적하고 있다(딤전 1:4).
- "신화와 끝없는 족보에 착념치 말게 하려 함이라 이런 것은 <믿음 안에 있는 하나님의 경륜, οἰκονομίαν θεοῦ τὴν ἐν πίστει>을 이룸보다 도리어 변론을 내는 것이라"(딤전 1:4).

2. 찰스 핫지(C. Hodge)라는 학자는 이 단어를 어떻게 설명하고 있나 들어보자.

① **권위를 가지고 있는 사람의 계획과 경륜**
② 권위 아래 있는 사람이 직분과 관리를 의미한다. 물론, 첫 번째 의미에 더 신학적 관심이 있다.

3. 따라서, 하나님을 '경륜자'(經綸者)라고 했을 때, 여기서 '경륜'이란 용어는 하나님의 의중(意中)에 가지고 계신 영원한 계획과 작정(목적, 혹은 뜻)과 그것들을 이루시는 '방법'을 가리킨다. 하나님은 예수 그리스도로 세상을 구속하기로 작정하시고, 이 일을 이루시기 위하여 이 일을 계시하시고, 준비하시고, 역사하셨다. 우리는 이 역사적 계시에서 하나님의 작정과 그 성취의 방식을 안다. 그런 면에서 이 성경 계시에 나타난 하나님의 사역을 그의 경륜으로 이해한다(서철원, 하나님의 구속경륜).

4. 바울은 에베소서 1:9(헬 10절), 3:2, 9, 골로새서 1:25에서 이 단어를 사용하였다. 바울이 말한 것은 '때가 참'(the fullness of time)에 해당하는 하나님의 '계획'을 가리킨다. 다시 말해서 이러한 '경륜'(계획)은 하나님의 은혜를 나타내는 방법으로서, 주 예수 그리스도를 통하여 계시되었다. 바울이 이상과 같은 맥락에서 '비밀'(엡 1:9, 3:9)이란 '이방인을 부르심'이 아니라, '그리스도께서 성취하신 구속'을 가리킨다(서철원, 위의 책).

창조는 하나님의 뜻의 산물

창조의 사역이든 재 창조의 사역이든 하나님의 모든 사역은 그의 생각의 계시일 뿐만 아니라 그의 뜻의 산물이다.

(1) 인간의 방식으로 말하면, 하나님의 모든 행사는 마음

의 성찰(省察)과 의지의 결정에 따라서만 진행되고 있다고 말할 수 있다(예; 시 33:11, 잠 19:21, 사 46:10, 행 2:23을 우선 읽어보자). 이는 다음과 같이 여러 가지 명칭으로 표현되었다.

- 결정 : 창 41:32, 고후 25:16, 시 2:7, 사 10:23, 14:27
- 예정 : 렘 51:12, 롬 8:28, 9:11, 엡 1:11, 3:11, 딤후 1:9
- 작정 : 행 10:42 13:48, 17:26, 31, 롬 8:29, 30, 엡 1:5, 11)
- 기쁘신 뜻 : 사 49:8, 53:10, 6:10, 61:2, 마 11:26, 엡 1:5, 9)

(2) 바울도 하나님의 성정과 기쁘신 뜻에 대해 설명하고 있다(엡 1:5, 11). 이런 하나님의 뜻은 크고 기묘하며(사 28:29, 렘 32:19), 오직 하나님 자신의 뜻이며(마 11:26), 변치 아니하시며(히 6:17), 또한 파기할 수 없다(사 46:10). 그리고 만물 위에 미친다(엡 1:11, 행 2:23, 4:28).

(3) 이런 모든 하나님의 경륜에는 죄와 형벌뿐만 아니라 자유와 책임, 의무와 양심, 율법과 공의가 내포된다. 이런 경륜 가운데 하나님은 그의 독생자를 주셨고 그러므로 그를 믿는 자는 누구든지 멸망치 않고 영생을 얻는다.

(4) 이런 경륜을 이해하기 위해서는 신앙이 필요불가결하다. 왜냐하면 우리는 종종 그것을 보지 못하고 땅에 있는 인간은 수수께끼 속에서 방황하기 때문이다. 하나님의 이런 경륜으로부터 세계 창조는 그 집행이 시작되었다. 성경만이 이런 하나님의 창조를 설명해 주고 있다. 과학이 결코 그 대답을 줄 수 없다(H. 바빙크, 원광연 역, 개혁교의학, 크리스챤다이제스트, 제11장 창조와 섭리).

역사는 하나님의 확실한 장악 속에 진행된다.

(송제근, 창세기, 두란노 HOW 시리즈, 22면이하)

1. 역사가 진행되는 동안 인간의 책임이 중요한 요소인가? 그렇다. 그러나 그 속에서 역사 내재적 혹은 역사 초월적 요소가 운행되는 것을 볼 수 있는데, 이는 하나님의 경륜이다. 따라서 **경륜은 하나님이 시간과 공간 속에서 당신의 나라를 진행시키시는 계획**이라고 할 수 있다. 물론 경륜과 역사를 인간이 모두 이해하거나 장악할 수 없다.

결국 창세기는 우주 전체가 무의미한 인간 역사의 연속으로 어디로 흘러갈지 알 수 없는 실체가 아니라 하나님의 확실한 장악 속에 진행되고 있음을 근본적으로 선포하고 있다. 다만 이런 것이 본문에서 표현되지 않고 창세기 행간에서 읽혀질 뿐이다. 저자조차 그 경륜의 완전한 역사적 펼쳐짐을 파악하지 못하고 자기 시대의 것만 알았을지도 모른다.

2. 이 경륜은 두 가지로 설명된다.

(1) **원시 역사에서 나타나는 경륜(제 1경륜)** : 하나님은 당신의 나라를 소극적으로, 수동적으로, 심지어 부정적으로 진행시키신다(예; 문제가 발생했을 때 그 문제를 근본적으로 해결하지 않고 인간에게 주의를 환기시키신다. 창 2:15-17). / 문제 발생시 수습만하신다(창 3:9-21) / 문제가 더욱 심각해지면 최종적으로 심판하신다(창 6-8장).

(2) **족장 역사에서 나타난 경륜(제 2경륜)** : 하나님이 당신의 나라를 적극적으로(어떤 문제를 본격적으로 해결하신다. 창 12장), 능동적으로(역사의 주체로서 하나님의 개입, 창 15장), 긍정적(족장들의 실수를 심판이 아닌 교육과 인내로 다스리신다. 34장)으로 진행시키신다.

제 2경륜에서 제일 중요한 요소가 무엇일까? 그것은 하나님께서 역사를 적극적으로 운용하는 방식을 도입했는데, 그것이 바로 하나님과 이스라엘이 맺는 **'언약'**이다. 즉 언약은 하나님의 적극적인 역사 개입의 의사 표현이다. (더 자세한 것은 이 책을 참고)

읽어볼 책: 서철원, 하나님의 구속경륜, 총신대학교출판부
하문호, 교의신학(신론), 도서출판 그리심
송제근, 오경과 구약의 언약신학, 두란노
H. 바빙크, 개혁교의학, 11장, 크리스챤다이제스트

확대경(No. 3)

창조의 의미

1. 창조의 정의

• 스트롱(A. H. Strong) : "창조란 하나님이 자기 자신의 영광을 위하여 모든 可見的 및 不可見的 세계를 기존 자료를 사용함이 없이 만들어내신 삼위일체의 자유로운 행위이다."

(1) 좁은 의미의 창조 : "엄밀한 의미에서 창조는 하나님이 그의 주권적 의지를 따라 자신의 영광을 위하여 모든 가견적(可見的) 및 불가견적(不可見的) 우주를 기존 자료의 사용 없이 만들어 내시어서 그 자신과 구별하여 존재케 하시되 또한 언제나 그에게 의존하게 하신 그의 자유적 행동이다"(L. Berkhof).

(2) 넓은 의미의 창조 : 좁은 의미의 창조가 무(無)에서부터의 창조라면, 넓은 의미의 창조는 무에서의 창조뿐만 아니라 기존 재료로부터의 창조까지 포함한다. 예를 들면 빛, 궁창, 물 등은 무에서부터 하나님이 말씀으로 창조하셨고, 인간과 동물은 흙이라는 기존 재료를 가지고 창조하셨다.

2. 창조는 하나님의 삼위가 다 참여하신 역사이다.

이 세상에서 삼위 일체의 각 위는 독자적인 기능과 역사를 수행하신다. 창조(創造)의 경우를 보면;

• 성부의 사역 (고전 8:6)
• 성자의 사역 (요 1:3, 고전 8:6, 골 1:15-16)
• 성령의 사역 (욥 26:13, 욥 33:4, 시 104:30)

창조를 왕궁(王宮) 건축을 비유한다면(아브라함 카이퍼), 아버지는 왕처럼 만물을 無에서 창조해 내는 만물의 근원이며, 아들은 청부인(請負人) 같이 그 재료로써 구성하시고, 성령은 아들이 성취해 놓은 것에 더 손을 보아 그 잠재력을 끌어내고 제 성질(性質)에 따라 발전하도록 함으로 완성시키신다. 그렇다고 삼위간의 통일성이 있음을 기억하여야 한다. 각각의 활동을 너무 분리시키지 말아야 한다. 어떤 의미로서는 삼위 모두가 구속과 창조에서 활동하셨다고 보아야 한다. 이는 인간이 이해하기 힘든 하나의 신비이다.

창조에서 성령의 역할

(1) 창세기 1:1,2 - 여기에서 **성령**의 역사는 어떻게 나타나는가? "하나님의 신은 수면에 운행하시니라." 성령님은 세상을 창조하지 않고, 다만 세상에 이미 있던 잠재력을 끌어내었고, 생명의 씨와 배아(胚芽)를 심었다.

(2) 시편 33:6을 보라. "여호와의 말씀으로 하늘이 지음이 되었으며 그 만상이 그 입기운으로 이루었도다." 입기운은 성령을 말한다. 여호와께서 만물을 지으시고, 성령은 하늘의 萬群(日月星辰)을 지으셨음을 뜻한다.

(3) 욥기 26:13 - 그 神으로(בְּרוּחוֹ) 하늘을 단장(丹粧)하시었다고 말씀한다. / 이미 만들어 놓으신 하늘을 아름답게 하셨다. 星座, 銀河, 遊星 등등

(4) 시 104편 ; 성령의 창조 활동의 또다른 면 / 새와 물고기와 짐승에게 생명을 주신다. / 특히 29, 30절을 읽어보자. / 草木까지도.

(5) 욥기 33:4 "하나님의 신이 나를 지으셨고 전능자의 기운이 나를 살리니느라" / 기운 = 성령의 다른 호칭이다. / 성령의 독특한 창조적 기능은 생명을 주는 듯하며, 그가 반드시 질료(質料)를 창조하시는 것이 아니라 땅에서 흙을 취하여 그 속에 생명의 기식(氣息)을 불어넣으신 것을 말한다.

(6) 창 2:7을 보라. "하나님이 생명의 기운을 그 코에 불어넣으시니" 사람에게 생명을 주셨고 지금도 주시는 분은 바로 성령님이시다(욥 32:8 참조할 것). 이런 사실들을 인하여 성령님께 영광을 돌리는 것이 마땅하다.

3. 재창조(再創造)에 있어서 성령의 역사

(1) 인간의 첫 창조시와 마찬가지로 재 창조에서도 성령이 역사하셨다 : 고후 5:17 ; 엡 2:10을 보라. "의와 거룩함으로 지으심을" 받고 지식에까지 새롭게 함을 입은(엡 4:24; 골 3:10) 새사람을 심으심으로

써 새롭게 하셨다.

(2) 성령에 의한 인간의 처음 창조와 재 창조 사이의 유사성을 살펴보라.

창조와 그 목표

그렇다면 왜 하나님은 이 우주를 그리고 인간을 창조하셨을까?

1. **"인간의 행복을 위하여"라는 주장** : 플라톤, 세네카, 필로 같은 고대 철학자들이 주장했다. 종교개혁 시대에는 주로 인문주의자들, 그리고 18세기에 와서 칸트, 슐라이어막허, 릿츌 같은 이성주의자들에 의해 주장되었다.

   위 주장의 문제점 : ① 피조물이 하나님을 위하여 존재하는 것이 아니라 하나님이 피조물을 위하여 존재한다는 점은 문제가 있다. ② 그렇다면 왜 인생에게 많은 고통과 악함이 있는가? ③ 성경에 이에 대한 구절이 없다.

2. **"하나님의 영광을 위하여, 그리고 피조물의 행복을 위하여"** 다음의 설명을 들어보자.

   - A.H. Strong : "창조의 궁극적인 목적이 하나님의 영광인 동시에 종속적인 목적은 피조물의 행복이다. 하나님의 영광의 선포는 또한 그의 피조물들에게 향한 모든 복리(福利)를 포함한다."
   - 사 43:7, 사 60:21, 롬11:36, 계 4:11을 꼭 찾아 읽어보자.

3. 우주는 시간과 함께 창조되었다. 창조는 시간 속에서 창조된 것이 아니라 시간 자체도 창조에서 비롯되었다(*cum tempore*, 시간과 함께). 요 1:1-3, 히 1:10, 시 90:2을 읽어보자. 우주가 시작이 있다는 것을 알 수 있다. 그렇다면 창조 이전에 하나님은 무엇을 하셨을까? 하나님은 비시간적 존재이시다. 따라서 과거도 미래도 없이 영원한 현재를 사시는 분이다.

4. 모든 피조물들을 포함한 온 세계는 하나님, 곧 그 자신을 위하고 그의 영광을 위하여 있다. 즉 하나님의 우주를 창조하시는 행위는 필연적 행위가 아니고 자유적 행위이다.

(1) 하나님은 그 자체로서 자족하고 만족하신 존재자이시다. 주는 어떤 방식으로든지 자신의 완전을 위해서 세계와 피조믈을 전혀 필요로 하지 않으신다.

욥기 22:2-3(욥의 친구 엘리바스의 세번 째 충고) : "사람이 어찌 하나님께 유익하게 하겠느냐 지혜로운 자도 스스로 유익할 따름이니라 네가 의로운들 전능자에게 무슨 기쁨이 있겠으며 네 행위가 온전한들 그에게 무슨 이익이 있겠느냐."

(2) 하나님은 무엇이 부족해서 사람의 손으로 섬김을 받으시는 것이 아니다. 그는 만민에게 생명과 호흡과 만물을 주시는 분이시다(행 17:25). 성경은 하나님은 만물을 그의 기쁘신 '뜻으로' 창조하셨다고 강조한다. 즉 세계를 산출하기 위해서 어떤 충동이나 필연성도 하나님의 존재 안에는 없었다는 말이다. 창조는 전혀 완전히 하나님의 자유로운 행위이다. 창조는 오직 하나님의 자유 능력, 그의 영원하심, 기뻐하심, 절대주권에만 의존한다(계 4:11). 그러함에도 불구하고 이런 행위에 앞서 그의 지혜롭고 거룩하심 계획들을 가지셨다(창 1:26, 욥 28:20이하, 잠 8:22이하 참조).

- 베이커 신학사전, 엠마오, 40-41면
- 하문호, 기초교의신학, 신론, 도서출판 그리심
- 서철원, 하나님의 구속경륜, 총신대학출판부
- E. 팔머, 성령, 개혁주의신행협회

확대경(No. 4)

다양한 창조설

다양한 창조설

▶ 창세기의 창조에 관한 이야기는 성경과 과학의 관계에 대해 몇 가지 의문을 제기한다. 성경의 창조는 오늘날의 과학적인 우주관과 상충되는 점들이 있다는 것이다. 또한 진화론적인 견해는 우주와 생명체가 저절로 생성되었다고 주장한다. 과학주의는 창조를 가스들의 우연한 결합으로 설명한다. 물론 이 가스의 기원을 현재에도 설명하지 못하고 있지만 말이다. 이 진화론적 과정에는 수억년, 또는 수십억년이 필요하다고 주장한다. 그러나, 성경은 하나님이 이 세상을 창조했다고 한 마디로 잘라 말하고 있다.
그러나, 성경학자들간에도 창조에 대한 다양한 견해를 갖고 있음을 본다. 자세히 다룰 수 없으나 이들의 견해가 어떠한지 간단하게 살펴보자.

1. 중조론자(gap theory)

우주가 2차에 걸쳐 창조되었다는 이론으로서 "재창조설"이라고도 부른다. 창세기 1:1에서 온 우주가 완전히 창조되었으나 천사가 타락하는 이변적 사건으로 인하여 하나님께서 지구를 심판하신 결과 어둠과 물로 뒤덮인 혼돈과 공허가 생기게 되었다고 주장한다. 2절은 그 심판된 상태를 표현한 것이라고 본다. 사단에 의해 파괴된 것들을 제자리에 갖다 놓는 과정이 7일간의 창조라고 한다.

(1) 이들은 "혼돈하고 공허하며"를 다음과 같이 설명하고 있다.
<혼돈> = 사막, 광야 같은 단장된 꼴을 갖추지 못한 사물의 상태
<공허> = 비어 있음. 거주민이나 서식 생물이 없는 지역을 말한다.

(2) Thomas Chalmers(1814)의 중조론 : 땅은 원래 아담 전의 인류를 위해 지어졌고, 천사장 Stan에 의해 지배되고 있었으나 사탄이 하나님을 거역, 마귀가 되어서 죄가 인류에게 들어왔다고 한다. 따라서 하나님께서 6일 동안 우주를 재정비, 창조케 되었다(3절부터)고 주장하고 있다.

2. 불확정 시대 이론 (indefinite age theory)

'날' (욤, יוֹם)은 상징적인 것으로서 지질학적 기원(紀元, eras)을 가리킨다고 본다.

3. 하루는 한 시대 이론 (day-age theory)

식물 등을 맨처음 발생시키는 기간으로서 24시간의 하루를 인정하기는 하되 그 다음 날까지는 수천년이라는 세월이 소요되었다고 가정한다.

(1) 이 학설은 1세기 유대역사가 요세푸스(Josephus)를 위시하여 2세기에 이레니우스(Irenaeus), 3세기에 오리겐(Origen), 4세기에 어거스틴(Augustine)에 의해 지지를 받았다. 이들은 창세기 1:5, 8, 13의 "저녁이 되며, 아침이 되니"하는 말은 하나의 상징적인 표현으로 한 시대의 종말과 다른 시대의 시작을 의미하는 것이라고 본다.

(2) 베드로후서 3:8, 시편 90:4의 말씀을 보면 수긍이 가는 이론이기도 하나 문제가 있다. 이 학설의 문제는 안식일의 계명에 위배된다는 데 있다. 출애굽기 20:8-11을 읽어보라. 이 부분은 창세기 1장의 주석이라고 볼 수 있는데, 만일 창세기의 1일이 현실적인 1일이 아니라면, 제 7일의 안식일은 어떻게 설명할 것인가? 안식일의 계명에서 창조의 6일은 여자적(如字的)인 6일이요, 장구한 6시대를 말하지 않았다. 역시 난제가 있다.

힌두교의 우주관

4. 24시간의 여자적인 한 날을 그대로 보고, 7일 동안 에 창조가 이루워졌다고 보는 견해: L. Berkhof)는 그 이유를 4가지로 설명했다.

(1) 히브리어의 '날'(yom)은 일차적으로 24시간의 하루를 의미한다.
(2) 창 1장의 "저녁이 되며 아침이 되니"라는 말은 곧 하루를 의미하는 것이지, 그것을 수천년으로 보는 것은 너무 무리다. 만약 밤이 수천년 동안 계속되었다면, 제 3일에 창조된 식물은 어떻게 살 수 있었겠는가?
(3) 제 7일을 안식이라고 했으므로, 다른 6일도 24시간의 하루가 아닐 수 없다.
(4) 6일중 최후 3일은 오늘날과 같은 태양으로 말미암아 되어진 날들이다. 그렇다면 최초의 3일도 같아야 하지 않겠는가?

▶ 오늘날 과학자들이 지구의 연대를 수백만년, 수십억년이라고 주장하는 것을 보면 위의 견해가 무리한 듯 보이나, 그러나 그 누구도 지구의 나이를 계산해 낼 수는 없다.

5. 계시일 이론 (revelatory day theory)

하나님께서 자신의 역사하신 내용을 모세에게 7일 동안 계시하신 것이라는 주장이다.

6. 편의 이론 (revelatory device theory)

성경기자가 단순히 자료를 조직하기 위하여 편의상 '날'을 사용한 것 뿐이라는 이론이다.

7. 제 1장 1절과 2절을 첫째 날에 포함시키지 않거나, 혹은 포함시킬지라도 그 날을 24시간의 1일로 보지 않으려는 견해가 있다

제 4일에 태양을 창조하셨기 때문에(1:14-19), 앞의 3일은 오늘날 24시간의 하루로 볼 수 없다는 것이다. 따라서 제 1절과 2절의 기간, 즉 천지를 창조하신 후 "땅이 혼돈하고 공허하며 흑암이 깊음 위에 있고, 하나님의 신은 수면 위에 운행하셨다"는 그 시간의 길이는 아무도 알 수 없다는 것이다.

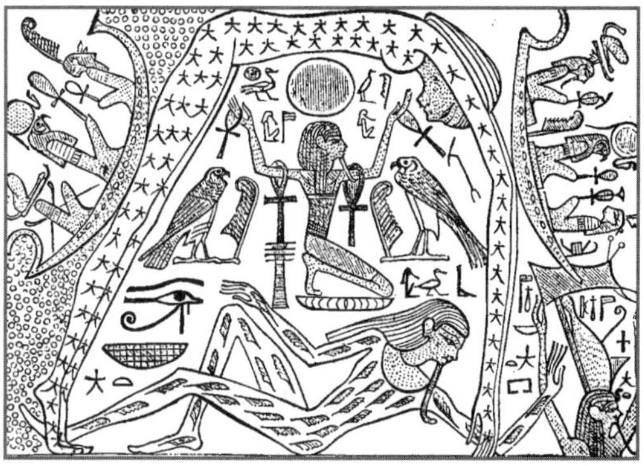

이집트인의 창조관 :이집트에는 각양각색의 신들이 사후 세계에 한 몫을 하고 있다. 람세스 6세의 묘벽에 그려 있는 것으로 몸을 활처럼 구부려 우주를 덮고 있는 것은 하늘의 여신 누트이다. 전설에 의하면 누트는 매일밤 태양을 삼키며 아침이 오면 다시 뱉아 놓는다고 한다. 그림에서 대기의 신 슈가 자신의 딸인 하늘의 여신 누트를 대지의 신 게브로부터 들어올리고 있다.

자 지금까지 다양한 창조 이론을 열거했지만 어느 한 학설을 믿을만한 확실한 이론이라고 결론 내릴 수 없을 것이다. 물론 성경은 만물의 근원이 어떻게 이루워졌는지에 대한 확신을 가지고 답변할만큼 충분한 자료를 갖고 있지 아니하다.

그러나 성경은 이 세상을 하나님이 창조하셨다고 한마디로 일축하고 있다. 하나님은 분명히 존재하신다. 그는 창조주요, 우리의 생명의 근원이시다. 하나님이 아담을 갖난 아이로 창조하지 않고 모든 피조물을 주관할 수 있는 성인으로 창조하셨다면, 6일 동안에 우주의 모든 창조를 마무리 할 수 없었겠는가?!

읽어볼 책

- 김영철, 주님의 주님되심(창 1-3장), 여수룬(1992)
- 유재원, 창세기 강해 1장, 대영사
- 에드워드 J. 영, 창세기 1장 연구, 성광문화사
- Eugene H. Merrill, 역사적 구약개요, 총신대학출판부
- 김희보, 구약신학논고, 기독교문서선교회, 제1장, 창조론

58 확대경(No. 5) 천사는 어떤 존재인가?

1. 천사는 : 피조물이며, 영적 존재이다.

(1) 지식에 있어서 (마 18:10, 24:36)

(2) 능력에 있어서 (시 103:20, 골 1:16) 인간보다 우위에 있다.
그러나 하나님에 의해 창조되었고(요 1:3, 골 1:16), 동일한 합리적 도덕적 본성을 가졌다.

2. 선한 천사 : 하나님의 말씀에 순종, 하나님의 뜻을 행하는 천사. 시 103,20,21
악한 천사: 진리에 서지 못하고(요 8:44), 대적하며(엡 6:11) 범죄한다(벧후 2:4).

3. 인간과의 차이점

(1) 영물(靈物)이다(히 1:14) - 영(靈)과 육(肉)으로 구성되어 있지 않다.
혼(魂)이란 육체적 생활을 위해서 조직된 영이다. 천사는 혼들이 아니다. 때로는 육체의 모양으로도 나타나기도 한다(창 18:2, 삿 18:3, 계 19:14. 그러므로, 인간보다 지식과 능력이 높다. 시간과 공간에 대해 인간보다 훨씬 자유롭다. 하나님의 명령 순종에 아주 적절하다.

(2) 천사들은 순전히 영물(靈物)이기에 모두가 상대적으로 서로 결별된 상태이다. 즉, 유기적인 전체나, 종족을 이루지 못한다. 오직 자연적인 질서가 있을 뿐이다.

(3) 이들은 하나의 종족을 이루지 못하며, 서로 혈연관계도 아니고, 서로로부터 산출하지 못한다. 그러나 예수님은 人性을 취하시며, 모든 인간과 친화하셨고 그들과 한 형제가 되었다.

(4) 천사는 인간보다 더 능력이 많다. 그러나 천사는 다변할 수 없다. 인간에게는 정서생활의 부요와 심오함이 있다. 천사는 인간과 차이가 있으나 서로 분쟁하지 않는다.

4. 천사들의 직무 :

주로 밤낮으로 하나님을 찬양함(시 103:20-22)과 성도의 보호(시 34:7, 91:11)

(1) 히 1:14 - 신자들을 섬기라고 보내신 자
(2) 눅 15:10 - 죄인들의 회개
(3) 시 34:7 - 경외하는 자들을 둘러지키며
(4) 마 18:10 - 소자들을 보호하며
(5) 엡 3:10 - 역사를 통한 교회의 행진을 따라 교회를 따르며
(6) 눅 16:22 -하나님의 자녀들을 아브라함의 품으로 인도한다.
(7) 고전 11:10 - 교회에 임재

5. 성경에 나타난 명칭

(1) 일반호칭 :

① 하나님의 아들들 - 시 89:6, 시 29:1(너희 '권능 있는 자들아' - 원어는 '너희 神들의 아들들아' 이다.) - 여기서는 sons of gods의 의미이다. 그러나, 욥기 1:6, 2:1에서는 sons of God의 의미이다. /
② 거룩한 자들 - 시 89:5(원문은 6절) : 하나님을 중심으로 집합된 천사들의 그 거룩성을 나타낸다.
③ 사자들 - 시 91:11, 또는 '그의 군대' (His hosts)로도 표현했다(시 103:21, 108:11 참고). 무한한 수의 큰 집단을 이루어 하나님의 보좌를 섬기기 때문이다(단 7:10을 꼭 보라).

(2) 특별호칭 :

① 그룹들(Cherubim)과 스랍들(Seraphs)
그룹은 여러 가지 형태의 생물로 나타나기도 한다(계 4:6-9). 큰 능력과 권위의 상징으로 나타나고(시 18:10, 99:1), 하나님의 영광을 나타낸다(시 80:1). 에덴 동산이나 성전의 거룩함을 파수하는 역할을 한다(창 3:24, 출 25:18). 스랍이라는 칭호는 사 6:2,6에 나와 있다.

차이점 : 그룹 - 권위와 능력의 천사군(群)
스랍 - 귀족급(=주로 하나님의 영광 찬양)

② 가브리엘(Gabriel) - 하나님의 계시를 전달하는 특별한 직임맡은 천사(단 8:16, 9:21-22, 눅 1:19-26).
③ 미가엘(Michael) - 하나님의 백성과 하나님의 나라의 원수를 대항하는 성전(聖戰)의 용사(단 10:13-21, 12:1, 유 1:9, 계 12:7)
④ 보좌, 주관, 정사, 권세들 - (엡 1:21, 3:13, 골 1:16, 2:10)

그러므로 천사 : 하나님의 아들들이요, 하나님의 힘 있는 용사들이며, 능력있는 군사들이다. 이에 비해 인간은 하나님의 형상으로 창조되었고 하나님의 종족(種族)이다. (*)

Back to the Bible

2장

인간이 거처할 전원

- 하나님의 형상대로 사람을 창조하심 (대리 통치자로 세우심, 4-6절)
- 코에 생기를 불어넣어 살아 있는 영적인 존재가 되게 하셨다(7절).
- 에덴 동산을 창설(8-15절)
- 선악과에 대한 금지 명령을 내리심으로써 창조주와 인간 사이에 "주권적으로 맺어진 삶과 죽음의 약정"을 맺으셨다(16-17절).
- 돕는 배필을 주심 : 남녀는 상호보완적 관계

하나님은 엿새 동안의 창조 사역을 마치셨다. 그리고 일곱째 날에 안식하셨다. 하나님은 창조를 통치할 대리자를 세우신다. 그래서 인간을 특수한 존재로 만드셨다. 인간을 하나님의 형상대로 즉, 하나님과 닮은꼴로 만드셨다. 그리고 에덴 동산을 창설하시고, 이곳을 경작케 하셨다. 함께 살아갈 배필도 주셨다. 부족함이 전혀 없는 낙원이었다. "자, 이제 모든 것이 풍족하니 먹고 놀자" 그랬을까? 물론 아니다. 아담에게는 해야 할 임무가 주어졌다. 아담(인류)은 단순한 로보트가 아니었다. 하나님은 인간을 지으실 때, 하나님께 응답하고 반응하는 존재로 만드셨기 때문이다. 즉 인격적인 존재로 만드셨다는 것이다. 여기에서 우리는 하나님과 아담(인류) 사이에 언약적인 요소를 발견하게 된다. 하나님은 인간과 언약(言約) 관계를 통해서 결속하신다는 말이다. 창조주인 하나님과 피조물인 인간 사이에는 무한한 질적인 차이가 있다. 그러나 하나님은 이 무한한 질적 차이를 좁히셔서 인간으로 하여금 대화의 대상자로 만드셨다. 따라서 하나님과 인간 사이에는 언약(Covenant)이 성립된다. 만약 이 "언약"이 없다면 하나님께서는 단지 요구만 하실 것이고, 인간은 무조건 복종만 하게 되었을 것이다. 그렇다면 인간은 인격적인 존재가 아니다. 그래서 이 언약에는 요구 사항과 의무 사항이 분명하게 나타나고 있다. 물론 그 언약은 먼저 하나님에 의해 주도되었다. 만약 인간이 하나님이 요구하시는 요구를 잘 순종만 한다면 그에게는 하나님의 은총(faver) 속에서 영원히 거하게 될 것이었다. 물론 자발적인 순종을 말한다. 자발적인 순종, 그것은 곧 인간이 인격적인 존재요, 하나님과의 대화의 대상자라는 것을 보여준다.

이제 하나님의 말씀을 잘 지켜 영원토록 복을 누릴 것인가, 아니면 명령을 어겨 영벌을 받게 될 것인가? 아담은 하나님이 명령하는 것이 '선'(good)이고, 금하시는 것이 '악'(evil)이라는 사실을 배우게 된다. 하나님은 에덴 동산에 선악과의 열매를 먹지 말라는 명령을 내림으로써 인간에게 자발적인 순종의 기회를 주신다. 자, 이제 이 세상이 잘되고 못되는 것은 아담에게 달려 있다. 얼마나 큰 축복이며, 그 대신 얼마나 막중한 책임인가!!

▶ 아주 잠깐만 ◀

톨레돗(תּוֹלְדוֹת)

창세기에는 "~의 계보(Toledoth, 系譜)가 이러하니라"라는 말이 10군데나 나온다. 저자는 당시 제 1차 독자들에게 여호와 하나님이 하신 일을 소개하면서, 너무 산만하게 기록할 수가 없었을 것이다. 그래서 독특한 문학적 형태를 사용해서 그들이 지금까지 경험하지 않은 과거의 장구한 역사를 한눈에 알아볼 수 있도록 기록했다. 이렇게 해야지 암기하기도 좋고, 이해하기도 쉬웠을 것이다.

창세기의 구조를 학자들은 다양하게 설명하고 있다. 그 중에 하나가 톨레돗(תּוֹלְדוֹת, Geneology)이라는 구조이다. 간단하게 적어보면 아래와 같다.[1]

① 천지의 창조된 대략이 이러하니라(אֵלֶּה תּוֹלְדוֹת)(2:4-4:26) / 창조 및 인간의 불순종
② 아담 자손의 계보가 이러하니라 (5:1-6:8) / 셋 - 노아의 계보
③ 노아의 사적은 이러하니라 (6:9-9:26) / 타락, 홍수, 언약
④ 셈과 함과 야벳의 후예는 이러하니라 (10:1-11:9) / 나라 목록, 바벨 사건
⑤ 셈의 후예는 이러하니라(11:10-26) / 셈 - 아브람의 계보

⑥ 데라의 후예는 이러하니라(11:27-25:11) / 아브람의 이야기
⑦ 이스마엘의 후예는 이러하니라 (25:12-18) / 이스마엘의 계보
⑧ 이삭의 후예는 이러하니라(25:19-35:29) / 이삭~야곱까지의 축복의 전달
⑨ 에서(에돔)의 대략이 이러하니라 (36:1-37:1) / 에서의 계보
⑩ 야곱의 약전이 이러하니라(37:2-50:26) / 요셉, 애굽의 이스라엘

[설명] ▶ ① 아담 ⇔ 아브람(창 1:1-11:26) : 5번의 족보를 언급하고 있다. 이 부분은 태고사 기간을 언급하고 있다. 이 기간이 얼마나 급격한 변화를 가져왔나를 볼 수 있다. 특별히 창 9-10장은 아브라함의 출현을 위한 무대를 설정하고 있다.
② 아브라함 ⇔ 애굽에 체류 때까지(11:27-50:26) : (5번의 족보를 언급하고 있다.)

▶ 이렇게 창조 때부터 애굽에 이르기까지 하나님이 어떻게 구원 역사를 이루어 가셨는지를 족보를 통해 보여주고 있다. 저자는 10개의 독립적인 구성요소를 이용하여 '창조'와 '애굽의 이스라엘'에 관한 이야기를 연결시키고 있다. 또 이 구조를 통하여 인류의 단일성과 인류가 어떻게 하나님을 반역해 왔고, 어떻게 민족들이 형성되었고, 언어들이 생기게 되었나를 보여주고 있다. 그리고 어떻게 이스라엘이 선택되어 하나님의 제사장 나라가 되어왔는가를 말해주고 있다. 특히 창 2:4-11:26의 구조 속에는 서술체(narrative)와 계보(geneology)가 교체되어 서술되어 있다. 그리고 이 내용의 중심은 홍수 이야기와 홍수 이전과 홍수 이후의 인류의 죄악에도 불구하고 하나님께서 공의와 은혜로 대처하심을 보여주고 있다.

▶ 여기서 첫번 째 톨레돗를 살펴보자. 송제근 교수의 번역과 설명을 그대로 옮겨보자.[2]

2:4a "이것이 (정관사)천과 (정관사)지가 창조된 역사(*toledoth*)니라."
2:4b "여호와 하나님이 (무관사)지와 (무관사)천을 창조하실 때에…"

☞ 참고로 원어를 표시해 보자. 여기서 ה는 정관사를 가리킨다(평신도를 위해).

1) W.A. 밴게메렌, 구원계시의 발전사(1), 성경읽기사, 83면.

김의원, 하늘과 땅, 그리고 족장들의 톨레돗, 총신대학교출판부, 총론 참조.

2) 송제근, 오경과 구약의 언약신학, 두란노, 90-11면)

4a: 1:1–2:3까지 요약

2:4a אֵלֶּה תוֹלְדוֹת(톨레돗) הַשָּׁמַיִם וְהָאָרֶץ בְּהִבָּרְאָם

2:4b בְּיוֹם עֲשׂוֹת① יְהוָה אֱלֹהִים אֶרֶץ(地) וְשָׁמָיִם(天)

4b: 앞으로 언급할 내용(2:4–4:26)을 도입

'여기서 2:4절 전반부(a)는 이미 언급한 내용(1:1-2:3까지)을 요약하지만 2:4절 후반부(b)는 앞으로 언급할 내용(2:4-4:26)을 도입한다. 그러면서 명확한 변화를 소개한다. 1:1-2:에서는 엘로힘(אֱלֹהִים)을 쓰지만, 2:5-4:26까지는 특이한 표현인 여호와 엘로힘(יְהוָה אֱלֹהִים)①을 쓴다. 그래서 그 창조의 하나님은 바로 다름 아닌 출애굽하면서 이스라엘과 언약을 맺은 언약의 여호와이심을 선포(고백)하는 선포(고백) 명사문을 쓴다.'[1)]

▶ 여기서는 1:1-11:32(원시 역사)까지만 소개하기로 하자(송제근, 위의 책).

1:1–11:32 (원시역사)[2)]

(A) 1:1-2:3	창조역사 /첫 시작 / 신의 축복	(A′) 6:9-9:19	홍수 역사 / 새 시작 / 신의 축복
(B) 2:4-3:24	아담의 범죄	(B′) 6:9-9:19	노아의 범죄 / 벌거벗음 - 봄 / 덮음
(C) 4:1-16	의로운 자손 아벨의 후손이 없음	(C′) 10:1-5	의로운 자손 야벳의 후손
(D) 4:17-26	악한 자손 가인의 후손	(D′) 10:6-20	악한 자손 함의 후손
(E) 5:1-32	택함받은 셋의 후손(아담에서 노아까지)	(E′) 10:21-32	택함받은 셈의 후손(노아에서 데라까지)
(F) 6:1-4	타락	(F′) 11:1-9	타락
(G) 6:5-8	노아에 대한 짧은 도입	(G′) 11:27-32	아브라함에 대한 짧은 도입

▶ 김의원 교수는 2:4-11:32을 아래와 같이 분해했다.[3)]

A. 에덴 동산의 **아담**의 사명과 타락과 심판(2:4-3:24)
B. 아담의 아들들 : 가인의 범죄(4:1-16)
C. 가인 후손의 문화와 라멕의 악함(4:17-26)
D. 아담의 계보 : 10대(5:1-32)
E. 홍수 이전의 상황(6:1-8) / **노아의 소명 상황**
A′ 죄악이 관영한 세상에서 노아의 사명과 홍수(6:9-9:17)
B′ 노아의 아들들 : 함의 범죄(9:18-29)
C′ **노아** 후손의 문화와 인간의 반항(10:1-11:9)
D′ 셈의 계보 : 10대(11:10-26)
E′ **아브라함** 이전의 상황(11:27-32) / **아브라함의 소명 상황**

1) 더 자세한 것은 송제근 교수의 오경과 구약의 언약신학, 두란노 90면.

2) **[설명]**
교대적으로 나열된 원시역사(1:1-11:32)를 통해 그 속에 있는 하나님의 나라의 역사가 소극적, 부정적으로 이루어 진 것을 반복적으로 확인할 수 있다. 이것이 원시 역사의 비참함이다.

반면에 동심원적 [아브라함 사이클, 11:27-22:24 / 야곱 사이클(25:19-35:22) / 요셉 사이클(37:2-50:26)]으로 나열된 족장들의 사이클에서는 하나님의 적극적인 역사 개입을 통해 하나님의 나라가 전개되는 것을 암시한다(송제근, 95-96면).

3) 이렇게 반복평행의 형식으로 배열함으로써 아담과 노아와 아브라함을 잘 연결시키고 있다. 창 1-11장까지의 구조에 대해서는 김의원, 하늘과 땅, 그리고 족장들의 톨레돗, 제3부, 2장, 태고 기사의 구조(총신대학교출판부, 2004)를 참조해 보라.

안식(שבת)

And God blessed the seventh day and made it holy, because on it he rested from all the work of creating that he had done(Gen 2:3).

- '안식일'이 아닌 '안식' 곧 '쉼'(rest)을 가리킨다. 이는 영원한 안식(완성된 하나님의 나라)의 마지막 종착역을 향해가는 첫 출발점이다.
- 이 '안식'의 싹은 이미 창조에 심겨져 있다가 6일간의 창조를 끝내고 일곱 째 날에 안식한데서 그 싹이 드러났다. 그 싹은 역사가 진행됨에 따라 그 의미가 더욱 발전한다.
- 이렇게 안식은 미래를 향해 가지를 뻗어나간다. 때가 되어 가지에 꽃이 피면서 안식은 그리스도의 구속사건으로 밝혀지고, 열매를 맺어가면서 '영원한 나라'(히 4:8-9)를 지향하고 있음을 알 수 있다.
- 창조 후의 안식의 개념을 잘 이해하는 것이 안식일의 개념 및 주일의 참뜻을 이해하는 데 아주 중요하다. 반드시 정리하고 넘어가자.

일곱째 날에 안식하심 (2:1~3)

본문도입

앞에서 하나님이 지으신 피조 세계는 "보시기에 심히 좋았더라"(1:31)라는 최종적 요약으로 끝맺는다. 하나님은 이 세상에 그 어떤 악도 만들어 놓지 않으셨다는 말이다. 그 완전한 세계는 창조의 정점인 인간을 위해 지어진 것이었다. 그 인간은 바로 하나님의 형상이다. 인간은 이 피조 세계를 다스려야 할 임무가 있기 때문이었다. 하나님은 창조를 다 마치시고 일곱 째 날에 안식하셨다. 여기서 안식의 의미는 하나님이 천지 창조를 끝내시고 모든 일로부터 쉼을 가리킨다. 그러나 이 안식은 장차 영원히 누릴 안식을 예표한다.

1. 하나님은 여섯째 날까지 그의 창조사역을 완성하셨다. 그리고 일곱째 날에 안식(安息)하셨다. 아담도 창조 후 첫 안식에 동참하여 하나님을 찬양하였을 것이다. '안식'의 의미는 무엇인가? 조금은 복잡한 내용이라 자세히 분석해 보자.

1 천지와 ─┐ **다 이루니라**(were finished, were completed)
만물이 ─┘
/[그들의]

2 [하나님이] ── **마치니**(כִּלָּה)[1]
/일곱째 날(이 이를 때)에[2]
/일(이 다하므로)(=로부터)
/그[의]
/하나님(의)(=이) ─ 지으시던 (עָשָׂה)
── **안식 하시니라**[3]
/일곱째 날에
/[일로부터]
/[모든]
/[그가] ── [지으시던(עָשָׂה)]

3 하나님이 ── **복 주사**[4]
/일곱째 날을
── **거룩하게 하셨으니**
/[그것을]

//이는(이유: כִּי , because)
하나님이 ── 안식하셨(음이더라)(=기 때문에)
/이 날에
/일(을)(=로부터)(...마치시고)
/모든
/그(=하나님이) ─ 창조하시(며)(=던)(בָּרָא)
/만(드시던)(=들므로)(עָשָׂה)

1) 마치다(칼라, כָּלָה) : 끝내다, 완성하다, 그치다 : 하나님께서 일곱째 날이 되기 전에 이미 자신의 일을 마치셨다는 의미이다. 그리고 2절후반부터는 일곱째 날의 특성을 언급하고 있다.

3) 안식의 의미 : 옆면 참조
4) 이 날을 지키는 자는 하나님의 복을 누릴 것이라는 의미가 함축되어 있다. 타락 후 안식의 의미가 어떻게 변화되어 갔는가를 알아 보자.

2) 2:2a의 "일곱째 날이 이를 때에 마치셨다"는 표현을 잘못 오해하여 마치 안식일에도 창조사역을 하신 것처럼 이해할 수 있다. 그러나 마쳤다(וַיְכַל) - כלה(칼라)의 피엘, 미래, 3인칭 단수 남성접두어 - 라는 동사는 하나님께서 일곱째 날이 되기 전에 이미 자신의 일을 완전히 끝마치셨다는 의미이다.

역사 속에서 발전하는 '안식'의 개념

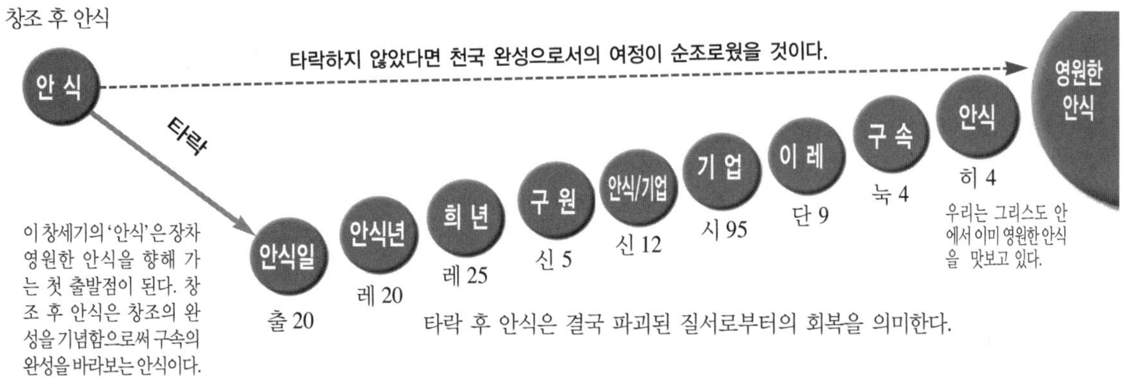

도표 설명 안식

- 이 최초의 '안식'은 영원한 안식을 향해 가는 첫 출발점이다. 만약 인간이 타락하지 않았다면 영원한 안식으로의 행진이 퍽 순조로웠을 것이다.

- 인간에게 축복이 되는 이 안식은 인간의 타락으로 파괴되고 만다. 따라서 이후 인간에게 '안식'은 파괴된 질서로부터의 회복을 의미 한다. 노아가 살던 당시에도 죄악이 창궐했고 당시 사람들도 안식을 간절히 기다렸을 것이다(노아의 이름은 '안식'을 의미하는 '누아흐'에서 유래됨). 그러므로 타락 후의 '안식'은 역사가 진행되면서 그 개념이 점진적으로 발전하게 된다. 우리는 그리스도 안에서 장차 영원히 누릴 안식을 앞당겨 맛보고 있다. / 동교재, 레위기, 222-223면, 김의원 교수 강의록 참조

(1) 앞에서 살핀 대로 모든 창조 사역을 완전히 마치신 후에 일곱 째 날에 안식하셨다. 여기 본문에서 강조된 것은 '안식일'이 아닌 '안식' 곧 '쉼'(rest)을 가리킨다. 이는 영원한 안식(완성된 하나님의 나라)의 마지막 종착역을 향해가는 첫 출발점이다. 이 '안식'의 싹은 이미 창조에 심겨져 있다가 6일간의 창조를 끝내고 일곱 째 날에 안식한데서 그 싹이 드러났다. 그 싹은 역사가 진행됨에 따라 그 의미가 더욱 발전한다.

(2) 이렇게 안식은 미래를 향해 가지를 뻗어나간다. 때가 되어 가지에 꽃이 피면서 안식은 그리스도의 구속사건으로 밝혀지고, 열매를 맺어가면서 '영원한 나라'(히 4:8-9)를 지향하고 있음을 알 수 있다. 따라서 창조의 마지막 날의 안식은 인간이 앞으로 새롭게 창조할 '시작'을 의미한다. 이렇게 창조와 종말은 밀접한 관계를 갖고 있다. 물론, 그리스도로 말미암아 구속함을 받은 우리는 이미(already) 그 안식을 맛보고 있다(히 4:10). 우리는 지금 그 영원한 안식을 미리 앞당겨 살고 있다. 그러나, 우리는 저 영원한 안식에 들어가기를 힘써야 할 일이 아직(not yet) 남아 있기 때문이다(히 4:11). 그 영원한 안식에 이를 때까지 우리에게 절대 필요한 것이 '하나님의 말씀'이라고(히 4:12) 말하고 있지 아니한가!

2. 하나님이 일곱째 날에 무엇을 선포하셨는가? (2:3)

하나님은 일곱째 날 그 자체에 복을 선포하셨다. 안식의 어원 '샤바트'(שָׁבַת)는 쉼(휴식), 안식, 그침(휴지)을 의미한다. 일이나 노동으로부터 쉰다(to rest)는 의미이다. 이 말은 주로 하나님께서 천지창조를 끝내시고 쉬신 제 7일의 안식을 나타낸다(신약: 마 28:1, 눅 24:1, 행 20:7을 보라).[1]

1) 신약에서는 σάββατον(샤바톤)이라는 말로 음역(音譯)되었다. 이 날은 후일 이스라엘 백성에게 정규적인 일을 중지하고, 출애굽을 통한 구원의 의미와 함께 안식일을 지키라는 날로 주어진다(출 20:8-11).

인간이 거처할 에덴 동산 (2:4~25)

עֵדֶן

학자들은 '에덴'이라는 이름의 뜻을 '기쁨'(느 9:25, 시 36:8)이라는 뜻으로 해석한다. 70인역은 '낙원'(파라다이스, παραδεισος)이라고 번역했다. 이와 같이 에덴을 '풍요의 하나님의 낙원'으로(겔 28:13, 31:9, 36:35) 보는 견해가 널리 인정받는다.

본문도입

하나님은 자신의 형상인 인간이 거처할 에덴 동산을 창설하셨다. 이 동산은 모든 면에서 조금도 부족함이 없는 '기쁨의 전원'이었다. 이 에덴 동산에서 아담은 땅을 경작하게 된다. 아담 부부는 이곳에서 땅을 경작하며 하나님이 주신 지혜로 이 전원을 계발해야 한다. 그리고 또 한 가지는 무엇보다 하나님의 금지 명령인 선악과를 먹지 말아야 한다. 이 특정한 명령을 내리심으로써 인간에게 자발적인 순종의 기회를 주신 것이다. 이것을 어기는 것이 곧 '죄' 이다.

▶ 에덴 동산 창설

1. 창 1장에서 공부한 것처럼 창세기 1:1-2:3에서는 천지 창조 전반을 다루면서, 특별히 여섯째 날 인간 창조를 부각시켰다. 여기 창세기 2:4-25에서는 본격적으로 인간을 중심 소재로 삼고 하나님의 창조사역을 다루고 있다. 하나님은 하늘과 땅을 지으셨지만 아직은 아담이 거할 최적의 장소는 만드시지 아니했다. 따라서 2장은 독립된 문헌이 아니라 3장의 드리마를 위한 배경으로 밀접하게 연관되어 있다.

2:5 하나님이 땅에 (비)를 내리지 아니하셨고, (   )할 사람도 없었으므로 (   )만 땅에서 올라와 온 지면을 적셨더라.

(1) 아직은 땅을 경작할 사람도 없었다. 비도 내리지 아니했다. 오직 땅에는 지면을 적시는 '안개' (습기, 물기)만이 있었다. 하나님은 그 습기로 인해 축축해진 지면으로 식물을 솟아나게 하셨을 것이다.

(2) 하나님은 에덴 동산을 창설하시고(plant)[1] 아담으로 하여금 그곳에 거하게 하셨다. 하나님이 함께 거하실 곳이기에 모든 생활에 부족함이 없었고, 아담은 풍요 속에서 하나님을 찬양할 수 있었다. 그래서 하나님이 위탁하신 대리 통치를 잘 수행할 수 있었다. 그렇다고 아담이 매일 게으름이나 나태함으로 지내도 된다는 말은 아니었다. 그는 피조물을 다스리기 위해 그의 창조자이신 하나님께 헌신해야 한다. 모든 문화, 즉 인간이 땅을 복종시키기 위하여 착수한 모든 일, 곧 농업, 목축, 상업, 산업, 과학, 기타 인간이 생각할 수 있는 모든 이런 일들은 신적 소명의 성취다. 그는 하나님의 말

1) 창설하다(נָטַע, 나타, plant) : 이 말의 어근의 뜻은 단순히 '만들다' 정도의 뜻이 아니다. '심다' (=고정하다, 설치하다)라는 뜻이 있다. 그러니까, 마치 싹이 나고 자라서 열매를 맺는 나무처럼 이 에덴 동산은 확장될 수 있는 동산으로 만드셨다. 지구 전체가 에덴 동산이 될 수 있었을 것이다. 물론 아담의 타락으로 그 에덴 동산은 황폐화 되었지만….

씀에 의존하고 그것에 순종하는 가운데 진행되어야 한다.

(3) 에덴 동산은 실제하지 않았던 가공의 장소나 신화의 이야기가 아니다. 이 동산은 동방(위치?) 어느 곳에 실제 지리적으로 존재했던 장소를 가리킨다(창 13:10, 사 51:3, 겔 28:13, 31:8, 9 참조). 일부 급진적인 학자들은 에덴 동산의 이야기가 이교도들의 신화나 전설에서 유래했다고 주장한다. 그러나 이교 신화들의 다신론과 성경 이야기들의 절대적 유일신론을 비교해 보기만 해도 성경의 이야기가 이교 국가들 사이에 오염된 형태로 퍼져 있는 이야기들보다 더 먼저 생겼으며, 또 원형의 모습을 지니고 있음을 알 수 있다.[1)]

2. 에덴 동산에서 발원한 4대 강(江)은? 그리고 지금의 위치는 어디쯤일까?

2:10-14

(1) 에덴 동산에서 발원한 4개의 강 중, 유브라데 강은 익숙한 이름이다. 그렇다면 나머지 강들도 이를 중심으로 있을 것이 아닌가. 많은 사람들이 에덴 동산의 위치를 찾으려고 많은 노력을 했다. 그래서 이들은 크게 두 가지 주장을 했다. 그 첫째 해석은 에덴은 북쪽으로 아르메니아에 위치했다고 주장하고, 둘째는 더 남쪽으로 바벨로니아에서 찾아야 한다고 주장한다.

(2) 그런데 최근에 번역 소개된 데이비드 롤(Rohl)이 지은 「문명의 창세기」(초판 1999, 해냄출판사)라는 책에서, 저자는 아주 재미나고 흥미진진한 내용을 소개하고 있다. 그는 고고학자로서 마침내 에덴 동산의 정확한 위치를 발견했다고 주장한다. 그리고 창세기 주인공들의 존재가 고대 기록에서 확인되었다고 했다. 여기서 저자는 4개의 강의 위치를 이렇게 결론내린다.

첫번째 강(11절) : 피숀(비손) : 금이 풍부한 하빌라(하윌라) 땅을 온통 돌아서 흐른다.

우르미아 호 동쪽에 있는 사화산인 '사한드 산'과 쿠르드족의 사난다지를 둘러싼 자그로스 산맥 근처에서 발원하는 우이준 강이다. 이 강은 카스피해로 흘러든다.

1) 체스터 레만, 성경신학(구약), 크리스찬다이제스트, 76면.

문명의 창세기

데이비드 롤(Rohl) 지음, 김석희 옮김, 「문명의 창세기」(초판 1999, 해냄출판사)

성경에 기록된 에덴 동산과 노아 홍수에 대한 많은 고고학적 자료를 싣고 있다. 이 책은 '창세기는 한낱 신화에 불과하다는 기존 학계의 판단을 뒤집은 놀라운 고고학적 발견과 흥미진진한 시간 여행!'이라고 소개되고 있다. 그는 수많은 고고학 발굴과 현장 답사를 통해 마침내 에덴 동산의 위치를 찾아냈다고 주장한다. 노아 홍수와 관련하여 이 책을 많이 설명했다. 성도들이 꼭 한번 읽어볼만한 책이다.

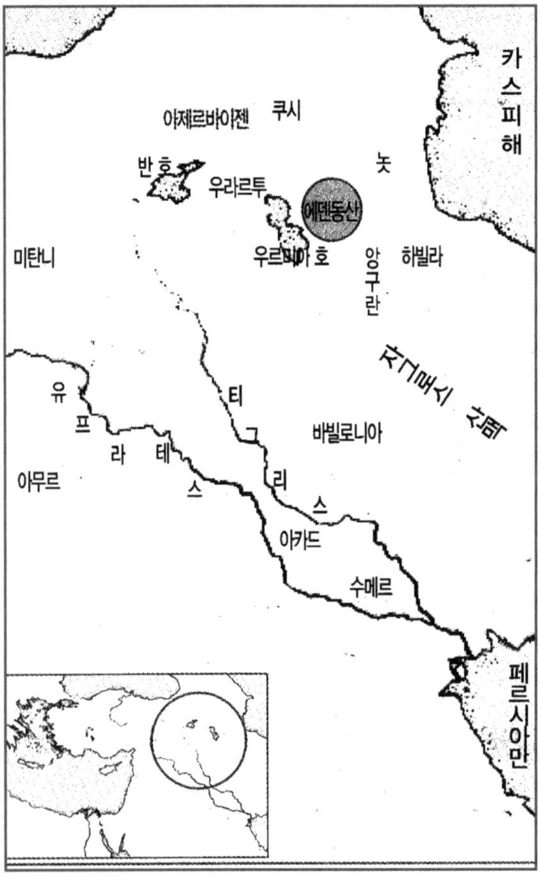

데이비드 롤(Rohl) 지음, 김석희 옮김, 「문명의 창세기」, 118면

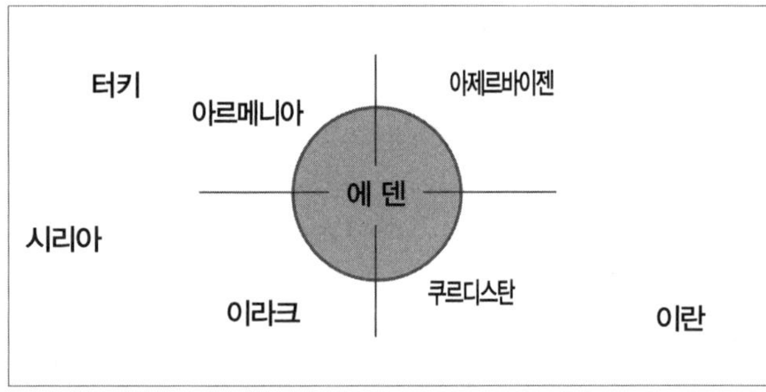

두번째 강(13절) : 기혼 : 쿠시(구스) 땅을 돌아서 흐른다.

저자는 쿠시 땅은 지금의 아제르바이젠에 자리잡고 있었고, 하빌라 땅은 오늘날 앙구란이라고 불리는 이란 산악 지대에 자리잡고 있었다고 한다.

세번째 강(14절) : 히데겔(=티그리스를 가리키는 히브리어 이름이다) : 앗수르 동쪽으로 흐른다.

이 강은 자그로스 산맥에서 반 호(터키 동부에 있는 짠물 호수)와 우르미아 호(이란 북동부 끝에 있는 짠물 호수)의 서쪽과 남쪽으로 내려와 2,033km를 흐른 뒤 페르시아 만에 이른다.

네번째 강(14절) : 페라트(=그리스인들과 현대인들이 유프라테스라고 부른다)

오늘날 아랍인들은 피라트라고 부른다. 반 호(터키 동부에 있는 짠물 호수) 근처의 발원지에서 커다란 활 모양을 그리며 2,720 킬로 미터를 흐른뒤 오늘날의 바스라 항 남쪽에서 페르시아 만으로 흘러든다.

3. 에덴 동산 위치 이야기는 위에서 소개된 책을 참고하기로 하고, 에덴 동산이 어떤 곳인가 생각해 보기로 하자.

(1) 에덴 동산(גַּן־בְּעֵדֶן)에는 온갖 나무와 과일이 풍부했다(2:9). 에덴 동산은 정말 낙원이었다. '낙원'(파라다이스)이란 말이 어디서 유래했을까? 70인경은 동산(간, גַּן)이라는 단어를 파라데이소스(παράδεισος)라고 번역했다. 이 그리스 말은 '울타리로 둘러사인 초원'을 뜻하는 고대 페르시아어 '파이리다에자'에서 유래했다.[1)]

(2) 인간들은 이 동산을 항상 생물들의 생기가 넘치고 평온함으로 가득 찬 이 지상의 완전함의 이미지로 생각해 왔다. 이 동산을 통해 하나님이 인류를 살도록 하신 모습을 깨닫게 된다. 에덴은 단순히 한 장소가 아니라 삶의 방식이었고 영혼의 상태였다. 아담은 타락한 후 다시 에덴 동산에 들어오려는 시도를 한 것같다. 따라서 하나님은 화염검으로 막아 정원으로 들어

1) 데이비드 롤(Rohl) 지음, 김석희 옮김, 「문명의 창세기」, 118면

하나님은 인간이 거처할 전원(田園)을 어떻게 설계하셨나?

▲ 에덴 동산은 살기만 좋은 곳이 아니었다. 인간의 잠재능력을 최대한 발휘되도록 설계되었다. 인간의 심미적(審美的) 잠재능력을 계발(啓發)할 수도 있었고, 천연자원도 있었고, 창의력을 발휘해 볼 수 있는 기회가 마련된 곳이기도 했다.

▲ 또한 해야 할 뜻깊은 일거리가 있었다. 무엇보다도 하나님의 모든 은사들을 더불어 향유할 수 있는 (돕는) 배필이 있었다. 정말로 "기쁨의 전원"이었다. 그렇다고 아무도 침범할 수 없는 휴식의 장소가 아니라 끊임없는 도덕적 시험(testing)이 있는 장소이기도 했다. 그는 죄를 짓지 않을 수 있는 능력을 부여받았으나 그렇다고 전혀 죄의 유혹이 없는 곳은 아니었다. 따라서 하나님께 절대적 순종만이 바로 '생명'이라는 것을 알아야 했다. 만약 그가 고의적인 반역을 시도하지 않는다면 이곳은 정말 기쁨의 전원이다. 지속적인 순종은 완성된 하나님의 나라의 진입을 수월케 했을 것이다. 그러나, 그가 불순종했을 때 죽음이 찾아 왔다. 아담 한 사람이 죽은 것이 아니라 인류 전체가 죽었다. 그것 참….

가는 저지하셨다. 입구가 있음을 보아 에덴은 분명이 격리된 장소였을 것이라는 인상을 준다.

(3) 이 동산은 물이 풍부했기에(2:10) 풍성한 수확을 할 수 있었다. 아담은 놀고 먹는 것이 아니라 이 동산을 경작해야 할 책임이 있었다. 하나님은 그를 이끌어 "에덴 동산에 두사 그것을 다스리며 지키게"(2:15) 하셨다. 따라서 이곳은 자연과 안식의 이미지로서의 장소라는 의미 외에 인간의 노동과 산업의 이미지이기도 하다. 인간을 위한 예배의 장소이기도 했지만 지속적인 인간의 다스림을 요구하는 장소였다. 생명나무가 있는 곳, 거기에는 풍성한 삶과 이상적인 노동이 전제되었음을 알 수 있다. 이제 이 에덴 동산은 천국의 완성을 향해 순조로운 출발을 하고 있다. '끝까지 잘 가야 할텐데…'

적용 도우미

• 에덴 동산, 말만 들어도 가슴 떨리는 꿈의 동산, 하나님은 인간을 위해 그렇게 아름다운 전원을 설계하셨다. 거기에는 인간이 살아가야 할 풍족함이 있었다. 그런데 무엇이 부족해서 하나님의 명령을 어겨 타락했을까? 모든 것이 늘 풍족하면 신앙생활을 잘 할 수 있으리라고 생각하는가?

• 우리가 가야할 궁극적인 나라, 천국은 어떤 곳일까? 에덴 동산과 비교해서 말이다. 우리가 돌아가야 할 곳은 에덴 동산이 아니다. 우리가 가야할 천국은 에덴 동산과 족히 비교할 수 없다. 앞으로 들어갈 천국의 영광과 풍성함이 너무 크기 때문이다.

• 인간은 어떤 존재인가? 인간의 존재를 바로 이해하는 것은 하나님을 바로 아는 길이기도 하다. 당신이 한번 멋있게(?) 설명할 수 있을까?

흙으로 사람을 지으사 (2:7)

침팬지가 인간과 가장 가까운 친척?

진화론자들의 주장을 따른다면, 원숭이와 인간은 혈족 관계이고 같은 종족에 속해 있으나 서로의 관계가 형제들이나 오누이의 관계가 아니고 조카나 질녀 관계로 생각되어지고 있다. 이런 진화론자의 대부는 물론 찰스 다윈이다.

인간은 천사와 구별됨과 같이 동물과도 구별된다. 인간은 자신의 본성으로 말미암아 두 피조물과 일치하기도 하고 차이가 나기도 한다. 모든 피조물과 같이 동물들도 하나님으로 말미암아 창조하셨다. 하나님이 직접 그 종류대로 창조되었고 식물들도 마찬가지다(창 1:11).

물론 인간은 동물보다 훨씬 뛰어나다. 둘 사이에는 점진적인 변이가 아니라 깊은 단절이 있다. 동물에게는 이성과 의지, 생각과 언어, 종교와 도덕 등이 없다. 그런데 요사이는 이 동물보다 못한 놈들이 더욱 많다는 사실에 놀라지 않을 수 없다.

1) H. 바빙크의 「개혁교의학」, 12장의 내용을 정리.

본문도입

하나님의 형상인 인간은 어떻게 지음을 받았을까? 인간은 동물과 어떤 차이를 가졌을까? 동물과 인간의 일치하는 점은 무엇일까? 하나님을 믿지 않는 사람들은 끊임없이 인간 탄생의 근원을 알려고 노력하고 있다. 그래서 지금도 진화론을 들먹거리고 있다. 창조론을 부인한다면 인간의 근원을 전혀 다른 방식에서 찾아야 하기 때문이다. 잠깐 진화론자들의 주장을 들어보자.[1)]

▶ 진화론자들의 주장

1. 진화론자들은 결국 인간은 낮은 존재로부터 진화하였고, 그와 같이 하여 현재의 높은 단계까지 진화해 왔다는 주장을 할 수밖에 없다. 창조의 교리를 버린다면 무엇인가 태초에 존재하는 것이 있어야 한다. 그들은 무(無)에서 유(有)를 산출할 수 없다고 생각하기 때문이다.

(1) 그래서 이들은 태양계에 앞서 세계는 혼돈하고 까스 형태와 같은 불덩어리가 있었다고 가정한다. 그리고 점점 더 진화(進化)를 통하여 태양계와 땅이 발생했고, 그 진화는 지층과 무기물을 형성시켰고, 끝없는(수십억 년) 시대를 거쳐 무생물로부터 생물체가 발생했다고 주장한다.

진화에 의해서 식물들, 동물들, 인간이 존재하게 되었고, 또 인간 세계 안에서도 다시 같은 진화가 있어서 성(性)의 구별, 가족, 사회, 국가, 언어, 종교, 도덕, 법, 과학, 예술, 기타 문화의 다른 모든 산물들이 규칙적인 질서로 발생했다는 것이다.

(2) 땅이 식고 생물체가 발생할 조건이 되었을 때, 다양한 성질을 취했던 생명이 없는 단백질 결합체가 자연히 생성되었고, 마침내 이런 단백질들이 결합과 혼합으로 최초의 생명의 핵인 원형질이 발생했다고 주장한다. 이래서 생명체의 진화가 시작되었는데, 이런 과정은 수백만년이 걸렸다는 것이다. 이 원형질은 모든 생명체의 구성체로서 알려져 있는 단백질 합성체인 독립 세포를 형성하셨고, 단세포인 원생동물, 단세포 동물(가장 최초의 생명체의 존재 이름)들이 가장 오래된 유기체라는 것이다. 이것은 움직일 수 있느냐 없느냐에 따라 점점 더 식물로 혹은 동물로 진화했

이 좁은 지면에서 진화론의 허구를 설명하는 것은 한계가 있다. 인터넷에서 직접 확인해 보자.

[한국창조과학회]

www.kacr.or.kr

고, 동물도 계속해서 여러 돌연변이와 중간 형태를 걸쳐 고등동물, 즉 척추동물, 무척추동물, 연체동물 등으로 진화했다는 것이다. 척추동물은 다시 4가지 종류(어류, 양서류, 조류, 포유 동물)로 나뉘어진다. 계속해서 영장동물은 반원숭이, 완전 원숭이, 유인원(類人猿)으로 나뉜다. 진화론자들의 주장을 따른다면, 원숭이와 인간은 혈족 관계이고 같은 종족에 속해 있다는 말이 된다.

2. 이 책에서는 더 깊은 설명은 하지 않기로 하자. 더 자세한 내용을 보시려면, H. 바빙크, 원광연 역, 「개혁교의학」(크리스챤다이제스트), 12장을 참고해 보기로 하자. 그리고 옆에 안내한 창조과학회의 설명을 들어보자.

사람이 생령이 된지라(2:7)

1. 본 구절은 창세기 1:26-27에 묘사된 사람 창조의 내용을 보완해 주고 있다. '흙으로' 사람을 지었다는 것은 어떻게 지었다는 말인가?

2:7 "여호와 하나님이 (   )으로 사람을 지으사"

2:7a וַיִּיצֶר יְהוָה אֱלֹהִים אֶת־הָאָדָם[1] עָפָר[2] מִן־הָאֲדָמָה[3]

And formed the LORD God man(아담) of dust from the ground

(1) 흙으로 지었다고 하니까 찰흙으로 사람 모형을 만든 것이 아닌가 생각하기 쉽다. 여기 '흙' 이란 말, 아파르(עָפָר)[2]는 '먼지', '흙덩어리', '진토' 의 뜻이 있다. '먼지' 라고 더러운 것이 아니라 '아주 작은' 개념으로 '세미한 알갱이' 를 가리킨다. 즉, 우리 몸의 구성요소는 다 흙속에 포함되어 있는 것이다. 따라서 우리가 죽으면 우리 몸은 흙속에서 분해된다.

(2) 아다마(אֲדָמָה)[3]는 원래 경작에 알맞는 '붉은 흙'을 의미했다. 본문에서와 같이 아담과 땅(아다마)이 서로 관련되어 있음을 볼 수 있다. 창세기 3:23에서는 "그 사람(아담)을 내어보내어 그의 근본된 토지(아다마)를 갈게 하셨다"고 했다. 아담이 하나님께 순종할 때 '아다마'는 풍성한 결실(축복)

1) 아담은 인류 혹은 총체적인 인간을 가리킨다. 70인경은 '아담'이라고 음역하지 않고 '안드로포스' (ἄνθρωπος)라고 했다.

2) '아파르'는 현대어로 표현한다면 "땅에서 취한 어떤 원소들"을 가리킬 것이다(김영철, 주님의 주님 되심, 여수룬, 108).

을 주실 것이었다. 그러나 아담의 타락 이후 '아마다'는 엉겅퀴와 가시덤불을 내게 되었다. 아담이 낙원의 삶과 생산 상태를 무너뜨렸기 때문에 그는 '아다마'로부터 쫓겨나 '아다마'(흙)으로 돌아가도록 명령받았다(창 3:19). '아다마'는 다시는 효력을 주지 않게 되었다(창 4:12, 14).

2. 인간이 생령이 되었다는 것은 무엇을 의미하는가?

생기(生氣)[1]를 그 코에 불어 넣으시니 사람이 (　　　　　)이 되지라.

2:7b ①וַיִּפַּח ②בְּאַפָּיו ③נִשְׁמַת ④חַיִּים וַיְהִי הָאָדָם ⑤לְנֶפֶשׁ חַיָּה

a living · soul · man · became and ; of life · the breath · into his nostrils · breathed and

① 그리고 그가 불어넣었다.
나파흐(נפח) : '불다, 숨쉬다, 내품다' / 겔 37:9 "37:9 또 내게 이르시되 인자야 너는 생기를 향하여 대언하라 생기에게 대언하여 이르기를 주 여호와의 말씀에 생기야 사방에서부터 와서 이 사망을 당한 자에게 **불어서** 살게 하라 하셨다 하라."
② 그의 콧구멍 안에
③ 기(氣)를 / ~호흡 /
네샤마 - 숨, 호흡, 호흡하는 것
④ 하이(חַי) : 생명, 삶, 번영
하이임(חַיִּים) - lives(복수)
⑤ חַיָּה נֶפֶשׁ + לְ(전치사)
נֶפֶשׁ(네페쉬) : 호흡, 혼, 정신
חַיָּה : 살아 있는

(1) 살아있는 영(living soul), 곧 '생령'(生靈)이 되게 하신 사실을 '인간적인 표현'(신인동형론) 방법으로 이렇게 설명했다. 하나님은 자신이 만드신 생명이 없는 형상에 '생명의 숨결'(נִשְׁמַת חַיָּה)⑤을 불어넣으셨다. 그래서 인간이 '살아 있는 존재'(생령, living soul) 되게 하셨다. 인간은 영적인 본질을 갖게 되었다. 이제 인간은 하나님을 알고 경배할 줄 아는 영광스러운 능력을 받았다는 말이다. 물론 다른 피조물에게는 없는 일이다. 이 신비를 그 어떤 과학이 규명해 낼 수 있겠는가! 인간이 천하보다 귀한 것은 그의 영을 통하여 하나님을 알 수 있고 예배할 수 있기 때문이다.

(2) 생기(the breath of life, 생명의 숨결, 호흡③ ④)를 불어 넣으셨다는 말은 하나님께서 지으신 사람에게 생명을 주셨다는, 즉 코로 숨쉬게 하셨다는 사실을 회화적으로 서술한 것이다. '생령'(네페쉬 하야)이라고 번역한 말은 개역성경 창세기 1:20, 21, 24에서는 '생물'로 1:30에서는 '생명'으로 번역되었다. 그렇다고 여기 2:7에서도 '생물'이나 '생명'으로 번역하기가 어색하기에 **'생령'**으로 번역했을 것이다. 따라서 2:7절 하반절은 "그러자 그 사람이 산 사람이 되었다"는 의미이다.[2]

(3) 이렇게 인간은 땅(아다마)으로부터 나온, 즉 땅의 속성을 가진 존재이지만 하나님으로부터 파생된 생명을 받았다. 물론 동물에게도 '네페쉬 하야'란 표현을 썼다(창 1:24, "땅은 '네페쉬 하야'를 그 종류 대로 내되…"). 그러나 동물은 다른 피조물들과 같이 말씀으로만 명하셨다(1:24). 그러나 인간은 하나님이 직접 인간을 지으시고 생기를 불어넣으셨다(2:7).

1) '생기'라는 말은 두 단어로 이루어진 합성어이다.

• 하야(חַיָּה) - 살아있는(living)
• 네페쉬 (נֶפֶשׁ) - 숨쉬는 존재, 영혼, 생명 등

2) 김영철, 주님의 주님되심(창 1-3장), 여수룬, 110면

인간의 구조적 본성

1) 최홍석 교수의 설명을 들어보자. 「교회와 신학」, 79-116면. / 최홍석, 죽음의 정의와 뇌사, 신학지남(2003년 겨울호, 통권 277호), 53면 이하.

우리는 여기서 이 책의 특성상 인간의 구조적 본성에 대하여 깊은 통찰을 하지 못한다. 흔이 말하는 삼분설, 이분설, 단일론 등은 인간의 구조적 본성을 어떻게 보고 있을까? 인간의 구조적 본성을 어떻게 보느냐에 따라 윤리적 문제가 달라지기 때문이다.

*) 삼분설 / 이분설 / 단일론에 대해 연구해 보자. 물론 깊은 마시고.

*) 히브리인들의 인간관 : 참고서적 : T. Boman, 히브리적 사유와 그리스적 사유(분도출판사)를 참고할 것

2) 만물은 다 피조물이요, 그 자체로서 선하며 가치 있는 것들이다. 노동도 기도처럼 중요하다. 성속(聖俗)의 성경적 정립이 필요하다. 자연을 죄악시 하여 이 세상 문화 영역으로부터 도피함으로써 자연과 초자연을 배타적으로 대립시키는 이원론적 경향을 배격해야 한다. 물론 자연이 죄로 인해 부패되었으나 그리스도 안에서 회복된다. 따라서 그리스도인의 사명은 우주적 범위로 확대되어야 한다.

3) 최홍석, 죽음의 정의와 뇌사, 신학지남(2003년 겨울호, 통권 277호), 56면.

3. 흙으로 사람을 지으시고 생기를 불어넣어 '산 자'가 되게 하셨다는 뜻이 사람이 영과 육으로 되어 있다는 이분설(二分說)을 말한 것일까? 아니라고 주장하는 학자들도 있다.[1] 아주 간단하게 고찰하고 지나가자.

(1) '네페쉬 하야'는 '살아 있는 존재'로 번역될 수 있는 용어로서 이는 인간의 전체적 국면을 가리키는 말이지 인간 속의 어떤 분리적인 독립적 요소를 지칭하는 표현이 아니다. 그래서 인간을 유기체적 통일체(有機體的 統一體), 곧 전인적(全人的) 존재로 파악하고 있다. 따라서 타락도 전인적인 것과 관련된다. 불순종으로서의 죄는 영혼에만 관련된 것이 아니라 자아(自我), 곧 전인(全人)과 관련된다. 구속(救贖) 역시 동일한 성질의 것으로 이해해야 한다. 몸과 영혼 사이에 양자 택일의 문제가 아니다. 전인의 구속의 은총을 누리는 것이다.

(2) 그럼에도 인간은 물질적 측면과 비물질적 국면의 양면성을 갖는다. 따라서 인간의 구조적 본성은 인격의 단일성과 구조적 이원성이 동시에 견지되어야 한다. 따라서 "영육 통일체로서의 전인(全人)"이라는 견해를 인간 이해로 제시한다. 따라서 우리는 영육 이원론적 견해에서 벗어나야 한다. 성경은 물질 세계를 정죄하지 않는다.[2]

(3) 인간은 '영육 통일체'[3]이다. 따라서 영적으로 강건해지기를 원하는 그리스도인이라면 육체적인 운동이나 휴식에도 관심을 가져야 한다. 영적인 것을 살피는 일도 인간의 신체적 조건과 심리적 · 감정적 · 감성적인 상태를 도외시하고는 올바로 수행될 수 없다. 금욕주의는 성경적인 개념이 아니다. 따라서 창세기 1:28의 문화명령은 마태복음 28:19-20의 대위임령과 언약적 차원에서 연결된다. 이 "모든 것" 속에 문화명령도 포함되어 있다는 말이다. 어쨌든 이런 견해도 인간 이해력의 한계를 인정해야 한다.

4. 이렇게 인간은 연약성과 하나님께 절대적으로 의존할 수밖에 없는 존재이다. 인간은 다른 피조물과 비교해 볼 때(천사와 비교해도) 그 특권이 너무 과분한 존재였다. 그가 만약 하나님께 절대 순종한다면 영생이 지복과 함께 주어졌을 것이다. 그런데 감히 인간이 하나님과 같아지겠다고 엉뚱한 욕망을 갖게 된다. (인간 창조; 확대경 No. 6, 72-73면 참조)

확대경(No. 6)

인간의 구조적 본성

☞ 이 특강은 김희보, 구약신학논고, 기독교문서선교회, 제 3장을 중심하여 요약 정리한 것이다. 더 자세한 것은 지도자가 추가적으로 보충해야 할 것이다. 앞에서 소개한 유기체적 통일체(有機體的 統一體)에 대한 견해와 어떤 차이가 있을까? 여기서는 논쟁보다는 자료를 안내하고 있을 뿐이다. 참고로 에드몽 자콥, 박문재 역, 구약신학(크리스챤다이제스트, 1999), 3장 인간의 본성과 운명, 176-214면도 참조해 보라.

1. 어원적 고찰

① 아담(אָדָם) - 어원 : 땅(아다마) - 여기서 땅이라는 단어는 창 1:1의 '땅'(아레츠)과는 다른 말이다(황갈색, 赤色의 어근). 구약 전체에 560회 나온다. 창 1:27 "자기의 형상대로 '사람'(아담)을 창조하시고"

② 이쉬(אִישׁ) - 어원 : 강하다, 능력 있다(시 49:2, 62:9). 시편 49:2(히 3절) "귀천빈부를…"란 말은 "인생(이쉬)의 아들들아, 사람(아담)의 아들들아"라는 말이다. 시편 62:9 "진실로 천한 자도(원문 : 아담의 자녀들도) 헛되고, 높은 자도(원문: 이쉬의 자녀들도) 거짓되니라"라고 되어 있다. 인간의 존귀성과 허무성을 구별하여 이쉬와 아담이란 말로 표현했다.

③ 에노쉬(אֱנוֹשׁ) - 어원 : 병들다, 약하다. 시 8:5(한역 4절), 90:3 / 욥기 15:14 "사람(에노쉬)이 무엇이관대 깨끗하겠느냐, 여인에게서 난 자가 무엇이기에 의롭겠느냐" / 시편 8:5(한역 4절) "사람(에노쉬)이 무엇이관대 주께서 저를 생각하시며," "인자(벤 아담, 아담의 아들)가 무엇이관대" "주께서 사람(에노쉬)을 티끌로 돌아가게 하시고 너희 인생들(아담의 아들들)은 돌아가라 하셨으니"(시 90:3).

여기서 볼 수 있는 것처럼 허약한 인생을 표현하는 말로서 에노쉬와 아담을 번갈아 사용하여 표현했다.

④ 께베르(גֶּבֶר) - 어원 : 강하다(strong), 능하다(mighty) - 신 22:5 / '이쉬'를 더욱 강화시킨 말이다. 인간의 위대한 능력을 표시한다. 남자(신 22:5), 남아(욥 3:3), 남정(출 10:11) 등에서 사용되었다.

▶ 위의 단어에서 볼 수 있듯이, 인간이란 한줌의 붉은 흙으로 된 유약하고 허무한 피조물이다. 그러나 모든 것을 지배할 수 있는 능력을 지닌 존재다.

2. 인간의 육신(肉身)

육신(바살, בָּשָׂר) - 주로 외형적 표면(face, surface) 또는 피부(skin)

① 즉, 뼈와 구별지어 하는 말이다. 그래서 우리 말에는 종종 살(肉)로 번역되어 있다(시 102:5). 그러나 이 단어는 인간의 뼈와 살을 포함한 육신(몸) 전체를 가리킬 때가 더 많다(왕상 21:27, 민 8:7, 욥 4:15, 잠 4:22 등등).

② 그래서 '살'이나 '피부'의 개념을 넘어 인간의 육신(몸) 전체를 의미하기에 인간의 모든 영적 기능의 좌소가 되기도 한다. <바살>(몸)은 하나님을 사모하여 부르짖기도 하고(시 84:3), 두려워 떨기도 한다(시 119:120).

③ 창 6:3 - "이는 그들이 육체(바살)가 됨이라"(육체가 됨으로 범과함이라). 이처럼 인간의 육체는 하나님과 동행할 수 없는 범과(犯過)의 근원으로 보았다. 마침내 이 육체는 시들어 망할 존재로 버려두신다.

- 시 78:39 - "저희는 육체(바살) 뿐이라 가고 다시 오지 못하는 바람임을 기억하셨음이로다"
- 사 40:6 - "모든 육체는 풀이요 그 모든 아름다움은 들의 꽃 같으니"

3. 인간의 영혼(靈魂)

인간은 두개의 요소로 되어 있다(물질적인 요소인 '몸' (bassar)과 '혼'(ruach). / 이 말이 이분설을 말하는 것이 아니라고 앞에서 주장한 바 있다.

그러면 혼이란 무엇인가?

1) 인간의 혼(魂)의 본질

비교 : 영(靈)= רוּחַ, Ruach, Spirit

혼(魂) =נֶפֶשׁ, Nephesh, Soul

▶ 한마디로 말하면, '영' 이 육신(bassar)에 작용하여 나타나는 현상이 곧 '혼' 이다.

• 창 2:7 "생령 חַיָּה נֶפֶשׁ <네페쉬 하야> 살아있는 혼, Living Soul)이 된지라." 이는 인간의 육신이 하나님의 영(루아흐)을 받았기 때문이다.

2) 인간의 혼(魂)의 성격

① 혼(נֶפֶשׁ nephesh) = 생명(life). 따라서 생명의 반대인 '죽음'이란 혼(네페쉬)이 육체에서 떠나는 상태를 말한다. 죽었던 자가 다시 살아나는 형태는 '네페쉬'가 돌아온다는 표현을 썼다(창 35:18을 보라).

② 인간의 혼은 知情意의 좌소(座所)로 보기도 했다. 번역을 다양하게 했다. 마음(민 21:4, 삿 16:6), 뜻(창 23:8, 9), 욕심(전 6:7-식욕으로, 출 15:9-마음, 욕심을 표현한다) 등으로 번역되었다. 이와같이 인간의 혼이 知情意의 모든 욕구의 센타요 좌소가 되기 때문이다.

③ 그런데, 이 '네페쉬' 의 요구가 하나님의 뜻에 어긋나게 되면 어떻게 되는가? 물론 죽음이다. "모든 영혼(원문, 혼-네페쉬)이 다 내게 속함같이…범죄하는 그 영혼(네페쉬)은 죽으리라"(겔 18:4).

그러나, 이 범죄한 영혼이 사는 길이 있다. 어떻게?

• "육체의 생명(원문, 혼-네페쉬)은 피에 있음이라. 내가 이 피를 너희에게 주어 단에 뿌려 너희 생명(원문-내페쉬)을 위하여 속하게 하였나니 생명이 피에 있으므로 피가 죄를 속(贖)하느니라"(레 17:11). 히 9:11-14도 읽어보라.

그러면, 이 소생한 영혼은 무엇으로 자라는가?"

• "여호와의 율법은 완전하여 영혼을 소성케 하고" (시 19:7).

④ 혼은 인간 자체를 말하기도 한다(창 2:7, 생령 - living soul) / 창 14:21 - 사람(네페쉬), 창 46:18에서 합이 16명이라 할 때, sixteen soul(네페쉬) 했다. 겔 33:6 - 사람(혼) 따라서 인간이 혼을 갖고 있다기 보다는 인간 자체가 '혼' 이라고 볼 수 있다.

그래서 J. B. Payne은 이렇게 표현했다 :
인간(man) = 육(flesh) + 영(spirit) = 혼(soul)

⑤ 인간의 혼과 동물의 혼의 차이점은 ?
물론 동물도 혼이 있다. 창 1:24 "땅은 생물(네페쉬 하야)을 그 종류대로 내되…" 여기서 '생물'이라는 말은 언어상으로는 인간을 가리키는 '생령'이라고 한 말과 다름이 없다. 다른 점은 인간은 하나님이 직접 인간 개인에게 생기를 불어넣었다. 그러나 동물은 말씀으로 명하셨다. 그러므로 동물의 경우에는 다른 무생물과 다름이 없다. 모든 만물은 다 말씀으로, 그러나 인간은 하나님의 생기로 되었다. (김희보, 구약신학논고, 44-62면 참조)

3) 인간의 영(靈) = (רוּחַ, Ruach, Spirit)

① '혼' 이란 '영' 이 육신(bassar)에 작용하여 나타나는 형태라고 했다. 그러면 '영' 은 무엇인가? '영' 이란 '혼' 의 원동력이다. 즉, 샘과 강이 바다의 근원인 것처럼.

② 그러니까 '영' 은 '혼' 보다 더 강력한 지정의(知情意)의 표현을 말할 때 사용되었다. 왕상 21:5에서 '마음' 이라는 말을 ruach로 썼다. 왕의 근심이 얼마나 컸던가를 알 수 있다. 학개서 1:14에서도 마음을 ruach로, 역대하 36:22에서도 마음을 ruach로 썼다. 하나님께서 얼마나 저들의 마음(영)을 흥분시켰고 감동시키셨

74

인간의 구조적 본성

는가를 표현했다. 이런 것들은 영이 혼의 근원임을 보여주는 구절들이다.

③ 그래서, 영의 작용은 인간의 능력으로 제어할 수 없는 강한 것이다. 이것은 하나님의 능력으로 새롭게 되어야만 한다. 다윗은 시편 51:10에서 무엇이라고 했나? "하나님이여 내 속에 정한 마음(lev = heart)을 창조하시고 내 안에 정직한 영(ruach)을 새롭게 하소서"

- "하나님이 구하시는 제사는 상한 '심령'(원문, ruach)이라"고 했다.
- "마음(lev, לֵב)과 영(ruach)을 새롭게 할지어다 -- 너희가 어찌 죽고자 하느냐"(겔 18:31). 인간은 자기의 영을 새롭게 하지 않으면 결국 사망을 면할 수 없다.
- 사 57:15 - "마음(ruach)이 겸손한 자…겸손한 자의 영(ruach)…통회하는 자의 마음(lev)을 소성케 함이라."
- 우리는 여기서 '영'이란 말과 '마음'이라는 말이 동의적(同意的)으로 대구적(對句的)으로 사용되었음을 본다. 그러나 이 둘은 다르다.

4) 인간의 마음(לֵב, lev = heart)

① '혼' = 영에 근원한 것으로 인간 육신 밖에서 들어온 외래적인 것.

'마음' = 근본적으로 인간의 육신의 일부분으로 생리학적 불가견(不可見)의 기관(器官)이다. 그러나 이 둘은 불가분리(不可分離)의 관계다. 혼은 지정의(知情意)의 좌소이지만, 실질적으로는 '마음'을 통하여 이루어지기 때문에 인간의 '마음'은 지정의의 좌소가 된다. 그러니까 혼의 지정의의 표현은, 오직 인간의 육신의 기관인 '마음'(lev)을 통하여서만 이루어진다.

② 인간의 육신(bassar)의 모든 기관 중에서 보이지 않는 기관인 '마음'만이 오직 혼의 활동을 받아들일 수 있는 능력을 가진 기관이다.

③ <마음>은 하나님을 섬기기도 하고(삼상 12:20), 두려워하기도 하고(렘 32:40), 의지하기도 하고(잠 3:5), 충성하기도 하고(느 9:8), 반대로 완악하기도 하고(출 4:21, 7:13), 또는 마음의 할례로 부드러워지기도 하고(신 10:16, 렘 9:25), 부패해지기도(잠 11:20), 순결해지기도 한다(시 24:4).

마음을 어디에 두느냐에 따라 도덕적, 신앙적 상태가 결정된다. 신 6:5을 보라. 하나님은 외모보다 마음을 보신다(삼상 16:7). 총명한 자라는 말은 원문에는, 마음을 바로 하는 자로 되어 있다(욥 34:10, 34). 지혜로운 자는 곧 마음이 하나님을 공경하는 것과 사람으로 충만하게 될 때이다(잠 9:10, 시 111:10).

4. 신약에서는 :

(안토니 후크마, 개혁주의 인간론, 기독교문서선교회, 349면 이하)

① 네페쉬(nephesh) = 헬라어로 프쉬케(ψυχή) : 거의 '혼'이라는 말로 쓰인다. 생명을 가진 피조물, 인간 전체의 삶, 자연적인 삶 - 그러므로 全人을 가리킨다.

② 르아흐(ruach) = 프뉴마(πνεῦμα) : 거의 '영'으로 쓰였다.

③ 레브(lev) = 카르디아(καρδία) : 마음

④ 바샤르(bassar) = 싹스(σάρξ)와 쏘마(σῶμα)

싹스 : 인간 존재의 외적이고 육체적인 측면과 삶의 모든 영역에서 불순종하려는 타락한 인간 속에 있는 성향으로의 육신을 나타낼 때.

쏘마 : 보통으로 몸을 가리킬 때. 몸의 부활 (*)

선악과

You must not eat from the tree of the knowledge of good and evil, for when you eat of it you will surely die. (2:17)

- '선과 악의 지식나무'의 열매 자체에 선악(善惡)을 아는 지식이 들어 있는 것이 아니다. 하나님의 말씀을 순종하는 것이 선이고, 순종하지 않는 것이 악이다. 따라서 선은 생명에 이르고 악은 사망에 이르게 된다. 결국, 생명과 사망은 하나님의 말씀에 대한 순종 여부에 달려 있다는 것이다.

- 아담은 이런 내용을 체험적으로 알지 못했다. 이렇게 선악과를 통해 시험하신 목적은 사람으로 하여금 자신의 도덕적 성향에 따라서가 아니라 하나님의 말씀에 순종에 의지하여 선과 악을 결정하도록 훈련하는 것이다.

선악을 알게 하는 나무(2:9–17)

본문도입

하나님은 아담을 에덴 동산에 거하게 하시고, 그것을 다스리게(봉사하며 섬기다) 하셨다. 아담은 하나님의 계명을 생명의 법으로 알고 지켜야 한다. 이 말씀을 지키는 것이 생명이요, 어기는 것이 죄이다. 이제 아담과 그로 인해 탄생되는 하나님의 백성들은 하나님의 말씀을 생명과 사망의 법으로 삼고 살아야 한다. 말씀에의 순종 여부가 생명과 사망을 결정짓기 때문이다. 이 순종 여부를 알게 하시고자 선악을 알게 하는 나무를 에덴 동산에 두신다. 여기서 아담은 생명은 오직 하나님께로부터 오는 것임을 배워가야 한다. 그런데 아담은…

1. 에덴 동산은 인간이 살기에 최적합한 환경이었다. 그 아름다움을 형용하기가 불가능하다. 우리가 상상하는 것보다 훨씬 좋은 곳이었을 것이다. 성경은 이런 사실을 어떻게 묘사하고 있나?

2:9 여호와 하나님이 그 땅에서 ① 보시에 (　　　　) ② (먹기에 좋은) 나무가 나게 하시니 동산 가운데는 (생명나무)와 (　　　　) 나무도 있더라.

(1) 많은 나무들이 있었지만 여기서 특별히 두 종류의 나무를 언급하고 있다. '생명나무' 와 '선악을 알게 하는 나무'(the tree of knowledge of good and evil) – 물론 이 두 나무는 에덴 동산 중앙에 실제로 있었던 나무였다. 이 두 나무는 상징적 의미가 들어 있다. '생명나무' 는 이 에덴 동산이 생명의 동산임을 나타내고 있다. 이 동산에 사는 동안은 생명이 보장됨을 뜻하는 말이다. 그와 상반되는 나무는 '선악을 알게 하는 나무' 였다. 아직까지는 에덴에는 죄가 존재하지 않았다. 물도 풍부하고, 많은 나무와 열매들이 가득했다. 최초의 인간이 누렸던 이상향(理想鄕)이다.

(2) 에덴 동산은 그야말로 완전한 상태였다. 보시기에 "심히 좋았다"(1:31)라는 표현은 하나님이 기대하셨던 바 그의 의도대로 성취되었다는 것을 선언하는 것이었다. 아직까지 에덴 동산에는 구원(救援)에 대한 이야기를 할 필요가 없었다. 에덴의 조화(調和), 이야말로 진정한 샬롬의 평화였다. 단순히 분쟁이 없는 상태를 가리킨다기 보다는 내적인 평화와 외적인 평화가 있는 상태, 물질적이고 영적인 만족이 있는 상태, 개인과 개인, 개인과

1) 엘머 A. 말텐스, 새로운 하나님의 계획, 아가페문화사

자연, 개인과 세상, 무엇보다 개인과 하나님과의 조화가 이루어진 상태였다. 에덴에는 그런 온전함(wholeness)이 존재하고 있었다.[1)]

2. 그렇다면 '생명나무'의 열매를 따먹으면 생명을 얻게 되고, 반대로 '선악을 알게 하는 나무'의 열매를 먹게 되면 선과 악을 저절로 알게 될까?

- 선악을 알게 하는 나무란?
- 생명나무와 선악을 알게 하는 나무는 실제로 존재했었나?
- 에덴의 조화와 샬롬
- 선악과를 따 먹으면 정말로 선악을 알게 될까?
- 왜 선악과를 에덴 동산에 두려 하셨을까?
- 단 한 가지 계명만을 어겼는데, 그렇다고 죽음에까지 이르게 하셨을까?
- 아담이 명령을 어기고 죄를 지었다면 회개를 기다리시지 않으셨을까?

(1) 물론 아니다(No). 이 나무의 이름 자체에는 '알게 한다'는 뜻이 들어 있지 않다. 이 '선악을 알게 하는 나무'라는 말을 직역하면 '선(토브, טוֹב)과 악(라, רַע)의 지식(다아트, דַּעַת) 나무'라는 뜻이다.

וָרָע	טוֹב	הַדַּעַת	עֵץ
and evil	of good	of knowledge	the tree

(2) 따라서 이 두 나무는 상반되는 성격을 나타낸다. 즉, 에덴은 생명이 있는 곳이다. 죽음이 들어와서는 안 된다. 그러나 죽음은 인간이 선택할 수 있는 가능성으로 잠복하고 있었다. 즉 에덴은 전혀 유혹을 받지 않는 곳은 아니다. 타락할 가능성이 있는 곳이었다. 이런 면에서 에덴은 우리가 궁극적으로 가야할 완성된 하나님의 나라(천국)와 비교할 수 없다. 물론 완성된 천국은 타락할 가능성이 전혀 없다. 그런 면에서 에덴은 천국으로의 시발점이었다. 이 나무 열매를 따 먹지 않는 한 생명이 영원히 계속된다. 따라서 생명을 유지하는 유일한 방법은 하나님의 말씀대로 순종하여 그 죽음의 열매를 따먹지 않는 길뿐이다. 아담은 순종이 곧 생명이라는 사실을 배워야 했다. 선과 악을 알게 하는 나무는 바로 이런 사실을 위해 주신 것이다.

2) E.W. 헹스텐베르그, 구약의 기독론, 크리스챤다이제스트, 48면.

3. 아담이 하나님의 형상대로 지음받았다는 것은 아담이 최고의 지혜와 거룩성을 **실제로** 지니고 있었다는 말일까? 사람이 하나님의 형상대로 지음 받았다는 것은 오히려 그의 지혜와 거룩성의 '가능성'(capacity)을 가졌음을 뜻하는 것이다.[2)] 헹스텐베르그의 설명을 계속 들어보자. 아래는 그의 설명이다.

(1) 창세기의 기사는 아담의 상태가 어린 아이의 상태와 유사했다는 것을 보여준다. 이런 순결함을 지닌 낮은 상태에서 하나님을 향한 지적인 경건과 헌신의 상태로 바뀌어져야 했으며, 또한 그런 변화를 가져오기 위해서는

시험(probation, 검정, 시험, 입증, 수습, 시련, 근신 기간)이 반드시 필요했다. 이 목적을 위해서 하나님은 아담에게 명령을 주셨고, 동시에 그 명령을 어기도록 유혹하기를 허락하신 것이다.

(2) 만약 아담이 그 시련을 견뎠더라면 어떻게 되었을까? 물론 아담은 그 고통스러운 채찍을 맞는 과정이 없이 한걸음 더 전진했을 것이고 성장했을 것이다. 그러면 왜 그런 불순종을 미리 보셨음에도 불구하고 그를 유혹에서 보호하지 않으셨을까? 계속 헹스텐베르그의 설명을 들어보자.

"사람이 기왕에 선(善)을 유지하며 인내하지 못할 바에는, 그의 죄의 결과들을 당하며 고통 속에서 완전하게 되도록 인도함을 받는 것이 과거의 불완전한 상태 그대로 남아 있는 것보다 그를 위해서 훨씬 더 나았던 것이다. 우리는 타락을 구속과 떼어서 생각해서는 안 된다."

"타락을 미리 보신 하나님께서는 이미 그 자신이 지정하신 구원의 방법으로(피흘리심의 방법) 그 타락의 결과들을 도말하실 뿐 아니라 그로 말미암아 사람을 완전한 상태로 이끌어가시도록 계획하신 것이다. 아담이 '유혹하는 자'(뱀의 유혹)를 강하게 물리쳤더라면 그 완전한 상태에 도달하게 되었을 것이다. 그 완전한 상태는 그가 창조함을 받았을 때 이미 소유한 것이 아니고, 시험 없이 거저 얻어질 수 있는 것도 아니었다."

4. 왜, 그러면 딱 한 가지 계명만을 주고 그것을 어길 때 죽음에 이르도록 규정하셨을까? 또 왜 그의 회개를 기다리지 않으시고 사망의 벌을 내리셨을까?

(1) 하나님은 한 나무를 지목하시고 하나님의 백성으로 살 것인지 아니면 자율적으로 하나님의 백성됨을 거부할 것인지를, 즉 하나님의 말씀에 순종 여부를 이 한 가지에 두셨다. 아직은 복잡한 계율이 발표되기 전이었기 때문이다(약 2:10 "누구든지 온 율법을 지키다가 그 하나에 거치면 모두 범한 자가 되나니).

(2) 하나님은 이 명령을 통하여(창 2:16-17) 창조주로서의 권위와 위엄과 능력을 선포하셨다. 따라서 이 계명은 사건의 본질로 '계약'이다. 계약(언약)을 범한 자에게는 정녕(반드시) 죽게 된다.

죄를 짓지 않을 수 있는 상태

- 에덴 동산에서의 아담은 어떤 상태에 있었을까? 에덴은 전혀 죄의 유혹을 안 받는 곳인가?

- H. 바빙크의 설명을 들어보자; "하나님께서 인간을 아무리 높이 올려 놓았을지라도 아직은 가장 높지 않다. 아담은 죄를 짓지 않을 수 있는 상태였지만 그렇다고 죄를 지을 수 없는 상태는 아니었다. 그는 부패될 수 없고 죽을 수 없는 영생은 아직 소유하지 않았지만 그 대신 그 존속(存續)에 어떤 조건의 성취에 달려 있었던 과도기적 불멸성을 받았다. 그는 직접 하나님의 형상으로 창조되었으나 아직은 이 형상과 그의 모든 영광을 상실할 수 있었다. 그는 낙원에 거하였으나 이 낙원은 하늘(완성된 천국)이 아니었고, 그를 통하여 잃을 수도 있었다. 영적으로나 육적으로나 아담이 소유했던 모 든 풍부한 것 중에 부족한 것이 하나가 있었으니 그것은 '절대적 확실성'이었다."

Covenant
언 약 (베리트)
בְּרִית

언약이란?

- 주권적으로 사역된 피로 맺은 약정이다. - O.P. Robertson
- 언약은 하나님이 주권적으로 인간과 맺으셨기에 깰래야 깨어질 수 없는 하나님의 약속이다. 피로 맺은 약정(bondinblood) 또는 삶과 죽음의 약정이라는 말은 하나님과 인간과의 결속의 궁극성을 표현한다.
- 만약 이 언약을 어겼을 경우, 피흘림의 방법 외에는 없다.

하나님께서 인간과 맺으신 최초의 언약

본문도입

앞에서도 언급된 내용이지만, 하나님은 자기의 형상 대로 지으신 인간과 계속 교제하며 지내시기를 기뻐하셨다. 하나님은 피조물에 비해 얼마나 초월적(超越的)인 존재인가! 하나님의 고귀하고 높으심을 어떻게 다 표현할 수 있을까! 이사야 57:15을 보라. 피조물인 인간이 어떻게 감히 이런 하나님을 상대할 수 있을까! 그러나 하나님은 비록 피조물이긴 하지만 합리적이고, 도덕적이며, 영적 존재요, 하나님의 복사물인 아담과 동반자의 관계로, 즉 아버지와 자녀와 같은 관계로 교제하기로 작정하신다. 아버지와 자녀와 같은 관계를 갖기 위해서는 어떤 장치(?)가 필요할까?

1. 하나님은 자기의 교제의 대상자 아담에게 모든 복을 내려주시기로 하시고 또 그렇게 하시기를 기뻐하셨다. 인간은 하나님을 의존해서 살며, 창조주를 평생 자기의 하나님으로 섬기며 살도록 하셨다. 하나님은 인간에게 자기의 경륜을 알리기를 기뻐하셨다. 자기가 지으신 피조물에게서 하나님으로 인정받으시고 그렇게 섬김 받으시기를 기뻐하셨다. 그것도 자발적인 순종을 원하셨다. 하나님이 인간에게 내리신 명령은 무엇인가?

   2:17 '선악을 알게하는 나무'의 실과는 먹지 말라
   네가 먹는 날에는 ( ) (**죽으리라**) 하시니라

2. 앞에서 언급되었듯이 이 명령에 절대 순종하는 것이 곧 생명이다. 아담은 이 명령을 어긴 것이다. 이 선악과에 대한 명령이 하나님께서 인간과 맺으신 최초의 언약이다. 언약이란 무엇인가, 그 내용을 자세히 살펴보자.

   이제, 하나님은 아담을 교제의 당사자로 보신다. 아담은 하나님의 형상대로 지음받은 존재이다. 하나님은 하나님과 피조물인 아담 사이를 아버지와 자녀의 관계로 교제하기를 원하셨다. 아담을 하나의 인격으로 존중하기로 하셨기 때문이다. 다시 말하면 하나님은 왕이시요, 사람은 그의 백성이 되는 것이었다. 인격 대 인격, 이들은 자기가 행한 일에 서로 책임을 지는 존재였다. 그러기 위해서는 서로 '언약'(言約)을 맺으신다. 이것이 최초의 언약이다. 하나님과 맺은 약정(約定)은 하나님의 말씀을 모든 생의 법칙으로 알고 지켜야 하는 삶과 죽음의 약속이다. 하나님이 명하신 선악

과를 따먹지 말라는 금지 명령은 아주 결정적인 것이다. 그러나 절대 순종했을 때는 그것은 축복 받는 열쇠가 된다.

3. 그러면 왜, 꼭 '언약'의 방법으로 인간과 결속(結束)하시는가?

(1) 이 언약의 방법 외에 무한한 질적 차이가 있는 하나님과 인간 사이에 부모와 자녀 같은 관계를 가질 수 없다. **이 언약 관계를 통해서만 인간은 강압에 의해서가 아니라 감사하면서 자원으로 하나님을 섬길 수 있게 된다.** 인간을 인격적인 존재로 대하시기 때문이다. 이 언약 관계를 잘 이해하는 것이 앞으로 성경의 흐름을 이해하는데 크게 도움이 된다. 도표로 그려보자.

언약이란?

하나님은 言約을 통하여 人間의 歷史 속에 들어오셨다. 이 언약을 통하여 하나님과 인간은 상하 복종의 관계가 아니라 부모와 자녀와 같은 관계를 가진다. 즉 언약적인 관계 속에서 하나님은 인간을 대하시게 된다. 따라서 언약(Covenant)은 창조주와 인간 사이의 "주권적으로 맺어진 삶과 죽음의 약정"으로 설명된다. 선악과는 하나님께 절대 순종 여부의 시금석이 된다.

이 언약을 어길 경우 피흘림의 방법 외에는 회복의 길이 없다. 물론 아담은 이 언약을 여겼고, 영원한 형벌에 처하게 된다. 그러나 하나님의 특별한 방법(=십자가의 피흘림)으로 그 최초의 계획이 무산되지 않는다. 종국(終局)에는 하나님이 의도하신 하나님의 나라가 완성될 것이다. 우리는 이미 그리스도 안에서 그 예언의 성취를 맛보고 있다.

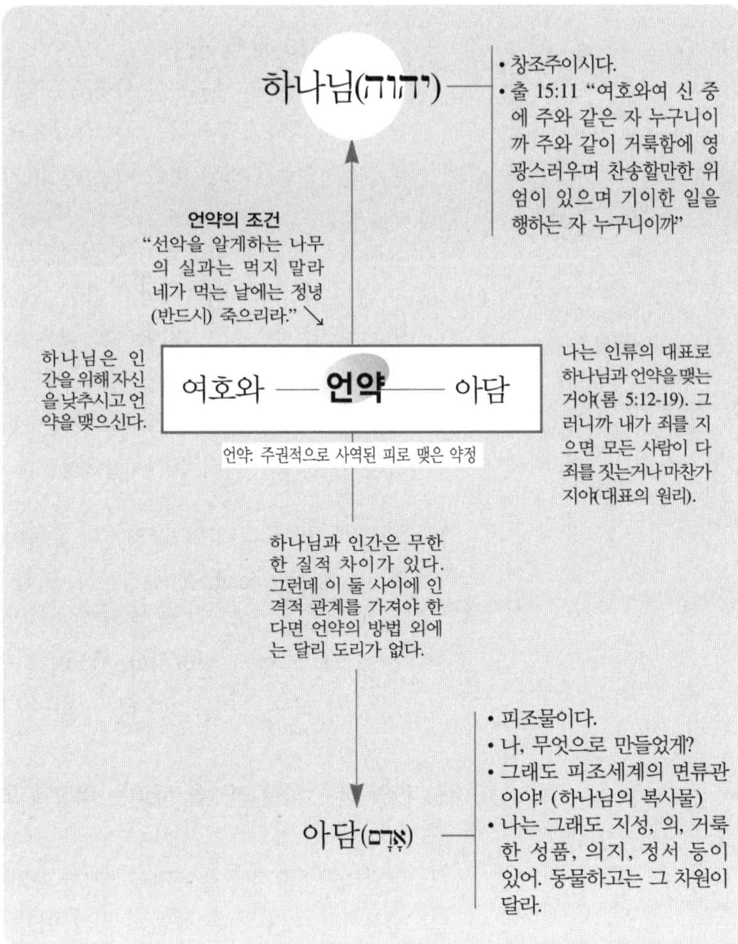

(2) 물론 창세기 2장에서 '언약'이란 단어는 없다. 언약이란 단어는 창세기 6:18[1]에서 처음 등장한다. 그렇다면 어떻게 언약관계에 있음을 알 수 있는가? 호세아 6:7을 찾아보자. 여기 나오는 '아담처럼' (כְּאָדָם)[2]이라는 말에서 아담과의 언약의 근거를 찾아볼 수 있다. 또 로마서 5:19, 고린도전서 15:21-22에서도 아담이 언약의 대표로 등장하고 있음을 볼 수 있다. 따라서 아담의 죄는 모든 인류의 죄가 된다.

4. 그러면 언약이란 무엇인가?

(1) '언약'에 대한 정의가 학자들마다 다르지만 대체로 다음과 같이 설명된다.

언약은 하나님과 인간 사이에 관계 개념으로,

[**兩者 사이에 맺어진**]:

- 은혜와 약속의 주권적인 사역(E.J. Young)
- 하나님 나라의 주권적인 사역(M. Kline)
- 주권적으로 사역된 피로 맺은 약정(O.P. Robertson)

(2) 그러므로 언약은 하나님이 주권적으로 인간과 맺으셨기에 깰래야 깨어질 수 없는 하나님의 약속이라고 할 수 있다. '피로 맺은 약정'(*bond in blood*) 또는 '삶과 죽음의 약정'이라는 말은 하나님과 인간과의 결속의 궁극성을 표현한다. 이 언약을 어길 경우 아담은 "정녕(반드시) 죽을 것이다"(창 2:17하). 이것을 원 상태로 돌려놓는 것은 너무나 어려운 일이다. 물론 아담은 어 언약을 어기고만다(창 3장).

(3) 이렇게 '언약 수립'의 과정에서 동물이 절단되는 의미는 '죽기까지의 서원'(pledge to death)을 상징한다. 만약 언약자가 서약을 위반한다면 자기에게 저주가 임한다. 피 흘림은 주어진 언약의 의무에서 벗어나는 경우 행해지는 유일한 방법이다. '언약'은 이렇게 당사자들이 죽음의 고통을 치르고서라도 충성을 해야하는 '피의 약정'이다.

5. 만약 이 언약을 어겼을 때에는 어떻게 회복시킬 수 있는가?

(1) 일단 언약 관계에 들어가면, 언약 파괴시에는 피흘림만이 주어진 의무를 경감시켜 준다. 물론 동물의 피가 이를 대신할 수 없다. 동물 제사는 하나

1) 창 6:18 "그러나 너와는 내가 내 언약(covenant)을 세우리니 너는 네 아들들과 네 아내와 네 자부들과 함께 그 방주로 들어가고."

2) 호 6:7 "저희는 아담처럼 언약을 어기고(Like Adam, they have broken the covenant) 거기서 내게 패역을 행하였느니라."

כְּאָדָם

like(כְּ) Adam - NIV
like(כְּ) men - KJV

- 호세아 6:7은 언약을 어겼다는 사실을 더욱 확고하게 설명한다. 이스라엘 백성이 "아담처럼"(כְּאָדָם) 언약을 어겼다고 말하고 있다. 어떤 사람은 '아담' 을 장소로(수 3:16 참조) 보는 사람도 있고, 또 어떤 사람은 '아담' 을 '인간' 으로 해석하기도 한다. 이 경우 이스라엘은 이방 사람과 비교가 된다. 그러나 여기 호세아 6:7은 "아담처럼"이라고 보는 견해가 더 성경적인 것같다. 첫째 아담이 하나님 앞에서 '언약' 을 어긴 것처럼, 이스라엘도 시내산에서 제정된 언약을 어겼다는 것이다.

1) 히 9:22 "율법을 좇아 거의 모든 물건이 피로써 정결케 되나니 피 흘림이 없은즉 사함이 없느니라."

2) 롬 5:17-19 "한 사람의 범죄를 인하여 사망이 그 한 사람으로 말미암아 왕 노릇 하였은즉 더욱 은혜와 의의 선물을 넘치게 받는 자들이 한 분 예수그리스도로 말미암아 생명 안에서 왕 노릇하리로다 18 그런즉 한 범죄로 많은 사람이 정죄에 이른 것 같이 의의 한 행동으로 말미암아 많은 사람이 의롭다 하심을 받아 생명에 이르렀느니라 19 한 사람의 순종치 아니함으로 많은 사람이 죄인 된 것같이 한 사람의 순종하심으로 많은 사람이 의인이 되리라."

아브라함의 제사(창 15장) : 솔개를 쫓고 있다.

의 예표일 뿐이다. '피'로 대신하는 것 이외에는 해결 방법이, 즉 죽음의 저주로부터 구원의 방법이 없게 된다(히 9:22).[1] 예수(=하나님의 어린양)는 창조의 궁극적인 저주를 스스로 지게됨으로써 우리의 구원이 이루어지게 하셨다. 로마서 5:18, 19절[2]을 보라. 타락한 인간은 둘째 아담되신 그리스도의 절대 순종을 통해 해결된다. 그의 겟세마네에서의 결투를 보라(마 26:39, 26 :42, 요 18:11, 히 5:8-9을 읽어보자).

(2) 타락한 인간을 구원하기 위해 꼭 피흘림 방법 외에는 없었을까?
여러 가지 주장이 제기되고 있지만(동 교재, 레위기 확대경 No. 8, 104면 참조) 전통적인 프로테스탄트의 입장은 범죄한 인간을 구속하실 것인가, 아닌가는 하나님의 자유로운 결정이시고, 결정하신 이후는 그리스도의 속죄 외에는 다른 방법이 없다는 것이다(=결과적 절대적 필요론).

- **하나님의 공의의 요구** – 범죄는 하나님께 대한 불순종 내지는 도전이기 때문에 하나님의 거룩과 공의는 이것을 결코 간과할 수 없다(출 34:7, 나 1:3, 시 5:5,6, 롬 1:18). 이와 같이 죄는 반드시 처벌되어야 하며 하나님의 공의의 요구는 죄인의 구원을 위하여는 반드시 그 죄인의 죄값이 어떤 형태로든지 지불되지 않으면 안 된다.

- **그리스도의 제사직의 독특성** – 피택자들의 죄값을 대신 지불할 방법이 그리스도의 속죄라는 방법 외에는 다른 길이 있을 수 없다. 인간의 죄 값을 지불할 자는 인간 중에는 아무도 없다. 하나님 자신도 영광의 보좌에 앉아 계신 상태로는 불가능하였다. 하나님이신 성자(聖子) 예수께서 인간의 육신의 몸을 입고, 우리의 대제사장이 되셔서 우리의 죄를 대신 짊어지셔야 했다. 그리스도 외에는 달리 인간의 죄를 구속할 분이 없다. 짐승의 죽음은 다만 이를 예표할 뿐이다(백투버바이블, 레위기, 104면).

6. 언약에 대해 설명했지만 부족한 것은 확대경의 설명(No. 7, 88면)을 참고해 보기로 하자. 어쨌든 이제, 하나님은 아담의 주님이 되셨다. 언약(言約)의 주로서 아담의 모든 것을 책임져 주시는 '야웨' 하나님이 되신 것이다. 그래서 창세기 2:4이하에서는 '엘로힘'이라는 명칭보다는 '야웨'라는 명칭이 사용되었다. 이 명칭은 택한 자에게 언약을 세우시고, 그 언약을 성취하시는 하나님의 특별한 고유 명칭으로 쓰였다.

82

먹는 날에는 정녕 죽으리라 (2:17b)

먹지 말라 | 먹는 날에는

• **먹지 말라**(לֹא תֹאכַל) : 이는 신적 금지명령에 사용되는 강한 어법이다. 부정 명령(금지)에서 '미완결형+לֹא' 형식은 하나님께서 "~하지 말라"(never ~)를 나타날 때 쓰인다(계명 등).

1) 모트(מוֹת)는 칼동사 절대형으로 2)번(칼 동사 미완료 2인칭)과 같은 단어이다. 먹는 날에는 '반드시, 틀림없이 죽는다'는 사실을 강조하기 위해서 이렇게 표현했다. 이 명령은 지나가는 빈말이 아니라는 뜻이다. 이 명령을 어기는 날에는 네가 '반드시, 틀림없이' 죽게 될 것이라는 점을 강조하고 있다. 이 명령을 어기는 행위는 하나님의 거룩성과 그의 권위에 정면 도전을 의미하기 때문에

1. 인간이 선악과를 먹지 말아야 할 이유는 무엇인가?

2:17b 먹는 날에는 (정녕, 반드시) (   )
for(כִּי) in the day(בְּיוֹם) that thou eatest thereof thou shalt surely(מוֹת) die(תָּמוּת). - KJV

כִּי בְּיוֹם אֲכָלְךָ מִמֶּנּוּ מוֹת[1] תָּמוּת[2]

(1) '정녕 죽는다' (מוֹת תָּמוּת)는 말은 '반드시 죽는다' 는 뜻이다. '정녕'(surely)이라고 번역된 단어, 모트(מוֹת, 칼동사 절대형)는 '죽으리라'(תָּמוּת, 칼동사 미완료)로 번역된 단어와 같은 단어이다. '죽으리라'는 말을 더욱 강조하기 위해 이렇게 표현했다. 이로 볼 때, 하나님이 선악을 알게 하는 나무의 실과를 먹는 것이 얼마나 불행한 결과를 가져올 것인지 충분히 강조하셨음을 알 수 있다. '잘 몰랐어요'라고 핑계댈 수 없다는 말이다.

(2) 3장에서 언급된 내용이지만 우리가 잘 아는 대로 아담은 이 언약을 어기게 된다. 뱀의 간교한 음모 속에 선악과의 열매를 따 먹음으로써 인류는 비극에 떨어지게 된다. 최초의 인간 부부는 자신들 스스로 선악을 판단하고, 선악에 대해서 자율권을 확립하고, 하나님의 특권을 빼앗음으로써 "하나님과 같이"되고자 했다(창 3:5, 22). 물론 사단의 개입으로 발생된 일이지만 아담은 그 책임에서 벗어나지 못한다.

2. 다시 정리해 보자. 선(善)은 무엇이고 악(惡)은 무엇일까?

그러니까 하나님의 말씀을 지키는 것이 곧, 생명이요 그 말씀을 어기는 것이 사망이다. 즉, 하나님의 말씀에 대한 순종의 여부가 선과 악이다. 따라서 이 약정은 저주와 축복, 삶과 죽음의 약정이었다. 그러므로, 창조주와 인간의 관계는 "주권적으로 맺어진 삶과 죽음의 약정"으로 설명된다. 하나님과 인간과의 언약은 '피로 맺은 약정'(*bond in blood*)으로서, 이는 하나님과 인간과의 결속을 나타내는 것이다. 인간의 타락으로 그 죄 문제를 해결키 위해서는 하나님 편에서 피를 흘리지 않으면 안 되게 되었다.

가정의 창설(2:18–25)

1) 아사(עָשָׂה, 일하다, 만들다, 형성하다, 이루다)의 칼동사, 미완료 1인칭, 단수 : "내가 ~지으리라"
לוֹ : "그를 위하여"

2) 에제르 : 도움, 원조, 돕는 자

3) 네게드(נגד) : ~의 앞에, 비교하여, 대면하여

כְּנֶגְדּוֹ

וֹ(3인칭 단수 남성 접미 대명사)
נֶגֶד(~앞에, ~비교하여, ~와 대면하여)
כְּ(~처럼)

- *corresponding to him*
- *like being in front of him*

1. 하나님은 독처하고 있는 아담에게 '돕는 배필'을 주신다. 왜 여자를 창조하셨나? 여자의 사명은 무엇인가? (2:20–22)

2:18 여호와 하나님이 가라사대 사람의 (   ) 것이 (   ) 내가 그를 위하여 (   )을 지으리라 하시니라.

אֶעֱשֶׂה־לּוֹ[1] עֵזֶר[2] כְּנֶגְדּוֹ[3]

(1) '돕는 배필'이란 말은 아담과 '상응하는(*corresponding to*) 돕는 자'를 말한다. 하나님은 물론 아담에게 짝이 없음을 아셨다. 따라서 하나님은 각종 동물로 아담에게로 나아오게 하셨다. 아담으로 하여금 짝이 없음을 알게 하시기 위해서였다. 아담은 그 가운데서 '자기와 상응하는 돕는 자'를 찾지 못했다. 각종 동물 중에는 아담에게 상응(相應)하는 존재가 없었다. 만약 아담이 동물 중에서 짝을 선택했다면 어떤 일이 벌어졌을까? (원숭이?, 개?, 침팬지?) 아마 상상하기 어려운 일이 일어났으리라.

(2) 독처한다는 말은 '홀로 있다'는 뜻이다. '좋지 못하다'(לֹא־טוֹב)는 말은 하나님께서 지은 사람이 혼자 있는 것이 그를 지으신 목적이나 의도에 맞지 않는다는 뜻이다. 하나님께서 사람을 지으신 목적이 무엇일까? (창 1:28) 따라서 아담에게는 돕는 배필이 반드시 필요했다. 그래서 하나님은 아담을 깊이 잠들게 하고 아담의 갈빗대를 취하여 여자를 만드셨다. 그리고 아담에게 데려오셨다.

적용 도우미

- "하나님은 왜 선악과를 만드셔서 이렇게 사람을 곤경에 빠지게 하셨을까? 전능한 하나님이시라면서…" 이런 질문을 아주 많이 받아 보셨으리라. 그럴 때 당신은 어떻게 설명하곤 했는가? 적당히 얼버무렸다고? 만약 당신이 언약의 개념을 충분히 이해하셨다면 설명에 도움이 될 수 있었을 터인데….
- 상상하기 어려울만큼 좋은 에덴 동산, 그곳에도 위험 요소는 있었다. 부족함이 없다면 신앙생활을 더 잘 할 수 있을까?

남자, 여자 그리고 막내

조카(여자)의 어렸을 때가 생각이 난다. 온 식구가 저녁을 먹고 있는데, 이 녀석 어디서 늦게 놀다 들어오면서 굉장한(?) 뉴스를 전한다.

"엄마, 엄마, 엄마!!"
"왜 그래?"
"저, 있잖아~, 언니는 여자고, 오빠는 남자다."

이 굉장치도 않은 뉴스에 식구들은 한바탕 어리둥절한 웃음을 웃었다. 그래서 그 녀석에게 다시 물었다. "그래, 그러면 넌 뭐냐?" 이 질문에, 잠시 뜸을 들이더니,
"응, 나는… 막내"
물론, 웃음바다가 됐다. 지금은 커서 아이 낳고 학부형이 됐지만….

1) 어떤 학자는(M. Henry) "여자를 머리에서 취하지 않으신 것은 그로 남자를 지배하지 못하게 하심이며, 남자의 발에서 취하지 않으신 것은 남자의 지배를 받지 않게 하시기 위하여서이고, 여자를 남자의 옆구리에서 취하신 것은 남자와 동등하며 늘 그 곁에 있게 하기 위하심이었다" 고 해석을 했다.

2) 김영철, 주님의 주님되심(여수룬), 135-155면 참조

2. 아담은 첫눈에 그 여자가 '자기와 상응하는 돕는 자' 임을 알고 만족해 했다.

2:23 이는 '*이번에야말로*' 내 (뼈) 중의 뼈①요 (살) 중의 살②이로다.

① 뼈(에쳄, עֶצֶם) : 뼈, 몸, 신체 / 시체를 가리킬 때도 있다(창 50: 25, 해골).
② 살(바사르, בָּשָׂר) : 살, 육체

(1) 하나님은 아담이 어떻게 동식물의 이름을 짓나 보시려고 동물들을 그에게로 이끄셨다(2:19). 이는 하나님이 아담으로 하여금 자기와 상응하는 존재가 있는가 발견토록 하시려는 의도였다. 그러나 아담은 수많은 짐승들을 일일히 살펴보았지만 자기와 상응하는 배필을 만날 수 없었다(20절). 따라서 하나님은 아담을 잠들게 하고 그의 갈빗대[1] 하나를 취하여 여자를 만드셨다. 그리고 아담에게로 이끌어 오셨다(21절). 그런데 아담은 자기에게로 다가온 새로운 동물(?)이 '이번에야말로'(now, 파암, פַּעַם) 자신과 똑같은 본질을 가진 '자기와 상응하는 돕는 자' 임을 즉시 알아차렸다. 그래서 그녀를 '여자' (이솨, אִשָּׁה)라고 했다. 그 이유가 '남자(이쉬, אִישׁ)에게서' 취하였기 때문이었다.

(2) 아담이 볼 때, 자기와 동등한 본질을 가진 존재이긴 하지만 자신과 같은 성(性)을 지니지는 아니했다. 자기와 본질이 같되, 결코 비천함이나 종속성을 의미하지 않는 명칭으로 지었다.[2]

3. 여기 '돕는다'는 말에서 여자의 지위를 남자보다 낮은 것으로 이해해서는 안 된다. '돕는'이란 말은 '그와 상응하는' (corresponding to him)이라는 말이다. 그러니까 아담이 각종 들짐승과 공중의 각종 새들의 이름을 지어 주었지만 그것들 중에는 자기와 '상응하는' 존재를 찾지 못했다는 말이다.

4. 여자는 남자 몸의 일부로 창조했다. 그러니까 모든 창조 과정의 마지막 단계로 여인이 창조되었다. 그러므로 창조물 중 가장 고상한 존재요 가장 아름다운 예술작품이라고 할 수 있다. 어떤 의미로 창조의 신비라고 할 수 있다. (그렇다고 여성들이여 너무 좋아하지 마셔. 안 그런 사람도 있으니까. 매 맞을 소리지? 그치?) 아담처럼 흙에서 짓지 아니하고 아담의 몸의 일부로 지었다. 남녀의 근원을 한 곳으로 정하고, 남녀의 통일성을 위하여 아담의 몸의 일부로 지었다. 그리하여 모든 인류가 한 기원에서 유래하여 모든 사람이 한 인류로 통일되게 하셨다(행 17:26).

피차 복종하라

브라이언 채펠 저 / 윤혜경 역

인간의 타락 이후 남녀의 관계도 문제가 발생했다. 서로 '상응하는' 존재가 서로를 지배하려는 방향으로 바뀌어갔다. 최근 한국사회에도 이혼률이 크게 늘고 있다. 그렇다면 이에 대한 성경의 대답은 무엇일까? 이 책은 "가정에 대한 성경적인 모델과 성경적인 교훈을 제시한 탁월한 책"이라는 평가를 받는다. Vesta Sproul 이라는 작가는 "성경적인 가정에 대해 내가 지금껏 읽은 책 중에 가장 훌륭한 책"이라고 평했다. 결혼을 앞둔 젊은이나 결혼한 부부 그리고 카운슬러와 목회자들에게 꼭 추천하고 싶은 책이다.

(도서출판 그리심, 2003년, 336면)

5. 타락한 이후 여자에게는 어떤 형벌이 왔는가? (창 3:16)

(1) 잉태하는 고통 : 잉태와 출산은 하나님의 원래 계획 가운데 있었다. 따라서 잉태와 출산 그 자체는 형벌이 아니나 해산하는 고통을 겪도록 하신다. 해산(解産)의 고통을 받게 되었으나 자식을 낳게 하시는 은혜가 있었다.

(2) 타락 전까지는 아담과 하와는 남편과 서로 상응하는 존재로서, 서로 돕는 위치에 있었다. 그러나 타락으로 이들 관계 역시 깨어지고 말았다. 이 구절에서 우리는 남편이 아내를 다스리게 될 것이라는 암시를 볼 수 있다. 남편과 아내의 수평적인 조화 관계가 아니라 아내는 남편에게로 '돌아가고' 또 하나님을 의존하는 데서 떠난 결과로 "남편은 아내를 다스리게 될 것"이라는 말이다. 그러나 그리스도 안에서 이들 관계는 회복된다(확대경 No-11을 참고할 것). 옆에 소개한 책은 이런 성경적인 가정을 다룬 책 중에서 가장 탁월한 책 중의 하나이다. 꼭 추천하고 싶은 책이다.

6. 교회와의 관계(엡 5:21-33) : 신약에서는 아담과 하와의 관계를 그리스도와 교회 관계의 예표로 설명하고 있다. 아담이 후에 아내를 허락받음은 그리스도께서 성육신 후에 교회를 자기 아내로 받을 것을 예표한다.

결혼, 부모를 떠나 (2:24~25)

1. 결혼의 본질은 무엇인가? 결혼은 일차적으로 무엇부터 시작되는가?

24 이러므로(for this cause)
남자가 —— **떠나**
/부모를
연합하여
/그 아내와
둘이 —— **한 몸을 이룰지로다**

[결혼은]
• 부모를 '떠나' (עָזַב, 아자브, to leave)
• 그 아내와 '연합하여' (דָּבַק, 다바크, to cleave)
• 한 몸이 되는 것(become one flesh)

(1) 결혼은 일단 부모를 떠나는 것이다. 이것은 진리이며 부모들이 결혼하는 자녀들에 대하여 가지는 기본적인 태도이다. 지금까지 부모를 의존하던 것을 끊고(부모를 떠나) 배우자에 대한 책임을 완수하는 것(아내와 연합하는 것)을 말한다. 그가 그 여자와 합한다는 사실은 곧 둘 사이의 사랑의 관계를 시사하고 있다. '한 몸'이란 언어는 이런한 연합의 본질을 표현한

다. 그래서 새로운 가정을 이룬다. 이는 결혼의 불가분리성을 말해 준다. 또한 하나님의 형상인 인간은 성적(性的)인 존재이다. 물론 하나님은 성적인 존재가 아니시다. 여기에 이스라엘의 하나님과 가나안 지방의 신들 사이에 뚜렷한 차이가 있다.[1)]

(2) 결혼 관계는 하나의 서원이며 언약이다. 따라서 이를 깨는 것은 하나님께 죄를 짓는 일이다.

אִשָּׁה

이솨, Woman

아담을 위해서 하와를 '돕는 배필'로 주셨다. 여성, 부인, 여자, 부녀, 계집의 뜻으로 쓰였다. 남자는 이쉬(אִישׁ)라고 하는데, 여자를 이솨(אִשָּׁה)라고 한 것은 자기에게 다가온 아주 예쁜 동물(?)은 자신과 동등한 본질을 가진 존재이지만 성(性)은 다르다는 의미로 모음 하나 더 붙여서 '이솨'라고 불렀다.

1) 체스터 레만, 성경신학(구약), 69-70면

2. 결혼 제도는 누가 세우신 것인가? (24, 25절)

(1) 하나님은 자신의 모양과 형상 대로 창조함으로써 인간과 더불어 삶과 죽음의 약정을 주권적으로 세우셨다. 이 언약을 어기는 일(선악과를 따 먹는 일)은 곧 죽음을 의미한다. 그리고 여기에다 또한 안식일, 노동, 결혼 제도를 세우셨다. 이것은 하나님이 정하신 것으로 인간이 반드시 지켜야 할 내재적 원칙이다.

(2) 따라서 결혼, 노동, 안식의 규례는 타락 이후에도 계속해서 지켜져야 할 인간의 주요 책임이다. 이런 모든 것이 인간에게 주신 제도이기에 거기에 하나님이 원하시는 질서가 있다. 이렇게 창조언약의 일반적인 규례(안식, 결혼, 노동)에 첨가해서 선악과를 먹지 말라는 구체적인 명령이 주어졌다.

적용 도우미

• 남자와 여자는 서로 간에 꼭 필요한 존재이다. 남녀간의 관계는 서로 경쟁 상대의 관계로 지음을 받은 것이 아님이 분명하다. '돕는 배필'이란 의미를 잘못 해석하여 여성을 낮은 존재로 이해하여 단순히 내조자나 보조자로 보면 곤란하다. '돕는 자'라는 개념은 신분이나 수준 또는 가치의 높낮이를 말하는 것이 아니라 '능력을 가진 자'(이런 면에서는 하나님도 우리를 도우시는 분이시다)임을 의미한다. 서로가 상대방 없이는 살 수 없는 두 존재가 남녀의 관계이다. – '그런데, 누가 여인들을 보고 함부로 입을 놀려! 맞아 죽을려고?!' 지금은 남자가 여자의 눈치를 보아야할만큼 여자들의 지위(?)가 상승했다. '그래도 아직도 여자를 패는 놈이 있다구?' 가끔 들리는 소식이 있다. '여자가 남자를 두들겨 팼다는 소식.
–"여자는 무서워? 안무서워? 모르겠어?"

• 남녀가 서로가 주도권을 잡으려는 끝없는 전투(?)가 오늘도 TV의 화면의 주류를 이루고 있다. '혹시 남녀가 서로 상응하는 존재라고 여자도 남자와 똑같은 일을 해야 한다고 주장하는거 아냐?'

창세기 2 장 요약 정리

요약질문

- 여기서 말하는 '안식' 의 의미는 무엇인가?
- 안식은 6일간의 창조 사역과 어떤 관계가 있는가?
- 안식일 제도는 어디에 그 뿌리를 두고 있는가? (창 2:1-3) 만약 타락하지 않았다면 안식은 어떻게 발전했을까?
- 타락 후 안식의 개념은 역사 속에서 어떻게 발전해 왔는가? (교재를 보고)
- 안식일과 주일과의 관계를 연구해 보라.
- 지금도 구약의 안식일을 지켜야 한다고 고집하는 교파가 있다. 당신의 견해는 어떠한가?
- 하나님의 이름인 '야웨'와 '엘로힘'은 어떤 경우에 쓰였는가?

- 땅이 처음 창조되었을 때의 모습과 상태를 말해보라(4-6절).
- '에덴' 이란 말의 뜻은 무엇인가?
- 에덴은 실재했던 곳인가? 그렇다면 지금의 어느 지역일까?
- 에덴을 중심으로 발원한 4강의 이름은 무엇인가?
- '창설하다' 라는 말의 참된 의미는 무엇인가?
- 하나님은 인간을 위해 에덴을 어떠한 곳으로 만드셨는가?
- 사람을 에덴 동산에 두시고 맡기신 사명은 무엇인가? (15절)
- 아담에게 허락하신 명령과 금지하신 명령은 무엇인가? (16-17절)
- 왜, 이런 명령을 아담에게 내리셨나?

- 왜 여자를 창조하셨나? (18-22절)
- 여자의 사명은 무엇인가? (20-22절)
- '돕는 배필' 이란 어떤 뜻이 있는가?
- 부부 사이의 인격성에 대해서 말해보라.

- 결혼의 본질은 무엇인가?
- 결혼 제도는 누가 세우신 것인가?
- 타락 이후 남녀의 관계에 어떤 변화가 왔는가?

Summary

마태복음 19:4-5 "둘이 한 몸이 될지라." - 결혼은 곧 1+1=2가 아니고, 1+1=1 이라는 공식이 성립된다. 각인이 가진 50% + 50% = 100%가 아니고 각인이 가진 100%와 100%의 능력을 발휘하여 새롭고 전혀 다른 100%의 가정 공동체를 형성해야 한다. / 김의원, 하늘과 땅, 그리고 족장들의 톨레돗, 총신대학교출판부, 117면

연구과제

(1) 인간 창조 (2) 언약의 의미와 본질 (3) 가정의 중요성

(4) 안식, 결혼, 노동에 대한 폭넓은 토의 연구

확대경(No. 7)

언약이란?

(베리트 - בְּרִית)

1. 언약(베리트 – בְּרִית / 디아데케, διαδήκη)이란?

(1) 성경을 자세히 읽어보면 마치 식물이 자라는 것과 같이 그 안에 발전하는 계시의 흐름이 있다. 보스(G. Vos)는 "씨앗 ⇒ 싹 ⇒ 연한줄기 ⇒ 잎 ⇒ 꽃이 피고 열매"를 맺는 것처럼, 성경에는 유기적이고 점진적인 계시(啓示)의 발전(發展)이 나타난다고 했다. 이렇게 발전해 가는 계시의 흐름 가운데 가장 잘 나타난 것이 '언약'(言約)이라고 했다.

2) 그러면 언약(어느 책에서는 '계약'이라고 부른다)이란 무엇인가? 학자들 간에 다양한 견해가 있다:

언약은 하나님과 인간 사이에 관계 개념으로,
兩者 사이에 맺어진 :

- 은혜와 약속의 주권적인 사역(E.J. Young)
- 하나님 나라의 주권적인 사역(M. Kline)
- 주권적으로 사역된 피로 맺은 약정(O.P. Robertson)

따라서 언약은 하나님이 주권적으로 인간과 맺으셨기에 깰래야 깨어질 수 없는 하나님의 약속이다.

(3) 하나님은 言約을 통하여 人間의 歷史 속에 들어오셨다. 이 언약을 통하여 하나님과 인간과의 관계를 가진다. 즉 언약적인 관계 속에서 하나님은 인간을 대하시게 되는 것이다. 하나님은 자신의 형상대로 인간을 창조하시고 하나님과 인간과의 언약이라는 독특한 관계를 세우셨다.

(4) 하나님은 특정한 사람들과 언약관계를 자주 맺으셨다.

(예) 노아(창 6:18), 아브라함(창 15:18), 이스라엘(출 24:8), 다윗(시 89:3). 그리스도 자신이 최후의 만찬에서 언약적 언어로 설명하심(눅 22:20)

2. 그렇다면 언약에는 어떤 개념이 있나?

(1) 언약은 約定이다(약정이나 관계의 개념이 있다).

언약을 만드는 것은 하나님, 또는 인간이다. 언약을 맺으려면 반드시 상대방이 있다. (물론 예외도 있다 : 들짐승과 약정, 창 9:10,12,17 참조)

① 언약을 맺을 때 "~연관하여"(in connection with), "~과 함께" (with), "~사이"(between)라는 관계가 성립한다.

② 언약이 성립되는 약정의 성격이 口頭誓約(verbal oath)이라는 점이다 - 창 21:23, 24, 31:31, 31:53, 출 6:8, 19:8, 신 7:8, 겔 16:8.

③ 구두서약의 상징적 요소:
- 선물을 증여한다(창 21:28-32),
- 음식을 먹는다(창 26:28-30),
- 기념비 세우는 일(창 31:44-46),
- 피를 뿌린다(출 24:8),
- 제물을 바친다(시 50:5),
- 막대기 아래로 지나게 한다(겔 20:37),
- 동물을 짤라 쪼갠다(창 15:10,17).

④ 이렇게 언약에 의해서 사람들은 다른 사람과 깊이 결속된다.

(2) 言約은 피로 맺은 約定이다 :

피로 맺은 약정(bondinblood) 또는 삶과 죽음의 약정이라는 구절은 하나님과 인간과의 결속의 궁극성을 표현한다. 구약에서 "언약을 체결한다"는 말은 문자적으로는 "언약을 자른다"는 말이다.

1) 세 가지 기본 언약 형태
- 인간에 의해 이루어지는 인간과의 언약 (창 21:27,

32, 삼하 3:12,13)
- 하나님에 의해 이루어지는 인간과의 언약(창 15:18, 출 24:8, 신 5:2)
- 인간에 의해 주도되는 하나님과 맺은 언약(왕하 11:17, 23:3, 대하 29:10)

2) 언약이 이루어질 때: 제의의식(ritual ceremony)에서 동물이 절단된다(창 15장). 쪼갠 동물 사이로 지나간다. (베리트 - '절단' 을 의미한다.)

(3) 언약 수립"의 과정에서 동물 절단의 의미는 무엇인가?

① "죽기까지의 서원"(pledge to death)을 상징한다. 언약자가 만약 서약을 위반할 때: 자기에게 저주 <창 15장>.

② 렘 34:18 - 이스라엘의 불충성을 보고 "암소 사이로 지나간 예식"을 기억케 한다. 따라서 렘 34:20에서 무엇이라고 말하시는가?

③ "피의 약정"이란 말은 히브리서 9:22의 말씀과도 조화를 이룬다.

④ 성경에서의 "피"의 의미는 생명을 표시하기 때문이다. 생명이란 피속에 있다(레 17:11).

⑤ 피흘림은 주어진 언약의 의무에서 벗어나는 경우 행해지는 유일한 방법이다. "언약"은 당사자들이 죽음의 고통을 치루고서라도 충성을 해야하는 "피의 약정"이다. 일단 언약관계에 들어가면, 언약 파괴시에는 피흘림만이 주어진 의무를 경감시켜 줄 것이다.

⑥ 언약의 조항: 생명, 또는 죽음을 선택하도록 제시한다. 이것을 범할시는 꼭 죽는다는 조항이 필요하다. 성결된 동물이 언약이 발효되기 위해 죽임을 당해야 한다. 그러나 언약의 당사자가 실제로 꼭 죽어야 하는 것은 아니다. 언약이 파괴될 때에만 언약 체결자의 죽음이 일어나는 것이다.

(4) 그러므로 예수님의 죽음은 예언적인 죽음이 아니라 언약적인 죽음의 문맥에서 이해해야 한다. 언약 파괴자를 대신하여 죽은 것이다(代贖의 죽음). 그리스도가 언약의 저주를 자신이 지고 죄인의 자리에서 죽은 것이다(언약적인 죽음). 언약의 당사자들은 피흘림의 과정을 만들어서 서로를 결속한다. 언약에 의해서 그들은 삶과 죽음에까지 묶여지는 것이다.

(5) 언약의 종류 :

- **창조언약** : 하나님께서 창조시에 인간과 만물에게 주신 약속으로 종말까지 계속된다.
- **구속언약** : 인간이 범죄한 후에 창조언약에 보완적으로 주신 것으로 각 세대마다 다양하게 발전해 간다. 아담 ⇒ 노아 ⇒ 아브라함 ⇒ 모세 ⇒ 다윗 ⇒ 새언약(이미 성취됨, 그러나 아직 완성안됨) — 이 언약은 앞선 언약을 딛고 점진적이고 나선형적(螺旋形的)인 발전을 한다.
- **새언약** : 예수님의 성만찬시 (눅 22:20) "이 잔은 내 피로 세우는 (바로 그) 새 언약(헤 디아데케)이라." 여기 정관사 (hJ)를 볼 때, 제자들은 이미 누구나 알고 있는 600여년 전의 예레미야의 '새언약' (렘 31:31이하)을 쉽게 연상할 수 있었다. 이 구절을 읽고 그 내용을 설명해 보라.

※ 그러므로, 언약은 "주권적으로 사역되는 피로 맺은 약정"이라고 할 수 있다.

3. 하나님의 언약의 범위

1) 언약의 개념은 노아와 맺은 하나님의 언약 이전 시대까지 합법적으로 소급될 수 있는가? 즉 언약이란 단어가 성경에 처음으로 나오는 곳은 창 6:18이다. 그러면 창 1-5장까지는 언약이란 말이 안나오는데, 어떻게 아담과 언약을 맺었다고 할 수 있는가, 그런 말이다.

90

확대경(No. 7)

언약이란?

① 그러나 그 이전에 인간은 창조주 하나님과 여러 종류로 관계를 유지해 왔다. 그러나 이러한 사실이 언약적이라고 말할 수 있는가?

② 다음 구절을 읽고 좀더 연구해 보자.
삼하 7장, 대상 17장은 다윗에 대한 하나님의 언약을 말하고 있다. 여기에서는 '언약'을 맺었다는 말이 없지만, 이 동일 사건을 뒷부분에서는(삼하 23:5, 시 89:3 참조) 다윗과 하나님의 언약으로 언급하고 있다. 따라서 노아 이전의 인간에 대한 하나님의 관계에 있어서도 같은 경우가 존재한다고 볼 수 있다.

(2) 다음 두 구절은 창조의 질서를 언약적으로 보고 있다.

① 렘 33:20, 21, 25, 26 : 이 구절에서 "낮에 대한 나의 약정과 밤에 대한 나의 약정"에 대해 말하는 주의 말씀을 이야기하고 있다(25절). '주야의 약정'(여기 약정이란 단어가 '베리트'라는 말이다) - 그러면, 하나님이 언제 이런 약정을 맺었다는 말인가?

- 하나님의 창조의 법 : 셋째날의 창조의 법(주야의 약정) - 창 1:14
- 노아와의 언약 규정 : 씨뿌림과 거둠과 추위와 더위와 여름과 겨울과 밤과 낮이 쉬지 아니한다(창 8:22)는 것을 나타낸다.

② 렘 31:35 : 여기에서는 '언약'이라는 용어를 사용하지 않는다. 대신에 '법규'(statute) 또는 '규정'이라는 동등한 표현을 쓰고 있다. 언약과 법규는 대등한 표현으로 사용되었다(왕상 11:11, 왕하 17:15, 시 50:16, 105:10). 해가 낮을 다스리고, 달이 밤을 다스림이 그치지 않는 것처럼 이스라엘도 하나님의 백성으로서 그침이 없을 것이라는 말이다.

그러면, 렘 31장은 노아와 맺은 하나님의 언약인가, 아니면, 창조기사를 언급하고 있는가? 물론 창세기 1장의 창조질서를 언급하고 있다(렘 33:20). 이런 경우 "언약"이란 용어는 창조질서에도 적용될 것이다.

(3) 무엇보다 호세아 6:7은 이 사실을 더욱 확고하게 설명한다. 이스라엘 백성이 "아담처럼"(כְּאָדָם) 언약을 어겼다고 말하고 있다. [אָדָם(Adam)+כְּ (as, like)]

어떤 사람은 '아담'을 장소로(수 3:16 참조) 보는 사람도 있으나, 또 어떤 사람은 '아담'을 '인간'으로 해석하기도 한다. 이 경우 이스라엘은 이방 사람과 비교가 된다.

그러나 "아담처럼"이라고 보는 견해가 더 성경적인 것같다. 첫째 아담이 하나님 앞에서 '언약'을 어긴 것처럼, 이스라엘도 시내산에서 제정된 언약을 어겼다는 것이다.

▲ 그러므로 노아 이전에 '언약'이란 용어가 나타나지 않는다해도 언약의 핵심은 존재하고 있다.

확대경(No. 8)

안식일 · 결혼 · 노동

☞ 하나님의 창조 질서 속에는 인간이 준수하여야 할 세 가지가 있다. 이것은 하나님이 정하신 것으로서 인간이 꼭 지켜야 할 변할 수 없는 내재적 원칙이다. 따라서 물론 인간의 타락 이후에도 계속 이것은 지켜져야 했다.

1. 안식 규례

▶ "하나님이 그 창조하시며 만드시던 모든 일을 마치시고 이날(일곱째 날)에 안식(שַׁבָּת, sabbath)하셨음이라." 여기서 샤바트(안식)는 중지, 휴지, 정지, 휴식을 뜻한다. 안식의 근본적인 의미는 '쉼' 에 있다. 계속되는 일이나 노동으로부터 멈춤과 휴식을 나타낸다. 안식은 하나님께서 만물의 창조를 총체적인 것으로 완결했다는 의미를 지닌다. 이 안식은 타락 후에 계시의 점진성에 따라 하나님의 축복과 구원과 관계된 영육간의 행복으로서의 안식을 의미하게 되었다. 결국 이 안식은 영원한 하나님 나라 안식의 마지막 종착역을 향해 가는 시발점이라고 할 수 있다. 역사 속에서 이 '안식' 의 개념은 다음과 같이 발전한다.

(1) **안식**(창 2장) ➲ (2) **안식일**(출 20:8, 출 31:15): 단순히 노동의 금지라는 부정적 측면에서의 의미도 있지만 노동을 쉬고 안식하며, 나아가 여호와의 성소에 모여 적극적으로 여호와께 예배드리는 날로 여기게 되었다. ➲ (3) **안식년**(레 25:1-8) : 안식년은 적극적인 면에서 땅의 휴경과 채무자와 노예를 해방시키고 면제하는 단계까지 확대되었다. 칠년에 한 번씩 땅도 여호와께 안식을 기념하였을 뿐 아니라 여호와의 땅 위에 사는 인간도 세상의 포로자가 아님을 보여준다. ➲ (4) **희년**(레 25:8-22) : 7번씩 안식년이 온 그 다음해인 50년째 되는 해에 희년으로 선포된다. 이 해에는 나팔이 울리고 온 땅에는 자유가 선포된다. 모든 채무는 면제 받고 집이나 땅은 모두 원주인에게 돌려주어야 한다. 그래서 해방, 곧 '온전한 쉼' 을 얻는다. 이사야 선지자는 이것과 메시야의 오심과 관련된 자유의 선포를 묘사하고 있다(사 61:1-3). 누가 복음에서는 이 개념이 인용되고 있다(눅 4:18-19) ➲ (5) **구원**(신 5:12이하) : 안식일 개념에 대한 이유로서 '구원' 개념과 연결시키고 있다 ➲ (6) **기업**(시 95편) ➲ (7) **이레**(단 9장) ➲ (8) **구속**(눅 4장, 히 4장) ➲ (9) **영원한 안식**

2. 결혼

(1) 결혼약정에 포함된 상호결합의 신비가 있다(창 2:22-24). ① 남자가 부모를 떠나 ②(남자가) 그 아내와 연합하여 ③ 둘이 한 몸을 이루라 - 전혀 다른 가정 새로운 공동체를 형성한다.

(2) 하나님은 아담에게 돕는 배필을 주셨다.

(3) 하나님은 인간들에게 번성하여 이 땅을 채우라고 명령하셨다.

(4) 창조에 의해서 남녀관계의 질서가 확립되었다. 이 질서는 바뀌거나 무시될 수 없다. 따라서 일부다처제, 정당한 사유가 없는 이혼 등은 허용되어서는 안된다.

3. 노동

▶ 의미 있는 안식은 노동에 의해서만 경험된다. 이 노동은 단순한 노동이 아니라 영구성을 가진 것으로 이는 인간의 의무이며 또한 축복이다. 노동은 신성한 그리스도인의 의무이다. 넓은 의미의 노동(섬김)의 개념은 문화명령(창 1:26-28)과 밀접하게 연결되어 있다. 그러므로 노동은 다른 사람(지체)을 위해 봉사한다는 데 의미가 있다.

▶ 이렇게 안식일, 결혼, 노동의 창조 규례는 하나님이 정하신 것이기에 이 규례를 철저하게 지켜야 할 책임이 인간에게 있는 것이다. (❈)

[읽어볼 책] 강보형 저, 노동 축복인가? 저주인가?, 서로사랑, 217-254면 참조

확대경(No. 9)

야웨, 엘로힘

אֱלֹהִים · יְהוָה

☞ 야웨와 엘로힘(하나님)은 거의 모든 구약 성경에서 다양한 비율로 나타난다. 두 명칭들이 같은 분을 지칭하고 있다. 그래서 어느 정도 교대로 사용할 수 있지만 서로 다른 측면에서 서로 크게 구별된다. 그 차이를 구별하여 정리하자.

야웨(Yahweh, יְהוָה)

1. 우리말은 '여호와' : 이방신들과 구별되어 이스라엘의 하나님께 독점적으로 속한 고유 명사이다. 영어 번역판은 보통 LORD로 표시된다. 호세아 12:5에 보면, 여호와라는 이름이 하나님의 '기념 칭호' 라고 하셨음을 본다.

   '야웨'의 어원은 하야(הָיָה)으로서 '존재하다'(exist, be in exit, have com in to existence)라는 말이다. 출 3:14에서 하나님은 모세에게 "나는 스스로 있는 자"로 나타나신다. "나는 나대로 영원히 나대로 있다"는 뜻이다. 그의 영원한 불변성을 의미하는 동시에 한번 약속하신 것은 반드시 이루신다는 의미를 강하게 표현하는 말이다. 특별히 강조되는 것은 '시작과 더불어 이루시며 완성한다'는 뜻이다. 이처럼 여호와라는 명칭은 하나님께서 처음부터 끝까지 그의 백성들과 같이 계시면서 반드시 그 언약을 이루시는 그의 기념 칭호이다(사 41:4, 사 48:12를 참고해 보라).

2. 이스라엘과 선택된 민족에게 처음부터 자신을 알리신 대로의 하나님이다. 따라서 선민(選民)과의 관계에서 계시와 은혜 및 구속의 하나님으로서 자신을 그들에게 나타내시고 그들 가운데서 그의 왕국을 세우시며 자비나 심판으로 그들을 특별히 보호하시며 그들에게 예배를 받으시는 하나님으로 언급할 때 사용되었다.

엘로힘(Elohim, אֱלֹהִים)

1. 보통 명사로서 하나님에게만 국한하지 않고 소위 다른 신들에게도 마찬가지로 사용된다. '엘'(אל)에서 혹은 '알라흐'(אָלַה)에서 왔다고 한다. 그 뜻은 처음(first), 혹은 앞(in front)이란 말로 주관자(governer) 혹은 지도자(leader)라는 뜻으로 강한 자, 권능이 있는 자, 두려움과 존경의 대상자요, 지도자라는 말이다.

2. 이스라엘에게 뿐만 아니라 전체적으로 온 세상에 알려진 바 그의 존재의 보다 일반적인 측면에서 사용되었다. 특별히 하나님의 자기 백성에 대한 태도에 관련된 것이 아니라 창조주와 보존자로서 또 그의 섭리의 통상 작용에서 전 인류와 전 세계에 대한 관계에 관련될 때 엘로힘이 적절한 명칭이다.

3. **성경에서 실제로 어떻게 쓰여졌는가 찾아보라.**

"여호와"를 사용한 경우 :
(1) 여호와께 기도하고(삿 3:9, 15, 삼상 1:26)
(2) 단을 쌓고(삿 6:24, 26, 삼상 7:17)
(3) 제사를 드리고(삿 2:5, 삼상 6:14,15)
(4) 서원하고(삿 11:30, 삼상 1:11)
(5) 지시를 구하며(삿 1:1, 삼상 10:22)
(6) 과거나 현재의 구원을 그의 은혜로 돌린다(삿 6:13, 삼상 7:12)
(7) 선지자들은 그들이 전한 메시지를 그의 것으로 돌린다(사 1:2, 렘 1:4).

'엘로힘'을 사용한 경우 : 비(非)이스라엘인들이 말할 때
(1) 베섹의 가나안 왕(삿 1:7)
(2) 꿈을 해석하는 미디안 사람(삿 7:14)
(3) 블레셋 사람들이 여호와의 궤가 전쟁터로 들어왔을 때(삼상 4:7, 8)
(4) 갓의 왕인 아기스(삼상 29:9)

(5) 선장이 요나에게(욘 1:6), 니느웨 왕(욘 2:8,9)
(6) 다른 열국 백성이 유대인에게(슥 8:23) 등등.

4. 이방인이 이스라엘 사람에게 또는 이스라엘 사람이 이방인에게 말할 때에도 이스라엘의 하나님에 대한 분명한 관련이 있으면 '여호와'라는 성호가 사용되었다(삼상 5:7, 9, 10, 6:2, 8, 14).

엘로힘은 선민에게만 국한되지 않고 모든 인류와 일반적으로 관련된 신적 존재의 모든 측면 또는 신적 작용이 언급될 때 사용되는 적절한 명칭이다. 그래서 천지 창조와 인간사에 대한 지고(至高)하신 다스림이 사 40:18, 21-23에서 엘로힘의 동의어인 '엘'(EL)에게 돌려지고 있다. 또한 엘로힘은 자연의 작용들을 인도하고 통제하신다. 이스라엘의 하나님 여호와는 우주의 하나님 엘로힘과 동일시되고 있다.

5. 창 1:1-2:3에서는 거의 모든 절에서 '엘로힘'이 나타난다. 그러나 창세기 2:4-4:20에서는 '여호와'가 지배적인 성호로 매우 빈번하게 나타난다.

(1) 이는 첫째 부분은 창조와 하늘과 땅, 궁창, 바다와 육지, 땅 위의 여러 식물, 공중과 바다와 물에 사는 다양한 형태의 생물의 산출에 관해 서술하고 있다. 지금 애굽을 탈출한 이스라엘 백성들에게 여호와는 단순히 이스라엘의 민족 신이 아니라 이 온 우주를 창조하신 전능하신 하나님(엘로힘)이시라는 사실을 알려주어야 했을 것이다.

(2) 그러나, 창세기 2:4-4:26에서는 전혀 다른 규모로 되어 있다. 1:1-2:3에서의 전세계적인 포고에서 에덴 동산과 사람들 가운데의 하나님의 왕국의 설립으로 옮긴다. 비록 원상태에서 죄로 인해 떨어졌다고 해도 하나님은 이들을 완전히 포기하지 않으셨다고 언급하고 있다.

잃어버린 관계가 회복되었고 악의 세력이 파멸되리라는 약속이 주어졌다. 원복음이 선포되고 있다. 구속의 진행 과정의 시작을 묘사함에 있어 구속의 하나님과 선민의 하나님 "여호와"가 적합한 성호이다. 따라서 '여호와"는 '엘로힘"과 다른 신적 존재가 아니라 새로운 관계에서 바로 동일한 하나님이라는 사실을 가리키기 위하여 '엘로힘"이 창 2, 3장 전반에 걸쳐 여호와에 덧붙여 사용되고 있다. 이는 요나서 4:6에서 '여호와"께서 '엘로힘"으로 전환할 때 나타난 결합과 같은 것이다.

6. 창세기 처음 몇 장에서 성호가 바뀜에 따라 지존자에 대해 표현된 개념에도 상응하는 변화가 있다. 창 1장에서 그는 명령의 단순한 공표(公表)에 의해 모든 것을 이루신다. 그러나 창 2, 3장의 표현은 신인동형론적(神人同形論的)이다. 신적 능력의 단순한 행사에 의해서가 아니라 '여호와'의 직접적인 공작에 의해서 결과가 산출된다.

- 그는 사람과 짐승들을 <빚으시고>
- 사람의 코에 생기를 <불어넣으시고>
- 갈비뼈로 여자를 <지으시고>
- 에덴 동산을 <창설하시고>
- 사람을 취하여 그 가운데 <두시고>
- 짐승들을 그 사람에게로 <데려오시며>
- 날이 서늘할 때에 <거니신다>

〈결 론〉

이렇게 '여호와"는 선민(選民)의 하나님의 특수한 이름으로 그의 자기 백성에 대한 관계가 화자(話者)나 저자의 의중에 있을 때 사용되었다. '엘로힘'은 선민에게 뿐만 아니라 전 세계와 모든 사람에게 자연과 인간사를 다스리는 창조주와 우주적 주재자(主宰者)로서 관련되는 측면에서 신적 존재를 표시한다.

- 김희보, 구약신학논고, 기독교문서선교회
- W. H. Green, 오경에 나타난 엘로힘과 여호와의 용법, 윤영탁 역편, 구약신학논문집(2), 성광문화사

3장
인간의 타락과 구속 예언

- 에덴 동산에서의 사탄, 하나님의 왕국을 파괴하기로 작정, 아담을 유혹한다.
- 결국, 타락함
- 언약을 어김으로 하나님의 심판이 이들에게 임함
- 원복음(창 3:15) : 하나님이 구원에 대한 첫 언급. 여자의 후손(씨, seed)을 통해 사탄의 권세를 멸하게 될 한 사람이 태어나게 될 것이다.
- 에덴에서 추방당하는 아담(22-24절)

하나님이 지으신 이 우주는 완전했다. 또 그 속에 채워진 피조물도 하나님의 근본 의도대로 지어졌다. 이 세상은 하나님께 경배드릴 종교적인 중심지가 되었던 것이다. 그리고 하나님은 이 피조 세계를 다스릴 하나님의 대리 통치자(vice-regent)를 세우셨다. 만물을 통치할 수 있어야 하겠기에 하나님의 형상대로 아담을 지으셨다. 이제, 아담은 하나님의 금지명령(선악을 알게 하는 나무의 실과는 먹지 말라)을 잘 순종한다면 영생과 함께 지복의 상태를 누릴 수 있었다. 물론 에덴 동산은 아담 부부가 살아가기에 조금도 부족함이 없는 최고의 전원이었다. 아담 부부는 이 동산을 경작하며 관리해야 한다. 모든 것이 풍족하다고 먹고 노는 것이 아니다. 그 많은 보화들을 발견해 내기 위해서 인간의 노고가 필요하다는 것이다. 하나님은 에덴 동산을 그런 인간의 잠재 능력을 최대한 발휘되도록 설계하셨던 것이다. 물론 그것을 찾아낼 수 있는 능력과 창의력도 주셨다. 만일 하나님께 절대 순종한다면 에덴 동산은 정말로 "기쁨의 전원"이 될 것이다.

그런데 이 살기 좋은 에덴 동산에 불청객이 찾아왔다. 이 불청객은 하나님이 아담에게 주신 금지 명령을 이미 알고 있었다. 하나님의 나라를 초반부터 무너뜨리는 방법이 없을까? 사탄은 드디어 엄청난 계획을 세운다. 아담 부부로 하여금 범죄케 한다면 하나님의 원대한 계획은 물거품이 되는 것이 아닌가?! 회심의 미소를 지은 사탄은 드디어 하나님의 왕국을 파괴하기 위하여 이들 부부에게 접근전을 시도한다. 그리고 그들에게 하나님과 같아질 수 있다는 환상을 주어 하나님이 금하신 선악과를 따먹게 한다. 범죄케 했다는 말이다. 그러나 하나님은 그 죄의 책임이 사탄에게 있다고 말씀하시지 않는다. 인간은 하나님의 형상을 가진 인격체이기 때문이다.

도대체 이 불청객인 사탄은 어떤 존재란 말인가? 그리고 하나님의 명령을 어긴 인류는 어떻게 되어갈 것인가? 창세기 3장은 인간의 타락이 언급되었지만, 이들을 구원하시려는 하나님의 승리를 선포하신 장이기도 하다. 하나님은 사탄의 고도의 전략이 결국은 실패할 것이라고 선포하신다. 사탄의 끈질긴 방해에도 불구하고 하나님의 나라를 완성되어 갈 것이 때문이다. 자, 하나님의 구속사가 어떻게 전개되어 갈 것인가?

사탄의 유혹과 인간의 타락 (3:1~7)

본문도입

하나님의 나라를 파괴시키기 위해 사탄은 행동을 개시한다. 사탄은 뱀을 통해 아담으로 하여금 하나님의 금지 명령을 어기게 한다. 뱀은 아담보다 하와에게 먼저 접근한다. 제 2장에서 공부한 것처럼 만일 인간이 하나님의 은총 안에 영원히 거하기를 원한다면, 즉 계속 순종하기만 하면 그의 은총을 영원히 소유할 수 있었다. 에덴 동산은 하나님 나라의 패턴이다. 여기서 절대주권을 가진 왕으로서의 하나님과 인간이 누리는 자유의 범위를 보게 된다. 하나님의 나라이기에 왕은 그의 백성에 의해 도전 받아서는 안 된다. 인간은 아무리 피조물의 정상이요, 하나님의 형상이지만 전적으로 하나님께 의존해야만 하는 존재였다. 따라서 에덴동산은 모든 피조물들이 기꺼이 그 공의로우신 통치에 순복하는 하나님의 통치영역이었다. 그런데…

1. 그런데 에덴 동산에 나타난 불청객은 누구인가? 그의 성품은?

3:1 여호와 하나님이 지으신 들짐승 중에 (　　)이 가장 간교하더라.* 뱀이 여자에게 물어 가로되 하나님이 (　　　　) 너희더러 동산 모든 나무의 실과를 (　　　　) 하시더냐.

(1) '어, 이상하다 뱀이 말을 하네! 이 뱀이 진짜 뱀일까?' 이 내용이 이솝 우화집에 나오는 것과 같은 우화(寓話)가 아닌가? 이솝 우화 속에는 동물들이 많이 등장한다. 이런 우화들은 보통 하나의 훌륭한 교훈을 지니고 있는데, 그 교훈은 실제적인 지혜의 표현이다. 어떤 사람들은 이런 우화를 성경의 교훈과 동일시하여 설교로 인용하기도 한다. 물론 여기 3장의 뱀의 이야기가 단순히 교훈을 주기 위한 우화가 아니다.

(2) 우화가 아니라면 전설이나 신화(神話)인가? 그렇지 않으면 하나의 비유인가? 어떤 초자연적인 존재가 말을 하게 한 것인가? 만약 그렇다면 그 초자연적인 존재는 누구일까? 어떤 사람은 뱀에 대한 기록을 하나의 풍유적(allegorical)으로 해석한다. 인간의 마음 속에 어떻게 죄가 들어왔는가를 설명하려는 한 시도였다고 주장한다. 또 어떤 신학자들은 뱀의 모습을 바벨론 신화에서 유래했다고 주장한다. 오히려 반대로 바벨론 신화들이 성경에 나타난 사건들을 오염시킨 것으로 보아야 한다. 신약 성경에는 이 사건을 실제 역사적인 사건으로 기록하고 있다.

עָרוּם

• **간교한**(아룸) : 동사 아람(ערם)은 '영리하다, 기민하다, 빈틈없다, 똑똑하다' 라는 의미이다. '간교하다'라 하면 이미 그 동물세계에 악이 내재한 것이 되기에 '간교하다' 라기 보다는 '영리하다' 로 보는 것이 더 좋을 것이다. 어쨌든 이 뱀이 사단에 이용되어 인간을 유혹할 능력을 소유했다는 사실을 말해 준다. 하나님이 다른 동물들도 다 창조하셨으나 그 중에 뱀이 이것들보다 더욱 영리했다는 말이다. 그런데 이 뱀이 말을 한다는데 흥미가 있다.

• 고후 11:3 "뱀이 그 간계로 이와를 미혹케 한 것같이 너희 마음이 그리스도를 향하는 진실함과 깨끗함에서 떠나 부패할까 두려워하노라."

• 딤전 2:13-14 "이는 아담이 먼저 지음을 받고 이와가 그 후며 아담이 꾀임을 보지 아니하고 여자가 꾀임을 보아 죄에 빠졌음이니라."

• 롬 5:12 "이러므로 한 사람으로 말미암아 죄가 세상에 들어오고 죄로 말미암아 사망이 왔나니 이와 같이 모든 사람이 죄를 지었으므로 사망이 모든 사람에게 이르렀느니라."

• 요일 3:8 "죄를 짓는 자는 마귀에게 속하나니 마귀는 처음부터 범죄함이니라 하나님의 아들이 나타나신 것은 마귀의 일을 멸하려 하심이니라."

1) 이는 사단이 죄로 말미암아 세상에 사망을 가져온 사실을 가리킨다고 보아야 한다.

(3) 신약성경에는 타락 기사를 언급할 때 실제 역사로 기술하고 있다(고후 11:3, 딤전 2:13, 14, 롬 5:12*). 여기에 나타난 뱀이 진짜 뱀이었다는 것이 분명하지만, 그럼에도 불구하고 뱀이 주된 유혹자가 아니고 단순히 도구에 불과했다는 것이 분명하다. 더욱이 예수님은 이 세상에 죄가 존재하는 근본 이유가 사단 때문이라고 설명하신다. 예수님은 사단이 시초부터 살인자요, 거짓말쟁이요, 모든 거짓의 아버지라고 폭로하신다(요 8:44). 또한 사도 요한도 이런 비슷한 표현을 했다. "죄를 짓는 자는 마귀에게 속하나니 마귀는 '처음부터'[1] 범죄함이니라 하나님의 아들이 나타나신 것은 마귀의 일을 멸하려 하심이니라"(요일 3:8*).

(4) 무엇보다 계시록의 언급을 살펴보자.

- "큰 용이 내어쫓기니 옛 뱀 곧 (   )라고도 하고 (   )이라고도 하는 온 천하를 꾀는 자라 땅으로 내어쫓기니 그의 사자들도 저와 함께 내어 쫓기니라"(계 12:9).
- "또 내가 보매 천사가 무저갱 열쇠와 큰 쇠사슬을 그 손에 가지고 하늘로서 내려와서 용을 잡으니 곧 옛 (뱀)이요 (   )요 (사단)이라 잡아 일천 년 동안 결박하여"(계 20:1-2).

(5) 사도 바울의 로마서 16:20의 말씀은 창세기 3:15을 두고 하신 말씀이 분명하다. "평강의 하나님께서 속히 사단을 너희 발 아래서 상하게 하시리라 우리 주 예수의 은혜가 너희에게 있을지어다."

2. 뱀의 첫번째 질문(3:1)에 대한 하와의 대답은 어떠했는가?

3:2-3

(1) 사단(Satan)은 하나님이 만드신 모든 것이 파멸되기를 원했다. 사단은 하나님께서 인간에게 내리신 금지명령을 알고 있었다. 만약 아담이 이 명령을 어기게 된다면, 즉 아담으로 하여금 실패케 한다면, 하나님의 왕국을 파괴할 수 있다고 생각했다. 하나님의 위대하신 계획과 그 아름다운 세상을 붕괴시킬 수 있다고 보고 아담을 유혹하기로 한다. 어떻게 아담으로 하여금 타락하게 할 수 있을까? 사단은 하나님 없이도 살 수 있다는 환상의 세계를 말하며 그에게 접근한다. 그 매력적인 유혹, 인간이 그 사단의 유

혹을 이겨낼 수 있을까?

(2) 왜 뱀(사단의 도구)은 여자에게 먼저 접근을 시도했을까? 하와는 하나님이 내리신 금지명령을 아담으로부터 간접적으로 들었을 것이다. 거기에다 여자는 남자보다 인정과 동정심이 더 있었을 것이고 호기심도 많았을 것이다. 여자는 자연히 뱀의 묘한 술책에 넘어가게 된다. 뱀은 하와의 마음에 호기심을 불러 일으킨다. 하와는 뱀의 말을 듣고 생각해보니 하나님의 명령이 너무 지나치신 것 같았다. 좀 못마땅하다는 생각이 들었을 것이다. 그녀는 하나님이 말씀하시지도 않으신 내용을 말한다. 그 열매를 "만지기만 해도 죽을 것"이라고 첨가하여 대답한다. 거기다가 "정녕 죽으리라"라는 하나님의 명령을 더욱 약화시켜 "죽을까 하노라"*라고 말하여 죽지 않을 수도 있다는 가능성을 이야기 한다.

3:3b לֹא(not) תֹאכְלוּ מִמֶּנּוּ וְלֹא ①תִגְּעוּ בּוֹ ②פֶּן־③תְּמֻתוּן

Ye shall not eat / neither shall ye touch it① / lest② / ye die③

① 나가(נגע) : 만지다, 손을 대다. / 칼동사 미완료, 2인칭, 남성, 복수

② 펜(פֶּן) : ~하지 않도록, 아니, ~할까 두렵다(참고 삼하 20:6, 왕하 2:16 잠 9:8, 잠 20:13 등).

③ 무트(מוּת) : '죽다, 죽이다, 살해하다' 칼동사, 미완료, 2인칭, 남성, 단수 : ye die / you will die

3. 이에 대한 뱀의 대답은 무엇인가?

3:4 ① 뱀이 여자에게 이르되 너희가 결코 (　　　　　　)[1]

3:5 ② 너희가 그것을 먹는 날에는 너희 눈이 밝아 (　　　　)과 같이 되어 (선악)을 알 줄을 하나님이 아심이라

- **더욱 교활한 뱀의 접근** : 이 기회를 놓칠세라, 사단은 그녀의 마음 속에 꿈틀대고 있는 불만에다 불을 지른다. 물론 창세기 2:17의 하나님의 명령과 정반대였다. "하와씨, 한번 따서 먹어봐요! 하나님이 그 실과를 금하신 이유는 진짜로 다른데 있단 말입니다." "아하, 그랬었구나! 결국 선악과를 금지하신 것은 사람이 하나님과 같이 되는 것을 막기 위해서였구나." 쿵당 쿵당, 두근 두근. 지금까지 속고 있었구나!! - 어이구, 사단이란 놈이 거짓의 아비인줄도 모르고….

1) 비교

- 2:17 מוֹת תָּמוּת
  네가 정녕(반드시) 죽으리라
- 3:4 לֹא־מוֹת תְּמֻתוּן(not)
  너희가 결코 죽지 아니하리라

- 뱀이 하와에게 한 이런 질문은 심각한 의심을 만들어내기에 충분했다. 뱀은 하와로 하여금 쉽사리 하나님의 금지명령에 의심을 갖게 했다. "정말, 이 선악과를 먹으면 나도 하나님처럼 선악을 알게 될까?" / 호기심반 두려움반 / 에라 모르겠다. 먹고 보자.

- 하나님은 아담 부부가 죄를 경험함이 없이 선악을 알게 되기를 원하셨다. 하나님의 명령에 순종하고 이 시험을 이겨냄으로써 순결한 상태에서 그들의 눈이 열리고, 죄의 경험이 없이 선과 악의 지식을 갖게 되기를 원하셨다. 그러나 하와는 뱀이 자신을 속인다는 사실을 알지 못한다.

4. 자, 이에 대한 하와의 반응은 어떠했나? (3:6)

(1) '어떻게 할까, 뱀의 말이 사실이라면' 그녀는 고민하기 시작한다. 만약 뱀의 말을 인정하고 따른다면 그것은 하나님의 인격 자체를 불신하는 행위가 되는 것이다. 그녀도 하나의 인격체였다. 완전히 자유로운 선택을 할

사단의 인간을 향한 적대심

- 인류를 향한 사단의 사악한 행위는 벧전 5:8-9에 잘 나타나 있다.

"근신하라 깨어라 너희 대적 마귀가 우는 사자같이 두루 다니며 삼킬 자를 찾나니 너희는 믿음을 굳게 하여 저를 대적하라 이는 세상에 있는 너희 형제들도 동일한 고난을 당하는 줄을 앎이니라."

- 예수님에 대한 마귀의 시험(마 4:1-11, 막 1:12-13, 눅 4:1-13)
- 베드로의 신앙고백 후에, 사단의 유혹(마 16:23, 막 8:33)
- 가룟 유다의 배반의 배후(눅 22:3, 요 13:27)
- 사단의 인간에 대한 적대심은 불행, 재난, 질병을 통해 나타난다(눅 13:16).
- 사도 바울 : 육체의 가시를 사단의 사자로 묘사했다(고후12:7).
- 개인들의 행동을 방해하는 자로 나타난다(살전 2:18).

수 있는 존재였다. 그러나 하와는 이미 뱀의 말에 마음이 기울고 있었다. 뱀의 말을 듣고 보니 선악과의 나무가 더욱 달리 보였을 것이다. 그전에는 접근조차 할 수 없었던 나무가 아닌가! 사단은 사물을 보는 각도를 왜곡시킨다. 그래서 악을 그 자체 이상의 더욱 탐스러운 것으로 보이게 한다.

(2) 우리는 예수님(둘째 아담)이 그의 사역을 시작하기 전 광야 시험에서 이와 같은 상황에 계셨음을 보게 된다(마 4장, 막 1장, 눅 4장). 물론 첫사람 아담의 환경과 비교해서 주님은 악조건에서도 사단의 시험에 승리하셨다. 요한도 이와같은 내용으로 말하고 있음을 본다 : "이는 세상에 있는 모든 것이 육신의 정욕과 안목의 정욕과 이생의 자랑이니 다 아버지께로 온 것이 아니요, 세상으로 좇아 온 것이라"(요일 2:16).

5. 하와는 그 실과를 남편에게도 준다. 왜 그랬을까?

(1) 결국 하와는 뱀의 거짓말을 믿게 되었고 선악과를 따먹는다. 그러나 뱀이 말하는 환상과 같은 꿈은 아직 나타나지 아니했다. 어째서일까? 그녀는 아마 아담이 그 실과를 먹지 않아서 그랬을 것이라고 생각했는지도 모른다. 하와는 그 열매를 가지고 그녀의 남편에게로 다가갔다. 그녀가 남편에게 무엇이라고 말했을까? 아담은 자기 아내의 말을 믿었을 것이고 그도 역시 하나님의 금하신 의도를 의심하면서 그 실과를 먹었을 것이다.

(2) 아담은 마침내 전적 순종을 요구하시는 하나님의 말씀을 무시하고 하나님과의 언약을 파기하고 만다. 장미빛 같은 환상의 세계를 꿈꾸면서 말이다. 사단은 늘 인간에게 이런 장미빛 인생을 약속한다. 물론 뒤에는 칼을 숨기고 있다. 오늘날 우리에게도 사단은 동일한 유혹을 한다. 물론 그 형태를 달리하여 접근할 뿐이다.

6. 이제 어떤 결과가 올 것인가?

3:7

(1) 그들은 "몸이 벗은 줄을" 알게 되었다. 지금까지 두 사람이 벌거벗었어도 부끄러워하지 않았던(2:25) 그들이 서로 수치심을 가지게 되었다. 두 사람 사이에 거리감이 있게 되었다. 그리고 "무화과 잎을 엮어 치마를" 만들어

입었다. 갑자기 온 세상이 어두워오는 것 같았다. 공포가 엄습해 왔다. 사랑스럽던 모든 피조물들이 모두 낯설게 되었다. 동물 세계까지도 그러했다. 그 자비롭고 인자하시던 하나님조차도 두려워하게 되었다. 하나님은 더이상 사랑스러운 아버지가 아니라 공포의 대상이 되었다.

사단의 하나님을 향한 증오

- 사단은 적대자로서 하나님의 뜻과 성도의 사명이 진전되는 것을 방해하려고 시도한다.
- 하나님의 뜻과 사단의 뜻의 정면 대치를 보라(행 26:17-18 참조).
- 사단과 하나님과의 갈등은 계시록 12:7-9에서 극적으로 표현되었다. 이는 창세기 3장에 대한 명백한 언급이다.

(2) 선악과를 먹고 자기 스스로 선악을 결정하고, 이제 생명과 사망을 하나님 손에서 자기 손으로 옮겨 하나님과 같아질 수 있으리라 생각했던 모든 환상이 물거품처럼 되어버렸다. 공포와 불안과 두려움이 지금 이들을 엄습하고 있지 않는가! '아이고 이 개 같은, 아니 뱀 시키한테 속았잖아!'

(3) **이에 그들의 눈이 밝아** : 자, 그런데 결과가 어떻게 나타났는가? "너희 눈이 밝아 하나님과 같이"(5절) 되어 지혜롭게 된 것이 아니라 그 정반대의 결과가 나타났다. 뱀에게 속은 것이다. 하나님과 같아질 것이라는 뱀의 환상적인 말들은 유혹이었다. 원래 그 선악과 속에 어떤 주술적인 요소가 있어서 그것을 먹으면 놀라운 변화가 생기는 것이 아니었다. 선악(善惡)을 분별하고 선택할 지식과 능력은 지음 받을 때부터 있었다. 하나님의 말씀대로 순종하면 그것이 바로 선(善)이라는 사실을 체험하는 순간이었다.

사단(Satan)의 존재

- 사단 역시 본래는 인격적 능력과 선택의 자유를 지닌 존재였다. 사단에게는 너무나도 분명한 명예와 통솔권을 지닌 한 천사였다. 그러나 그의 교만이 문제였다. 교만이 스스로를 눈멀게 만들어 자신의 의지로써 하나님을 거스리는 반역을 행하게 된다. 그는 하늘로부터 추방되었다. 사단의 욕망은 단지 하나님과 비슷해지는 것이 아니라 하나님을 능가하는 것이었다. 사단은 하나님의 영광을 능가하는 영광을 추구하였다(살후 2:4).

1. 결국, 뱀은 어떤 존재였나?

(1) 뱀은 단독범이 아니라 배후 조정자의 지시에 따라 움직인 하나의 도구였다. 그 배후 조정자가 사단이었다. 자, 그렇다면 사단은 어떤 존재일까?

(2) 에덴 동산에 등장했던 사단(שָׂטָן, satan - '적'이라는 뜻)은 어디서부터 나타난 존재일까? 이에 대해서는 성경이 우리에게 자세히 말하고 있지 않다. 천사들도 언제 창조되었는지 정확히 알 수 없다. 그러나 우리는 천사들이 있다는 것과 그들 중 일부가 타락했다는 것을 알 수 있다. 사단은 인류가 창조되기 전에 그 신분이 아주 높은 천사였으나 창조주를 반역하여 하나님과 사람에 대한 가장 큰 적대자가 되었다.

타락한 천사들

타락한 천사들(악마들)은 두 부류로 구분된다.

① 활동의 자유가 허용된 것들 : 그들의 우두머리인 사단(마 12:24)과 천공(天空)을 돌아다니는 사단의 사자들은 그 숫자가 많아서 사실상 사단의 세력은 편재해 있는 셈이다.

② 묶여 있는 것들 : 이 악한 천사들은 활동적인 악마들보다 더욱 극악한 존재들로 탈타루스(Tartarus, ταρταρώσας - 벧후 2:4, 지옥)에 감금되어 있다.

성경에 나타난 사단의 명칭

사단의 이름을 통하여 우리는 사단의 본질을 이해할 수 있다.

사단(욥 1:6), 마귀(계 12:9), 아볼루온(계 9:11), 바알세불(마 12:27), 옛 뱀(계 20:2), 벨리알(고후 6:15), 대적(벧전 5:8), 기름부은 받은 그룹(겔 28:14), 온 천하를 꾀하는 자(계 12:9), 악(요 17:15), 리워야단(사 27:1), 계명성?(사 14:12), 살인한 자(요 8:44), 우는 사자(벧전 5:8), 아침의 아들(사 14:12), 악한 자(요일 3:12), 세상 임금(요 14:30), 공중의 권세 잡은 자(엡 2:2), 이 세상 신(고후 4:4), 용(계 12:9), 무저갱으로부터 올라오는 짐승(계 11:7), 형제를 참소하는 자(계 2:10), 원수(마 13:39), 거짓의 아비(요 8:44), 거짓말쟁이(요 8:44), 귀신의 왕(마 9:34), 불법의 사람(살후 2:3), 도적(요 10:10).

2. 어떤 사람들은 천사의 창조와 타락을 창세기 1:1 보다 훨씬 앞선 것으로 보기도 하지만, 성경적 근거가 없다. 만약 그것이 사실이라면, 하나님은 모세를 통하여 그런 언급을 조금이라도 했을 것이다. 천사도 피조물이기에 그렇다면 6일 창조 안에 창조되었을 것이다. 천사는 어떤 존재일까? (확대경 No-5, 58면)

3. 그렇다면 천사들의 창조주 하나님께 대한 반역은 6일 창조 후에 일어난 것으로 보아야 한다. 어쨌든 천사의 타락이 인간의 타락보다 앞서는 것은 분명하다. 인간은 이 사단의 조정을 받았던 뱀의 유혹에 빠졌기 때문이다. 천상에서 천사의 하나님에 대한 반역이 있었다. 이 타락한 천사는 내어쫓겼고 (계 12:4 참조), 이들 사단도 하나님의 나라를 본따서 사단의 왕국을 조직했다. 그리고, 사단은 인류를 구속하시기 위해 오시는 메시야를 이 세상에 탄생하지 못하도록 총력전을 벌인다. 메시야가 오셔서 십자가를 지고 구속을 완성하심은 결국 사단의 나라의 붕괴를 의미하기 때문이다.

4. 오늘 이 세상을 살아가면서 우리의 싸움의 궁극적 실체가 누구인가를 잘 알아야 한다. 에베소서 6:11-12, 베드로전서 5:8, 9을 찾아 읽어보자.

(1) 뉴에에지 운동, 심령술, 점성술, 마약, 성문란, 폭력, 교회분열, 성직자의 타락, 거짓 교사, 사이비 종교의 발흥 뒤에는 분명히 사단이 역사하고 있다.

(2) 물론 사단은 성도들을 파멸시키려고 고도의 전략을 구사한다. 사단은 한낱 유한한 피조물에 불과하고 그의 능력은 하나님의 전지전능하심 안에서 허용되지만, 구원 받은 자들을 끝없이 대적하고 시험하고 있다. 그의 전략 또한 탁월해서 만약 우리가 깨어 있지 못하면 사단에게 늘 패할 수밖에 없다. 우리가 그 실체를 잘 느끼지 못하는데 문제가 있다. 사단의 정체를 알라, 그를 대적하라. 그는 그리스도에 의해 패배한 적일 뿐이다.

(3) 구약에는 사단의 존재에 대해 많이 언급되어 있지 않지만 신약에서는 사단의 정체에 대해 많이 언급하고 있다. 사단은 기회가 주어지는 대로 하나님과 사람의 목적한 뜻에 반대해서 활동하는 악의 결정체이다. 사단의 인간을 향한 적대심(벧전 5:8)과 하나님을 향한 증오심(마 4:1-11)은 대단하다.

아담 부부를 찾아 심문하심 (3:8~13)

본문도입

아담과 하와는 하나님의 계명을 어겼다. 죄를 지은 것이다. 이제 하나님은 이들은 부르신다. 그리고 심문하신다. 하나님은 이들을 심판하러 나오신다. 아담 부부는 두려움 가운데 여호와를 피하여 숨는다. 이제는 여호와가 두려움의 대상이 되었다. 그러나 아담과 하와는 사실을 있는 그대로 이야기하기 보다는 자기가 행한 일에 대해 책임을 전가하려 한다. 이는 죄진 자의 특성이다.

1. 아담 부부는 지금까지 그렇게 다정하셨던 하나님이 두려워졌다. 무화과 나무잎으로 앞을 가리고 숨었지만 불안하고 초조했다. 하나님과 기쁨을 누리던 동산이 이제는 공포와 두려움의 동산이 되었다. 아담과 하와는 동산을 거니시는 하나님의 음성을 들었을 때 어떤 반응을 일으켰나? 조금 자세하게 들여다 보자. Meredith G. Kline의 설명을 들어보자.[1)]

3:8 그들이 날이 서늘할 때에(לְרוּחַ הַיּוֹם)③ 동산에 거니시는(מִתְהַלֵּךְ)②
여호와 하나님의 음성(콜, קוֹל)①을 듣고 아담과 그 아내가 여호와 하
나님의 낯을 피하여 동산 나무 사이에 숨은지라.

❶ 하나님의 음성(=주님의 뇌성벽력 같은 소리?)

1) 여기서 '음성'(콜, קוֹל)이란 누구를 부를 때 사용하는 소리, 곧 목소리인가? Kline은 아니라고 주장한다. 그는 이 소리는 하나님이 '오시고 있는 소리'라고 했다. 성경 다른 부분에서도 콜(קוֹל)은 다가오고 있는 발자국 소리로 쓰여지고 있다(왕상 14:6, 왕하 6:32). 그러나 여기 본문 3:8에서 아담과 하와가 들은 소리는 단순한 발자국 소리가 아니라 **두려울 정도로 큰 소리**, 즉 하나님께서 심판하실 때 임재하시는 주님의 뇌성벽력 같은 소리였다는 것이다.[2)]

[오순절 성령강림] 신약의 오순절 때에도 성령의 임재를 상징하는 불과 더불어 하늘로부터 급하고 강한 바람 소리(에코스, ἦχος) 같은 것이 있었다. 히브리서 12:19에서 시내산에서 나타난 하나님의 현현을 표현할 때 명사 에코스(ἦχος)가 사용되었다. 출애굽기 19:16에 언급된 나팔 소리(70인경은 이를 ἦχος로 번역했다)를 배경으로 하고 있다.

[에스겔 1:24-25상, 28절하] 에스겔은 그에게 나타난 영광의 형상에 관하여 기록할 때 그와 동반했던 인상적인 소리를 거듭 언급하고 있다.

1) Meredith G. Kline, 서종홍 역, 구약에 나타난 성령의 형상(*Images of the Spirit*), 줄과 추, 165면이하 참조.

2) 이스라엘이 시내산에서 율법을 받을 때(신 4:9-10) 하나님은 '번개와 **우뢰**'로 말씀하셨다. 이 날에 백성들은 아무런 형상을 보지 못하고 음성(קוֹל)만 들었다(신 4:12). 그 음성은 나팔 소리가 점점 커지면서 하나님이 우뢰와 같은 소리로 말씀하시며 그 언약을 선포하실 때 들은 것이었다(출 19:19, 신 4:13, 33, 히 12:8이하).
M.G. 클라인은 열왕기상 19:12의 엘리야가 들은 음성은 '세미한 소리'가 아니라 '울리는 우렁찬 소리'로 번역하는 것이 옳다고 주장한다(왕상 19:13에서 קוֹל은 하나님의 노한 질문의 목소리를 표현하는데 쓰이고 있다. 이렇게 볼 때 이 구절은 바람과 구름과 지진이 주의 임재에 동반하였으되 주님은 오직 뇌성 같은 콜(קוֹל)을 통하여 자기를 나타나셨다는 것이다(삼하 5:24 참조).

• 겔 1:24 "생물들이 행할 때에 내가 그 날개 소리(lwøq)를 들은즉 많은 물 소리와도 같으며 전능자의 음성(lwøq)과도 같으며 떠드는 소리(lwøq) 곧 군대의 소리(lwøq)와도 같더니 그 생물이 설 때에 그 날개를 드리우더라 25 그 머리 위에 있는 궁창 위에서부터 음성(lwøq)이 나더라 그 생물이 설 때에 그 날개를 드리우더라… 28 그 사면 광채의 모양은 비 오는 날 구름에 있는 무지개 같으니 이는 여호와의 영광의 형상의 모양이라 내가 보고 곧 엎드리어 그 말씀하시는 자의 음성(lwøq)을 들으니라."

[창 3:8과 겔 9-11장의 관계] 여기 창세기 3:8을 이해하는 데는 에스겔서 9-11장의 주의 현현에 관한 기록을 보면 도움이 된다. 여기에서도 하나님의 영광은 주의 성소를 더럽힌 자들을(겔 43:3 참조) 향하여 심판하시기 위해 움직이고 있다. 범죄자들은 밖으로 끌려나가며(겔 11:9이하) 성소를 지키는 그룹들은 거룩한 도성의 동편에 머물고 있다(겔 11:23-23). 주의 영광을 목도한 자들은 환상과 더불어 동반했던 '큰 소리'에 대해 언급하고 있다(사 6:4-6, 단 10:6이하, 계 1:15 참조).

[창 3:8과 시편 29:3-9] 시 29:3 "여호와의 소리(קוֹל)가 물 위에 있도다 영광의 하나님이 뇌성을 발하시니 여호와는 많은 물 위에 계시도다 4 여호와의 소리(קוֹל)가 힘 있음이여 여호와의 소리(קוֹל)가 위엄차도다…" / 여기서 여호와의 소리(콜)은 큰 소리, 즉 주위를 끌만큼 큰 소리는 바다와 폭풍에 나타나는 점점 강해지는 소리로서 크레센도 및 지진의 진동음 소리와 유사한 것으로 비교되고 있다. 그곳은 전쟁의 소란, 뿔, 나팔의 고동, 싸움터의 굉음과 같다(삼하 5:24, 사 30:30이하 등).

2) 여기 창세기 3:8의 상황도 위의 상황과 아주 잘 어울린다. 여기서 여호와의 음성(소리, 콜, קוֹל)은 그의 신적 강림의 소리이기 때문이다. 그리고 아담에게 다가오시는(개역; 거니시는) 목적도 이제 심판을 내리시기 위함이었다. 그때 이 하나님의 음성(소리, 여호와의 청천벽력과 같은)에 눌려 죄 지은 두 사람은 창조주 얼굴을 피해 숨는다(8절하). 너무 두려웠기 때문이다.

❷ 거니시는(מִתְהַלֵּךְ) - (הלך,'걷다, 오다, 가다'의 히트파엘, 분사)

1) 이 동사는 아담에게로 다가오시는 모습을 보여주고 있다. 이 동사의 히트파엘(강조형 재귀 동사)은 감찰과 심판의 임무를 띠고 온 영광의 구름 속에 있는 천국 공회의 사자(使者)의 움직임을 묘사하는데 쓰여지고 있다(욥 1:7, 2:2, 슥 1:10, 창 5:22, 24, 6:9, 18:22 등).

2) 그러니까 여기 3:8의 '거니시는'이라고 번역된 동사는 이제 심판을 내리시기 위해 아담에게 '다가오시는' 모습을 보여주고 있다. 아담과 하와는 하나님의 다가오시는 소리(음성)을 듣고 창조주 하나님의 얼굴을 피하여 숨었던 것이다(3:8하).

❸ 날이 서늘할 때에(레루아흐 하욤, לְרוּחַ הַיּוֹם) **➲ "그날의 (심판의) 영"**

1) 이 문구도 위의 내용과 부합해서 이해되어야 한다. 만일 개역성경의 번역과 같이 이 문구를 "날이 서늘할 때에"라고 받아들인다면, 지금의 광경은 '역사를 가름하는 중대한 하나님의 최초의 심판이 한가로운 산보

중에 우연히 일어난 사건'처럼 보인다.[1)]

2) 창세기 1:2*에서도 루아흐(רוּחַ)를 하나님의 '영'(רוּחַ אֱלֹהִים) 또는 하나님의 성령(רוּחַ)으로 불리웠다. 그렇다면 여기 창세기 3:8에서 רוּחַ가 비슷한 용도로 사용되었을 가능성도 예상할 수 있다. 인간 역사상 최초로 주님의 큰 심판에 있어 주의 심판의 사자가 "그날의 성령"(3:8)이라는 사실은 성령의 심판 역사에 가장 기본적인 계시이다.

3) 예를 들어 시편 139:7("내가 주의 신을 떠나 어디로 가며 주의 앞에서 어디로 피하리이까)은 즉각 창세기 3장의 배경을 떠올리게 한다. 계속해서 시편 139:12*을 보라. 이 구절은 아담과 하와가 에덴 동산 나무 그늘 밑에 숨는 모습과 이런 모든 노력에도 불구하고 오시는 그 성령에 의해 그들의 죄가 밝히 드러나게 됨을 상기시키고 있다(창 3:9이하).

4) 그러므로 창세기 3:8은 "심판(미쉬파트, מִשְׁפָּט)의 성령"이라는 명칭 대신에 "그날의(하욤, הַיּוֹם) 성령"이라는 표현을 쓰고 있다.

그렇다면 '그날에'와 '심판'이 어떤 관계가 있는 것일까? 지금까지 계속 클라인의 견해를 소개 정리했는데, 이 부분은 너무 방대하기에 이 책을 직접 참고해 보기로 하자(M.G. 클라인, 서홍종 역, 구약에 나타난 성령의 형상, 줄과 추, 181면 이하를 참조할 것).

5) 문제는 레루아흐(לְרוּחַ)에서 레(לְ)가 어떻게 사용했는지 알아보는 것이다.

- 민 22:22-23 하나님의 천사가 오셔서 발람의 적(לְשָׂטָן)이 되어 그의 길을 가로막고 있는 모습을 그리고 있다.
- 사 11:1 "그 날에…만민의 기호(레내이스, לְנֵס)로 설 것이요."
- 대하 18:21 루하(רוּחַ)가 사용된 경우이다. 아합을 파멸키 위하여 천국 공회에 소속된 천사가 자원하여 아합의 선지자의 입에 '거짓말하는 영'(레루하 쉐켈, לְרוּחַ שֶׁקֶר)이 되겠노라고 말하고 있다.
- 사 28:5, 6 "그날에 만군의 여호와께서 판결하시는 신(לְרוּחַ מִשְׁפָּט)이 도시며…"

2. 이렇게 3:8a을 자세히 분석해 보았는데, 이 구절은 다음과 같이 해석할 수 있을 것이다: "그들이 정원을 지나 '그날의 **영**'(즉, **심판의 영**)으로 오시는 여호와 하나님의 소리를 듣고"

1) 레루아흐(לְרוּחַ)에서 전치사 לְ(레; for, to)를 둘러싼 여러 문법적 문제들 외에도 여러 문제가 있다. 레루하 하욤(לְרוּחַ הַיּוֹם)이라는 말은 전통적으로 시점(時點)을 나타내는 표현으로 이해하고 있다. 그렇다면 왜 평범한 말을 두고(예를 들면, 창 8:11, 24:11에는 '저녁 때에'라는 표현을 לְעֵת עֶרֶב로 표현했다.) 모호한 말을 썼는가 하는 문제가 있다. 물론 루하(רוּחַ) 라는 단어가 바람(숨, 영, 바람)이라는 뜻도 있다.

따라서 전통적인 해석(서늘할 때에)에 불만을 가진 학자들은 루하(רוּחַ)를 장소 혹은 방향으로 이해하기도 하고, 또 어떤 사람들은 그것을 '바람'으로 이해하여 앞에서 언급된 소리의 원인으로도 해석하기도 했다.

- 창 1:2b "And the **Spirit of God** moved upon the face of the waters."
- 시 139:12 "주에게서는 흑암이 숨기지 못하며 밤이 낮과 같이 비취나니 주에게는 흑암과 빛이 일반이니이다."

"저는 잘못한게 없어요" (3:8-13)

본문도입

아담과 하와는 앞에서 설명한 대로 '심판의 영'(=그날의 영)으로 오시는 하나님의 음성(소리, 콜)을 듣고, 두려움에 떤다. 하나님이 이제는 두려움의 대상이 되었기 때문이다. 그들은 자기들이 하나님의 명령을 어기고 죄를 지은 것을 알고 있었다. 즉 주님의 소리(콜, קוֹל)가 성령의 오시는 날(욤, יוֹם) 또는 성령의 날(욤, יוֹם)을 알리고 있음을 본다. 이같이 주의 '날'(욤, יוֹם)을 알리는 소리는 신명기 4:10이하에서 잘 나타나 있다. 신명기에서는 주의 현현과 그날이 놀랍게도 관련이 되어 있다. 요엘서에는 심판의 영의 오심과 그 날에 대하여 잘 예언되어 있다(요엘 2:11). 어쨌든 하나님은 아담 부부에게 변화가 온 줄 아시고, 그렇게 말해 준 자가 누구인가를 캐물으셨다. 아담의 단독 범행이 아니고 유혹자가 있음을 아셨다.

"아담아 네가 어디 있느냐?" "제가 벗었으므로 두려워 숨었습니다." "네가 벗었다고 누가 말해 주었느냐?" 하나님은 이들에게 변화가 온 줄 아시고, 그렇게 말해 준 자가 누구인가를 캐물으셨다. 아담의 단독 범행이 아니고 유혹자가 있음을 아셨다. 이제 하나님의 심문에 대한 이들의 변명을 들어보자.

▶ 아담의 변명(12절) :

아담의 설명(변명?)을 들어보자. 아담은 자기가 선악과를 먹은 것은 사실이지만 그 일차적인 책임은 아내에게 있다고 주장한다. 그리고 은근히 그런 아내를 주신 하나님도 그 책임이 있지 않느냐는 암시를 담고 변명하고 있다. 얼마 전까지만해도 이들은 하나님과 사랑의 교제를 나누는 부모와 자녀와의 관계가 아니었던가! 창조주 하나님이 너무 좋아서 찬양하지 않을 수 없었던 아담 부부는 전혀 예상치 못한 세계로 빠져 들어가고 있었다. 이제 하나님은 찬양과 경배의 대상이 아니라 두려움과 공포의 대상이 되었다. 하나님과 이들과의 영적인 끈이 끊어져버렸기 때문이다.

▶ 하와의 변명(13절) :

하와 역시 비록 선악과를 먹기는 했지만 그 책임은 자기를 유혹한 뱀에게 있다고 그 책임을 전가했다. 두 사람 모두 책임을 전가하기에 급급했다. 자비와 용서를 비는 대신 변명만을 늘어놓았다. 이런 본성이 후대에도 인간 모두에게 계속된다.

아담아 네가 어디 있느냐?

- "아담아 어디 있느냐?" 하나님은 죄지은 아담 부부를 찾아 오셨다. 하나님은 이 세상을 지으시고, 더욱이 자신의 형상인 인간을 통해 만물을 통치하려 하셨다. 그러나 만물의 주인공인 인간이 타락했지 않은가!
- 그렇다면 아예 없던 일로 할까? 하나님은 그렇게 하실 수도 있으셨다. 그러나 하나님은 처음에 의도하셨던 바를 포기하지 않으셨다. 이미 깨어진 인간과의 교제를 다시 회복시키기로 작정하신다. "아담아 어디 있느냐?"는 하나님의 물음은 이런 회복을 위한 하나님의 주선이었다. 아담 부부가 하나님을 찾아간 것이 아니라 하나님께서 이들을 찾아 만나신 것이다.

이 15절을 보통 원시복음(또는 원복음, protevangelium)이라 부른다. 이것은 예수 그리스도께서 누구시며, 무엇을 하셨는지, 또 우리 죄를 위하여 그의 죽음이 무엇을 의미하는 지를 완전히 알기에는 아직도 부족한 정보를 가진다. 이런 면에서 비교해볼 때 아직은 불완전한(?) 계시이다. 앞으로 계속되는 역사 속에서 계시를 통하여 그 뜻이 완전히 드러나게 된다.

은혜와 희망의 선포

성경에 나타난 복음에 대한 최초의 약속(15절)

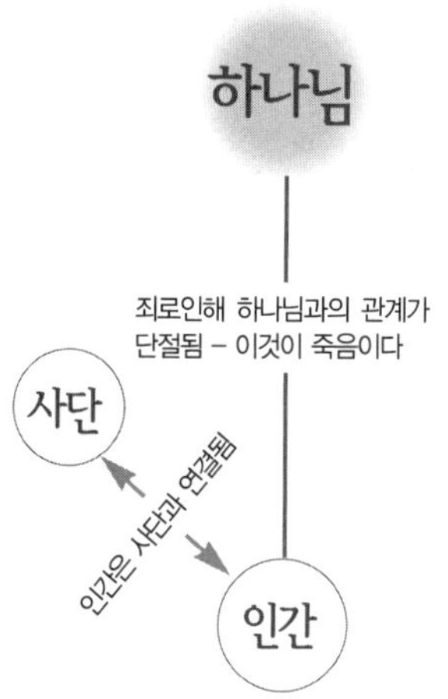

사단과의 관계를 끊고 다시 하나님과의 관계를 회복시키시겠다는 선언이 창세기 3:15의 말씀이다. 성경에 최초로 나타난 복음에 대한 약속이기에 학자들은 '원복음'이라고 부른다. 앞으로 인류의 역사는 뱀의 후손과 여인의 후손 간의 대결로 흐른다. 이는 즉각적인 전투로 끝나는 것이 아니다. 전쟁은 오래 계속된다. 둘 사이의 대결은 예수 그리스도의 유혹(시험, 마4장)에서 최절정에 달한다.

본문도입

하나님은 죄인된 인간을 즉각 멸하지 않으셨다. 하나님은 아담의 타락으로 인해 자신의 위대한 목적을 포기하지 않으셨다. 창세기 2:17에 의하면, 인간은 갑작스런 종말을 가져왔어야 했다. 그러나 인간은 영적으로 하나님께 대하여 죽었고, 영적인 죽음의 상태에서 하나님과 교제도 할 수 없었지만 즉각적인 죽음을 당하지 아니했다. 아담은 그 후로도 930세까지 살면서 자녀를 낳았다. 비록 죄인을 생산하지만 하나님은 그 가운데서 하나님의 자녀를 세워 처음에 의도하셨던 하나님의 나라를 세워가기로 작정하신다. 창세기 3:15은 앞으로 벌어질 하나님의 구속 역사에 중요한 시발점이 된다. 자세히 살펴보도록 하자.

1. 이제 약속된 메시야가 오셔서 사단의 머리를 파쇄시키는 역사가 있을 것이다. 창세기 3:15절에서 하나님은 여자의 후손에서 사단의 권세를 멸하게 될 한 사람, 곧 인류를 구원할 메시야(그리스도)가 오실 것을 선포하신다. 창세기 3:15을 타락한 인류에게 구원에 대한 첫 언급이기에 학자들은 '원복음'(Original Gospel)이라고 부른다. 이는 성경에 나타난 복음에 대한 최초의 약속을 말한다. 우선 본문의 구조를 살펴보자.

구문 : by 채호덕

14절 하나님이 —— **이르시되**
/여호와
/뱀에게
/네가 —— **저주를 받아**(아라르, אָרַר)[1]
/모든 육축과 들의 모든 짐승보다
/더욱
//(이유, כִּי)
네가 —— 하였(으니)(=기 때문에)
/이렇게
/네가 —— **다니고**
/배로
먹을지니라
/흙(아파르, עָפָר)[2]을
/종신토록

15절 /내가 —— **원수가 되게 하고**…하리니
/너로(와) 여자와(=사이에)
(**원수가 되게 하리니**)
/너의 후손도 여자의 후손과(=사이에)

/여자의 후손[3]은 —— **상하게 할 것이요**
/네 머리를
너는 —— **상하게 할 것이니라**
/그의 발꿈치를

1) 저주를 받아: 뱀과 그의 배후에 있는 사단에 대한 선고이다. 저주라는 말의 중심 개념은 '결박'이다. 하나님은 뱀에 대해서 생사를 건 전투를 선언할 것을 포함한다.

2) 뱀: '나보고 아파르(흙)를 먹으라고?' 구약에서 흙을 먹는다는 표현은 원수들이 이스라엘 앞에서 항복하여 비천하게 될 것을 의미한다(시 72:9, 사 49:23, 미 7:17).이 '흙을 먹는다'는 표현은 저주의 말씀을 표현하고 있는 것 같다.

3) 여기 '여인의 후손'이라고 번역된 말은 후(הוּא, he, 남성 3인칭 단수)라고 되어 있다. 그러면 '그'(he)가 누구일까? 여자의 '후손'(제라, seed, זֶרַע)은 단수로 쓰였다. 70인역은 후(הוּא)를 αὐτός(he)라고 번역함으로써 단순한 여자의 후손이 아니라 여자의 후손을 대표하는 메시야임을 분명히 했다. 하와의 후손들 중 한 사람을 가리킨다.

15a וְאֵיבָה[1] אָשִׁית בֵּינְךָ וּבֵין הָאִשָּׁה וּבֵין זַרְעֲךָ

And I will put enmity between thee and the woman, and between thy seed and her seed; - KJV

15 /내가 ── **원수가 되게 하고**
/너로(=와) 여자와(=사이에) ①
└── **(원수가 되게 하리니)**
/너의 후손도(=과) 여자의 후손과(=사이에) ②

1) 에바: 증오(憎惡), 적의(敵意), 적대(敵對)라는 뜻으로 적대적인 행동을 하게 하는 증오(hatred)를 의미한다(겔 25:15, 35:5). 이렇게 함으로써 사단의 계획에는 엄청난 균열이 일어난다. 이 둘의 자손 사이에 소외 관계를 설정하심으로써 궁극적으로는 사단의 머리가 으스러질 것이다.

베드로후서 2:4에 이 사실이 드러나 있다. "하나님이 범죄한 천사들을 용서치 아니하시고 지옥에 던져 어두운 구덩이에 두어 심판 때까지 지키게 하셨으며."

그리스도께서 사단을 이기신 후에도 이 사단은 우는 사자처럼 삼킬 자를 두루찾아 다닌다(벧전 5:8, 롬 16:20). 이는 사단의 활동이 크게 제한되었음을 의미할 것이다. 그러나 사단의 활동은 하나님의 통제 안에 있다.

• 골 1:20 "그의 십자가의 피로 화평을 이루사 만물 곧 땅에 있는 것들이나 하늘에 있는 것들을 그로 말미암아 자기와 화목케 되기를 기뻐하심이라."

2. 위에서 둘 사이를 원수가 되게 하겠다는 말은 무슨 뜻일까?

(1) 우리말 번역 '원수가 되게 하겠다'(I will put enmity)는 말은 둘 사이에 적의(에바, אֵיבָה[1])를 두겠다는 뜻이다. ① '너(뱀)와 그녀(하와) 사이에와 ② 너(뱀)의 후손(제라, 씨, seed)과 그녀(하와)의 후손 사이에도' 증오심을 두시겠다는 말이다. 그런데 그 일을 하나님이 주도권을 가지고 하시겠다는 것이다. 그러니까 한순간의 적대가 아니라 유구한 역사를 통해 그 적대가 계속되겠다는 의미이다.

• 여기서 '그 뱀'은 앞에서 언급한 바와 같이 배후 조정자에 불과하다. 따라서 '그 뱀'에게 말씀하신 것은 실제로는 배후 조정자인 사단에게 하신 말씀이다. 물론 뱀의 후손도 '뱀 종족'을 가리키는 말이 아니다.

• 지금 아담 부부와 하나님과의 관계는 이미 깨어진 상태이다. 이 깨어진 상태가 곧 죽음이다. 이들은 당장 육체적 죽음이 찾아오지 않았지만 하나님과의 생명 관계가 끊어진 상태이다. 다른 말로 하면, 하나님과의 관계는 끊어지고, 뱀(배후 조정자는 사단)과 새로운 관계에 들어섰다는 말이다. 그런데 지금 하나님은 뱀에게 인간과 사이를 적대 관계로 만들고, 다시 하나님과의 관계를 회복시키겠다는 폭탄적인 선언을 하신 것이다.

(2) 이런 적대 관계는 장구한 역사 동안 계속될 것이며, 또한 선(善)과 악(惡)이 대립할 것을 암시적 언어로 표현하고 있다. 궁극적으로는 사단을 제압, 그리스도의 승리를 선포하고 있다. 하나님을 반역하기 위해 연합된 모든 자, 곧 '뱀의 후손'과 하나님의 복과 구원을 믿는 모든 자, 곧 '여인의 후손' 사이에 펼치는 우주적 투쟁이 있을 것을 암시하고 있다. 이 일은 하나님의 정하신 분을 통하여, 즉 약속된 후손의 중보 사역을 통하여 실현될 것임을 확신시켜 준다. 그 분이 어떤 일을 했는가 골로새서 1:20*을 보라.

(여자의)후손*은 ——— 상하게 할 것이요
/네 머리를
너(뱀)는 ——— 상하게 할 것이니라
/그의 발꿈치를

- 뱀의 후손 : 물론 뱀의 후손은 '뱀 종족'을 의미하지 않는다. 뱀을 도구로 이용한 '배후 조정자의 후손들'을 의미한다. 물론 이 사단은 사람이나 동물처럼 육신을 가진 후손을 만들지 못한다. 따라서 '배후 조정자의 후손들'이란 그의 편이 되어 그를 추종하는 사람들을 가리킨다. 인류는 이제 '너'(뱀)의 후손과 '그녀'의 후손들, 두 부류로 나뉘어진다.

3. 여기서 '여인의 후손'은 누구일까?

15b וּבֵין זַרְעָהּ[1] הוּא[2] יְשׁוּפְךָ[3] רֹאשׁ[4] וְאַתָּה[5] תְּשׁוּפֶנּוּ[3] עָקֵב[6]

3) 슈프(שׁוּף) : '상하게 하다, 분쇄하다, 박살내다'라는 뜻이다.
4) 로쉬(רֹאשׁ) : 머리, 곡대기. 우두머리
5) (아타) 대명사, 2인칭 남성 단수 - 그리고 너는
6) 아케브(עָקֵב) : 발꿈치, 발자국, 군대의 후미

(1) 이미 설명한 바와 같이 뱀의 후손과 여인의 후손 사이에는 생사를 건 전투가 벌어질 것이다. 여기서 그 여인의 후손(씨)은 뱀의 '머리'를 파쇄할 것이다. 대신에 뱀(사단)은 그의 발꿈치를 물을 것이라는 것이다. 여기서 발꿈치를 상하게 하는 것보다는 머리를 상하게 하는 것이 더 치명적이다. '발꿈치를 상하게 한다'는 말은 다시 회복되는 상함을 의미한다. 십자가에서 무덤에 뉘일 때까지도 예수님은 패배한 것처럼 보였지만 사단이 손상입힌 것은 그의 인성뿐이었다. 신성(神性)은 추호도 건드리지 못했으므로 3일만에 다시 살아나 지극히 높은 영광에 올리움을 받았다.

(2) 반면에 '뱀의 머리를 상하게 한다'(파쇄한다)는 말은 사단이 당하는 상처가 다시는 회복할 수 없는 상처를 말한다.

(3) 이렇게 그 능력 있는 사단의 머리를 파쇄할 분이라면, 즉 사단에게 치명적인 상처를 입히려면 평범한 전사(戰士)는 아니어야 한다. 사단으로부터 권능을 빼앗으려면 전쟁을 치러야 한다. 그렇다면 이 '여인의 후손'이 단순히 인간 출신일까? 만약 천사 중에서 하나를 뽑아서 이 일을 시키면 어떨

1) 너(뱀)의 후손(제라, זרע)

2) 우리 번역에 '여자의 후손'이라는 단어는 원문에 후(הוא)이다. 3인칭, 남성, 단수 대명사이다(he). 여기서 말하는 후손(씨, 제라, זרע)이 군집명사일까, 아니면 어떤 개인을 가리킬까? 우리는 창세기 4:1과 갈라디아서 3:16의 말씀을 통해 볼 때 이 씨는 개별 인물로 간주해야 한다. 그래서 70인경은 씨(스페르마, σπέρμα)라는 단어가 중성명사이지만 이것을 남성 대명사 αὐτός로 받았다. 사도 바울은 '씨'(σπέρμα)라는 표현을 그리스도 개인으로 주석한 것을 볼 수 있다(갈 3:16).
따라서 우리 번역에 '여인의 후손'이라고 풀어 넣은 말은 '동정녀 탄생'을 예언한 듯이 보이지만, 실제로는 '하나님께 속한 계열에서 나올 어떤 한 분'을 의미한다. 물론 우리는 이 분이 예수 그리스도라는 것을 쉽게 알 수 있다. 그러나 처음 독자들은 '그'가 예수 그리스도인지를 전혀 알 수 없었고, 다만 그 말씀대로 믿었을 뿐이다.

어떤 학자들은 후(הוא)란 단어가 오직 한 개인만을 지칭할 수 있다는 견해를 의심스럽다고 전제하고, 이 지시대상을 경건한 계통으로 이해하는 것이 최선이라고 했다(롬 16:20 참조). 그러나 여기서 후(הוא)를 그리스도로 보는 것은 잘못된 것이 아니다. 성경 전반에 걸친 자손의 개념의 발전은 그것의 연합적 구조 속에서도 한 개인을 의미하는 후손도 포함하였음을 명백히 해주기 때문이다. 그러나 창세기 3:15의 일차적인 언급은 하나님의 백성에 대한 것이다. 즉 '여인의 후손'이란 문구를 곧장 개인의 의미로 취하여 구주 그리스도란 한정적이고 배타적인 언급으로 보는 것은 불가능하다고 했다. (토마스 맥코미스키, 계약신학과 약속, 4부)

까? 물론 우리는 이미 그 답을 알고 있다. 만약 (천사를 통해) 그렇게 한다면 여러 가지 문제가 발생할 수 있다. 무엇보다 천사는 인간과는 생소한 존재이다. 천사 역시 피조물이다. 피조된 존재를 인간의 구원자로 경배한다는 것은 오히려 하나님을 경배함에 방해거리가 될 수 있다. 히브리서에서는 천사의 존재를 어떻게 설명하고 있나? (히 1:14)*

• 히 1:14 "모든 천사들은 부리는 영으로서 구원 얻을 후사들을 위하여 섬기라고 보내심이 아니뇨."

(4) 따라서 가장 높은 계열에 속하는 분만이 그것에 합당하다. 바울은 이렇게 설명하고 있다. "첫 사람은 땅에서 났으니 흙에 속한 자이거니와 둘째 사람은 하늘에서 나셨느니라"(고전 15:47). 여기서 '첫 사람'은 물론 아담을 가리킨다. 그러니까 두번 째 인간은 '하늘의 주'여야 한다는 것이다. 결국 인간의 창조자이신 하나님만이 타락한 인간을 소생시킬 수 있다. 즉 그분만이 인간에게 가까이 서서 자발적으로 구속 사역을 실현하실 수 있다.

4. '뱀의 후손'과 '여인의 후손'이 벌이는 우주적 투쟁은 과거에서부터 현재까지 이르는 유구한 투쟁이다.

(1) 하와는 그의 첫 아들, 가인을 얻는다. 이 부분은 4장에서 언급하기로 하자.

(2) 최초의 살인 사건이 일어났다(창 4:8). 형제 간의 상잔(相殘). 사단은 거룩한 계통을 단절시키기 위한 획책을 꾸몄다. 그러나 또다른 아들, 셋이 출산됨으로 약속의 계통을 단절시키려는 사단의 시도는 무위로 돌아갔다. 창세기 5장에서는 셋에서 노아에 이르는 계통을 언급하고 있다. 창세기 6장에서는 인간 사회가 강포와 폐해로 가득차고 악이 창궐했음을 보여준다(5, 11절).[2]

(3) 그러나 하나님의 뜻이 성취된 최종적인 사건은 그 소수의 남은 자들에 의해서 이루어진 것이 아니라 성육신하신 한 분의 중보에 의하여 이루어졌다. 이분이 독특한 의미에서 약속된 의미의 후손이었다(갈 3장). 그렇다면 사단은 조용했을까? 그 약속된 후손인 바로 그분(그리스도)이 출현하자, 사단은 그가 오신 목적을 무위로 돌리기 위해 더욱 발광했다. 사단의 사주를 받은 헤롯의 광란, 40일을 주리신 예수님에 대한 공격, 베드로를 통한 사단의 유혹(마 16:21, 23) 등을 통하여 예수께서 십자가의 죽으심을 방해하려고 총공세를 폈지만 결국 그의 계획은 수포로 돌아갔다. 마침내 주님이 십자가에 죽으심으로 사단의 머리는 치명적인 상처를 입었다.

2) 하나님은 재앙을 통하여 인간을 심판하실 것을 결심하신다. 그러나 복의 계통이 노아로 인하여 보존된다. 이 투쟁은 인류 대대로 계속되었다. 사단은 하나님의 목적을 좌절시키려고 갖은 노력을 다했지만 성공하지 못했다. 하나님은 그 시대마다 충성스런 소수를 쓰셔서 인간의 역사 속에서 자신의 뜻을 실현시키셨다. 반역하는 대다수 속에 항상 하나님의 남은 자들이 있었다.

하나님의 심판 (3:14~19)

본문도입

아담과 하와에게 심판은 필연적이었다. "네가 먹는 날에는 정녕 죽으리라"(2:17)라는 말씀은 단순한 엄포가 아니었다. 그 명령은 이들의 생과 사를 결정짓는 명령이었다. 이제 이 명령을 어겼기에 이들에게 심판이 내려진다. 물론 이들 아담 부부에게 즉각적인 죽음은 오지 아니했지만 이미 하나님과의 관계는 끊어져버렸다. 영적인 죽음을 가져왔다. 물론 육체적 죽음도 가져올 것이다. 죄의 최종 형벌인 영원한 죽음(지옥)을 가져왔다.

1. 죽음은 어디로부터 온 것인가? 바울 사도는 로마서 5:12에서 다음과 같이 사망의 근원을 설명한다.

- 롬 5:12 "이러므로 한 사람(=아담)으로 말미암아 죄가 세상에 들어오고 죄로 말미암아 (   )이 왔나니 이와 같이 모든 사람이 죄를 지었으므로 사망이 (모든 사람)에게 이르렀느니라."[1]

범죄하는 영혼은 죽는다(겔 18:4).[2] 하나님의 언약을 어긴 아담에게 죽음이 왔다. 당장 육체적 죽음은 나타나지 않았으나 이미 하나님과의 영적인 채널이 끊겼다. 즉 생명은 하나님과 영적인 채널이 연결된 상태를 말한다. 아담은 육체적으로도 죽을 것이다(창 5:5).[3] 이들에게 하나님의 심판이 내려졌다. 인간의 범죄로 인해 온 피조계가 저주를 받게 되었다. 누구에게 어떻게 내려졌는가?

1) 롬 6:23, 엡 2:1-6, 골 2:13도 참조할 것

2) 겔 8:4 "모든 영혼이 다 내게 속한지라 아비의 영혼이 내게 속함 같이 아들의 영혼도 내게 속하였나니 범죄하는 그 영혼이 죽으리라."

3) 창 5:5 "그가(=아담) 구백삼십세를 향수하고 죽었더라."

2. 아담의 범죄는 인간을 포함한 전 피조계에 엄청난 파장을 일으켰다. 타락 이후 모든 피조물계는 서로 소원(疏遠)해졌다. 인간과 동물과의 관계도 정상적이지 못했다. 바울은 로마서에서 이 피조물의 탄식을 어떻게 설명하고 있을까? "피조물의 고대하는 바는 하나님의 아들들의 나타나는 것이니 피조물이 허무한데 굴복하는 것은 자기 뜻이 아니요 오직 굴복케 하시는 이로 말미암음이라."[4]

피조물이 허무한데 굴복하는 것은 자기 뜻이 아니라고 했다. 피조물을 다스려야 할 주인공인 인간이 타락했기에 하나님은 그가 다스려야 할 피조물계를 허무한데 굴복케 하셨다. 결국 이 피조물이 고대하는 바는 처음의 원래대로 회복되는 길 뿐이다. 만물이 이를 위해 함께 탄식한다고 했다.

4) 롬 8:19-22 "피조물의 고대하는 바는 하나님의 아들들의 나타나는 것이니 피조물이 허무한데 굴복하는 것은 자기 뜻이 아니요 오직 굴복케 하시는 이로 말미암음이라 그 바라는 것은 피조물도 썩어짐의 종 노릇 한 데서 해방되어 하나님의 자녀들의 영광의 자유에 이르는 것이니라 피조물이 다 이제까지 함께 탄식하며 함께 고통하는 것을 우리가 아나니."

3. 물론 남녀 관계에도 비상이 걸렸다. 무슨 비상?

구문 : by 채호덕

16절
또 [그가] ―――― **이르시되…**(하시고)
/여자에게
/내가 ―――― **더하리니**①
/네게 잉태하는(=너희 잉태를)
/[너의] 고통을
/크게
/네가 ―――― **낳을 것이며**
/자식을
/수고하고(=로)
/사모하고(=함이)② ―――― **<있을 것이며>**
/너는(=너의) /[너의] 남편을(=에게)
/남편은 ―――― **다스릴 것이니라**③
/너를

② 남편을 사모한다니?: 이 구절은 남편들에게 신나는 구절이다. 여자를 우습게(?) 볼 수 있는 구절이기 때문이다. 물론 잘못 해석할 경우에만 해당된다. 이 구절은 지금 여자에게 심판을 내리는 구절이다. 여기서 '남편을 사모한다'는 말은 내용상 맞지 않다. 여기 '사모한다'(테슈카)는 말은 그녀가 남편에 대해 소원을 갖고 있다는 말이다. 무슨 소원? // 확대경(No-11, 120면)의 설명을 꼭 참조해보자.

③ 원래 남편과 아내는 서로 조화의 관계에 있었으나 타락으로 인해 완전히 깨어지고 말았다. 따라서 서로 돕는 배필의 관계가 아니라 서로를 지배하려는 관계로 반전되었다. 아내가 남편의 지배자가 되려는 강한 욕망이 있지만 오히려 남편이 주도권을 갖고 우위에 서게 될 것을 예고하고 있다. 여기 '다스린다'(마샬)는 말은 창 1:28, 2:15에 나오는 '다스린다'는 말과는 거리가 멀다. 여기서는 오히려 '주권을 잡다' '지배권을 가지다'라고 해석해야 한다. 사람과 동물 사이에도 금이 갔지만 남편과 아내 사이에도 원래의 의도가 깨어졌다는 것이다. 특히 고대세계에서는 여자는 남자의 소유물이나 마찬가지였다. 그렇다고 16절을 근거로 해 여자는 노예처럼 대해도 된다는 말은 아니다. 물론 아담 역시 하와보다 더 엄청난 형벌을 받게 된다. 오히려 그가 언약의 당사자이기 때문이다.

(1) 이렇게 여자에게 내린 형벌은 잉태와 해산의 고통 그리고 남편과의 깨어진 관계 등이다. 원래 잉태와 출산은 축복이었지만 여기에 잉태하는 고통을 '크게 더하시겠다'(הַרְבָּה אַרְבֶּה)고 선언하신다. 해산(解産)의 고통을 받게 되었으나 자식을 낳게 하시는 은혜가 있었다. 그녀는 모든 자의 어미가 되리라고 했다(창 3:20). 여자로서의 역할도 여자로서의 모성도 계속 가지게 될 것이다.

(2) 타락 전까지는 아담과 하와는 남편과 서로 상응하는 존재로서, 서로 돕는 위치에 있었으나 타락으로 그 관계가 깨어지고 말았다. 이 구절에서 우리는 아내가 남편의 지배자가 되려는 암시를 볼 수 있다. 남편과 아내의 수평적인 조화 관계가 서로 지배하려는 싸움이 있게 되며, 이 싸움에서 남편이 우위에 있게 될 것을 예고하고 있다.

타락 이후, 역사의 주도권은?

- 뱀의 등장으로 창조의 원래 목적은 위기에 놓였었다. 그러나 하나님은 원래의 목적을 이루시기 위해 역사의 주도권을 가지기 위해 역사에 직접 개입하신다.

- 하나님은 사단과의 관계를 단절시키시고, 다시 인간과의 관계회복을 이루시려는 것이 '구원' 사역이다. 그래서 타락 이후에 진행될 역사는 구원의 성격을 가지며 그 역사를 '구원 역사'라고 부른다.

- 이 구원 역사가 진행되는 동안 인류 안에는 항상 두 부류가 존재한다. 즉 사단의 후손들로서 그를 따르는 추종자와 '그녀의 씨'로 표현된 '하나님의 자녀들'이다. 창세기 4장에서는 가인의 계열(4:17-24)과 셋 계열(5:1-32)을 기록하고 있다. 따라서 구원 역사는 '그녀의 씨' 중 어느 한분이 사단에게 승리함으로써 그 절정에 이른다. (김영철, 주님의 주님되심[1], 200이하)

① 잉태하는 고통을 더하시리니: 잉태와 출산 그 자체는 형벌이 아니다. 왜냐하면 인간에게 번성할 축복을 주 셨기 때문이다(창 1:22, 28). 여기서 형벌은 잉태와 출산까지 과정에서 큰 고통이 수반된다는 점이다.
'수술하면 된다고?' '?'

4. 아담에게는 어떤 형벌을 내리셨는가? (17-19절)

(1) 우리는 언약의 당사자가 하와가 아니라 아담이라는 사실을 기억해야 한다. 아담의 잘못이 훨씬 심각했다는 말이다. 아담은 언약의 본질을 하와보다 더 잘 이해하고 있었을 것이다. 즉 선악과를 따 먹으면 '반드시' 죽으리라는 명령을 명백히 알고 있으면서도 아내의 말을 듣고 복종했다. 아담은 오히려 아내를 다스려야 했다. 따라서 아담은 아내가 주는 선악과를 받아 먹은 일밖에 없지만, 하나님은 '아담'이 언약을 어겼다고 분명히 말씀하신다.

(2) 따라서 아담에게 내려진 형벌은 하와보다 훨신 고통스러운 것이었다. ① 땅은 저주를 받고, 또한 ② 수고하여야 그 소산을 먹게 되었다. 땅이 저주를 받은 것은 아담 때문이다. 물론 노동 자체는 하나님이 주신 의무이자 축복 중의 하나였다. 그러나 먹고 사는데 고통이 따른다는 것이다. 여기 '수고하여야' 그 소산을 먹을 수 있다고 했다. '수고하다'라고 번역된 말은 '고통, 노역, 아픔'이라는 뜻이 있다. 그 고통과 아픔은 '종신토록'(=너의 사는 날 동안) 계속될 것이다. 그 이유가 "아내의 말을 들었기" 때문이라고 했다.

(3) 아담에 대한 형벌이 구체적으로 언급된다. ① 먼저, 땅이 가시덤불과 엉겅퀴를 낼 것이다(18절). ② 얼굴에 땀을 흘려야 식물을 먹게 될 것이다. ③ 무엇보다 결국은 흙으로 돌아가야 한다. 결국 육체적 죽음을 가져오게 될 것이다.

5. 물론, 뱀에게는 왜 그렇게 했느냐고 묻지도 아니하신다. 뱀은 사단의 도구였기 때문이다. 모든 가축과 짐승이 타락으로 인해 저주 아래 있게 되었음을 본다.

어떤 사람은 여기에 뱀에 대한 이야기를 단순히 풍유적인 이야기로 돌리려 한다. 뱀에 대한 창세기의 기록은 인간의 마음 속에 어떻게 죄가 들어왔는가를 설명하려는 시도라는 것이다. 그러나 여기서의 뱀은 사단의 사주를 받아 아담과 하와를 타락케 한 실제 동물이다. 귀신들린 사람이 귀신이 시키는 대로 말하는 사건은 신약에도 여러 곳에 나타난다(막 5:9-15, 마 8:28이하, 눅 8:26이하, 행 16:16-18).

가시덤불과 엉겅퀴(창 3:18)

구약 속의 그리스도

에드워드 빌 / 권호덕 역
도서출판 그리심

'원복음'이란 성경에 나타난 최초의 복음에 대한 약속을 말한다. 이 책 앞부분 제 5장은 '원복음'을 이해하는데 크게 도움이 된다. 이 책의 저자 빌은 창세기 3:15 그리고 4:1부터 시작하여 말라기에 이르기까지 구약의 기독론과 관계된다고 여기는 모든 성경 구절을 주석하되 그 본문의 역사적 배경을 철저하게 비판적으로 분석하여 그리스도 사건과 자연스레 연결시키고 있다.

추방 당하는 아담(3:20-24)

"너희들, 다시는 여기 못들어와!"

본문도입

아담 부부는 에덴 동산에서 추방 당한다. 하나님의 말씀에 불순종한 결과였다. 아담은 영생을 회복하기 위해 에덴 동산에 있는 생명나무로 쓸데 없는 접근을 시도할지도 모른다. 그러나 생명의 회복은 오직 하나님의 손에 달려 있다는 것을 배워야 한다.

1. 이제, 하나님은 인간의 어리석은 야망을 꺾으시고 인간들이 다시 창조주를 향해 부르짖게 하셨다. 왜, 하나님은 인간에게 다시금 은총을 베푸시는가?

(1) 하나님은 처음 창조 시와 마찬가지로 세상을 구원하심으로써 자신을 영화롭게 하시기를 원하셨다. 그것은 전적으로 하나님의 은혜였다. 하나님은 인간과 사단과의 유대 관계를 끊어버리고 원수 관계로 대치시키신다. 사단에게 내린 저주의 말씀(창 3:14이하)은 인간에 대한 구원과 은혜에 대한 약속의 말씀이기도 하다.

(2) 아담은 하나님이 선포하신 은혜와 희망의 메시지를 듣고 기뻐했다. 창세기 3:15의 선포는 유혹자와 그의 후손, 추종자들 그리고 협력자들에게는 파멸의 선고였기 때문이다. 그러나 아담 부부에게는 희망의 메시지였다. 우리는 3:20에서 아담과 하와가 자신들에게 선포한 메시지의 핵심을 이해하고 응답했음을 볼 수 있다. 아담 부부는 하나님의 부르심을 피해 숨었다. 하나님이 이들을 추궁하자 변명 일변도였다. 그러나 이 희망의 메시지가 선포되자 분명 기쁨으로 놀라운 반응을 보였다.

(3) 아담은 그 아내의 이름을 '하와'(חַוָּה)라고 이름지었다. 그 이유를 무엇이라고 했나? 아담을 위하여 아내를 주시면서 그녀의 이름을 '여자'(이솨, אִשָּׁה)라고 했다. 그런데 그 아내의 이름을 '하와'라고 불렀다. 왜냐하면(כִּי) "그는 모든 산 자의 어미가 됨"이기 때문이다. 아담은 자신들을 통해서 낳을 씨(후손)를 통하여 계속되게 하시려는 하나님의 계획을 받아들였음을 본다. 하와 역시 이런 사실을 받아들였음을 그녀가 첫번째 아들을 낳았을 때 기뻐 소리지르던 모습에서 볼 수 있다.[1)]

1) 아담은 자신이 지은 죄의 부끄러움을 나뭇잎으로 충분히 가릴 수 없었다. 아담은 하나님이 선포하신 복음을 듣고 죄 문제가 해결될 수 있음에 기뻐했다. 그는 아내에게로 다가가서 그녀를 '모든 산 자의 어미'라고 명명했다. 즉 복음에 대한 믿음이 그로 하여금 아내를 '산자의 어미'라고 부를수 있었다. 하와는 이제 더 이상 자기를 유혹한 자가 아니라 하와, 즉 생명을 주는 자였던 것이다. 여자의 씨(후손)에 대한 예언으로 인해, 즉 그녀로부터 생명이 태어남을 통해 더이상 그녀는 죽은 자의 어미가 아니고 산 자의 어미가 되었다.

2. 하나님은 아담과 하와에게 무엇을 입혀주셨나? (3:21)

가죽옷 창 3:21

1) 사 61:10 "내가 여호와로 인하여 크게 기뻐하며 내 영혼이 나의 하나님으로 인하여 즐거워하리니 이는 그가 **구원의 옷으로 내게 입히시며** 의의 겉옷으로 내게 더하심이 신랑이 사모를 쓰며 신부가 자기 보물로 단장함 같게 하셨음이라."

시 32:1 "허물의 사함을 얻고 그 죄의 가리움을 받은 자는 복이 있도다."

(1) 하나님은 범죄한 저들을 찾아 손수 가죽옷을 입혀주셨다(3:21). 성경의 정확한 설명이 없지만, 그렇다면 짐승을 잡았을 것이다. 이런 과정에서 아담 부부에게 피의 제사법(동물 제사법)을 가르쳐 주지 않았을까? 즉 죄 지은 인간을 위해 짐승이 대신 죽음을 당해야 했다. 하나님은 "아담(인류)을 위해"(לְאָדָם) 짐승(양?)을 희생시키신다. 이는 훗날 하나님의 아들이 대신 죽어야 함을 아직은 희미하나 예표적으로 보여준 사건이다.

(2) 가죽 옷을 입혔다는 것은 죄를 용서해주셨다는 상징적인 행위였을 것이다. 이사야 61:10의 말씀을 찾아보자. 옷을 입힌다는 것은 죄의식이 있는 자에게는 필수적이다. 시편 32:1도 같은 내용으로 설명하고 있다.[1)]

3. 하나님이 아담을 추방하신 이유는?

3:22

영생할까 하노라 창 3:22

아담 부부는 하나님이 선언한 죽음을 무효화시키기 위해 생명과를 따 먹으려는 무모한 도전을 시도할 것이다. 지금 아담과 하와는 구속된 상태가 아니다. 죄 상태 아래서 영생한다는 것은 영원한 형벌을 영속화하는 것이다. 저주 아래 있는데 생명과를 먹으면 결국 죽음을 영속화하는 것이기 때문에 구원은 불가능하게 된다. 따라서 손을 펴서 그것을 먹지 못하도록 하신 것이다(서철원, 창세기주석①, 도서출판 그리심).

(1) 22절의 내용이 이들 부부가 정말로 하나님과 같아졌다는 말인가? 이들은 앞으로 계속해서 생명나무 실과를 따먹고 영생을 시도하려 할 것이다. 하나님은 이러한 망상을 처음부터 차단하려 하신다. 생명나무 실과는 선악을 알게 하는 나무가 그러했듯이 그 실과에 어떤 생명의 효력이 있는 것이 아니었다. 이 나무들은 영생과 죽음을 상징하는 나무였을 뿐이다. 영생과 죽음은 하나님께 순종하느냐, 안 하느냐에 달려있는 것이다.

(2) 하나님은 이들의 헛된 시도를 처음부터 차단하신다. 따라서 그룹들(천사)과 화염검(火焰劍 • 검 모양의 화염)을 배치해 에덴 동산을 지키게 하셨다. 이들은 에덴 동산으로 다시 들어와서 그 생명나무의 열매를 따먹으려는 시도를 할 것이기 때문이다. 이들은 인간이 다시 하나님과 회복하는 길은 오직 하나님의 손에 달려 있다는 것을 앞으로 배워가야 할 것이다.

4. 하나님의 심판 이후에 일어난 하나님의 조처는 무엇인가?

3:23-24

(1) 아담은 에덴 동산에서 즉시 추방되었다. 그리고 땅을 갈게 하셨다. 그리고

창 3:24 "이같이 하나님이 그 사람을 쫓아 내시고 에덴 동산 동편에 그룹들과 두루 도는 화염검(flaming sword)을 두어 생명나무의 길을 지키게 하시니라."

- 이들이 하나님 면전에서 쫓겨났다고 해도 창조시에 받은 의무에서 벗어난 것은 아니다. 하나님은 이들에게 에덴 밖에서 근본된 토지를 갈도록 하셨다(3:23)

문화를 건설케 하셨다. 그것은 이들이 하나님을 저버린 결과였다. 그러나 아담에게 소망이 주어졌다. 하나님이 아담으로 하여금 타락케 했던 사단에게 멸망을 선포하셨기 때문이다. 그리고 아담에게 사망을 유예케 하시며, 다시 하나님의 자녀로의 회복을 약속하셨기 때문이었다.

그룹(כְּרוּב)

- 성경은 하나님에 의해 창조된 두 종류의 영적 존재를 언급하고 있다. – 하나님과 함께 있는 천사와 하나님을 반역한 무리인 사단.
- 천사는 이들 사역에 따라 아래와 같이 구별된다.
  ① 그룹들(Cherubims)과 스랍들(Seraphs) ② 가브리엘(Gabriel) ③ 미가엘(Michael) ④ 보좌, 주관, 정사, 권세들 - (엡 1:21, 3:13, 골 1:16, 2:10)
  차이점 : 그룹 - 권위와 능력의 천사군(群)
  스랍 - 귀족급(=주로 하나님의 영광 찬양)
- 그룹은 여러 가지 형태의 생물로 나타나기도 한다(계 4:6-9). 큰 능력과 권위의 상징으로 나타나고(시 18:10, 99:1), 하나님의 영광을 나타낸다(시 80:1). 에덴 동산이나 성전의 거룩함을 파수하는 역할을 한다(창 3:24, 출 25:18).
- 가브리엘(Gabriel) - 하나님의 계시를 전달하는 특별한 직임맡은 천사
- 미가엘(Michael) - 하나님의 백성과 하나님의 나라의 원수를 대항하는 성전(聖戰)의 용사

적용 도우미

- 사단의 머리가 부서진 날, 그 날은 우리에게 결정적 승리를 가져온 날이다. 인류의 역사가 계속되는 동안 집요한 방해 공작을 펼치는 사단의 작전 앞에 하나님의 사람들은 얼마나 많은 눈물을 흘렸는가! 당신도 지금 사단의 공격을 받고 있는가? 그렇다면 계시록 5:5을 읽어보라.
- 아직도 사단은 하나님의 나라에 대한 파괴 공작을 멈추지 않고 있는가? 그렇다. 예수 그리스도의 십자가의 승리로 인해 치명타를 맞고 머리가 부서졌지만 아직도 사단의 저항 세력은 만만치 않다. 벧전 5:8을 읽어보고 사단의 활동상을 이야기 해보라.

창세기 3 장 요약 정리

요약질문

1-7절 : 사단의 유혹과 인간의 타락

- 사단은 어떤 존재인가? (계 12:9, 20:2 참조)
- 왜 사단은 인간으로 하여금 타락케 하려 하는가?
- 뱀은 결국 어떤 존재인가? 그의 성품은?
- 여자는 하나님의 금지 명령을 어떻게 알고 있었는가? (3절)
- 뱀은 여자에게 하나님의 말씀(2:16-17)을 어떻게 왜곡시켰는가? (4절)
- 성경에서는 사단을 어떻게 표현하고 있는가? 그 이름을 조사하고 그의 특성을 말해보라.
- 인간 타락의 근본적인 요인은 무엇인가?
- 죄는 결국 본인의 동의가 있어야 발생한다. 죄의 책임은 아담(인류)에게 있다. 인간 범죄의 과정을 설명하라.

8-19절 : 죄를 범한 인간의 상태와 그 심판

- 아담의 타락이 나와 무슨 상관이 있는가? (롬 5:12을 보라)
- 하나님의 금지명령을 어긴 후 이들에게 온 변화는 무엇인가? (7-10절)
- 범죄한 아담을 대하시는 하나님의 감정은? (9절)
- 하나님의 부르심에 대한 아담 부부의 반응은?
- 하나님의 심문(?)에 아담과 하와의 변명은 무엇인가? (책임전가)
- 하나님은 뱀과 아담과 하와에게 각각 어떤 형벌을 내리시는가?
- 하나님은 인간이 다시 구원받을 수 있는 길을 여신다(최초의 복음 언급, 3:15).

20-24절 : 에덴 동산에서 추방 당하는 아담

- 왜 아담은 아내의 이름을 하와라고 했는가? 하와라는 뜻의 의미는? (20절)
- 가죽옷을 지어입히신 이유는 무엇일까?
- 왜 에덴 동산을 화염검으로 지키셨는가?
- 낙원을 잃어버린 인간의 상태는? (23절)

Summary

연구과제

(1) 죄의 개념 및 본질(本質)　(2) 죄의 보편성(普遍性)
(3) 전적타락(全的墮落)　(4) 원죄(原罪)와 자범죄(自犯罪)　(5) 죄의 전가(轉嫁)

116

확대경(No. 10)

계시와 역사

☞ 만약 여러분이 성경공부를 지도하시는 분이라면 이 내용을 철저하게 숙지시켜 주셔야 합니다. 시간이 걸리더라도 철저히…

1. 계시와 발전

* 하나님은 모세를 통하여 말씀하신 후 계시를 중단하셨는가? (물론 아니다)

(1) 계시의 발전 : 계시 자체가 발전하는 것은 아니다(해석하는 일에 발전이 있으나). 하나님께서 진리를 말씀하실 때 한번에 다 하시지 않는다. 따라서 "(신구약) 모든 계시를 알아야만 '바른 계시'를 알 수 있다."

(2) 그렇지 않으면? 즉, 만약 어느 시대의 단편적인 것만 알고 주장하게 되면 어떤 문제가 생길까? 어느 한 부분만을 지나치게 강조할 때 하나님의 왕국에 큰 해독을 가져올 수 있다. 경우에 따라 불신자 보다 더 방해가 될 수 있다. 그러므로 구약계시와 신약계시를 별개로 보지 않고 통일된 것으로 보아야 한다.

例: ① 행 11장의 경우 : 고넬료의 집에 유숙한 베드로가 - 만약 먼저 주신 계시만 고집하면 하나님의 일에 방해가 된다(롬 10:2 참조).
② 할례 문제(골 2:11-12) : 형식을 중히 여긴 것이 아니라, 실질적인 할례를 말했다(마음의 할례).
③ 구약의 성전과 신약의 예배당을 동일시한다면?

(3) 계시의 점진성(漸進性)

① 만약 계시가 역사를 통해 나타난다면 그것은 점진적인 성격을 가질 수밖에 없다. 後(後)의 계시는 그 이전(以前)의 계시에 기초하므로 나중 계시가 앞의 계시보다 더 완전한 것으로 간주되어야 한다. 이 계시 발달 과정에는 유기적인 발전이 있다. 예를 들어 온전한 씨앗에서 온전한 꽃이나 나무로 성장해 가는 것처럼 씨앗과 같은 배아(胚芽)의 상태에서 시대에 따라 풍성하고 완전한 형태로 나타난다.

② 점진적 계시는 멀리 있는 경계(境界) 표지를 향하여 걸어가는 도보 여행자와 같다. 약속의 최초의 형태는 지평선에 서있는 경계 표지를 본 것과 같다. 그 경계 표지로 가까이 감에 따라 더욱더 그것을 자세히 볼 수 있다. 마침내 그 표지 앞에 가서 서서 자세히 보면, 처음 보았을 때와는 인상이 달라질 수도 있다. 고전 13:11, 12을 읽어보라.

(4) 그러면 계시(啓示)란 무엇인가?
계시는 하나님이 사람에게 자신을 나타내시거나 혹은 진리를 시달하여 다른 방법으로는 알려지지 못할 것을 그의 피조물들에게 보여 주시는 행위이다. 그런데 이 계시는 역사의 옷을 입으면서 발전해 가는 다양한 면과 아울러 통일된 면을 함께 지녀 완전한 형태로 발전해 간다. 이 통일성과 다양성을 함께 연구해야 한다.

2. 계시와 역사

(1) 성경의 역사를 구원역사(redempive history) 또는 구속사(the history of salvation)라 부른다. 그러나 좀더 살펴보면 인간의 타락 이전의 역사는 구원역사의 범주에 넣기 어렵다. 또 우리의 초점을 인간과 인간의 비참으로부터 하나님과 그 분의 명예와 영광에다 둔다면 성경의 역사는 계시의 역사임을 알 수 있다.

(2) 그렇다면 성경에 역사를 기록한 목적은 무엇일까?

① 성경은 단순히 인간이 어떻게 구원받는가를 말하려는 것일까? 아니다. 그 목적은 하나님을 인간에게 계시하려는 것이다. (그러므로, 성경 = 계시의 책이라고 말한다)

② 하나님은 역사(歷史)를 통해서 자신을 인간에게 알리신다. 타락한 인간에게 어떤 방법으로? 하나님은 우리가 이해할 수 있는 복잡하지 않은 용어를 사용하신다. 조금 어려운 신학적 용어로 말한다면, 신인동형론적(神人同形論, Antropomorphism)인 표현들을 사용하신다. 즉, 하나님 자신이 마치 인간인 것처럼

자신의 행위와 감정 등을 표현하는데 인간이 쓰는 용어를 사용하신다. 우리 수준에 맞추시고, 우리의 언어로 사용하신다. 우리의 제한된 인식범위로 이해할 수 있도록 쉽게 보이셔야만 한다. 바로 이러한 일을 역사를 통해 하신다는 말이다.

③ 그런데 만약 하나님이 상당한 양의 계시를 어떤 추상적인 개념의 범주를 통해서 제시되었다면 어떤 일이 벌어졌을까? 하나님은 우리에게 자신의 뜻을 말씀하실 때, 하나님의 속성은 어떻고, 하나님의 명칭은 무엇이고, 칭의는 무엇이고 하는 방식으로 말씀하시지 않으셨다. 하나님은 인간의 역사 속에서 그의 구속의 역사를 이루어 가신다.

④ 이 위대한 진리를 한꺼번에 주었다면? 즉 "아담아, 이리로와 봐" 그리고 아주 두꺼운 신학서적을 여러 권 주셨다면 어떤 일이 벌어졌을까? 우리는 하나님의 계시의 내용을 한입에 삼켜버리거나 소화해 낼 수 없다. 그러므로 '계시의 역사'가 필요하다. 시간이 지남에 따라 조금씩, 점진적으로, 역사를 통해 드러내신다. 교사들의 교육원리도 어려운 개념들을 반드시 한번 이상 반복해서 수준에 따라해야 한다. 꼭 수준에 따라… 하나님은 이 원리를 계시역사 전반에 걸쳐서 사용하신다.

• 만약 어느 유치원 선생님이 꼬마들에게 최고급 언어를 사용하여 하나님의 구원의 경륜을 설명했다면? 물론 정신나간 교사일 것이다. 그러므로 성경공부도 몇 개월 달랑 참석하고 끝내면 절대로 안 된다. 최소한 몇년 이상은 한 교역자의 연속적인 지도가 있어야 한다. 그것도 끊임없는 관심을 갖고 반복교육을 시켜야 한다. 하나님이 인내를 가지고 인류를 교육시키셨듯이 말이다. 특강 몇 번, 세미나 몇 번으로 해결되지 않는다.

⑤ 앞에서 공부했듯이 인간이 타락한 직후 창세기 3:15 (원복음)의 말씀을 주셨다. 그러나 아담에게는 이 약속이 무엇을 의미하는지 그것이 어떻게 이루어질지 명확히 알 수 없었다. 이 약속은 추가적인 설명과 해설을 필요로 하는 약속이었다. 따라서 그 이후의 성경역사의 나머지 부분을 통해서 그 약속의 의미가 구체적으로 드러난다. 오랜 시대에 걸쳐 지속적으로 제시된 진리는 미완적(未完的)인 면이 있었다(히 1:1~2).

⑥ 하나님이 자기 백성들에게 자신의 율법을 주실 때 어떤 방법으로 하셨나? 출애굽기 20:2을 읽어보고 그 배경을 설명해 보라. 만약, 하나님이 이스라엘을 출애굽 시켜놓고 아무 말씀도 안하셨다면? 하나님은 어떤 구원사건들이 새롭게 발생할 때마다(사건 계시) 그 사건의 의미를 반드시 계시하신다(말씀 계시). 그렇게 함으로써 그들은 구원자가 이루실 최종적인 구원은 어떤 것인가 점점 더 풍성하게 이해할 수 있었다. '사건 계시'와 '말씀 계시'를 설명해 보라.

⑦ 왜, 기록된 성경이 필요했을까?
왜 하나님은 매일매일 각자각자에게 직접 말씀하시지 않으시는가? 우리는 어떤 사람을 안다고 할 때, 그 말은 무엇을 의미하는가? 무엇으로 그를 알 수 있는가? (=그 사람의 행위를 봄으로써 가능하다.) 만약 하나님의 행동을 기록하자면 매우 방대한 책이 될 것이다. 따라서 성경이 필요하다.

• 그렇다면 이 무한한 진리를 언제 다 이해하고 구원을 받을까? 물론 걱정할 필요가 없다. 왜냐하면 만약 우리가 어린아이와 같은 믿음에 기초한다면 구원을 받을 수 있기 때문이다. 그러므로 '무엇'을 아느냐가 문제가 아니라 '누구'를 아느냐가 중요하다(요일 5:20을 꼭 읽어보라.) 그렇다면 무엇하러 성경 공부하느냐고? 나원참…

⑧ 무궁무진한 보화 : 성경에 묻혀 있는 그 보화는 너무 무궁무진해서 우리가 평생을 바쳐서 부지런히 계시의 역사를 공부한다해도 그 의미와 풍요로움을 모두 고갈시키지는 못할 것이다. 아니 못한다.

3. 구속사적 관점으로 성경을 보자.

(1) 구속사적(救贖史的) 관점이란?

① 성경에 기록된 하나님의 계시는 일차적으로 역사성(historicity)을 띠고 있다.

② 그 역사는 구원사(salvation history)를 중심으로 기

록되었다.

③ 그 구원사는 우리를 위해 주어졌다고 보는 관점이다.

④ 따라서 구속사적 관점에서 핵을 이루는 하나님의 계시는 역사 속에서 점진적으로 발전해 왔으며(progressiveness),

⑤ 이전의 계시와 이후의 계시가 유기적 통일성(organic unity)을 갖고 있고,

⑥ 구약은 신약에 대해 예표성(typological)과 규범성(paradigmatic)을 갖고 있고,

⑦ 종말론적 완성(eschatological)을 향해 나아간다고 보는 관점이다. (김정우, 신학지남, 95-봄호)

(2) 그러면 구약에서 신약으로 넘어올 때, 구속사적 전환과 발전이 어떻게 이루어졌는가?

① 시내산 언약(= 구약 신학 전체의 뼈대를 형성) ⇒ 신약에서 새언약으로 대치되며 완성된다(렘 31:31-35, 겔 36:22-38). 두 언약 사이에 본질적인 유사성과 통일성이 있지만, 새언약은 옛언약을 완성시키고, 구원의 내면성과 포괄성과 보편성과 영속성을 약속하고 있다. 구약에서도 새로운 언약을 주실 때마다 하나님의 통치 양식은 새롭게 전환하고 있다.

② 구약 언약공동체를 지탱하던 제도가 변화된다 : 선지자, 제사장, 왕 ⇒ 그리스도를 믿는 신자 (택하신 족속이요, 왕같은 제사장이요, 주의 소유된 백성, 벧전 2:9)

③ 이스라엘이 선민이었다. ⇒ 교회가 이스라엘의 위치를 대신한다.

④ 구약의 언약의 표시였던 할례 ⇒ 의식은 폐기되나 그 정신은 세례로 이어진다. 안식일에 대한 규례 ⇒ 그리스도의 부활을 기념하는 주일로 변함

▲ 이렇게 구약에서 신약으로 넘어오는 구속사적 전환에서 구약의 많은 사회적, 정치적, 경제적, 의식적 규례들이 폐기(완성)되었지만 거기에 담겨있던 원리와 정신은 이어져 가고 있다. 오히려 더욱 심화되고 확대되었다.

4. 구속사와 성경의 통일성

(1) 그러면 왜, 성경은 통일성을 갖게 되는가?

① 구속사의 통일성 때문이다. 그러므로 구속사는 단순한 사건의 나열이 아니다. 하나님 자신이 작정 계획하신 것을 역사의 진전을 따라 진행해 가신다. 그러므로, 그것을 기록한 것(구속사)은 통일을 볼 수밖에 없다. 따라서 성경의 역사적 사실을 다룰 때 구속사 전체의 문맥에서 그 사건이 어떠한 위치를 차지하고 있는가를 살펴야 한다.

② 따라서 이런 관점을 무시하고 성경을 해석하면 잘못된 해석으로 인해 하나님 나라에 해를 끼치게 된다. 예를 들어 요한계시록 한 권만 아무리 자세히 연구했다 하더라도 성경 전체의 흐름과 맞지 않는다면 문제가 생긴다. 따라서 어느 한 부분만 너무 지나치게 강조하게 되면 마치 정상적인 사람이 괴물과 같은 모습으로 그려지는 것과 같은 잘못이 나오게 된다.

(2) 그렇다면 구속사의 중심은 무엇인가?

① 물론, 신구약의 근본적인 통일성은 예수 그리스도에 있다. (구약성경이 신약의 중심 인물인 예수 그리스도를 증거하고 있다. 요 5:39, 눅 24:44 참조) 반드시 예수 그리스도와 연결되는 것이어야 한다. 그리고 그것은 신학적 필요에 따라 만들어진 것이 아니라 성경 전체가 말하는 것이어야 한다. 그렇다고 구약은 예언 모음집이고 신약은 그 성취로만 기록되어 있는 것은 아니다.

② 이 점을 무시하면, 설교가 늘 윤리문제로 흐르기 쉽다. 설교가 아주 듣기 싫은 잔소리처럼 들리기 쉽다. 성경 한 구절 읽어놓고, 도대체 무슨 이야기를 하는지 알 수가 없는 설교도 있다. 자라는 소린지, 깨라는 소린지?! 우리의 삶의 변화는 잔소리(?)로 변화

되는 것이 아니다. 그렇게 변화되면 위선적인 신자가 되기 쉽다. 우리가 하나님의 위대하신 구속사역을 확인, 인식하게 되면 우리의 신앙은 "저절로" 성장하게 된다. 성장한 사람들에게 심부름을 시켜야 한다. 우리는 유치원 정도의 자녀에게 너무 많은 짐을 지우고 있지 아니한가!

(3) 왜, 성경을 좀더 자세하게 그리고 조직적으로 기록하지 않았을까?

① 성경은 역사책인가? 역사는 바로 "하나님의 말씀의 실현"(actualization)임을 말해준다. 모든 성경의 역사는 하나님의 말씀의 실현이다. 역사는 하나님의 말씀에 의해 창조된 것이라 할 수 있다(사 55:11-12). 그렇다면 현대 역사가들처럼 사건기록에 세심하거나 조직적으로 기록하지 않았을까? (역대하 12:15, 역대하 28:26) 날짜나 자세한 세부사항들에 대해 불평이 있기도 하다. 그래서 어떤 사람들은 성경의 내용의 일부분만 수용하려 하기도 하고 덧붙이기도 한다.

② 꼭 자세하다고 해서 역사적 진리의 가치가 있는가? 그렇지 않다. 사도행전 2:22-24에서 베드로의 설교를 보라. 얼마나 엉성한 증언인가. 그러나, 베드로는 거짓된 것을 말하고 있는 것인가?

'자세하다' 는 것과 '사실이다' 라는 것을 혼동해서는 안 된다. 성경은 다른 무엇이라기 보다는 역사책이다. 어떤 이야기는 상당히 자세히, 또 어떤 부분은 중복적으로, 어떤 부분은 생략되기도 했다. 어쨌든 성경이 우리에게 알려주려 했던 점은 무엇인가?

(4) 성경의 기록은 우리를 성숙시키려고 기록한 것이지 우리의 호기심을 만족시키기 위해서 기록한 것이 아니라는 사실이다. 하나님의 위대한 구원 활동을 올바르게 바라볼 수 있는 맥락으로 기록된 것이다. 그리고 하나님의 백성의 역사는 하나님이 누구이신가를 보여주는 방편으로서 성경에 기록한 것이다. 따라서 숫자나 자세한 세부사항들이 가볍게 넘어가는 것이다. 여호수아 24:2-13을 보라. 여기서는 오랜 기간을 단 몇 줄로 언급하고 있지 않은가.

자, 어쨌든 성경의 역사를 철저히 알아야 한다. 성경이 우리에게 가르치는 구원을 이해하려면 아주 오랜 기간이 걸린다. 구원에 대해 그 역사를 되풀이하여 그 내용을 철저히 살펴야 한다. 그래야 하나님의 원대한 하나님의 경륜과 섭리를 깊이 깨달을 수 있게 된다. (*)

MEMO

확대경(No. 11)

구약에서의 여자의 위치

남편을 '사모하고'
(창 3:16의 진정한 의미)

☞ 창세기 3:16을 잘못 해석하면 여자의 위치에 대한 오해를 가져올 수 있다. 여자는 사단의 유혹에 넘어가 선악과를 따먹은 최초의 장본인이라는 이유 때문에 약간 기가 죽어 있을 수 있다. (아닌가?!) 어쨌든 역사적으로 여자는 남자 마음대로 부려먹어도 되는 가재 도구로 전락된 때가 있었다. 이 부분은 W. C. Kaser의 *Toward Old Testament Ethics*(구약 성경윤리), 생명의 말씀사, 233-237을 중심으로 정리한 것이다.

1. 여자는 어떤 위치에서 지음을 받았나? (창 2:18)

(1) 먼저, 앞 장(77면 참조)을 읽어보는 것이 좋겠다. 하나님은 왜 여자를 창조하셨다고 했는가? 여자의 사명은 무엇인가? (2:20-22)

2:18 여호와 하나님이 가라사대 사람의 **독처하는 것이 좋지 못하니** 내가 그를 위하여 '돕는 배필'을 지으리라 하시니라

(2) 독처한다는 말은 '홀로 있다'는 뜻이다. 그런데 독처하는 것이 '좋지 못하다'(לֹא־טוֹב)는 것이었다. 하나님께서 지은 사람이 혼자 있는 것이 하나님께서 그를 지으신 목적이나 의도에 맞지 않았다는 뜻이다.

(3) 그래서 하나님은 아담을 위해 '돕는 배필'을 지으셨다. '돕는 배필'이란 무슨 뜻일까? 이 말은 아담과 '상응하는(corresponding to) 돕는 자'를 말한다. 하나님은 각종 동물로 아담에게로 나아오게 하셨다. 아담으로 하여금 짝이 없음을 알게 하시기 위해서였다. 아담은 그 가운데서 '자기와 상응하는 돕는 자'를 찾지 못했다. 각종 동물 중에는 아담에게 상응(相應)하는 존재가 없음을 알았다. 그래서 시무룩했을까? 그랬을 지도 모른다. 그래서 하나님은 아담을 깊이 잠들게 하고 아담의 갈빗대를 취하여 여자를 만드셨다. 그리고 아담에게 데려오셨다. (에이, 다 아는 얘기)

2. 문제는 타락한 이후였다. 타락한 아담 부부에게 하나님은 각자에게 상응하는 형벌을 내리셨다. 여자에게는 어떤 형벌을 내리셨을까?

3:16 "또 여자에게 이르시되 내가 네게 ① 잉태하는 고통을 크게 더하리니 네가 수고하고 자식을 낳을 것이며 ② 너는 남편을 **사모하고** 남편은 너를 다스릴 것이니라 하시고"

② וְאֶל־אִישֵׁךְ תְּשׁוּקָתֵךְ[1] וְהוּא יִמְשָׁל־בָּךְ

(1) 여기 '사모하고'(테슈카, תְּשׁוּקָה[1], 명사, 여성, 단수, 연계형 = ~의 욕구, ~의 갈망, ~의 사모)라고 번역된 말은 성경 전체에서 3번 나타난다(창 3:16, 4:7, 아 7:10). '테슈카'라는 명사의 의미는 '갈망, 열망, 사모'라는 뜻으로 번역된다. 위의 성경 구절에서 어느 한 문장에도 동사는 없다.

(2) 그런데 어떤 학자들 중에는 테슈카(תְּשׁוּקָה)라는 단어를 육적 욕망 성적 충동을 의미하는 것으로 해석을 했다. 그런데 תְּשׁוּקָה의 어근 슈크(שׁוּק)는 '달리다, 뒤쫓다, 바라다'라는 뜻이다. 따라서 문자적 의미는 '이리저리 달리다'나 '돌아가다'(그녀의 남편을 향하여)라는 뜻이다. 그래서 70인역(πρὸς τὸν ἄνδρα)이나 수리아 페쉿타 역, 사마리아역, 고대 라틴역, 이디오피아역, 아랍역은 모두 '돌아가다'(turning)로 번역했다.

(3) 그러면 어떻게 이 말이 소원(desire)이란 용어로 번역되었을까? desire란 말은 1380년 위클리프에 의해 영어 역본에 최초로 나타나게 되었다. 이후 대부분의 역본은 '테슈카'의 번역을 '욕망'(lust)이란 말을 사용는데, 이 말이 후에 더 부드러운 용어 소원(desire)이 되었다. 따라서 이 본문은 "You are turning away to your husband"(너는 남편에게로 행할 것이다)라는 뜻으로 이해해야 할 것이다. (개역성경 : "너는 남편을 *사모하고*")

3. 그러면 "남편은 너를 다스릴 것이니라"라는 의미는 무엇일까?

   וְהוּא① יִמְשָׁל②-בָּךְ③ (① and he / ② 칼 동사 미완료 3인칭, 남성, 단수 = 다스리다, 통치하다, 지배하다 / ③ in you · over you)

(1) 이 본문의 의미가 ① "그(남편)는 너를 다스릴 것이니라(*shall*)"인가, 아니면 ② "그는 너를 다스리게 될 것이다"(he *will* rule over you)라는 의미일까? 즉 '다스림'이 가내 관계와 가족의 적절한 질서를 위한 하나님의 명령인지(전자 ①), 아니면 여자의 남자에 대한 과잉 의존과 하나님 '외면'(turing away from God)의 결과로 일어난 일에 대한 예언인지(후자 ②)를 결정해야 한다.

(2) יִמְשָׁל(다스릴 것이다)라는 동사를 포함하는 절 바로 앞이나 뒤에 명령형 동사는 없다. 즉 강제성을 의미하는 부호는 없다. 그러므로 후자(②)의 의미로 해석해야 한다는 것이다. 따라서 3:16b는 다음과 같이 번역할 수 있다.

▶ 네가 네 남편에게 '**돌아가고**' 네 하나님을 의존하는 데서 떠난 결과로 '그는 너를 다스리게 될 것이다'(*will*).

(3) 그러므로 '**사모하고(소원)**'라고 하는 테슈카(תְּשׁוּקָה)가 육적 욕망이나 성적 충동을 의미하는 말이 아니다. 어찌했든 타락 전에 대등했던 남녀 관계가 타락 이후 지배와 복종 관계로 전락되었음을 본다.

(구약에서의) 여자의 위치

1. 그렇다면 구약에서의 여자의 위치가 오늘날 신약시대보다 훨씬 못했을까?

(1) 많은 학자들은 이런 주장을 정당화하기 위해 레위기 12:1-8과 레위기 27:1-8과 같은 성경 구절을 인용한다. 예를 들어보자.

- 아들 출생 후 부정기간 : 40일간
- 딸 출생 후 부정기간 : 80일간

(2) 위의 경우를 잘못 이해하여 여아 출생이 더 큰 죄성이 있다는 주장은 잘못된 것이다. 왜냐하면 결례 기간 끝의 제사는 남자나 여자나 동일하기 때문이다. 특히 사내 아이의 경우는 난지 8일에 할례를 행했다(창 17:12). 따라서 사내 아이의 부정 기간이 단축되므로 둘째 결례가 보통 '부정' 기간을 반으로 단축시켰음을 기억해야 한다.

(3) 이와 같은 원리는 레위기 27:1-8의 경우도 마찬가지로 적용된다. 하나님의 공의가 파괴되거나 사람들을 차별 대우하는 분이라는 개념은 전혀 없다.

2. 구약에서 여자의 예배를 살펴보자.

(1) 신명기 16:11 - 유대인의 3대 절기(유월절, 오순절, 장막절) : 물론 여자들도 이 예배에 참석했다. 에스라 2:65, 느헤미야 7:67에는 "노래하는 여자들"을 언급하고 있다. 또 하나님을 찬양하는 음악 가족을 살펴보라. 열네 아들과 함께 세 딸도 함께 예배에 참여했다(대상 25장).

(2) 여선지 미리암(출 15:20), 한나의 기도(삼상 2:1), 이사야의 아내(남편과 함께 사역했다), 여선지 훌다(대하 34:22, 왕하 22:14), 노아다(느 6:14), 그리고 에스겔 13:17의 여선지자들을 보라. 이들은 모두 여자로서 예언 활동을 했다. 또한 현숙한 여인에 대한 기사들을 보라(잠언 31장).

▶ 그러므로
구약에서 여자들은 소나 나귀보다 약간 높은 지위로 남자 마음대로 부려먹거나 명령할 수 있는 가재(家財)가 절대 아니었다. 여자들도 하나님의 형상을 함께 상속한 자들이었다. (♬)

Back to the Bible

4장

최초의 살인 · 죄악의 확산

- 가인과 아벨의 제사(1-4절) :
- 최초의 살인(5-15절) : 죄가 가정에서 사회로 확산
- 에덴의 동쪽(16-24절) : 가인은 놋땅에서 자녀를 낳았다. 그리고 자신을 안전케 하기 위하여 성(城)을 건축했다.
- 살인의 노래 : 살인의 노래를 불러 하나님을 만홀히 여겼다(23-24절).
- 문화 발전 : 가인의 후손들은 많은 문화를 건설하며 번성했다.
- 다시 셋(Seth)을 주심

하나님이 지으신 이 우주는 완전했다. 또 그 속에 채워진 피조물도 하나님의 근본 의도대로 지어졌다. 이 세상은 하나님께 경배드릴 종교적인 중심지가 되었다. 그리고 하나님은 이 피조 세계를 다스릴 하나님의 대리 통치자(vice-regent)를 세우셨다. 만물을 통치할 수 있어야 하겠기에 하나님의 형상대로 아담을 지으셨다. 이제, 아담은 하나님의 금지명령(선악을 알게 하는 나무의 실과는 먹지 말라)을 잘 순종한다면 영생과 함께 지복의 상태를 누릴 수 있었다. 물론 에덴 동산은 아담 부부가 살아가기에 조금도 부족함이 없는 최고의 전원이었다. 아담 부부는 이 동산을 경작하며 관리해야 한다. 모든 것이 풍족하다고 먹고 노는 것이 아니다. 그 많은 보화들을 발견해 내기 위해서 인간의 노고가 필요하다는 것이다. 하나님은 에덴 동산을 그런 인간의 잠재 능력을 최대한 발휘되도록 설계하셨던 것이다. 물론 그것을 찾아낼 수 있는 능력과 창의력도 주셨다. 만일 하나님께 절대 순종한다면 에덴 동산은 정말로 "기쁨의 전원"이 될 것이다.

그런데 이 살기 좋은 에덴 동산에 불청객이 찾아왔다. 이 불청객은 하나님이 아담에게 주신 금지 명령을 이미 알고 있었다. 하나님의 나라를 초반부터 무너뜨리는 방법이 없을까? 사단은 드디어 엄청난 계획을 세운다. 아담 부부로 하여금 범죄케 한다면 하나님의 원대한 계획은 물거품이 되는 것이 아닌가! 회심의 미소를 지은 사단은 드디어 하나님의 왕국을 파괴하기 위하여 이들 부부에게 접근전을 시도한다. 그리고 그들에게 하나님과 같아질 수 있다는 환상을 주어 하나님이 금하신 선악과를 따먹게 한다. 범죄케 했다는 말이다. 그러나 하나님은 그 죄의 책임이 사단에게 있다고 말씀하시지 않는다. 인간은 하나님의 형상을 가진 인격체이기 때문이다.

도대체 이 불청객인 사단은 어떤 존재란 말인가? 그리고 하나님의 명령을 어긴 인류는 어떻게 되어갈 것인가? 창 3장은 인간의 타락이 언급되었지만, 이들을 구원하시려는 하나님의 승리를 선포하신 장이기도 하다. 하나님은 사단의 고도의 전략이 결국은 실패할 것이라고 선포하신다. 사단의 끈질긴 방해에도 불구하고 하나님의 나라를 완성되어 갈 것이 때문이다. 자, 하나님의 구속사가 어떻게 전개되어 갈 것인가?

가인과 아벨의 제사 (4:1~4)

본문도입

비록 아담 부부가 타락하여 죄를 지었지만 하나님은 그들에게 잉태의 축복을 주신다. 이들 부부는 하나님의 구원 축복을 받아들이고 기뻐한다. 아담 부부에게 희망적인 메시지가 선포되자 이들은 영생할 수 있는 길이 있음을 확인하고 기뻐한다. 이는 이들 부부가 마침내 아들이 낳고 그의 이름을 '가인'이라고 한 데서 볼 수 있다. 그 이름의 뜻과 같이 그에게서 어떤 기대를 걸은 것 같다. 그런데…

מִנְחָה

<민하> : 소제, 제물(예물), 공물, 희생제물 등의 뜻이 있다.

1. 아담은 첫 아들을 낳았다. 이름은 무엇이며, 첫 아들에게서 무엇을 느꼈나?

4:1

(1) 하나님께서는 주권적으로 사람의 구원을 보장하셨다. 하나님은 사탄을 멸하실 구세주, 즉 '여인의 후손'을 약속하셨다(창 3:15). 이 후손으로부터 하나님 구속의 왕국나무는 성장하게 될 것이다. 타락한 이후 아담은 하나님의 약속을 받아들일 표시를 했음을 본다. 하나님의 약속에 대한 믿음을 나타냈다. 우리는 아담이 자기 아내를 '하와'(하우와, חַוָּה)*라고 불렀음을 본다. 이들은 사탄의 머리를 짓이길 후손을 기대했던 것 같다(창 4:1). 이 부분을 어떻게 해석해야 할까? 아래 설명을 보자.

- **하와** : '살다, 생명을 가지다'라는 뜻을 가진 동사 하야(הָיָה)에서 파생되었을 가능성이 높다. '하와'라는 이름은 그녀가 "모든 산 자의 어미"였다는 사실에서 유래했다(창 3:20).

יְהוָה[4]־אֶת[3] אִישׁ[2] קָנִיתִי[1] 4:1

from the LORD / a man / I have gotten - KJV

- 내가 여호와로 말미암아 득남하였다 - 개역성경
- With the help of the LORD(여호와의 도우심으로) - NIV, RSV
- from the LORD(여호와로부터) - KJV

1) 카니티(קָנִיתִי) 카나(קָנָה) - '얻다, 취득하다, 창조하다'의 칼 동사, 완료, 1인칭, 단수)
2) 이쉬(אִישׁ, 한 남자, 남성 단수)
3) 에트(אֶת) : with, together with 말미암아
4) 여호와(Lord)

(2) 여기, אֶת־יְהוָה를 "여호와의 도우심으로" 또는 "여호와로 말미암아"라고 이해한 것은 잘못된 것이다. 왜냐하면 돕는 자가 앞에 나오고 도움을 받는 자가 뒤에 나와야 하기 때문이다. 예를 들면 "하나님이 요셉과 함께 하셨다"(창 39:2, 29)라는 말은 이렇게 표현되어 있다(וַיְהִי יְהוָה אֶת־יוֹסֵף, The LORD was *with* Joseph). 따라서 이 구절을 이렇게 해석할 수 있다:[5] **"나(하와)는, 한 남자, 곧 여호와를 얻었다."**

그녀의 남편(아담)은 그녀(하와)를 알았고(동침했고), 그래서 잉태하여

5) 에드워드 빌, 구약 속의 그리스도, 권호덕 역(도서출판 그리심, 2003), 48-49면. / G. Van Groningen, 구약의 메시야 사상, 유재원 · 류호준 역(기독교문서선교회), 133면에서는 "여호와여, 내가 남자를 낳았나이다"로 번역해야 한다고 주장한다. 어쨌든 이 부분은 영역본도 서로 다르게 번역하고 있다.

1) 가인 : 소유하다, 얻다

2) 에드워드 빌, 구약 속의 그리스도, 위의 책, 48-49면.

마침내 아들을 낳았다. 이들은 크게 기뻐했고 첫 아들의 이름을 '가인'(קַיִן)[1]이라고 했다. 그 뜻은 '얻음'이라는 뜻이다. 이들 부부는 이 아이가 하나님이 약속하신 후손이라고 생각했을 것이다. 이들 아담 부부의 지식에 의하면, 뱀을 이길 자는 참인간인 동시에 참 하나님이다. 이런 분만이 죽음의 고통을 통과하여 승리로 나아가며 저 큰 원수(요 8:44)를 이길 수 있다.[2]

(3) 아담 부부는 '하나님의 약속'(창 3:15)의 복음(이는 아담과 하와를 위한 회복의 첫 단계였다)을 받아들이고 기뻐했음을 알 수 있다. 자기의 죄 때문에 나뭇잎으로 가리고 숨어야 했던 옛 아담에서, 지은 죄를 뉘우치는 새 아담이 되었다. 그래서 아담은 자기의 아내에게 다가서서 '산자의 어미'(=하와, 모든 자에게 생명을 주는 자)라고 부를 수 있었다(창 3:20). 그녀는 더이상 죽은 자의 어미가 아니고 '산 자의 어미'(אֵם כָּל־חָי)였다.

(4) 그러나 이들 부부는 '가인'이 성장하고나서 그의 삶의 방식을 보고는 약속된 구원자가 아님을 알고는 실망했다. 그의 모든 행동에서 뱀의 후손과 연합되어 있음을 보게 된다. 사단은 가인을 통해 "사단의 머리를 쳐부수겠다는 여호와의 선언"을 비웃어버렸던 것이다. 가인은 뒤에 자세히 언급되지만 하나님께 반역과 도전으로 일관했다. 하와가 그녀의 첫 후손이 이 약속을 성취할 자라고 생각한 것은 잘못이었다.

가인과 아벨, 그리고 셋

- 가인(קַיִן, 뜻 : 얻음) - 어떤 학자는(G. von Rad) 창(槍, 삼하 21:16)을 의미한다고 하나 문맥을 보아 '얻었다'는 뜻이 더 분명하다. 이 이름에서 볼 수 있듯이 하와는 가인을 원수의 머리를 짓이길 약속된 구원자로 기대했던 것 같다(창 4:1). 그러나 그녀는 가인에게서 뱀의 후손과 연합되었음을 보자 실망한다.
- 아벨(헤벨, הֶבֶל, 뜻 : 無, 헛됨)
  <하벨, הָבַר>: 또는 헤벨(הֶבֶר). 어근 הבר은 '헛되이 행하다, 허망하다, 내뿜다'라는 뜻이 있다. 헤벨은 증기 혹은 안개를 가리키는 말로 특히 전도서에서 많이 사용되었다(전 1:2). 하와는 둘째 아들을 낳았을 때 그 이름을 '아벨'이라고 부름으로 자신의 낙망을 표현했다.
- 셋 (שֵׁת, 뜻 : 지정된 자) - 하나님께서 그를 아벨의 자리에 지정하셨음을 하와가 보았기 때문이다.

2. 아담 부부의 소망은 실망으로 변했다. 이번에는 둘째 아들을 낳았는데, 그의 이름과 뜻을 말해보라.

4:2

'아벨' (Abel)이라는 이름은 '허무, 하찮음, 무의미, 한숨' 등의 뜻이 있다(4:2). 아들의 이름을 이렇게 지은 것을 보면, 아담 부부가 아벨의 장래를 예지하고 있었거나 또는 피조세계에 저주가 들어온 것을 이해하고 있었음을 암시한다(롬 8:20 참조). 아담과 하와는 분명히 자녀들에게 에덴에서 지은 첫번째 죄에 대해 이야기 해 주었을 것이다. 그리고 자녀들은 부모가 드리는 제사의 과정을 지켜보았을 것이고, 또한 제사에 대한 모든 법도와 그 의미를 가르쳐 주었을 것이 분명하다.

3. 이들은 각각 하나님께 제사를 드렸다(3, 4절). 어떤 제물로 제사를 드렸나?

	가인(Cain)	아벨(Abel)
직 업	농 업	목 축 업
대 상	여호와께	여호와께
제 물	( )	( )
열 납	제사를 받지 않으심	제사를 받으심

(1) 가인과 아벨 두 사람이 하나님께 제사를 드렸다. 하나님은 두 사람의 제사를 다 받으셨는가? 아니다. 가인의 제사는 받지 않고, 아벨의 제사만 받으셨다(열납하셨다). 두 사람 다 여호와께 제사를 드렸지만 둘 중 한 사람의 제사만을 받으셨다. 드리는 자는 사람이지만 받는 자는 하나님이심을 기억해야 한다.

(2) 여기 '열납하다'(샤아, שָׁעָה)라는 말은 '눈여겨 보다, 관심을 갖다, 응시하다' 등의 뜻이 있다. 결국 가인의 제물은 눈여겨 보지 않으셨다는 말이다. 그랬더니 가인이 심히 화를 냈고 안색이 변했다. 그러나 화를 낸 주체가 가인이 아니라 아벨이라는 주장을 하는 학자도 있다.[1)]

1) 이 주장에 대한 것으로는 김기홍 · 윤용진, 야웨의 자존심(한국성경교육연구소, 2000), 66-70면을 참조하라.

(3) **"세월이 지난 후에"(3절)** : 여기 가인과 아벨이 제사를 드린 때는 얼마간의 '세월이 지난 후에' 일어난 일이라고 언급하고 있다. 즉 이 말은 처음에 순수했던 믿음이 시간이 지남에 따라 변질될 수 있다는 가능성을 암시하고 있다. 분명히 하나님은 아담 부부가 범죄한 후, 이들이 다시 하나님께 나아올 수 있는 방법을 알려주셨을 것이다. 물론 제사법의 규례 역시 자세히 그리고 반복해서 교육시키셨을 것임이 확실하다. 자녀들에게 자신이 어떻게 하나님께 범죄했으며, 어떻게 죄사함을 받았는가를 소상히 교육했을 터이다. 그래서 그의 자녀들이 이를 철저히 준행했을 것이다. 적어도 처음 얼마간은…. 그러나 **시간이 지나감에 따라** 가인의 하나님께 대한 태도가 변하기 시작했다. 그는 점차 하나님에게서 멀어져 갔다. 하나님께 대한 신앙은 변질되지 않아야 한다. 그러나 가인은 언제부터인가 하나님이 싫어지기 시작했다. 하나님 없어도 살 수 있다고 생각하기 시작했다. 그에게는 이미 하나님을 신뢰하지 않았다. 믿음이 없었다는 말이다.

4. 그렇다면 가인이 드린 제물을 열납하실 리가 없지 않은가!

(1) 아벨은 양떼 중의 '첫 새끼와 그 기름'으로 드렸다. 그러나 가인은 '땅의 소산'으로 드렸다고 했다. 그렇다면 가인의 제사는 아벨과 똑같은 제물을 드리지 않았기 때문에, 즉 피의 제사를 드리지 않았기에 열납되지 않았을까? 아마 그랬을 것이다. 그러나 이에 대해서는 설명이 더 필요하다.

(2) 아마 당시 제사에는 반드시 피의 제사를 원하셨을 것이다. 그러나 훗날 하나님은 곡물 제사를 허락하신다. 그럴 수밖에 상황 때문이었을 것이다. 그렇다고해도 이 '소제'(素祭) 역시 피 없는 제사는 아니다. 소제는 단독으로 드리지 못한다. 번제를 드릴 때에 같이 드리게 했다. 이렇게 모든 제사에는 피의 개념이 들어 있다(히 9:22). 피의 제사는 결국 예수 그리스도의 피흘림을 통한 구속의 예표이기 때문이다.

5. 이 제사 문제에 대해 히브리서는 어떻게 말씀하고 있는가?

"믿음으로 '아벨'은 '가인'보다 **'더 나은 제사'** 2)를 하나님께 드림으로 의로운 자라 하시는 '증거'를 얻었으니 하나님이 그 예물에 대하여 증거하심이라 저가 죽었으나 그 믿음으로써 오히려 말하느니라"(히 11:4).

(1) 이 말씀에서 볼 수 있듯이 가인과 아벨의 차이점을 믿음에 두었다고 말하고 있다. 아벨이 드린 제사에 대한 평가가 믿음으로 드린 것이라면, 가인의 제사는 그렇지 않았다는 점을 히브리서는 암시하기 때문이다. 믿음의 차이가 더 나은 제사라는 차이를 낳게 되었다는 말이다.

(2) 여기에 보충해서, 렌스키(Lenski)라는 학자의 설명을 잠깐 더 들어보자.

"창세기 4:4을 읽어보고, 또 히브리서 10:38을 읽어보자. '오직 나의 **의인**(ὁ δίκαιός)은 **믿음**으로 말미암아(ἐκ πίστεως) 살리라 또한 뒤로 물러서면 내 마음이 저를 기뻐하지 아니하리라.' 여기서 두 결정적 단어는 '의로움'과 '믿음'이라는 말이다. 아벨의 희생제물은 그의 믿음을 표시하는 증거였다. 하나님은 결코 우리의 '제물'만 보시지 않는다. 그 제물 배후에 있는 것, 마음 속에 있는 것, 즉 '믿음'을 보신다. 그래서 하나님이 믿음

1) 이 두 사람이 드린 '제물'이라는 단어 '민하'(מִנְחָה)는 '제물, 공물'이라는 뜻으로 레위기 2장의 '소제'에도 똑같은 단어가 사용되었다.

레 2:1 "누구든지 **소제의 예물**을 여호와께 드리려거든"

וְנֶפֶשׁ כִּי־תַקְרִיב קָרְבַּן מִנְחָה לַיהוָה

'더 나은 제사' 히 11:4

2) '더 나은 제사'(πλείονα θυσίαν, better sacrifice) : '더 나은'이라는 단어(πολύς)는 양(量)에 있어서는 '더 큰, 더 많은'이라는 뜻이며, 질(質)에 있어서는 '더 큰, 더 우수한, 더 나은'이라는 의미이다. 아벨이 더 나은 제사를 드렸다는 것은 '믿음'으로(*by* faith, πίστει) 드렸다는 말이다. 요한1서에서는 아벨의 행위는 '의로움'이라고 했다. 결국 '더 나은 제사'는 '의로운 제사 행위'라는 말이다. 그 의로운 제사 행위가 믿음(과 이에 당연히 따르는 정성)의 유무에 있다는 말이다. 가인은 이런 예배의 본질을 망각했다. 물론 이런 의식으로서의 예배도 중요하지만, 생활로서의 예배도 중요하다. 이 둘을 분리할 수 없다.

• 잠 15:8 "악인의 제사는 여호와께서 미워하셔도 정직한 자의 기도는 그가 기뻐하시느니라."

을 가진 사람에 대해 판단하실 때, 하나님은 사람의 행위를 보신다. 지금 아벨의 경우에는 그의 제사를 강조한다(잠 15:8).* 하나님께서 **인간과 그의 내적인 태도**를 그의 행위보다 우선해서 그 행위를 판단하는 근거로 간주하심을 알 수 있다."

(3) 결국, 마음의 자세가 얼마나 중요한 가를 살펴볼 수 있다. 원문에는 제물에만 강조점을 두고 있지 않다. 4, 5절을 다시 한번 살펴보자.

1) But Abel
2) brought
3) he also
4) of the firstlings
5) of his flock
6) and of their fat portions

4a [1]וְהֶבֶל [2]הֵבִיא [3]גַם־הוּא [4]מִבְּכֹרוֹת [5]צֹאנוֹ [6]וּמֵחֶלְבֵהֶן

아벨은 제사 드릴 때 '자신뿐만[3](he also, גַם־הוּא) 아니라 그의 제물, 즉 '양[5]의 첫 새끼[4]와 그 기름[6]'(the firstlings of his flock and of the fat thereof)으로 드렸다. 여기서 '첫 새끼'를 드렸다는 말은 첫 새끼부터 마지막 새끼까지 모두 하나님이 주신 것이라는 믿음으로 드렸다는 말이다. 그리고 양의 첫 새끼의 '**기름**'으로 드렸다고 했다. 제물은 물론 흠없는 것으로 드려야 한다(벧전 1:19 참조). 이는 흠과 죄가 없으신 그리스도의 완전성을 예표하기 때문이다. '기름'은 생명을 상징한다. 따라서 기름이 탄다는 것은 한 생명이 나를 대신하여 탄다(고통을 대신해서)는 개념이 들어 있다.

(4) 하나님은 이렇게 제물뿐만 아니라 그 제물을 드리는 자의 마음과 자세까지도 함께 주목하여 보셨다는 말이다. 그러나 가인은 거의 마음에도 없는 형식적인 제사를 관습에 따라 드렸을 뿐이다. 물론 가인이 처음서부터 그렇지는 아니했을 것이다. 그러나 **'세월이 흐른 뒤에'**(3절) 가인의 믿음은 변질되기 시작했다. 그래서 지금 가인은 믿음이 없었다는 말이다. 따라서 그의 제사 역시 정성이 있었을 리 없다. 자연히 형식적인 제사 행위를 했다는 말이다. 하나님은 분명히 피의 제사를 원하셨을 것이다.

(5) 혹 다른 학자들의 주장처럼, 이 제사가 감사제였기에 곡물 제사가 문제시되지 않았다고 해도 이미 가인에게는 그 마음에 하나님이 없었다. 가인은 자기 자신의 힘으로 살기를 원했을 것이다. 하나님의 약속도 구원에도 관심이 없었다. 모든 것을 자기 자신의 힘으로 이룰 수 있다고 생각했다. 그의 마음이 하나님을 향해 있지 아니했다. 따라서 그의 제물이라고 합당하게 드렸을 리가 없다. 무엇보다 하나님이 원하셨던 것은 가인의 인격 전체

였다. 즉 문제는 제물 배후에 있는 가인의 '마음' 이었다. 그는 마음을 다해 제물을 드리지 아니했다. 우리가 마음을 어디에 두느냐에 따라 도덕적 상태가 결정된다. 그래서 히브리서에서는 아벨이 '믿음으로' '더나은 제사'를 드렸다고 표현하고 있다.

6. 이렇게 하나님께서는 인간과 그의 내적인 태도를 그의 행위보다 우선해서 판단하신다. 하나님의 척도는 우선 인간에게 향해져 있고 그리고 나서야 그의 예배와 행위를 보신다. 만약 우리가 건성으로 예배를 드린다면, 수억을 헌금하는 자라도 하나님은 결코 눈여겨 보지 않으신다. '할렐루야'를 크게 외치면서도 우리는 세속적인 삶을 즐길 수 있다.

7. 따라서 제사는 제사 드리는 자의 마음과 그에 따르는 물질적 내용 때문에 열납된다. 즉 가인이 아벨처럼 똑같은 제물을 드렸다해도 믿음 없이 드린, 그래서 정성이 있을 리 없는 제사가 열납되지 않았을 것이기 때문이다. 제물은 헌신하고, 순종하는 마음의 외적인 표현일 때 열납된다.

공생애 기간 동안 예수님은 있는 힘을 다해 흔들어 깨어보려고 하셨던 세 부류의 사람들이 있었다. 바로 제사장들, 서기관들, 바리새인들이었다. 예수님은 이들에게 미칠 화를 선포하셨다. "화 있을진저, 바리새인들이여, 서기관들이여!" 이들은 겉으로는 경건했지만 내면(內面)으로는 부정했다. 하나님이 원하시는 것은 내적인 정결이었다.[1] 이들의 적선의 행위도 예수님의 심판을 견디지는 못했다. 우리는 어떤가? 또다른 바리새인들은 아닌가!

1) 특히 바리새인들은 텃밭의 채소로부터 약초에 이르기까지 모든 곡물의 십일조를 드리는 경건한 자들이었다. 정결에 관한 규례를 아주 철저하게 수행했다. 이들은 일주에 두번씩 민족을 대신하여 금식했다(마 6:1-18). 그러나 예수님은 중요한 요구인 의와 자비와 신실을 무시했다고 비난하셨다(마 23:23, 24). 이들의 경건은 자신의 야망을 보여주기 위해 자신들의 필요를 충족시키기 위한 것이었다. 한 마디로 외식자였다. 회칠한 무덤이었다. 겉으로는 근사하지만 죽은 뼈들뿐이었다(마 23:27, 28).

적용 도우미

- 가인의 제사는 왜 받지 않으셨을까? 너무 많은 논쟁이 있다. 정말 왜 안받으셨을까? 정성이 없어서였다고? 정성은 왜 없는데? 어쨌든 열납지 않는 제사(예배)도 있음을 알아야 한다. 우리의 예배 의식에는 너무 많은 것들이 덧붙여진 것이 아닐까? 하나님을 기쁘시게 하겠다는 열심 때문에, 너무 요란한 것 같다. 예배의 회복이 성공적인 신앙생활의 첩경이라는데, 혹시 하나님께 야단 맞을까 전전긍긍하며 예배 드리는거 아냐?
- 우렁찬 성가대, 화려한 성전, 붉은 색 카페트, 엄청만 헌금액, 3-4부 예배 // 의자도 없는 예배당, 젊은이는 찾아볼 수 없고, 목회자의 사례비가 걱정인 교회.
두 곳 다 하나님께 제사를 드린다. 두 곳 모두 하나님이 그 예배를 받으신다. 물론 아벨과 같은 제사를 드리는 곳만….

최초의 살인 (4:5~15)

본문도입

한번 잉태된 죄는 결국 그 열매를 맺는다. 가인의 마음 속에 잉태된 미움은 더욱 장성하여 살인을 낳게 했다. 가인은 비록 자기의 제물이 열납되지 않았다해도 그가 원하기만 하면 동생을 죽이는 일까지는 없었을 것이다. 문 앞에 엎드려 있던 죄가 마침내 그를 덮친 것이다. 그의 마음에 선한 의지가 없었기 때문이었다. 가인은 결국 그의 동생을 죽인다.

1. 가인이 심히 분하여 안색이 변했다고 했다(5절).[1] 여기 안색이 '변했다'는 말은 '(얼굴을) 떨어뜨리다, 숙이다'(나팔, נָפַל)라는 의미이다. 따라서 분노보다는 "기운이 죽어 고개를 푹 숙였다"라는 뜻으로 낙심한 상태를 더 강조하고 있다고 보아야 한다.[2] 그러나 가인의 마음 속에는 이미 미움이 자라기 시작한다. '왜, 내가 드린 제사는 열납지 않으시는가!' 하나님도 싫었고, 아벨도 싫었다. 이런 그에게 하나님이 찾아오신다.

(1) 하나님은 이런 가인을 찾아오셔서 그의 제사가 열납되지 않은 이유를 설명하신다. 그 원인이 분명히 가인에게 있음을 말씀하셨다.

4:7 네가 (　　　)을 행하면 어찌 낯을 들지[3] 못하겠느냐

이 말은 "만일, 네가 선을 행하면, 네 제물이 왜 열납되지 않겠느냐?"(F. F. Bruce)라는 뜻이다. 지금 가인에게 무엇인가 영적으로 문제가 있음을 보여주고 있다. 가인의 삶이 잘못되어 가고 있다는 말이다. 하나님은 이들이 드린 제물이나 외모 때문에 차별하신 것이 아니다. 하나님께서 제사를 열납치 않으신 것은 어디까지나 가인에게 문제가 있었기 때문이었다.

(2) "네가 선을 행치 아니하면(=마음에 선한 경향을 가지지 아니하면), 죄가 문에 엎드리느니라"(7절). 여기서 죄의 특성을 말하고 있다. '죄'(罪)가 먹이를 덮치려고 엎드려(라바츠, 웅크리다)[4] 있는 모습을 말하고 있다. '죄'라고 하는 놈은 기회만 있으면 먹이를 덮치려고 만반의 준비를 하고 있다. 그러나 의로운 삶을 사는 자에게는 죄는 아주 무력하다. 우리는 죄 가운데서 살지만 그렇다고 죄에게 져서는 안 된다. 우리는 죄를 다스려야 한다. 죄는 무력한 존재지만 우리가 악수의 손을 내밀면 마치 웅크렸던 짐승이 먹

1) 화를 낸 주체가 가인인가, 아벨인가의 문제는 여기서 다루지 않기로 한다. 전통적인 견해는 물론 가인이 화를 낸 것으로 보고 있다.

2) 이학재, "하나님이 받으시는 제사"(창 4-5장), 창세기 어떻게 설교할 것인가?, 두란노, 86면

3) 나사(נָשָׂא) : 칼형일 경우 다음과 같은 뜻이 있다 : '들어올리다, 가져가다, 나르다, 취하다, 제거하다' / 그런데 '나사'라는 동사에 연결되는 단어가 없다. 영어성경은 아래와 같이 번역했다.

KJV- If thou doest well, shalt thou not be accepted?
NASB- If you do well, will not your countenance be lifted up?
NIV- If you do what is right, will you not be accepted?

4) 여기서는 죄가 사나운 짐승처럼 뛰어 오를 준비를 하고 문에 웅크리고 있는 모습으로 묘사되고 있다.

앞으로 인류의 역사는 전쟁사(戰爭史)라고 할 수 있게 된다. 물론 사람을 죽이는 기술과 무기도 끝없는 발전을 거듭한다.

이를 먹으려고 뛰어 올라 우리를 덮치려 한다. 따라서 그 죄를 다스릴 책임은 우리 자신에게 있다고 말하고 있지 아니한가.

(3) 하나님은 지금 가인에게 찾아오셔서 '만일 네가 선(善)을 행했다면, 왜, 내가 너의 제물을 열납하지 않았겠는가'라고 말씀하신다. 가인의 행동은 아담과 하와가 범죄했던 것처럼 이미 방향성을 상실한 인간이기 때문에 나온 것이다.

2. 어쨌든 이제 가인의 마음 속에 있는 증오와 미움은 더욱 자라기 시작한다. 이미 가인의 마음 속에 살인의 씨가 잉태되었다. 지금 그 씨가 자라고 있다. 그 잉태를 유산시킬 수 있는 방법이 있을까? 있다. 어떻게?

(1) 하나님께 용서를 구하면 된다. 그러면 살인의 씨를 유산시킬 수 있다. 물론 하나님은 가인에게 그런 기회를 주신다. 그래서 찾아오신 것이다. 그러나 가인은 끝내 하나님의 은총을 구하지 아니한다. 불만에 찬 가인에게 "죄의 소원은 네게 있으나 너는 죄를 다스릴지니라"고 경고하셨지만 그는 끝내 그의 형제 아벨을 살해한다(4:8).

(2) 이들이 들에 있을 때에 아벨은 자기 형에게 하나님이 자신에게 베푸신 은혜를 설명하지 않았겠는가! 그러나 이런 말은 분노가 쌓인 가인에게는 오히려 노를 자극할 뿐이었다. 잉태된 죄는 밖으로 나오게 되어 있다. 결국 가인은 아벨을 쳐죽였다. 인류 최초의 살인이 일어났다. 그러나 그것은 '살인'의 시작이었을 뿐이다.

(3) 앞으로 인류 역사에 얼마나 많은 살인이 있을 것인가! 이제 앞으로 종족과 종족 사이에, 민족과 민족 사이에 대량 학살이 일어날 것이다. 이후 인류의 역사는 전쟁사(戰爭史)라고 할 수 있게 된다. 물론 사람을 죽이는 기술과 무기도 끝없는 발전을 거듭한다. 전 인류를 몇십번이고 전멸시킬 수 있는 무기가 계속 개발되고 있다.

3. 물론, 하나님은 가인을 찾으시며 계속 용서의 기회를 주셨다. 그러나 가인은 하나님의 은혜를 거절한다. 아우의 행방을 물으시는 하나님 앞에서 그는 이렇게 대답한다. 그것도 속에 미움과 분노가 가득해서 말이다. 그의

가인의 마음 속에 잉태한 증오와 미움은 더욱 자라기 시작했고, 결국 동생을 쳐죽이는 인류 최초의 살인 사건이 일어났다. 그 살인의 최초의 동기는 형제를 미워하는 마음에서부터 시작되었다. 잉태된 죄는 결국 밖으로 나오게 되어 있다. 이 살인은 이후 인류사에 엄청난 살인이 있음을 예고하는 신호탄에 불과했다.

가인이 아벨을 쳐죽임

● 무죄한 피 값은 저주를 부른다

무죄한 피를 흘린 가인은 하나님으로부터 중한 벌을 받는다. 무엇보다 땅에서 저주를 받는다. 열심히 일해도 땅이 그 효력을 발휘하지 않는다. 땅을 경작해도 거기에 합당한 소출을 얻을 수 없다. 정상적인 삶을 살아갈 수 없다. 결국 그는 유리하는 자가 될 것이다. 무엇보다 그를 괴롭히는 것은 양심의 가책이다. 만나는 사람에게서 공포와 두려움을 느끼게 될 것이다. 어느 한 곳에 정착하려 해도 곧 정체가 드러날 것이기 때문에 마음이 늘 불안할 것이다.

대답이 어떠했나?

4:9

그는 하나님의 자비를 외면한다. 아니, 지금 그는 하나님께 대들고 있지 아니한가! 하나님은 그에게 저주를 내리신다. "네가 밭을 갈아도 땅이 다시는 그 효력을 네게 주지 아니할 것이요, 너는 땅에서 피하여 유리하는 자가 되리라"(12절).

4. 죄의 영향력은 더욱 강해져 갔다. 가인의 삶을 보라. 가인은 동생 아벨보다 장수(長壽)했지만 그에게 아무 유익함이 없는 세월이었다. 그의 평생의 삶이 어떠했나?

4:13, 14

그는 공포심으로 그의 아들 에녹과 함께 성(城)을 쌓았고(4:17), 또한 유리하는 자가 되었다(4:11, 12). 가인은 하나님께 죄를 용서해달라고 구하지 아니했다. 그는 오직 목숨의 연장만을 구했다(4:14-15). 가인은 하나님의 언약과 약속을 싫어했기 때문이었다. 최초의 살인, 그 살인은 그의 동생 아벨을 미워하는 순간 잉태되었다. 나의 마음 속에 아직도 미워하는 사람이 있는가? 그렇다면 나의 제사(예배)는 열납되지 않는다.

1) 쫓아내시온즉(גֵּרַשְׁתָּ): 이 지면에서 쫓아내셨다는 것을 확실히 하기 위해 여기서 피엘(강조형) 동사를 썼다.

'나를 만나는 자'라니?

• 가인은 자신이 받은 형벌 중에 무엇보다 자기를 만나는 모든 사람이 자신을 죽일까 하여 두려워했다. 성경에 등장하는 인물은 기껏해야 아담 부부와 가인과 아벨뿐이다. 그렇다면 어떻게 '나를 만나는 자마다'라고 할 수 있을까? 그래서 어떤 이들은 '재창조설'(중조론자, Gap theory) 을 주장한다. 특히 Thomas Chalmers (1814)의 이론에 의하면 땅은 원래 아담 전의 인류를 위해 지어졌고, 천사장 사단에 의해 지배되고 있었으나 사단이 하나님을 거역, 마귀가 되어 죄가 인류에 들어왔다고 주장한다. 따라서 하나님께서 6일 동안 우주를 재정비, 창조케 되었다고(창 1:3부터) 주장한다. 여기 '만나는 자들'은 이미 아담 전에 있었던 사람들이라고 주장한다. 그러면, 아담은 뭐고? 아담은 유대인의 조상이라나?!

성경에 기록은 없지만 이미 인구가 많이 늘어났을 것이다. 성경은 지금 두 종류의 후손을 중심으로 다루어가고 있기에 이 사람들만 등장시켜 설명하고 있다.

2) 이 단어는 노아에게 보여주신 무지개 '증거'(sign)와 같은 중요 개념들을 포함한다(창 9:12-13, 17). 또는 기적적인 표적들을 의미하기도 한다(출 7:3, 신 4:34, 느 9:10, 사 20:3 등). 또는 '오트'라는 단어가 token을 의미하기도 했다(민 17:25, 사 19:20). 또는 이적(signs)을 의미하기도 했다(렘 44:29). 그러나 본문에서의 '표'는 그 의미가 불확실하다.

5. 하나님은 가인에게 형벌을 내리신다. 이로 인해 가인은 그의 고통을 호소한다. 자신에게 내려진 형벌이 너무 무겁다는 것이었다(13절). 이런 형벌이 내려지기 전까지는 가인에게 죄책감이란 없었다. 그러나 가인은 자신에게 내려진 형벌이 자신의 죄에 비해 너무 크다고 투덜거린다.

(1) 그에게 내려진 형벌이 무엇이길래? (4:14)
주께서 오늘 이 지면에서 나를 쫓아내시온즉[1](추방하다)
[그 결과]
① 내가 주의 낯을 뵈옵지 못하리니(사타르, סָתַר, 숨기다, 감추다)
② 내가 땅에서 피하며 유리하는 자가 될지라
1) 피하는 자 (동요하며 쉴 곳이 없는 자)
2) 유리하는 자(방황하며, 슬퍼하며, 애도하는 자)
③ 무릇(콜, כֹּל, 모두, 전체) 나를 만나는 자가 나를 죽이겠나이다

(2) 가인의 죄는 당시 사회에서 결코 적지 않은 것이었다. 그래서 만나는 사람마다 그를 죽이려 할 것이다. 가인은 죽임을 당해도 마땅했으나 하나님은 그의 간구를 들어주신다. 하나님은 그의 생명을 연장시켜 주시기로 하신다. 그의 생명을 보호하시기 위한 증거로 가인에게 표(mark, sign, 오트, אוֹת)를 주셔서 죽음을 면케 하셨다(15절). 여기서 '표'가 무엇을 의미하느냐에 대한 논쟁이 있다.[2] 류폴드는 '가인에게'(לְקַיִן) 라는 말에서 레(לְ)가 이익이나 혜택의 여격(즉 가인을 위해, *for* Cain) 을 말하고 있지 않다고 주장한다. 그렇다면 가인을 보호하신 목적이 무엇일까? 우리는 여기서 그치자. 어쨌든 사형은 하나님과 국가에만 속하는 것이고 개인이나 가족은 사용할 수 없다는 것이다(월터 카이저, 구약성경 윤리).

(3) 훗날 예레미야 당시 이스라엘 백성들은 가인의 행동과 같은 일을 서슴치 않았다. 예레미야는 백성들에게 선을 행하도록 촉구하고 있다. "**만일 네가 선을 행하면**(אִם־תֵּיטִיב) 어찌 낯을 들지 못하겠느냐?"라고 가인에게 말씀하셨던 그 음성을 예레미야를 통해서 다시 듣게 된다.

"너희가 **만일** 길과 행위를 참으로 **바르게 하여** 이웃들 사이에 공의를 **행하며** (אִם־הֵיטֵיב תֵּיטִיבוּ) 이방인과 고아와 과부를 압제하지 말며 무죄한 자의 피를 이곳에서 흘리지 아니하며 다른 신들을 좇아 스스로 해하지 아니하면 내가 너희를 이곳에 거하게 하리니…"(렘 7:5-7).

에덴의 동쪽 (4:16~24)

본문도입

가인의 생명은 하나님의 배려하심 때문에 연장될 수 있었다. 이제 가인을 해하는 사람은 "벌을 칠배나 받을 것"이기 때문이다. 가인은 에덴을 떠나 에덴 동쪽에 거한다. 그리고 성을 건축하며 그들만의 거대한 문화를 건설한다. 물론 하나님 없는 문화를 건설하며, 자기들의 이익만을 추구한다.

1. 가인은 여호와 앞을 떠나 어디로 가서 정착했나?

4:16 가인이 (여호와)의 앞을 떠나 나가 (에덴) 동편 ( ) 땅에 거하였더니

원래 하와는 가인에게 큰 기대를 걸었었다(창 4:1 참조). 하나님이 약속하신(창 3:15) 그 후손이 태어났다고 생각했을 것이다. 그러나 그의 기대는 무너졌다. 가인의 후손은 계속 살인자였다고 말하고 있다. 이제, 가인은 여호와 앞을 떠난다(4:16). 가인은 하나님의 은혜로 살 수 있는 백성의 범주에서 벗어나고 있었다. 그리고 에덴의 동쪽 땅에 거했다. 하나님 없이도, 자기 혼자의 힘으로도 살 수 있다는 것이었다.

2. 가인이 놋땅에서 착수한 일은 무엇인가?

4:17

(1) 가인은 놋(Nod) 땅에서 '에녹'(Enoch)을 낳았다(4:17). 그리고 자신을 안전케 하기 위하여 성(城)을 건축하고 그 이름을 '에녹'이라고 했다. 그의 전생애 동안 그는 얼마나 큰 두려움 속에서 보냈는가! 그 후로도 그는 많은 자녀를 낳았다고 했다(창 4:18). 그 중에 두드러진 이름이 에녹이었다(23절). 그 당시 성(城)은 어떤 의미가 있었을까? 「도시의 의미」라는 책을 소개한다. 한번 읽어볼만한 책이다.

3. 라멕은 두 아내를 취했다. 이것은 일부다처제(一夫多妻制, Polygamy)의 시작이다. 두 아내의 이름은?

도시의 의미

저자(자쿠 엘룰)는 이 책에서 '도시'의 의미를 명백하게 그리고 예언적으로 밝히고 있다. 그에 따르면 도시는 언제나, 즉 최초의 도시인 에녹(가인의 城)에서부터 현대의 거대한 도시들(뉴욕, 파리, 런던, 서울, 동경 등)에 이르기까지 인간이 하나님 대신 자신의 힘을 의지하고 실현하는 장소라고 했다. 도시는 인간으로 에워싸여 있으며, 인간이 스스로를 구원하려는 모든 욕망을 쏟아 놓을 뿐아니라 인간이 주인이 되고 다시는 객체가 되지 않기 위해 인간 이외의 다른 어떤 힘의 개입도 배제시키는 곳이다.

저자는 이 책을 통해서 현대를 살아가는 인류를 향해 그들이 살고 있는 도시의 진정한 의미가 무엇인가를 깨우쳐주며 그 터 위에서 인류의 참된 소망인 새 예루살렘의 본질적인 의미에 대해 예언적으로 밝히고 있다.

in the land of Nod
בְּאֶרֶץ־נוֹד

가인은 에덴을 떠나 놋 땅으로 갔다고 했다. 아마도 지금의 카스피해 쪽으로 향해 갔을 것이다. 고고학자들은 지금의 아르메니아가 성경에 나오는 에덴동산 자리였다는 주장한다. 기원전 3000년경 이 높은 산악지역의 골짜기와 평원에서 초기 청동기 시대의 '쿠로-아락세스' 문화가 꽃피웠다.(아락세스는 성경에 나오는 기혼강을 말한다)

장인들은 검은색과 붉은색을 띠고 반들반들 윤이 나는 소박하면서도 아름다운 토기를 만들었을 뿐만 아니라 야금술도 개발했다. 구리와 주석을 녹여 최초의 청동 연장과 무기를 만들었다. 성경에는 가인의 6대손 두발가인이 구리와 쇠를 가공하는 조상이라고 말하고 있다(창4:22). 두발가인 일족은 우르미아 호 주변의 북부산악지대(아르메니아의 중심지)에 기원을 두고 있다. 노아와 그 조상들의 이야기는 에덴 및 아라라트와 밀접하게 관련되어 있다.
(문명의 창세기, 120면)

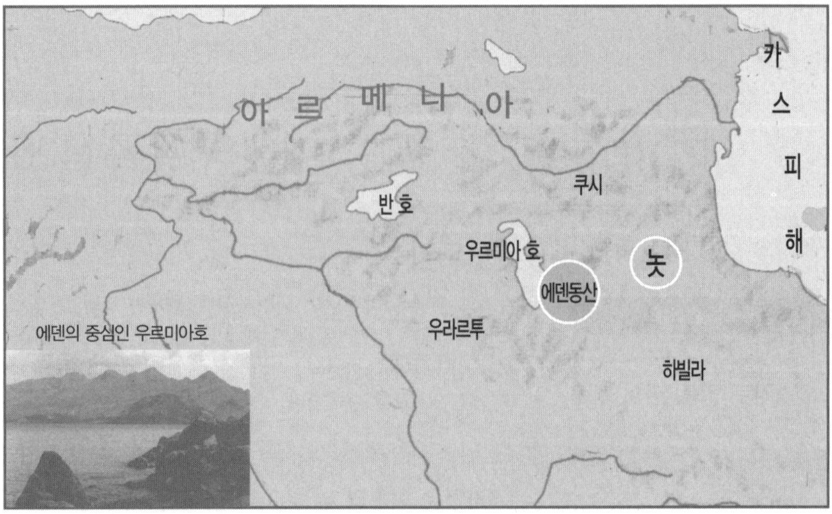

지도 안의 사진은 우르미아 호의 전경이다. 고고학자와 기후학자들은 오늘날 아르메니아가 성경에 나오는 에덴 동산 자리였다는 견해를 피력한다. 반 호 주변에 있는 사화산 비탈에서 신석기 시대의 최초의 연장을 발견했다. 신석기 시대(기원전 1000~5000년경)에는 에 이 지역에 여러 곳에 사람이 살았다는 증거가 남아 있다. 최근의 DNA 연구도 이곳에서 가장 먼저 야생밀 재배가 이루어졌음을 입증했다. 따라서 학자들은 터키 남부와 아르메니아 산악지대를 신석기 문화의 요람으로 인정하고 있다. 인류가 귀중한 광물을 처음 이용한 시기도 주전 2000년대 초 아르메니아였던 것으로 보인다.

- 아다(=기쁨, 또는 장식자) : 미용으로 단장한 최초의 여인이 아닌가?
- 씰라(=감추다) : 아마 요부(妖婦)가 아니였나? 글쎄?

4. 살인의 노래를 부르는 라멕

(1) 가인의 후손들은 하나님의 이름을 부르지 아니했다. 그들은 이기적이고, 교만하고, 복수에 불타고, 오직 인생만을 즐기려고 노력했다. 살인의 노래를 불러 하나님을 만홀히 여겼다(창 4:23-24). 그들은 더욱 더 타락했고, 결국은 셋의 후손들도 타락하게 된다(창 6:1-3). 라멕의 노래(검가, Song of the Sword)의 내용을 주의해 보라. 그리고 오늘의 시대상을 비교해 보라. 죄책감이란 그 흔적도 남아 있지 않았다.

4:23, 24 나의 (창상)[1]을 인하여(=내가 창상을 입었기 때문에)

- 내가 사람을 (죽였고),
- 나의 상함을 인하여 소년을 (죽였도다)
- 가인을 위하여는 벌이 (칠배)일진대
- 라멕을 위하여는 벌이 ( )이리로다.

1) 창상(פצע): 타박상, 부상, 상처

Tubal-cain

고고학과 전승은 아르메니아 / 에덴이 야금술이 처음 개발된 곳이라는 데 의견이 일치하고 있다. 초기 청동기 시대는 자그로스 산맥 북쪽에서 시작해서 메소포타미아 분지로 내려온 것이다. 아르메니아는 광물 자원이 풍부한 축복받은 땅이다. 터기 동부와 아르메니아의 산악지대를 신석기 문화의 가장 뜻깊은 요람으로 인정하고 있다. 이 지역에는 공작석이 풍부하게 매장되어 있는 광산이 여러 군데 자리잡고 있다. 용광로에서 이 광석을 녹이면 구리가 생산된다. 구리는 청동의 기본 성분이다. 인류가 이 귀중한 광물을 처음 이용한 시기는 기원전 2000년대 초, 장소는 아르메니아였을 것이다. 두발가인의 일족은 우르미아 호수(옆의 지도 참조) 주변의 북부 산악지대에 정착한 것 같다. (문명의 창세기, 120면)

(2) 라멕은 누군가가 자기를 죽이려했던 자를 죽였던 것 같다. 가인을 해친 사람이 7배의 보복을 받는다면 지금 자기를 해치는 사람은 77배의 보복을 받을 것이라는 뜻이다(NIV 성경, 각주 참조). 라멕(Lamech)은 살인행위를 하고나서도 부인들 앞에서 자기가 행한 일을 자랑하고 있다. 가인은 그래도 그가 지은 죄에 대해 불안해 했고, 따라서 하나님께 그 벌의 무거움을 호소하기도 했지만(창 2:13, 14), 이에 비해 라멕에게서는 더욱 죄에 대해서 꺼리지 않게 되었음을 본다. 라멕은 오만했고, 오직 칼을 통한 보복만을 노래했다. 그는 철저히 자기 자신만을 의지했다. 가인시대 보다 라멕이 살던 시대는 죄악의 강도가 그만큼 훨씬 강해졌음을 본다. 사회적 분화가 가속화되었고 사회생활의 핵(가정)을 파괴시켜 버렸다(19절).

5. 가인의 후손들은 많은 문화를 건설하며 번성했다. 그러나, 이런 일은 오히려 하나님으로부터 독립하기 위해서였다. 그러나, 이들이 이룩한 문화를 통하여 하나님의 목적을 이루게 하는 데 기여하게 된다. 물론 이들이 발전시킨 문화는 하나님이 의도했던 문화의 모습은 아니었다. 인간의 방향이 하나님을 반역하는 길로 나아갔기 때문이었다. 이들은 하나님 없는 문화를 건설했다. 점점 세상 역사에 대한 전망은 매우 비관적이 되어갔다. 죄악은 더욱 창성해 갔다. 이런 타락은 결국 홍수의 심판을 향해 치닷는다.

6. 라멕의 두 아내에게서 난 자녀들의 직업은 무엇인가?

- 4:20 야발(Jabal, יָבָל) : 육축 치는 자 - 유목민의 시조
- 4:21 유발(Jubal, יוּבָל) : (수금과 퉁소를 잡은 자) - (최초의 음악가)
- 4:22 두발가인(Tubal-cain, תּוּבַל קַיִן) : 대장쟁이 두발 - 동과 철로 각양 날카로운 기계를 만드는 자

7. 사탄은 가인으로 하여금 아벨을 죽이고 나서 쾌재(快哉)를 불렀을 것이다. 하나님이 아담에게 하신 약속이(창 3:15) 모두 무너지는 것이기 때문이었다. 그러나, 하나님은 약속을 잊지 아니하셨다. 하나님은 다시 셋(Seth, שֵׁת= 선택받은 자, 지정된 자)을 주셨다. 이로써 하나님은 창세기 3:15에서 말씀하신 '여인의 후손'에 관한 약속을 확증하셨다. 사단의 끝없는 방해에도 불구하고 메시야는 이 땅에 구속을 위하여 반드시 오실 것이다. 하나님이 친히 구속의 역사를 진행하실 것이기 때문이다.

136

퉁소를 불고 있는 사람

4:26 셋도[1] 아들을 낳고 그 이름을 에노스라 불렀으며,
그때에 비로소 (여호와의 이름)을 불렀더라.

이제, 비로소 여호와에 대한 공적인 예배를 드리기 시작한다. 이제 셋(Seth)으로 이어지는 하나님을 경외하는 계열을 본다(4:25-5:32). 물론 여기에는 세속적 발전이나 문명에 대한 언급이 전혀 없다. 그러나 이제, 셋 계열을 통해 하나님의 구원계획은 계속된다. 다음의 대조를 보라.

1) 셋도(וּלְשֵׁת גַּם־הוּא) : “셋 역시 아담처럼”이라는 말이다. 곧 아담이 아들을 낳고 이름을 지은 것처럼 셋도 역시 아들을 낳고 이름을 지었다는 것이다. “그 때에 사람들이 비로서 여호와의 이름을 불렀더라”라고 했는데, 그 당시에 가장 특기할만한 사건이었을 것이다. 5장부터 모세는 셋과 에노스에 이어 메시야 계통의 계보를 기록하기 시작한다.

가인	아벨(셋)
↓	↓
(가인의 아들) 에녹	에노스 (셋의 아들)
↓	↓
7대 라멕(4:23-24	에녹(5:21-24)

셋의 아들 에노스 시대의 사람들이 “그때에 비로소 여호와의 이름을 불렀다”고 했다. 즉 이때에야 비로소 여호와의 이름을 부르기 시작했다는 말이다. 이들이 하나님을 찾고 예배했다는 것이다(이런 표현 : 창 12:8, 13:4, 21:33 참조) 이제 5장에서 셋의 후손을 자세히 언급한다.

적용 도우미

- 에덴의 동쪽, 그곳에는 누가 살고 있는가? 여호와 앞을 떠나 살아가는 무리들, 그들은 엄청난 문화를 계발시켰지만 하나님 없는 문화만을 만들어 냈을 뿐이다. 지금도 세상은 여전히 하나님 없는 문화를 창출(創出)하고 있다. 우리는 지금 무엇 때문에 그리 바쁜가?!
- 살인의 노래를 즐겨부르던 라멕, 그리고 지금도 그의 후예들이 부르는 살인의 노래가 온 세상을 뒤덮고 있다. 더욱 창성해가는 죄악, 그 속에서 그리스도인들은 지금 어떤 노래를 부르고 있는가?
- 죄를 지은 후, 엄청난 공포를 느껴본 적이 있는가? 신호위반 하고 들킬까봐 조마조마 했다고? 글쎄? 그런 것 말고…
- 가인의 후손들의 번성, 그 세속적 화려함, 그 화려함 때문에 셋의 후손들의 눈이 가인쪽을 바라보게 된다. 그곳에는 언제나 재미가 있다고 믿기 때문이다.

창세기 4 장 요약 정리

요약질문

1-6절 : 가인과 아벨의 출생

- 가인의 이름의 뜻은 무엇이며, 왜 그렇게 이름을 지었을까?
- 둘째 아들의 이름의 뜻은 무엇이며, 왜 그렇게 이름을 지었을까?
- 이들은 각각 어떤 제물을 드려 제사했는가?
- 왜, 가인의 제사는 열납되지 않았는가?
- 제사(예배)는 무조건 드리기만 하면 되는가?
- 하나님이 받으시는 제사는 어떤 제사인가?
- 제사는 물질적 내용 때문에 열납되는가? 아니면 정성 때문에 열납되는가? 정성보다 더 앞서야 할 것은 무엇인가?

7-15절 : 최초의 살인

- 미움이 마음 속에 잉태되면 그 다음 단계는?
- 죄는 계속 성장하기 마련이다. 죄의 성장을 차단시킬 방법은?
- 가인은 동생 아벨을 쳐죽인다. 그 살인의 최초의 동기는 무엇인가?
- 7절에서 죄의 모습을 어떻게 의인화하여 묘사하고 있나?
- 동생을 죽인 가인에게는 전혀 용서의 기회가 없었을까? (9절)
- 죄인을 안타까운 모습으로 찾으시는 하나님의 사랑과 이에 대한 가인의 반응을 보라. (9절)
- 죄를 은폐하려는 인간의 모습을 보라(10절). 우리는 어느 때 하나님 앞에 나아갈 수 있는가?
- 가인은 무엇 때문에 괴로와 하고 있는가? (13절)

16-24절 : 에덴의 동쪽으로

- 가인은 에덴을 떠나 어디에서 살게 되었나? (16절)
- 가인이 성(城)을 쌓았다는 사실에서 무엇을 알 수 있나?
- 라멕에게서 일부다처제가 생기기 시작했다. 라멕의 기고만장한 태도를 보라.

25-26절 : 아벨 대신으로 셋을 주심

- 아벨 대신 셋을 주심으로써 사탄의 공작은 무위로 돌아간다. 창세기 3:15의 약속이 어떻게 이어지는가 설명해 보라.

Summary

연구과제

(1) 세속문화가 추구하는 지향점은?
(2) 산제사란 어떻게 드리는 것인가? (롬 12:1 참조)
(3) 살인의 신약적 의미

확대경(No. 12)

분노는 본질적으로 죄인가?

▲ "네가 선을 행하면 어찌 낯을 들지 못하겠느냐?"(창4:7) – 자신의 제물이 열납되지 않자 식식거리는 가인을 찾아와서 하나님은 제물이 열납하지 않은 분명한 이유가 가인에게 있음을 주지시키신다. "네가 좋은 마음을 품지 않으면 죄가 너를 지배하려 할 것이다. 죄는 너를 다스리고 싶어하지만 너는 죄를 다스려야 한다."(7절, 쉬운성경)

▲ 죄란 놈은 계속 먹이를 앞에 두고 언제든지 잡아먹으려고 웅크리고 있는 짐승처럼 기회만 보고 있다. 계속 가인이 분을 낸다면 그는 죄에 포로가 되어 헤어나올 수 없다. 그러나 이런 권고도 소용이 없었다. 가인은 들판에서 그의 동생 아벨을 쳐죽이고만다(창 4:8). 요한일서 3:12에서는 그가 악한 자에 속하여 시기심 가운데서 그의 동생을 죽였다고 기록하고 있다. 가인은 분노를 잉태했고, 그 분노가 장성해서 결국 살인을 불러왔다.

1. 그렇다면 분노(anger)는 본질적으로 죄인가?

(1) 신약에서 바울은 분노에 대해서 이렇게 말한다:

"분을 내어도(ὀργίζεσθε)
죄를 짓지 말며(μὴ ἁμαρτάνετε)
해가 지도록 분을 품지 말고
마귀로 틈을 타지 못하게 하라"(엡 4:26-27).

(2) 여기서 바울은 '분을 내는 것'과 '죄를 짓는 것'을 구분하고 있다. 물론 분을 낼 수는 있다고 말한다. 그러나 그 분노는 죄로 연결될 수 있다는 것이다. 그러니 해가 지도록 분을 품지 말라고 경고한다. 가인이 얼마 동안이나 자기 동생 아벨을 미워했을까? 그를 죽인 것은 당장은 아니었을 것이다. 미움이 마음 속에서 더욱 장성했을 것이고, 그 미움은 더욱 분노를 불러왔을 것이며 결국은 살인을 불러왔다.

2. 분노는 죄가 될 수 있다.

(1) 분노가 잘 조절되지 않으면 그 분노는 다른 사람이나 상황을 통해서 발산된다. 그 폭발은 다른 사람에게 엄청난 상처를 준다. 폭발이 일어나면 상대방과 우정이 손실되고, 서로 좋은 관계가 파괴된다.

(2) 그러나 이 분노가 상대방에게 발산되어 상처를 주지만, 또한 그 분노를 발산하는 자기 자신에게도 상처를 준다. 이렇게 되면 자기 자신을 파괴하고, 자신의 몸을 해칠 수 있다. 타인과의 화해가 없고 이 분노를 침묵으로 몰고가면 치명적인 상황에 빠질 수 있다. 따라서 (1)번이나 (2)번 모두 옳은 해결 방법이 아니다.

3. 분노의 발산

(1) 그러면 어떻게 할까? 비기독교적인 그룹은 인간의 감정, 특히 상대방에게 적대감을 가지고 있을 때, 그 적대감을 자유롭게 말로 표현하고, 신체적으로 표현하라고 충고한다. 예를 들면, 베개 같은 것을 미운 사람으로 생각하고 발로 차든가, 아니면 큰 소리를 질러대든가 하여 그 분노를 발산하라는 것이다.

(2) 성경은 이런 식의 분노의 발산을 어떻게 언급하고 있을까? 아래 구절을 읽어보자.

- 잠언 14:17, 19:11, 19:19, 22:24, 25, 25:28, 29:11, 29:22
- 야고보서 1:19, 20

(3) 만약 이 분노를 내면화(internalization)시키면 어떨까? 물론 이것도 분노의 발산과 같이 괴롭고 상대방을 원망하게 된다. 분노가 서서히 타오르게 되고 결국 죄가 된다.

(4) 육체적으로 발산하면 어떨까? 이것도 결국은 마음으로 하는 살인정신을 격려하는 일밖에는 안 된다.

(5) 죄의 형성 과정을 살펴보자. 어느 누구도 일시에 큰 죄인이 되지 않는다. 물론 가인도 그랬다. 그러나 여러 번 범죄하면 감각을 잃게 되고 양심은 굳어진다.

이방인의 생활 양식은 인간의 양심을 경화(硬化)시켜 어떤 감각도 가지지 못하게 한다. 거짓말, 분, 도덕질, 악함, 노함, 분냄, 떠드는 것(특히 토론에서 고함소리 논쟁), 훼방하는 것, 악의 등 이런 모든 것은 성령을 근심케 하고 자신을 죽이는 일이다.

4. 그러면 어떻게 하지? 분노를 의롭게 다루는 방법은 없을까? (분노를 하나님의 방법으로 해결하는 방법)

(1) 분노의 긴장들(tensions)을 타인이나 자기 자신에게 향하는 것이 아니라 '그 문제(어떤 사건)를 향하여' 발산하게 한다. 여기서는 분노의 에너지가 사람을 공격하는 것이 아니라 문제를 공격하기 때문에 건설적으로 문제 해결에 사용된다.

(2) 물론 이 과정에서도 거의 항상 분노하고 있는 다른 사람을 대면하게 된다. 그러나 대면하는 방법이 다르다. 문제 해결을 위한 이러한 방법에는 책임이 내포되며 책임을 동반한 대면 혹은 권면을 해야 한다. 다른 사람을 부끄럽게 하거나 성처를 주기 위해서가 아니라 돕기 위해 대면한다.

(3) 분노는 문제지향적일 때보다 해결지향적일 때, 그의 분노를 가장 잘 조절할 수 있다. 전자는 자기 자신들이 불쌍하다고 느끼고, 또 다른 사람에게 책임을 전가하고 그들의 에너지를 잘못을 저지른 사람에게 집중하는 경향이 있다. 그러나 후자는 문제점을 포착하여 가능한 한 성경적으로 해결하려고 노력한다.

(4) 이렇게 분노는 죄가 아니지만 분노가 다른 사람들에게 상처를 주기 위해서 그들을 향할 때, 그리고 조절되지 않고 폭발할 때는 죄가 된다. 분노가 원망과 고통 속에서 자기 자신을 향할 때도 죄가 된다.

5. 분노를 건설적으로 발산하는 방법

(1) 분노를 통제하거나 억제하는 것을 배워야 한다. 노하기를 더디하는 것, 분노를 참는 것, 잠잠케 하는 것을 배워야 한다.

(2) 옛 습관을 벗어버리고 새로운 습관을 가져라. 분노를 진정시키는 것(벗어버림, put off)만으로는 충분하지 않다. 문제를 해결하는 방법을 배워야 한다.

(3) 과격한 말을 하지 말라.

- 잠언 15:1 "유순한 대답은 분노를 쉬게 하여도 과격한 말은 노를 격동하느니라."
- 잠언 17:4 "악을 행하는 자는 궤사한 입술을 잘 듣고 거짓말을 하는 자는 악한 혀에 귀를 기울이느니라."
- 잠언 15:28 "의인의 마음은 대답할 말을 깊이 생각하여도 악인의 입은 악을 쏟느니라."

(4) 화해 : 해가 지도록 분을 품어서는 안 된다(엡 4:26).

- 마 5:23-24 "그러므로 예물을 제단에 드리다가 거기서 네 형제에게 원망 들을 만한 일이 있는 줄 생각나거든 예물을 제단 앞에 두고 먼저 가서 형제와 화목하고 그 후에 와서 예물을 드리라."
- 화해하기 위해서는 서로 상대방을 찾아가야 한다.
- 엡 4:29 "무릇 더러운 말은 너희 입 밖에도 내지 말고 오직 덕을 세우는 데 소용되는 대로 선한 말을 하여 듣는 자들에게 은혜를 끼치게 하라."

(5) 회개를 한 후에는 서로 비난하는 자세에서, 서로 상대방을 공격하는 대신에 문제를 공격하기 시작한다.

(6) 분노는 사랑으로 대치되어야 한다. 그러나 사랑은 감정(혹은 느낌, feling)이 아니다. 사랑은 먼저 주는 것이다.

- J. E. 아담스, 정정숙 역, 상담학 개론, 31장, 536-564면

Back to the Bible

5장
아담에서 노아까지의 족보

- 셋(Seth)으로 이어지는 계열 : 하나님은 셋 계열을 통해 하나님의 구원계획을 이루어 가실 것이다(1-17절).
- 하나님과 동행한 에녹 : 죽음을 보지 않고 승천했다(18-24절).
- 죄로부터의 구원을 기다리는 노아 : 아담으로부터 시작한 죄는 더욱 확산되어 갔다(28-29절).
- 라멕은 하나님께서 '약속한 자손'이 나타나기를 꾸준히 기다렸다. 라멕은 아들을 낳고 그 이름을 노아라고 했다(30-32절).

우리가 지난 4장에서 보았듯이, 사탄은 가인으로 하여금 아벨을 살인케 했다. 하나님의 나라를 파괴하기 위해 에덴 동산에 대형 폭탄을 투하한 사탄, 그는 그의 작전 계획이 성공을 거두자 회심의 미소를 지었을 것이다. 이제 하나님이 계획하신 영원한 왕국, 하나님의 나라는 완전히 실패한 것이리라. 그렇다면 하나님이 아담에게 하신 약속은(창 3:15) 모두 무너지는 것이 아닌가?! 메시야를 보내주신다는 약속은 처음부터 어긋나는 것이 아닌가? 그러나, 하나님은 약속을 잊지 아니하시고 아벨 대신 다시 셋(Seth)을 주셨다. 하나님은 '여인의 후손'에 관한 약속을 확증하셨던 것이다. 사탄의 그 어떤 끈질긴 방해 공작이 있더라도 하나님의 계획은 그 완성을 향해 갈 것이다. 하나님을 경외하는 백성은 계속 이 땅 위에 태어날 것이다. 경건한 후손들이 다시금 셋(Seth)을 통하여 번성하기 시작한다. 셋은 에노스를 낳았고, 그때에 비로소 여호와의 이름을 불렀다고 했다.

그러나 가인의 후손들은 하나님의 이름을 부르지 아니했다. 그들도 계속 번성했다. 그리고 많은 문화를 건설했다. 문화를 발전시켰지만 하나님 없는 문화를 건설했다. 물론 이 모든 것들이 하나님으로부터 독립하기 위한 것이었다. 이미 이들의 공동체에는 하나님은 없었다. 그들은 이기적이고, 교만하고, 복수에 불타고, 오직 인생만을 즐기려고 노력했다. 살인의 노래를 불러 하나님을 만홀히 여겼다(창 4:23-24). 아주 뻔뻔스러워져 갔다. 홍수가 온 세상을 뒤엎는 심판이 있기 까지 이들은 죄에 죄를 더하고 있었다. 마치 오늘날 하나님 없는 문화를 창출하면서 마냥 하나님을 업신여기는 세상처럼…

그리고 수많은 시간이 흘러갔다. 가인의 후손들은 더욱 하나님께로부터 멀어져갔다. 죄는 더욱 확산되어 갔다. 그렇다면 셋의 자손은 어떤가? 경건했던 셋의 자손들 역시 점점 타락해 가고 있었다. 노아가 태어날 무렵에는 이미 그들의 타락에 제동을 걸 수 없을만큼 죄악이 관영해 갔다. 누가 이 엄청난 죄악에서 우리를 건져줄 수 없을까?! 그리고 노아가 태어난다. 의인을 거의 찾아볼 수 없는 힘든 세대에….

셋(Seth)으로 이어지는 계열 (5:1~28)

תּוֹלְדֹת

<족보, 톨레돗>: 어떤 사람이 나 가족이나 더 넓은 사회적 집단의 기록을 말한다. 창세기에는 "~의 계보(系譜, Toledoth)가 이러하니라"라는 말이 10군데나 나온다.

5:1 아담 자손의 '계보' (톨레도트)가 이러하니라

• 창세기 5:3부터 읽어보자. 아담, 셋, 에노스 등의 삶을 보라. 굵은 글씨로 된 동사를 살펴보면 "낳고, 지내며, 향수하고, 죽었더라"고 했다. 이들은 오랜 세월을 살아갔지만 결국은 죽었다. 죄의 결과임을 알 수 있다. 그러나 에녹의 삶을 보면 이들과 다르다. 에녹은 죽음을 보지 않고 승천했다고 기록하고 있다.

본문도입

하나님은 아벨 대신 셋(Seth)을 주셨다. 셋의 계보는 메시야의 탄생을 위한 구속사적 계보의 시작이라는 의미에서 그 의의가 매우 중요하다. 가인의 후손들이 하나님 없는 역사를 이루어가고 있는 반면, 셋으로 이어지는 후손들은 하나님을 모시며 예배하며 살아간다. 본문에서는 아담에서부터 노아의 때까지 계보가 기록되어 있다.

1. 이제, 하나님은 셋(Seth) 계열을 통해 하나님의 구원 계획을 이루어 가실 것이다. 따라서 오늘 5장에서는 셋의 후손들을 기록하고 있다. 이 셋의 계열에서는 세속적 발전이나 문명의 진보에 대한 기록이 없다. 그래도 이 계열은 여호와를 경외한다. 아담은 몇 세에 셋을 낳았나?

5:3 아담이 (   )세에 자기 모양 곧 자기 (형상)과 같은 아들을 낳아 이름을 (셋)이라 하였고

2. **"낳고, 지내며, 낳았으며, 향수하고, 죽었더라"**

5:4, 5 아담이 셋을 낳은 후 (팔백)년을 지내며 자녀를 낳았으며 그가 구백 삼십세를 향수하고 (   ).

(1) 결국, 인간은 모두 죽음의 문을 통과해야 한다. 아담에게 "네가 먹는 날에는 정녕(surely) 죽으리라"고 하셨던 것처럼, 이들 모두에게도 죽음은 그냥 지나치지 않았다. "몇세를 향수(享壽)하고 죽었더라"는 말을 보라. 로마서 5장에서는 결국 인간들 위에 임한 사망은 율법 때문에 온 것이 아님을 설명하고 있다(롬 5:13, 14). 모든 인류에게 죽음을 가져온 것은 아담의 범죄 때문이다. 그러나 아담과 똑같은 죄를 짓지 아니한 자들에게도 사망이 왕노릇 했다고 못 박는다. 한 사람의 범죄로 모든 사람이 죄를 지었다. 인간이 범한 최초의 죄는 그 자체로 계속 가만히 있지 못했다.

(2) 아담이 범죄한 후 지금까지 죄가 얼마나 신속하게 팽창되어 퍼져나가고 있는가를 설명하고 있지 않은가! 따라서 그 모든 창조보다 더 강력한 신적 은총의 능력만이 이 죄의 문제를 해결할 수 있다.

하나님과 동행한 에녹 (5:21~24)

에녹의 생애 | 평범한 삶

① 에녹은 셋의 후손으로서 므두셀라의 아버지였다(창 5:18). 그는 하나님과 깊은 영적인 교제를 가졌다. 에녹의 삶은 하나님과 동행하는 삶이었다. 여기서는 할라크(동행하다, JKAlDh)의 히트파엘 동사형을 사용했다. 함께 동행하되 아주 착 달라붙어 동행했다는 의미이다.

② 그렇다고 그의 생애가 수도원적 생활을 했다는 것은 아니다. 여늬 사람들과 같이 자식을 낳고 사는(21절) 평범한 생이기도 했다. 신약에서는 유다서 1:14에서 아담의 7대손으로 나온다. 히브리서 11:5,6에서는 '믿음으로' 하나님을 기쁘시게 하는 자라고 했다.

본문도입

에녹은 300년 동안이나 이 땅에서 하나님과 동행했다. 하나님은 홍수가 있기 전 죽음을 보게 하지 않고 하늘로 데려가셨다. 그는 하나님을 기쁘시게 하는 자였다고 말하고 있다(히 11:5).

1. 일반적으로 셋의 후손들은 하나님을 경외했다. 그 중에서도 하나님의 특별한 사랑을 받은 자는 누구인가?

5:21, 22 에녹은 육십오세에 므두셀라를 낳았고, 므두셀라를 낳은 후 삼백년을 하나님과 (①) 자녀를 (②).

(1) 에녹은 하나님과 300년이나 동행하다 죽음을 보지 않고 승천한 분이다. 그는 65세에 므두셀라를 낳았다(창 5:21). 그리고 그의 나이 252세에(계산해 보면) 손자 '라멕'(노아의 아버지)을 낳았다. 손자 라멕이 113세였을 때, 에녹이 승천했다. 따라서 에녹의 아들 므두셀라와 손자 라멕은 에녹이 하나님과 동행하며 경건한 삶을 살아가는 모습을 보고 자랐던 것이 확실하다. 므두셀라와 라멕, 이들은 '노아'의 할아버지요, 아버지였다. 이들을 보고 자란 노아가 어찌 믿음이 경건치 않았겠는가! 그래서 라멕도 창세기 5:29의 기록 내용과 같은 믿음을 가질 수 있었을 것이다.

(2) 그렇다고 에녹의 생애가 특별한 것이었을까?

그는 "하나님과 동행하며 자녀를 낳는" 평범한 생애였다고 했다. 그에게 이렇다 할 자랑거리가 기록되어 있지 않다. 그는 평범한 가장이었을 것이고, 또한 보통 사람들과 같이 자녀를 낳았다. 히브리서 11:5에서는 그에 대해서 어떻게 말씀하고 있는가? "(믿음)으로 에녹(Enoch)은 죽음을 보지 않고 옮기었으니 하나님이 저를 옮기심으로 다시 보이지 아니하니라. 저는 옮기우기 전에 하나님을 '기쁘시게 하는 자'라 하는 증거를 받았느니라."

2. 에녹이 살던 당시는 얼마나 사악한 시대였나? (창 4:23이하)

(1) 살인자 라멕은 '검가(劍歌)'를 지어 불렀고, 악한 자가 득세하여 하나님을 비웃는 세대였다. 이런 악한 세대에서 에녹은 평범한 생활을 통해 하나님을 기쁘시게 하는 삶을 살았다. 유다서 1:14-15*을 읽어보자. 이것이 바로 악한 세대를 향하여 외친 심판의 예언이었다. 이제 머지 않아 임하게 될 홍수심판을 앞에 놓고 그는 하나님의 영광을 드러내는 그 시대의 빛이요, 썩어져가는 세상의 소금이 되었다.

(2) 죽음을 보지 않고 승천한 사람은 에녹과 엘리야뿐이었다. 왜, 하나님은 에녹으로 하여금 죽음을 보지 않게 하셨을까? 참고로 이사야 57:1, 베드로후서 2:5-9을 읽어보자.

- 사 57:1 "의인이 죽을지라도 마음에 두는 자가 없고 자비(경건)한 자들이 취하여 감을 입을지라도 그 의인은 '화액(禍厄) 전에 취하여 감을 입은 것인 줄로'(taken away from the evil to come) 깨닫는 자가 없도다."

(3) 하나님께서는 홍수 심판이 있기 전에 에녹을 데려가셨다. 그는 악한 세상에서 믿음으로 이긴 사람이었다. 당시 모든 사람들이 오래 살았지만, 그러나 죽었다. 그래서 몇 세를 향수하고 "죽었더라"라고 기록하고 있지 아니한가! 그런 가운데 죽음을 보지 않고 승천한 에녹을 통해, 죽음 후의 영생이 있음을 알려주시지 않았겠는가! 그렇다면, 하나님과 동행하는 삶이란 어떤 삶일까?

- 유 1:14-15 "아담의 칠세 손 에녹이 사람들에게 대하여도 예언하여 이르되 보라 주께서 그 수만의 거룩한 자와 함께 임하셨나니 이는 뭇사람을 심판하사 모든 경건치 않은 자의 경건치 않게 행한 모든 경건치 않은 일과 또 경건치 않은 죄인의 주께 거스려 한 모든 강퍅한 말을 인하여 저희를 정죄하려 하심이라 하였느니라."

- 벧후 2:5-9 "옛 세상을 용서치 아니하시고 오직 의를 전파하는 노아와 그 일곱 식구를 보존하시고 경건치 아니한 자들의 세상에 홍수를 내리셨으며 소돔과 고모라 성을 멸망하기로 정하여 재가 되게 하사 후세에 경건치 아니할 자들에게 본을 삼으셨으며 무법한 자의 음란한 행실을 인하여 고통하는 의로운 롯을 건지셨으니 (이 의인이 저희 중에 거하여 날마다 저 불법한 행실을 보고 들음으로 그 의로운 심령을 상하니라) 주께서 경건한 자는 시험에서 건지시고 불의한 자는 형벌 아래 두어 심판 날까지 지키시며."

적용 도우미

- 죄는 얼마나 가공할만한 세력인가? 지금 그 죄악의 세력은 전 인류를 파멸로 몰아넣고 있지 아니한가!
- 독신생활이 보다 더 좋은 신앙생활을 할 수 있는 조건일까? 에녹은 하나님과 동행하며 자녀를 낳았다고 했다.
- 소리소리 지르면서 기도하지 않고는 무엇인가 하나님이 내 죄를 사하지 않는 것처럼 느끼는 사람이있는가? 쉴 사이 없는 금식이 나를 최상의 신앙으로 이끄는가? 물론 아니다. 그러나 소리쳐 기도해야 될 때가 있다. 금식이 필요할 때가 있다. 우리는 어떤 모습으로 하나님과 동행하는 삶을 살아가는가?
- 성숙한 삶, 어디까지 자라야 할까?(엡 4:13) 여기에 인간의 노력이 필요한가? 성령은 우리의 성장에 어떻게 역사하실까?

죄로부터 구원을 기다리는 노아 (5:28~29)

נֹחַ

노아흐

1) 노아의 이름에 대하여는 많은 논란이 있어 왔다. '나함' (נחם -안위, 즐거움)과 관련시키고 있다(창 5:29). 왜냐하면 창 5:29에서 라멕이 노아를 낳은 후 '수고로히 일하는 우리를 안위하리라' (יְנַחֲמֵנוּ / נחם의 피엘동사 미완료) 라고 했기 때문이다. 또는 누아흐(נוּחַ -안식)와도 관련시키고 있다.

2) 수고로히(잇차본) : 고통, 노역, 수고

본문도입

노아가 태어날 무렵, 죄악은 아주 팽창해져 있었다. 인류는 멸망을 향하여 극단으로 치우치고 있었다. 따라서 경건한 사람들은 죄로부터의 구원을 목타게 그리고 있었다. 그러는 가운데 노아가 태어난다. 부모는 노아의 탄생을 통해 무엇을 느꼈을까?

1. 많은 세월이 흘러갔다. 사람도 크게 번성했다. 아담으로부터 시작한 죄는 더욱 확산되어 갔다. 가인의 후손들의 죄가 극을 달리고 있었다. 가인의 후손들은 그렇다하더라도, 경건한 셋의 후손들은 어떠했는가? 물론 그들도 크게 변했다. 그들도 세상을 사랑하기 시작했고 죄악은 점점 더 넘쳐갔다. 하나님은 마침내 인류를 향해 등을 돌리신다.

5:28 라멕(Lamech)은 182세에 아들을 낳고
29 이름을 (노아)[1]라 하여
가로되 여호와께서 땅을 저주하시므로
(수고로이)[2] 일하는 우리를
이 아들이 ( ) 하였더라.

(1) 우리는 여기서 라멕이 하나님께서 '약속한 자손' 이 나타나기를 꾸준히 기다렸음을 본다. 그는 엄청난 죄악의 홍수 속에서 죄로부터의 구원을 애타게 기다렸을 것이다. 그래서 라멕은 아들을 낳고 그 이름을 '노아' 라고 했다. 창세기 3:17-19의 저주가 얼마나 인간의 생활을 힘들게 했을까? 그들은 그 힘든 수고에서 벗어나게 할 약속된 후손을 기다렸음을 알 수 있다. 그만큼 세상은 악이 관영했다(창 6:5). '노아' 의 이름의 의미는 무엇인가?

(2) 홍수 전의 노아의 삶이 의로운 삶이었을 것이다. "노아의 사적은 이러하니라 노아는 의인이요 당세에 완전한 자라 그가 하나님과 동행하였으며"(창 6:9). 그 역시 하나님과 동행했던 에녹과 같은 삶이었을 것이다.

2. 라멕은 노아를 낳고, 777세를 향수하고 죽는다. 그 뒤로 노아는 500세 된 후에 누구 누구를 낳았는가?

노아의 방주가 머문 곳으로 알려진 아라랏산

5:32 (셈, 함, 야벳)

그러나 이들이 살던 때는 죄악이 이미 그 도(度)를 넘고 있었다. 결국, 에덴 동산에서부터 시작된 인류의 역사는 죄로 점철된 역사였음을 본다. 그것은 하나님의 통치에 대한 끊임없는 반역의 역사임을 보여주고 있다. 이제, 하나님은 이런 인간의 반역이 더해감에 따라 심판과 은혜로 대처하실 것이다.

3. 하나님은 인간의 죄에 대해 어떻게 반응하시는가?

(1) 아니다. 그는 분노로 인간을 대하시지 않는다. 오히려 하나님은 자기가 창조하신 피조물들에 대해 부성적(父性的)인 관심과 사랑으로 대하신다. 그는 에덴동산에서도 놀라움(wonder)을 가지시고 반응하셨다. 창세기 3:9, 11, 13을 보라. 또한 가인의 죄에 대한 반응에서도 하나님은 놀랍다는 표현을 쓰신다(4:9-10).

(2) 자, 이런 인류의 죄의 확산에도 불구하고 하나님은 인류를 구속하시기 위한 계획을 진행시키신다. 죄의 문제는 결국 아담과 하와에게 약속하신 것 같이(창 3:15) 메시야가 오셔서 피를 흘려야 해결될 수 있는 것이다. 그 메시야가 오시기까지 하나님은 인류를 구속하시기 위한 그 구속의 템포를 늦추지 아니하실 것이다.

적용 도우미

- 경건한 삶이란 어떻게 사는 삶일까? 수도원적 삶이 경건한 삶일까?
- 에녹이나 노아와 같은 삶을 산다는 것은 어떻게 살아야 한다는 말일까? 성도는 거룩한 삶을 향해 노력해야 한다. 믿음의 '성숙'이라는 말과 '완전'이라는 말과 혼동하고 있지 아니한가? 그리스도인의 도덕적 완전이 가능한가? 왜, 우리는 빛의 갑옷을 입어야 하는가?(롬 13장) 죄와 사망의 법에서 우리가 해방되었다면, 그것은 죄를 이기고 죄에서 떠났다는 것을 의미하는가? 왜, 우리는 구원 이후에도 전신갑주를 입고 싸워야 하는가?
- 오늘날과 노아의 시대를 비교해 보라. 지금도 노아와 같은 인물이 나타나기를 간절히 기다리고 있지 아니한가? 우리가 사는 세상은 홍수 직전의 삶이 아닌가?!
- 성경은 그리스도 예수 안에서 사는 삶을 투쟁(전투)이라는 용어로 계속 반복 묘사되어 있다. 그러나, 우리는 승리의 기초 위에서 싸우고 있고, 또한 싸움의 기초 위에서 승리를 얻는 삶이다(이중적 관점). 우리는 '이 시대의 노아' 여야 한다. 위로를 기다리는 사람들에게 의(복음)를 전하자.

146

창조와 타락과 인류의 번성과정과 죄의 확산에 대한 역사적 사실이 어떻게 정확하게 그 후손들에게 전달되었을까?

• 아담	(0년	930년)
• 셋	(130년	1042년)
• 에녹	(622년	987년, 승천)
• 므두셀라	(687년	1656년)
• **라멕**[1]	(874년	1651년)

1) 라멕 : 노아의 아버지 ① 라멕이 아담을 알고 있었을까? 그렇다. 여기 연대를 보면 노아의 아버지인 라멕이 아담을 알고 있었다는 말이 된다. 그렇다면 인류의 타락과 번성, 그리고 죄의 확산에 대해 소상히 전달되었을 것이다.

홍 수(1656)

• **노아**	(1056년	2006년)
• 셈	(1558년	2158년)
• 데라	(1878년	2083년)
• 아브라함	(1948년	2123년)

1. 창조와 타락과 인류의 번성과정과 죄의 확산에 대한 역사적 사실이 어떻게 정확하게 그 후손들에게 전달되었을까? 우리는 위의 간단한 목록을 보면 성경의 기록이 터무니 없는 전설이 아님을 알게 될 것이다. 성경의 족보에서 사람의 이름을 다 외울 필요는 없지만 많이 언급되는 인물만 살펴보자.

2. 우리는 위의 연대를 보고 아주 중요한 사실을 알 수 있다. 라멕을 보자. 라멕은 노아의 아버지이다. 라멕은 아담도 알고 있었고, 그의 손자 셈(Shem)과 100년 동안이나 같은 시대에 살았음을 볼 수 있다. 또 셈은 또한 아브라함 시대까지 생존해 있었다. 더욱이 노아의 아버지 라멕은 홍수가 나기 전 5년까지 살았다. 최고로 오래 살았던 므두셀라는 홍수가 나던 해에 죽었다. 홍수 때문에 죽었는지도 모르겠다. 그렇다면 인류의 역사가 얼마나 정확하게 전달되었는가를 알 수 있다. 창조와 타락과 인류의 번성과정과 죄의 확산에 대한 역사적 사실이 아주 정확하게 그 후손들에게 전달되지 않았겠는가?!

3. 홍수 이전 시대 사람들은 전부 장수했음을 본다. 에녹을 제외한다면(365세에 죽음을 보지 않고 승천) 평균 연령이 912세이다.
수명은 대홍수 후에 급격히 줄어든다. 대홍 수 때에 땅과 사람에게 매우 중대한 사건이 발생했음을 보여주고 있다. 그 원인이 무엇이었든지 간에 성경의 진술은 명확하다. 즉 인류에 도입된 죄로 말미암아 죽음이 왔다는 것이다. 당시 인간들이 평균 900세 정도를 살았다면 인류가 크게 번성했을 것이다. 이들의 출산 능력은 역시 수백년간 계속되었을 것이다. 장수와 대가족의 복합 효과로 인류는 급속히 땅에 충만했을 것이다(창 1:28, 6:1, 11 참조). 홍수 이후 인간의 수명은 급격히 줄어들었다. 홍수의 목적은 사악하고 타락한 인류를 쓸어버리는데 있다고 성경은 명백히 진술하고 있다.

4. 노아 홍수 이후 인류는 또다시 번성한다. 문자가 도입되기 이전 시대는 '선사시대'(先史時代)일 수밖에 없다. 결국 중요한 사건들이 구전(口傳)을 통해 단편적으로 전해지다가 나중에야 문자로 기록되었다. 메소포타미아 사람들 사이에는 먼 옛날 그 땅을 휩쓸었던 대홍수에 대해 이야기하는 전통이 끈질기게 남아 있다. 이라크 남부 저지대의 평야와 저습지에는 최초의 도시들이 세워졌다. 성경에는 시날 땅으로 알려진 슈메르에는 인류 역사의 최초의 기록들이 수없이 발견되었다. 물론 홍수의 이야기까지.

물론, 이 연대 계산에 이견을 보이는 분들도 있다.

확대경(No. 14)

죄란 무엇인가?

(시편 51편에 나타난 죄에 대한 단어 3가지)

1. 죄(罪)에 대한 성경적 용어 고찰

(1) 죄과(폐솨, פֶּשַׁע) : 위반, 범죄, 허물, 범과, 죄과, 범죄 등의 뜻이 있다.
"~내 '죄과'를 도말하소서(blot out)"(1절)

하나님의 계명을 범하는 죄(transgression), 또는 반역(rebellion)을 의미한다. 이 말은 하나님의 뜻에 반역하며, 하나님의 계명의 한계를 범하여 무시하는 죄를 말한다.

(2) 죄(아온, עָוֹן) "나의 '죄'를 말갛게 씻기시며(wash away)"(2절) / 不法, 不正을 나타내는 말(iniquity). 왜곡된 일, 굴곡진 사실과 바르지 못한 방법, 즉 不義한 자의 불법된 길을 의미한다.

(3) 죄(하타, חָטָא) : "나의 '죄'를 깨끗이 제하소서(cleanse)"(2절) 표적(과녁)을 맞추지 못한다, 빗나가다(missing the mark)라는 뜻이다. 영어로 sin이라는 말로 번역된다.

- 시편 31:10 "-- 내 기력이 나의 '죄악'으로 약하여…", (죄악 = 하타트)
- 시편 32:1 "'허물'의 사함을 얻고…" (허물 = 폐솨)
- 시편 32:1 "그 '죄'가 가리움을 받은 자는…" (죄 = 하타트)
- 시편 32:2 "마음에 '간사'가 없고…" (간사 = 아온)
- 출 34:7 "인자를 천대까지 베풀며 악(폐솨)과 과실(아온)과 죄(하타트)를 용서하나…."

2. 신약에서는 다음과 같은 용어들이 쓰였다 :

- ἁμαρτία (하마르티아 - 빗나감, 잘못, 죄, 악행, 위법)
- πονηρός(포네로스-악한)
- ἀδικία(아디키아 - 불의, 부정)
- παράβασις(파라바시스 - 위반)
- ἀνομία(아노미아 - 무법)

3. 위의 단어들을 통해 볼 수 있듯이 죄는 실패, 실수, 불법, 위법, 침해, 비합법, 불의이다. 이 용어를 보아서는 정확한 정의를 내릴 수 없지만 한마디로 죄는 법(法)을 어기는 것이라고 말할 수 있다. 이때 법은 하나님의 율법이다. 즉, 죄란 하나님의 율법(律法)을 어기는 것이다.

4. 유명한 신학자들의 죄에 대한 정의를 살펴보자.

(1) 듀레틴(Turretin) : 죄는 하나님의 율법 위반 또는 그 율법에 대한 일치의 결여이다.
(2) 비트링가(C. Vitringa) : 죄는 인간의 행위, 성향 또는 상태가 하나님의 율법과 조화되지 못함이다.
(3) 디이슨(H. Thiessen) : 죄는 이성적 피조물에게 하나님의 규범으로 주어진 하나님의 율법에 일치하지 못하거나 침범하는 것이다.
(4) 벌코프(L. Berkhof) : 죄는 행위에서나 성향에서나 상태에서나 하나님의 도덕적 율법에 대한 불순종이다.

➲ 이상에서 볼 수 있듯이 죄는 하나님의 율법에 어긋나는 이성적 피조물의 행위나 성향이나 상태라고 할 수 있다. 그러나, 우리 하나님은 "우리의 죄를 '담당하시고', 또 많은 죄를 '용서하시며', 또 그것들을 '도말하신다.'" 물론 예수님을 영접하는 자에게만….

- 김희보, 구약신학논고, 기독교문서선교회, 274-275면
- 하문호, 기초교의학(인간론), 도서출판 그리심, 96-99면

창세기 5 장 요약 정리

요약질문

1-5절 : 아담

- 하나님은 인간을 어떻게 창조하셨나? (1절)
- 하나님은 남자와 여자를 만드시고 무엇이라고 부르셨나? (2절)
- 아담은 타락했지만 여전히 하나님의 형상을 가진 자녀를 낳았다. 인간이 하나님의 형상을 가졌다는 것은 무엇을 의미하는가?
- 셋이란 이름의 의미는 무엇인가?

6-20절 : 셋, 에노스, 게난, 마할랄렐, 야렛, 에녹

- 5장에서 "죽었더라"는 말이 몇번이나 나오는가? 그리고 이 말이 의미하는 바가 무엇인가?
- 에노스 - 약하다
- 게난 - 대장쟁이
- 마할랄렐 - 하나님께 찬송
- 야렛 - 내려감
- 에녹 - 시작하는 자
- 므두셀라 - 무기의 사람
- 라멕 - 정복자
- 노아 - 안식

21-32절 : 에녹, 므두셀라, 라멕, 노아

- 에녹의 신앙에 대해 말해보라(히 11:5 참조).
- 에녹은 어떻게 하나님과 동행하는 삶을 살았을까?
- 경건하게 사는 삶이란 어떻게 사는 삶인가?
- 에녹은 자녀를 낳으며 살았다. 독신생활이 하나님을 더 잘 섬길 수 있는 조건이 될 수 있는가?
- 왜, 하나님은 에녹으로 하여금 죽음을 보지 않게 하셨나?
- 성경에서 가장 오래 산 사람은 누구인가?
- 장수는 꼭 하나님의 축복인가?
- 라멕은 누구를 간절히 기다리고 있었나?
- 라멕은 왜 자기의 아들의 이름을 노아(안식)라고 지었을까?

Summary

연구과제

(1) 죄의 보편성 : 어떻게 죄가 전 인류를 부패시켰는가?
(2) 질병, 고통의 원인
(3) 죽음과 죽음 이후

6장

마음의 생각의 모든 계획이 항상 악할 뿐

- 노아가 살던 시대 (6:1-13) : 그동안 경건을 지켜오던 셋의 후손들도 점차 죄악 속으로 빠져감
- 죄악의 관영(6:5): 하나님의 심판을 가져왔다.
- 당세에 완전한 자, 노아(6:9)
- 방주를 예비함(6:14-21) : 하나님이 명하신대로 다 준행했다(6:22).
- 노아와 언약을 맺으심(6:18)

죄(罪)는 얼마나 무서운 것인가! 아담이 지은 죄는 그 자신에게만 영향을 끼친 것이 아니라 그 후손들에게도 지대한 영향을 끼쳤다. 하나님이 보시기에 좋았던 이 창조세계는 인간의 타락으로 그 본래의 모습을 잃어버렸다. 자연만 파괴를 가져온 것이 아니라 그 피해는 전 피조계에 파급되었다. 무엇보다 인간들은 창조주 하나님을 잊어버리고 그 최초 창조의 의도에서 엄청나게 벗어난다. 가인이 죄를 짓고 수치를 느꼈음에 비해(창 4:13, 14) 라멕은 어떠했는가?(4:23, 24) 라멕 때에 와서는 죄가 더욱 창성했음을 알 수 있다. 그리고 그 죄는 더욱 커져서 감당할 수 없는 상태가 되었다. 통제불능 상태가 되었다. 그래서 라멕(노아의 아버지)은 이 악한 세상을 죄에서 구원할 자를 기다리고 기다렸던 것같다.

하나님은 그가 지으신 피조물 중에 기식 있는 모든 피조물을 홍수로 쓸어버리실 것을 선언하신다. 전 인류에게 심판을 내리실 것이다. 그 당시에 세상이 얼마나 악했으면 이 세상을 홍수로 멸망시키려 하셨을까! 인간은 그 숫자가 엄청나게 늘어났지만 그에 비해 죄악의 강도도 그 도를 넘고 있었다. 가공할만한 죄의 세력이 세상에 관영했다. 인간들의 마음의 생각과 모든 계획이 항상 악했다. 이제 하나님은 이런 인간들과 함께 하시지 않으실 것이다. 왜냐하면 이들은 한갖 살아 있는 고기덩어리에 불과했기 때문이었다. 문제는 하나님을 경외하는 자손들 역시 이들과 동화되었다는 데 있었다.

하나님은 드디어 노아로 하여금 인류를 멸절시키시겠다는 최후의 통첩을 전하게 하신다. 노아는 하나님께 은혜를 입었고(6:8), 그 결과로 그는 악한 세대에서 의인으로 간주된다(6:9). 노아와 그의 직계가족을 제외한 모든 생명체는 전부 홍수로 멸망을 당하게 될 것이다. 노아는 앞으로 다가올 홍수를 대비하기 위해 하나님이 명령하신 대로 방주를 짓는다. '이 좋고 화창한 날에 홍수가 왠말이냐' 라는 비웃음 속에 그는 얼마나 많은 의를 외쳤겠는가! 하나님은 노아와 언약을 맺으신다(6:17-18). 그 "노아의 언약"의 본질이 무엇인가를 살펴보자. 왜 하나님은 노아와 언약을 맺으시는가? 세상은 죄로 인해 홍수로 쓸어버림을 당하지만 인류를 구원하시려는 하나님의 사랑은 변함이 없으시다. 그래서 하나님은 인류를 보존하신다.

잠깐만!

학자들은 제1경륜 시대로 불리는 이 시대는 하나님께서 하나님의 나라를 소극적이고, 수동적으로, 심지어 부정적으로 진행시키신다고 주장한다. 즉 문제가 생겼을 때 주의를 환기시키는 정도로 개입하셨다고 말한다. 그래서 2:4b~ 6:8까지 역사를 첫 번째 실패로, 그리고 6:9~11:32의 역사를 두 번째 실패로 분류한다.

"여호와께서 사람의 죄악이 세상에 관영함과 그 마음의 생각의 모든 계획이 항상 악할 뿐임을 보시고 땅위에 사람 지으셨음을 한탄하사 마음에 근심하시고 가라사대 나의 창조한 사람을 내가 지면에서 쓸어 버리되 사람으로부터 육축과 기는 것과 공중의 새까지 그리하리니 이는 내가 그것을 지었음을 한탄함이니라 하시니라"(창 6:5-7).

▲ 위의 구절은 아마도 전 인류에 대한 가장 부정적 진술일 것이다. 인류의 죄악은 끝을 모르고 추락하다가 결국 홍수 심판으로 끝을 맺는다. 홍수 사건은 과연 역사적인 사건인가? 어떤 학자들은 홍수가 있었다해도 국지적 사건이라고 주장한다. 성경의 홍수 기사와 차이점은 있지만 길가메시 서판(11번째)은 홍수가 한낱 신화가 아니라 전 인류를 멸망시킨 역사적 사건이라는 것을 확인해 주고 있다. 학자들은 1-11장까지의 역사를 '원(시) 역사'라 부른다. 물론 역사가 인간의 기록으로 남아 있지 않다. 그러나 고고학에서 그 희미한 잔영(盞影)을 볼 수 있다. 최근의 고고학은 성경의 기록이 한낱 신화가 아니라 실제 역사임을 증명하고 있다. 고고학을 통해 메소포타미아로의 여행을 떠나보자. 노아가 살던 고향 시날 땅, 그곳은 아직도 그들의 숨결을 느낄 수 있는 곳이다.

1. 창세기 6:9~ 9:17(홍수 기사)은 다음과 같이 세분화시킬 수 있다.[1)]

과도기적 서론 (6:9-10)
1. 창조의 훼손 (6:11-12)
2. 하나님의 첫째 말씀 : 멸망시킬 것을 결심(6:13-22)
3. 하나님의 둘째 말씀 : "방주로 들어가라"(7:1-10)
4. 홍수의 시작(7:11-16)
5. 홍수의 커짐(7:17-24) / 하나님께서 노아를 기억하심
6. 홍수가 물러감(8:6-14)
7. 땅이 마름(8:6-14)
8. 하나님의 셋째 말씀 : "방주에서 나오(라)"(8:15-19)
9. 질서를 유지하시겠다는 하나님의 결심(8:20-22)
10. 하나님이 넷째 말씀 : 언약(9:1-17)

2. 위의 분석에서 볼 수 있는 바와 같이 인간의 죄에 대한 하나님의 심판이 내려지지만 또다른 편에서는 인간을 보존하시려는 하나님의 은혜가 보이기도 한다. 하나님의 심판의 근거(6:5)*가 되었던 점이 또한 그의 은혜와 섭리의 근거(8:21)*가 되고 있음을 본다. 비록 인간성의 부패는 변하지 않고 여전하지만 하나님의 보존하시고자 하는 은혜의 역설적인 모습이다.

1) 버나드 앤더슨은 홍수이야기를 옆의 내용과 같이 분석했다. 송제근, "창세기의 구조와 신학"(창세기 어떻게 설교할 것인가, 두란노), 38면 참조

[심판과 은혜의 근거]

- 창 6:5 "여호와께서 사람의 죄악이 세상에 관영함과 그 마음의 생각의 모든 계획이 항상 악할 뿐임을 보시고."
- 창 8:21 "여호와께서 그 향기를 흠향하시고 그 중심에 이르시되 내가 다시는 사람으로 인하여 땅을 저주하지 아니하리니 이는 사람의 마음의 계획하는 바가 어려서부터 악함이라 내가 전에 행한 것 같이 모든 생물을 멸하지 아니하리니."

노아가 살던 시대 (6:1~5, 11-13)

רָבַב

<라바브, 번성하다 > : 많다, 증가하다, 커지다 풍성하다, 무수하다, 번성하다

본문도입

사람이 이 땅에 번성하기 시작했을 때, 그와 함께 죄악도 함께 관영했다. 가인의 자손들은 말할 것도 없고, 경건한 계통의 자손들도 그들과 함께 동화되었다. 땅에서 모든 혈육 있는 자의 행위가 패괴했다. 따라서 하나님은 이 세상을 홍수로 멸하실 것을 선언하신다. 하나님의 심판이 선언된다. 그러는 가운데서도 하나님의 은혜를 말씀하신다. 하나님은 의로운 노아를 통해 피조물을 보존하기로 약속하신다. 이를 보통 '노아언약'이라고 부른다.

1. 세월이 많이 흘러갔다. 인류는 또다시 이 땅 위에 번성하기 시작했다. 홍수 전까지 얼마나 많은 인류가 번성했을까? '그런 것 알아서 뭐해? 그래두.' 대홍수 전까지 인류가 전 지구에 산포(散布)되지 않았다 하더라도 근동을 벗어나 멀리 멀리 분포(分布)되었음을 몇 가지 이유를 들어 추측해 볼 수 있다.[1)]

1) 죤 위트콤 · 헨리 모리스, 이기섭 역, 창세기 대홍수 (성경의 기록과 그 과학적 관계), 성광문화사, 18면 이하.

(1) 인류는 전멸했다.

① 물론 여기에 반대 의견을 내놓는 학자들도 있다. 홍수가 국지적(局地的)이었다는 것이다. 그러나 성경은 분명히 홍수의 목적을 사악하고 타락한 인류를 "지면에서 쓸어버리되 사람으로부터 육축과 기는 것과 공중의 새까지" (창 6:7) 그리하시겠다고 명백히 진술하고 있다.

② 아니, 인간이 얼마나 죄를 지엇길래?
성경 본문에는 간담을 서늘케 하는 용어가 등장한다. 하나님이 불쾌함을 드러내는 무시무시한 용어이다. 자, 본문에서는 홍수 직전의 죄의 상태를 어떻게 표현하고 있는가? 5절을 보자.

"사람의 (가공할 만큼의) 죄악이
1) 죄악의 강도와 범위(6:5) = 세상에 (관영함)[2)]과
2) 죄악의 내향성(6:5) =그 (마음의 생각)의 (모든 계획이)
3) 습관적이고 계속적인 활동(6:5) = (, all the time)
4) 선한 모든 것을 배제시킨 죄악의 절대적인 지배력(6:5) = ( )
임을 보시고"

2) 라브(רב) : '많은, 큰, 거대한, 광대한' 등의 뜻이다. (관영했다, was great)

③ 한 마디로 '하나님이 창조한 사람'(7절)을 쓸어버리시겠다는 것이다. 죄

악된 일부만을 처벌해서는 안 될만큼 악이 팽창했기 때문이다. 노아 식구 8명만을 남겨놓고 전멸시키시겠다는 것이다. '설마 다 멸절시켰을라고' 생각하는 사람들에게 베드로는 다음과 같이 쐐기를 박는다.

• 벧전 3:20 "그들은 전에 노아의 날 방주 예비할 동안 하나님이 오래 참고 기다리실 때에 순종치 아니하던 자들이라 방주에서 물로 말미암아 구원을 얻은 자가 몇 명 뿐이니 **겨우 여덟 명**이라."

• 벧후 2:5 "옛 세상을 용서치 아니하시고 오직 의를 전파하는 **노아와 그 일곱 식구**를 보존하시고 **경건치 아니한 자들**의 세상에 홍수를 내리셨으며."

④ 위의 구절을 보면 홍수는 인류를 멸하기 위해 임했는데, 그 이유는 그들이 불의하였기 때문이라고 했다. 만약 홍수가 국지적인 사건이었다면, 그래서 극히 일부만 멸절되었다면, 살아 남은 사람은 그렇게 악하지 않았다는 말이 된다. 성경은 노아의 독특하고 유일무이한 의로움을 거듭 강조하고 있다. 옆의 성경 구절을 살펴보자. 결국 홍수는 홍수 이전 시대의 사람을 전부 멸절시킨 사건이며, 그 후의 인류는 노아로부터 다시 시작된 사람들이다.

노아의 의로움을 언급한 성경

• 창 5:29, 6:8, 9, 18, 7:1, 9:1
• 겔 14:14, 20
• 히 11:7
• 벧후 2:5

홍수 이전 사람들의 사악함을 언급한 성경 구절

• 창 6:1-6, 11-13
• 눅 17:26-27
• 벧전 3:20
• 벧후 2:5
• 유다서 1:14-15

이와 같이 성경은 어느 곳에서도 이들이 멸망한 이유를 불경건함 외에 다른 이유로 멸망했다는 기록을 볼 수 없다. 예수님도 노아 홍수에 대해서 언급하셨다(눅 17:26-30, 마 24:39).

(2) 대홍수 전 인류는 어느 정도 분포되었을까?

① 이런 논의는 별로 큰 유익이 없을 것이나 한번 생각하는 것도 재미 있는 일이겠다. 홍수 전까지 인간의 수명은 평균 연령이 912세였다. 이들 중 가장 로래 산 사람은 무두셀라(969세)였다. 에녹은 365세를 살고 죽음 없이 하나님 앞에 올리워 갔다. 성경에 기록된 출산 연령은 제일 낮은 경우가 마할랄렐과 에녹인데 둘 다 65세(5:15, 21)였고, 제일 높은 경우가 노아의 경우인데 500세에 아들들을 낳았다(32절, 그렇다면 노아는 그 안에 자녀를 낳지 않았을까? 글쎄. 어쨌든 성경에 기록은 없다). 장수와 대가족의 복합 효과를 생각한다면 인류는 정말로 "땅에 충만"(창 1:28, 6:1, 11)했을 것이다. 아담으로부터 홍수까지 기간이 얼마나 될까? 성경의 기록으로는 1656년 안에 18세대가 있었을 것이라 한다.[1)] 그래서 대홍수 당시 지구에 10억명 정도의 인구가 있었다는 조심스러운 결론을 내

1) 죤 위트콤 · 헨리 모리스, 이기섭 역, 창세기 대홍수, 25면 이하 참조.그러나 이런 연대 문제를 가지고 논쟁하는 것은 현명하지 못하다. 우리가 성경의 기록을 가지고 가능한 것을 추측하는 것뿐이다. 참고로 홍수까지의 기간을 맛소라 사본은 1656년, 사마리아 사본은 1307년, 70인역은 2256년으로 본다.

린다. 만약 이런 규모의 인구라면 메소포타미아 유역을 벗어나 멀리 멀리 산포되었다고 보아야 한다는 것이다. 정말 성경에 이른 바와 같이 "땅에 충만"하였음이 확실하다. 이 숫자는 최초로 세계 인구의 정확한 통계가 있었던 1850년의 인구와 동일한 것이라고 한다. 어쨌든 그 당시의 문명이 고도에 이르렀을 것이다. 예술과 과학 역시 원숙했을 것이다.

② 그러나 이런 견해와는 달리 급격한 인구 성장이 불가능하다는 견해가 있다. 인류의 극단적인 죄악(성경은 창 6:11, 13에 강포가 '땅에 충만'했다고 했다)과 족장들이 상당한 나이가 차기까지는 자녀를 낳지 않고 오직 언급된 몇몇 자녀만 낳았다는 이유를 들어 제한 인구설을 주장한다. 예를 들어 노아의 경우는 500세가 되어서야 세 아들을 낳았다는 것이다.[1)]

③ 어쨌든 성경에 언급된 사실을 보면 노아의 홍수가 국지적인 것이 아니라고 결론내릴 수 있을 것이다.

a) 성경은 대홍수의 물들이 가장 높은 산을 덮어 방주가 그 위를 떠다닐 정도로 깊었다고 했다. b) 이런 상태에서 5개월간 창일했고 7개월간 물이 빠져 배가 아라랏 산에 머물렀다고 했다. c) "큰 깊음의 샘들이 터지며"라는 표현은 '지역 홍수' 개념과는 모순된다. d) 단순히 8명의 식구와 짐승 몇 마리 정도를 지역 홍수를 피할 생각이었다면 그렇게 거대한 방주(40,000m3)를 만들 필요가 없다. e) 만약 홍수가 제한 지역에만 임했다면, 방주를 건조할 필요가 없었다. 새나, 짐승은 다른 곳으로 피하면 되니까. f) 베드로의 노아 홍수 인용 설명(벧후 3:3-7)은 지역 홍수라면 그 의미가 없다. g) 광범위하게 분포된 인류는 지역 홍수로 멸종했을 수 없다.

주님도 명백히 말씀하시기를 홍수가 나서 모든 사람을 멸했다고 언급하셨다(눅 17:26-30). 홍수 후에 하나님께서 노아와 언약을 맺으실 때 인류의 일부분만이 포함되었다면 언약은 무의미하다. 물론 세계적 대홍수에 대한 반론이 많이 있다. 그러나 위의 이유들만 보더라도 홍수는 전 인류를 멸절시킨 세계적 사건임을 인정해야 한다.

2. 다시 성경 본문으로 들어가 보자. 어쨌든 그동안 경건을 지켜오던 셋의 후손들도 점차 죄악 속으로 빠져 들어가고 있었다. 물론, 가인의 후손들은 말할 것도 없었다. 가인의 후손들은 강한 종족을 이루었지만 폭력으로 그 당시를 지배하고 있었다. 급기야는 문제가 발생한다. 지금까지 하나님을 잘 섬기며 지내오던 셋 계열의 후손들이 가인 계통의 후손들과 결혼함으로써

1) ②번의 견해는 아래의 설명에 대해 반박을 받는다.

- 만일 노아가 500세 될 때까지 아무 자녀도 낳지 못했다면(입증할 수 없다) 이는 예외적이다.
- 노아가 500세가 되어 자녀를 낳을 수 있었다면 이는 족장들이 수 백년간 자녀를 낳을 수 있다는 가능성이 입증된 셈이다.
- 창세기 5장에 녹명된 아들들은 각 경우에 장자가 아니었음이 분명하다.
- 아담의 자녀들(최소한 가인, 아벨, 가인의 아내)을 낳은 후에 "아담이 130세에 자기 모양 곧 자기 형상과 같은 아들을 낳아 이름을 셋이라고 하였고"(창 5:3)라고 하는 내용이 언급되고 있다.
- 하나님께서 아담과 그의 자손들에게 "생육하고 땅에 충만하라"(창 1:28)고 명령하셨고, 이 명령은 준수되어 "사람이 땅위에 번성하기 시작"(창 6:1)했다.

섞이기 시작했다. 그래서 어떤 놈들이 더 선하고, 더 악한지 구별할 수가 없게 되어버렸다. 가인의 후손인 라멕의 자손 대에서부터 시작한 세상문화는 하나님 없는 문화였다. 그러니 더욱 세속화 되었을 것이다. 외적으로 보이는 그들의 화려함에 경건한 자손들이 아주 깊이 빠져들고 있었다.

6:2 (   )①이 (   )②의 아름다움[1]을 보고 자기들의 모든 자로 (아내)를 삼는지라.

(1) 여기서 몇 가지 문제점들을 살펴보자. 먼저 여기 등장하는 "하나님의 아들들"(the sons of God)은 누구인까? "하나님의 아들들이 사람의 딸들을 취하여 자식을 낳았다"(6:2)는 말씀은 난해한 내용으로 학자들간에 많은 논쟁이 되고 있다.

① **하나님의 아들들**(בְּנֵי־הָאֱלֹהִים) : 천사나, 악령, 또는 초인적 존재로 보는 견해도 있으나 이 견해는 좀 무리한 해석이다. 이러한 해석은 어느 정도, 특히 욥(1:6), 베드로(벧후 2:4) 그리고 유다(6, 7절)[2]의 지지를 받는 것처럼 보이지만 천사와 인간이 성(性) 관계를 갖는다는 견해는 있을 수 없다(막 12:25). 그렇다면, 창조 목적에도 어긋날 것이다. 히브리서 1:14을 꼭 읽어보라. 왜, 하나님이 천사를 만드셨나 보라. 그렇다면 '하나님의 아들들'이 사탄을 가리킬 리도 없고. 게다가 神들이 人間과 무차별하게 혼합되었다는 설명은 더 더욱 아니다. 만약 그렇다면, 창세기 저자의 의도가 어디에 있는가를 설명하기 어렵다. 그런 설명은 창세기를 쓴 근본 목적에도 어긋나는 생각이다.

② **사람의 딸들**(בְּנוֹת הָאָדָם) : 하나님의 아들들을 셋(Seth)의 자손들로 보고, 사람의 딸들을 가인의 자손들로 보는 견해가 있다. 기독교는 오랫동안 이 견해를 지지해 오고 있다. 무엇보다 창세기 저자의 의도가 어디에 있는 가에 초점을 맞추어야 한다. 저자는 지금 왜 인류가 홍수에 멸절 당하지 않을 수 없었는가를 설명하고 있다. 저자는 지금 4장과 5장에서 악한 계열인 가인의 후손의 번성과 하나님을 경외하며 살아오던 셋 계통의 번성을 이야기 하고 있었다. 그런데 가인 계통의 엄청난 죄악의 파괴적인 영향력이 경건한 삶을 살아가고 있던 셋 계통의 자손에게도 자리잡게 되었다는 것을 말해주고 있는 것이다. 하나님의 아들들이라고 불리움을 받을 수 있는 사람들을 방금 5장에서 언급하지 않았던가? 에녹처럼 하나님과 동행하던 사람들, 라멕처럼 하나님의 '안위'를 기다렸던 사람들 말이다. 말라기 2:11에서도 이방신을 믿는 여자들을 '이방신의 딸'이라고 언급했음을 본다. 여기서 저자가 갑자기 천사나 악령, 또는 초자연적 존재를 언급하면서 이런 존재들이 하나님의 자연질서를 깨뜨리고 인류들과 혼합했다는 것을 말했을리 없다.

(2) 따라서 본문은 죄악이 관영하게 된 원인이 무엇인가를 밝히고 있다. 하나님의 아들들[3]과 사람의 딸들, 곧 경건했던 셋의 후손들과 가인의 후손들

1) 아름다움(토브, טוֹב) : 좋은, 즐거운, 아름다운, 기쁜, 귀중한, 옳은, 의로운 등의 뜻이 있다. 미학적 또는 감각적인 것이 선을 의미하기도 한다. 여기서는 "하나님의 아들들"에게 비친 "사람의 딸들"의 아름다움이나 탐스러움을 묘사하고 있다. 리브가의 아름다움과(창 24:16), 밧세바의 아름다움(삼하 11:2)을 설명할 때 이 단어가 쓰였다. 이 단어가 남성에 대해 사용될 때(삼상 16:12) 영어로는 'handsome'(잘 생김)을 의미한다.

2) 유 1:6 "또 자기 지위를 지키지 아니하고 자기 처소를 떠난 천사들을 큰 날의 심판까지 영원한 결박으로 흑암에 가두셨으며 7 소돔과 고모라와 그 이웃 도시들도 **저희**와 같은 모양으로 간음을 행하며 다른 색을 따라 가다가 영원한 불의 형벌을 받음으로 거울이 되었느니라."

- 7절의 '저희'가 누구를 가리키는 가에 따라 뜻이 달라진다. '저희'가 타락한 천사를 가리키는가? 그러나 성경에서는 천사를 육체로 부른 적이 없다.

3) 신명기 32:5은 이스라엘을 "아들들"이라고 불렀다. 호세아 1:10에서는 이스라엘을 "너희는 살아계신 하나님의 아들들(자녀)"이라고 했다. 그런데, 이 경건한 셋 계통의 자녀들이 세속적인 여인들의 아름다운 미모에 이끌려 타락의 길로 접어들기 시작했다는 것이다. 그러므로 '하나님의 아들들'이 천사나, 어떤 초인적인 존재라고 우기는 것은 좀 무리가 있다.

간의 통혼을 말하고 있다. 이제는 어느 누구하나 하나님 앞에 경건한 사람들이 없을만큼 죄악과 부패가 만연했다는 것이다. 따라서 인류의 멸망은 필연적이라는 것이다. 너무 부패했기에 저들은 한낱 고기덩어리 '육체'에 지나지 않았던 것이다(6:3).

1) 송병현, "심판의 줄기에서 돋아난 새 출발의 싹", 창세기 어떻게 설교할 것인가(두란노, 2003), 95-109면

3. 홍수 전의 문화는 죄악으로 크게 오염되어 마침내 하나님은 심판을 내리시기로 작정하신다. '함께 하다'라는 단어 해석에 서로 다른 의견이 있어 조금 자세히 살피고 지나가는 것이 좋겠다.

6:3 여호와께서 가라사대 '나의 신'(רוּחִי)①이 영원히 사람과 '함께 하지'(יָדוֹן)② 아니하시리니 (왜냐하면, בְּשַׁגַּם)③ 그들이 (육체)④가 됨이라.

① '나의 신'

여기서 '나의 신'(My spirit)이라 할 때 '신'(spirit)이란 루아흐(רוּחַ)를 가리킨다. 이 '루아흐'가 무엇을 가리키는가에 대해 논쟁이 많으나 창조 때 주신 '생명의 원리'를 말하거나 '은혜 · 은사'를 가리킨다고 본다.[1)]

② '함께 하다'인가, '다투다 · 심판하다'인가?

(1) '함께 하다'(야돈, יָדוֹן) : 딘(דִּין) 또는 둔(דוּן), '심판하다 · 다투다 · 변호하다'의 미완료형). 여기서 '함께 하다'라는 단어를 어떻게 해석할 것인가에 대해 서로 다른 의견들이 있다. 학자들 중에는 여기 '함께하다'라고 번역된 '야돈'을 구약에서 자주 사용하는 동사 '심판하다 · 다투다'의 변형 내지는 잘못 표기된 형태라고 주장한다. 왜냐하면 단어 중간에 끼어 있는 바브(ו)와 요드(י)를 서로 바꿔 사용되는 경우가 종종 발견되기 때문이다.[2)]

2) 송병현, 같은 책, 98면. 예를 들면 욥기 19:29에서 사본들 간에 혼선이 빚어지고 있다. 이곳에 필요한 단어는 '심판하다, 다투다'인데 몇몇 사본은 '함께 하다'로 표기했다.

• 욥 19:29 "너희는 칼을 두려워할지니라 분노는 칼의 형벌을 부르나니 너희가 '심판'[(דוּן)(שְׁ)שַׁדִּין]이 있는 줄을 알게 되리라."

(2) 그래서 영역본도 이 부분의 해석이 서로 다르다.
- '다투다 · 심판하다'로 해석한 성경 : NIV - *contend with*
  NASB / KJV - *strive with*
- '함께 하다 · 머물다'로 해석한 성경 : RSV, LXX, Vulgate - *abide in*

(3) 개역성경은 70인역을 따라 '머물다'(함께 하다)의 의미로 번역했다. 구약에서 흔히 영이 떠난다는 것은 생명의 끝을 의미하기 때문이다(시 104:29, 30). 위의 두 가지 견해 중 보스(G. Vos)는 '머물다'의 뜻이 적합하다고

וַיֹּאמֶר יְהוָה לֹא־יָדוֹן רוּחִי בָאָדָם לְעֹלָם בְּשַׁגַּם③ הוּא בָשָׂר Gen. 6:3

했다.[1] 반대로 칼빈은 '다투다'의 의미로 해석했다.

1) 정규남, 구약신학의 맥(두란노, 2001), 74-75면.

③ 베솨감(בְּשַׁגַּם)이란 말이 '왜냐하면'이란 뜻인가?

(1) 영어성경에 because, for로 번역된 이 단어는 두 가지 분해가 가능하다.[2]
'에이, 복잡한데 각주로 설명하자.'

2) בְּשַׁגַּם(베솨감)를 분해하면
① בְּ (전치사; ~안에 ~의 안쪽에)
② שֶׁ (관계대명사, 아쉐르, אֲשֶׁר)
③ גמם(어근) 쌓아올리다, 증가하다, 결합하다)
④ גמם⟶ גַּם(접속사, 역시, 또한, 참으로)

============================

בְּשַׁגַּם(베솨감)은 다르게 분해하면
① בְּ (전치사; ~안에 ~의 안쪽에)
② שׁגג(솨가그) 잘못하다, 실수하다, 빗나가다)
③ שׁגג⟶ שַׁגַּ(칼부정사 연계형)
④ ם ָ (3인칭 복수 남성 접미 대명사)

(2) 옆의 각주의 분석과 같이 첫번 째의 뜻은 복합단어로 '왜냐하면'을 뜻하는 것으로 본다. 그러나 두번 째의 경우로 본다면, '그들이 잘못을 저지를 때에'를 의미한다. "즉 그들이 죄를 지을 때에 스스로 육체임을 증명했다"는 것이다. 두번 째의 경우로 해석하는 것이 더 낫다. 왜냐하면 구체적으로 왜 하나님의 영이 사람으로부터 떠나려고 하시는지 그 이유를 잘 대답해 주고 있기 때문이다.[3]

4. 앞의 설명을 참고해 볼 때, 창세기 6:3a의 본문은 크게 두 가지로 해석해 볼 수 있다: 첫번 째의 설명처럼 "나의 영이 영원히 사람들과 함께 ① '다투지' 않으리로다"와 두번 째의 설명처럼 "나의 영이 영원히 사람들과 함께 ② '머무르게 하지' 않으리로다." 물론 학자들마다 서로 주장점이 다르다. 뒤의 설명을 계속 들어보자.

3) 정규남, 위의 책, 75면

그들이 '육체'가 됨이라

1. 이 구절이 의미하는 바가 '영'(루아흐, רוּחַ)이 '육'(바사르, בָּשָׂר)으로 변했다는 뜻이 아니다. 단순히 "그들은 나(여호와)와 달리 육을 지닌 자들이기 때문"(썩을 것으로 만들어졌기 때문)이라는 뜻으로 보아야 한다.[4]

4) 송병현, 같은 책, 100면.

2. 이렇게 세상은 인간의 폭력에 의하여 부패되었다. 인간에게 부여한 자유를 남용한 결과 하나님과 인간, 가족, 동물과의 관계까지도 깨어져 버렸다. 이 죄는 모든 육체에, 심지어 우주에까지 널리 영향을 미쳤다. 하나님은 이제 인간들뿐만 아니라 모든 피조물을 홍수로 쓸어버리실 것이다.

(1) 육(체)이 되었다는 말은 이들은 한낱 욕망 덩어리에 지나지 않았다는 말이다. 가인의 계통은 말할 것도 없고, 셋의 계통의 사람들도 하나님을 섬기

육체 (flesh, 바사르, בָּשָׂר)

1. 이 단어는 주로 외형적 '표면'(face, surface), 또는 '피부'(skin)란 뜻이다. 또 이 말은 뼈와 대립되는 '살'(肉)을 말할 때도 있다(시 102:5). 그러나 '바사르'라는 이 말은 뼈와 살을 포함한 '肉身'(몸) 전체를 가리킬 때가 더 많다. 따라서 이 말은 단순히 생리학적인 '살'이나 '피부'를 넘어서 인간의 모든 영적 기능의 좌소(座所)가 되기도 한다. 시편 8:2을 보라. "내 영혼이 여호와의 궁전을 사모하여 쇠약함이여, 내 마음과 육체(basar)가 생존하시는 '하나님께 부르짖나이다." 시편 119:120도 보자.

2. '몸'이 인간을 가리킬 수 있다면 그것은 인류(사66:16, 24)뿐만 아니라 한걸음 더나아가 모든 생물을 가리킬 수 있을 것이다(창 6:19). 이러한 의미에서 '육체'와 하나님의 영(루아흐)은 대조적이다(창 6:3, 시 56:4, 사 31:3). 그렇다고, 구약이 '육신'을 인간 반역의 상징으로 사용하고 있는 것은 아닙니다. 문제는 인간의 육신에 있는 것이 아니라 그의 '마음'(겔 11: 19, 44:7), 즉 반역하려는 의지는 자신이 육신에 불과하다는 것을 망각케 한다. 그러나 이 '몸'은 영적 기갈이나 영적 기능보다도 오히려 육적 정욕으로 더 기울어진다. 겔 23:20을 보라. "그 하체(whose flesh)는 나귀 같고 그 정수는 말 같이 음란한 간부를 연애하였도다."

3. 오늘 본문(창 6:3)에 나오는 단어도 바로 이 '바사르'를 말한다. "나의 신이 영원히 사람과 함께 하지(다투지?)[1] 아니하리니," 왜냐하면, "이는 그들이 '바사르'가 됨이라." - 육체가 됨으로 범과(犯果)함이라. 이제 이런 육체는 범과함으로 하나님과 동행할 수가 없다. 이러한 육체를 세상에 영원히 두시지 않고 시간적으로 마침내 시들어 망할 존재로 내버려두신다. 참고로 시편 78:39과 이사야 40:6을 찾아보라.

(김희보, 구약신학논고 / 구약원어사전, 요단)

는 삶에서 완전히 돌아서서 육의 욕망만을 목표로 살아가기 시작했다는 말이다. 이들은 극도의 성적 타락을 가져왔다.

(2) 신약에서는 이에 상응하는 단어로 싹스(σάρξ)가 언급되었다. 중생하지 못한 사람은 '죄 있는 육신들'이다(롬 8:3). 이들은 육신을 따라 사는 자들이다(κατὰ σάρκα, 롬 8:5). 이런 사람들의 특징은 정욕(요일 2:16, 갈 5:16)이다.

이런 정욕은 마음과 몸을 사로잡아 육체적 만족만을 위해서 살아간다(골 2:23). 이런 사람들은 '죄의 정욕'에 의하여 지배를 받으며(롬 7:5), 하나님의 법에 굴복할 수도 없고(롬 8:3), 하나님을 기쁘시게 할 수도 없다. 이들을 가리켜 성경은 '진노의 자녀들'이라고 했다(엡 2:3).

1) 옆 면에서 살펴본 것처럼 '함께 하다'라는 말을 '다투다라는 뜻으로 해석하는 학자들도 있다.

그들의 날은 일백 이십년이 되리라(6:3b)

본문도입

"그러나 그들의 날은 일백이십 년이 되리라 하시니라"(6:3b). 여기서 언급되고 있는 120년이란 기간이 홍수 후의 인간의 수명을 말하는 것이냐, 아니면 이 말씀을 선포한 순간부터 홍수 때까지의 기간을 말하는 것인가에 대해서는 서로 다른 주장이 있다.

1. 앞에서 이미 설명한 것처럼 '야돈'(יָדוֹן)이라는 단어를 '함께 하다'라고 번역해도 무난할 것이나[1] 아래 설명을 참조하여 보자.

6:3a "이는 '나의 신'(My spirit, רוּחִי)이 영원히 사람과 함께 하지(야돈) 아니하리니."

(1) 창세기 저자가 생명의 원리 혹은 '수명'을 말할 때는 '하나님의 영'이란 말보다는 '생기' 혹은 '생명의 바람'이라는 표현을 사용한다. 홍수 이야기에서 '생명 · 수명'을 뜻하는 말이 3차례 사용되었는데, 사람이건 짐승이건 살아있는 것은 '생명의 바람'으로 묘사되어 있다(רוּחַ חַיִּים, 창 6:17, 7:15 – '생명의 기식이 있는 육체' / 7:22 – 코로 생명의 기식을 호흡하는 것). 그러나 저자는 어디에도 ***생명 · 수명을 말할 때*** '하나님의 영'으로 말하지 않았다. 인간에게 생명을 불어넣을 때 그 코에 주신 것은 영이 아니라 '생기'(네페쉬 하야, נֶפֶשׁ חַיָּה)라고 했다(창 2:7). 그렇다면 창세기에서 '하나님의 영'을 사용한 경우를 살펴보자. 각주를 보자.[2]

(2) 따라서 '야돈'이란 단어를 '다투다 · 심판하다'로 해석하고, 또 인간이나 짐승의 수명을 논할 때는 의도적으로 '하나님'이란 말을 피하고 '생명'이라는 단어를 사용했다는 점을 감안한다면 본문의 의미는 다음과 같다.

"내가 언제까지 이처럼 타락한 사람들에게 계속 은혜를 베풀고만 있을 수 있겠느냐?" 즉, "나의 영이 영원히 사람들과 함께 다투지 않으리라."[3]

(3) 이렇게 해석될 경우 120년이란 '사람의 수명'이 아니라 '이 말씀을 선포한 순간부터 홍수 때까지의 시간'이며, 이 시간은 인류가 회개하고 하나님께 돌아올 수 있는 제한적인 시간이다. 즉 심판하시기 전에 기회를 주기 위한 마지막 은혜였다.

1) 이 단어를 "함께 하다"로 번역한다면 이곳에서만 한번 사용된 것으로 보아야 한다. 이 부분의 설명은, 송병현 교수의 "심판의 줄기에서 돋아난 새 출발의 싹", 창세기 어떻게 설교할 것인가(두란노, 2003), 95-109면 참조하여 정리한 것이다.

2) 송병현 "심판의 줄기에서 돋아난 새 출발의 싹", 창세기 어떻게 설교할 것인가(두란노, 2003), 95-109면

99면.
- 요셉 - 창 41:38 "하나님의 영(רוּחַ אֱלֹהִים)을 받은 사람"
- 발람 - 민 24:2 "눈을 들어 이스라엘이 그 지파대로 거하는 것을 보는 동시에 '하나님의 신'(רוּחַ אֱלֹהִים)이 그 위에 임하신지라."
- 여호수아 - 민 27:18 "여호와께서 모세에게 이르시되 눈의 아들 여호수아는 신(רוּחַ)에 감동된 자니 너는 데려다가 그에게 안수하고."

3) 송병현, 위의 책, 99면.

2. 만일, 여기 120년이 홍수 후의 인간의 수명을 말한다면 노아 시대 이후에 120년 이상을 살았던 사람들(아브라함, 이삭, 야곱 등)도 있음을 볼 때 납득하기 어렵다. 따라서 120년은 인간의 수명이 아니라 하나님께서 '이 말씀을 선포한 순간부터 홍수 때까지의 기간'이라고 보아야 한다.

(1) 120년의 은혜의 기간 중 노아의 말에 귀를 기울이지 않던 자들을 베드로는 어떻게 설명하고 있나? "그들은 전에 노아의 날 방주 예비할 동안 하나님이 오래 참고 기다리실 때에 (순종치) 아니하던 자들이라 방주에서 물로 말미암아 구원을 얻은 자가 몇 명 뿐이니 겨우 여덟 명이라"(벧전 3:20).

(2) 만약 홍수 당시의 인구가 10억 정도였다면(물론 확정할 수 없지만), 아니 그보다 훨씬 적었다해도 노아가 이들에게 어떻게 의을 전파할 수 있었을까?(벧후 2:5) 분명 대홍수 전에 문화가 고도로 발달했을 것이다. 통신조직이라고 발달하지 못했을 리 없다. 예술과 과학 역시 발달했을 것이다. 더욱이 언어는 아직 혼잡하지도 않았다. 그렇다면 노아의 방주를 짓는 이상한 행동(아마 미친 사람이라고 생각했을 것이다)과 경고의 메시지가 전 지구에 쉽게 퍼져나갈 수 있었을 것이다. '나는 그런 소식 못들었다'고 오리발 내미는 사람이 없었을 것이라는 말이다. 누구도 심판에서 제외되는 사람은 없다. 이는 오늘날도 마찬가지로 적용된다(롬 1:20하).[1]

1) 어떤 학자들(Robert Jamieson)은 홍수가 국지적(지역 홍수설)이라고 주장한다. 만약 노아가 경고의 메시지를 전하려면 인구는 비교적 적었을 것이라고 주장한다. 이들은 홍수가 국지적이었으며, 인류의 일부에게만 영향을 주었을 것이라는 이론을 편다.

3. 그렇다면 언제부터 방주를 준비했을까?

(1) 노아는 500세에 아들을 낳았다고 했다(셈, 함, 야벳, 5:32 참조). '한 해에 세 명을 다 낳았느냐고?' '너, 그것을 질문이라고 하니?' 홍수는 노아가 600세 되던 해 2월 17에 에 일어났다(7:11). 홍수의 유예 기간이 120년이라면 노아가 이 말씀을 들은 것은 그의 나이 480세가 되던 해이다(7:6 참조). 이 기간 중에 노아는 세상 사람들을 향해 의를 전파하며 회개를 외쳤다(벧전 3:20, 벧후 2:5, 마 24:37-38, 눅 17:26-27*).

• 벧후 2:5 "옛 세상을 용서치 아니하시고 오직 의를 전파하는 노아와 그 일곱 식구를 보존하시고 경건치 아니한 자들의 세상에 홍수를 내리셨으며."

• 눅 7:26-27 "노아의 때에 된 것과 같이 인자의 때에도 그러하리라 노아가 방주에 들어가던 날까지 사람들이 먹고 마시고 장가 들고 시집 가더니 홍수가 나서 저희를 다 멸하였으며."

(2) 베드로는 노아를 가리켜 '의의 전파자'라고 했다(벧후 2:5). 또한 히브리서 저자는 "믿음으로 노아는 아직 보지 못하는 일에 경고하심을 받아 경외함으로 방주를 예비하여 그 집을 구원하였으니 이로 말미암아 세상을 **정죄하고** 믿음을 좇는 **의의 후사**가 되었"(11:7)다고 했다.

당시에 땅에 네피림이 있었고(6:4)

נְפִלִים

네피림

네필(נְפִל, 습격자, 폭군, 거인, 약한 자를 못살게 구는 사람 등의 뜻이 있다)의 복수형

1. 네피림과 하나님의 아들들과 사람의 딸들과의 관계

(1) '네피림'(נְפִלִים) : 이 단어는 창세기 6:4과 민수기 13:33에서만 나타난다. 그 유래와 어원이 불분명하다. 가끔 '거인들'(기간테스, γίγαντες)이라고 번역되기도 한다(70인경). 그러나 히브리어 '레두파임'(רְהָפָאִים, 巨人)이라는 말과는 명확히 구분된다.[1)]

(2) 민수기 13:33*에서는 가나안 땅을 정탐하러 갔던 사람들이 네피림을 보았다고 했다. 여기서는 네피림의 후손 아낙 자손이라고 묘사했는데 본문의 문맥으로 보아(13:32 - 신장이 장대한 자들, giants) 이들은 거대한 민족이었음이 분명하다(아낙 자손, 신 9:2, 수 15:14, 삿 1:20).

2. 노아가 살던 당시에는 '네피림'이 있었다고 했다(4절). 원문에는 네피림에 대한 언급이 문맥의 흐름을 방해하는듯한 느낌을 준다. 모세는 거인들을 만나 두려워 하는 이스라엘 백성에게 위로와 용기를 주기 위해 네피림 이야기를 삽입했던 것 같다. 홍수 이전에도 거인들이 있었지만 하나님의 심판으로 멸종했다는 것을 강조함으로써 이들에게 용기를 주려했을 것이다.[2)] 어쨌든 당시에 골리앗과 같은 장대한 자들이 있었을 것이고, 이들은 고대 근동 국가들의 왕들과 유사한, 가인 계열의 통치자들 또는 왕들로 간주될 수 있을 것이다.

3. 이 문제에 대해서 더이상 토론하는 것은 무의미할 것이다. 지금 창세기 저자가 설명하려고 하는 것은 하나님의 형상인 인간이 죄로 인하여 하나님이 최초에 의도하신 방향과 정반대로 흘러가고 있다는 점을 부각시키고 있음을 본다. 아담이 타락한 이후 인간에게는 엄청난 죄악들이 홍수처럼 세상에 관영했다는 것이다. 여기서 경건했던 셋의 후손들도 죄악의 탁류 속에 파묻혔다는 것이다.

따라서 이런 죄악된 인간들에게 심판은 필연적이었음을 증거한다. 그렇다고 하나님은 이런 심판을 즐기시지 않으신다. 지금 심판을 내리지 않을 수 없는 하나님은 마음이 몹시 아프시다(6절).

1) 여기 나오는 '네피림'을 천사(어떤 사람들은 창 6:2에 나오는 '하나님의 아들들'을 천사로 본다)가 사람의 딸들과 결혼해서 난 자들이라고 보는 사람들도 있다. 물론 여러 가지 학설이 있으나 창세기 6:2에 나오는 '하나님의 아들들'은 경건한 셋의 자손으로 보는 것이 자연스럽다. <아가페성경사전>

• 민 13:32-33 "이스라엘 자손 앞에서 그 탐지한 땅을 악평하여 가로되 우리가 두루 다니며 탐지한 땅은 그 거민을 삼키는 땅이요 거기서 본 모든 백성은 신장이 장대한 자들이며 거기서 또 네피림 후손 아낙 자손 대장부들을 보았나니 우리는 스스로 보기에도 메뚜기 같으니 그들의 보기에도 그와 같았을 것이니라."

2) 송병현, 위의 책.

사람 지으셨음을 한탄하사 (6:6-7)

한탄하다(נחם)

• 한탄하다(נָחַם naham) : 가엾다, 동정하다, 후회하다, 위로받다, 한탄하다, 후회하다

이 말의 정확한 뜻을 확실히 알 수 없으나 "(유감스럽게 여기게 하다의 뜻에서) [후회하다, 뉘우치다](to repent)"라는 뜻이 아니라 "재평가하다" 또는 "변화된 상황에 비추어서 생각을 조정하다"라는 뜻이라고 한다. 하나님을 주어로 사용되는 경우, 사람 안의 변화로 야기된 상황에 대한 하나님의 평가를 말한다. '인간적인 용어'를 빌어 사용해야 하니까 이렇게 표현했을 것이다.

본문도입

사람의 죄악으로 인해 창조주 하나님은 한탄하신다. 인간의 죄악 때문에 자신이 슬퍼하셨다는 말이다. 마침내 사람은 물론 육축, 기는 것과 공중의 새까지 다 지면에서 쓸어버리시기로 작정하신다. 이 작정은 변할 수 없었다. 하나님이 한탄하셨다는 말은 어떤 의미일까?

1. 어쨌든 죄의 결과는 세상에 가득차게 되었고, 이제 하나님의 심판을 부르게 되었다. 하나님의 탄식(슬픔)을 보라.

6:6 땅 위에 사람(אָדָם, 아담) 지으셨음을 (　　　　) 마음에 (　　　　) 하시고

(1) 죄악의 관영함, 그것은 하나님의 심판을 가져왔다. 마침내 하나님께서는 인류를 향해 등을 돌리신다(6:6, 7). 하나님은 오래 참으시는 분이시지만 죄악을 묵과하지는 아니하신다. 120년 후에 그들을 지면(地面) 위에서 쓸어버리시기로 작정하셨다. 120년의 기간은 마지막까지 인류를 구원하시기 위한 하나님이 베푸시는 심판의 유예 기간이었다. 하나님은 죄인들이 하나님께로 돌아오기를 끝까지 인내하시며 기다리신다. 심판을 내리시기 전에 언제나 일정한 회개의 기회를 주셨다는 말이다. 아직도 전 인류가 멸망당하지 않을 수 있다. 아직 120년이나 남아 있지 않은가!

적용 도우미

• 노아가 살던 시대와 지금 우리가 살고 있는 시대와 같은 점과 차이점은 무엇인가? 지금 우리가 살고 있는 세상이 홍수 직전이 아닐까? '아직 아니라고?'

• 아무리 주의 재림을 외쳐도 들은 체도 아니하는 사람들, 세상은 생각보다 훨씬 종말에 대해 무감각해져 있다. 반대로 어떤 사람들은 너무 종말에 민감해져 있어서 세상 일에 등한시 하는 사람들도 있다. 한동안 나라를 떠들석하게 했던 다미선교회의 시한부 종말론. 그 휴유증의 하나는 이제는 정말 주님 오시기를 목빠지게 기다리는 사람들이 없게 만들었다는 데 문제의 심각성이 있다.

• 어쨌든 마태복음 25:1-13의 의미를 다시한번 새겨보자.

하나님의 후회(?)

- 인간적인 용어로 이렇게 표현했다(Antropomorphism, 신인동형론). 성경은 자주 이런 표현을 썼다. 참고구절 - 출 32:14, 렘 18:7,8; 26:3, 13, 19; 욘 3:10; 삼상 15:11. 그 반대로 후회하심이 없다고 표현된 곳도 있다(민 23:19, 삼상 15:29). 후회는 목적 변경이 아니라 새로운 과정의 행동으로 발전하는 느낌의 후회이다.

- 렘 18:8, 욜 2:14, 출 32:14, 삿 2:18, 삼하 24:16을 찾아보라. - 하나님께서는 자기 백성들이 뉘우치고 변화를 가져오면 상황을 재평가 해서 심판을 내리지 않으셨음을 본다. 그러나 모든 판결이 반드시 재평가의 대상이 되는 것은 아니였다. 조건적인 판결만이 대상이 된다. 하나님의 판결이 최종적이며 변경될 수 없는 수도 있다(삼상 15:29, 시 110:4, 겔 24:14, 슥 8:4을 보라). 이전의 내린 판결을 재평가하실 때, 그것은 사람 안에서의 변화 때문이지 하나님 안에서의 변화가 생겼기 때문이 아니다.

(잭 스코트, 왜, 하나님의 가족을 보존하시는가?, 나침반사)

- 신인동형론 (Antropomorphism): 하나님을 묘사할 때 사람에 빗대어 표현하는 것을 말한다. 하나님은 모양도 없으시기 때문에 알 수 없으므로 사람의 모습에 비유하여 '인간적인 용어'를 빌어 하나님에 대해 표현한다.

(2) '한탄하사' 라는 말이 물론 하나님께서 인간을 잘못 만드셨다는 것을 의미하지 않는다. 하나님은 인간의 죄에 대하여 어떤 반응을 보이시는가? 오히려 하나님은 지금 인간들의 '죄악'에 대해 놀라고 계신다. 그래서 하나님은 슬픔과 근심어린 눈으로 인류를 바라보고 계시지 아니한가! (The LORD *was grieved* that…)

(3) 인간이 하나님께로 돌아오지 않는다면, 즉 회개하지 않는다면, 심판은 필연적이다. 하나님은 그의 속성이 의로운 도덕적 존재이시기 때문에 죄를 그대로 내버려 두지 않으신다. 물론 즉각적인 심판을 수행하지 않으신다. 하나님은 노아를 통해 그 유예 기간을 말씀하신다. "그들의 날은 120년이 되리라." 그 기간 동안 노아는 힘써 하나님의 의를 선포해야 한다.

2. 심판의 대상은 어디까지인가?

6:7 가라사대 나의 창조한 (사람)을 내가 지면에서 쓸어버리되 (   ) 으로부터 (육축)과 (기는 것)과 (   )까지 그리하리니

(1) 왜, 다른 피조물도 사람과 함께 멸하시는가?
이들의 존재가 사람과 결부되어 있기 때문이다. 만약 인간이 없다면 이 세상 다른 피조물의 존재는 의미가 없다. 즉 자연은 인간과 함께 저주를 받는다.

(2) 사도 바울은 피조물을 의인화시켜, 그 피조물이 탄식하고 있다고 말한다.
"피조물의 고대하는 바는 하나님의 아들들의 나타나는 것이니 피조물이 허무한데 굴복하는 것은 자기 뜻이 아니요 오직 굴복케 하시는 이로 말미암음이라 그 바라는 것은 피조물도 썩어짐의 종 노릇 한 데서 해방되어 하나님의 자녀들의 영광의 자유에 이르는 것이니라 피조물이 다 이제까지 함께 탄식하며 함께 고통하는 것을 우리가 아나니"(롬 8:19-22).

- 옛 피조물(물질계)과 새로운 피조물(하나님의 자녀)의 고난과 영광은 필수 불가결하게 연관되어 있다는 것이다. '피조물이 허무한데 굴복한 것'은 피조물(물질계)의 뜻이 아니었다. 인간의 불순종으로 인해 자연계에도 그 심판이 임한 것이다. 따라서 피조물은 하나님의 자녀들이 영광의 자유에 이르는 것을 오직 바랄 뿐이다. 하나님의 자녀들이 완전 구속되고 영화롭게 될 때 만물 역시 다시 회복될 것이다(사 65, 66장, 골 1:20).

당세에 완전한 자, 노아 (6:9)

본문도입

앞에서도 언급했지만 노아에게는 하나님과 동행하면서 승천하셨던 증조부 할아버지 에녹(5:21), 그리고 그 에녹의 경건을 지켜보며 자라왔던 므두셀라 할아버지가 있었다. 그리고 므두셀라는 라멕에게 에녹과 하나님이 동행하셨다는 이야기를 늘 들려주셨을 것이 아닌가! 그리고 그 노아의 아버지 라멕은 또 얼마나 경건한 삶을 살았는가? (5:29을 보라). 어찌 이런 계통에서 자라온 노아가 '의인' 이 아니겠는가!

1. 노아는 '당세에 완전한 자'라고 했다(9절). 그러나, 창세기 6:8을 조심스럽게 읽어보자.

6:8 그러나 노아는 여호와께 ( )를 입었더라.

(1) 물론, 노아가 자기의 의로움 때문에 '은혜' (חֵן, favor)를 받은 것은 아니다. 노아가 자신의 선행으로 구원을 받을 수 있겠는가? 본문은 노아의 경건한 신앙과 생애는 '여호와' 께 은혜를 입은 때문이라고 말하고 있지 아니한가. 그래도 노아는 의인이요, 당세에 완전한 자라고 했다(9절). 노아는 불의(不義)의 물결이 홍수 같이 밀려오는 그때에도 그것을 거스려 경건하게 살아갔던 '당세에 완전한 자' 였다.

(2) 노아가 살던 당시의 상황을 저자는 다시 한번 주지시킨다.

6:11 때에 온 땅이 하나님 앞에 패괴하여 ( )*가 땅에 충만한지라

• 강포(强暴, hamas) : 창세기 1:31의 "보시기에 좋았더라"는 말과는 반대되는 뜻으로 언급하고 있다. 이 용어는 특히 하나님이 제정하신 질서가 현저히 피괴되었음을 가리킨다. 혈육 있는 자의 행위가 패괴하였다(12절)는 점을 보아 피조물에 의해 원래의 관계가 완전 파괴되어감을 말하고 있다. 따라서 홍수는 이에 대한 적절한 처벌이었다.

2. 하나님께서 그에게 은혜로 역사하심으로써 인류를 완전 멸절하는 데서 보존케 하셨다. 구원은 어디까지나 하나님이 주도권을 잡으시고 그 분의 계획대로 집행해 나가시는 것이다. 물론, 그 구원의 사역 속에서 쓰임을 받는 사람은 믿음을 가지고 순종해야 한다. 인간 편에서의 믿음이 필요하다. 히브리서는 노아의 믿음을 이렇게 칭찬하고 있다: "노아는 믿음으로 아직 보지 못하는 일에 경고하심을 받아 경외함으로 방주를 예비하여 그 집을 구원하였으니 이로 말미암아 세상을 정죄하고 믿음을 좇는 의의 후사가 되었느니라"(히 11:7).

방주를 예비하라 (6:14~17)

תֵּבָה

방주 (Ark, 테바) : 이 말은 궤짝, 상자, 관을 의미하는 이집트어와 관련이 있다. 모세를 담았던 갈대 상자를 표현할 때 이 말을 썼다(출 2:3, 5). 따라서 방주는 키와 노가 필요없었다. 물 위에 떠 있는 거대한 궤짝 모양의 정방향으로 만든 배였다.

1. 자, 어떻게 방주를 지으시라고 하셨는지 성경을 보면서 대답해 보자.

(1) "잣나무로 — 간(間)들을 막고 — (역청, pitch, tar)으로 안팎에 칠하라"(6:14).
(2) 방주의 크기는? (1 규빗 = 45cm 정도로 계산하고)
길이 = 300규빗 (135m), 폭 = 50규빗(22.5m), 높이 = 30규빗 (13.5m)

그러니까 층마다 4.5m정도가 되므로 3층으로 만드는데 무리가 없었을 것이다. 이 정도면 배수량 약 20,000톤, 용적량 약 14,000톤의 규모이다. 추정키로는 대략 35,000종의 척추 동물이 실렸을 것이라고 한다.

(3) 창(窓)은 어떻게 내고? (16절) - 짐승 때문에 악취가 날테니까 환기창을 만들었을 것이다. 체육관 시설에서 볼 수 있는 것처럼.

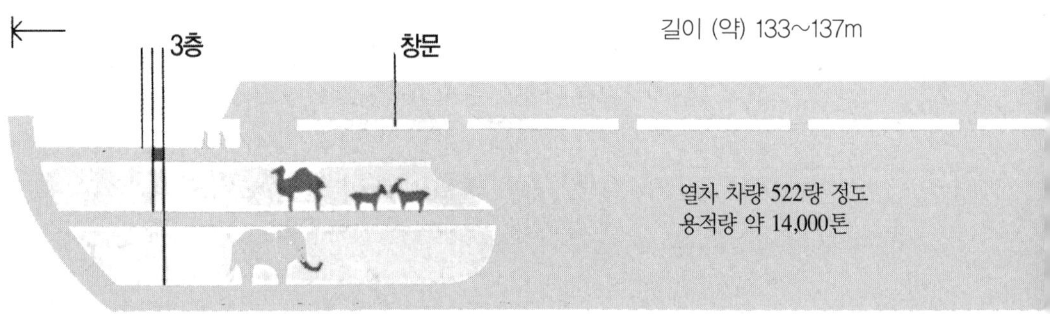

이 정도 크기면 대학 표준 농구장 20개 분의 면적에 해당한다. 이후로 이런 큰 목조로 된 배는 지을 수 없었다. 1884년에 이르러서야 방주보다 긴 배로서 증기선인 Eturia호가 건조되었다고 한다.

The Victor Journey Through the Bible

(4) 그리고 먹을 식물도 싣고(21절) - 짐승들이 서로 마구 잡아 먹으려고 하지 않았을까?

글쎄? 홍수 전까지는 사람이나 짐승이나 육식을 하지 않았다. 사람들도 홍수 후에나 짐승이 허락되었다(창 9:3 참조). 아마 이 기간에 동물들은 동면(冬眠)을 하지 않았을까 하고 주장하는 학자들도 있다. 그러나 창세기 6:19-22을 읽어보면 동면의 가능성은 존재하나, 여기 성경 본문의 말씀 대로 동물을 사육했을 가능성이 더 크다.

(5) 방주에는 몇명, 누구누구가 들어갔나? (18절)

(6) 정결한 짐승은 종류별로 암수 (일곱) 쌍씩, 부정한 것은 종류별로 암수 ( ) 쌍씩 (7:2)

1) 죤 위트콤, 창세기 대홍수, 이기섭 역(성광문화사, 1985), 74-76면 참조

만약 공룡을 실었다면 어린 것을 실었을 것이다. 이들은 홍수 후에 악성의 환경 조건으로 죽어 나갔을 것이다. 그러나 이런 류의 동물은 멸종에 예정되었다는 이유로 인하여 전혀 방주에 취해 들여지지 않았다는 것이 더욱 합리적으로 보인다(위의 책).

(7) 그렇다면 지금 현존하는 극미(極微) 동물까지 방주에 실었다는 말인가? 그렇다면 방주는 턱없이 부족했을 것이 아닌가? 그러나 창세기에 언급된 '종류'는 신적 설립 한계를 넘어 다른 것으로 진화하거나 합병된 적이 결코 없다. 물론 너무 많은 변종(變種)과 아변종(亞變種, 인류의 종족 및 족속과 같은 것)으로 다양화 되었으므로 가장 위대한 분류 학자도 이를 열거하여 분류하기를 주저한다. 미국의 조직 분류학자(Ernst Mayr)는 동물 종(種)에 대한 수효를 작성했는데, 포유류(3,500), 조류(8,600), 파충류 및 양서류(5,500), 어류(18,000), 기타(피막, 극피, 절지, 연체, 충류, 강장, 해면, 원생 동물) 등을 합해 1,000,000이라고 통계를 냈다. 그러나 위의 통계에서 해양 동물은 방주 밖에서도 살 수 있는 것들이다. 어떤 이는 방주에서 기껏해서 척추 동물 35,000마리 이상은 실려질 필요가 없었다고 말한다. 메이어는 17,600마리로 그 수효를 작성했다. 그러나 원 '종류'의 수효는 이보다 적었다. 동물의 평균 크기는 양의 크기로 추정된다. 양의 크기만한 동물이 최소한 240마리가 표준 2층 저장 열차 차량에 수용될 수 있다. 이와 같은 차량 73량을 운반하는 2대의 열차라면 35,000마리의 동물을 수용할 수 있다. 그런데 방주의 크기는 이런 저장 차량의 522량과 맞먹는 수용 용량을 가졌다. 그러니까 방주의 크기는 현대의 동물들을 모두 한 쌍씩 넣어도 1/3도차지 않을 정도로 큰 배라는 것이다. 그러면 공룡과 같은 커다란 동물은 어떻게 했을까?[1)]

왜, 배의 키나 돛이 없을까? 이런 것은 필요없다. 항해를 목적으로 지은 것이 아니기 때문이다. 물 위에 떠 있으면 된다. 이 배에서 노아는 12개월 11일을 보낸다.

"야, 빨리 들어가!"
"야 임마, 뒤에서 밀지 말어!"

2. 이 모든 하나님의 명령을 노아는 순종했다.

6:22 노아가 그와 같이 하되 하나님이 자기에게 (명하신 대로) 다 (　　　　)하였더라.

(1) 노아는 방주를 짓는 동안 어려움이 많았을 것이다. 얼마나 많은 사람들이 야유를 퍼부었겠는가! 노아는 배를 짓는 동안 하나님의 경고를 수없이 전

내 언약을 세우리니 창 6:18

• 창 6:18 "그러나 너와는 내가 내 언약을 세우리니 너는 네 아들들과 네 아내와 네 자부들과 함께 그 방주로 들어가고."

창세기 6:18에 언급되고 있는 언약을 "내 언약"이라고 지칭되고 있는 점으로 보아 인간의 동의 없이 오직 하나님에 의해 설정된, 이미 존재해 있던 어떤 약속을 가리키고 있음을 짐작케 한다. 하나님은 인간의 죄악성에도 불구하고, 그 언약을 유지시키기로 결정하셨다.

했을 것이다. 세상을 뒤엎을 큰 홍수가 있을 것이라고 목청높여 외쳤지만 소용없었다. 그들은 지금까지 홍수를 보지 못했을 것이다. 또 홍수 전의 세상이 지금보다 얼마나 아름다웠겠는가!

(2) 아니 그것보다 가인 계통의 세속적 문화가 말초적 신경을 더욱 자극했을 것이다. 하나님을 경외한다던 셋 계열의 자손들도 한덩어리가 되어서 한창 환락의 세계에서 춤을 추고 있는 판인데…세상은 정말 살맛 나는 곳이라고 희희덕거리고 있는 판에 웬, 늙은이가 산 중턱에 배를 지으면서 홍수가 나서 세상이 멸망한다니!! 그러나 노아는 저 타락한 세상을 향해 쉴사이 없이 '의'(義)를 전파한다(벧후 2:5). 그는 경외함으로 방주를 예비했다고 했다(히 11:7). 노아가 정신나간(?) 행동은 그 당시 발달했을 통신을 통해 널리 전파되었을 것이다. '나는 절대로 복음을 전하는 소리를 듣지 못했다'는 핑계는 댈 수 없었을 것이다.

그러나 너와는 내가 언약을 세우리니 (6:18)

본문도입

왜 하나님은 노아와 언약을 맺으시는가? 하나님은 인간의 동의없이 인류를 보존하기로 작정하신다. 하나님은 인간의 죄악에도 불구하고 노아와 언약을 세워 인류를 보존하기로 결정하신다. 물론 이 언약은 노아 개인과 맺어진 것이 아니라 '인류를 대표하는 노아'와 맺어진 것이다. 이 언약을 통해서 인류의 미래는 다시한번 축복을 받는다. 노아는 아담에게 주어졌던 위임명령을 다시 준행하게 된다.

1. 하나님이 노아에게 주신 말씀은 무엇인가?

וַהֲקִמֹתִי אֶת־בְּרִיתִי אִתָּךְ

But with thee will I establish *my covenant*

6:18 그러나 너와는 내가 내 (covenant)을 세우리니 너는 네 아들들과 네 아내와 네 자부들과 함께 그 방주로 들어가고

(1) 지금까지 창세기 4~5장에서 가인의 계보와 셋의 계보를 그리면서 두 계열의 초기 전개 과정을 그리고 있다. 노아와의 언약은 이 두 계열이 펼쳐지는 것을 배경으로 하고 있다.

(2) 인류는 두 계열이 서로 혼합함으로써 죄악의 강도를 높이고 있음을 지적

하고 있다. 하나님은 이 죄악으로 물든 모든 인류를 멸하시고, 노아로 하여금 제 2의 아담이 되게 하시겠다는 것이다. 이제 이 노아가 새로운 세상의 핵으로 등장하게 된다. 노아와 그 직계 가족 외에는 전부 멸절될 것이다. 하나님은 노아와 언약을 맺으시고(6:18, 9:8-11) 다시는 물로써 세상을 멸하지 않으실 것이라는 약속을 하신다. 그리고 무지개를 그 약속의 표지(標識)로 주신다(9:16).

2. 노아 언약의 내용과 목적은 무엇인가?

> 6:18 그러나 너와는 내가 '내 언약'(my covenant, בְּרִיתִי)[1]을 세우리니 너는 네 아들들과 네 아내와 네 자부들과 함께 그 방주로 들어가고

(1) 하나님은 노아와 언약을 맺으셨다. '노아언약'은 '자연언약' 또는 '보존의 언약'이라고도 불린다(창 8:20-22). 그 내용은 하나님의 계획이 완성될 때까지 다시는 자연의 과정을 홍수로 멸하지 않겠다고 약속하신다(창 9:11). 이 언약으로 세상이 안전을 보장 받게 되었다. 창세기 9:1-7에서 읽을 수 있듯이 노아는 아담에게 주신 위임명령(창 1:28)을 다시 받아 그 임무를 수행하게 된다. 노아의 언약은 9장에서 조금 자세히 언급될 것이다.

(2) 아담으로 시작한 인류의 죄악은 하나님으로 하여금 이 세상이 더이상 존속할 이유가 없게 만들었다. 결국 죄는 인류를 파국으로 몰아갔다(창 6:5-7). 하나님은 아담에게 은혜를 약속하셨지만(창 3:15) 다시 한번 인류는 심판을 받지 않을 수 없게 되었다. 하나님은 온 인류를 홍수로 심판하시기로 작정하신다. 그러나 하나님은 노아에게 은혜로 대처하신다. 그가 만드신 이 세상을 보존하시기로 작정하신다.

(3) 홍수 같은 것으로 인류의 죄가 치유될 수 있을까? 없다. 하나님도 이 사실을 분명히 알고 계신다. 인류의 죄는 약속하신 후손(창 3:15)이 오셔서 피를 흘리심으로써만 그 구속을 완성하실 수 있기 때문이다. 그렇다면 왜 홍수 심판을 내리려 하시는가? // 그렇다. 그러함에도 하나님은 심판의 필연성을 역사적 사실로 예증하시기 위해 물로 심판하신다. 이제 인류는 이 홍수 사건의 경고에 귀를 기울여야 한다. 그러나 인간들은 물론 들은 체도 하지 않는다(벧후 3:4-6 참조).

언약과 하나님의 나라

• '언약'(covenant)이란 무엇인가? 성경은 언약의 책이라고 할 수 있다. 그러나 언약 개념 전반을 한꺼번에 다 이해하기가 우리로서는 조금 벅차다. 성경의 근본 개념인 '언약'이 잘 이해될 때 성경을 보는 눈이 크게 달라질 수 있다. 이 '언약'이라는 단어는 구약에서만도 280개나 나온다. 앞으로 자주 이 문제를, '하나님의 나라'와 함께 언급하게 될 것이다. 언약의 본질은 "나는 너희의 하나님이 되고 너희는 내 백성이 되리라"고 하신 말씀 속에 나타나고 있다. 그러므로 언약의 내용은 '하나님의 나라'이다. 우리는 그 최초의 '하나님의 왕국(나라)'을 에덴 동산에서 보게 된다. 노아, 아브라함, 모세, 다윗과의 언약 등을 통해 '하나님의 왕국'은 더 자세한 모습을 드러내게 될 것이다.

1) 창 6:18에 언급되고 있는 언약을 "내 언약"이라고 지칭되고 있는 점으로 보아 인간의 동의 없이 오직 하나님에 의해 설정된, 이미 존재해 있던 어떤 약속을 가리키고 있음을 짐작케 한다. 하나님은 인간의 죄악성에도 불구하고, 그 언약을 유지시키기로 결정하신다.

확대경(No. 15)

노아의 홍수와 인자의 임함

노아의 홍수

נֹחַ

노아흐

노아의 이름에 대하여는 많은 논란이 있어 왔다. '나함' (נָחַם -안위, 즐거음)과 관련시키고 있다(창 5:29). 또는 누아흐(נוּחַ-안식)와도   관련시키고 있다.

1. 당시의 사람들이 노아의 이 미친듯한 행위에 대해 조롱 아니했을 리가 없다. 마태복음 24:37-39을 한번 찾아보자.

> "노아의 때와 같이 인자의 임함도 그러하리라. 홍수 전에 노아가 방주에 들어가던 날까지 사람들이 먹고 마시고 장가들고 시집가고 있으면서 홍수가 나서 저희를 다 멸하기까지 깨닫지 못하였으니 인자의 임함도 이와 같으리라."

2. 위의 말씀은 예수님이 감람산 강화(마 24, 25장) 때에 말씀하신 것으로 최후심판의 때를 예고할 수 없음을 예증하기 위해 홍수사건을 언급하신 것이다. 예수님은 여기서 노아의 홍수사건(A)이 역사적 사건임을 말씀하시면서, 노아의 때와 인자가 다시 오실 최후심판(B)의 때를 비교 언급하셨다.

A: 노아 홍수 때에 노아의 계속되는 경고에도 사람들은 전혀 무관심 했다. 여전히 먹고 마시고 장가들고 시집가고 그랬다. 설마, 홍수가 있을라고. 그런데 정말 갑자기 홍수가 임했다. 위급한 상황을 깨닫는데 실패했다. 결국 그들은 모두 멸절되었다. 불경건한 세상은 끝나고 새로운 세상이 시작되었다.

B: 인자가 다시 오실 때도 그러하다는 것이다. 지금도 홍수 전의 상황처럼 사람들이 복음을 외면하고, 마지막 심판이 있다는 경고에 코웃음 치고 있다. 설마, 세상 끝이 있고 심판이 있을라고…. 정말, 그렇다. 요사이 아무리 복음을 전해도 전혀 무관심이다. 교회도 점점 사람이 줄어들고 있다. 그러나, 분명히 영광 중에 주님이 다시 오실 것이고 최후 심판이 있을 것이다.

3. 따라서 홍수와 최후심판의 관계는 예표와 실체(type and antitype) 관계이다.

특히 마태복음 24:37-39에서의 유사성은 심판의 급작성에 두고 있다. 홍수가 결코 인간의 죄를 없애지는 못하지만, 마지막 때에 반드시 심판이 있다는 것을 보여주신다. 그리고 하나님은 죄를 얼마나 미워하시는 분인가를 보여주고 있다. 너희도 회개하지 않으면 이와같이 망하리라는 심판의 경고이다.

누가복음 17:26-30에서도 홍수에 대한 언급이 있다. 그런데, 여기서는 마태복음의 강조점과는 달리 전우주적인 심판이 "인자의 나타나는 날에도" 이 세상에 있을 것이라는 최후 심판의 <확실성>에 더 강조를 두고 있다. 꼭 찾아 읽어보라. 또 베드로는 이 부분에 대해 어떻게 강조하고 있을까? (벧후 3:3-7). 말세에 거짓 선생들이 일어나서 최후의 심판이 어디 있는냐, 세상이 지어졌을 때부터 지금까지 그대로 있는데 무슨 소리를 하고 있느냐 하고 모든 사람들이 비웃을 것이다.

4. 이때 베드로의 대답을 보라(벧전 3:18-22). 베드로는 예수 그리스도의 위대한 사역을 소개하면서(죽음, 부활, 승귀) 홍수와 세례의 연관성을 배경으로 설명하고 있다. 노아에 의해 전파된 하나님의 경고(벧후 2:5)를 무시한 사람들은 다 홍수에 의해 멸망당했고, 믿음으로 순종한 사람은 홍수를 통해 겨우 8명만 구원받았다는 것이다. 이렇게 노아의 구원은 실체인 세례에서 부분적인 성취를 가져왔으나 동시에 최후 심판으로부터 그리스도를 통해, 또 그 분 안에서 얻는 큰 구원을 예견하는 것이다. (❖)

• 김영철, 노아홍수, 여수룬

확대경(No. 16)

인류의 두 계열

두 계열

1. 하나님이 이 세상을 창조하실 때, 세상은 "보시기에 매우 좋았던" 곳이었다. 그러나 인간의 죄악으로 홍수의 심판이 주어진다. 이미 우리는 창세기 4-5장에서 인간이 타락한 이후 두개의 계열(가인의 계보와 셋의 계보)에 대한 언급을 볼 수 있었다. 한 계열은 사탄의 후손에 속하였고, 또 한 계열은 여자의 후손에 속한다. 가인의 후예는 하나님과 정면 대결하여 그 죄악의 강도를 높이고 있다. 셋 계열을 통해 하나님의 구원 계획은 계속될 것이다(창 4:25-5:32). 그런데 창세기 6장에서는 경건하던 셋의 후손 역시 그들과 합류하게 되었다는 것이다.

2. 이제 가인의 후예들과 셋의 후손들도 파멸을 맞게 될 것이다. 노아와 그의 직계 가족을 제외한 모든 생명체는 홍수로 말미암아 이 세상에서 쓸어버림을 당하게 될 것이다. 따라서 하나님은 노아에게 방주를 지을 것을 명하신다. 이 방주에서 살아남은 자들이 새로운 세상의 핵으로서 등장하게 될 것이며, 이들을 통해 이 세상은 다시 보존될 것이다. 물론 홍수로 인해 죄의 문제가 해결되지는 아니한다. 죄는 예수 그리스도의 피흘림이 있어야 해결될 문제이기 때문이다. 자, 어쨌든 인류의 두 계열을 보자(도표).

3. 성경은 이렇게 두 계열에 초점을 맞추어 인간의 타락과 구속사건을 설명해 간다. 따라서 모든 사건과 인물들을 다 망라하지 않는다. 가인과 아벨 외에도 아담은 더 많은 자녀를 생산했을 것이다.

가인	⇔	아벨(셋)
↓		↓
에녹	⇔	에노스
↓		↓
7代 라멕	⇔	에녹

☜ 이 라멕 세대에 와서는 죄책감이란 찾아볼 수 없을 만큼 악이 관영해졌다는 것이다. 따라서 멸망이 인류에게 임하게 된다.

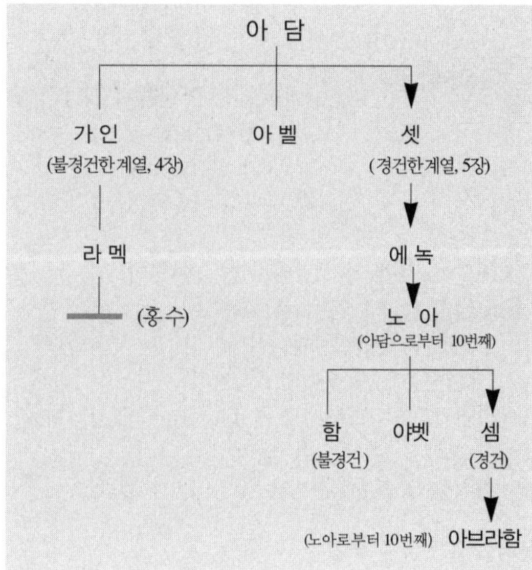

4. 자, 노아의 계보를 잠깐 살펴보자. 노아는 아담 이후 10대 손이고 아브라함 이전 10대 조상이다. 노아와 홍수 기사는 바로 창 1-11장의 중간 기점에 나타난다. 노아는 그 이름의 뜻과 같이 당시 죄로부터 구원을 기다렸을 인류에게 위로(나함, נָחַם)를 주는 인물이 된다. 노아의 아버지 라멕의 믿음을 살펴보자.

라멕은 아들을 낳고 그의 이름을 노아(rest, 안식)라고 했다. 하나님은 죄로 가득찬 인류와 그 죄의 결과를 세상에서 멸하기로 작정하셨지만 노아와 그 식구들, 즉 육체적 형벌로부터 남은 자를 구원하심으로써 그의 구속사역을 집행해 가신다.

5. 이렇게 세상은 죄로 인해 쓸어버림을 당할 것이지만 이 세상과 인간을 완전히는 버리지 않으신다. 언젠가는 구주(메시야)가 오셔서 인류를 구속하실 것을 약속하셨기 때문이다. 그 약속 때문에 하나님은 인류를 보존하신다. 노아는 바로 그 보존의 장본인이 된다. (❖)

창세기 6 장 요약 정리

요약질문

1-4절 : 셋의 후손들과 가인의 자손들의 혼합

- 하나님의 아들들과 사람의 딸들은 누구를 가리키는가?
- '나의 신' 은 누구를 가리키며, 그 분은 왜 영원히 사람과 함께 하지 않으려 하시는가?
- 저들이 '육체' 가 되었다는 말은 어떻게 되었다는 말인가?
- 그들의 날이 120년이 된다는 말은 어떤 의미인가? 수명인가, 심판을 유예시키는 기간인가?
- '네피림' 이란 누구를 가리키는가?
- 가인의 타락 이후 죄가 얼마나 신속하게 확산되었는가를 설명해 보라.
- 죄악이 관영하게 된 주원인은 어디에 있었는가?

5-12절 : 죄의 확산과 그 결과

- 인간은 어느 정도까지 악해질 수 있는가? '관영'했다는 말의 뜻은? (5절)
- 하나님이 '한탄하셨다' 는 말의 의미는 무엇인가?
- '근심하셨다' 는 표현의 의미를 설명해 보라.
- 노아의 의로움은 어디로부터 온 것인가? (8절)
- 극단의 타락상을 보이고 있는 인간들과 극적인 대조를 이루고 있는 노아의 모습을 보라. 환경은 죄의 직접적인 원인인가?
- 120년간의 심판의 유예 기간 동안 인류는 더욱 패괴해 갔다. 그 동안 노아는 어떤 사역을 했을까?
- 노아의 외침이 한갖 메아리로만 들렸을 강퍅한 세대, 오늘도 그 모습을 보고 있지 않은가?!

13-22절 : 하나님의 명하신 대로 노아는 방주를 짓는다.

- 방주를 직접 설계한 분은 누구인가?
- 하나님은 노아와 언약을 맺으신다. 언약의 내용은 무엇인가?
- 방주를 짓는 노아의 모습을 보라. (철저한 순종)

Summary

연구과제

(1) 방주의 모형도 작성 (2) 방주의 제원(諸元)
(2) 네피림이란 누구를 가리킬까? - 물론 지나친 논쟁은 피하고.
(3) 노아식 전도방법 (어떤 방법인데?) (4) 방주의 현대적 의미

7, 8장

홍수 시작 · 물로부터 구원

- 노아를 불러 방주에 들어가라고 하심 : 노아의 나이가 600세(7:6)
- 어떤 짐승들을 태웠을까? (7:2)
  정결한 짐승 = 암수 7쌍, 부정한 짐승= 암수 2 쌍
- 노아와의 언약 때문에(6:18) 노아의 가족은 물로부터 구원을 얻는다(7:1).
- 마침내 땅 위에 움직이는 생물은 다 멸절된다.
- 방주에서 나온 노아는 제일 먼저, 여호와를 위하여 단을 쌓고 번제를 드린다.
  구원의 하나님을 찬양하고 있다(7:15-22).

죄악이 온 세상을 뒤덮었다. 하나님이 창조하신 아름다운 세상은 인간의 죄와 강포로 얼룩저버렸다. 이제 하나님은 이 세상에 숨을 쉬고 있는 모든 생물을 멸절시키실 것이라고 선언하셨다(6:17). 그러나 하나님은 유예 기간을 두셨다. 하나님은 언제나 심판이 있기 전에 경고를 내리신다. 그것은 인생들에게 다시금 하나님께 돌아오라는 은혜의 기간이었으리라. 이는 또한 인간들에게는 심판에 대한 변명의 여지가 없는 일이기도 하다. 노아는 하나님의 명령대로 방주를 짓는 일에 전념했다. 많은 사람들이 노아의 행동을 바라보며 그를 미친 사람이라고 취급했을 것이다. 이 살기 좋은 땅이 홍수로 멸망 당할 것이라니! 방주를 짓기 위해 힘들게 노력하는 노아의 식구들을 둘러싸고 사람들은 무슨 이야기들을 지꺼렸을까?

이제, 그 120년의 약속이 7일 후로 다가왔다. 하나님 앞에 돌이킬 수 있는 회개의 기간이 7일밖에 남지 않았다. 그 동안 노아는 얼마나 많은 복음을 전했겠는가? 그러나 사람들은 전혀 회개하지 않는다. 언제까지나 하나님은 참고 계실까? 세상에서는 여전히 노아를 향한 비웃음의 소리로 가득했다(벧후 3:4, 5). 거룩한 하나님을 멸시하는 함성, 환락의 늪에 빠져 허우적거리면서 질러대는 교성(嬌聲)이 한데 어우러져 방주 너머로 들려오고 있다. 그러나 하나님은 심판의 시간을 늦추시지 않으신다. 120년 전 노아에게 약속한(6:3) 그 시간이 지금 몇일 뒤로 다가오고 있었다. 하늘은 여전히 맑았을 것이고, 태양도 여전히 비치고 있었을 것이다. 미친 사람은 노아와 그 가족뿐이었다.

마침내 하나님의 심판이 시작되었다. 날이 흐리기 시작하더니 비가 내리기 시작한다. 비가 오는 것이 우연이겠지, 사람들은 아직까지 그렇게 생각했다. 그러나 비가 오는 것이 예사롭지 않다. 사람들의 마음이 무거워지기 시작한다. 불어나기 시작하는 물, 강물이 뚝을 넘는다. 아니, 산까지 차오르지 않는가! 아, 노아의 말이 진짜였구나! 허둥대는 군상들, 얼굴이 굳어진다. 산으로 피신하자. 그러나 비는 멈추지 않는다. 이미 방주는 승선을 완료했다. 하나님이 노아의 식구들을 닫아 넣으셨다(7:16). 구원의 문은 이미 닫혀버렸다. 구원의 문은 언제까지나 열려 있는 것이 아니다. 오늘도 얼마나 많은 노아의 후예들이 복음을 외치고 있는가! 그러나 사람들은 여전히 우리들을 조소한다. 그때나 지금이나.

지금부터 7일이면 (7:1~4)

본문도입

하나님은 노아에게 인류 멸망의 최후 통첩을 전하신다. 앞으로 칠일 후면 40일 동안 비를 내려 모든 생물을 지면에서 쓸어버리시겠다는 것이다. 노아의 직계 자손뿐 아니라 모든 정결한 짐승과 부정한 짐승, 공중의 새까지도 방주에 타야한다.

1. 수많은 사람들의 조소 속에서도 노아는 약속(6:18)을 굳게 믿고, 하나님이 명하시는 대로 그 방주를 완성한다. 그 과정이 얼마나 힘들었겠는가 생각해 보라. 상당한 문화와 과학이 발달했다 하더라도 지금처럼 장비가 좋았을 리가 없고, 사람들의 반대와 비웃음 또한 견디기 어려웠을 것이다. 여기서 전 세계를 물로 덮을 무서운 재앙인 홍수 자체는 자연의 변덕이 아니다. 이는 하나님의 엄격한 심판의 표시였다.

2. 하나님은 "땅 위에 사람 지으셨음을 한탄하사 마음에 근심하셨다"(창 6:6)고 했다. '하나님은 전능한 분이시지만, 하나님 주권의 가장 큰 제약은 근본적으로 예측할 수도, 통제할 수도 없는 인간의 자유이다. 어떤 의미에서 하나님은 인간이 어떻게 반응하는지 보시기 위해 기다리면서 실험적으로 반응하신다.'[1] 인간이 더이상 통제할 수 없는 상황이 오자 하나님은 심판을 내리시기로 작정하시고, 노아로 하여금 방주를 준비토록 하셨다. 마침내 대공사를 마친 노아에게 주신 명령과 칭찬은 무엇인가?

   7:1 여호와께서 노아에게 이르시되 '너(노아)와 네 온 집'[2]은 (**방주로 들어가라**). 네가 이 세대에 내 앞에서 (   )*을 내가 보았음이니라.

1) 버나드 W. 앤더슨, 최종진 역, 구약신학, 한들출판사, 167면

2) 노아와의 언약 때문에 그의 온 가족이 함께 구원을 얻는다.

노아의 '의로움' (צַדִּיק)

1. 의로움(찻디크, צַדִּיק) : 노아의 성품 가운데는 하나님 중심의 사고가 뛰어났으므로 베드로는 그를 가리켜 '의를 전파하는' 노아라고 했다(벧후 2:5). 물론 멸망할 자들을 가리켜서는 '경건치 않은 자들'이라고 묘사했다. 창세

기 기자는 노아를 가리켜 "의인이요 당세에 완전한 자"(창 6:9)라고 했다. 그러나 보다 오래된 사본에는 "은혜(헨, חֵן)를 입었다"는 말에 핵심이 있다. 따라서 여기서 강조되고 있는 것은 노아의 의로움을 기억했다기 보다는 하나님의 '호의'(favor) 가운데 있는 한 사람 노아를 기억했다고 말하는 것이 옳은 내용이다.[1] KJV는 이렇게 번역했다. "But Noah found grace (favor) *in the eyes of the LORD*."

1) 월터 브루그만, 류호준 · 류호영 역, 구약신학(기독교문서선교회, 2003), 863-864면

히브리서는 노아의 의로움에 대해 다음과 같이 언급하고 있다. "믿음으로 노아는 아직 보지 못하는 일에 경고하심을 받아 경외함으로 방주를 예비하여 그 집을 구원하였으니 이로 말미암아 세상을 정죄하고 믿음을 좇는 의의 후사가 되었느니라"(히 11:7). 이와 같이 의와 완전함은 오직 신앙과 믿음의 사람들에게서만 찾아볼 수 있다.

2. 그렇다면 그리스도인들은 이 땅에서 도덕적 완전(moral perfection)이 가능한 일일까? 다시 말하면 세례 받은 사람, 즉 성령 받고 구원받은 사람은 모두가 죄가 없고, 순종의 사람이 되어 더 이상 죄의 자리에 있지 않는다는 말인가? 새로운 피조물(new creature)이란 어떤 존재를 말하는 것인가?[2]

2) 이 부분은 동교재, 레위기편, 확대경 No-15(200-201면)에 실려 있는 내용이다. 노아가 당세에 완전한 자였다면, 우리는 이 지상의 삶 가운데 완전함이 가능한가? 그리스도 안에서 '온전함'이란 어떤 의미인가를 정리해 보자. 지금 우리가 살고 있는 세상이 노아 홍수 직전과 같다면, 우리도 노아와 같은 삶을 살아야 하지 않겠는가! '도저히 불가능한 일인가?'

(1) 물론 성경은 거룩하고 흠 없는 성도가 되기를 강하게 명령하고 있다(롬 6:19, 엡 1:4이하, 골 1:22). 그러나 성도가 비록 죄와 사망의 권세에서 해방되었다고 해도 이는 곧 성도들이 죄를 이기고 떠났다는 것을 의미하지 않는다. 만약 성도가 더 이상 죄를 짓지 않는 존재라면 왜 계속해서 성화를 요구하고 있겠는가? "만일 우리가 죄 없다 하면 스스로 속이고 또 진리가 우리 속에 있지 아니할 것이요"(요일 1:8)

(2) 그러므로 "성령 안에 있다"는 말은 더 이상 육체의 정욕(갈 5:16-17, 롬 8:13 참조)에 이끌리지 않도록 사로잡는다는 것을 의미하는 것은 아니다. 갈라디아 5장은 육체의 힘이 얼마나 강한 가를 설명하고 있다. 그 육체의 힘은 하나님의 뜻을 행하고자 하는 것(빌 2:13이하)을 하지 못하도록 영향을 미친다. 따라서 바울은 육체를 따라 살지 말고, 성령에 이끌리어 살도록 강한 자극을 주고 있다(롬 8:12이하). 우리가 하나님의 뜻대로 살려고 마음의 소원이 일어나지만 육과 그 욕망은 그 불을 꺼뜨린다. 따라서 투쟁

해야 한다. 그 투쟁은 항상 영적으로 깨어 있어야 하며, 그 과정에서 성령의 도움을 받을 때에만 승리할 수 있다는 말이다.

3. 앞에서도 살펴보았지만 '온전'이란 개념은 흠 없는 양적인 상태로 보아서는 안 된다. 그리스도 안에서 충만함에 참여하는 것이 바로 성도들의 "온전"의 두드러진 개념이다.[1)]

(1) 그러면서도 이 '온전'이란 말은 그리스도 안에서 주어진 구원으로 말미암아 드러나는 그리스도인의 성숙한 삶을 생각나게 한다.

- 엡 4:13 "우리가 다 하나님의 아들을 믿는 것과 아는 일에 하나가 되어 (온전한, perfect, τέλειον) 사람을 이루어 그리스도의 장성한 분량이 충만한 데까지 이르리니."

(2) 위 구절은 예수 그리스도의 몸인 교회가 세워져가는 모습을 보여준다. 여기서 <온전>은 완전히 자라서 성숙한다는 의미를 가진다.[2)] 그러므로 내부적인 삶과 외형적인 삶에서 올바른 믿음을 소유한 자는 온전한 자라고 할 수 있다. 물론 <온전>이란 당연히 윤리적 의미를 지니고 있다(엡 4:4, 고전 2:6이하). 특히 사랑은 온전한 띠라고 했다(골 3:14, 엡 4:16). 물론 사랑 자체가 온전한 것은 아니다. 사랑은 교회가 영적 성숙을 위한 수단 내지 그 성숙의 영역이다(리델보스, 바울신학).

(3) 빌립보서 3:9-15을 읽어보자. 여기서 '온전'의 의미는 무엇일까? 여기서는 온전의 의도가 도덕적인 것을 초월하는 문제임을 알 수 있다.

- 빌 3:9-15 "그 안에서 발견되려 함이니 내가 가진 의는 율법에서 난 것이 아니요 오직 그리스도를 믿음으로 말미암은 것이니 곧 믿음으로 하나님께로서 난 의라 10 내가 그리스도와 그 부활의 권능과 그 고난에 참예함을 알려하여 그의 죽으심을 본받아 11 어찌하든지 죽은 자 가운데서 부활에 이르려 하노니 12 내가 이미 얻었다 함도 아니요 온전히 이루었다 함도 아니라 오직 내가 그리스도 예수께 잡힌 바 된 그것을 잡으려고 좇아가노라 13 형제들아 나는 아직 내가 잡은 줄로 여기지 아니하고 오직 한 일 즉 뒤에 있는 것은 잊어버리고 앞에 있는 것을 잡으려고 14 푯대를 향하여 그리스도 예수 안에서 하나님이 위에서 부르신 부름의 상을 위하여 좇아가노라 15 그러므로 누구든지 우리 온전히 이룬 자들은 이렇게 생각할지니 만일 무슨 일에 너희가 달리 생각하면 하나님이 이것도 너희에게 나타내시리라."

1) 고전 2:6 "그러나 우리가 '온전한 자들 중에서'(ἐν τοῖς τελείοις) 지혜를 말하노니 이는 이 세상의 지혜가 아니요 또 이 세상의 없어질 관원의 지혜도 아니니요."

2)
- 고전 14:20 "형제들아 지혜에는 아이가 되지 말고 악에는 어린아이가 되라 지혜에 장성한 사람이 되라."
- 고전 3:1 "형제들아 내가 신령한 자들을 대함과 같이 너희에게 말할 수 없어서 육신에 속한 자 곧 그리스도 안에서 어린아이들을 대함과 같이 하노라."

명하신 대로 다 준행하였더라(7:5)

본문도입

말씀에 절대 순종한 노아

- 노아와 그의 가족은 전 인류가 홍수로 멸망하는 가운데서도 생존할 수 있었다. 노아는 하나님의 명령에 의의를 달지 않았다. 그가 얼마나 하나님의 말씀에 절대 순종했는가를 다음 구절에서 확인할 수 있다.
- 6:22 "노아가 그와 같이 하되 하나님이 자**기에게 명하신 대로 다 준행하였더라.**"
- 7:5 "노아가 여호와께서 자기에게 **명하신 대로 다 준행하였더라.**"
- 7:9 "하나님이 **노아에게 명하신 대로** 암수 둘씩 노아에게 나아와 방주로 들어갔더니."
- 7:16 "들어간 것들은 모든 것의 암수라 하나님이 **그에게 명하신 대로** 들어가매 여호와께서 그를 닫아 넣으시니라."

홍수 당시 노아의 나이는 600세 였다. 노아는 "여호와께서 자기에게 명하신 대로 다 준행하였더라"(5절)고 했다. 우리도 이런 상황에서 하나님의 말씀에 잘 순종할 수 있을까? 지금 우리는 예수님 때문에 세상 사람들에게 미친 사람 취급받고 있는가? 아직도 세상 사람들의 생각과 가치관에서 벗어나지 못하고 있다면 구태여 우리에게 무슨 핍박이 있겠는가? 예수 믿는 사실 때문에 노아가 당하는 것과 같은 어려움을 겪고 있는가, 아니면 세상 물결에 떠내려가는 죽은 물고기 같은 삶인가?

1. 7:2-3의 명령은 방주를 다 짓고 난 다음 방주에 들어가기 전에 내린 것이다. 여기서는 6:19-20에서 말씀한 것을 좀더 구체적으로 언급하신다.

(1) "지금부터 칠일이면 내가 사십 주야를 땅에 비를 내려 나의 지은 모든 생물을 지면에서 쓸어 버리리라." 노아는 하나님의 명령대로 준행했다. 노아의 자녀는 그의 나이 500세 이후에 태어났다. 하나님이 방주를 지으라는 명령은 그의 나이 480세 때였다. 그리고 120년이 지나 노아의 나이 600세가 되던 해 2월 17일에 비가 내리기 시작했다.

(2) 방주를 짓는데 다른 사람들을 동원시켰을까? 아니면 아이들이 장성해서 식구들끼리 건조했을까? 물론 그것은 중요하지 않다. 이 기간 동안 노아의 행동은 신속히 온 세계에 선포되었을 것이다. 그 당시 살던 사람은 어떤 모양으로든지 노아의 행동과 그의 메시지를 들었을 것이다. 분명한 것은 그 누구도 하나님께로 돌아오지 않았다는 것이다. '홍수가 뭐야?' 당시의 기후 조건으로는 사람들이 홍수라는 개념도 알지 못했으리라.

2. 어떤 짐승들을 방주에 승선시켰는가?

7:2 너는 모든 '정결한 짐승'은 암수 (　　)씩 '부정한 것'은 암수 (　　) 씩을 네게로 취하며

'그런데 어, 이상하다. 6:20에서는 암수 2쌍씩이라고 해 놓고서는 여기서는 일곱 쌍이라니, 성경의 모순이 아닌가?' 그러나 홍수가 끝난 후 노아는 이 정결한 짐승을 잡아 하나님께 번제로 드린 사실을 보게 된다(8:20).

칠일 후에 홍수가 땅에 덮이니 (7:6~16)

1. 얼마 동안 비가 내렸나? (7:4, 12) (   )

사십 주야(晝夜)를 비가 땅에 쏟아졌다고 했다. 궁창 위의 물들(창 1:17)의 대부분이 하늘의 창(窓)들을 통하여 쏟아졌다. 그래서 "방주가 땅에서 떠올랐고"(7:18), 물이 더욱 창일하매(rose, become strong, 강해지매), 천하에 높은 산이 다 덮였다(19절).

2. 홍수의 결과가 어떠했나?

- 7:21 땅 위에 움직이는 생물이 (다 죽었으니) 곧 새와 (육축)과 들짐승과 땅에 기는 (모든 것)과 (   )이라.
- 7:22 육지에 있어 코로 생물의 '기식을 호흡하는 것'은 (다 죽었더라).

3. "여호와께서 그를 닫아 넣으시니라"(7:13~16).

(1) 지금 노아 일가족을 구원하시는 하나님의 손길이 바쁘시다. 방주를 통한 인류의 구원 역사가 하나님의 주도권에 의해 베풀어주심을 볼 수 있다. 하나님은 마지막으로 노아 일가족을 닫아 넣으셨다.

(2) 하나님은 당대의 의인 노아를 불러 방주를 예비하시고 인류에 대한 심판을 내리신다. 처음부터 구원과 심판은 동전의 양면(兩面)과 같다. 심판은 에덴에서, 그리고 홍수 때에 죄악된 인류에게 주어진 말이다. 그러나 그때마다 은혜의 말씀을 동반했다. 죄(罪)는 하나님과의 모든 관계를 단절시켰지만 그러나 그 심판은 하나님의 은혜로 다시 호전된다. 아담이 하나님께 범죄했을 때 그 결과로서 사망이 찾아왔다. 그러나 하나님은 이들에게 어떤 은혜를 내리셨나? 이제 이 홍수 심판을 통해서도 하나님은 한 가정을 구원하셔서 은혜를 베푸신다.

(3) 히브리서는 노아의 믿음을 노래하고 있다. 노아는 아직 보지 못하는 일에 경고하심을 받아 "경외함으로"(with fear) 방주를 예비했다고 했다(히

하늘의 창들이 열려(11절)

- 과거의 지구는 공중에 궁창 위의 물이라고 부르는 수증기층이 있었음을 알 수 있다(창 1:6-7). 그런데 노아 홍수 때에 깊음의 샘(지하수 및 화산)들이 터지면서 하늘높이 치솟음에 따라 많은 양의 비 또는 눈이 되어 떨어졌다. 전 지구적으로 수많은 화산들이 계속적으로 폭발하여, 많은 화산재가 분출했고, 이 화산재는 응결핵의 역할을 하여 공중에 있던 수증기층인 궁창 위의 물들을 집결시켜 엄청난 비가 되어 쏟아졌다.

- 궁창 위의 물 층, 즉 Water Canopy의 존재는 이상한 것이 아니다. 지금도 금성, 화성, 토성 등의 태양계 행성들은 덮개층(Canopy)을 가지고 있다. 지구도 이런 덮개층을 가지고 있었을 것이다. 이런 덮개층은 일종의 거대한 비닐하우스와 같은 효과를 나타내어 지구 전체가 골고루 따뜻했을 것이다. 지금도 시베리아와 같은 추운 지방에서 아열대 동물인 맘모스 화석들과 코뿔소 화석들이 발견되고 있다. 남극 지역에서 발견된 활엽수 숲 화석은 과거에도 남극 지역 역시 온화했었다는 것을 보여준다. 따라서 이런 조건하에서 인간은 장수했다. 그러나 홍수 사건 이후 인간의 수명이 급격히 감소된 것을 알 수 있다.

- 그렇다면 깊음의 샘들(지하수 및 화산)은 왜 갑자기 터지게 되었을까? 성경은 그 원인을 기록하지 않고 인간의 죄악을 지적하고 있다.

궁창 위의 물이 사라진 결과

- 홍수 사건 이후 지구는 엄청난 지각 변동을 가져온다. 지구의 온실 효과가 사라지자 지역별 계절

"야, 저 뒤 호랑이, 너 왜 안들어가고 까불고 있어." "내가 뭘요!"

의 변화가 뚜렷하게 되었다. 비가 온 후에도 무지개가 나타나게 되었다. 지구의 변화가 온 사실을 창 8:22에서 분명히 언급하고 있다.

• 물 층이 소실됨에 따라 유해한 우주 방사선의 차단이 미흡하여 돌연변이와 질병 발생이 급증하게 되었다. 현대 유전학적 연구에 의하면 돌연변이에 의해 퇴화를 향해 나아간다고 한다. 돌연변이들은 생식세포의 염색체에까지 침입하여 DNA에 영향을 끼친다. 대홍수 이후 급속히 악화된 지구 환경은 생물의 성장의 둔화와 공룡을 비롯한 거대한 생물들이 거의 멸종하게 만들었다. 물론 인간의 수명도 급속히 감소하고 말았다.

(기원과학, Origin, 한국창조과학회편, 두란노, 2000), 124면 이하

11:7). 구원은 하나님의 주도권에 의해 이루어지는 역사이지만, 인간 편에서는 절대적인 순종이 요구된다. 노아는 하나님의 명령에 철저히 순종했다. 노아는 하늘의 상급을 바라보면서(히 11:6) 모든 사람의 조소 속에서도 하나님의 의를 전파했다.

(4) 노아와의 언약 때문에(6:18) 노아의 가족은 물로부터 구원을 얻는다(7:1). 하나님은 여인의 후손을 통해(창 3:15) 전개될 그분의 구원계획에 의해서, 언약의 중보자가 될 노아에게 자신의 은혜를 무한히 베푸셨다. 하나님께서 노아와 맺으신 그 언약 때문에 노아뿐만 아니라 노아의 가족과 동물들의 생명까지도 보존된다. 7:16을 보라. 하나님은 노아를 구원하심에 '주도권'을 가지고 일하심을 본다. "하나님이 그에게 명하신대로 들어가매 '여호와께서' 그를 '닫아 넣으시니라'." 이 모든 것은 전적으로 하나님의 은혜였다(6:8).

4. 홍수로 멸망 받은 대상은? (7:4, 6:11-13, 6:17)

기원과학 Origin

한국창조과학회 편, 두란노

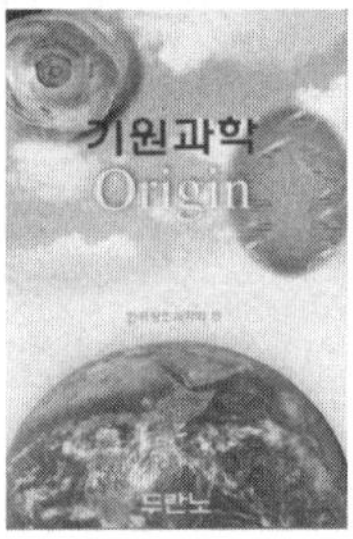

• 내용 : 생명의 발생설, 열역학적 고찰, 생물학적 고찰, 현대지질학과 대홍수, 화석학적 고찰, 완벽한 설계(창조의 증거들), 연대측정의 과학성, 성서적 창조론

5. 죄는 얼마나 무섭고 깊은 것인가? 자, 이 홍수 심판으로 그 죄를 치료할 수 있었던가? 그렇다면 왜 하나님은 홍수로 온 땅을 멸하셨는가?

창 6:5-7

(1) 물론 하나님은 홍수 심판으로는 죄(罪)를 치료할 수 없다는 것을 아셨다. 또한 하나님은 홍수 이전의 인간의 마음 상태를 정확히 아셨다. 뿐만 아니라 홍수 심판의 위력이 인간의 마음을 돌이키기에는 한계가 있다는 것도 분명히 알고 계셨다. 창 6:5-7을 꼭 읽어보자. 그렇다면 왜, 홍수로 인류를 멸절시키시는가?

(2) 그럼에도 불구하고 하나님께서는 죄 아래 있는 세상을 반드시 멸하시기로 작정하신다. 물론 인류가 다시 하나님께 돌아올 수 있는 충분한 회개의 시간도 주시면서 말이다. 하나님은 이 홍수 심판을 통해, 죄는 '반드시' 벌하신다는 사실에 대한 분명한 역사적 예증을 제시하신다. 동시에 이 홍수 사건을 통해 최후의 심판이 우리에게 있음을 보여주려 하신다(벧후 3:4-6).

(3) 따라서 하나님은 오늘도 그 역사적 사건을 통해 우리에게 자신의 뜻을 말씀하신다. 이제 그 홍수 심판의 사건이 단순히 역사의 한 사건으로 끝나는 것이 아니라, 하나님의 최후 심판과 그리스도로 인한 구원이 있다는 것을 확실히 보여주고 있다(벧후 3:3-7). 홍수 사건의 심판과 구원을 통해, 하나님은 자신의 공의와 은혜를 드러내신다.

적용 도우미

• 분명히 노아 시대와 같이 사람들의 심령이 강퍅해져 가고 있지만, 우리가 노아처럼 그렇게 안타까운 마음으로 의(義)를 외쳐 보았나? 有口無言이어늘.

• 요사히 전도하기가 힘이 든다. 옛날처럼, '예수천당, 불신지옥' 하면 영접하던 때와는 확실히 다르다. 지금도 페니시린 주사 한대로 중병에 걸려 있는 현대인을 치료하려고 하는가? 어쨌든 별 방법을 다 동원해도 복음에 귀 기울이는 자는 점점 적어지고있다. 살기가 좋아지니까 하나님이 필요없는가보다.

• 옛날처럼 못살던 때는 전도하면 그래도 열매가 있었는데… 당신은 어떤 방법으로 전도하는가?

홍수가 끝나고 (8:1~22)

본문도입

전 인류를 심판하시려는 홍수는 끝이 났다. 이제 본 8장에서는 이 세상이 다시 하나님의 긍휼 가운데서 회복되었음을 언급하고 있다. 하나님은 노아에게 다시는 인간을 멸하시지 않으시겠다고 약속하신다(8:15-22). 이른바 '노아 언약'이다. 노아 언약에 대해서는 9장에서 다루기로 하자.

1. 홍수 때 그 많은 물들이 어떤 과정을 통해 넘쳐났을까?

8:2 (① 깊음의 샘)과 (②)이 막히고 하늘에서 (③)
가 그치매

2. 얼마 동안 물이 뒤덮여 있었나?

7:24, 8:3 물이 ( )일(21주간)을 땅에 창일하였더라

(1) 큰 깊음의 샘물의 파쇄는 5개월간 지속되었다고 말하고 있다. 창세기 8:3을 보라. 이러한 일은 지구의 지질 융기(隆起) 현상을 가져왔을 것이다. 그 살기 좋았던 세상은 원래의 모습에서 더욱 파괴되었을 것이다. 따라서 이 홍수가 어느 한 지역에서 일어났다는 국지적(局地的)인 홍수설은 설명이 되지 않는다. 또한 인간의 수명이 줄어들었다. 그것은 곧 홍수 전에 비해 자연적인 환경이 엄청난 파괴를 가져왔기 때문이다.

(2) 그렇다면, 홍수 후 이 많은 물이 다 어디로 갔을까?
전 지구를 뒤덮었던 물은 지각의 급격한 변화로 인해 높은 산과 깊은 골짜기가 생기게 됨으로 낮은 곳으로 모이게 되었고 육지가 드러나게 되었다(시 104:6-8*을 읽어보자).[1] 보다 자세한 것은 위에서 소개한 책을 읽도록 해보자.

3. 이런 대홍수가 끝났다. 누가 주관하시는가? (8:1)

(1) 성경은 홍수가 끝나는 과정을 기록하면서 '하나님'을 주체로 표현한다. 하나님이 아니면 그 누가 이런 엄청난 일을 주관하겠는가? 하나님의 명령에

1) 현재에도 지구의 지형이 평평해진다면 지구 전체를 대략 3000m 정도의 깊이로 덮을만한 양의 엄청난 바닷물이 존재하고 있다고 한다. 물론 남북극의 빙하가 모두 녹는다고해도 엄청난 홍수가 발생할 수 있다고 한다 (기원과학).

• 시 104:6-8 "옷으로 덮음같이 땅을 바다로 덮으시매 물이 산들 위에 섰더니 7 주의 견책을 인하여 도망하여 주의 우뢰 소리를 인하여 빨리 가서 8 주의 정하신 처소에 이르렀고 산은 오르고 골짜기는 내려 갔나이다."

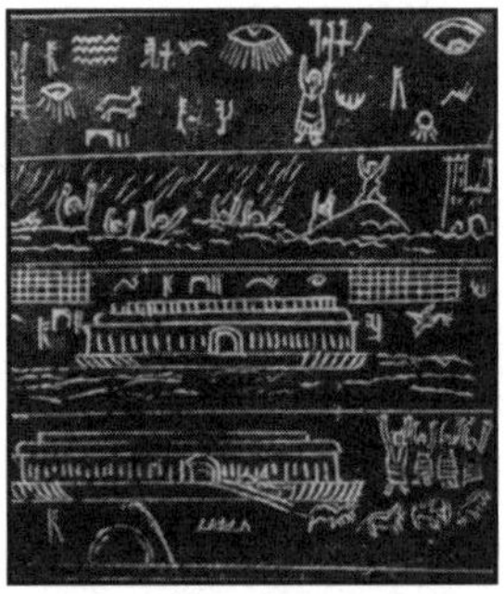

이게 무슨 그림이야?

대홍수에 대한 전설은 세계 도처의 여러 민족에게서 전해 내려오고 있다. 지금까지 270가지가 넘는 대홍수에 대한 전설이 발굴되었다. 그런데 그 기본적인 구조가 거의 같다는 것이다. 특히 미국의 인디언들이 남겨놓은 기와조각에 그려진 그림은 매우 놀라운 것이다. 미시간 주에서 발견된 이 석판은 5부분으로 되어 있고, 성경의 홍수 사건을 아주 생생하고 정확하게 묘사하고 있다. 궁창 위에 물로 인해 이그러져 있는 태양, 물속에 빠져 아우성 치는 사람, 비가 내린 40주야를 상징하는 40칸의 네모난 그림, 나뭇잎을 문 채 날고 있는 새, 큰 배, 큰 배 옆에서 하늘을 향해서 경배를 올리고 있는 4명의 남자, 배로부터 한 쌍씩 나오고 있는 동물들의 모습, 현재의 둥근 태양 모습, 무지개 등은 노아 홍수에 대한 성경의 기록을 정확하게 반영하고 있다.

[창조와 과학], 한국창조과학회 편, 두란노, 99-100면. / 기원과학, 134-135면

바람과 물도 순종한다.

(2) 여기 '권념하다'(זכר, 자카르)라는 말은 '기억하다, 상기하다, 마음에 두다, 권고하다, 선포하다' 등의 뜻으로 쓰인다. 노아를 권념하여(기억하여, remember) 물이 줄어들게 하셨다는 것이다. 하나님께서 죄를 기억하지 않는다는 것은 곧 인간을 용서해 주시고 심판을 철회하신다는 것을 의미한다(시 78:8-9).

4. 이제 노아를 통해 새로운 인류가 시작되도록 하신다. 홍수 후에 노아에게 어떻게 명하셨나?

8:17 모든 것을 이끌어 내라 이것들이 땅에서 (   )하고 땅에서 번성하리라 하시매

(1) 아담에게 말씀하셨던 명령이 다시 노아에게 언급되고 있음을 보라. 아담을 지으시고 내리신 명령과 같은 내용이다(창 1:28 하나님이 그들에게 복을 주시며 그들에게 이르시되 생육하고 번성하여 땅에 충만하라, 땅을 정복하라, 바다의 고기와 공중의 새와 땅에 움직이는 모든 생물을 다스리라 하시니라). 노아는 제 2의 아담이 되어 최초의 아담에게 명령하신 문화명령을 다시 지켜야 한다. 홍수 후에 하나님은 인간을 새롭게 다루실 것이다. 홍수로 인간의 사악함이 완전히 제거되지 않았지만 하나님은 홍수를 통해 최후의 심판이 반드시 있다는 것을 보여주기 위한 역사적 시범을 보이셨다. 하나님은 다시 인류에게 은혜를 베푸신다. 노아를 통해 인류는 다시 번성할 것이다. 9장에서 보다 자세히 연구해 보자.

(2) 방주에서 나온 노아는 제일 먼저 무엇을 했는가?

8:20

노아는 먼저 단을 쌓고 하나님께 번제를 드린다. 구원의 하나님을 찬양하고 있는 것이다. 하나님은 그 번제를 받으시고, 새로운 법령으로 이 땅을 현재 대로 보존하겠다고 약속하신다. 그 구원의 감격이 얼마나 컸겠는가?! 이 멸망 가운데서 구원을 받았다면 우리는 찬양하지 않겠는가? 이것은 성도의 기본적인 자세이다.

홍수 (맙불, מַבּוּל)

이 단어의 유래에 대해서는 논쟁이 있다. 대체로 "하늘의 물 저장항아리"를 의미하는 어떤 단어로부터 유래했다고 본다. 시편 29:10에서는 이 용어가 궁창 위에 있는 물로 표현하고 있다. 신약에서는 '범람' 을 의미하는 '카타클뤼스모스'이다(마 24:38-39, 눅 17:27, 벧후 2:5).

홍수에 대한 설화들이 많이 전해내려오고 있다. 그 중에 메소포타미아의 설형문자로 기록된 세 가지 홍수 기사가 흥미를 끈다. 수메르 역본의 지우수드라(Ziusudra), 길가메쉬(Gilgamesh) 서사시에 나오는 우트나피쉬팀(Utnapishtim), 앗수르 역본에 나오는 아트라하시스(Atrahasis) 등이다. 이들은 홍수에서 살아남은 주인공들이다. 물론 이런 설화들을 성경의 기사와 일치시키는 것은 문제가 있다. <아가페 성경사전>

5. 하나님은 노아가 드린 제물을 받으시고 어떻게 응답하셨는가?

8:21, 22

(1) 하나님은 완성의 때까지 다시는 땅을 저주하거나 생물을 멸하시지 않으시겠다고 약속하신다. 땅이 있을 동안에는 현재의 질서대로 이 땅을 보존하실 것이다. 하나님은 인간에게는 오래 참으심이 필요하다는 사실을 아시고 은혜와 긍휼로써 인간의 생명을 보존키로 하신다. 땅이 있을 동안에는 심음과 거둠, 추위와 더위, 여름과 겨울, 낮과 밤이 쉬지 않을 것이다.

(2) 인간의 사악함, 홍수 전에 나타났던 그 사악함은 홍수 후에도 그대로 나타났음을 본다. 아래 구절을 비교해 보자.

- 창 6:5 "여호와께서 사람의 죄악이 세상에 관영함과 그 마음의 생각의 모든 계획이 항상 악할 뿐임을 보시고."
- 창 8:21 "여호와께서 그 향기를 흠향하시고 그 중심에 이르시되 내가 다시는 사람으로 인하여 땅을 저주하지 아니하리니 이는 사람의 마음의 계획하는 바가 어려서부터 악함이라 내가 전에 행한 것같이 모든 생물을 멸하지 아니하리니"

적용 도우미

- 홍수가 시작되던 날을 한번 상상해 보자. 그 때의 모습들이 어떠했을까를 생각해 보라. 농담스럽던 그들의 모습과 계속되는 폭우에 굳어져 가는 그들의 모습을 표현해 보라. 주님이 오시는 날도 그러하리라.
- 얼마나 큰 지각(地殼) 변동이 일어났을까? 땅속에 있는 지하수가 빠져나갔다면 분명히 지각의 변동이 왔을 것이다. 그리고 온 세상을 뒤엎은 물의 압력은 또 얼마나 컸을까? 높은 산이 바다 밑으로, 바다가 높은 산이 되었을 것이다.
- 노아와 그 가족의 구원 관계 : 노아와 그 식구들이 영적으로 다 구원받았다는 말일까? 홍수 후의 그의 아들 함은 어떠했나? 성경은 이런 사실에 대해 어떻게 답변하고 있는가 다음 성경구절을 찾아보자. (에스겔 14:14, 20을 찾아보라.)
- 교회에 등록된 교인들, 즉 가시적(可視的)인 교회에 있는 자들이 다 구원받으리라고 생각하는가?

확대경(No. 17)

홍수 일지(日誌)

홍수 시작
(노아가 600세 되던 해 2월 17일)

기간	일수	내용
물이 150일간 창일함 (7:24)	7	① 2월10일 /7일을 기다림)
	40	② 40주야(晝夜)
	110	③ 110일간 계속 물이 불음
150일간 물이 감함 (8:3)	74	④ 물이 물러가는데 74일
	40	⑤ 까마귀를 내보냄
	7	⑥ 비둘기를 내보냄
	7	⑦ 비둘기를 다시 내보냄
땅이 마름		⑧방주 뚜껑을 제침(8:13)
	57	⑨ 땅이 마름 : 방주에서 나옴
홍수기간의 총합계 : 371일		**노아 언약(9장)**

☞ 계산상에 이견이 있을 수 있음

① 7일을 기다림(7:4, 10)

② 40주야(晝夜) 비가 내림 (7:12)

③ 그후 110일간 계속 물이 불었으며 (총 150일간 창일, 창 7:24)

④ 물이 점점 물러가는데 74일 - 7월 17부터 10월 초하루 (창 8:5)

⑤ 40일 경과 후 까마귀 내 보냄 (창 8:6-7). 돌아오지 않음

⑥ 7일 경과 후 비둘기 내보냄(창 8:10).감람나무 잎사귀를 물고옴(8:11).

⑦ 7일이 더 지난 후 다시 비둘기를 내어놓았으나 돌아오지 않음(창 8:12). 물이 완전히 감함(8:3)

⑧ 다음 사건이 창 8:13이다 - "601년 1월 1일에 지면에 물이 걷힘" 그러므로 창 7:11 홍수 시작일로부터 창 8:13의 지면에 물이 걷히는 날까지의 기간은 314일(314-285 = 29일)

⑨ 1월 1일 : 방주 뚜껑을 제친 때부터 방주에서 내려올 때까지(땅이 마른 때까지) 57일 경과(창 8:14)

홍수기간의 총합계 : 371일

홍수는 일년 이상이 걸렸다. 따라서 홍수가 국지적(局地的)인 것이 아님을 알 수 있다.

- 읽어볼 책 (죤 위트콤, 헨리 모리스, 이기섭 역, 창세기 대홍수, 성광문화사)

창세기 7,8 장 요약 정리

요약질문

7:1-5 노아와 그 가족 및 짐승의 승선
- 하나님은 노아에게 어떤 명령을 내리시는가?
- 정결한 짐승은 몇 마리씩 방주에 태웠나?
- 부정한 짐승은 몇 마리씩 취했나?
- 비는 몇일간 내렸나?
- 이런 모든 명령에 노아는 어떻게 행동했나? (5절)

7:6-24 : 홍수의 시작과 그 진행
- 대홍수가 시작될 때 노아의 나이는?
- 홍수 시작일은? (11절)
- "종류대로"라는 말의 의미는 무엇인가? (14절)
- 여호와께서 그를 '닫아 넣으시니라' 는 말의 의미에서 하나님의 구원의 주도권을 설명해 보라. (16절)
- 앞 페이지의 홍수 일지를 보고 홍수 개요를 설명해 보라.
- 홍수의 결과가 어떻게 나타났나? (21-23절)
- 홍수 후에 살아남은 피조물은? (23절)
- 물이 몇일간 땅에 창일했나? (24절)

8:1-19 : 홍수의 그침
- 하나님의 구원을 기다리며 인내하는 노아를 생각해 보라.
- 홍수가 어떻게 감해졌나를 설명해 보라.
- 홍수 후에 배는 어디에 정착했나? (4절)
- 노아는 하나님의 명령에 따라 방주에서 나왔다. (15-16절)
- 하나님께서 방주에서 나온 노아에게 어떤 명령을 내리시는가? (17절) 이를 창 1:28과 비교해 보라.

8:20-22 : 노아의 감사 제사
- 홍수가 끝난 후 노아는 즉시 감사의 예배를 드린다. 감사는 성도가 가져야 할 기본적인 자세이다.

Summary

아라랏 산은 어디쯤일까?

- 히브리인들은 아라랏 산맥에 세계에서 가장 높은 산맥이 있다고 믿어왔다. 후대 기독교인들의 전통은 아라랏 산의 가장 높은 산봉우리 가운데 하나인 '아그리 닥'(해발 5,165m, 터키 북방 지방)이라고 보고 있다. 그러나 이와 반대 의견도 있다. 후세에 아시리아라고 불리게 된 지역의 메소포타미아 저지대와 접해 있는 반호 근처의 주디 산이 방주가 '원래' 상륙한 지점이라고 주장하기도 한다(문명의 창세기, 237면).

대홍수와 그 역사적 증명

Early development of Mesopotamia

1 노아 홍수의 고고학적 증거가 있을까? 있다. 홍수이야기와 홍수에 관한 기록들이 상당히 많이 있다. 기록이나 구전을 통하여 노아 홍수와 유사한 사건을 보존하고 있는 국가나 민족은 전세계적으로 이백 수십 개에 이르고 있다. 홍수 이야기는 수메르 문명의 점토판으로부터 바벨론의 기록, 웨일즈, 러시아, 중국, 인도, 하와이, 아메리카 등 거의 모든 인디안 종족들과 남미의 페루 문명에 이르기까지 수많은 기록과 전설들이 있다. 그 중에서도 가장 유명한 것은 인류 최초의 문명인 수메르의 점토판이다. 이 점토판 중에는 노아 홍수와 아주 유사한 '길가메시 서판'으로 잘 알려진 이야기가 기록되어 있다.

2 앞으로 성경의 배경을 이해하기 위해서는 아주 간단한 메소포타미아 역사를 개괄하는 것도 좋을 것이다. 도표를 그려서 그 시대를 알아보자. 홍수가 발생했던 시기는 언제쯤이었을까? 물론 정확히 모른다. 그래도….

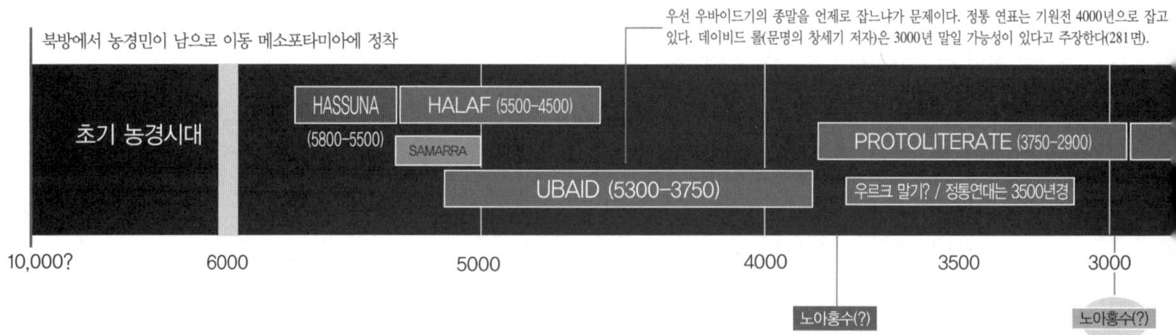

HASSUNA period(5800–5500) : 핫수나 문화에서는 관개시설, 토기, 내구(耐久) 가옥을 만들었다.

HALAF period(5500–4500) : 할라프 문화가 1000년에 걸쳐 메소포타미아 전역에 번영했다. 이들의 교역은 페르샤만에서 지중해까지 이르렀다.

우바드인 : 메소포타미아(유프라테스 강과 티그리스 강 사이의 지역) 남부에 정착한 초기의 주민은 우바이드인이다. 이들이 언어학상 증거에 의하여 독자성과 문화상의 공적을 증명할 수 있는 인류 역사상 최고(最古)의 민족이다. 이 당시는 아직 문자를 사용하지 않았다. 그러나 수메르인이 아닌 것은 확실하다. 이들은 석재(石材)가 거의 없었기 때문에 흙벽돌로 마을이나 도시를 티그리스 · 유프라테스 이곳 저곳에 점점이 구축했다. 훗날 수메르인의 도시 이름들(우르, 라가시, 니푸르, 키시 등)은 우바이드인들에게서 전해진 것이라고 여겨지고 있다.

셈족 침입 : 5000년 말엽, 시리아 사막과 아라비아 반도에 살고 있던 유목민들이 우바이드의 거주 지역을 침입한다. 두 민족, 두 문명의 혼합으로 더욱 새 시대를 구축하게 된다. 세계 최고(最古)의 문명이 이 시대에 이루어진다.

PROTOLITERATE period (3750–2900) :

수메르인 : 수메르인이 무대에 등장한 것은 주전 3500년께의 일로 유프라테스강 기슭에 정착한다(스메르인의 등장 연대는 학자들 간의 여러 의견들이 있다). 중앙아시아로부터이란을 빠져나온 것으로 보인다. 이들의 출현으로 메소포타미아 남부에는 민족상의 융합이 이루어지고 그후 인류의 진로에 큰 영향을 미치게 된다. 그후 수백년 동안 스메르라 불리게 된 이 지방은 유례 없는 물질적 번영을 이룬다. 세계 최초의 도시들이 몇 개씩이나 건설된다.

- 원통인장(cylinder seal)이 문서나 용기의 소유주를 표시하는 데 사용되었다.
- 지구랏의 가장 초기 형에 속하는 신전이 고대(高臺)에 세워졌다.
- 스메르인 사이에 문자의 가장 오랜 형태인 그림문자가 기록을 위해 사용되었다.
- 상당한 규모의 운하와 저수지 시설을 만들고 이를 운용하기 위해 민주적인 방법을 도입했다.

왕정제도 확립 : 민주적으로 일을 집행하는 곳에는 군사적 위협에 속수무책이었다. 따라서 주민 중에서 가장 유능하고 용감한 사람을 뽑아 주민의 선두에 서게 할 필요가 있었다. 이러한 경과를 통해 왕제(王制)가 탄생됐다. 이후 끊임없는 전쟁이 발생하자 왕이라는 직무도 점차 임시적인 것이 아니라 세습적, 왕조적, 독재적인 것으로 바뀐다.

전란(戰亂)으로 이어지는 수메르 : 주전 3000년경, 왕제(王制)는 확립되나 그 이후 수메르의 역사는 전란에 휩싸인다. 10여개의 도시 국가(언어와 문화가 같았지만) 지배자들은 수메르 전체의 패권을 둘러싸고 서로 싸웠다. 이 수백년 동안 티크리스 · 유프라테스 평야는 끊임없는 전쟁의 무대가 된다. 이 도시 국가들 중에는 성경에도 그 이름이 등장한다: '우르크' '갈대아 우르'

키시 : 수메르 전체의 지배권을 확립하는 데 성공한 최초의 도시가 현재 바그다드 남쪽 약 90km 지점에 유적을 남긴 키시일 것이다(주전 3000년 초기). 이런 추측은 수메르의 왕명표(에티나 이후 1000년후에 작성)에 입각한 것이다. 키시는 에타나라는 이름의 왕 치세 때 전성기에 달한 것으로 보인다.

우르크 : 에타나의 치세 후, 곧 키시의 남동 약 160km 지점에 있는 우루크가 키시로부터 패권을 빼앗았다.

길가메시 : 우르크에는 여러 유명한 왕들이 있었지만 초기의 왕 중에서 가장 유명한 왕은 역시 '길가메시'이다. 길가메시에게는 그의 빛나는 업적을 둘러싸고 엄청나게 많은 신화와 전설이 생겨났다. 그는 세월과 함께 반쯤 신 같은 존재요 민족 최고의 영웅일뿐 아니라 고대세계 전체의 대표적인 서사시의 주인공이 되었다. 당시 키시와 우르크, 그리고 우르 사이에는 서로 패권을 잡으려는 각축이 일어났고, 이 삼파전에서 승리를 거둔 것이 우르크의 왕 길가메시였다.

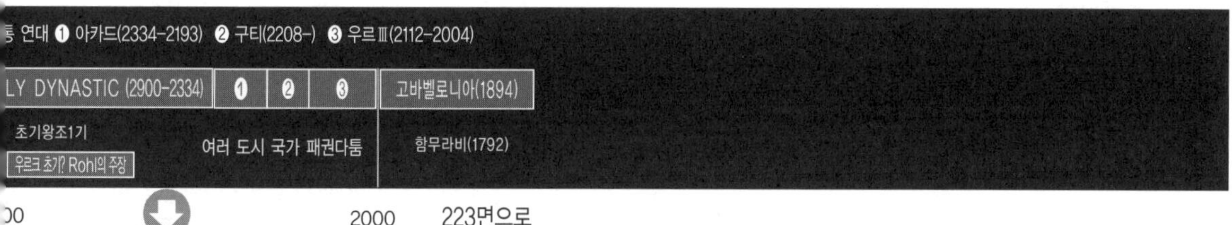

223면으로 계속

고고학적 구분

초기왕조 1기(정통연대 2900)
- 평철식 벽돌

젬데트 나스리기(정통 3200)
- 다색 칠무늬 토기
- 문자 도입
- 원통형 인장

우르크 후기(정통 3500)
- 위풍당당한 건물

우르크 초기(4000~3000?)
- 붉은색 회색 민무늬 토기
- 물레 도입

← 노아홍수(3100, 2900?)

우바이드 후기
- 토기를 불에 굽는 기술

우바이드 중기
- 장미꽃 도안 반구형 사발

하지 무함마드기

에리두기

창세기에 노아의 홍수로 나와 있는 사건은 고대 중동 지역에서 물레를 이용한 토기와 문자가 출현하기 직전에 실제로 일어난 역사적 사건이었을 것이다. 대참사를 초래한 이 홍수는 우바이드 문화를 종식시키고, 그에 뒤이은 우르크기의 급속한 문명 발전에 촉매로 작용했다. 데이비드 롤은 그가 만든 새 연표에서 우르크 초기를 주전 3000년경으로 잡았다. (데이비드 롤, 문명의 창세기, 279면, 667면 도표 참조)

- 대홍수의 연대기나 우르크 제1왕조의 출범 연대를 정확하게 제시하는 것은 사실상 불가능하다(BC 4000~3000?) '레너드 울리'(Leonard Wooley, 1880-1960)라는 고고학자가 우르의 '홍수 구덩이 F'지층에서 발견한 고고학적 증거가 아직까지는 노아의 홍수를 입증하는 가장 좋은 증거인듯 하다. 그 시점이 주전 4000년부터 최저 3000년까지로 대충 추정할 수 있을 뿐이다(위의 책, 279면).

길가메시 서사시 11번째 서판

길가메시 서사시 11번째 서판

◐「길가메쉬 서사시」의 11번째 서판(높이 6인치) : 메소포타미아의 홍수와 그 주인공인 우트나피쉬팀(Utnapishtim)의 이야기가 실려 있다. (대영박물관 소장) / 우르크 초기의 왕 중에서 가장 유명한 왕은 역시 '길가메시'였다. 길가메시는 그의 빛나는 업적으로 반쯤 신 같은 존재요 민족 최고의 영웅일뿐 아니라 고대세계 전체의 대표적인 서사시의 주인공이 되었다. 이 서판은 오스틴 레어드(A.H. Layard)가 1853년 니느웨에서 발견했다.

1 설형문자(쐐기글자) 번역에 착수한 아카드어 학자 조지 스미스(G. Smith)는 세상을 뒤덮고 인류를 멸망시킨 대홍수 이야기를 발견하고 깜짝 놀랐다. 창세기의 홍수 이야기와 너무 유사했기 때문이다.

2 홍수 사건에 대한 이야기는 각기 독자적인 형태로 있다가 오랜 후에 비로소 완성된 형태의 길가메시 서사시 안에 통합된 듯하다. 셈족 계통의 바벨론인들이 이 놀라운 서사시를 제작했는데, 이들은 수메르인의 문화를 물려받고 홍수 설화의 요소를 많이 빌어왔을 것이라 한다. 수메르인들에게는 하나 이상의 홍수 설화가 있었다. 또는 바벨론인들은 수메르인들로 보다는 아브라함의 조상과 더 밀접했던 아모리인의 조상으로부터 직접 홍수 전설을 받았다(존 브라이트, 이스라엘 역사).

성경과 바벨론 홍수 기사와 유사점과 차이점

웅거(Merril F. Unger)는 *Archaeology and the Old Testament*에서 두 기사의 유사점을 다음과 같이 설명했다(존 위트콤, 이기섭 역, 41면 이하).

① 대홍수가 신에 의해 계획되었다고 진술한다. ② 대홍수의 주인공에게 임박한 격변이 계시되었다는 점에 서 일치 ③ 대홍수의 원인이 인간의 변절 때문이라고 함. ④ 주인공과 가족의 구원 언급 ⑤ 대홍수의 주인공은 신의 지도를 받아 거대한 배를 만들어 생명을 보존했다고 주장 ⑥ 대홍수의 물리적 원인을 알려준다. ⑦ 홍수의 기간 규정 ⑧ 배의 상륙 지명 명시 ⑨ 일정한 간격으로 새를 내어보내어 물이 감한 여부를 확인 사실을 진술. ⑩ 주인공이 구원 받은 후에 경배한 것을 기술 ⑪ 재난 후에 주인공에게 특별한 축복이 수여됨을 기술.

세부적 차이점들

	창세기	바벨론 설화
① 홍수 창시자	오직 한분 참 하나님께서 인류의 도덕적 타락으로 대홍수를 일으켰다고 함	엔릴 신의 조급함 때문에, 그리고 다른 신들의 의지에 반대하여 홍수를 내림
② 홍수 예고	120년간 홍수 유예시키시면서 회개를 기다리심	신들이 홍수에 대한 비밀을 지킴. 그러나 에아가 엔릴 몰래 우트나피스팀(바벨론의 노아)에게 재난이 온다는 암시를 주었다.
③ 방주와 탑승자	300*50*30규빗의 3층 크기 8명 / 짐승(정한 / 부정한)	120*120*120의 9층 우트나피스팀의 전가족, 친척, 사공, 기능공, 모든 생물의 종자, 그의 모든 금, 은.
④ 홍수원인 / 기간	150일간 / 221일간 감퇴	원인은 오직 비뿐이며, 6일 후에 멈춤, 며칠 후에 방주를 떠남
⑤ 새에 대한 기사	까마귀 / 칠일 후 비둘기가 세번	비둘기 - 제비 - 까마귀
⑥ 희생제사와 축복	노아의 제물을 받으시고 / 다시는홍수로 멸하지 않으시겠다고 언약하심	오랫동안 제물을 받지 못해 굶주린 신들이 "제물 위에 파리떼같이 날아들었다." 뒤이어 신 엔릴과 에아 사이에 다툼. 우트나피스팀과 부인은 신들의 왕국으로 이끌려 갔다.

바벨론 설화의 허구성

1. 바벨론 설화의 조잡한 다신주의와 내용의 혼미성은 이 이야기가 오랫 동안 구술(口述)로 전해졌음을 의미한다.

(1) 비록 다신론적 요소가 있음에도 불구하고 바벨론 홍수 설화는 세부 사항에 있어서 조차 창세기 기사와 유사하여 놀라지 않을 수 없다. 창세기 기사는 바벨론 설화에 포함된 것과 같은 와전된 요소없이 하나님의 영감으로 기록되어 수세기 동안 순수하고 정확히 보존되었다.

(2) 그러나 비평적 학자들은 곡해하여 길가메시 서사시가 와전되어 창세기가 기록되었다고 주장한다. 그러나 수백 가지나 되는 홍수 전설이 지구의 동서를 망라한 세계의 모든 지역에서 발견되었다. 이들 전설의 주 내용은 무엇일까? 그것은 큰 홍수가 일어나 한 번 땅을 뒤덮어 인류의 소수를 남기고 그 외의 모두를 멸하였다고 전한다. 다수의 전설은 아메리카 인디언 중에서 발견된 것들도 있다. 그 내용은 큰 방주 건축에 대하여 말하고 있는데, 이 방주는 홍수 멸망시 인간과 동물의 종자를 구원하고 마침내 산에 상륙했다고 한다.

2. 물론 비기독교인 학자들이 이와 같은 전설을 창세기의 역사성에 대한 확정적 증거로 인정해 주리라고는 기대할 수 없다. 그들은 성경의 많은 부분들을 무신론적 추측하에 신화나 전설의 영역으로 돌리고 있기 때문이다.

3. 그러면, 화석(化石)과 암석층(岩石層)은 어떻게 생겨진 것인가?

과학자들은 이런 화석들을 통해 지구의 생성 연대를 산출하려 한다. 물론, 상당히 무리가 가는 가설이다. 어떻게 진화론이 주장하는 침식과 퇴적 작용에 의해서 수백만의 화석 지층이 형성될 수 있겠는가? 10억년이 지나가도 자연계의 현상이 그랜드 캐니언

길가메시 상(像) : 우르크의 왕이었던 길가메시를 주인공으로 하는 서사시에는 수메르인들의 염세주의가 잘 나타나 있다. 그는 영웅으로서 파란만장한 생을 살아간다.

(Grand Canyon)을 만들어 낼 수가 있는가?

대홍수의 설명 : 수십억톤의 물질들이 홍수의 물에 의해 휩쓸려 떠내려가다가 점차적으로 퇴적되었을 것이다. 무거운 물질, 가벼운 물질, 점토(粘土) 등이 여러 지층에 퇴적된 것이라 할 수 있다. 화석 역시 그렇게 퇴적 형태를 따랐을 것이다. 단순한 해양 동물은 제일 밑에 퇴적되었을 것이고, 좀 발달된 포유류 같은 동물은 물로부터 더 도망 다니다 훨씬 나중에 퇴적되었을 것이다. 그러다가도 갑작스런 천재지변으로 커다란 포유동물이 제일 먼저 가라앉을 수도 있었을 것이다.

4. 그러면, 대빙하(大氷河), 극지방에 나타나는 열대성(熱帶性) 화석과 맘모스는?

지구는 한 때 열대성 기후를 가졌다고 한다. 열대 식물이 전세계적으로 퍼져 있었음이 발견되고 있다. 열대성 화석들이 북극권과 시베리아 툰드라 지역에서 발견되고 있고, 얼어죽은 맘모스도 발견되고 있다. 맘모스를 발견했을 때, 열대 식물들이 소화되지 않은 상태로 발견되어졌다. 이 맘모스들의 순간 냉동은 동일과정적 지질학과 진화론에서 주장하는 '빙하기는 수백-수십년에 걸쳐 서서히 시작되었다'는 이론으로는 도저히 설명할 수 없다. 이는 순간적으로 일어난 일이다. 그 원인은 바로 전 지구를 뒤엎은 홍수만이 이런 사실에 대해 설명을 가능케 한다. 또한 빙하기 때 빙하가 전 지구를 다 덮었던 경우는

없었다. 빙하가 최대로 확장되었던 시기에도 빙하는 지구 표면의 1/3이상을 덮지 않았다. 오히려 고위도 지방이 빙하기였을 때 저위도에는 많은 강우가 있었다. 오늘날 사막 지역인 바로 이런 지역에서 정말로 사람들이 살았던 자취와 복잡한 관개시설이 존재했음이 밝혀졌다.

처음 창조시 하늘의 증기층은 '온실 효과'를 제공함으로써 지상의 기온을 고르고 따뜻하게 해주었다. 그런데 홍수로 인하여 이 증기층이 사라졌을 때, 일반적인 기후의 변화가 야기되었고, 극지방은 얼어붙게 되었다. 성경의 연대는 홍수의 시기를 주전 10000년에서 6000년 사이로 본다. (그러나 앞에서 살펴본 것처럼 홍수의 연대를 훨씬 뒤로, 즉 주전 4000~3000년으로 보는 학자들도 있다.) 일반 과학자들도 마지막 빙하기를 주전 10000년으로 본다. 거의 연대가 일치한다.

5. 홍수 전과 홍수 후의 변화된 점들이 무엇일까? 자연현상만 이야기 해보라.

궁창 위에 물이 없어짐으로 온실 효과가 사라졌다. 홍수 전에는 궁창 위의 물로 인해 지구 전체가 온난했을 것이다. 섭씨 25도 정도의 아열대 기후였을 것이다. 바람도 크게 불지 않았고, 밤과 낮의 일교차도 심하지 않고, 이런 기후에서는 옷을 입지 않고 살아도 될 수 있을 환경이었을 것이다. 일교차가 심하지 않으니 채식만 하고도 에너지를 보충할 수 있었다. 소식과 채식은 노화를 방지하고, 자연 수명이 오래갔을 것이다. 궁창 위의 물은 보다 높은 곳에 있는 오존층을 보호했을 것이고, 태양의 자외선을 차단, 해로운 광선을 차단했을 것이다. 홍수 후에 물론 이런 것들이 다 파괴되었고 환경은 더욱 열악해졌다. 그러니 하나님이 처음 창조하신 지구는 얼마나 아름다웠을까? 그러나 낙심하지 말자, 천국은 그와 비할나위없는 좋은 곳이니까.

6. 현대지질학의 대변혁 : 최근에 들어와서 동일과정설의 일관된 적용에 한계가 있음을 시인하고 있다. 이

船

'배'선 : 하와이 원주민들의 홍수 이야기는 홍수에서 인류를 구한 사람의 이름이 '누'라고 밝혀져 있다. 중국 홍수 이야기에서는 인류를 구한 사람의 이름이'누와'라고 밝혀져 있다. 한자의'배' 선(船)자를 보면 '배' 주(舟) + 여덟 팔(八) + 입 구(口)로 이루어져 있어서 배 선(船)자의 어원은 노아와 그의 가족들(총 8명)이 방주에서 구원받았던 사실에서 기원하였음을 알 수 있다. 한자(漢字)의 발생 시기가 주전 2300년경으로 홍수 이후 민족의 분산이 이루어진 바벨탑 사건 직후이다. 바벨탑 사건 이후 동방으로 이주해온 사람들이 조상들의 역사와 사선을 토대로 상형문자인 한자를 만들었을 것이다. (기원과학, 132면)

런 지질학적 난제들을 해석하기 위해서는 격변적 지각 변동과 급속한 기후 변화를 설명할 수 있는 새로운 대안이 절실히 필요한데 전 지구적 대격변의 멋진 모델이 바로 구약성경 창세기에 기록되어 있는 대홍수 사건이다.

7. 지구의 나이는 얼마나 될까?

물론, 정확히 알 수 없다. 그러나 진화론자들의 주장처럼, 수십억년은 절대 아니다. 오히려 지구 나이는 훨씬 젊다는 증거들이 많이 있다.

지구의 회전은 점점 느려지고 있다고 한다(자전 시간이 길어짐). 이런 요인은 지구에 영향을 주는 태양과 달의 중력을 포함해서 여러 요인이 있다. 만일 지구의 연대가 십억년이라면 지구의 지금 회전 속되는 제로가 되어 있어야 한다. 또 태양을 돌고 있는 혜성들은 여러 가지 요인에 의해 회전할 때마다 일정량의 질량을 잃게 되며, 또 태양계에는 새로 생성되는 혜성은 없는 것으로 알려져 있다. 만약 태양계의 연도를 십억년 단위로 본다면 오늘날 혜성들의 크기에서 출발한 최초의 크기는 태양보다 수십배가 커서 혜성 주위를 태양이 돌아야 하는 모순이 생긴다. 여기까지 하자. 한국창조과학회에서 펴낸 책들을 참고해 보자.

<읽어볼 책 : 창조와 과학, 기원과학, 한국창조과학회편, 두란노>

Back to the Bible

9장
노아 언약 · 새로운 출발

- 홍수 후 방주에서 나옴. 노아와 그 아들들에게 축복하심(9:1-7)
  동물 허락. 그러나 피로서 상징되는 생명의 원리를 경외할 것을 요구하신다.
- 노아의 언약 : 다시는 홍수를 심판의 도구로 사용하셔서 세상을 멸하지 않겠다고 약속하신다. 언제까지? "세상이 있을 동안에는" 그리고 그 증표로 구름 속에 무지개를 두셨다8-17).
- 노아가 다시 죄를 짓는 장본인이 된다(9:18-23)
- 셈(Shem) : 언젠가 셈의 계보(系譜)에서 인류를 구속하실 메시야가 탄생할 것이다(9:24-27).

일년이 넘는 길고 긴 홍수가 끝이 났다. 그 동안 노아와 그 식구들은 어떻게 시간을 보냈을까? 물론 방주에 실려 있는 짐승들을 보살피는 일로 바쁜 생활을 계속했을 것이다. 노아는 그 방주 속에서 얼마나 큰 구원을 맛보았을까?! 이제는 노아를 비웃던 이웃들도 없어졌고, 그 화려하던 세상의 모습도 그 본래의 모습을 잃어버렸다. 물이 150일을 땅에 창일하는 동안 세상은 폐허가 되었다. 온 세상이 물밖에 없었다. 이제 이 세상은 이것으로 끝나버릴 것인가?!

물론 아니다. 인류 전체의 부패 때문에 옛 세상을 홍수로 멸하셨으나 인간을 보존하시려는 하나님의 열심은 홍수 후에도 뚜렷이 나타나고 있다. 하나님은 노아와 그 아들들을 축복하시고 다시는 인류를 홍수로 멸망시키지 않겠다는 약속을 하신다. 그 창조된 세계를 보존하시려는 하나님의 뜻이 창 9:1-7에서 뚜렷이 나타나고 있다. 창세기 1:28과 9:1, 7을 비교해 보면 창조에서의 하나님의 목적과 홍수 후 구원에서의 하나님의 목적을 한데 연합시키고 있음을 본다. 하나님은 노아와 그 직계 자손을 통해서 이 땅 위에 다시금 그의 나라를 세워나갈 것이다.

방주에서 하선한 노아 일행은 하나님께 감사의 제사를 드린다. 하나님은 그의 제사를 흠향하신다. 그리고 새로운 명령을 내리신다. 그들을 통해서 인류가 번성해야 한다. 노아는 제2의 아담이 되어 하나님의 창조 명령을 수행해야 한다. 이들은 생육하고 번성해야 한다. 최초의 아담에게 주어졌던 명령이(창 1:28) 노아에게 다시금 하달된다. 따라서 모든 동물을 그들의 식물로 허락하신다. 물론 고기를 피채 먹어서는 안 된다. 그것은 생명을 나타내기 때문이다. 그리고 노아와 언약을 맺으신다. 다시는 홍수로 세상을 멸하시지 않으시겠다는 것이다. 그리고 그 증표로 구름 속에 무지개를 두셨다.

홍수가 지나갔으나 죄악은 여전히 꿈틀거린다. 아니 오히려 더 활개를 치고 그 영향력을 행사해 나간다. 홍수 사건의 주인공인 노아 자신이 또다시 범죄한다. 그리고 그의 후손들도… 죄의 문제는 사라지지 아니했다. 아니 다시 자리를 잡기 시작한다. 죄의 문제는 하나님이 약속하신 여인의 후손이 와야 해결될 수 있는 문제이다.

새로운 출발 (9:1~7)

본문도입

하나님은 홍수 후 노아에게 인간 및 땅의 모든 생물을 보존하겠다는 약속을 하신다. 그래서 생육하고 번성하는 축복을 주신다. 그리고 노아와 언약을 맺으신다. 또 생명을 유지하기 위해서는 모든 동물을 먹을 수 있도록 허락하신다. 그렇지만 피채 먹지 말 것을 명하신다. 피는 생명을 상징하는 것이기 때문이다.

1. 하나님께서 홍수 후에 노아에게 주신 복은 무엇인가? 축복의 대상은 누구인가?

9:1

1:28 하나님이 — 복을 주시며 /그들에게 / 이르시되...하시니라 /그들에게 /생육하고 번성하여 충만하라, /땅에 정복하라, /땅을 다스리라 /바다의 고기와 공중의 새와 땅에 움직이는 모든 생물을

비교

9:1 하나님이 — 복을 주시며 /노아와 그 아들들에게 / 이르시되..하셨더라. /그들에게 /생육하고 /번성하여 /충만하라 /땅에

9:7 너희는 — 생육하고 / 번성하며 / 편만하여 /땅에 / 번성하라 /그 중에서

(1) 창세기 1:28을 다시 찾아 읽어보자. 원래의 창조 때에 축복을 주신 것처럼, 여기 본문에서도 같은 축복을 내리신다(9:1, 7). 처음 창조하실 때의 하나님의 목적과 노아 홍수 후의 구원에서의 하나님의 목적을 한데 연합시키고 있음을 본다. 이제 '노아 언약'으로 모든 생물이 지속된다. 홍수 후에도 여전히 하나님의 섭리가 아니면 인간은 스스로 살아갈 수 없다. 따라서 하나님은 홍수 후에 인간을 다루는 방법을 새롭게 하신다.

(2) 각각 어떻게 축복하셨나 비교해서 살펴보라.

창조시의 축복	홍수 후의 축복
창 1:28 하나님이 그들에게 (복)을 주시며 그들에게 이르시되 • ( ) • (번성하여) • (땅에) • (땅을)하라, 바다의 고기와 공중의 새와 땅에 움직이는 모든 (생물)을 • ( ) 하시니라.	**창 9:1** 하나님이 노아와 그 아들들에게 (복)을 주시며 그들에게 이르시되 • (생육하고) • ( ) • (땅에). **창 9:7** 너희는 • ( ) • (번성하며) • (땅에 편만하여) 그 중에서 번성하라 하셨더라.

* 비교 : 창 1:24, 25, 26과 창 6:20, 8:17을 비교하면서 보라.

2. 위의 도표에서 볼 수 있듯이 노아언약은 많은 부분에서 창조언약이 갱신되는 것을 볼 수 있다. "생육하고 번성하여 땅에 충만하라"는 창조 때의 명령과 이 땅을 정복하라는 문화명령이 여기에서 자주 반복된다. 하나님은 이 목적을 위해 어떤 일을 하시는가?

9:2 땅의 모든 짐승과 공중의 모든 새와 땅에 기는 모든 것과 바다의 모든 고기가 너희를 (두려워하며)1) 너희를 (무서워하리니)2) 하리니 이들은 너희 손에 ( ).

1) 모라(מוֹרָא) : 두려움, 공포

2) 하트(חַת) : 부서짐, 두려움, 당황

인간의 통치는 홍수 전과는 다르다. 이제 인간과 피조물 사이에는 불신과 공포의 관계가 되었다. 사자가 사람을 잡아 먹는 일이, 상어가 사람을 삼키는 일이 벌어진다.

(1) 하나님은 홍수와 같은 우주적 재난 속에서도 노아의 식구들을 구원하셨다. 노아의 의로움은 가족 전체가 구원 받는 결과를 가져왔다. 가족의 연대성이 이 사건 속에 드러난다. 이제 여인의 후손을 보내주시겠다(창 3:15)는 약속은 무효화 된 것인가? 인류의 반역으로 하나님의 심판이 내려졌으나 그럼에도 불구하고 여인의 씨(후손)는 구원을 받았을 뿐 아니라 보존되어 하나님과 교제를 갖고 하나님의 대리 통치자의 직분을 행하는 본래의 위치로 회복되었다.

(2) 최초의 아담에게 주어졌던 문화명령이 홍수 후의 인류에게도 반복적으로 주어졌다. 그러나 땅의 모든 짐승과 공중의 새, 땅에 기는 모든 것과 바다의 물고기가 인간을 무서워하게 되었다는 점이 최초의 아담과 하와에게 주어졌던 것과 다르다. 홍수 후에도 인간은 이들의 통치자로서의 위치에 있으나 이제는 그 관계가 사랑이 아닌 공포의 관계가 되었다.

3. 이제는 고기까지 먹여줄께! 그러나 피 채 먹으면 안돼!

9:3,4 무릇 산 (동물)은 너희의 식물이 될지라 채소같이 내가 이것을 다 너희에게 주노라 그러나 고기를 그 생명 되는 ( )채 먹지 말 것이니라.

(1) 먼저 하나님은 모든 생물 속에 두려움과 무서움을 주입시키신다. 그리고 또 인간에게 채소뿐만 아니라 동물도 허락하신다. 처음 창조 때에는 채소와 과일이 인간의 주식이었다(창 1:29). 당시 기후 조건이 채소와 과일만 먹어도 건강을 유지할 수 있었을 것이다.

- 레 17:10-14 "무릇 이스라엘 집 사람이나 그들 중에 우거하는 타국인 중에 어떤 피든지 먹는 자가 있으면 내가 그 피 먹는 사람에게 진노하여 그를 백성중에서 끊으리니 육체의 생명은 피에 있음이라 내가 이 피를 너희에게 주어 단에 뿌려 너희의 생명을 위하여 속하게 하였나니 생명이 피에 있으므로 피가 죄를 속하느니라 그러므로 내가 이스라엘 자손에게 말하기를 너희 중에 아무도 피를 먹지 말며 너희 중에 우거하는 타국인이라도 피를 먹지 말라 하였나니 무릇 이스라엘 자손이나 그들 중에 우거하는 타국인이 먹을 만한 짐승이나 새를 사냥하여 잡거든 그 피를 흘리고 흙으로 덮을지니라 모든 생물은 그 피가 생명과 일체라 그러므로 내가 이스라엘 자손에게 이르기를 너희는 어느 육체의 피든지 먹지 말라 하였나니 모든 육체의 생명은 그 피인즉 무릇 피를 먹는 자는 끊쳐지리라."

(2) 동물을 식물로 먹을 수 있으나 피채 먹어서는 안 된다. 피에 의해 상징되는 생명 원칙을 존중해야 하기 때문이다. 하나님은 피로서 상징되는 생명의 원리를 경외할 것을 요구하신다. 인간을 인간으로부터 보호하기 위해 살인자는 누구나 죽일 것을 명하신다. "무릇 사람이 '피'를 흘리면 사람이 그 '피'를 흘릴 것이니 이는(for, כִּי) 하나님이 자기 형상대로 사람을 지었"기 때문이다. 인간이 인간을 죽이는 일은 곧 하나님의 형상을 가진 인간을 죽이는 일이기에 이는 곧 하나님의 존엄성을 무시하는 것이 된다. 비록 인간이 하나님 앞에 타락했지만 아직도 하나님의 형상을 갖고 있다. 레 17:10-14*을 찾아 읽어보자.

생명의 신성함 · 극형의 필요성

9:6a 무릇 사람의 피(דָּם)를 흘리면 '사람이'(בָּאָדָם)[1] 그 피를 '흘릴 것이니'(יִשָּׁפֵךְ)[2]

1. 하나님은 살인죄에도 모살(=계획적인 살인)이냐, 우발적인 살인(=과실 살인)이냐를 따지셨다. 신명기에서는 '부지 중에' 또는 '혐원이 없이'(무의식 중에), 즉 우발적인 살인의 경우를 설명하고 있다. 우발적인 살인의 경우에는 후에 도피성을 만들었다(민 35:10-34, 신 19:1-13). 출애굽기 21:12-17도 읽어보자. 살인과 관련된 문제를 언급하고 있다.

(1) (성경에서) 사형에 해당하는 범죄들은 어떤 것들이 있을까?

① 모살(謀殺, 미리 꾀하여 사람을 죽이는 것, 출 21:12-14) ② 유괴(출 21:16, 신 24:7) ③ 간음(레 20:10-21, 신 22:22) ④ 동성애(레 20:13) ⑤ 근친 상간(레 20:11-12) ⑥ 수간(獸姦), 출 22:19, 레 20:15-16) ⑦ 부모나 권세자들에 대한 상습적인 비행과 완악한 불순종(신 17:12, 21:18-21) ⑧ 부모를 치거나 저주하는 것(출 21:15, 레 20:9, 잠 20:20, 마 15:4, 막 7:10) ⑨ 사람을 죽여 바치는 제사(레 20:2) ⑩ 거짓 예언(신 13:1-10) ⑪ 신성모독(레 24:11-14, 16, 23) ⑫ 안식일을 더럽힘(범함, 출 35:2, 민 15:32-26) ⑬ 거짓 신들에게 제사하는 일(출 22:20) ⑭ 마술과 점술(출

1) בָּאָדָם : אדם + ·הַ + בְּ
사람에 결합되는 전치사 בְּ는 '수단'으로(by) 알려졌다. בְּ는 관사(·הַ)와 결합하여 총칭적인 사람을 언급한다. "*by man* shall his blood be shed"(KJV) 즉 사형집행이 인간에 의해 집행될 것을 요구하셨다.

2) '샤파크'(שפך)의 니팔(수동) 동사, 미완료 3인칭 : (shall be shed)

22:18) ⑮ 부정(不貞, 신 22:20-21) ⑯ 정혼한 처녀 강간(신 22:23-27)[1)]

(2) 위의 사형에 해당하는 경우를 보면, 이 땅에 살아남을 사람이 없을만큼 엄격하다. 이런 경우에 사형에 해당한다고 명령하신 것을 보면 이 범죄들의 중대성을 잘 보여주고 있다. 그렇다면 이런 죄를 지은 사람을 모조리 사형시켜야 하는가? 비록 중범죄라 해도 재판관들의 결정에 따라 감형될 수도 있다. 속전이나 대속물로 속죄할 수 있다. 그러나 속전이나 대속물로 속죄할 수 없는 죄가 있다. '무슨 죄?'

2. 민수기 35:31을 보자. 고살의 경우에는 반드시 죽일 것을 명령하고 있다.

"살인죄를 범한 고살자(רֹצֵחַ)의 생명의 속전을 받지 말고 반드시 죽일 것이며"(민 35:31)

(1) 고살(故殺 : 사전 모의 없이 고의로 사람을 죽이는 것)의 경우에는 고살자의 생명을 위해 '대속물'이나 '속전'으로 속죄할 수 없다. 왜 그렇까? 창세기 9:6b에서 그 이유를 설명하고 있다. "이는(for) 하나님이 자기 형상대로 사람을 지었음이니라." 즉 사람을 죽이는 것은 하나님의 초상(effigy)을 죽이는 것과 다를 바 없다. 살인자의 생명은 하나님께 속해 있었지 사회나 사랑 받던 자에게 속해 있지 않았다.

(2) 고대 근동에서 설형문자 계통의 법은 재산에 대한 범죄에 대해서 극형을 내렸지만 구약에서는 재산에 대한 어떠한 범죄도 극형을 내리지 않았다. 요는 물질이 아니라 생명이 신성하다는 것이다. 생명의 신성함을 파괴하려는 어떤 것도 하나님을 거스리는, 죽어 마땅한 죄이다. 즉 하나님의 형상을 가진 타인의 생명을 파멸시키는 자는 하나님께 폭력을 가하는 자라는 말이다.

3. 이렇게 "무릇 사람의 피를 흘리면" 즉 모살에 대해서는 극형(極刑)이 영원한 의무가 되었다. 그런데 창세기 9:5a에서는 "내(=하나님)가 반드시 너희 피 곧 너희 생명의 피를 찾으시겠다"고 하셨다. 물론 이 보복이 지상적인 응보이지 궁극적 또는 최후 심판 때의 보복이 아님을 명백하게 한다.

(1) 그런데 이 일이 '인간에 의해'(*by* man, בָּאָדָם)[2)] 수행될 것을 요구하신다

사형제도는 하나님이 허락하셨나?

살인자(고살자)를 죽이라는 명령은 노아에게 주셨을 뿐만 아니라 모세에 의해 다시 명확하게 전달된다(출 21:12, 14, 레 24:17, 민 35:31). 신약시대에는 바울의 글에서 나타난다(롬 13:3-4). 사형제도가 하나님의 뜻에 합당함을 나타낸다. 바울은 베스도 앞에서도 자기가 죽을 죄를 지었다면 죽기를 사양치 않겠노라고 하여 간접적으로 사형제도를 인정하고 있다(행 25:11). 베드로의 증언도 보라(벧전 2:14). 그렇다면 신약에서는 사형제도가 왜 구체적 명령으로 나타나지 않는가? 신약시대에는 이미 세상 법으로 제도화 되어 행해지고 있었기 때문이다(정규남, 구약신학의 맥, 88면).

따라서 모든 사람이 하나님의 형상을 계속 지니고 있으므로 창 9:6의 명령은 영구적인 관련성과 유효성이 있다고 말할 수 있다. 그러나 이 법도에 대해 반대 의견도 있다. 극형은 더 포괄적인 근거에서 변호되어야 한다고 주장한다. 은혜시대에는 그리스도 때문에 더이상 그대로 시행되어서는 안 된다고 주장하는 사람들도 있다. 사랑과 자비는 복수의 규칙을 폐지시키기 때문이다. 여기서는 이에 대해 깊게 논쟁할하지 말자.

1) 월터 카이저, 홍용표 역, 구약성경 윤리(생명의 말씀사, 2001), 108-109면

2) 9:6b '사람이'(בָּאָדָם) 그 피를 '흘릴 것이니'(יִשָּׁפֵךְ)

1) "Whoever sheds man's blood, *By man* his blood *shall be shed*, For in the image of God He made man.- NASB

는 것이다. 그러나 법집행이 인간에 의해 이루어질 때, 잘못하면 공의라는 목적을 벗어나서 보복으로 대신하여 가장 잔인한 원한으로 발전할 수 있다. 따라서 9:6a은 "누구든지 타인을 고의로 죽이면(故殺) 하나님께서 '다른 사람을 통해'(*by* man, בָּאָדָם) 그 사람의 피를 '흘리게 할 것'(shall be shed, יִשָּׁפֵךְ)[1]"이라는 말이다. 왜냐하면(for, כִּי) 인간을 하나님의 형상으로 지으셨기 때문이다.

(2) 모살자를 죽이라는 명령은(창 9:6) 어느 한 시대나 어떤 종족에게만 국한된 것은 아니다. 하나님은 제 2의 아담이라 할 수 있는 노아에게 다시는 모든 생물을 홍수로 멸망시키지 않으시리라는 약속을 하시면서 이런 명령을 내리셨기 때문이다.

4. 이제 인류는 또다시 "생육하고 번성"하게 될 것이다. 이 명령이 잘 수행되려면 인간의 살인적 위협에서 보존되어야 한다.

- 출 21:28 "소가 남자나 여자를 받아서 죽이면 그 소는 반드시 돌에 맞아 죽을 것이요 그 고기는 먹지 말 것이며 임자는 형벌을 면하려니와."
- 출20:13 "살인하지 말지니라."

(1) 물론 인간을 죽인 동물은 인간에 의해 죽임을 당해야 한다(출 21:28*). 만약 인간이 인간을 죽였을 경우에는 어떻게 할까? 앞에서 살펴본 것처럼 하나님은 그 살인한 자에게서 피값을 찾으실 것이다.

(2) 하나님이 다시 인간에게 내리신 명령이 하나님의 뜻대로 집행되기 위해 살인자를 사형시키는 제도를 인정하신다. 그러나 이 말은 누가 사람을 죽이면 다른 사람이 개인적으로 그 사람을 죽일 수 있다는 말은 아니다(출 20:13* 십계명 참조). 따라서 이 형벌은 하나님이 제정하신 국법으로 사형해야 된다는 것을 말한다. 사형은 하나님과 국가에만 속하는 것이다. 어느 개인이나 가족이 복수를 갚기 위해서 사용할 수 없다. 이런 명령은 모세의 율법에서 다시 자세히 명시되고 있다(출 21:12, 민 36:16-21).

적용 도우미

- 인류는 다시 제자리에 돌아왔다. 처음 창조시의 아담에게 주어진 축복이 다시 노아에게 주어졌다. 인간의 죄악이 극도에 달했을 때, 하나님은 심판을 내리신다. 인류가 전멸했지만 그렇다고 죄악이 완전히 사라진 것은 아니다. 여전히 인간의 마음이 악할지라도(8:21) 인류는 생물들을 돌보아야 하며 서로 피흘리는 싸움을 하지 말아야 한다. 인류는 다시는 가인과 라멕과 같은 삶을 살아가서는 안 된다. 그러나, 어쩌랴. 인류는 그 명령을 거스려 더 사악해져만 간다. 지금도 생물은 시달림을 받고 있고, 총성은 멈추지 않는다.

노아가 여호와를 위하여 단을 쌓고 있다(창 8:20).

홍수 후에 하나님은 노아가 드린 희생제사를 받으신다. 하나님께서는 이제는 두번 다시 홍수로써는 이 세상을 심판하지 않으실 것을 약속하신다. 우리가 살고 있는 이 세상은 질서에 따라 그 운행을 계속할 것이다.

또한 하나님은 인류의 두번째 조상이라 불릴 수 있는 노아에게 계속 생육하고 번성할 것을 말씀하신다. 물론 처음과는 결정적 차이점이 있게 될 것이다. 인간은 만물에 대한 지배권을 계속 행사해야 할 것이지만 모든 환경은 인간에게 적대적으로 등장하게 될 것이다. 생존을 위해 동물을 죽이게 될 것이고, 인간 사이에도 피를 흘리는 일이 계속될 것이다. 어쨌든 하나님은 노아를 통해 만물을 보존하신다.

내 언약을 너희와 너희 후손과 (9:8~17)

홍수는 최후 심판의 예표

홍수는
- 역사적 심판이요
- 동시에 최후 심판의 예표로 이바지한다.

- 홍수 심판으로 죄의 문제를 치료할 수 있었는가? 없었다. 그럼에도 불구하고 홍수로 심판하신 것은 모든 죄에는 반드시 심판이 따른다는 것을 상기시켜 주시려는 데 있다.

본문 도입 창세기 6:18에서 말씀하셨던 노아와의 언약은 홍수 후에 공식적으로 수립된다. 언약의 내용은 인간을 보호하시겠다는 약속으로서 다시는 홍수로 인류를 멸망하지 않으시겠다는 것이다. 그 증표로 구름 속에 무지개를 두신다. 노아의 언약은 앞으로 아브라함의 언약을 이해하는데 도움을 준다.

1. 창세기 6:18의 언약의 대상과 오늘 본문을 비교해 보자. 어떻게 다른가?

창 6:18	창 9:9,10
그러나 • 너와는 내가 내 언약을 세우리니 **언약을 세우리니**	내가 내 언약을 • 너희와 너희 후손과 • 너희와 함께 한 모든 생물 곧 너희와 함께 한 새와 육축과 땅의 모든 생물에게 세우리니 방주에서 나온 모든 것 곧 땅의 모든 짐승에게니라

노아언약

보존의 언약

"But I will establish My covenant with you; and you shall enter the ark — you and your sons and your wife, and your sons' wives with you. (Gen. 6:18)

• 인간의 죄악은 전 인류를 파멸로 이끌어 갔다(창 6:5-7). 그러나 전 인류를 멸절시키는 것이 노아 홍수의 근본 목적이 아니었다. 하나님은 노아에게 은혜로 대처하신다.

• 홍수 후에 하나님은 처음 창조할 때 내렸던 명령과 똑같은 명령을 내리신다(창 1:28과 9:1, 7). 이 언약은 하나님에 의해서 '영원한 언약'이라고 불려지고 있다(창 9:16). 이 언약의 핵심은 무엇인가? 하나님께서는 이 땅이 지속되는 한 자연의 불변(심음과 거둠, 추위와 더위, 여름과 겨울, 밤과 낮)을 보존하기로 약속하신다. 무엇보다 이 언약은 '은총의 언약'이다.

• 이제 노아는 제2의 아담이 되어 하나님의 창조 명령을 수행해야 한다. 그를 통해서 다시금 인류가 생육하고 번성해야 한다.

(1) 홍수 전에 맺은 언약(창 6:17-18)과 홍수 후에 맺은 언약(9:8-17)의 차이점은 무엇인가? 먼저, 창세기 6:18에서는 언약의 대상이 노아였다. 그러나 오늘 본문에서는 언약의 대상이 오직 노아만이 아님을 볼 수 있다. 무엇까지 포함되고 있는가? 이렇게 인간이 아닌 생물들도 하나님의 구원과 언약에 포함되었다는 사실은 하나님의 구원이 단지 '영혼 구원'에 국한되는 것이 아니고 그 구원받는 자의 삶이 미치는 모든 환경까지도 포함하는 구원임을 강하게 시사하고 있다.

(2) 노아는 홍수로부터 살아남기 위해 반드시 하나님의 말씀을 믿고 방주를 지어 동물들과 그의 가족들을 그곳으로 불러모아야 했다. 노아의 언약이 책임을 수반한다는 의미에서 볼 때, 이 언약은 조건적이었다. 하나님은 노아가 당세에 의인임을 인정하셨다. 노아는 하나님과 동행한 사람이었다(창 6:9). 노아는 방주를 지으라는 명령에 절대 순종했다. 그는 순종과 생명과 축복의 길을 걸었다. 그것은 당시 세상 사람들에게는 미친 행동이었다.

(3) 하나님은 최초의 아담에게 맺으신 그 언약 관계를 지속시키려 하셨다. 하나님은 노아에게 "너와는 내가 내 언약을 세우리니"라고 하셨다(창 6:18). 여호와의 씨(후손)는 인류의 죄 때문에 위험에 처해졌었으나 이제 그 씨가 보존된다. 다시 노아와 그의 가족을 통해 인류는 번성을 계속할 것이며, 창조 질서도 그대로 유지될 것이다. 인류에게 주어진 명령 또한 계속되어질 것이다(9:1-17). 따라서 이 언약은 하나님 자신에 의해서 '영원한 언약'이라고 불려지고 있다(9:16).

2. 그러면 그 언약의 핵심 내용은 무엇인가?

9:11 내가 너희와 언약을 세우리니 (　　　　) 모든 생물을 (　　　　)로 멸하지 아니할 것이라

(1) 한 마디로 다시는 홍수를 심판의 도구로 사용하셔서 세상을 멸하시지 않으시겠다는 내용이다. 언제까지? "땅이 있을 동안에는"(창 8:22). 생명의 보존이 주 내용이다. 그래서 노아언약을 "보존의 언약"이라고 부를 수 있다. 하나님은 (홍수)심판을 가져오셨지만 구원의 은혜가 행해지도록 '보존'이라는 뼈대를 마련하셨다.

언약의 통일성 **Covenant**

아담과 언약(창 2:16,17) → 노아와의 언약(창 9:9-13) → 아브라함과의 언약(창 12:1-3)→ 모세와의 언약(출 19:5) → 다윗과의 언약(삼하 7:16) → 새 언약(렘 31:31-34) = 그리스도의 새 언약 성취(히 8:8)

노아언약 **그 특징**

노아언약(창 6:8)은 창조언약과 구속언약의 면밀한 상호관계를 강조한다.

(1) 창세기 1:23, 25, 30과 창세기 6: 20, 8:17을 비교해 보라.

(2) 창세기 1:28과 창 9:1-7. 문화명령(창 1:28)은 노아의 언약에서 다시 나타난다. 따라서 구원은 '영혼 구원'이라는 말로 좁게 생각해서는 안 된다. 전 세계와 삶의 관점에서 보아야 한다.

(3) 호세아 2:18-23. 호세아는 이스라엘에 대한 하나님의 구원 목적이 어떻게 진행하는가에 대해 말할 때, 노아언약의 말로 표현했다(창 6: 20, 8:17, 9:9, 10 참고).

(4) 그러므로 노아 언약은 창조에서의 하나님의 목적과 구원에서의 하나님의 목적을 한데 연합시킨다.

(2) 홍수 후 언약은 앞의 노아와의 언약(창 6:18)보다 확장 설명하는 형식을 갖추게 된다. 물론 인간의 마음은 여전히 악하지만(8:21) 인류는 생물들을 돌보아야 하며 서로 피흘리는 싸움은 끝내어야 한다. 노아의 후손들은 다시는 가인과 라멕과 같은 삶의 방식을 추구해서는 안 된다. 물론 인류에게 주신 최초의 명령(창 1:26-31)도 성취해야만 한다.

(3) 노아언약으로부터 우리는 여전히 하나님이 우리와 함께 하신다는 사실을 볼 수 있다. 따라서 지금까지 하나님의 언약은 단 하나라는 것을 볼 수 있으며, 앞으로 구약성경에서 점진적으로 등장하고 있는 다른 언약들(아브라함의 언약, 모세 언약, 다윗 언약)도 이와 같은 근본적인 관계에서 유추되어야만 한다.

3. 다시는 홍수로 세상을 심판하지 않으신다는 증표(sign)는 무엇인가?

9:12, 13 "내가 나와 (너희)와 및 너희와 함께 하는 모든 (   ) 사이에 (영세)까지 세우는 언약의 증거는 이것이니, 내가 내 (   )를 구름 속에 두었나니…"

(1) 하나님은 세상에 파멸을 가져왔던 바로 그 구름 속에 무지개를 두셨다. 심판 가운데 자신의 은혜가 있음을 묘사하신다. 인간뿐만 아니라 전 우주도 저주로부터 최종 구원을 받게 될 것이다. 이미 앞에서도 언급되었지만 복음의 우주적 증거(복음의 세계 선포)에 대해 그 근거를 베드로는 노아 언약에서 그 근거를 찾고 있다.

(2) 베드로후서 3:3-10을 다시 한번 읽어보자. 베드로가 살고 있던 당시에도 거짓 교사들이 있어서 주의 재림에 대한 잘못된 교훈을 주장하고 있었다. "주의 강림하신다는 약속이 어디 있느뇨 조상들이 잔 후로부터 만물이 처음 창조할 때와 같이 그냥 있다"(벧후 3:4)고 주장하면서 주의 재림은 없을 것이라고 성도들을 미혹했다. 이에 베드로는 이런 거짓 교사들의 주장의 헛됨을 노아 홍수 사건을 예로 들어(3:6) 드러내고 있다. 하나님이 노아에게 약속하신 것같이 물로부터의 심판은 없을 것이나 그렇다고 해서 다른 방법으로 멸하실 것을 배제하는 것은 아니다. 마지막 심판이 불과 관계 있음을 선언하고 있다(벧후 3:10-12). 어쨌든 마지막 심판이 있기 전까지는 노아에게 약속하신(창 9:11) 언약이 지켜질 것이다.

무지개는 언약의 증표(sign)

☞ 그러면, 홍수 전에는 무지개가 없었을까? 아마 없었을 것이다. 대홍수 사건 때 궁창 위에 물층은 엄청난 양의 비가 되어 지구로 떨어져버리고 아름답던 지구는 엄청난 지각 변동으로 황폐해졌을 뿐만 아니라 지구의 온실효과가 사라지게 되었고 지역별로 계절의 변화가 뚜렷하게 되었다. 그리고 지구에 심한 온도 차이가 발생하여 태풍과 폭풍우가 몰아치게 되었고 비가 온 후에 무지개가 나타나게 되었다(기원과학, 129면).

어쨌든 우리는 무지개를 보면서 무엇을 느낄까? 심판을 늦추시며, 인내로 참으시는 하나님의 자비, 아니면 사진 찍기?

4. **노아언약의 보편성** : 우주적인 차원에 특별한 강조가 있다. 창조 전체가 이 언약에 은혜를 입고 있다. 무지개를 언약의 증표로 주셨다(창 9:10). 따라서 인간뿐만 아니라 전 우주가 저주로부터 최종 구원을 얻게 된다(롬 8:22이하 참조). 따라서 노아언약의 이런 보편성은 현 시대에 세계적인 복음 선포에 대한 근거를 제공한다.

노아언약은 계약의 은혜로운 특성 : 무서운 심판 속에서도 은혜를 나타내신다. 그 약속의 표징으로 구름 속에 무지개를 두신다. 계시록 4:3*을 읽어보고 연관성을 설명해 보자. 결국, 노아언약은 임마누엘 원칙이 충분히 실현될 수 있는 역사적 기초를 제공한다. 하나님은 심판을 가져오지만 '보존' 이라는 뼈대를 마련하신다.

5. 창세기 6:18에서의 언약은 창세기 9:8이하에서 거듭 반복되고 확대되어 나타난다. 두 곳을 비교하여 읽어보라. 9:8이하에서는 노아 한 사람만 언급되고 있지 않다. 따라서 6:18에서 언급되고 있는 언약은 노아 '개인' 과 맺어진 것이 아니라, '인류를 대표하는 노아' 와 맺어진 것이 분명하다. 즉, 이 언약은 인류의 미래를 대비해서 예정된 것이다.

(1) 창세기 8:21-22을 보라. 이 구절은 변함없는 자연법칙을 가리킨다. 이 자연법칙 뒤에는 인격적인 창조주가 서 계시다는 사실을 암시하고 있다. 하나님의 주권과 피조물에 대한 창조주의 배려를 천명하고 있다.

(2) 창세기 9:1-7에서 볼 수 있는 것처럼 노아는 아담에게 주어졌던 위임명령으로 무장하여 다시 시작하라는 초대를 받고 있다. 그러나 이미 파괴된 세상 속에서 이 일을 감당해야 했다. 물론 하나님은 역사의 과정이 진행되는 한 이 언약을 유지시키기로 자신에게 스스로 의무를 부과시키셨다.

(3) 만물의 회복이란 것은 하나님과 사람 그리고 세상을 다시 조화를 이룬 자리로 돌려놓는 것이다. 창세기 1-9장에서 볼 수 있는 것처럼, 하나님의 언약은 한 가지이며, 언약은 창세기 1:1서부터 시작되어야 한다는 점을 깨닫는다. 그러므로 노아의 언약은 창조언약에서 아브라함의 언약으로 연결시켜주는 연결고리라 할 수 있다.

• 계 4:3 "앉으신 이의 모양이 벽옥과 홍보석 같고 또 무지개가 있어 보좌에 둘렸는데 그 모양이 녹보석 같더라."

포도주를 마시고 취하여 (9:18~25)

죄는 또다시 자리를 잡기 시작한다

본문도입

하나님은 노아를 통하여 새로운 약속을 하셨다. 이제 인류는 다시 최초의 행진을 계속하게 될 것이다. 그리고 얼마의 세월이 흘렀을까? 방주를 만들고 승선을 총 지휘했던 장본인 노아, 당세에 의인이라고 인정받던 노아, 그가 죄를 짓는 장본인이 되어 등장한다. 인간은 하나님 앞에 결코 의인이 될 수 없다는 사실을 입증한다. 죄가 다시 자리잡기 시작한다.

1. 인류를 멸절시킨 대홍수가 지나갔다. 노아 8식구와 그리고 특별히 보존을 위해 남겨두신 동물 외에는 이 세상에 숨을 쉬는 것들은 다 죽었다. 인류의 죄악이 그 끝을 모르고 치닫자 하나님은 마침내 철퇴를 내리신 것이다. 하나님은 인류의 죄악을 참아 눈 뜨고 볼 수 없으셨던 것이다. 앞으로 오고오는 모든 세대들에게 이 홍수 사건은 큰 교훈이 되어 메아리쳐 올 것이다. 하나님께서 죄악을 얼마나 미워하는가를, 그리고 그 죄는 반드시 멸하신다는 엄청난 메시지가 전 세대를 향하여 외쳐질 것이다.

2. 이제 세상의 모든 죄악적인 요소들이 홍수와 함께 사라져버렸겠지?! 정말 그럴까? 정말 세상의 죄악이 홍수와 함께 떠내려가 버렸을까? 아닐지도 모른다. 아니, 아니다. 죄는 다시 꿈틀대고 있었다. 그것도 홍수에서 구원을 얻은 장본인인 노아에게서 드러나기 시작한다. 노아의 실패가 무엇인가?

9:21 포도주를 마시고 (　　　　) 그 장막 안에서 (벌거벗은지라).

(1) 그러면 그렇지. 뭐, 노아가 당세의 의인(창 6:9)이라고? 지금 보니까 아닌 것 같다. 물론 술 취했다는 사실이 직접적으로 죄라고 정의하지는 않는다. 그러나 그의 모습이 죄인의 모습으로 묘사되고 있다. 노아 자신도 여전히 구속이 필요한 존재라는 것이 드러나고 있다. 홍수가 사람의 죄를 깨끗하게 할 수 없었다. 역시 하나님의 은혜가 아니면(6:8), 그 누가 의인이라고 불릴 수 있겠는가!

(2) 결국 그는 언약적 의무를 성취할 수 없는 철저한 무능을 보여주고 있다.

함의 행동

1) 함이… '보고' (רָאָה, 라아, he saw) : 여기서 '보았다'는 말은 단순히 보았다는 의미가 아니라 오히려 "그가 주목했다", 혹은 "그가 흥미 있게 응시했다"는 뜻이다. 보통의 부모 공경하는 자세만 있었어도 피했을 행동을 함은 억제하지 않았다. 어떤 학자들은 함이 그 아비의 하체를 보았다는 표현을 아버지와 성적인 즐거움을 본 것으로 해석하기도 한다. 그 해석이야 어쨌든 셈과 야벳의 행동으로 보아 함의 행동은 옳은 일이 아닌 것은 분명하다. 함은 신앙의 세계에서 어느 정도 떠났던 것같다. 벌써 그는 홍수의 감격도 점차로 잊어가고 있었다.

앞에서도 자주 언급되었지만 홍수로 인해 인류의 죄가 소멸되지 않았다. 죄(罪)는 다시 한번 자리를 잡기 시작한다. 아니 사태는 더욱 악화되어 가고 있다.

(3) 노아는 농부가 되어 포도원을 만들었고, 거기서 생산한 포도로 술을 만들어 즐기게 되었다. 그런데 어느날 그만 너무 많이 마셨다. 너무 많이 마셔서 아마 필름이 끊겼나보다. 그는 그만 벌거벗은 채로 벌러덩 누워 잠을 잤다. 그런데 이 광경을 아들 함(Ham)이 보게 되었다. 그는 그만 아버지를 조소하게 되었고, 아버지에게 부도덕한 행위를 즐김으로써 하나님의 경외함을 짓밟아 버렸다.1)

3. 그러나 셈과 야벳은 어떻게 행동했나?

9:23

(1) 노아가 술에서 깨어나 필름이 다시 연결되었을 때, 그 작은 아들 함이 행한 일을 알게 된다(24절). 함에게서는 아비의 수치를 그의 형제들에게 고해 바친다. 일반적으로 볼 수 있는 자식으로서의 존경심을 찾아볼 수 없었다. 자세한 설명이 없지만 노아는 조롱과 창피를 당하는 상황에까지 이르게 되었다. 어떤 학자들은 함이 그 아비의 하체를 보았다는 표현을 아버지와 성적인 즐거움을 본 것으로 해석하기도 하지만 확실한 정황은 알 수 없다.

(2) 여기 "가나안의 아비 함이 그 아비의 하체를 보고 밖으로 나가서 두 형제에게 고하매"(22절)에서 '고하매'라고 하는 말 '나가드'(נגד)라는 단어는 '폭로하다'는 개념이 있는 말이다. 함이 결코 좋은 의도로 형제들에게 달려가지 않았음을 의미한다. 오히려 아비의 행동을 조롱하고 비방했다.

(3) 어쨌든 함의 아들 가나안은 그의 아버지로 인하여 그의 형제의 종이 될 것이라는 저주를 받았다(수 9:22-27을 읽어보자). 그들은 팔레스틴의 거주민으로 처음에는 여호수아에게 나중에는 솔로몬에게 정벌 당했다(왕상 9:20 ,21). 흑인종의 원조가 된다는 함족은 그 저주의 대상이 아니였다. 아주 작은 부분인 가나안족만이 연루되었다. 가나안족은 아무리 크게 확대해 생각해도 흑인종이라고 볼 수 없다.

셈의 하나님 여호와를 찬송하리로다 (9:26~27)

1\. 하나님은 노아를 선지자와 재판장으로 삼으셨다. 따라서 그의 저주와 축복은 바로 하나님이 내리는 저주와 축복이 된다. 물론 노아는 취한 상태에서 말한 것은 아니었다. 그는 술에서 깨어나서 무슨 일이 있었는지 안 후에 그의 아들들에게 축복과 저주를 선포했다(24-25절).

9:25 이에 가로되 가나안은 ( )[1]를 받아 그 형제의 종들의 종[2]이 되기를 원하노라

(1) 저주를 받는다는 말은 하나님의 진노 아래 있게 된다는 말이다. 이 저주를 받는 사람은 여호와에게 고집스럽게 불순종 하고 그의 나라에 반기를 드는 대적들이다. 이 저주는 언제나 죄에 대하여 선언된 심판으로 이해되어야만 한다.

(2) 먼저, 가나안[3]에게 저주가 선언되었다. 그는 그 형제의 '종들의 종'(a servant of servants, עֶבֶד עֲבָדִים)[4]이 될 것이라는 선언이다. 그런데 '가나안'이라는 이름 자체가 옆의 각주의 뜻과 같이 비천하고, 굴욕을 당하는 삶을 살아갈 것을 암시하고 있어서 흥미롭다. 어쨌든 노아는 가나안이 두 삼촌들인 셈과 야벳의 종이 될 것이라고 선언했다. 노아는 가족들에게 메시지를 선포했고, 이는 미래를 선포했다는 점에서 예언적이다.

(3) 함의 아들들은 "구스와 미스라임과 붓과 가나안"(10:6)이다. 문제는 아버지 함이 실수를 했는데, 왜 그의 아들들, 그들 중에서도 가나안이 저주를 받게 되었느냐 하는 문제가 우리를 혼란케 한다. 여러 가지 이유가 설명되고 있으나 모세는 이스라엘이 정복해야 할 가나안 땅의 조상이 이미 오래 전에 저주를 받았다는 것을 상기시킴으로 정복군들에게 용기를 북돋아 주려고 했을 것이다.[5] 다음과 같은 설명도 참고해 보자.[6] ① 아버지의 죄가 아들에게도 전해지는 심판의 원리 때문이다(출 20:5-6). ② 함에게 주어질 벌은 그 자신에게만 국한되는 것이 아니고 그의 자손에게가지 이르게 될 큰 벌이기 때문이다. ③ 함의 네 아들 중 가나안이 지목된 것은 그가 그 아비 함의 나쁜 성격을 가장 많이 물려받았기 때문이다.

1) 저주하다(아라르, אָרַר) :

2) 종이 될 것이라는 표현이 세번 거듭 언급되었다.
① 종들의 종이 되기를(25중반절)
② 가나안은 셈의 종이 되고
③ 가나안은 그의 종이 되기를

3) 가나안 : 사람과 지역의 명칭이다. 스페이서(Speiser)라는 학자는 '가나안'이라는 단어를 누지(Nuzi)에서 자주색 물감을 뜻하는 말로서 그 유래를 찾는다. 페니키아를 뜻하는 헬라어 단어 포이닉스(phoninix)는 자주색을 의미한다. 그러나 나중에 연구 결과 그렇지 않다는 것을 알게 되었다. Albright는 이 단어의 원래 의미가 '자주 상인'이라고 했다. 그러나 어떤 학자는 '가나안'이라는 말은 카나(onk)라는 동사에서 왔다고 주장한다. '카나'라는 말은 비천하다, 굴욕을 당하다, 또는 압제를 받아 굴욕적인 종이되다는 뜻이다.

4) 단순히 종이 되는 것이 아니기 때문에 종들의 종이 될 것이라고 했다.

5) 송병현, 창세기 어떻게 설교할 것인가?, 두란노, 108-109면.

6) 정규남, 구약신학의 맥, 두란노, 90면. / G. 보스, 성경신학, 이승구 역, 73면 이하.

2. 노아는 함(Ham)의 전(全) 후손을 저주하지는 않았으나 축복하지도 아니했다. 함의 후손들인 가나안만은 저주를 받았다. 이 저주는 역사에서 그대로 성취되었다. 후에 가나안에서 이스라엘의 적이 되어 멸망당한 것을 볼 수 있다.[1] 그러나 함의 후손들 중 종이 되지 않은 사람들은 셈과 야벳의 장막에 들어갈 수 있을 것이며 또한 언약의 축복에 참여하게 될 것이다. 그리고 야벳 족속은 나중에 선교사 바울을 통해 그 축복을 받게 된다.

(1) 그러면 셈이 받을 축복이 무엇인가 살펴보자.

וִיהִי	שֵׁם	אֱלֹהֵי	יְהוָה	בָּרוּךְ	9:26
shall be	of Shem	God	the LORD	Blessed	

(2) ‘셈의 하나님’(אֱלֹהֵי שֵׁם)[2]이라는 말은 앞의 ‘여호와를 찬송하리로다’라는 구절과 긴밀한 관계 속에서 이해되어야 한다. 노아가 이렇게 예언적 진술을 한 것은 그의 시대와 미래를 향한 하나님의 계획을 이해했기 때문이었을 것이다.

(3) 하나님을 찬양한 노아의 표현은 하나님께서 셈을 그의 후계자로 지목하셨음을 알고 선포한 고백이었다(이런 면에서 예언적이고도 고백적이었다). 여기서 우리는 인류를 보존하기 위해 노아를 택하신 것처럼, 다시 셈을 택하여 여인의 후손이 오기 위한 통로로 사용하실 것이라는 사실을 본다. 즉 여인의 후손에 의해 수행될 구속 사역이 셈을 통하여 이루어질 것이다. 그리고 셈이 가나안을 위한 축복의 통로가 될 수 있듯이 가나안이 그를 섬김으로 셈은 복을 받을 수 있을 것이다.[3]

(4) 창세기 11:10과 11:26, 27을 자세히 읽어보자. 11:10에서 다시 한번 셈의 족보를 언급하고 있다. 이 셈의 계통에서 아브라함의 탄생을 보게 된다. 물론 셈의 후손 중에서 궁극적으로 예수 그리스도가 탄생하신다. 노아의 후손들은 홍수 후에 하나님의 언약대로 생육하고 번성했다. 셈의 후손들 역시 축복을 받는다. 성경 기자는 지금 셈의 족보를 언급하면서 아브라함과 연결시키고 있다. 이제, 언젠가 셈의 계보(系譜)에서 인류를 구속하실 메시야가 탄생하실 것이다.

1) 가나안 족속의 죄는 함의 그것과 같은 성격을 가지고 있다. 즉 가나안 족속이 당해야 했던 노예 생활은 하나님의 직접적인 간섭으로 온 것이 아니라 이들의 범죄의 자연스런 귀결이었다. 가나안 족속의 멸망은 이들의 죄에 대한 하나님의 심판이었다. 이러한 심판을 이루기 위하여 이스라엘은 하나님의 손에 의해 사용되는 도구였다.

• 신 7:1-2 “네 하나님 여호와께서 너를 인도하사 네가 가서 얻을 땅으로 들이시고 네 앞에서 여러 민족 헷 족속과 기르가스 족속과 아모리 족속과 가나안 족속과 브리스 족속과 히위 족속과 여부스 족속 곧 너보다 많고 힘이 있는 일곱 족속을 쫓아내실 때에 2 네 하나님 여호와께서 그들을 네게 붙여 너로 치게 하시리니 그 때에 너는 그들을 진멸할 것이라 그들과 무슨 언약도 말것이요 그들을 불쌍히 여기지도 말 것이며.”

2) 히브리어 연계형 엘로헤 쉠(אֱלֹהֵי שֵׁם)은 소유를 나타낸다. 셈은 하나님을 소유하며, 하나님은 셈을 위하여 계셨다(호혜적 관계). 그러나 하나님이 중심이셨다. 즉 하나님께서 관계를 설정하셨다. (G. von 그로닝겐, 구약의 메시야 사상, 류호준 역, 기독교문서선교회, 146이하)

3) G. von 그로닝겐, 148-149면.

3. 그러면 야벳에게 선포된 축복의 내용은 어떤 것인가?

> 9:27 (하나님이) 야벳을 '창대케 하사'[1] [***셈의 장막에 거하게 하시고***]
> 가나안은 그의 (종)이 되게 하시기를 원하노라.

(1) '야벳을 창대케' 하신다는 말이 '영토의 확장을 통한 축복이냐'[2] 아니면 '은유적인 의미로서 강한 힘과 부귀를 소유케 된다는 의미이냐'라는 두 가지 의견이 있다. 문제는 "*셈의 장막에 거하게 하시고*"라는 번역을 어떻게 보느냐에 따라 달라진다.

(2) 히브리 원문(שֵׁם③ בְּאָהֳלֵי② וְיִשְׁכֹּן①)[3]의 구절의 주어를 무엇으로 보는냐에 따라 ❶ "**하나님이** 셈에 장막에 거하시고"라고 번역할 수도 있고, ❷ "하나님이 야벳을 창대케 하사 **야벳이** 셈의 영토를 점령케 하소서"(개역성경, NASB, RSV, NIV)라고도 번역할 수 있다.[4]

(2) 이 중 어떤 견해를 취할 것인가는 이 책의 목적이 아니다. 보스(G. Vos)의 주장은 후자의 경우를 취한다. 개역성경도 후자의 경우로 번역했다. 그러나 반대의 주장도 강하다(W. 카이저, 델리취 등). W. 카이저는 몇 가지 이유를 들어 전자(❶)의 타당성을 제기한다. 그의 설명을 들어보자(각주 5).

(3) W. 카이저는 '많은 주석가들이 주장하는 것처럼 둘째 문장의 주어를 '야벳'으로 보고 그리스와 로마가 이스라엘을 비롯한 아시아의 셈족을 침략하여 영토를 확장시킨 것과 연결지으려 하는 견해'를 반대한다. 이는 9:20-27의 문맥상 설득력이 부족하다는 것이다. 더 자세한 설명은 정규남, 구약신학의 맥(두란노), 91-94면을 참고해 보기로 하자.

이제부터 셈의 후손들을 통해

4. 여인의 후손은 노아에게로, 그리고 다시 셈에게로 연결된다. 따라서 사단의 메시야의 계보를 끊으려는 시도는 좌절된다.

(1) 하나님의 홍수 심판은 단순히 심판을 위한 심판이 아니었다. 인류가 최극

1) 창대케 하사(יַפְתְּ) : 파타(פתה, 확장하다, 증대시키다, 넓히다)의 히필 동사 미완료 3인칭 단수이다. 여기서는 주어는 하나님(엘로힘)이다.

2) 이렇게 되면 야벳은 여러 방면에서 부유하게 될 것이다.

3) ① 솨칸(שׁכן, 정착하다, 거주하다, 머물다)의 칼동사 미완료 3인층 남성 단수
② in the tents
③ of Shem

4) 정규남, 구약신학의 맥, 두란노, 92-95면 이하 설명 참조

5)
① 두 개의 절로 구성된 문장 안에서 후절의 주어가 표현되지 않았을 때는 전절의 주어가 그 후절의 주어로 간주되는 것이 통례이다. 따라서 둘째 절의 주어도 '엘로힘'이 주어로 인정되어야 한다.

② 전절에서 목적어로 사용된 '야벳'을 후절에서 주어로 사용할 뚜렷한 이유가 없다.

③ 27절이 속해 있는 9장 이후 계속되는 몇 장의 문맥에서 셈이 제일 큰 축복을 받는 사람으로 나타나는데, 만약 야벳이 셈의 장막 에 거한다고 하여 셈의 영토를 점령하는 것으로 해석하면 9장 이후에서 펼쳐지는 셈과 그의 후손에게 약속된 축복과는 문맥상 조화되지 않는다.

④ 야벳을 주어로 이해하는 것은 27절의 문맥상 별로 의미가 없다. 25절은 가나안에게, 26절은 셈과 가나안에게, 27절은 야벳과 셈, 가나안 세 사람 모두에게 한 것으로 볼 때 27절의 두번째 절의 주어를 '하나님'으로 번역하여 셈에게 주신 복의 말씀으로 보는 것이 옳다고 생각한다.

셈은 공동체 내에서
많은 사람들을 대신하여
섬기기 위하여
지명 받은 사람이요
축복의 통로요,
대리자였다.

단으로 치닫게 되자 철퇴를 내리셨다. 그러나 하나님은 그의 피조물들을 보호하실 것이다. 노아는 하나님의 언약(창 6:18)에 충실했고, 그와 그의 가족은 물로부터 구원을 받는다. 하나님의 홍수 심판은 새로운 출발을 전제로 한 것이었다. 비록 인간이 여전히 악하지만 인류는 아담에게 최초에 주신 명령(창 1:26-28)을 준행해야 한다.

(2) 우리는 노아 홍수 사건을 통해서 하나님의 약속(창 3:15)이 철회되지 않았음을 볼 수 있었다. 노아를 통해 인류는 새로운 출발을 시작하게 된다. 이제 노아의 후손 셈을 통하여 메시야의 계보가 이어질 것이다. 하나님과 동행했던 믿음의 사람 에녹(창 5:24), 그 믿음을 본받은 노아(그도 하나님과 동행했다. 6:10), 그리고 셈에게로 구속 역사의 끈이 이어진다. 셈은 공동체 내에서 많은 사람들을 대신하여 섬기기 위하여 지명 받은 사람이요 축복의 통로요, 대리자였다. 노아는 그의 아들에게 내려진 축복과 저주의 선언을 통해 셈의 하나님을 찬양한다(9:26).

적용 도우미

• 아담이 타락한 이후 인류는 그 방향성을 상실한다. 인류는 하나님을 떠나 죄를 짖는데 적극적이었다. 마침내 하나님은 인류에게 등을 돌리신다. 그들의 죄악이 너무 관영했기 때문이다. 하나님은 마침내 모든 인류를 홍수로 멸망하기로 작정하신다. 그리고 노아에게 통보하신다. 앞으로 120년이 지나면 인류를 지면에서 모두 쓸어버리시겠다는 것이다. 하나님은 심판을 내리시기 전에 충분한 회개의 기회를 주신다. 지금도 우리는 그 유예 기간을 살아가는 것이다. 그래도 세상은 노아 당시의 사람들처럼 복음에 귀를 기울이지 않는다. '그래도 열심히 방주를 짓자.'

• 극단으로 치닫는 인류, 그들은 이미 이 세상에서 그 존재 가치를 상실했지만 하나님은 노아와의 약속 때문에 아직도 운행을 멈추지 아니하신다. 아담의 역사는 바로 인간이 어느 정도까지 악해질 수 있는 가를 보여주는 죄악사(罪惡史)라고 할 수 있다. 죄가 깊어갈수록 복음의 소리도 공허한 메아리처럼 들린다. '그래도 외쳐야 한다.'

• 노아언약의 징표로서 하나님은 무지개를 주셨다. 번개가 하나님의 화살이었듯이(합 3:3-11) 여기 창세기 9장에 나타나는 무지개는 그의 활(bow)이었다. 구름 속에 나타난 하나님의 활은 홍수에 의해 다시는 땅을 멸하지 않으리라는 그의 언약의 표였다. 심판에 대한 하나님의 선언에 대한 그의 자비하심을 상기시키는 무지개, 그 무지개를 보고도 여전히 강퍅하다. 홍수 이야기는 까마득한 전설인 것처럼 들린다.

• 홍수 때문에 인간의 사악함이 사라졌을까? 홍수의 근본 원인이었던 '사람의 악함'이 없어지지 않았다. 인간은 결국 인류의 죄를 사하실 메시야를 통해서만 구원받을 수 있음을 고백해야 한다.

창세기 9 장 요약 정리

요약질문

1-7절 : 노아에게 생육하고 번성하라고 축복하심

- 노아와 그 아들들에게 축복하신 축복의 내용은 무엇인가?
- 이 축복은 창세기 1:28의 명령과 어떤 관계성을 갖는가?
- 노아가 제 2의 아담이라고 불릴 수 있는 근거가 무엇인가?
- 언제부터 노아에게 육식을 허락하셨는가?
- 고기는 왜 피채 먹으면 안 되는가?
- 만약 짐승이 사람을 죽이게 되면 그 짐승은 어떻게 처리해야 하는가?
- 사람이 사람을 죽이게 되면? 구약 시대의 사형제도의 허용은 오늘날에도 역시 유효한가?
- 하나님은 살인을 허락하고 있는 것인가? 그렇다면 그 살인을 어떻게 적용해야 하는가? 개인적인 보복을 말하는가?

8-17절 :노아와 언약을 맺으심

- 노아와 언약을 맺으신다는 약속은 6:18에서 처음 언급된다. 그러나 그 공식적인 수립은 9장에서이다. 노아 언약의 내용은 무엇인가?
- 노아 언약의 대상은 누구인가? 6:18과 9:9,10과 비교해서 설명해 보라.
- 노아 언약의 증표로 무엇을 주셨는가? 또 그것이 의미하는 바가 무엇인가?
- 노아 언약을 보존의 언약이라고 부를 수 있는 이유는 무엇인가?

18-29절 :노아의 실수와 그의 예언

- 노아의 실수는 무엇인가? 함이 그의 아버지에게 범한 잘못은 무엇인가? 셈과 야벳과 비교해서 설명해 보라.
- 노아가 함의 아들 가나안에게 내린 저주는 무엇이이며, 실제로 역사상에 어떻게 나타났을까?
- '셈의 하나님을 찬양하라' 는 의미가 무엇인가? 그 예언은 어떻게 성취되는가?

Summary

연구과제

(1) 왜, 세계 도처에서 홍수 전설들이 있게 되었을까?
(2) 홍수 전과 홍수 후의 변화된 점들이 무엇일까?
(3) 성경 기자가 특별히 셈의 후손에게 초점을 두는 이유는 무엇인가?

Back to the Bible

10, 11장

노아의 자손들 · 바벨탑

10. 노아의 아들들의 역사
홍수 후 인류는 어떻게 발전해 갔나?
- 야벳의 자손들(10:1-5)
- 함의 자손들(10:6-20)
- 셈의 자손들(10:21-32)

11. 바벨탑
- 언어가 하나였더라(11:1-5)
- 이들의 언어를 혼잡케 하여(11:6-9)
- 셈의 자손들(11:10-32)

노아 홍수 이후 새롭게 시작된 인류는 또다시 번성했다. 홍수가 끝난 후 하나님은 노아와 그의 아들들에게 생육하고 번성하여 땅에 충만하라는 축복을 주셨다. 노아에게는 셈, 함, 야벳이라는 3아들이 있었고, 인류는 이들을 통하여 번성해 갔다.

창세기에는 특별히 주요 족보들이 열번이나 언급되어 있다. (1) 천지창조의 계보 (2) 아담 자손의 계보 (3) 노아의 계보 (4) 셈과 함과 야벳의 계보 (5) 셈의 계보 (6) 데라의 계보(아브라함의 계보) (7) 이스마엘의 계보 (8) 이삭의 계보 (9) 에서의 계보 (10) 야곱의 계보 등. 이 계보를 통해서 어떻게 이스라엘이 형성되고 애굽에까지 와서 정착하게 되었는가를 기록하고 있다. 결국 어떻게 예수 그리스도가 태어나실 이스라엘 민족이 선택되고 형성되었가를 추적하고 있다.

특히 10장에 나오는 계보(系譜)는 장차 하나의 민족이 된 부족 집단이나 그들의 거주지를 기록한 것이다. 따라서 모든 나라들에 대한 완전한 목록을 기록한 것이 아니다. 노아를 축복하셨던 것 같이(창 9:1, 18) 그를 통해서 인류가 크게 번성했음을 알 수 있다(창 10:32). 이 목록은 열국의 통일성과 다양성을 개략적으로 그리고 있다. 결국 노아 홍수 이후에도 역시 인류는 한 혈통을 통해서(행 17:26) 번성해 갔음을 알 수 있다.

이렇게 땅 위에 인구가 충만해지고, 문명을 이루어나가는 것은 하나님이 인류를 창조하실 때부터 의도하신 바였다(창 1:28). 하나님은 노아와 그 아들들에게 어떤 축복을 내리셨었나? 다시 한번 창세기 9:1, 18을 읽어보자. 성경 기자는 먼저, 야벳의 후손들을 언급하고 있다. 그리고 나중에 아브라함이 태어나게 될 셈의 후손을 언급하고 있다. '셈의 하나님 여호와를 찬양하라'는 축복이(9:26) 아브람의 부친 데라를 언급함으로써 성취되었음을 보여준다. 여기에 등장하는 민족의 이름을 다 확인하기는 어렵다. 좀 귀에 많이 익혔다고 생각되는 사람들만을 알아보자.

셈과 함과 야벳의 후예 (10:1–11:9)

תּוֹלְדֹת

톨레돗(Geneology) : 족보: 어떤 사람이나 가족이나 더 넓은 사회적 집단의 기록을 말한다. 창세기에는 "~의 계보(系譜, Toledoth)가 이러하니라"라는 말이 10군데나 나온다. 창세기의 '톨레돗'의 구조를 간략하게 적어본다(W. A. VanGemeren, 구원계시의 발전사).

① 천지의 창조된 대략이 이러하니라(אֵלֶּה תּוֹלְדֹת)(2:4-4:26) / 창조 및 인간의 불순종
② 아담 자손의 계보가 이러하니라(5:1-6:8) / 셋 - 노아의 계보
③ 노아의 사적은 이러하니라 (6:9-9:26)/ 타락, 홍수, 언약
④ 셈과 함과 야벳의 후예는 이러하니라 (10:1-11:9) / 나라 목록, 바벨 사건
⑤ 셈의 후예는 이러하니라(11:10-26) / 셈 - 아브람의 계보
⑥ 데라의 후예는 이러하니라(11:27-25:11) / 아브람의 이야기
⑦ 이스마엘의 후예는 이러하니라(25:12-18) / 이스마엘의 계보
⑧ 이삭의 후예는 이러하니라(25:19-35:29) / 이삭-야곱까지의 축복의 전달
⑨ 에서(에돔)의 대략이 이러하니라 (36:1-37:1) / 에서의 계보
⑩ 야곱의 약전이 이러하니라(37:2-50:26) / 요셉, 애굽의 이스라엘

1) G. von 그로닝겐, 구약의 메시야 사상, 류호준 역, 155면

본문도입

창세기에는 "~의 계보(系譜, Toledoth)가 이러하니라"라는 말이 10군데나 나온다. 저자는 10개의 독립적인 구성 요소를 이용하여 '창조'와 '애굽 내의 이스라엘'에 관한 이야기를 연결시키고 있다. 또 이 구조를 통하여 인류의 단일성과 인류가 어떻게 하나님을 반역해 왔고, 어떻게 민족들이 형성되었고, 언어들이 생기게 되었나를 보여주고 있다. 그리고 어떻게 이스라엘이 선택되어 하나님의 제사장 나라가 되어왔는가를 말해주고 있다. 특별히 창 9-10장은 아브람의 출현을 위한 무대를 설정하고 있다. 홍수 후에 인류는 어떻게 확산되어 갔을까? 셈이 노아의 장자였음에도 불구하고 그의 계보는 맨 마지막에 등장한다.

1. 아브라함이 소명을 받은 사건을 중심한 톨레돗의 구조를 살펴보자. 이런 문학적 구조를 사용한 성경 저자의 의도가 어디 있을까? 이 모든 상황은 아브라함이 어떻게 부름을 받았나 하는 사건을 중심으로 전개된다.

- 10:1-11:9 / 홍수 후의 인류가 어떻게 분산되었는가? 여러 나라 목록이 기록되었다. 육신의 혈통에 따라 기록되어진 것이 아니라 지리적, 역사적, 그리고 언어학적 연관에 따라 구분되었을 것이다.
- 11:10-26 / 셈의 후손(셈에서 아브라함까지)에 대해 자세한 계보
- 11:27-32 / 아브라함의 가족(아버지 데라와 형제들, 그의 아내) 설명

2. 노아 이후의 족보가 셈족을 향하여 초점을 맞추는 것은 어떤 이유인가?

(1) 우리는 이 족보를 통해서 인류가 한 혈통으로 지으셨음을 보게 된다. 타락 이전에 아담과 하와가 그러했던 것처럼 노아는 인류의 공동 조상이었다. 인류는 동식물과는 달리 통일체로 창조되었다(행 17:26).[1] 족보를 통해서 하나님은 모든 족속을 다 포용하심을 볼 수 있다. 모든 인류는 한 사람의 공동 선조로 파생된 하나의 대가족이다. 이스라엘과 지구 상의 다른 나라들과의 관계를 보여주려는 노력을 볼 수 있다.

(2) 그러면서도 이 족보가 보여주는 것은 셈으로부터 아브라함의 아버지인 데

라에 이르는 진정한 족보의 흐름에 그 관심을 집중하고 있다(11:10-26). 특별히 여기서 셈족이 크게 부각되어 기록되는 것은 바로 이 족속을 통하여 여호와께서 대속을 이루시기 위한 메시야를 보내주실 것이기 때문이다.

3. 10장의 목적은 아담이나 노아에게 "생육하고 번성하여 충만하라"는 하나님의 약속대로 이 땅에 여러 곳에 충만하게 되었음을 보여주려는데 있다. 이제 우리는 대홍수 이후의 시대, 즉 노아의 아들들과 그의 직계 후손들의 가계도를 간단하게나마 살펴볼 것이다.

야벳 : 그레데섬 사람(크노수스 에서 발견된 벽화)

야벳의 자손들 (10:1~5)

지중해 해안에 사는 사람들

- 야벳(יֶפֶת)
  - 고멜
    - 아스그나스
    - 리밧
    - 도갈마
  - 마곡
  - 마대
  - 야완
    - 엘리사
    - 달시스
    - 깃딤
    - 도다님
  - 두발
  - 메섹
  - 디라스

여기서 저자는 명단 전체를 소개하지 않는다. 야벳의 일곱 아들들과 일곱 명의 손자들만 언급한다.

① 고멜 : 남부 러시아에서 온 인도 유럽 기원의 한 부류

② 마곡 : 그 기원이 불확실하다. 호전적 민족. 에스겔38:2, 39:6에 언급됨. 여기서 '곡'은 루디아의 왕인 Gyges일 것이다(계20:8-10도 참조). (슬라브, 러시아인, 불가리아인, 보헤미안인, 폴란드인, 슬로바키아, 크로티아인들)

③ 마대 : 메대 (사 13:17, 21, 단 5:28. 6:16, 에스라 6:2) (인도인, 이란 족에 속하는 메대, 페르샤, 아프가니스탄, 쿠르트인)

④ 야완 : 터키 해안에 살던 이오니아계 희랍인 (겔 23:13, 사 66:19). 후에는 희랍인 전체 (단 8:21, 10:20) (헬라인, 로마인, 프랑스어, 스페인어, 포루트칼어, 이태리어 등 라틴어 문화권에 속한 족속)

⑤ 두발과 메섹 : 겔 27:13, 32:26, 38:2- 39:1

⑥ 디라스 : 해안민족의 하나인 Turusa일 것이다. (트라키아인, 튜톤족, 게르만족 혹은 스칸디나비아인, 앵글, 색슨족, 영국인들)

셈: 아람사람 /**야벳**: 메대 인 / **함**: 푸트(Put) 사람

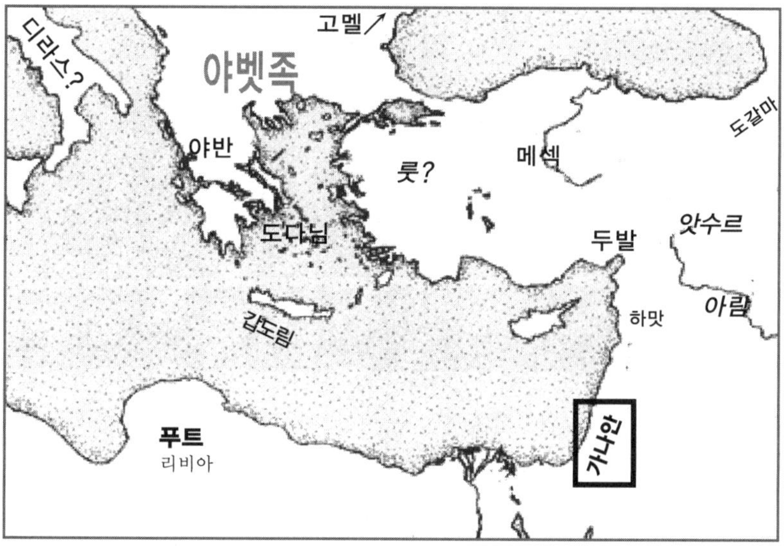

창 10:4-5 "야완의 아들은 엘리사와 달시스와 깃딤과 도다님이라 이들로부터 여러 나라 백성으로 나뉘어서 각기 방언과 종족과 나라대로 바닷가의 땅에 머물렀더라."

시 72:8-10 "저가 바다에서부터 바다까지와 강에서부터 땅 끝까지 다스리리니 광야에 거하는 자는 저의 앞에 굽히며 그 원수들은 티끌을 핥을 것이며 다시스와 섬의 왕들이 공세를 바치며 스바와 시바 왕들이 예물을 드리리로다."

함(이집트 여왕 티, 주전 14기초)

• 니므롯 : 세상의 처음 영걸(英傑)로 그는 시날 땅에 큰 성읍들을 세웠다. 이에 대한 이야기는 세계사에도 등장하고 있다고 한다. 홍수 이후 세계 대제국의 최고 통치자, 인류를 하나의 국가로 통일시키려고 시도한 사람, 바벨탑을 세우는 데 주도적 역할을 했다 한다.

함의 자손들 (10:6–20)

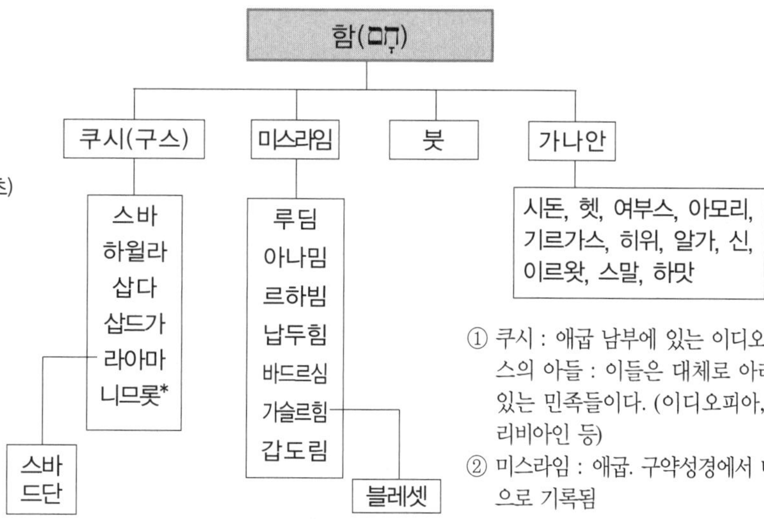

① 쿠시 : 애굽 남부에 있는 이디오피아, 구스의 아들 : 이들은 대체로 아라비아에 있는 민족들이다. (이디오피아, 이집트, 리비아인 등)

② 미스라임 : 애굽. 구약성경에서 미스라임으로 기록됨

③ 붓 : 리비아 (?)

④ 가나안 : 이스라엘, 레바논, 시리아의 일부 지역

가나안의 아들들 : 시돈, 헷, 여부스, 기르가스, 히위, 알가, 신 -- 등등.

이들은 후에 셈의 후손인 히브리 민족에게 정복당하여 그들의 종이 되었다(9:25 참조).

세상의 처음 영걸(10:8)

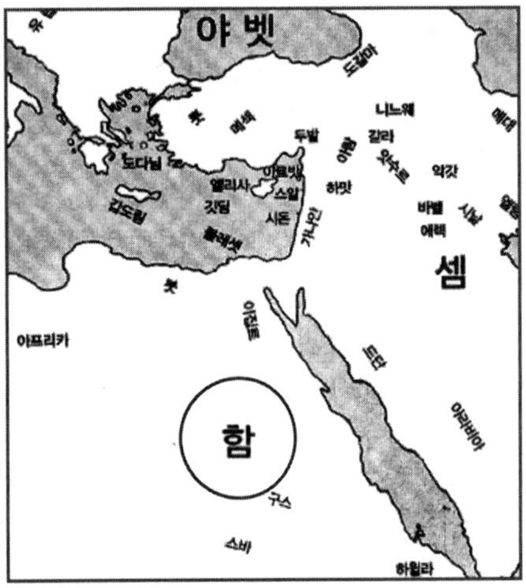

쿠시(구스) : 요세프스에 의하면 노아의 자손들 일부는 "배를 건너 섬에 정착했다"고 했다. 그런데 수메르와 인접한 바다는 지중해가 아니라 페르시아 만(아랫 바다)과 그 너머에 있는 인도양이다. 요세푸스는 쿠시, 미즈라임, 푸트, 가나안의 추종자들은 아프리카로 가는 길에 섬들을 점령했다. 이들은 지금의 에티오피아 / 수단에 나라를 세웠다.

1. 니므롯은 어떤 인물인가?

(1) 창세기에 나타나는 영웅들은 실제 역사에서 살아 있던 인물들이었다. 대홍수가 끝난 후 그 심판에서 살아남은 사람들은 노아와 그의 식구들이었다. 그리고 얼마의 시간이 흘렀을까? 그에 대한 자료가 극히 빈약하나 고고학은 얼마간의 신빙성을 제공한다. 앞에서 살펴본 것처럼 인류는 또다시 번성했고 수많은 민족들이 여러 곳으로 퍼져나갔다. 여기 함족의 후손 중에서 우리는 특이한 인물을 만나게 된다. 구스(Cush)가 낳은 세상의 처음 영걸(英傑, a mighty warrior - NIV) 니므롯(נִמְרֹד)이라는 인물이다. 역사가 기록으로 남은 것은 수메르에서 발견된다.

(2) 대홍수는 언제 일어났을까? 「문명의 창세기」(*The Genesis of Civilization*)의 저자 David M. Rohl은 대홍수 뒤에 등장한 나라가 우르크 왕조라고 주장한다. 그는 우르크의 두번 째 통치자, 엔메르카르(옆 페이지의 수메르 왕명록, 우르크 제1왕조 두번 째 왕 참조) 를 언급한다.[1] 옆 페이지의 설명과 같이 '수메르 왕명록'에 나와 있는 통치 연대 숫자는 너무도 터무니없는 것이기 때문에 그것을 역면 그대로 받아들일 수 없다. 그 숫자를 액면 그대로 받아들인다면, 대홍 수 이후 키시를 다스린 에타나는 기원전 11138년에 치세를 시작했을 것이다. 이것은 레너드 울리(울리는 1928-1934년에 고대 수메르의 도시 우르에서 발굴작업을 벌였다.)의 홍수 지층이 자리잡고 있는 우바이드 말기보다 약 7,000년 전이다. 그렇다면 우르크 제1왕조를 연 것은 주전 4518년이 될 것이다. 우르크기의 출발점을 언제로 잡아야 할까? 홍수 지층의 고고학적 연대는 우바이드 말기로 보며 그 시점은 최고 4000년부터 최저 3000년 사이로 본다(문명의 창세기, 278).

2. 어쨌든 후세의 시인들이 수메르의 영웅들을 크게 칭찬했는데, 엔메르카르와 길가메시가 글에 가장 많이 등장한다. 성경 속의 인물들이 실제 인물일진대 이들이 수메르의 가장 유명한 두 영웅과 일치하지 않을 수 있을까? 롤(Rohl)은 '엔메르카르'라는 수메르의 유명한 영웅이 성경에 나오는 '세상의 처음 영걸'이라고 부르고 있는 '니므롯'과 동일시 하고 있다.

1) David M. Rohl은 엔메르카르가 우르크를 다스린 시대는 초기 왕조 1기나 2기나 아니라 원시문자 시대라고도 일컫는 우르크 말기로 보아야 한다고 주장한다(275면). 대홍수의 연대나 우르크 제1왕조의 출범 연대를 정확하게 적시하는 것과 관련된 문제는 사실상 해결하기가 불가능하다고 전제하면서 David M. Rohl은 우르크 제1왕조의 치세를 3000년대말에 시작되었고 대 홍수는 그 직전이 될 것이라고 주장한다(227면).

수메르 왕명록

수메르 왕명록 ⓞ
(The Sumerian King List)
: 제1단(오른쪽 면, 왼쪽 칸) 상단에 대홍수 이전의 왕들이 적혀 있다. 높이 8인치 / 옥스포드 에슈몰린 박물관 소장.

1939년 토르킬 야콥센(T. Jacobsen)은 현존하는 약 15점의 사본을 연구하여 '수메르 왕명록'을 정확히 해독 편집해 냈다. 이 왕명록은 이신 왕조 마지막 임금 다미킬리슈(재위 B.C. 1816-1794) 치세 때에 작성된 것이다. 우바이드 초기(우바이드 1기 = 에리두)에 에리두와 우르크 및 우르에 최초의 마을이 생기기 시작했다. 고고학자들은 에리두에서 지구라트 밑에 묻혀 있는 신전 하나를 발굴했다(수메르에 세워진 최초의 신전). 이 '수메르 왕명록'에는 에리두 왕조에 이어 메소포타미아를 지배한 네 도시국가와 그 왕들의 이름이 열거된 다음, **'홍수가 그곳을 온통 휩쓸었다'**는 간결하지만 의미심장한 구절이 나온다.

우르 제 1왕조와 대홍수 사이의 간격을 메워주는 왕조는 단 두개 뿐이다. 키시 제 1왕조와 우르크 제 1왕조. 이 두 왕조는 적어도 부분적으로 같은 시대에 존재했다는 사실이 입증되어 있다.

'수메르 왕명록'은 **대홍수 이전**에 번갈아 지배권을 장악했던 다섯 도시를 차례로 열거하고 있다. ① 에리두(알룰림 28,800년, 알알가르 36,000년) ② 바드티비라(엔멘루아나 43,200, 엔멘갈안나, 도무지) ③ 라바크(엔시파지안나) ④ 시파르(엔멘두르안나) ⑤ 슈르파크(우바르투투, 18,600년 통치) 이렇게 다섯 도시 8명의 왕의 통치 기간이 241,200년 동안이나 된다. 물론 터무니 없이 길다. 어쨌든 홍수가 그곳을 온통 뒤덮었다고 했고, 홍수가 뒤덮은 뒤, 왕권이 '다시' 하늘에서 내려왔을 때, 왕권은 키시에 있었다고 했다.

● **키시 제1왕조** : **우바르투투** 왕의 치세는 대홍수 직전이고, 그 직후에는 ① 가[…]우르('써레') - 1,200년 동안 통치(수메르어 이름) ~ ㉓ 아카(629년 동안 통치) / 이렇게 스물세 왕이 합쳐서 24,510년 3개월 3.5일 동안 다스렸다. // 키시는 무기로 얻어맞았고, 그 왕권은 에안나(우르크의 신전)가 있는 도시로 옮겨졌다. // 키시 제1왕조에 수메르어 이름을 가진 통치자는 6명뿐이고 셈족 출신의 왕은 그 갑절인 12명이 된다. 당시 여러 도시국가들이 왕권을 두고 다투었고, 왕실 자체도 여러 종족이 섞여 있었다는 느낌이 든다.

● **우르크 제1왕조** : ① 우트의 왕 메스키아그카셰르가 제사장 겸 왕이 되었다(324년 동안 통치) ② 초대 왕의 아들, 우르크의 왕, 우르크의 건설자 **엔메르카르**가 420년간 동치 ~ 우르크 왕조 5대 왕 길가메시가 126 동안 통치 // 열두 왕이 합쳐서 2,310년 동안 다스렸다. 우르크는 무기로 얻어맞았고, 그 왕권은 우르로 옮겼다. <「문명의 창세기」, 247-275면에서>

● **엔메르카르** : 1914년 아노 포이벨이 니푸르에서 발견하여 발표한 '수메르 왕명록'에는 엔메르카르의 이름이 En-me-er-ru-kar로 표기되어 있다. 따라서 그의 이름을 '엔메루카르(Enmerukar)라고 발음해도 좋을 것이다. 그런데 kar가 수메르어에서 '사냥꾼'(아카드어에서는 habilu)을 뜻한다. 따라서 En-me-ru-kar의 네 음절은 이름에 별칭을 덧붙인 것으로 이해할 수 있다.

이 말은 곧 '사냥꾼 엔메루'라는 뜻이다. // 이 말을 후대에 히브리어로 기록했을 때 어떻게 표기했을까? 히브리어는 처음에 모음이 없었다(모음은 주후 5세기 이후에 붙인 것임). 따라서 '엔메루'라는 표기를 'n-m-r'(נמר)라고만 적었을 것이다. 그 결과 세월이 흐르면서 진짜 발음은 잊혀졌을지도 모른다. 이 세 자음에 '사냥꾼'이라는 수식어를 덧붙이면 '사냥꾼 님루(Nimru)'에 쉽게 도달할 수 있을 것이다.

이 '사냥꾼 님루가 성경에 나오는 쿠시(구스)의 아들이자 노아의 증손자인 **'니므롯'**이 아닐까?

3. 창세기 10:8-10 "구스가 또 **니므롯**[2]을 낳았으니 그는 세상에 처음 영걸이라그가 여호와 앞에서 특이한 사냥군이 되었으므로 속담에 이르기를 아무는 여호와 앞에 니므롯 같은 특이한 사냥군이로다 하더라 그의 나라는 시날땅의 바벨과 에렉(우르크를 일컫는 지명)과 악갓과 갈레에서 시작되었으며."

(1) '수메르 왕명록'에는 '엔메르카르'가 우르크를 세운 사람으로 되어 있다. 님로드도 우르크와 아카드와 바벨을 세운 위대한 건설자였다. 노아의 증손자 님로드는 대홍수 후 두번째 속해 있고(노아 → 함 → 대홍수 → 쿠시→ 님로드), 또한 엔메르카르도 홍수 후 우르크의 두번째 통치자이다. 두 사람 모두 쉬나르(시날 땅) / 스메르 땅에서 제국을 다스렸다.

(2) 따라서 '수메르 왕명록'에 '엔메르카르'가 바로 창세기 10:8에 등장하고 있는 니므롯과 동일 인물이라 할 수 있을 것이다. 그렇다면 '수메르 왕명록'에 '엔메르카르'의 아버지이자 우르크의 왕인 메스키아그카셰르[1]는 함의 아들이자 노아의 손자인 쿠시라는 뜻이 아닐까? (주전 2900년경) 유대 전설에 따르면 이 니므롯은 바벨탑 건설을 명령한 통치자이기도 했다.

1) '수메르 왕명록'에 메스키아그카셰르(Meskiag**kash**er)라는 이름 속에 쿠시(Cush 또는 Kush)를 단축한 셈어/히브리어 애칭인듯 하다(자세한 것은 문명의 창세기, 340면 참조). 따라서 롤은 "우르크 제1왕조를 창시한 전설적인 두 왕(메스키아그카셰르와 엔메르카르)은 창세기에 나오는 쿠시(구스)와 님로드(니므롯)라는 이름으로 등장하는 두 영웅과 동일시할 수 있다고 결론내린다.

2) 니므로드: '배반, 반역'이라는 뜻의 '마라드'(מרד)에서 유래되었다. 미가 선지자는 앗수르를 가리켜 '니므롯의 땅'이라고 했다(미 5:6).

셈: 앗수르 사람(콜사밧의 사르곤 궁전의 부조)

셈의 자손들 (10:21-23)

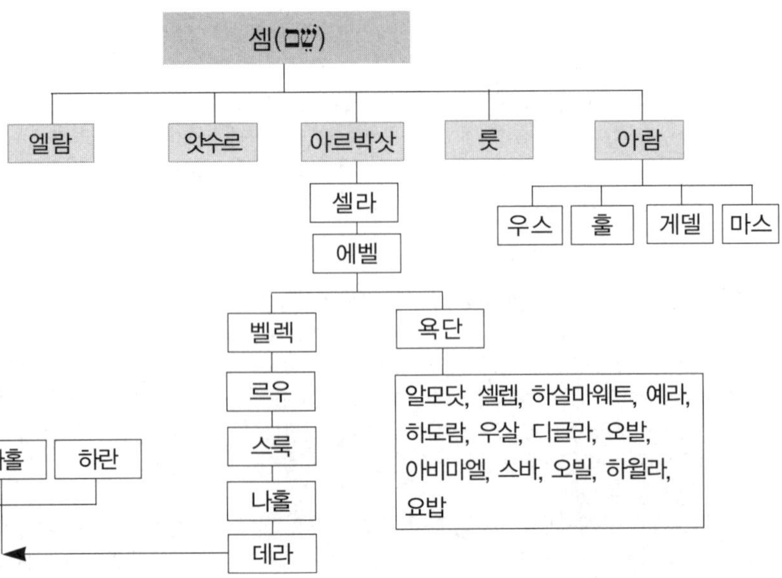

① 메소포타미아(지금 이락)에 살았던 민족 : 엘람(엘람인), 앗수르(앗시리아인), 아르박삿(갈대아인), 아람(아람족, 히브리인), 룻(소아시아의 리디아인)

② 에벨 : 벨렉과 욕단을 낳았다. 이 두 사람은 각각 아브람족(히브리)과 아라비아 조상이 되었다.

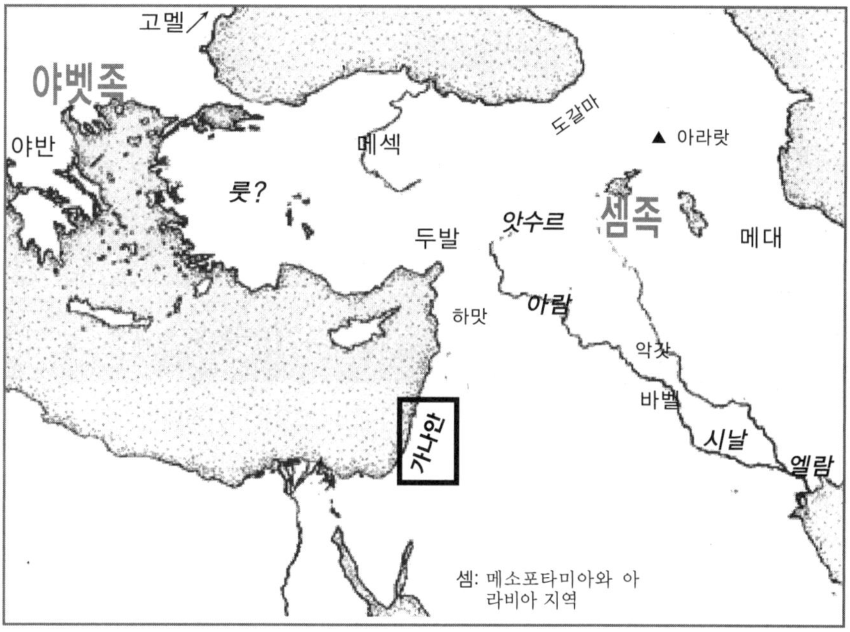

1. 셈의 후손에서 아브라함이 탄생하고, 이 아브라함을 통해 이스라엘 민족을 이루게 됨을 본다. 그 많은 나라들 중에서 이스라엘이 선택된다. 그렇다고 해서 하나님께서는 다른 나라를 완전히 무시하신 것으로 보면 안 된다. 하나님이 이스라엘에 특별히 개입하시는 것은 인류를 그를 통해서 구속하시려는 데 있다. 이스라엘을 선택하셔서 친 백성으로 삼아 거룩하게 하셨다(출 19:4-6). 이 백성을 통해서 자신의 구속사역을 이루어나가시게 된다.

2. 홍수 이후 노아의 세 아들들의 후예로부터 여러 나라 백성으로 나뉘어졌다. 그리고 각기 방언과 종족과 나라대로 흩어져 정착하게 된다. 이 수많은 종족들은 세 계열(系列)로 구분된다. 노아의 세 아들에 속한 자손들의 숫자가 70족속이다. 애굽에 내려간 야곱의 식구들도 70명이다. 출애굽기 24:9, 민수기 11:24에 나타나 있는 70명의 장로들이란 전 공동체의 대표단을 말한다. 따라서 노아의 후손들의 족보에 나타난 70명이란 대단위의 전체를 말하는 상징수로 전 인류를 통칭하는 용어이다.[1] 온 인류가 한 뿌리로서 노아 이후 다시 번성했음을 보여준다. 조금 자세한 설명을 원하시면, G.L. Archer의 구약총론, 기독교문서선교회, 번역본, 239-242를 참조해 보자.

1) 유대교 학설에 입각한 구약에 사용된 수(數)에 대한 연구 논문은, 배제민, 구약연구, 총신대학교출판부, 100면 이하를 참고해 볼 것.

바벨탑 공사(11장)

지구라트 : (하늘과 맞서는 탑) 거대한 계단식 피라미드 형태의 신전탑을 말한다. 기저부(基底部)의 폭은 90m, 그 아래의 뜰은 6만m²로서 주위에는 창고나 신관들의 주거가 늘어서 있다. 이 바벨탑은 바벨론의 느브갓네살 치세보다 수백년 전의 세워졌다. 이 바벨탑은 이후 수세기에 걸쳐 파괴와 재건이 되풀이 된다. 훗날 느브갓네살은 왕실 건축가에 "탑의 높이를 더하여 하늘과 겨누게 하도록" 명령했다고 한다.

- 이사야14:11-15 "네 영화가 음부에 떨어졌음이여 너의 비파 소리까지로다 구더기가 네 아래 깔림이여 지렁이가 너를 덮었도다 너 아침의 아들 계명성이여 어찌 그리 하늘에서 떨어졌으며 너 열국을 엎은 자여 어찌 그리 땅에 찍혔는고 네가 네 마음에 이르기를 내가 하늘에 올라 하나님의 뭇별 위에 나의 보좌를 높이리라 내가 북극 집회의 산 위에 좌정하리라 가장 높은 구름에 올라 지극히 높은 자와 비기리라 하도다 그러나 이제 네가 음부 곧 구덩이의 맨 밑에 빠치우리로다."

1. 홍수가 끝난 후에도 하나님의 축복으로 인류는 번성해 갔다. 인류가 번성하는 것이 하나님이 최초에 의도하신 바였다. 우리는 지난 10장에서 노아의 후손들의 목록을 보았다. 약 70족속(10:1-32)이 되어 땅을 덮었음에도 그들은 하나님의 영광과는 거리가 점차 멀어져만 갔다. 물론 여전히 죄가 이 땅을 뒤덮고 있었다. 하나님은 그들에게 아무 존재도 아니었다. 이들은 처음에 같은 언어를 가지고 있었다. 그래서 한 곳에 밀집해서 살았다. 강력한 리더자에 의해 하나의 거대한 제국을 세울 수 있었다. 실제로 그런 조짐이 보이기 시작했다. 하나님이 간섭하지 않는 거대한 인간 중심의 나라, 이들은 시날 평지를 만나 대역사를 시작한다. 그것은 더욱더 하나님으로부터 멀어져가기 위한 하나의 수단이었다.

2. 드디어 하나님의 뜻과는 완전히 다른 의도적인 대적이 일어난다. 바벨탑을 세우기 시작한 것이다. 강력한 중앙집권의 인간 나라를 세우려고 총력전을 펼친다. 누가 대공사를 주도했을까? 창세기 10:8을 주의 깊게 읽어보자. 우리는 여기서 처음 등장하는 영웅을 만난다. '니므롯' 이란 인물이다. 그에 대한 해설이 조금은 상세하다. 그 인물의 특이성 때문일 것이다. 창세기 기자는 이 인물에 대해 주의를 환기시키고 있음이 분명하다. 니므롯을 '처음 영걸' (גִּבֹּר־צַיִד)이라 했다. 또한 '특이한 사냥꾼'이라고도 했다. 이 사람은 분명히 이웃을 무력으로 점령했을 것이고 그 과정에서 많은 사람을 죽였을 것이다. 점차 그의 세력을 넓혀 나갔고, 마침내 대제국을 건설한다. 물론 이들의 공동체가 하나님을 받아들였을 리 만무하다.

3. 하나님으로부터 점차 멀어지는 인류, 그들은 마침내 하나님을 향해 반기를 든다. 거대한 제국을 건설하려고 시날 평지에 모여들었다. 그리고 거대한 성을 건축한다. 시날 땅은 수메르인들이 살던 지역이었다. 그의 나라는 시날 땅의 바벨에서 시작되었다고 했다(10:10). 바벨은 유브라데 강을 중심하고 있는 곳이다. 니므롯은 그 세력을 앗수르 지역(10:11) 니느웨까지 뻗히는 대제국을 건설했을 것이다. 누가 이 세력을 가로 막을 자가 있을까! 그 막강한 군주 앞에 온 족속이 결속한다. 하나님 없는 광대한 제국, 그 제국을 건설하면서 인류는 하나님을 대항한다.

언어가 하나이었더라 (11:1)

바벨(בָּבֶל)

본문도입

인류의 범죄는 마침내 하나님께 대한 조직적인 반항을 가져온다. 인간 중심의 나라를 세우려는 세력은 시날 평지에 거대한 제국을 건설함으로써 그 절정에 달한다. 하나님을 인정하지 않으려는 인간의 사악함, 그것은 인간 자신을 높이 드러내려는 죄악이었다. 하나님은 그들의 계교를 무위로 돌려버리신다. 하나님은 마침내 이런 인류에게 철퇴를 내리신다. 언어를 혼잡케 함으로써 이들 집단을 멀리 멀리 흩어버리신다.

1) 「문명의 창세기」의 저자 롤은 수메르 전설의 기록("하나의 말로 엔릴을 찬양했다"는 말)을 설명하면서 이 구절을 언어가 하나였다는 뜻보다는 모든 사람이 공통된 신앙을 가지고 있었다는 뜻으로 해석한다(343면).

1. 온 땅에 구음(口音, language)이 하나이요.

11:1 온 땅에 구음(口音)이 하나이요 (　　　　)가 하나이었더라.

처음에 이들이 사용한 언어는 어떤 언어였을까? 이들은 '언어가 하나였기에'[1] 서로 근접해서 살아갈 수 있었을 것이다. 그런데, 이들은 지금 하나님의 창조 명령에 어긋나게 살고 있다. 하나님이 인류에게 내리신 명령은 무엇인가? (창 1:26, 28) "생육하고 번성하여 땅에 충만하라 땅을 정복하라"고 하셨다. 하나님은 홍수 후에도 같은 명령을 내리시고 있지 아니한가?! (창 9:1, 7을 보라) 그런데 지금 이들은 한 곳에 모여서 강대한 제국을 건설하려 한다. 그것도 하나님 없는 자기들만의 거대한 제국을 꿈꾸고 있지 않은가!

기원전 5000년전 초기 메소포타미아 북부에 자리잡고 있던 농경민의 무리가 새로운 복지를 찾아 남쪽으로 이동했다. 거기서 풍요로운 땅을 만난다. 처음에는 수메르, 훗날에는 바빌로니아로 불린다. ⭘

인류 최초의 대공사, 바벨탑 (11:3~4)

2. 당시 이 지역에서는 대규모 신전 건축 붐이 일어났을 것이다. 그 배경을 잠깐 살펴보자.

11:2 그들이 동방[2]으로 옮기다가 (　　　　) 평지를 만나 거기 거하고

2) 동방으로 : 원어에는 miq-qe-dhem, מִקֶּדֶם = (*)+(מִ 전치사 from)으로 되어 있다. 그러므로 "동방으로부터"(from east)란 뜻이다. 그러니까 동쪽으로부터 서쪽으로 옮겨가다 시날(Sinar) 평지에 정착하게 되었던 것 같다.

(1) '시날'(Sinar)은 메소포타미아 지역을 말한다. 바벨론 제국의 발상지로서 바벨론이나 우르크(창 10:10 에렉), 아카드(창 10:10 악갓) 등의 지역을 가리킬 것이다.

(2) 이들이 바벨탑을 세운 목적은 무엇인가?

11:4 또 말하되 자,
성(city)과 대(tower)를 쌓아
대 꼭대기를 하늘에 닿게 하여*
우리 (　　　　)을 내고
온 지면에 (　　　　　　)을 면하자 하였더니

* 바벨탑을 세운 일은 인간 중심의 나라를 세우려는 일로. 하나님을 인정하지 않으려는 인간의 사악함이다.

3. 대홍수가 끝나고 바벨탑을 쌓는 기간까지는 얼마의 시간이 흘렀을까?[1)]

1) 이 년표는 David M. Rohl이 주장하는 연대표이다. 정통 메소포타미아 연대표보다 훨씬 뒤로 잡는다. 그는 대홍수의 연대를 주전 3100~2900년경으로 보고, 그 이후 니므롯(노아의 손자)이 바벨탑을 짓는 연대는 주전 2900년경으로 잡는다(631, 667면).

			두발가인			키시 : 대홍수 이후 에나타 왕 즉위	
	가인-놋 땅 거주	에 녹	대장쟁이들의 도시		대홍수	●키시 I 왕조 ●우르크 I 왕조	아카드(2100 BC)
	주전 5500년경	5000년경	4500년경		3100년경		

우르크의 두번째 왕 '엔메르카르'가 성경의 처음 영걸 '니므롯'이다. 이 사람이 바벨탑 공사의 총지휘자였을 것이다(주전 2900년경).

(1) 위의 David M. 롤(Rohl)이 주장하는 간단한 도표(물론 정통 연대와 다르게 주장한다)를 보면, 바벨탑 공사를 한 것은 주전 2900년경이다. '니므롯'은 세상에 처음 나타난 영걸이라고 했다(창 10:10). 롤은 바로 이 '니므롯'이 우르크의 두번 째 왕인 '엔메르카르'라고 주장한다. 유대 전설에 따르면 니므롯이 악명 높은 바벨탑 건설을 명령한 통치자라고 한다. 엔메르카르는 수호신 이난나(Innana, 地母神)[2)] 여신에게 바치는 웅장한 신전을 우르크에 세웠다(문명의 창세기, 631-632면).

(2) 엔메르카르는 이난나(이쉬타르)를 아라타[3)]에서 데려다가 우르크의 하늘의 신 아누(Anu)와 동등한 지위로 격상시켰다. 대홍수 이후 고대 수메르 종교는 그 통일성이 사라지고 종교 분열이 시작된다. 역사 초기에 수메르인들은 종교가 통치와 생활 전반에 미치는 도시 국가를 건설하기 시작했다. 따라서 신들의 하인이라 할 수 있는 사제들은 높은 위치를 차지했다. 그래서 도시국가는 그 목적이 신을 섬기기 위한 것이라고 언급되어 왔다. 당시 이 지역 도시국가들 사이에는 수권(水權)을 둘러싼 전쟁이 계속 발생했다. 간단하게 이 당시의 이들이 믿던 신들을 살펴보자.

2) 우르크의 수호신으로 여겼고, 신성한 결혼의식의 주인공이었던 사랑, 풍요, 생식의 여신이었다. 그녀의 이름을 직역하면 '하늘의 여왕'이다. 셈족 이름은 '이쉬타르'였다.

3) 아라타는 풍부한 금속과 돌로 유명했다. 주전 2000년대 초에 에레크(에렉)에게 정복당해 복속된 것으로 보인다. 아라타라는 이름이 처음 등장한 곳은 수메르 서사시 특히 우르크의 영웅-왕인 엔메르카르에 대한 이야기다. 아라타 산속에 있는 집에서 이난나 여신을 데려와 우르크 도심에 있는 에안나(하늘의 집) 신전에 살게 한 사람이 엔메르카르였다. David M. 롤(Rohl)은 그의 책에서 아라타를 찾아가는 여정을 그렸다(문명의 창세기, 127-175면). 그는 아라타는 지금 아르메니아의 우르미아 호 남쪽에 펼쳐져 있는 미얀도아브 평원에 자리잡고 있었다고 증언한다.

(3) 원사종교에서는 별볼일 없던 신들이 최고신 밑에서 저마다 독립하여 강력한 도시 국가의 수호신으로 격상되기 시작했다.

- 아누(Anu) : 하늘의 신 - 모든 인간의 문제를 토론하고 중대한 결정을 내리는 곳이 바로 신들의 집회였고, 그 집회의 우두머리가 하늘의 신 아누였다.
- 엔릴(Enlil) : 공기의 신이자 두번 째로 가장 중요한 신으로 힘을 상징한다. / 엔릴은 신들의 결정을 수행했다. 메소포타미아 평원에 치는 천둥과 벼락은 다름아닌 엘릴이었다. 도시를 파괴한 것도 야만적인 산악인이 아닌 바로 엘릴이었다. / 엔릴은 니푸르[1]에서만 최고신으로 남았다.
- 이난나(Innana, 地母神) : 엔메르카르는 이난나를 아라타에서 데려다가 우르크의 하늘의 신 아누(Anu)와 동등한 지위로 격상시켰다.
- 엔키(Enki) : 물의 신, 심연(深淵)의 신 - 에리두에서 숭배의 대상이었다.
- 신(Sin) : 달의 신 - 우르에서 최고의 신이었다.
- 우트 : 슈루파크[2]에서 군림했다.
- 인슈쉬나크 : 수사의 주인 - 엘람인[3]의 수시아나를 지배했다.

(4) 노아가 그의 나이 600세 되던 해에 홍수가 일어났다(창 7:6). 홍수가 끝난 후에 노아가 350년을 지내고 950세에 죽는다. 노아 ⇨ 함 ⇨ 쿠시(구스) ⇨ 니므롯 (그러니까 니므롯은 노아의 증손자이다). 이때까지 인류가 얼마나 번성했을까? 대홍수 후에 키시 왕조가, 그리고 곧 뒤이어 우르크 왕조가 등장한다. 니므롯은 우르크 왕조의 두 번째 왕이다. 어쨌든 이들은 아직은 전 세계로 크게 확산되지 아니했을 것이다. 수메르 땅에는 도시 국가들이 등장하면서 각기 자신들의 신들을 위한 건축붐이 일어났을 것이다.

4. 이렇게 우르크 기(期)에 대규모 신전 건축붐이 일어난 것은 위의 설명과 같이 도시 국가들이 자신들의 신들을 위한 신전을 짓기 위해서였다. 우바이드 기(期) 이후에는 단을 높이 쌓고 그 위에 신의 집을 짓는 건축 양식이 도입되었다. 이곳 지역은 돌이 없기 때문에 찰흙으로 벽돌을 빚어 신전을 건립했다.

(1) 이 당시에 벌써 아름다운 색채의 무늬를 가진 칠무늬 토기가 생산되었다. 또한 금속의 제련법을 알고 있었다(고도의 청동기 문화를 이루었다). 쐐기글자[설형(楔形)문자]의 근본이 되는 그림글자가 창시되면서 메소포타미아는 역사시대의 새벽을 열어간다.

(2) 이들은 신전탑을 건설하면서 하늘에 닿으려고 애쓰기 시작했다. 성경에

1) 니푸르 : 수메르의 가장 신성한 도시이자 최고의 신 엔릴의 거주지였다. 니푸르는 수메르에서 위대한 학문의 중심지였다. 현재까지 발굴된 문학 점토판이 대부분이 그곳 필경지에서 나왔다.

2) 슈르파크 : 남중부 수메르의 도시로서 노아의 고향으로 설명되고 있다.

3) 엘람 : 수메르 동쪽에 있던 땅으로 자주 수메르와 다투웠다.

역사는 수메르에서 시작되었다

History Begins at Sumer

Samuel Noah 크레이머
박성식 역 / 가람기획

노아의 홍수 사건과 관련된 수메르 문화와 역사를 이해하려면 위의 책을 한번 읽어보는 것도 참고가 될 수 있으리라. 주전 3000년경부터 수메르 인은 인류 역사 최초로 찬란한 문명의 서장을 열었다. 이 책은 그러한 수메르 문명과 그들의 삶, 정신 세계 등 인류 역사상 최초의 사실 39가지를 쉬운 필체로 자료와 함께 해설했다. 구약성경에 나오는 홍수 사건을 이해하는데 도움을 준다.

언급된 것처럼(창 11장) 바벨탑을 쌓기 시작한다. 이 최초의 인공산(하늘로 올라가는 계단)을 만들라고 명령한 장본인이 '니므롯'일 것이라고 추측한다.

(3) 대홍수가 끝나고 엔메르카르[노아의 증존자인 님로드(니므롯?)와 동일시한]는 자신의 도시인 우르크에 '이난나'라는 여신을 새로 도입하고, 에리두[1]에 화려한 엔키 신전을 짓는다. 요세푸스 말에 의하면 님로드(니므롯)가 과거의 최고신에 대한 반발심에서 거대한 탑을 지으리고 명령했다고 한다.[2]

(4) 고고학에 대한 이야기는 전문적인 책들을 참고하기로 하고 여기서 일단 접기로 하자.

1) 에리두 : 수메르의 남부 도시 / 그곳의 수호신은 엔키였다.

2) 문명의 창세기, 348면

이들의 언어를 혼잡케 하여 (11:6~9)

본문도입

인간들은 바벨탑을 쌓음으로써 하나님께 도전했다. 마침내 하나님은 언어를 혼잡케 하심으로써 서로 의사 소통을 불가능하게 하셨다. 언어의 혼잡은 크게 저주라 할 수 없지만 하나님을 향해 도전하는 인류들을 온 지면에 흩으시려는 하나님의 수단이었을 것이다.

1. 하나님이 강림하신[1] 목적은?

11:7 자 우리가 내려가서 거기서 그들의 (   )를 (   )하여 그들로 알아듣지 못하게 하자.

(1) 언어의 혼잡으로 인해 더이상 공사를 계속할 수가 없었다. 몇 가지 언어로 혼잡케 하셨는지는 알 수 없지만, 이들은 의사 소통이 가능한 사람들끼리 한 그룹으로 형성되어 흩어졌을 것이다. 하나님은 인류를 강제적으로 퍼져나가게 하셨다. 하나의 공통적인 언어집단, 하나의 거대한 경제구조를 가진 공통된 사회, 곧 인류가 늘 염원해왔던 유토피아를 건설하려는 생각에 하나님은 쐐기를 박으신 것이다. 하나님은 그리스도 안에서 참다운 통일을 위해 인간 중심의 거짓 연합을 무너뜨리신다.

1) 강림하셨다(came down) : 하나님은 홍수 직전까지도 지상에 계셨다. 에녹과 동행하시기도 하셨음을 본다. 홍수 후에 다시 하나님은 땅 위에 거처를 찾으신다. 첫 번째 증거가 아브람에게 나타나심이다. 그 후 성막(성전)에 거하시고, 오늘날은 성령을 통하여 그리스도인과 교회 안에 거하신다. (S.G.De 그라프, 약속 그리고 구원, 크리스챤서적)

"야, 이놈아 너 죽을 래, 너 벽돌 가져오라니까 뭐하고 있는거야!"
"아 이놈이 화를 내는 것을 보니 뭐라고 그러는 것 같은데, 도대체 무슨 소린지 모르겠네."

'바벨'이란 말의 유래는?

• 어원

(1) 아카드어 '바빌리'(神들의 門, 바벨론)에서 유래되었다는 설 : 바벨론은 바그다드 남쪽으로 약 80km 쯤 떨어진 유브라데 강변에 위치했던 바벨론 제국의 수도이다. 성경은 이 도시가 니므롯에 의하여 건설되었다고 말한다(창 10:10).

(2) 히브리어 '발랄'(혼잡케 하다)에서 유래했다는 설 / '바벨'이라는 말은 바빌론어로는 '신들의 문'을 의미하는데, Babel은 babble-ville (쓸데없고 허튼 소리하는 동네)이 되었다. 이 말은 성의 건축을 중단시킨 언어의 혼란을 연상시킨다.

(3) 바벨론, 그 도시의 번영과 사치 풍조는 부도덕과 패역의 대명사가 되었다(계 14:8).

(2) 그런데, 우리는 다음 구절을 주의해서 읽어 볼 필요가 있다 :

"에벨은 두 아들을 낳고 하나의 이름은 벨렉이니, 그 때에 세상이 나뉘었음이요"(창 10:25). 그때 '세상이 나뉘었다'(was divided)고 했다. 아마 바벨탑 사건 이후 분산된 것을 말하고 있는 것 같다. 물론 이런 견해와는 달리 '세상이 나뉘었다'는 말을 실제로 지구상의 자연적인 큰 변동이 있어 땅이 분리되어 6대주로 나뉘었다고 보는 학자들도 있다.

(3) 이들 마음 속에는 아직도 홍수 사건이 마음 속에 잠재의식으로 남아 있었을 것이다. 이들은 흩어지는 것을 두려워했고 따라서 하나로 뭉쳐 강력한 대 세속제국(世俗帝國)을 건설하려 했다. 이미 이들에게는 '노아의 언약' 따위는 안중에도 없었다. 하나님은 인생들에게, 하나님을 신뢰하면서 믿음을 가지고 세상에 널리 퍼져나가 땅을 정복하고 다스리기를 원하셨다. '노아의 언약'이 무엇일까? (창 9:9-17을 다시 읽어보자)

(4) "우리 이름을 내고" : 이들은 인간 중심의 나라를 건설하려 했다. 얼마나 다양한 문화를 건설했겠는가! 그러나, 인간은 하나님의 약속을 믿고 사는 삶을 원치 않고 스스로 인류를 보존하겠다는 삶을 살아간다. 오히려 인류는 하나님을 멀리하고 우상숭배의 극을 치닫게 된다. 자력종교(自力宗敎)의 의지를 드러냈다. 교만과 불순종의 모습이었다.

키시 왕조와 우르크 왕조

대홍수 이후 수메르는 땅을 놓고 패권을 다투고 있는 수많은 도시국가들로 이루어졌다. 이들 중 가장 중요한 도시국가는 키시(Ⅰ) 왕조였다. 이 도시국가는 '대홍수' 이후 에나타 왕의 즉위로 출범했다(주전 3100~2900년경). 그러나 세월이 흐르면서 키시에서 남쪽으로 멀리 떨어져 있던 또 하나의 도시국가 우르크가 등장한다. 이에 위협을 느낀 키시의 왕은 우르크에게 자신을 왕으로 인정하지 않는다면 전쟁을 일으키겠다고 선언했다. 이때 연장들과 무기를 들 수 있는 우르크의 양원(兩院)이 소집된다. 키시에 굴복하고 평화를 유지할 것이냐 아니면 무기를 들고 독립을 위해 싸울 것이냐를 결정해야 했다. 이들은 이 문제를 놓고 갑론을박하다 결국 길가메시의 호소로 인해 전쟁을 하기로 결정한다. 마침내 키시 제1왕조의 마지막 통치자 아가와 우르크의 왕 길가메시 사이에 전투가 벌어진다. 이 당시 벌써 우르크에 '의회(議會)'와 양원(兩院)체재가 있었다고 증언한다. 물론 이 서사시의 기록은사건이 일어난지 1000여년이 지난 후에 점토판에 기록되었다.

이 부분에 대한 자세한 내용은 S.N. 크레이머, 「역사는 수메르에서 시작되었다」를 읽어보자.

2. 하나님은 왜 이들을 온 지면에 흩으시는가?

11:9하

(1) 바벨탑 사건은 비록 인간들을 하나의 공동체로 모으는 데는 성공했을 것이다. 그러나 인류들을 향한 하나님의 기대는 무엇이었던가? 즉, 하나님이 원하시는 공동체는 어떤 모습인가? 하나님이 찾으시는 공동체는 계약 공동체(covenant community)였다. 이 공동체의 주된 관심사는 하나님의 이름을 경외하는 것이지, 하나님 밑에서 어울려 사는 백성, 즉 자기 자신들이 아니다. 하나님은 사실상 그들 공동체에서 내어 쫓기신 것이다. 이들이 지금 하나님께 대해 주장하는 것은 자신들의 모의에 참여하지 말라는 것이었다. 인간 스스로 모든 것을 해결하겠다는 것이다.

(2) 앞으로도 인류는 계속해서 거대한 세속제국을 건설하려고 애를 쓴다. 인류 역사상 얼마나 많은 니므릇 같은(창 10:8, 9) 호걸(豪傑)들이 있었는가. 지금도 우리 인류는 그 바벨탑을 계속 쌓고 있지 아니한가? 하나님이 없다고 목청을 높이고 있지 아니한가!

3. 언어의 혼잡은 어떤 결과를 가져왔나?

11:8, 9

(1) 물론 자연히 공사는 중단되었고, 이로 인해 인류는 온 땅 위에 퍼지게 했다. 언어의 다양함이 저주는 아니지만 하나님으로부터 멀어져가려는 인간들을 컨트롤 할 수 있는 하나님의 수단이었을 것이다. 이들은 언젠가는 나타나셔서 인류를 구속하실 메시야를 기다려야 한다. 이제, 여러 인종들이 땅 위에 퍼져나가기 시작했다. 아주 멀리 멀리.

(2) 나중에는 서로 전쟁을 일으켜 죽이기까지도 하지만 인류는 땅 위에서 번성하게 되었고 땅에 충만하게 되었다. 하얀 족속, 검은 족속, 불그스레한 족속. 물론 이러한 가운데 계속 영적 기갈이 있게 되었다. 이러한 다양한 족속 가운데서 하나님은 자기의 백성을 불러모으실 것이다. 전 인류를 구원하시려는 하나님의 계획은 그 중에서 한 백성을 택하심으로써 방향을

• 행 2:5-11 "그 때에 경건한 유대인이 천하 각국으로부터 와서 예루살렘에 우거하더니 6 이 소리가 나매 큰 무리가 모여 각각 자기의 방언으로 제자들의 말하는 것을 듣고 소동하여 7 다 놀라 기이히 여겨 이르되 보라 이 말하는 사람이 다 갈릴리 사람이 아니냐 8 우리가 우리 각 사람의 난 곳 방언으로 듣게 되는 것이 어찜이뇨9 우리는 바대 인과 메대인과 엘람 인과 또 메소보다미아, 유대와 가바도기아, 본도와 아시아, 10 브루기아와 밤빌리아, 애굽과 및 구레네에 가까운 리비야 여러 지방에 사는 사람들과 로마로부터 온 나그네 곧 유대인과 유대교에 들어온 사람들과 11 그레데 인과 아라비아 인들이라 우리가 다 우리의 각 방언으로 하나님의 큰 일을 말함을 듣는도다 하고."

• 계 7:9 "이 일 후에 내가 보니 각 나라와 족속과 백성과 방언에 서 아무라도 능히 셀 수 없는 큰 무리가 흰 옷을 입고 손에 종려 가지를 들고 보좌 앞과 어린 양 앞에 서서."

바꾸신다.

(3) 이제 하나님은 그의 약속을 이루시기 위해 아브람을 부르신다. 하나님은 한 백성을 구별하여 그들을 통하여 세상을 구속하시려고 준비하신다. 그렇게 하여 인류를 정결케 하기 시작하신다. 이 나라는 모든 민족을 정결케 하는 제사장 나라로 하나님의 도구가 되어야 했다. 이 새로운 무대를 아브람을 부르심으로 시작하신다. 바벨탑의 언어 혼란은 신약시대 오순절 방언 사건에서 그 역전을 보게 된다(행 2:5-11*). 우리는 천국의 모습에서 바벨론의 언어 혼란이 영원히 제거됨을 볼 수 있다(계 7:9*).

4. 노아 홍수 이후 인류는 또다시 번성했지만 이들이 하나님으로부터 등을 돌리기는 홍수 전 인류들과 다를 바 없었다. 홍수 후 인류는 시날 평지에 자신들의 세속 제국을 건설하며 하나님께 대항한다. 죄는 다시 이 세상에 편만했다. 그렇다면 다시 인류를 심판해야 하지 않을까? 홍수와 같은 전반적인 심판이 다시 일어나는 것이 당연한 듯 했다. 그러나 하나님은 노아를 통해서 다시는 홍수와 같은 심판을 하지 않겠다고 약속하셨다(창 9:11). 물론 심판이 하나님의 최종 목적이 아니다. 하나님은 인류를 구원하시기 위한 노력을 끊임없이 기울이신다.

셈의 자손들 (11:10~32)

본문도입

성경 기자는 셈의 후손에 초점을 맞춘다. 그 과정에서 중요하지 않은 시대는 생략했을 수도 있다. 창세기 10:21-31에서 이미 셈의 족보를 다루고 있지만, 여기서는 아브라함을 선택하는 배경이 되는 셈의 족보를 더 자세히 보여주고 있다. 결국 셈의 자손에서 아브라함이 탄생되었다는 것이다.

1. 아브라함은 어느 후손에서 나왔나? 창세기 9:26과 연결해서 설명해 보라.

11:10-26

(1) 결국 셈의 후손에서 데라(=아브람의 아버지)의 가족이 나왔다는 것이다. 셈에서부터 ⇔ 아브람(아브라함)까지의 족보를 보라. 홍수 이전 사람들보

태양신 쉐메쉬(Shamash)

주전 약 1900년경 우르에서 출토된 바벨론인들이 신봉하던 태양신 쉐메쉬의 모습이다.

다 나이가 훨씬 줄어들었음을 본다. 세상이 많이 변화되었다.

2. 아브람의 부친 '데라'(Terah)는 어떤 인물인가?

11:27 데라의 후예는 이러하니라 데라는 아브람과 나홀과 하란을 낳았고 하란은 롯을 낳았으며

(1) 이들 식구들은 다른 신(神)들을 섬기고 있었다. 여호수아 24:2을 찾아보자.

"데라가 강 저편(=유프라데스강의 북동쪽)에 거하여 다른 신을 섬겼으나" 라고 했음을 본다. 그 당시 그들은 달(月)神인 난나(Nanna, Sin), 즉, 달의 여신(Ningal = '여왕' 이라는 의미이다. 수메르어 '사라' 와 같은 말이다. 물론 다른 의견도 있다)을 섬겼다. 이들은 그곳을 떠나 하란에 와서까지도 이 신들을 섬겼다. 하란도 갈대아의 통치가 미치던 곳이었기 때문이다. 이들은 갈대아 우르에서 가나안 땅을 향해 오다가 '하란' 에 정착한다. 이 '하란' 은 갈대아 통치권이 마지막으로 미치는 국경지대요 무역 중심지였다. 데라는 국경을 넘어 가나안 땅으로 오기가 싫었던 것인가? 그는 그곳에서 살다가 205세에 죽는다.

(2) 하나님은 아브람에게 다시 가나안 땅을 향하여 갈 것을 지시하신다(12:1). 갈대아 우르에서 하신 말씀(행 7:2과 창 15:7)에 이어 두 번째 부르심이었다. 갈대아 통치가 미치는 지역에서 아주 완전히 떠나라는 것이었다. 그의 부친 데라의 친족 끄나풀에서 떠나라는 것이다. 그를 통해 새로운 믿음의 조상이 되게 하시기 위한 부르심이었다. "과거에 그 어떤 영화로움과 풍요함이 있었더라도 떠나라."

(3) 아브람은 자기를 붙들어 맺던 모든 조건을 무(無)로 돌리고 하나님의 부르심에 순종한다. 히브리서 11:8에서는 '믿음'으로 순종했다고 기록하고 있다. 그가 '하란'을 떠날 때가 75세였다(창 12:4). 그렇다면 이들이 '하란'에서 얼마나 머물렀을까?

3. 우리는 여기서 11:30의 말씀에 주목하게 된다. 어떤 말씀인가?

11:30 사래는 ( ) 못하므로 ( )이 없었더라.

➡ 아브라함의 부친 "데라가 강 저편(=유프라데스강의 북동쪽)에 거하여 다른 신을 섬겼으나"라고 했다. 그 당시 그들은 달(月)神인 난나(Nanna, Sin), 즉, 달의 여신(Ningal = '여왕' 이라는 의미다. 수메르어 '사라' 와 같은 말이다)을 섬겼다.

"나, 누굴까요?"

* Alfred J. Hoerth, *Archaeology and the Old Testament*, Baker Books

아브라함 당시 메소포타미아 사람들이 신봉했던 신들

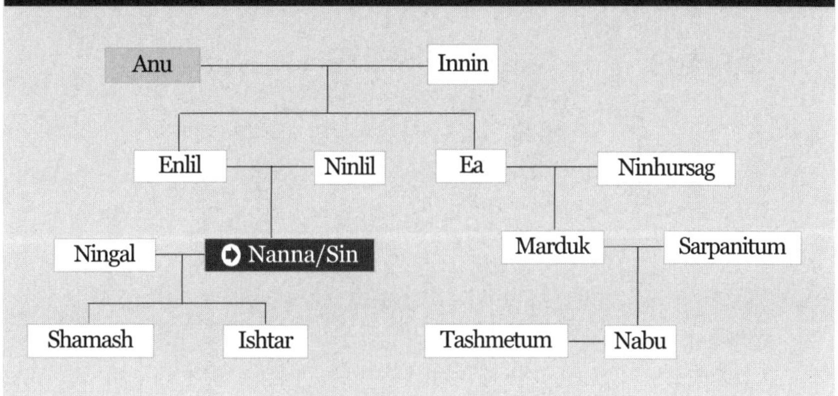

- 아누(Anu) : 하늘의 신 / 모든 인간의 문제를 토론하고 중대한 결정을 내리는 곳이 바로 신들의 집회였고, 그 집회의 우두머리가 하늘의 신 아누였다. 그러나 Isin-Larsa 시대에 와서는 그의 아들 엔릴이 최고의 신으로 대치된다.
- 엔릴(Enlil, 아카드어로는 엘릴) : 공기의 신이자 두번 째로 가장 중요한 신으로 힘을 상징이다. 엘릴은 신들의 결정을 수행했다. 메소포타미아 평원에 치는 천둥과 벼락은 다름아닌 엘릴이었다. 도시를 파괴한 것도 야만적인 산악인이 아닌 바로 엘릴(동부 셈족이 엔릴을 일컫는 이름)이었다.
- 이난나(Innana, 地母神) : 엔메르카르(성경의 니므롯?)는 이난나를 아라타에서 데려다가 우르크의 하늘의 신 아누(Anu)와 동등한 지위로 격상시켰다. 후세에 바빌로니아인에게는 이쉬타르(Ishtar)로 불렸고, 시리아인에게는 아스타르테, 페르시아인에게는 안하이타였고, 이스라엘인에게 이난나는 아쉬타로트였고 이집트인에게는 이시스(Isis, 사랑의 여신)였다.
- 엔키(Enki) : 물의 신, 심연(深淵)의 신 - 에리두에서 숭배의 대상이었다(셈어로는 '에아').
- 난나 : 달의 신을 가리키는 수메르 이름이다. 그의 셈족 이름은 신(Sin)이다. 달의 신으로서 Sin은 밤과 달과 월력을 주관했다. 우르에서 최고의 신이었고 이난나의 아버지였다.
- 인슈쉬나크 : 수사의 주인 - 엘람인의 수시아나를 지배했다.
- 에아 : 아누와 이닌 또다른 아들 에아는 지혜의 신이기도 하다.
- 마르뚝 : 바빌로니아 만신전의 최고신이다. 태양신이자 마술의 신이었다. 그는 제2등급의 신이었으나 몇세기 후에는 엔릴과 동화되어 아누와 대치되자 만신전의 최고신이 된다.
- 나부 : 마르뚝의 아들 나부는 지혜와 필경(기록) 예술 신이었다.
- 쉐메쉬 : 난나 신의 아들 샤마쉬 역시 태양신이었다. 어둠을 물리치는 신으로서 샤마쉬는 모든 행동을 보며 살아 있는 자와 죽은 자를 심판한다.
- 이쉬타르 : 보통 신들의 아내는 특별한 활동이 없으나 이쉬타르는 여성 신들중 가장 높은 자로서 전쟁과 성의 신이었다.
- 이렇게 메소포타미아인들은 수천의 신들을 믿었다. 그러나 각 도시마다 최고의 신을 두었다.

(1) 창세기 12:2에서는 아브람을 통해 큰 민족을 이루시겠다고 말씀하지 않는가! 나이 75세인데, 아직 아이가 없다. 그런데 하나님은 자녀의 약속을 하고 계시지 않는가! 바벨탑 사건으로 인류들이 흩어져갔지만 아브람을 부르셔서 흩어진 인간 가족에게 구원의 축복을 가져다 주실 것이다. 하나님은 이제 그 역사를 이루시기 위해 친히 일어나신다.

(2) 이제, 내가(하나님) 직접 통치하는 내 나라, 믿음으로만 들어갈 수 있는 '하나님의 나라'를 직접 통치하시겠다고 선언하고 계시지 아니한가!!

창세기 11 장 요약 정리

1-9절 : 바벨탑 사건

요약질문

- 바벨탑 사건은 홍수 후 얼마나 지났을까?
- 시날 평지는 지금의 어디쯤인가?
- 바벨탑을 세우려는 이들의 근본 저의는 어디 있는가?
- 바벨탑을 세운 것이 왜 죄가 되는가?
- 하나님이 원하시는 공동체는 어떤 공동체인가?
- 이들이 하나의 거대한 공동체가 될 수 있었던 것은 언어가 단일했기 때문이었다. 하나님이 이들에게 내린 처방은?
- '바벨'이라는 뜻은?
- 인류가 온 세상으로 흩어지자 이번에는 어떤 문제점이 생겼을까?

10-26절 : 셈에서부터 아브람까지

- 왜, 여기서 셈의 후예를 다시 언급하고 있는가?
- 어느 때부터 갑자기 수명이 현저히 줄어들었나 살펴보라. 왜, 그랬을까?
- 데라는 어떤 인물인가?
- 아브람의 형제들은 누구 누구인가?
- 족보의 중요성을 말해보라.
- 창세기에는 몇개의 족보가 등장하는가?

27-32절 : 데라의 후예

- 데라의 직계 자손들은 누구 누구인가?
- 하란은 누구이며 언제 죽었는가?
- 아브람과 나홀은 누구와 결혼했는가?
- 사래가 잉태되지 못한 사실을 왜 언급하고 있을까? (30절)
- 데라는 어디에 우거하고 있었는가? 그리고 어디에 정착했는가?
- 데라는 몇 세까지 살았으며 어디에서 죽었는가?
- 아브라함 당시 그들이 믿던 신들은 어떤 신들인가? 특히 데라가 믿던 신은 어떤 신인가?

Summary

연구과제

(1) 창 1-11장까지를 정리　　(2) 바벨탑 사건과 오늘의 현실
(3) 휴머니즘과 세속주의가 어떻게 기독교 사상과 배치되는가?
(4) 하나님의 공의와 사랑은 역사 속에 어떻게 나타나는가?

확대경(No. 19)

고대 메소포타미아 역사 추적하기

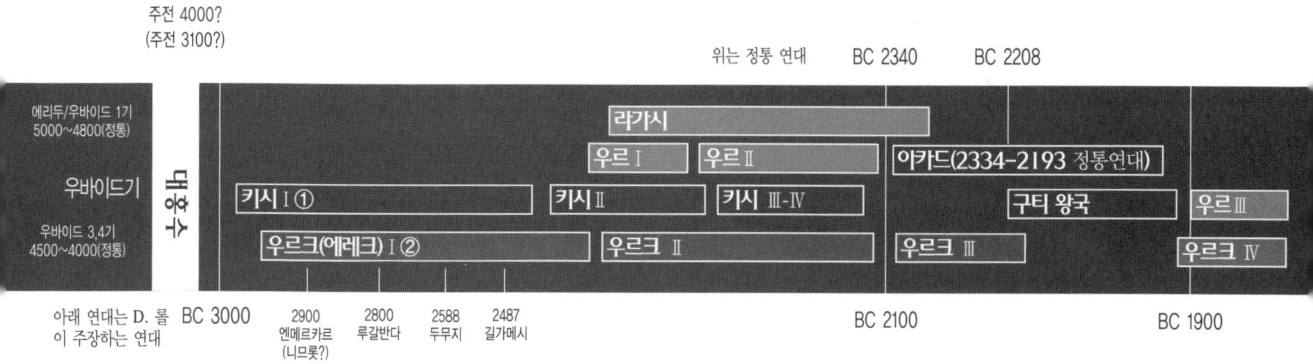

● 홍수가 언제 일어났을까? 물론 정확한 연대는 알 수 없다. 그러나 데이비드 롤은 약 주전 3100년경으로 본다.

① 데이비드 롤은 키시 I 왕조의 등장을 대홍수 후 주전 3100년으로 보았다.

② 키시 왕조를 누르고 등장한 왕조가 우르크(에레크, 성경에는 에렉, 창 10:10) 제1왕조이다. 그러나 키시 I 왕조는 그 존속을 계속한다.

• 엔메르카르 : 성경에 기록된 '니므롯'(창 10:8)으로 주장된다. 니므롯은 바벨탑 공사를 지휘한 자로 알려졌다.
• 루갈반다 : 후에 신격화된 우르크 제1왕조의 영웅적인 왕들 중 하나
• 두무지(성경의 탐므즈) : 우르크의 목자왕. 여신 이난나와 결혼한 최초의 왕으로 알려졌다.
• 길가메시 : 수메르의 뛰어난 영웅이 된 우르크 제1왕조의 왕. 길가메시 서사시 토판으로 유명하다.

UBAID Period

(정통연대 5300-3750)

메소포타미아 남부에 정착한 초기의 주민을 우바이드인이라고 부른다. 폐허가 된 도시 우르의 근처 텔 알 우바이드에서 딴 것이다. 이들은 농경민으로 석재가 거의 없기 때문에 흙벽돌로 마을이나 도시를 짓고 대신전을 건설했다. 우바이드인들은 인종으로서의 독자성과 문화상의 공적을 증명할 수 있는 인류 역사상 최고(最古)의 민족이다. 후에 수메르의 대도시 중 에리두, 우르, 라가쉬, 니푸르, 키시 등의 이름도 이들에게서 유래된 것으로 여긴다.

셈족의 등장

메소포타미아 남부의 유일한 민족 우바이드인을 위협하고 등장한 족속이 있었다. 5000년 말엽(연대 불확실), 시리아 사막과 아라비아 반도에 살고 있던 유목민들이 우바이드의 거주 지역을 침입한다. 두 민족, 두 문명의 혼합으로 더욱 새 시대를 구축하게 된다. 세계 최고(最古)의 문명이 이 시대에 이루어진다.

수메르인

수메르인이 역사 무대에 등장한 것은 주전 3500년경의 일로 유프라테스강 기슭에 정착한다(스메르인의 등장 연대는 학자들 간의 여러 의견들이 있다). 이들의 출현으로 메소포타미아 남부에는 민족상의 융합이 이루어지고 그후 인류의 진로에 큰 영향을 미치게 된다. 그후 수백년 동안 스메르라 불리게 된 이 지방은 유례 없는 물질적 번영을 이룬다. 세계 최초의 도시들이 몇 개씩이나 건설된다.

출신 : 수메르 주민들은 어디로부터 왔을까? 이들 대다수는 자그로스 산맥의 오지 출신들이다. 아르메니아라고 부르는 이 지역에 아라타 왕국과 에덴 땅이 있었다. 이것은 이스라엘 족장들이 에덴을 떠나 결국 '쉬나르(시날)'-고대 수메르-에 이르렀을 것이다(창 11:2 참조).

'수메르 왕명록'에는 에리두 왕조에 이어 메소포타미아를 지배한 네 도시국가와 그 왕들의 이름이 열거된 후에 '홍수가 그곳을 온통 휩쓸었다'고 했다. 메소포타미아를 휩쓴 홍수로 그 이전에 있었던 도시들은 파괴되었고, 성경에 나오는 쉬나르(고대 수메르) 땅을 다시 차지한 사람들은 그들의 선조로 기억하고 있는 노아의 아들 셈의 이름을 따서 '수메르인'이라고 불렀다. / "노아의 장남 셈은 앗수르(앗시리아), 엘람, 아람, 에베르(에벨)의 직계 조상이다. 특히 에베르는 히브리어의 호칭적 기원이다"(S.N. 크레이머).

대홍수

대홍수의 연대는 학자들간의 차이가 정확히 일치하지 않는다. '수메르 왕명록'에는 대홍수 이전의 왕들의 이름이 나오는데, 다섯 개의 도시(에리두, 바드티비라, 라라크, 시파르, 슈르파크)의 8명이 다스렸다고 했다. 그 대홍수가 끝나고 이어서 '수메르왕명록'은 키시 왕조의 계보를 열거하고 있다. 그런데 23명의 왕이 등장하는데, 22번째 왕인 엔메바라게시의 이름이 나온다. 이 왕이 인류 역사에서 고고학적으로 입증된 최초의 인간이다. 그의 이름이 원시 문자로 새겨져 있는 질그릇 파편이 발견되었다(문명의 창세기, 254면). 유명한 설화문학에서는 대홍수 이후 처음으로 다스린 왕은 '에타나'였다고 한다. 그러나 수메르 왕명록에는 키시 제1왕조의 13대 왕으로 되어 있다.

키시 제1왕조

대홍수 이후 수메르 전체의 지배권을 확립하는데 성공한 최초의 도시는 현재의 바그다드 남쪽 90km지점에 유적을 남긴 키시였다고 주장되어 왔다.

우르크 제1왕조

에나타의 치세 후, 키시의 남동쪽 약 160km 지점에 있는 우르크(에레크, 에렉, 창 10:10)가 키시의 패권을 빼앗았다. 앞에서 설명된 것 같이 초기 우르크의 역대 왕들은 우리 귀에 익숙한 이름들이다. 그 중 가장 유명한 왕은 길가메시이다. 그러나 키시 제1왕조는 없어지지 아니했다. 그래도 아

직 패권은 우르크에 있었던 것 같다. 키시, 우르크, 우르 등의 도시 등이 패권을 놓고 싸울 때 길가메시가 전쟁에서 승리했다. 따라서 길가메시는 신격화되었다.

엘람인의 침공

전투가 계속되었기에 수메르는 지칠대로 지쳤다. 따라서 엘람인의 공격을 받는다. 다시 수메르가 패권을 찾은 것은 길가메시가 죽은지 1세기가 지난 뒤였다. 수메르를 곤경에서 구한 사람은 아다브라는 도시의 왕 루갈란메문두였다. 그는 13인의 왕의 연합세력을 무찔러 고대 근동의 전 지역을 손 안에 넣었다. 그러나 그가 죽은 후 수메르는 도시 상호간의 반목으로 200년 동안 또다시 패권 다툼으로 떨어졌다.

라가쉬의 패권

우르크의 북동쪽 55km 지점에 있는 도시국가 라가쉬는 분열된 수메르를 통합하며 큰 세력으로 등장했다. 라가쉬를 권위의 절정에 올려놓은 왕은 제1왕조의 제3대 왕 에안나툼(Eannatum)이다. 그는 키시와 엘람을 정복하고 운하 건너편에 살고 있는 조상대대로의 적이자 '평원의 사자'라고 불리고 있던 움마(Umma)와 싸워 이겼다. 그는 우르크, 우르, 키시를 누루고 얼마간 전 수메르의 패권을 쥐었다. 그는 승리를 기념하기 위해 독수리 돌기둥이라 알려진 경계석을 세웠다. 그러나 그가 전사하고 난 뒤 라가쉬의 세력은 급속히 약화되었다. 에안나툼의 후계자 우르이님기나(Ur-unnimgina)는 사회개혁을 통해 번영을 꾀했으나 그 후 움마의 루갈 자기시(Lugal Zaggisi)에 의해 전복된다.

루갈 자기시는 신전을 불사르고 라가쉬의 거리를 파괴시켰다. 그는 수메르의 제일의 도시인 니푸르를 비롯

⬆ 이 전쟁의 장면은 라기쉬 왕조의 영웅인 에안나툼이 병사들을 이끌고 전쟁에 나가는 모습이다. 움마와의 싸움에서 승리한 왕을 칭송한 수메르의 기념비이다. 방패와 장창으로 무장한 4열 6인 중대의 밀집부대가 부조되어 있다.

한 중요한 도시를 정복하고 수도를 움마로부터 우르크로 옮겼다. 강력한 왕이 된 루갈 자기시는 사랑과 전쟁의 여신인 이난나를 숭배했다.

아카드(2334-2193) 왕 사르곤

얼마 후 수메르인들은 고대세계 제일의 위대한 인물이라 불리는 사르곤에 의해 정복당한다. 그는 군사와 조직, 행정에 뛰어난 재능을 가지고 수메르와 메소포타미아의 북쪽 절반을 묶어 단일국가를 이룬다. 이후 200년간을 대제국으로 존속한다. 사르곤은 주전 2334년(정통 연대, D. 롤은 2100년경으로 봄), 셈족의 아들로 태어났다. 사르곤은 키시를 통치하고 있던 수메르의 왕 우르자바바의 술치기가 되었는데, 그는 이 왕을 내쫓고 왕 위에 오른다.

사르곤의 최초의 행동은 우르의 기습이었다. 그는 나머지 도시국가를 하나씩 접수하고 마침내 메소포타미아 남부의 패권을 잡는다. 그는 계속하여 엘람인을 복종시키고, 메소포타미아 북부를 정벌한다. 바빌로니아 연대기에 의하면 우주를 지배하는 새로운 왕이 서쪽 바다를 횡단했다고 했는데, 이는 사르곤이 지중해를 건너 키프로스까지 갔다는 것을 의미할 것이다. 또 그의 비문에 의하면 '삼나무 숲과 은산(銀山)까지 정복했다고 했는데, 이는 레바논 산악지대와 타우루스 산맥을 가리킬 것이다. 그는 이런 광대한 땅을 유지하기 위해 군사적 요지에 셈족 부대를 주둔시키고, 동족 셈족인을 중요 요직에 임명했다.

그런 후에 악카드라고 불리고 있던 메소포타미아의 중남부, 유프라테스 강변의 어떤 장소에 자기의 새 도읍을 건설하고 '아가데'라는 이름을 붙였다. 사르곤 시대 이후에 일상적으로 쓰이게 된 셈족의 언어는 악카드 지방의 이름을 따서 '악카드어'라고 불리고 있다. 그러나 사르곤이 죽은 후에 제국은 분열된다.

사르곤의 손자(?) 나람-신

광대한 제국에는 끊임없는 도전이 있게 마련이다. 악카드 제국에도 계속되는 반란을 진압해야만 했다. 사르곤의 손자로 추정되는 나람 신(Naram Sin)이 왕위를 계승하면서 그는 아르메니아에서 페르시아만과 홍해까지 엘람과 자그로스 산맥에서 지중해 연안까지 제국을 확대했다. 그가 정복한 지역 중에는 시리아의 에블라(Ebla, 1964년)가 있었는데 여기서 수천 개의 설형문자판이 발견되었다. 여기서 성경에 나타난 아브라함과 같은 이름이 나온다. 나람 신은 엘람의 수도인 수사에 유명한 비석을 세웠다.

"왕(Naram-Sin)은 큰 승리를 거두었다. 그의 군사적 습관은 산에 오르는 것이었으며, 그의 군인들이 그를 따르고 있었다. 적들이 살해되고 있었는데, 그 중 한 명은 목에 찔린 창을 뽑고 있었으며, 다른 한 명은 자비를 구하고 있었다." - 비명의 내용 / 루브르 박물관 소장

구티족(Guti)의 등장

2150년경(정통연대), 자그로스 산맥의 호전적인 유목민인 구티족은 수메르와 악카드 지역을 무정부 상태에 빠지게 하고 화려한 도시 아가데를 지상으로부터 말소하고 말았다.

그러나 라가쉬만은 번영을 계속한다. 이들은 가증한 구티움인과 손을 잡는 것을 부끄러워 하지 않았기 때문이었을 것이다. 그러한 통치자 중 라기쉬의 농업 장관인 구데아(Gudea)가 완전한 독립을 성취하면서, 예술, 문학, 종교를 후원한다. 또 그는 신전 건설자로서 명성을 획득한다. 사후에 그는 신격화되기도 했다.

Telloh의 Ningizzida 신전(神殿)에 있는 구데아(Gudea)의 섬록암(閃綠岩) 상(像)

우르의 제3왕조 · 우르 남무

(정통 2135-2025)

잠깐이지만(1세기쯤) 수메르 전 지역을 공포로 몰아넣었던 구티족을 몰아내는 데 앞장 섰던 것은 바로 수메르의 도시 에레크(Elech, 에렉, 창 10:10)였다. 우르크에서 우트헤칼이라는 영웅이 일어나 쿠티움군을 분쇄하여 수메르를 구해냈다. 그러나 그의 재위 7년만에 우르의 총독으로 임명한 야심적인 장군 우르 남무(Ur-Nammu)에 의해 그 지위에서 쫓겨난다. 우르 남무는 사르곤과 그 후계자 시대에 잃었던 영토를 거의 되찾았다.

우르 남무는 유능한 왕이 되어 건설 공사를 정력적으로 추진했다. 그는 전사이기도 했지만 평화로운 사업으로도 유명하다. 그동안 방치되었던 운하를 다시 정비하고 새로운 항구들을 건설했다. 이 시기의 수메르의 역사는 우르 남무의 동맹인 마리 왕국에서 나온 원문에 잘 보존되어 있다. 그가 달의 신 난나(일명 Sin)에게 바친 지구랏은 지금도 폐허로서 우르에 남아 있다(기저부는 안길이 60m, 폭 45m, 원래는 3층으로 되어 있던 대 위에는 지상 약 21m 높이를 가진 신전이 우뚝 서 있었다).

우르 남무 법전

우르 남무는 지금까지 알려진 사상 최고(最古)의 법전으로 유명하다. 이는 함무라비 법전보다 300년 이상 앞선 것이다. 모세의 율법보다는 천년이나 먼저 만들어진 것이다. 우르 남무 법전에는 공정한 상거래를 위하여 저울과 말에 부정이 없도록 하는 규례들이 22개조에 달하나 그 조문은 마멸이 심하여 거의 판독할 수 없게 되었다. 어쨌든 우르 남무는 우르를 공의의 나라로 개혁하려고 법전을 선포했다.

슐기의 치세

우르 남무는 구티움과의 싸움에서 전사한 듯 하다. 따라서 구티움인은 지난날의 패전을 치욕으로 여기고 수메르를 공격한다. 우르 남무의 뒤를 이어 그의 아들 슐기가 계승하여 48년간을 통치한다. 슐기와 그의 뒤를 이은 왕들의 치세 동안 수메르인은 다시 사르곤과 맞먹는 광대한 제국을 일구었다. 그러나 5대 왕이자 마지막 왕인 입비신(Ibbi-Sin)은 그의 속국의 반란을 진압하지 못한다. 또한 엘람인과 수메르의 숙적인 아모리인들의 침입을 막는 데 실패한다.

이신 이라의 반란

더욱이 입비신(Ibbi-Sin) 휘하에 가장 신임하던 장군 이시비 이라(Ishbi-Erra)가 반란을 꾀하여 우르의 북서쪽 130km 떨어진 도시 이신을 탈취한다. 따라서 우르는 두 왕이 다스리는 꼴이 되었다.

우르의 멸망

격심한 내분이 계속되고 외적의 압력이 점점 더 강해져 수메르는 점차 쇠퇴해 갔다. 엘람인들은 우르를 공격하고 파괴하고 왕을 사로잡아 갔다. 그리고 셈족의 아모리인들이 엘람인을 축출하고 바빌론을 그수도로삼는다. 아모리인은 처음에는 이민으로서 평화적으로 수메르에 이주해 왔으나 주전 2000년경(정통견해) 이주는 폭력적인 침입으로 변했다. 이로써 1500년이나 계속되어 온 수메르인의 메소포타미아 지배는 셈족 아모리인에게로 넘어갔고, 언어도 악카드어에 의해 대체되었다.

바빌로니아 등장

아모리인들의 의하여 정복된 수메르의 도시의 하나가 바빌론이다. 현재 바그다드로부터 남쪽으로 약 90km 지점, 당시에는 별로 중요하게 보이지 않던 이도시에 스무아부라는 족장이 주전 1850년(데이비드 롤은 1667년 주장)에 아모리 왕조를 창설한다. 이 왕으로부터 헤아려 6대 째의 왕이 함무라비이다. 이 왕에 의해 바빌론은 메소포타미아 전토를 제패한다(주전 1750년, 롤은 1569년). 그는 라르사의 왕인 림신(Rim Sin)을 패배시켰다. 그 후에도 그의 정치적 영역을 확대시켜 앗시리아를 복속시킨다. 부유한 새 제국은 매우 강력하여 그 수도인 바빌론의 주변이 바벨로니아로 알려지게 되었다. 바빌로니아 제 1왕조는 약 300년 동안 지속되었다.

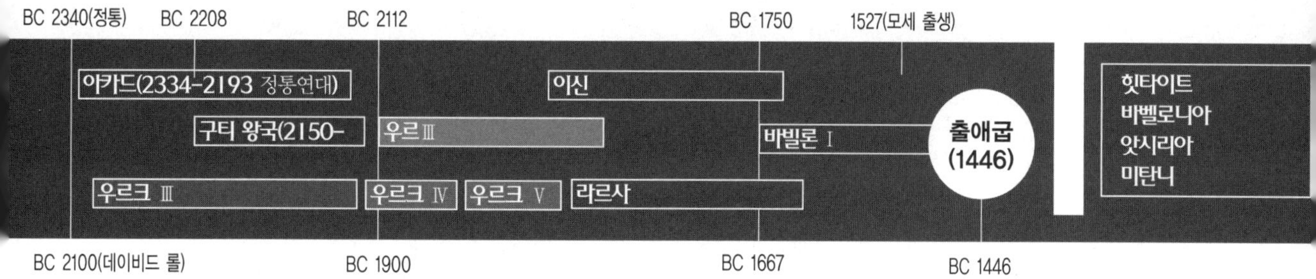

- 위 연대는 정통견해
- 아래는 D. Rohl의 견해

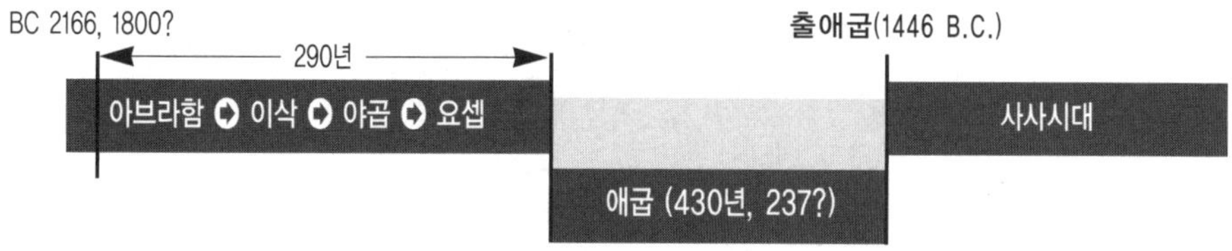

아브라함의 출생 연대 :

① 아브라함이 이삭을 낳을 때 100세(창 21:5), 이삭이 야곱을 낳을 때 60세(창 25:26), 그리고 야곱이 애굽에 내려갈 때 130세(창 27:9) = 합계 290년 // 그러므로 출애굽을 전기연대인 1446년으로 본다면 (1446 + 430 + 290) = 2166년이 된다.

② 그러나 애굽 체류기간에 다른 의견을 주장하는 분들도 있다. 애굽 체류 기간을 215년(또는 237년)으로 본다면, 게다가 출애굽 연도를 후기 연대인 주전 1229년으로 보는 경우, 아브라함의 출생연도는 주전 약 1800년 전후가 될 것이다.

아브라함이 살던 고향, 우르

우리는 앞에서 간단하게 수메르 문화의 흥망성쇄를 간단하게 살펴보았다. 수메르 문명의 발생 연대는 대홍수 연대와 맞물려 학자마다 서로 다르다. 노아 홍수가 끝나고 얼마나 지났을까 산악지대에 살던 사람들은 메소포타미아 지방으로 이주하기 시작했다. 아브라함이 출생 연도가 주전 2166년인지, 아니면 1800년 전후인지 우리에게는 큰 문제가 아니렸다. 다만 우리의 믿음의 조상 아브라함이 수메르 문화가 집약된 곳 '우르'(Ur)에서 태어난 역사적 인물이라는 것이다. 아브라함이 살던 곳 우르는 갈대아의 달신 난나(Nanna, 일명 Sin)를 섬기는 신전들이 많이 있었다. 어떤 학자(J. Finegan)는 당시 우르의 인구 숫자가 약 24,000명 가량된다고 계산했다(발굴된 우르의 옛 성터의 크기가 150에이커라는 가정하에).

이 우르는 훗날 바벨론의 함무라비에 의하여 파괴된다. 아브라함이 살고 있던 당시 '우르'(창 11:28, 31, 15:7)는 여러 도시보다 크게 번창했을 것으로 보인다. 사도행전 7장에서 스데반의 설교를 들어보면, 아브라함이 갈대아 사람의 땅을 떠나 하란으로 갔다고 기록하고 있다(행 7:4). 아브라함은 하란에 있기 전에 메소포타미아(우르? 혹은 아람-나하라임)에 있었다고 했다(행 7:1).

창세기 28:1-2을 읽어보자. "이삭이 야곱을 불러 그에게 축복하고 또 부탁하여 가로되 너는 가나안 사람의 딸들 중에서 아내를 취하지 말고 일어나 밧단아람으로 가서 너의 외조부 브두엘 집에 이르러 거기서 너의 외삼촌 라반의 딸 중에서 아내를 취하라."

많은 학자들은 아브라함의 원고향은 메소포타미아의 남방인 '우르'가 아니라 북방 메소포타미아의 '밧단아람'일 것이라고 주장한다. 아마 아브라함의 원고향이 '밧단아람'이었으나(창 24:4, 7 참조) 그가 성장하기는 '우르'였을 것이다(김희보, 구약이스라엘사).

세겜에서 백성들을 모으고 언약 갱신 예식을 베풀었던 여호수아의 연설에서 이스라엘의 조상 아브라함에 대해 이렇게 언급한다: "여호수아가 모든 백성에게 이르되 이스라엘 하나님 여호와의 말씀에 옛적에 너희 조상들 곧 아브라함의 아비, 나홀의 아비 데라가 강 저편에 거하여 다른 신들을 섬겼으나 내가 너희 조상 아브라함을 강 저편에서 이끌어 내어 가나안으로 인도하여 온 땅을 두루 행하게 하고 그 씨를 번성케 하려고 그에게 이삭을 주었고"(수 24:2-3).

다른 신(월신, 난나)을 섬기던 그 조상에게서 떠나 가나안으로 가라는 하나님의 명령을 받고 아브라함은 순종한다. 왜 꼭 그곳을 떠나야만 했을까? 왜 하나님은 아브라함을 불러내려 하셨을까? 온 인류를 구원하시려는 하나님의 의도는 극단적인 반역을 일삼는 인간들 때문에 좌절(?)을 겪으신다. 그렇다고 하나님은 그 구원의 역사를 중단하지 아니하신다. 하나님은 지금 아브라함을 불러내어 새로운 구원의 장을 펼치려 하신다.

창세기 1~11장까지 총정리

1. 왜, 하나님은 이 세상과 인간을 만드셨을까? 꼭 그렇게 해야만 할 필연적 이유가 있었을까?

(1) 물론 아니다. "모든 일을 그 원대로 역사하시는"(엡 1:11) 하나님은 그 기쁘신 뜻대로 이 세상을 창조하셨다. 그것은 하나님 자신의 영광을 위해서였다. 그리고 종속적인 목적으로는 피조물의 행복을 위해서였다. 하나님은 창조를 이루심으로써 그의 덕과 영광을 찬양받기를 기뻐하셨다.

(2) 그리고 이 모든 피조물을 대리 통치하기 위해 사람을 지으셨다. 따라서 사람을 하나님의 형상대로 지으셨다. 하나님의 형상을 입었기에 그 사람은 하나의 인격체였다. 하나님은 그와 교제하기를 원하셨다. 물론 그에게 하나님의 경륜을 알리시기를 기뻐하셨고, 사람은 그의 뜻을 알아 준행해야만 했다. 이제 인간은 하나님을 왕으로 섬기며 살고, 아담을 통한 인류들은 그의 백성이 된다. 에덴 동산은 그런 하나님 나라의 최초의 시발점이었다.

(3) 그러나 이 아름다운 동산에 대형 폭탄을 던진 자가 있었다. 하나님의 나라를 파괴시키기 위한 사단의 방해 공작이었다. 그의 작전은 마침내 성공했고, 인간은 범죄하고 만다. 아담과 하와에게는 하나님의 말씀대로 사망이 왔다. 그들뿐만 아니라 앞으로 오는 모든 세대들은 죄중에서 잉태된다. 창세기 초반부는 그들의 죄가 얼마나 신속하게 퍼져나갔는가를 그리고 있다.

2. 자, 이제 창 1-11장까지 한번 정리해 보자. 이 부분에서 강조되고 있는 점이 무엇일까?

창세기 2:4-11:26까지의 서술과 족보는 창조주 하나님에 대한 인간의 반역이 어떻게 퍼져나갔

하나님은 인류를 구원하시기 위한 새로운 계획을 세우신다. 그리고 한 민족을 세우시기로 작정하신다. 그 구속 역사의 무대에 주인공으로 등장한 사람이 아브라함이다.

수메르 왕명록

는가를 추적하고 있다. 여기서 강조되고 있는 주제는 무엇일까? 무엇보다 강조되고 있는 점은 죄의 확산이다. 에덴 동산이나 에덴 동산 밖에서나(창 3:1-4:24), 홍수 전이나 홍수 후나(창 3:1-11:9) 죄는 항상 존재해 왔다는 것이다.

성경은 악(惡)의 기원을 설명하고 있지 않다. 그러나, 인간 세상에 죄가 어떻게 들어왔는가를 명백하게 기술하고 있다. 에덴 동산에서부터 인류의 역사는 어떤 역사인가? 그것은 하나님의 은혜의 통치에 대한 끊임없는 반역(rebellion = an act of opposition to God's rule)의 역사임을 보여주고 있다.

3. 이렇게 끊임없는 인간의 반역에도 불구하고 하나님은 어떻게 대처하셨나?

인류의 죄가 더욱 팽창할 때마다, 그리고 하나님께 대한 반역이 계속될 때마다 하나님은 **심판과 은혜**로 대처하셨다. 죄악에 대한 경고와 심판이 있었지만 그런 가운데서도 하나님은 계속 은혜로 역사하셨다. 하나님은 어떻게 인류를 돌보시며, 죄에 대해 어떻게 반응하셨는가? 하나님은 분노(격노)로 대처하셨는가? 아니다. 하나님은 에덴 동산에서 놀라움(wonder)을 가지고 반응하셨다. 창세기 3:9을 보라. 11절, 13절도 보라. 홍수 때에도 바벨탑 사건 때에도 역시 자비하심으로

방주가 머무른 곳이라는 아라랏산

대처하셨다. 인류가 이렇게 죄악 속으로 떨어진 것은 하나님이 통치 능력이 부족해서도 아니요, 지혜가 부족해서도 아니었다. 그것은 결국 인간의 실패 때문에 나타난 결과였다. 인간이 하나님을 실망시키고 있지 아니한가! 이렇게 **'심판과 은혜'**는 1-11장까지의 중요한 신학적 주제가 된다.

4. 이제 하나님은 인류를 구원하시기 위한 새로운 계획을 세우신다. 그리고 한 민족을 세우시기로 작정하신다. 그 나라를 통하여 아담에게 약속하셨던 여인의 후손(3:15) 메시야가 탄생토록 역사하신다. 그 구속 역사의 무대에 주인공으로 등장한 사람이 아브라함이다. 그 족장들의 삶이 12장부터 시작된다.

이렇게 "인류의 끝없는 반역과 죄의 확산에도 불구하고 하나님은 끝까지 인류와 이 세상에 대해 관심을 갖고 돌보신다." 이제 하나님은 인류 구원을 위해 더욱 적극적으로 역사에 개입하신다(제 2경륜시대). 하나님이 직접 통치하시는 한 나라를 선택하신다.

나와 여러분은 지금도 끊임없이 우리 하나님의 관심의 대상이라는 데 기쁨이 있다.

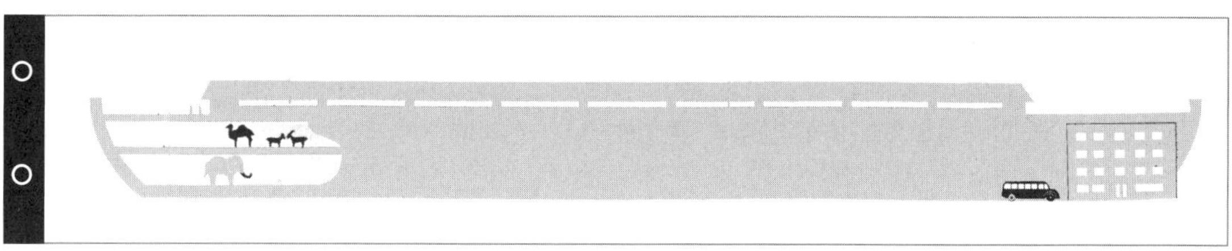

12장

아브라함을 부르심

- 아브람을 부르심 : 하나님은 한 민족을 택하시고 그 민족 가운데서 구속주가 나게 하셨다.
- '하란'에서 가나안 '세겜'으로 / 세겜에서 단을 쌓음(1-7절)
- '세겜'에서 '벧엘' 동편으로 / 단을 쌓고 여호와의 이름을 부름(8절)
- 가나안에 도착하여 그의 장막을 남방(네게브)으로 옮겼다(9절). 거기서 극심한 기근으로 어렵게 되자 애굽으로 내려감. 그곳에서 당한 수모와 하나님의 도우심(10-20절).

지금까지(창 1-11장)의 역사는 어떤 역사였나? 그것은 하나님을 반역하는 역사요, 죄가 더욱 확산되는 역사였다. 우리가 이미 살펴본 것처럼 노아의 홍수가 지나갔지만 사람의 마음으로부터 죄를 없이 할 수는 없었다. 인간의 죄는 홍수로써 해결될 수 있는 문제가 아니었기 때문이다. 그들은 또 흩어짐을 면하고자 바벨탑을 계획했다. 그러나 하나님은 그런 인류들의 반역에 제동을 거셨다. 그것은 인간을 중심으로 자기들의 세계를 구축하려는 하나님께 대한 반역적 행동이었기 때문이다.

바벨탑 사건 이후 인류들은 온 땅에 흩어지게 되었고, 따라서 이들에게는 점차 우상숭배와 미신이 횡행하게 되었다. 그렇다면 인류는 구원에 대한 소망이 전혀 없게 되었는가? 인류를 구원하시려는 하나님의 역사는 영원히 사라져버린 것인가? 아니다. 그러함에도 불구하고 하나님은 그들을 구하기 위해 구속주(Redeemer)를 보내시기로 하신다. 한 민족을 택하시고 완전히 구별된 삶을 살게 하심으로 그 민족 가운데서 구속주 메시야가 나게 하셨다. 이스라엘은 그 메시야가 오시는 통로 역할을 하게 된다. 그래서 하나님은 새로운 무대를 준비하신다. 그리고 한 사람을 불러낸다. 그가 바로 아브라함이었다. 셈족(창 11:10-27을 보라)에서 난 한 아들(창 3:15)은 하나님이 계획하시는 새로운 무대의 주인공으로 등장한다. 이제 하나님은 아브라함을 갈대아 우르에서 불러내어 한 민족을 형성하게 하신다. 이 부르심에 아브라함은 믿음으로 순종했다고 말한다(히 11:8). 하나님은 아브라함에게 자손과 기업을 주실 것을 약속하신다. 그리고 복의 근원이 되리라는 축복을 주신다.

아브라함과 이삭과 야곱으로 이어지는 족장들의 삶과 역사가 창세기 12-50장에 펼쳐진다. 장차 이들의 혈통에서 한 메시야가 탄생하게 될 것이며, 그 메시야로 말미암아 만민이 구원받게 될 것이다. 이제 하나님이 직접 다스리는 하나님의 나라, 이 나라를 위하여 하나님은 족장들을 부르신다. 선민 이스라엘의 조상 아브라함, 하나님은 그에게 어떤 축복을 주시며 약속을 주시는가 살펴보자. 그에게 내려주신 축복은 오늘 바로 우리에게 주시는 축복과 약속이다.

니프루 유적지 발굴

니프르는 수메르의 가장 신성한 도시이자 최고신 엔릴의 거주지요 또한 위대한 학문의 중심지였다. 현재까지 발굴된 문학 점토판의 대부분이 이곳에서 나왔다.

잠깐만!

창세기 1-11장까지의 핵심을 여러 관점으로 볼 수 있지만, 무엇보다 강조점은 죄의 확산일 것이다. 하나님의 형상대로 지음 받은 인류가 하나님이 최초의 의도하신 방향과는 전혀 다른 곳으로 치닫기 시작했다는 점이다. 죄는 아주 신속하게 팽창되어 홍수로 전 인류를 멸망시킬 수밖에 없을 정도로 패역했다. 결국 하나님의 심판을 불러왔고, 인류는 노아 식구들을 통해 다시 보존된다. 노아는 제 2의 아담이 되어 최초 아담에게 주어졌던 문화명령(과 종교명령)을 다시 준행해야 했다(9장). 그러나 죄는 또다시 자리잡기 시작한다. 바벨탑은 하나님을 대항하기 위한 인류의 발버둥이었다(11장).

이제 하나님은 인류의 구원을 위해 적극적인으로, 능동적으로, 그리고 긍정적으로 역사에 개입하신다. 아브라함을 이방 세계에서 불러내어 믿음의 조상이 되게 하심으로 하나님이 직접 통치하시는 신정(神政)을 베푸시기로 작정하신다. 이제 하나님의 나라에 들어갈 수 있는 유일한 길은 '아브라함의 믿음의 원리'(창 12:3)를 받아들이는 자만이 가능하게 되었다. 이스라엘은 바로 인류를 구원할 그 메시야가 오는 통로의 역할을 하게 된다. 그런데 지금 그 민족은 애굽이라는 둥지 안에서 부화를 끝내고, 아브라함에게 주시마 약속하셨던 가나안을 향해 가고 있다. 모세는 그 광야의 백성들에게 그들의 정체성을 가르치고 있다. "과연 우리는 누구인가?" 그들의 조상이 되는 족장들의 역사가 12-50장까지의 이야기이다. 12-50장까지의 '족장 역사'는 간단하게 아래와 같이 분석된다.

- 12~23장 / 아브라함 역사의 성취
- 24~27장 / 이삭의 역사의 성취
- 28~36장 / 야곱의 역사의 성취
- 37~50장 / 요셉의 역사의 성취

우리는 앞 장에서 메소포타미아 역사를 개괄하면서 죄로 인해 인류는 그 막달른 골목을 내딛고 있는 모습을 볼 수 있었다. 하나님과 인간 사이는 그 간격이 점점 멀어졌만 갔다. 하나님은 마침내 인류를 구원하기 위한 새로운 대안을 내놓기로 작정하신다. 전에는 인류를 전체로 다루셨으나 이제는 한 사람 아브라함을 불러 민족을 형성케 하심으로써 그 가운데서 구속 역사를 계속하기로 작정하신다. 인류를 구원하시려는 하나님의 열심은 이제 새로운 국면을 맞는다. 이제 하나님은 셈 족속(창 9:26, 11:10-26)의 한 자손 아브라함을 불러, 그를 축복하고, 복의 근원으로 삼으신다. 하나님이 직접 통치하시는 하나님의 나라, 믿음으로만 들어갈 수 있는 그 나라를 이 지상에 만드시기 위해 아브라함으로 하여금 믿음의 조상이 되게 하신다. 이제 가나안은 세상을 향하여 하나님의 영광을 선포하는 복음의 전초 기지가 될 것이다.

이른 바 족장시대, 하나님은 그 구속 역사를 성공적으로 이루기시 위해 역사에 적극적으로 개입하신다. 이제 가나안을 중심으로 새로운 역학 관계가 형성된다. 가나안은 하나님이 아브라함을 조상으로 하는 큰 나라가 형성되게 하신 후에 주어진다. 이후 창세기의 기록(12-50장)은 어떻게 이스라엘의 조상이 애굽에 정주하게 되었는가에 대한 기록이다.

내가 네게 지시할 땅으로 가라 (12:1)

אַבְרָם

<아브라함> 유대 민족의 조상. 아브람은 75세에 하나님의 부르심을 받고 아내와 조카 롯과 함께 가나안으로 오게 된다.

본문도입

지금은 그 인기가 시들해졌지만, '족장들이 과연 역사적 인물인가?'라고 문제를 제기한 학자들이 있었다. 즉 그들은 족장들의 이야기를 왕정시대(주전 9-8세기)나 바벨론 포로시대 이후(주전 6-5세기)에 쓴 신화적 인물이거나 이스라엘이 존재하기 이전의 민담에 나오는 영웅담으로 간주하기까지 했다. 아주 극단적인 비평학자들 중에는(벨하우젠 비평학파) 족장들의 이름은 원래 히브리 족보사와는 하등의 관계가 없는 가나안 인물들의 이름이라고 주장하기도 했다(G. Vos의 성경신학 7장 참조). 물론 많은 고고학적 발견이 없었던 때의 주장이었다. 우리는 앞장에서 매우 간략하게 살펴보았지만 그후로 수많은 고고학적 발굴이 있었다는 사실을 확인했다. 결단코 아브라함이 살던 당시가 암흑의 시대라고 할 수 없다. 그 당시 메소포타미아는 이미 찬란한 문명이 꽃피고 있었음을 기억해야 한다. 어쨌든 하나님은 당시 메소포타미아의 문명의 중심지라 할 수 있는 우르에 살고 있는 아브라함을 가나안으로 불러내신다.

하란은 어떤 곳? Haran

하란(Haran) : '하란'이라는 말 자체는 길(road)이란 뜻이다. 니느웨와 바벨론은 물론 다메섹, 두로, 애굽을 연결하는 교통의 중심지요, 무역중심지였다. 거기다가 우르(Ur) 문화의 마지막 울타리가 되는 국경지대였다. 이 국경(國境)을 넘는 것은 자기 조국을 등지는 것이었다. 이런 환경에서 아브람의 아버지 데라는 가나안으로 가려 하지 않는다(창 11:31을 꼭 보라). 데라는 205세를 살다가 이곳 '하란'에서 죽는다(창 11:32).

1. 아브람(이후 '아브라함'으로 표기)을 부르신 목적과 그 당시 하란에 머물고 있는 데라의 가족 관계를 살펴보자.

(1) 하나님께서 아브라함을 불러내시는 사건 바로 앞에 셈의 족보가 나온다(11:10-26). 이 족보는 하나님의 계획 혹은 약속과 관계가 있다. 결국, 인간 중심의 나라는 근본적 부패로 말미암아 멸망할 수밖에 없다는 사실을 보여주고(11장), 그럼에도 불구하고 하나님은 그의 은혜로 셈과 그 후손들을 자기 백성으로 삼아 구원하시겠다고 약속하신다. 그래서 성경은 셈의 후예, 즉 데라의 아들 아브라함에게 초점을 맞추고 있다(11:27-32).

(2) 지금 데라(아브라함의 부친) 가족은 '하란'(Haran)에 머물고 있다. 하나님은 아직도 하란에서 꾸물대고 있는 아브라함을 다시 한번 흔들어 깨우신다. 아브라함이 가야할 최종 목적지는 하란이 아니었기 때문이다. 하나님은 아브라함으로 하여금 큰 민족을 이루게 하기 위해 그를 부르셨다. 하나님은 아브라함에게 그의 고향을 떠나 하나님이 지시하신 땅, 가나안으로 떠나라고 명령하셨다. 아브라함에게는 큰 믿음의 시련이었을 것이다.

(3) 창세기 12:1의 부르심은 아브라함이 '하란'에 머물고 있을 때 들은 말씀이었다. 이보다 훨씬 전에 갈대아 우르에서의 부르심이 있었다(행 7:2-4*). 이들은 하나님의 부르심에 순종해서 우르를 떠났을 것이다. 그러나 떠나

는 일이 어디 그리 쉬운 일인가! 그때 갈대아 우르에서 가나안까지 가는 길은 아라비아 사막을 횡단해서 가는 길이 있고, 또 하나는 유프라테스 강이나 티그리스 강을 따라 수리아의 '하란'을 거쳐 갈 수 있는 길이 있었다. 물론 전자(前者)는 가축 떼를 몰고 가기란 거의 불가능했고, 데라 일행은 후자(後者)를 택하여 강을 따라 '하란'에 정착하게 된다. 상당기간 동안 그곳에서 머문다. 그리고 데라는 그곳에서 죽는다(행 7:4). 그리고나서 이제 아브라함은 다시 하나님의 부름을 받는다.

- 행 7:2-4 "스데반이 가로되 여러분 부형들이여 들으소서 우리 조상 아브라함이 하란에 있기 전 메소보다미아에 있을 때에 영광의 하나님이 그에게 보여 가라사대 네 고향과 친척을 떠나 내가 네게 보일 땅으로 가라 하시니 아브라함이 갈대아 사람의 땅을 떠나 **하란에 거하다가 그 아비가 죽으매** 하나님이 그를 거기서 너희 시방 거하는 이 땅으로 옮기셨느니라."
- 하란은 주전 약 2000년경에는 아모리인들의 본거지였다. 아브라함 가문의 발상지가 이곳 '밧단아람'이 아니었나 생각된다(신 26:5 참조).

(4) 하란은 갈대아의 통치가 미치는 국경이었다. 따라서 데라는 그곳을 떠나려 하지 않았을 것이다. 그렇게 자기 조국*을 등지기 싫어했던(?) 아버지 데라의 죽음은 아브라함으로 하여금 가나안으로의 이주를 용이하게 했을 것이다. 혹자는 데라가 그의 나이 70세에 아브라함을 낳고(창 11:26), 그리고 아브라함이 가나안에 도착한 나이가 75세였고(창 12:4), 데라가 205세를 향수하고 죽었다면, 아버지 데라가 아직 살아 있을 때에 아브라함이 하나님의 명령에 순종하여 가나안으로 왔다고 주장한다. 그러나 사도행전 7장의 스데반의 설교에서는 데라의 죽음 이후에 가나안으로 떠났음을 분명하게 언급하고 있다(행 7:4).[1] 아브라함은 아버지만을 남겨 놓고 가나안으로 전 식구를 데리고 떠날만큼 믿음이 아직은 없지 않았을까? (창 12:14)

1) 창세기 11:26의 말씀을 보면 데라가 70세에 아들 셋을 한 해에 낳았다는 말처럼 보인다. 물론 그럴 리가 없다. 아브라함과 가나안에 동행한 롯은 이들 형제 중 한 사람인 하란의 소생이다(창 11:27). 그래서 어떤 분은 데라가 첩을 두었다는 해석을 한다. 가능한 이야기나 어쨌든 기록이 없다. 여기서 아브라함이 맨 앞에 언급되었으나 장남은 아니었을 가능성이 있다. 아브람이 제일 먼저 언급된 것은 구속사적인 기록 때문일 것이다. 어쨌든 이 문제에 목숨을 걸지 말자.

갈대아 우르(Ur)

2. 그렇다면 데라가 살던 우르는 어떤 문화와 종교가 있었을까? 그들이 자란 갈대아 우르를 떠나는 일이 얼마나 어려운 일이었나를 살펴보자.

(1) 데라와 아브라함이 '하란'에 오기 전에 살던 갈대아 '우르'(Ur)는 어떤 지역이었을까? 참고로 여호수아 24:2, 3을 찾아보자. 데라는 '강 저편'에 거하였다고 했다. '강 저편'은 어디를 가리키는가? 티크리스 강과 유프라테스 강 사이의 지역은 대단히 비옥한 땅이었다. 이곳을 '강 사이의 땅'이라는 뜻으로 '메소포타미아'라고 불렀다.

(2) 메소포타미아의 남부 바빌로니아에 수많은 수메르인의 도시국가가 성립된 것은 기원전 3000-2100년의 일로 추정되고 있다. 즉, 수메르인은 고대 오리엔트사의 무대에 등장한 최초의 역사적 인간으로서 인류 최고(最古)의 도시문명을 발전시켰다. 우르, 키시, 니푸르, 라가시 등이 그 중심 도시였다. 이 도시국가들은 일광(日光)으로 건조한 벽돌을 사용한 신전과 지구랏을 세웠다. 그 유적에서 수많은

1) 이 부분에 대해서는 새뮤얼 노아 크레이머 지음, 역사는 수메르에서 시작되었다(인류 역사상 최초 39가지, 가람기획)를 참고해 보자.

하란: 수메르의 가장 중요한 도시들 중의 하나. 세번에 걸쳐 수메르의 수도가 되었다. 우르 문화 권의 마지막 울타리가 되는 국경지대이기도 하다.

유물이 출토되었다.

(3) 아브라함이 살던 시대는 어떤 문화를 갖고 있었나?

우르 왕조 때의 궁정 패션 : 청동기 문화의 화려함을 보여준 수메르의 유물을 복원한 모습이다.

그가 살았던 시대는 상당히 발달된 문명이 있었다. 우르(Ur)는 수메르 제국 전체에 막강한 영향력을 행사했던 도시 국가였다. 도서관, 하수도, 상수도 시설은 물론이고 에어컨(?) 시설을 갖추고 있는 집들도 있었다. 교역도 활발했고, 법 제도와 교육제도도 발달되어 있었다. 이 당시의 이러한 역사적 증거는 토판(clay tablet)에서 발견되고 있다.[1] 이들은 벌써 문자를 사용하고 있었다. 수메르인들은 수메르어를 사용한 민족을 가리키는데, 고대 오리엔트의 다른 여러 민족과는 전혀 다른 특수한 민족이었다. 이들은 후에 쐐기모양의 글자를 나타낸 설형문자(楔形文字)를 만들어냈다. 그리고 많은 전설과 영웅들의 이야기를 영구히 기록하기 위해 갈대 줄기를 펜으로 삼아 점토판 위에 적고 햇볕에 말리거나 불에 구워 보존했다. 이런 토판들이 많이 발굴되었다. 후에 페니키아인들이 설형문자를 간단하게 하여 알파벳을 만들었다.

(4) 그러나 우르(Ur 3왕조)를 포함한 도시 국가들은 격심한 내분과 엘람인의 공격으로 망하게 된다. 그후 아모리인이 이 지역을 점령한다. 아모리인에 의해 정복된 수메르의 도시의 하나가 바빌론이다(지도 참조). B.C. 1850년경 아모리인의 왕조가 창설됐고, 그 뒤로 100여년 후쯤해서 6대 째의 왕 함무라비가 등장하게 된다(B.C. 1792 / D. Rohl은 1569년으로 본다).

우르에서 출토된 수금 : 우르의 왕실 묘지에서 레오나드 울리에 의해 발굴되어 아주 최근에 복원된 모습이다.

(5) 아브라함은 언제 우르를 떠났을까? 아브라함의 출생 연도가 앞 장에서 살펴본 것처럼 B.C. 2116년이라면(혹은 출생 연도가 1800년 전후라면), 우르 제 3왕조가 멸망당하고 어수선한 환경 속에서 떠났을지도 모른다. 아마 우르 제 3왕조를 멸망시키고 새로 등장한 바빌론 치세 하에서 아버지 데라마져도 우르에 남고 싶어하지 않았을 것이다. 어쨌든 이들은 강을 거슬러 하란에 도착했다. 하란은 북메소포타미아의 도시로 유프라테스 강의 북쪽 지류인 발릭(Balik) 강 유역에 위치해 있는데, 메소포타미아의 다른 도시들과 애굽과 소아시아를 연결하는 중요한 지리적 위치 때문에 무역이 번성했다. 이곳은 고대의 우상인 달신(月神)의 숭배지로도 유명하다. 데라가 죽고 아브라함 가족은 가나안으로 갔고, 나홀의 가족은 그대로 하란에 남아 있던 것 같다(창 24:10, 24). 하란은 우르 문화권의 마지막 울타리가 되는 국경지대이기도 하다. 데라가 이곳까지 더이상 불안한 미지의 나라로 가지 않으려 했던 것도 이 때문이었을 것이다.

우르의 왕실 묘지에서 발견된 게임 도구

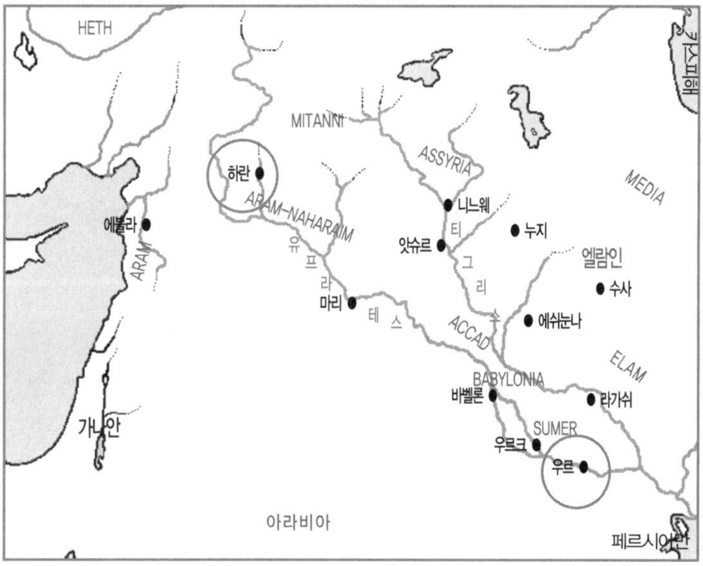

'우르'는 남부의 우르를 말하는 것일까?

스데반은 그의 설교에서(행 7장) "아브라함이 갈대아 사람의 땅을 떠나 하란에 거하다가"(7:4) 가나안으로 이주하였다고 언급한다. 그러나 데라(아브라함의 부친)가 갈대아 우르에서 하란으로 이주해 왔다는 주장이 확실한 증거는 아니라고 이의를 제기하는 학자들도 있다. 물론 우르와 하람은 교역과 종교상의 이유로 연결되어 있었다. 두 곳이 모두 달의 신을 숭배하는 제의의 중심지였기 때문이다. 이 제의와 관련된 이름들이 히브리 선조들 사이에도 알려져 있다(예; 데라, 라반, 사라, 밀가 등).

어떤 서북 셈계 씨족들이 남부 메소포타미아로 침투하였다가 이후에 - 아마도 우르 제 3왕조가 몰락한 후 혼란한 시기에 - 북쪽의 하란으로 이주하였다는 불가능한 일이 아니다. 물론 성경은 아브라함이 하나님의 명령을 받고 이에 순종했다고 잘라 말한다.

어떤 사람은 우르는 남부의 유명한 도시가 아니라 에블라 문서에서 증거하듯이 하란 부근이 있는 우르를 말한다고 주장한다(C.H. Gordon). 70인역은 단지 '갈대아의 땅'이라고만 언급하고 있다. 또한 창세기 24:4, 7은 아브라함의 출생지를 상부 메소포타미아로 보고 있는 듯 하다. // 존 브라이트, 이스라엘 역사(1981년 제3증보판), 박문재 역, 크리스찬다이제스트, 115면.

데라가 다른 신을 섬겼으나(수 24:2–3)

1. 앞에서 말한 대로 아모리인에 의해 정복된 수메르의 도시의 하나가 바빌론이라 했다. 그 뒤로 100여년 후쯤해서 6대 째 왕 함무라비가 등장하게 된다. 함무라비는 왕 위에 오른 후 강력한 지도력으로 이 지역을 평정해 갔다. 그가 왕위에 오른지 42년후 그 제국은 페르시아만으로부터 터어키 국경 너머까지 광대한 제국을 일구어냈다. 그러나 이 함무라비 왕조는 주전 1600년경(정통연대) 비통한 최후를 맞는다. 힛타이트인의 침입과 그리고 비셈족인 캇시트인의 정복이 있었기 때문이다. 물론 아브라함은 이보다 훨씬 앞선 시대에 살았다(주전 2116년경 또는 1800년 전후, 223면 참조).

(1) 데라가 원래 살던 본향은 현재 이라크가 위치하는 곳으로 밧단아람(창 25:20) 혹은 나홀[1])의 성, 아람-나하라임(אֲרַם נַהֲרַיִם 창 24:4, '메소포타미아'로 번역했다)일 것이다. 이 지역의 수도는 당시 하란이었다. 이 주변에 아브라함과 그의 친척이 거주하였다.[2])

(2) 아브라함이 가나안으로 이주한 이후에도 족장들은 얼마 동안 하란 변두

1) 하란 부근의 발리크 계곡에 있음

2) 히브리인들의 선조들과 역사에 대해서는 조금은 복잡한 의견들이 있다. 이에 대해서는 존 브라이트, 이스라엘 역사(1981년 제3증보판), 박문재 역, 크리스찬다이제스트, 112면이하를 참조해 보라.

리의 친족과 접촉을 유지했던 것으로 보인다.[1] 아브라함을 가리켜 히브리 인이라고 했는데(창 14:13), 이는 아브라함이 노아의 아들 '셈'과 셈의 후예인 '에벨'(히브리)의 핏줄을 이어받았기 때문이다. 또한 야곱이 아람 여인 리브가에게서 출생됨으로 아람인의 피가 히브리인의 피에 흘러 들어가게 되었다(창 25:19이하). 그렇기 때문에 족장들은 아람인이라고 불렸다(창 25:20, 28:5, 31:20, 24). 또 야곱을 가리켜서는 '유리하는 아람인'이라고 했다(신 20:5). 이 하란은 당시 중요한 상업 중심지가 되어 헬라시대까지 존속했다(겔 27:23 참조).

2. 여호수아 24:2-3 "여호수아가 모든 백성에게 이르되 이스라엘 하나님 여호와의 말씀에 옛적에 너희 조상들 곧 아브라함의 아비, 나홀의 아비 **데라가 강 저편에 거하여 다른 신들을 섬겼으나** 내가 너희 조상 아브라함을 강 저편에서 이끌어 내어 가나안으로 인도하여 온 땅을 두루 행하게 하고 그 씨를 번성케 하려고 그에게 이삭을 주었고."

(1) 아브라함의 아비가 다른 신(달의 신, Nanna)을 섬겼다면, 아브라함이 초기에 믿었던 종교는 무엇이었을까? 이에 대해 성경은 거의 말하고 있지 않다. 비록 아브라함이 그가 살던 시대의 종교적인 환경 속에서 자랐지만 그가 하나님의 명령을 받고 가나안으로 출발했다는 것은 자신에게 계시하신 하나님을 전심으로 섬기기 위해 과거 다신론 신앙을 떠났다는 것을 의미한다.

(2) 수메르 도시국가는 신에 의해 다스려지는 하나의 신정(神政)이었다. 성읍과 거기에 딸린 토지는 신의 영지였고, 신전(神殿)은 영주인 신(神)의 저택이었다. 수메르의 종교는 고도로 발달된 다신교였다. 만신전(pantheon)의 우두머리는 폭풍의 신인 엔릴(Enlil)이었다.

당시 사람들은 신들의 조직은 일종의 시의회와 비슷한 형태를 따른 천상의 나라로 생각했다. 따라서 지상 조직의 평화는 언제라도 뒤집힐 수 있는 신들의 상반된 의지간의 위태위태한 균형에 의존하고 있었다. 지상의 세력 싸움도 신들의 나라의 소송 사건으로 생각되었다. 지상의 재난은 어떤 모욕에 대한 신들의 분노를 반영하는 것이었다. 신들을 섬기고 신들의 노요움을 달램으로써 평화와 안정을 유지하는 것이 제의의 기능이었다.[2)]

1) 예; 이삭의 아내를 위해서 고향에 사람을 보낸 일이나 에서의 노를 피하여 라반의 집으로 피신해 간 야곱의 기사(창 27:41-45, 27:46-28:5) 등 참조. / 배제민, 새로운 형태의 구약연구, 총신대학출판부, p. 10면 이하.

● 안(An): 수메르 하늘의 신. 이 단어는 '하늘'을 의미한다. 아카드어로는 아누(Anu)가 된다.

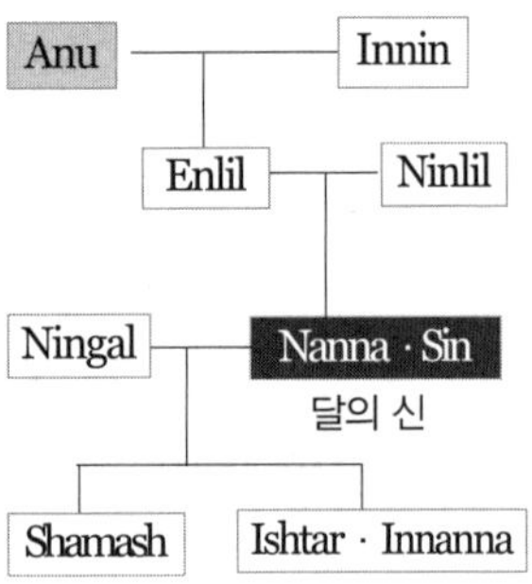

이쉬타르: 바빌로니아인에게는 이쉬타르, 스메르인에게는 이난나였다.

● 우르 제 3왕조의 속한 왕들의 경우 아버지는 루갈반다(에레크의 제1왕조의 영웅적인 왕들 중 하나. 후에 신격화된 영웅)이고 어머니는 여신 닌순이다. 그후의 왕들의 경우에는 보통 아버지는 엔릴(Enlil)이고, 어머니는 그의 아내 닌릴(Ninlil)이라고 일컬어졌다. 그러나 함무라비는 그의 아버지가 마르둑(Marduk)이라고 자랑했다.

● 닌갈 : 달의 신 난나의 배우자이자 이난나의 어머니이다.
● 난나 : 달의 신을 가리키는 수메르의 이름이다. 셈족 이름은 신(Sin)이다. 난나는 우르의 수호신이고 이난나의 아버지이다.

2) 존 브라이트, 이스라엘 역사, 크리스찬다이제스트, 40면

확대경(No. 20)

너의 본토 아비 집을 떠나 (12:1-3)

/너는 ——— **가라**(명령)[1] ❶
/[너를 위하여]
/너의 본토[로부터]
/[너의] 친척[으로부터]
/집을 떠나(=으로부터)[2)]
/[너의] 아비
/땅으로[2)]
/내가 지시할
/네게

2 //(결과: וְ, 명령문)[3)]
내가[4)] — **이루고①**
/큰 민족[5)]을
/너로
복을 주어②
/네게
창대케 하리니③
/네 이름을

/너는 —— **복의 근원이** (될지라)(=되라)❷

3 //(결과: וְ, 명령문)[6)]
내가 — **복을 내리고④**
/축복하는 자에게(는)[7)]
/너를
내가 —**저주하리니⑤**
/저주하는 자에게(는)
/너를
족속이 – **복을 얻을 것이니라**[8)]
/모든 /너를 인하여
/땅의

언약의 내용을 크게 두 가지로 분류할 수 있다.

1. 아브라함의 의무 / 하나님의 명령과 선포
   ❶ 순종 : '가라'
   ❷ 말씀대로 이루어짐 :
   '복의 근원이 될지라'
2. 하나님의 약속
   ① 내가 너로 큰 민족을 이루리라.
   ② 내가 복을 주리라.
   ③ 내가 네 이름을 창대케 하리라.
   ④ 내가 --- 복을 내리리라
   ⑤ 내가 --- 저주하리라

1) 하나님은 아브라함에게 호출 명령을 내리고 계신다.
가라(לֶךְ־לְךָ) : הָלַךְ(할라크, 가다, 오다, 걷다) 칼동사, 명령법, 남성, 단수 / 하나님의 호출 명령이다.

(2) 어디를 떠나서 어디로 가라고 명하시는가?
본토: אֶרֶץ(에레츠, 땅, 지구, 육지, 영토)
친척, 아비 집은 어디를 말하는가? 결국 어떻게 하라는 명령인가?

(3) 가라(명령법). 이 명령의 결과는 무엇인가? (2절) (①~③)

(4) 바벨탑 사건에서 볼 수 있듯이 인간 스스로가 자기 이름을 드러내려 했다. 이에 비해 아브라함을 창대케 하는 분은 누구인가?

(5) 여기서 사용된 '민족'(고이, גּוֹי)이라는 말에서 어떤 개념을 발견할 수 있는가? '큰 민족' 이란 최종적으로는 어떤 백성을 가리키는가?

(6) 하나님은 복의 근원이 된 아브람에게 어떤 일이 일어날 것이라고 약속하시는가?

(7) 여기 3절에서 아브라함을 축복하는 자는 누구이며, 또 저주하는 자는 누구인가? 결국 어떤 사람이 복을 받는다는 말인가? 축복(복)이라는 단어가 몇개가 등장하는가? 그렇다면 여기서 '축복'이라는 말의 의미는 무엇인가?

(8) 아브람에게 주어진 축복이 다른 민족에게 어떤 영향을 미치는가? 아브라함은 믿음으로 구원받았다(창 15:6)고 말씀하신다. 그렇다면 여기서 우리가 구원받는 원리를 설명해 보라(3절).

1. 가라(לֵךְ) – הָלַךְ의 칼동사 명령법, 남성 단수):

(1) 명령법의 형태로 되어 있다. 하나님의 호출 명령이다. 왜, 하나님은 아브람을 갈대아 우르에서 불러내시려는가? 하나님이 이 세상을 창조하신 동기는 무엇인가? (창 1-2장) 그것은 인간과 세상에 대해 하나님이 통치하는 하나님의 나라였다. 그러나 앞에서 이미 살펴본 것처럼 인간의 바벨탑 사건과 같은 극단적인 반역에 하나님은 강력한 제동을 거셨다. 그것은 하나님을 정면으로 대적하는 악한 행위였기 때문이다.

(2) 이제, 하나님은 아브라함을 불러 하나님이 직접 통치하시는 나라를 세우기로 작정하신다. 그를 통해 "큰 민족"을 형성하

너의 본토 아비 집을 떠나 (12:1-3)

실 것이다. 새로운 무대가 아브라함으로부터 시작된다. 하나님은 아브라함에게 새로운 신정(神政)을 세우시겠다고 약속하신다. 이 약속은 언약의 형식으로 주어진다. 아브라함을 부르심은 바벨탑 이후 하나님이 다시 구속 사역을 시작하실 것임을 암시하고 있다.

(3) 그 새로운 신정(神政), 즉 하나님이 직접 통치하시는 하나님의 나라를 세우기 위해 아브라함이 부름을 받은 것이다. 따라서 그는 그를 얽어매고 있는 모든 것들에서 떠나야 한다. 아브라함과의 공식적인 언약 체결은 창세기 15, 17장에서 언급되고 있다.

2. 하나님의 호출 명령에 순종한다면 어떤 약속을 주실 것인가?

(1) 내가 너로 큰 민족을 이루고
(2) 네게 복을 주어 네 이름을 창대케 하겠다고 약속하신다.

3. '큰 민족'이란 최종적으로는 어떤 백성을 가리키는가?

(1) 여기 '민족'이라는 말은(12:2) 고이(גּוֹי)라는 말로서 이 용어는 특정하게 한정된 정치적, 인종적 혹은 지역적인 사람들을 가리키며 특정 종교나 도덕적인 함축은 없다. 보통 인종적인 의미로 사용되었다. 동의어 암(עַם)은 이스라엘의 선택으로 말미암아 세워진 바 있는 하나님과 이스라엘 간의 밀접한 관계를 유효적절하게 나타내주는 용어로서 주로 백성의 무리들 혹은 백성의 일반을 가리킬 때 쓰인다. 이에 비해 고이(*goy*, 또는 *goyim*)는 비계약 불신 백성들인 이방인의 의미를 가진다. 그렇다면 오늘 본문에서는 왜 이 고이(גּוֹי)라는 용어가 사용되었을까?

(2) 이스라엘은 언약 백성인 하나님의 백성이지만 그들을 통해 고임(*goyim*)도 장차 하나님께 축복을 받도록 정해져 있음을 알 수 있다(창 12:1-3). 메시야가 그들에게 빛이 될 것이다(사 11:10, 42:6 참조). 이렇게 모든 족속, 방언, 백성, 나라에서 온 믿는 자들로 구성된 기본적으로 꼭 하나님 백성이 있게 될 것이다. 하지만 구약시대에 하나님의 축복이 고임(*goyim*)에게 계시되고 부여되는 것은 언약 백성, 암(עַם)을 통해서 였다. 이제 아브라함을 통해서 최종적인 세계 제도가 등장할 것이며 '큰 민족'이 일어날 것이다(계 21-22장). 이 약속은 사래가 나이 많아 늙어 수태할 수 없었던 사실에서 볼 때 하나님을 믿는 믿음이 없다면 불가능한 약속이었다.

4. 본문에서 '복'이란 용어가 다섯번이나 등장한다. 그 축복을 수여하는 분이 하나님이심을 보여준다 아브라함은 축복의 구현으로서 축복에 대한 본보기가 된다. 하나님은 어떤 자들을 축복하실 것인가?

"너를 축복하는 자"에게는 즉, 아브라함이 축복의 근원임을 올바로 인식하는 자들에게는 축복을 내리실 것이다. 그러나 "너를 저주하는 자"에게는 즉, 믿음의 방법을 무시하고 멸시하는 자에게는 저주를 내리실 것이다. 따라서 하나님이 직접 통치하는 하나님의 나라에 들어가는 유일한 길은 바로 이 아브라함의 믿음의 방법을 인정하고 따르는 자에게만 가능한 것이다.

5. 이렇게 아브라함을 불러내어 그에게 주신 약속은 자손, 땅, 그리고 땅의 모든 민족의 축복으로 되어 있다. 이 약속의 각 요소는 앞으로 성경 역사와 예언의 깊은 의미를 가져다 준다. 이 언약들은 앞으로 발전되면서 그 강조점이 더욱 영적인 것으로 바뀌어 간다. 이 3중 약속은 신약에 와서 어떻게 발전되어 갔을까?

신약에 들어와
① 축복은 복음(갈 3장)으로,
② 땅은 하늘 나라에 속한 나라로(히 11:13-16),
③ 그리고 그 왕국은 이 세상에 속한 것이 아니며(요 18:36-37) 그 씨는 그리스도에 속한 모든 이들을

포함하는(갈 3:28-29) 모습으로 발전하게 된다. 이 약속의 성취는 이삭을 낳게 하심으로써 성취되기 시작했다. 아브라함의 후손은 중다해지고 가나안 땅을 차지하려는 약속이 문자적으로도 성취되었다(수 21:43-45).

- 갈 3:28-29 "너희는 유대인이나 헬라인이나 종이나 자주자나 남자나 여자 없이 다 그리스도 예수 안에서 하나이니라 너희가 그리스도께 속한 자면 곧 아브라함의 자손이요 약속대로 유업을 이을 자니라."

- 수 21:43-45 "여호와께서 이스라엘의 열조에게 맹세하사 주마 하신 온 땅을 이와 같이 이스라엘에게 다 주셨으므로 그들이 그것을 얻어 거기 거하였으며 여호와께서 그들의 사방에 안식을 주셨으되 그 열조에게 맹세하신 대로 하셨으므로 그 모든 대적이 그들을 당한 자가 하나도 없었으니 이는 여호와께서 그들의 모든 대적을 그들의 손에 붙이셨음이라 여호와께서 이스라엘 족속에게 말씀하신 선한 일이 하나도 남음이 없이 다 응하였더라."

6. 아브라함에게 제시된 약속은 영원한 언약이기에, 이 언약은 역사가 진행되는 동안 계속 집행되어져 간다. 그 약속이 어떻게 성취되어 왔는가가 이후 성경의 역사이다. 따라서 아브라함에게 주어진 언약은(창 12:1-3) 아브라함뿐만 아니라 전 인류와 관련이 있다. 아니 그 약속은 오늘날 예수를 나의 구주로 고백하는 모든 아브라함의 영적 자손들을 위한 약속이다(갈 3:14, 16).

- 갈 3:14 "이는 그리스도 예수 안에서 아브라함의 복이 이방인에게 미치게 하고 또 우리로 하여금 믿음으로 말미암아 성령의 약속을 받게하려 함이니라 형제들아 사람의 예대로 말하노니 사람의 언약이라도 정한 후에는 아무나 폐하거나 더하거나 하지 못하느니라 이 약속들은 아브라함과 그 자손에게 말씀하신 것인데 여럿을 가리켜 그 자손들이라 하지 아니하시고 오직 하나를 가리켜 네 자손이라 하셨으니 곧 그리스도라."

7. 이 약속은 아브라함의 전 생애를 통하여 더욱 구체적으로 확대되어 계시된다. 아브라함은 그 약속이 너무 더디게 이루어진다고 투정을 부리지만 하나님은 하나님이 정하신 정확한 시간 속에 그의 뜻을 구현해 가신다. 아브라함에게는 그 약속이 어떻게 이루어졌는가를 만년이 되어서야 깨닫게 된다. 물론 그 뒤에도 하나님의 아브라함과의 언약은 아브라함 자신이 깨닫기에는 너무 벅찬 역사로 성취되어진다.

8. 왜 하나님은 아브라함을 가나안으로 부르셨는가?

(1) 다종족(多種族)의 사회 : 그런데 가서 복음을 전해야지 않았겠는가!

(2) 지정학적(地政學的) 이유 : 가나안은 복음이 예루살렘으로부터 전파될 수 있는 그 당시 세계의 센터였다. "이것이 곧 예루살렘이라 내가 그를 '이방인' 가운데 두어 '열방'으로 둘러 있게 하였거늘"(겔 5:5)

(3) **제사장 나라** : 그러니까 아브라함은 첫 선교사였다고 볼 수 있다. 하나님은 이스라엘에게 선교적 사명을 주셔서 하나님의 이름을 만방에 드러내는 제사장 나라가 되게 하셨다(출 19:5,6). 물론 그 역할을 잘 감당치 못했지만… 모든 족속이 이들로 인하여 복을 받게 되었다(12:2-3). 이방인들이 할례를 받으면 이스라엘 백성이 될 수 있었다. 이스라엘은 개방사회였다. 누구나 하나님의 자녀가 될 수 있었다. (※)

언약이란?
(Covenant)

'아브라함의 언약'을 이해하기 위해

1 성경의 핵심이 되는 사상은 무엇일까? 학자들마다 그 주장을 달리하고 있지만 대체로 '약속, 언약, 하나님의 나라, 하나님의 주권, 예수 그리스도' 등으로 이해한다. 그러나 성경의 강조점과 주제들이 너무 뒤얽혀 있고, 시대별로, 책별로, 더욱이 신·구약 간에는 중요한 변이가 나타나기 때문에 어떤 통일성을 발견하기란 쉽지 않다. 그럼에도 성경의 궁극적인 저자가 성령님이라고 볼 때, 성경 전체를 흐르는 어떤 사상의 흐름을 볼 수 있다. 보스(G. Vos)라는 학자는 '언약'에 대해서 다음과 같이 설명했다.

성경을 자세히 읽어보면 마치 식물이 자라는 것과 같이 그 안에 발전하는 어떤 사상의 흐름이 있다. '씨앗-싹-연한 줄기-잎-꽃이 피고 열매를 맺음'의 과정과 같이 성경에는 유기적이고 점진적인 계시의 발전이 나타난다. 이렇게 나타난 계시의 흐름 가운데 가장 잘 나타난 것이 '언약'(言約)이다.

2 하나님은 온 우주를 창조하시고 그 우주를 다스릴 인간을 만드시되 자신의 형상을 따라 지으셨다. 인간 역시 피조물이지만 하나님의 형상대로 지음을 받았기에, 그 존재는 창조의 정점이 된다. 그 인간은 만물을 다스려야 할 하나님의 대리 통치자였다. 인간은 홀로 살아갈 수 없고 하나님과의 교제 가운데서만 존재의 의의가 있다. 만물을 다스리면서 자발적으로 하나님을 영화롭게 하는 존재, 그 인간은 영적인 본질을 가진 자로서 하나님을 알고 경배할 줄 아는 존재였다.

3. 하나님은 하란에 머물고 있던 아브라함에게 어떤 명령을 내리시는가?

12:1

(1) 새로운 무대, 그 무대는 아브라함을 부름으로써 시작하신다. 하나님은 아브라함을 이방세계에서 불러내어 그와 '언약'을 맺으신다. ① 아담과 언약을 맺으셨던 하나님은 ② 노아와 (자연)언약을 맺으시고 이제 ③ 아브라함과도 언약을 맺으신다. 조금 뒤에 자세히 언급하기로 하자.

(2) 왜, 아브라함에게 본토 친척 아비 집을 떠나라고 명령하시는가?

왜, 하나님이 인간과 세상을 창조하셨을까? 물론 우리가 앞에서 이미 공부한 내용이다. 하나님은 왕이 되시고 인류는 그의 백성이 되는 하나님의 나라, 그 최초의 목적은 인류의 타락으로 수포로 돌아가야 했다. 그러나 하나님은 이런 타락한 인류 가운데서 자신의 백성을 선택하시고, 결국 그가 계획하신 나라를 완성해 가실 것이다. 따라서 하나님은 인류를 구원하시려는 구속 사역을 쉬지 않으신다.

그래서 바벨탑을 세워 인간 중심의 나라를 건설하려는 시도에 쐐기를 박으신다(창 11장). 언어의 혼잡으로 인류는 여러 민족들로 나뉘어 전 세계에 퍼져나가게 되었지만 죄악은 더욱 창성하게 되었고 무엇보다도 우상숭배와 미신의 세상이 되어버렸다. 따라서 하나님은 아브라함을 부르심으로써 인류를 구원하시려는 또다른 장을 열고 계신 것이다.

4. 하나님의 명령을 받고 아브라함은 어떻게 응답했나? (히 11:8을 참조)

12:4

그때 아브라함의 나이가 몇 세였나? (12:4   ) 아브라함과 동행한 사람들은 누구 누구였을까? 그의 가족(그의 아내 사래, 그의 조카 롯)과 또 하란에서 얻은 사람들(5절, 남녀 종으로 얻은 사람들)과 모든 소유를 갖고 가나안 땅에 도착했다. 물론 유목민이었기에 상당한 가축 떼를 몰고 도착했을 것이다.

5. 그들이 처음 도착한 곳은 어디였나?

12:8

그가 하란을 떠난 것에서도, 또 세겜에 도착해서 단을 쌓은 것에서도 우리는 그의 믿음을 볼 수 있다. 그러나 앞으로 그의 생애에서 볼 수 있듯이 아브라함은 아직은 성숙한 신앙인이 아니었다. 많은 시련과 실패를 통해서 그의 신앙은 성장한다. 성경은 아브라함을 어떤 이상적인 영웅으로 추앙하지 않는다. 그는 실패도 하고 죄도 지은 자임을 보여주고 있다(창 12:10-20, 20장). 그도 역시 우리와 같이 용서와 구속(救贖)을 필요로 하는 사람이었다. 그렇지 않다면 성경은 우리에게 정말로 가치 없는 책일 수밖에 없다. 그러나 그는 하나님께 삶의 닻을 내린 사람이었다. 하나님의 약속을 믿은 사람이었다고 말한다(히 11:8).

아브라함의 언약 (12:2~3)

본문도입

<아브라함과 맺은 하나님의 언약>은 예언 역사 속에서 가장 기본적인 중요성을 지닌 획기적인 사건이다. 이것을 바로 아는 것은 이 언약이 완전한 결실에 이른 그리스도의 복음의 핵심을 이해하는데 결정적인 도움이 된다. 따라서 약간 힘들고 지루하더라도 이 부분을 잘 정리해 두어야 한다. 먼저 옆의 각주의 내용을 읽어보라.

1. 우선, 창 11:1-9과 창 12:1-3은 어떤 관계가 있는가 먼저 살펴보자.

(1) 창세기 11:1-9을 읽어보라. 바벨탑 사건이 어떤 면에서 하나님께 죄악된 행위가 되는가? 앞 장에서 이미 살펴본 것처럼, 홍수 후에도 인간의 죄는 결코 약화되지 아니했다. 아니 그 강도를 더욱 더해갔다. 인류는 하나님 없는 거대한 세속제국을 건설하려 했다. 그들은 하나님이 거추장스럽게 느껴졌다. 하나님의 약속을 믿고 사는 삶을 원치 않고 그들 자신들의 힘으로 살 수 있다고 큰 소리치며, 그들만의 공동체를 만들어냈다. 그리고 하나님을 그 공동체에서 추방했다. 하나님이 필요없다, 아니 하나님은 없다

하나님 자신과 하나님의 피조물인 인간 사이에는 무한한 질적 차이가 있다. 그러나 하나님은 인간을 자녀와 같은 존재, 즉 교제의 당사자로 보신다.

이 무한하신 하나님과 흙으로 지으심을 받은 인간이 '아버지와 아들'과 같은 관계를 갖기 위해서는 이 '언약'의 방법 외에는 달리 도리가 없다. 이 언약 관계를 통해서만 인간은 강압에서가 아니라 자원해서 하나님께 감사 찬양할 수 있다. 하나님은 피조물인 인간을 하나의 인격으로 대하신다. 그러기 위해서 서로 '언약'을 맺으신다. 이것이 최초의 언약이다. 하나님과 맺은 약정은 하나님의 말씀을 모든 생의 법칙으로 알고 지켜야 하는 '삶과 죽음의 약속'이다. 이 약정에 절대 순종이 있을 때 그것은 축복의 열쇠가 되지만, 이 약정을 어겼을 경우에는 반드시 죽음이 따른다(창 2:17). 여기에서 아담은 언약의 대표로 등장한다(롬 5:12-19, 고전 15:21-22). 물론 이 언약은 하나님의 은혜로운 주도권과 초자연적인 신분에 의존하기 때문에 동등의 언약이 아니라 은총(favor)의 성격을 갖는다.

3 우리가 이미 잘 알고 있는 대로 아담은 이 언약을 어기고 만다. 물론 사단의 유혹에 넘어간 것이지만 언약을 어긴 책임은 아담에게 있다. 아담(인류)에게 사망이 왔다. 인간뿐만 아니라 모든 피조물이 다 허무한 데 굴복하게 되었다. 인간의 타락으로 인해 하나님의 최초의 왕정(王政)은 피해를 입었지만, 그렇다고 하나님이 최초에 의도하셨던 창조의 목적이 무위로 돌아가지는 않는다. 이 창조의 목적은 약속된 후손의 중보 사역을 통해 다시 실현될 것임을 약속하신다(창 3:15). 인류를 파멸로 이끈 사단은 이제 여인의 후손에 의해 괴멸될 것이다(히 2:14-15, 요일 3:8). 물론 우리는 이 여인의 후손이 곧 메시야임을 알고 있다.
(동 교재, 사무엘하 144면에서)

노아언약

인류는 번성을 계속하지만 죄는 생각보다 훨씬 빠른 속도로 부패를 향해 줄달음친다. 노아가 살던 당시, 죄악은 더 이상 방치할 수 없게 되었다. 하나님을 경외하던 셋의 후손들 역시 한 통속이 되어 모두 육체가 되어 버렸다. 가공할 만한 죄의 세력이 온 세상을 뒤덮었다. 하나님은 마침내 홍수로 인류를 심판하신다.

보존의 언약

1 인간의 죄악은 전 인류를 파멸로 이끌어 갔다(창 6:5-7). 그러나 전 인류를 멸절시키는 것이 노아 홍수의 근본 목적이 아니었다. 하나님은 노아에게 은혜로 대처하신다. 하나님께서 노아와 맺으신 언약은 창조 언약(하나님께서 창조시에 인간과 만물에게 주신 약속으로 종말까지 계속된다)과 구속 언약(인간이 범죄한 후 창조 언약에 보완적으로 주신 언약)의 면밀한 상호관계를 강조하고 있다.

2 노아 언약은 '보존의 언약'이라고도 불린다(창 8:20-22). 하나님은 다시는 지구를 저주하지 않으실 것이다. 노아의 홍수 같은 것으로는 인류의 죄를 치유할 수 없기 때문이다. 그럼에도 심판의 필연성을 역사적 사실로 예증하기 위해 물로 심판하셨다. 홍수 후에 하나님은 처음 창조할 때 내렸던 명령과 똑같은 명령을 내리신다. 창 1:28과 9:1, 7을 비교해 읽어보라. 이 언약은 하나님에 의해서 '영원한 언약'이라고 불려지고 있다(창9:16). 이 언약의 핵심은 무엇인가? 하나님께서는 이 땅이 지속되는 한 자연의 불변(심음과 거둠, 추위와 더위, 여름과 겨울, 밤과 낮)을 보존하기로 약속하신다. 무엇보다 이 언약은 '은총의 언약'이다. 하나님의 자유롭고 은혜스로운 약속 위에 근거한 것이므로 무한히 지속되는 '영원한 언약'(베리트 올람)이다. 이것의 증거는 폭풍 후에 모든 사람이 볼 수 있는 무지개에서 나타났다.

고 소리를 높였다. 결국, 바벨탑 사건은 인간의 타락에 대한 총체적 부패의 모습이었다.

(2) 이러한 인류의 타락을 다스릴 수 있는 최선의 수단은 무엇이었을까?

하나님은 마침내 언어를 혼잡케 하심으로써 극약 처방을 쓰신다. 언어 혼잡의 결과는 무엇이었는가? 언어의 혼잡은 한곳에 모여 유토피아를 건설하려는 인간의 망상을 일순간에 무너뜨렸다. 인류는 여러 인종으로 나뉘어 멀리 멀리 펴져나갔다. 점차 수많은 민족으로(창 10장 참조) 펴져 나갔으며, 사회적, 경제적, 지리적인 분열을 가져왔다. 따라서 인간 상호간의 완벽한 협력은 불가능해졌다. 이런 면에서 바벨탑 사건은 홍수보다 엄청난 영향력을 끼쳤다. 어쨌든 세상은 점차 우상숭배와 미신으로 치닫게 된다. 자, 그렇다면 인류를 구원하시려는 하나님의 구속 사역은 중단을 가져온 것인가? 그렇다면 창세기 3:15에서 메시야를 보내주시겠다는 약속은 무효가 되는 것인가?!

(3) 아브라함의 부르심은 어떤 부르심인가? 앞의 바벨탑 사건과 연관해서 설명해 보라.

창세기 9:26에서의 약속과 축복이 창세기 12:1-3에서 실현되고 있음을 보여주고 있다. 다시 말하면, 이제는 "내가(하나님이) 직접 통치하는 하나님의 나라"를 만들어 가시겠다는 말씀이다. 거기에 선택 받은 사람이 '아브라함'이었다. 그러므로 창세기 12:1-3은 이제 이 '아브라함'을 통하여 하나님 자신이 복된 나라를 세우겠다는 하나님의 선언이라고 볼 수 있다. 그래서 "나는 너희 하나님이 되고, 너희는 내 백성이 되리라"는 언약의 핵심이 선포되고 있는 것이다. 이 아브라함과의 언약의 핵심은 출애굽기 6:7, 8에서도 나타나고 있음을 본다.

수많은 민족들과 인종들이 이 세상을 뒤덮어갔지만 죄악의 밤은 더욱 깊어만 갔다. 영적 기갈로 죽어만 가는 인류를 향해 하나님은 등을 돌리고 계신가?! 아니다. 인류를 구원하시려는 하나님의 구원 역사는 중단되지 아니한다. 이 다양한 민족들 가운데서 자기의 백성을 불러내실 것이다. 하나님은 구원 작전을 바꾸신 것이다. 하나님은 한 백성을 구별하시어, 그 민족을 통해 메시야가 오게 하실 것이다. 바벨탑 사건 이후 하나님은 그 구원 역사를 다시 시작하실 것이다. 대홍수 후에 노아에게 새로운 명령을 주신 것같이(창 9:1-17 참조), 아브라함을 불러내어 또 하나의 구속 역사를 다시 시작하실 것이다. 그런데 아브라함으로 하여금 축복의 근원이 되게 하실 것이다. 이제 이 민족에게서 언젠가는 약속하신 한 자손(창 3:15), 곧 그리스도가 오실 것이기 때문이다(갈 3:16 참조).

2. 아브라함의 생애를 주의 깊게 살펴보라. 하나님은 그의 생애에 위기 때마다 나타나셨다. 그 때마다 하나님은 언약을 주셨다. 언제 어느 때 나타나셨나?

① 창 12:1-3 (   )
② 창 13:14-17 (아브라함이 롯과 작별한 후에 허탈해 있을 때)
③ 창 15:5 (   )
④ 창 17:1-10 (   )
⑤ 창 22:16-18 (모리아산에서 아브라함이 독자 이삭을 드린 후에)

3. 이렇게 불안, 슬픔, 공포, 절망 등이 있을 때마다 하나님은 그에게 나타나 위로와 확신을 주시고 새로운 약속을 주셨다. 그 거듭된 약속의 주 내용이 어떤 것이었는가?

① 창 13:14, 15:7 (보이는 <땅>을 다 주겠다)
② 창 13:16, 15:5, 22:17 (네 <후손>이 땅의 티끌처럼 많게 하겠다)
③ 창 15:18-21 (약속된 <땅>의 범위까지도 알려주셨다 : 애굽 강에서부터 유브라데스까지)
④ 창 17:6,16 (   )
⑤ 창 17:7-8 (   )
⑥ 창 22:18 (아브라함으로 하여금 복의 근원이 되게 하겠다)

위의 구절들을 읽어보면 하나님의 약속은 ① 자손, ② 땅, ③ 모든 민족의 축복이라는 3중 약속을 보게 된다. 첫째는 아브라함은 크게 번성하여 큰 민족을 이루게 하시겠다는 것이요, 둘째는 가나안 땅이 그의 후손들의 기업이 될 것이라는 것이요, 셋째는 아브라함은 복의 근원이 되어 모든 민족에게 복을 미치게 하는 통로의 역할을 하게 된다는 것이다.

[3] 이제 노아는 제 2의 아담이 되어 하나님의 창조 명령을 수행해야 한다. 그를 통해서 다시금 인류가 생육하고 번성해야 한다. 인간에게는 동물을 죽여 음식으로 먹도록 허용되었으나 신중히 자제하고 생명에 대한 존엄성을 가지고 적절히 대처해야 한다(창 9:4-5). 이런 자유를 남용하여 오락으로 죽이거나 모든 생명체의 종(species)을 멸절시켜서는 안 된다. 물론 인간의 위엄 역시 강조되어야 한다. 살인적 폭력도 용납되지 않는다. 대량학살, 전쟁, 어린이 학대 역시 금지된다. 이제 전 인류의 멸망이라는 대재앙을 통하여 인류는 새로운 창조로 진입한다. 훗날 이사야는 하나님의 자비(헤세드)를 노아의 홍수를 들어 설명한다(사 54:9-10). 인류의 죄는 홍수 심판을 불러왔지만, 하나님은 '보존'이란 뼈대를 마련하셨다.

(동 교재, 사무엘하 145면에서 그대로 인용)

'아브라함 언약'의 배경

본문도입

그러면 아브라함과 최초로 맺은 언약의 내용은 무엇인가? 물론 창세기 12:2, 3의 언약은 이로부터 10년이 지난 후, 창세기 15장에서 정식으로 비준된다. 그러므로 창 12:2, 3은 아브라함 언약의 서곡에 해당된다. 아브라함은 자식이 없어 불평하게 되는 데, 이는 창세기 12장의 언약의 약속에 비추어서 이해해야 한다. 그래서 하나님은 창세기 15장에서 언약을 수립하시고 하늘의 별처럼 자손이 많아질 것을 약속하신다. 그리고 창세기 15장 사건이 있은지 14년 후에, 17장에서 그 언약이 더욱 구체적으로 나타난다. 따라서 17장에서는 이름도 바꾸어주신다('아브람'을 '아브라함'으로, '사래'는 '사라'로).

이스라엘을 부르신 목적

- 이스라엘이 택함을 받은 목적은 무엇인가? "세계가 다 내게 속하였나니 너희가 내 말을 잘 듣고 내 언약을 지키면 너희는 열국 중에서 내 소유가 되겠고"(출 19:5)
- 이 구절에서 이스라엘이 택하심을 받은 목적이 무엇임을 알 수 있다. 이스라엘은 아브라함의 언약 속에 내포된(창 12:1-3) 보다 넓은 목적을 성취하기 위한 대리인이었다. 이들 이스라엘은 이 세상 민족들과는 따로 분리되어야 한다는 개념이 들어 있다. 쉽게 말하면, 이스라엘은 하나님의 이름을 전 세계에 선전해야 하는 제사장 나라였다(신 7:6,7).
- 그러므로 출 19:4-5절은 아브라함에게 언약하신 그 언약(창 12:1-3)의 재언급이나 다름없다. 이 세상 많은 민족들 가운데서 이스라엘을 택하사 그의 백성을 삼고자 원하셨다. 그래서 노아의 후손 중에 셈족을 선택하시고, 그 셈족에서 마침내 아브라함을 불러내신다. 그리고 그의 후손 이삭과 야곱을 택해 그 약속을 이어 가신다.

1. 노아의 후손들을 통해 인류는 또다시 번성한다. 창세기 10장에서는 노아 이후 인류가 어떻게 하나의 민족이나 부족으로 번성해 갔는지를 보여준다(약 70족속의 목록). 노아 홍수 이후에도 인류는 한 혈통을 통해 번성해 갔음을 알 수 있다. 그러나 바벨탑 사건에서 볼 수 있듯이 인류는 또다시 하나님께 반역한다(창 11:1-9). 결국 원(시) 역사는 실패로 끝날 수밖에 없는 역사였다. 따라서 하나님은 새로운 작전 계획을 세우시고, 한 백성을 부르시는 것이다. 우리는 애굽에서 부화된 한 민족을 시내산 밑에서 보게 된다. 하나님은 시내산 밑에 도착한 백성을 보시고, '왜 내가 너희를 이곳으로 이끌어 내었는가?'라고 물으신다.

2. 물론 당시에는 큰 민족들이 있었으나 하나님의 인정과 기뻐하심을 받는 나라는 하나도 없었다. 이 세상에서 크게 번영한 민족들이지만 하나님의 인정을 받지 못한 나라들이다. 이 세상은 하나님께서 최후의 심판을 행하지 않고 인류의 역사가 진행되도록 허락하시고 그 한도 내에서 복을 허락하신 세상이다. 이제 하나님은 한 민족을 택하시고 완전히 구별된 삶을 살게 하심으로 그 민족 가운데서 메시야가 나게 하려는 계획을 세우신다. 그래서 하나님은 새로운 무대를 준비하신다. 그리고 한 사람을 불러내신다. 그가 바로 아브라함이다.

이제 하나님은 이 아브라함과 후손들을 통해 또 하나의 구속 역사를 다시 시작하실 것이다. 특별한 임무를 위해 한 사람(한 백성, 출 19:1-6을 읽어보자), 아브라함을 부르신 것이다.

3. 하나님은 이제 친히 통치하시는 '하나님 나라'를 건설하겠다고 선언하신다. 그러므로 창세기 12:1-3은 아브라함을 통하여 하나님 자신이 복된 나라를 세우시겠다는 하나님의 선언이라고 할 수 있다.

(1) 창세기 12:1-3에서 아브라함에게 약속하신 내용은 무엇인가?

첫째, 아브라함이 번성하여 큰 민족을 이루겠다.
둘째, 가나안 땅이 그의 후손들의 기업이 될 것이다.
셋째, 아브라함은 복의 근원이 되어 모든 민족에게 복을 미치게 하는 통로의 역할을 할 것이다.[1)]

(2) 노아 언약과 마찬가지로 아브라함 언약 역시 그 효력 또는 완전성을 결코 상실하지 않는 하나의 '영원한 언약'(베리트 올람)이다.[2)]

4. 아브라함에게 처음에 약속하신(창 12:1-3) 내용은 다음과 같이 점진적으로 확대 계시된다.

① 가나안 약속(창 13:14, 15:7) ➡ ② 수효 증대(창 13:16, 15:5, 22:17) ➡ ③ 약속된 땅의 범위(창 15:18-21) ➡ ④ 열왕들이 나옴(창 17:6, 16) ➡ ⑤ 그들의 하나님이 되심(창 17:7-8) ➡ ⑥ 다른 이들의 복의 매개자가 될 것임(창 22:18)

(1) 이 약속은 이삭을 낳게 함으로써 약속의 첫 단계가 성취된다. 아브라함의 후손이 중다해지고 가나안 땅을 차지하리라는 약속이 문자적인 의미에서 성취되었다(수 21:43-45). 이제 이 약속은 다윗 때에 와서 보다 완전한 성취가 이루어진다(이 부분에 대해서는 동교재, 사무엘하 7장을 볼 것) .

(2) 이 아브라함에게 주어진 약속들은 모세 언약이 세워지는 역사적인 동기를 제공해 준다. 즉, 시내산에서 언약 수립과 관련해서 모세가 세운 제단은 아브라함 언약과 불가분의 관계가 있다는 증거를 보여준다(출 24:4 참조). 아브라함과 언약을 맺으신 하나님은 모세와 다윗과도 언약을 맺으신다. 그렇다고 이제까지의 인연을 끊고 새것을 시작하는 것이 아니고 아브라함의 후손들이 받은 잇따른 각 언약은 하나님의 본래의 목적을 보다 높은

언약의 통일성

창세기 12:1-3의 약속은 그 후 15:18 이하에서 공식적으로 세워진다. 15장의 언약은 이전에 주신 바 있는 약속과 관련이 있다. 즉 창세기 15:2을 보면 13:14-16에서 약속하셨던 자손의 약속이 암시되어 있다. 13:14-16의 땅에 대한 약속은 15:7, 18에서 다시 확약하여 보여주고 있다. 또한 15:18의 언약은 12:1-3의 부르심과 약속의 말씀으로 이미 수립된 바 있는 언약관계를 확인하는 데 쓰였다. 그리고 창세기 17장에서는 아브라함의 언약을 통합하고, 동시에 세부사항을 확대 설명하고 있다. 이렇게 하나님의 언약은 점진성을 띠고 더욱 확대되어 계시되었다(언약의 통일성).

1) "복을 얻을 것이다" : 바라크(נְרַךְ) : '송축하다, 사람을 (은혜로 복주다)' 니팔(수동) 동사 완료 3인칭, 복수

2) 이 언약 역시 하나님의 확고한 약속(=하나님의 신실함<헤세드> 혹은 영원한 사랑)에 근거하기 때문에 오직 은혜로만의 약속이다. 아브라함 언약은 인간의 허물과 죄에 근거하지 않는다. 오직 하나님의 신실하심에 근거한다는 의미에서 일방적이다. 이와 반대로 모세 언약은 은혜의 언약이기는 하지만 조건의 특징을 갖는다. 그렇다고 모든 언약이 그러하듯이 의무 조항이 전혀 없는 것은 아니다. 여기서도 인간의 성실과 책임을 인정한다. 그러나 강조된 것은 율법이 아니라 약속의 수여이다.

실현의 단계로 이끄신다(즉 출 2:23-25*은 아브라함에게 약속하신 언약의 성취라는 말이다).

- 출 2:23-25 "여러 해 후에 애굽 왕은 죽었고 이스라엘 자손은 고역으로 인하여 탄식하며 부르짖으니 그 고역으로 인하여 부르짖는 소리가 하나님께 상달한지라 하나님이 그 고통 소리를 들으시고 아브라함과 이삭과 야곱에게 세운 그 언약을 기억하사 이스라엘 자손을 권념하셨더라."

5. 아브라함 언약은 다윗 언약과 연속성을 갖는다. 하나님께서 다윗과 맺은 언약은 아브라함의 약속에 담긴 것들과 아주 유사함을 볼 수 있다(동교재, 사무엘하 39면 참조). 이렇게 사무엘하 7장에 나오는 약속의 재진술은 아브라함 이후로 오랫 동안 '그의 약속에 근거하여' '계속해서' 역사하고 계셨음을 확증하고 있다.

6. 이 아브라함과의 언약은 아브라함 당사자에게만 주는 약속인가?

12:2 내가 너로 큰 민족을 이루고 네게 복을 주어 네 이름을 창대케 하리니 너는 (　　　)의 (　　　　)이 될지라

(1) 이렇게 아브라함에게 제시된 언약은 영원한 언약이다. 이 약속은 영원히 집행되어 갈 것이며, 전 세대를 통하여 믿음의 백성 모두에게 그 복이 확대될 것이다. 창세기 22:18을 보자. "또 네 '씨' 로 말미암아 천하만민이 '복' 을 얻으리니"

- 롬 4:18-21 "아브라함이 바랄 수 없는 중에 바라고 믿었으니 이는 네 후손이 이같으리라 하신 말씀대로 많은 민족의 조상이 되게 하려 하심을 인함이라 그가 백 세나 되어 자기 몸의 죽은 것 같음과 사라의 태의 죽은 것 같음을 알고도 믿음이 약하여지지 아니하고 믿음이 없어 하나님의 약속을 의심치 않고 믿음에 견고하여져서 하나님께 영광을 돌리며 약속하신 그것을 또한 능히 이루실 줄을 확신하였으니"

(2) 위와 같은 언약은 이삭을 낳게하심으로 약속의 첫 단계를 성취하셨다. 가임(可姙) 능력이 상실된 상태에서 이삭이 태어난 사건은 전능하신 하나님만이 하실 수 있는 일이었고, 이 말씀을 굳게 믿는 아브라함의 믿음에 대한 증거였다. 이 사건을 바울은 로마서 4:18-21*에서 어떻게 이야기 하고 있는가 찾아보자.

- 출 23:30-31 "네가 번성하여 그 땅을 기업으로 얻을 때까지 내가 그들을 네 앞에서 조금씩 쫓아내리라 너의 지경을 홍해에서부터 블레셋 바다까지 광야에서부터 하수까지 정하고 그 땅의 거민을 네 앞에서 쫓아낼지라."

7. 아브라함과의 약속의 성취는 어떻게 이루어졌는가 훗날의 역사를 통해 살펴보자. (출 23:31)

- 신 10:22 "애굽에 내려간 네 열조가 겨우 칠십 인이었으나 이제는 네 하나님 여호와께서 너를 하늘의 별같이 많게 하셨느니라."

(1) 아브라함의 후손이 중다해지고 가나안 땅을 차지하리라는 약속이 문자적 의미에서 성취되었다. 이 일을 모세에게 다음과 같이 말씀하신다. 출애굽기 23:31*을 읽어보라. 신명기 10:22*도 보라. 또 여호수아에게는 어떻게 말씀하셨나? (수 1:3) 물론 이 가나안 지역의 정복은 점진적으로 이루어졌다(출 23:29). 결국 솔로몬 때에 가서 완전히 이루어졌다(왕상 4:21).

아브라함의 자손

'아브라함의 자손' 이라는 개념은 신약에서 '복음을 영접하는 자들' 이라는 개념으로 바뀌어졌다.

(2) 가나안 정복이 끝났을 때 여호수아는 하나님께서 약속하신 일을 다 이루신 그 분의 신실하심을 어떻게 증거했는가? 여호수아 21:43-45을 보라. 시편에서도 하나님의 신실하심을 노래했다(시 105편). 이렇게 아브라함에게 주어진 언약의 진술이 장대하게 반복되어 나타나고 있다(창 12:2, 3 창 22:17, 18). 이 언약은 아브라함에게서 이삭과(창 17:21) 야곱에게로 이어짐을 볼 수 있다. 그리고 야곱에게서 끝난 것이 아니라는 사실을 우리는 출애굽기 2:24에서 보게 된다.

- 갈 3:14 "이는 그리스도 예수 안에서 (**아브라함의 복**) 이 이방인에게 미치게 하고 또 우리로 하여금 믿음으로 말미암아 성령의 약속을 받게 하려 함이라."
- 갈 3:16 "이 약속들은 아브라함과 그 자손에게 말씀하신 것인데 여럿을 가리켜 그 자손들이라고 하니 아니하시고 오직 하나를 가리켜 네 자손이라고 하셨으니 곧 (**그리스도**)라"
- 갈 3:29 "너희가 그리스도께 속한 자면 곧 (**아브라함**)의 자손이요 약속대로 유업을 이을 자니라."

8. 〈아브라함의 언약〉에 대한 사도 바울의 해석을 살펴보라.

(1) 아브라함의 약속에 담긴 복은 모든 분야에 일시적인 것과 영적인 것 모두를 말하고 있다. 바울은 갈라디아 3:9, 14에서 영적인 면을 강조하고 있다. 믿음의 백성이 그 복을 나누어 가질 것이다(갈 3:9). 그 복을 '성령의 약속' (갈 3:14)과 같다고 하였다. 그리고 '아브라함의 자손' 이라는 개념은 신약에서 '복음을 영접하는 자들' 이라는 개념으로 바뀌어졌다.

(2) 바울은 갈라디아 3장에서 아브라함은 율법을 지킴으로써가 아니라 믿음으로 의롭다함을 받았음을 논증하고 있다. 이방인들 역시 믿음을 통해 의롭다함을 받는다고 말하고 있다. 결국 아브라함의 자손은 그리스도였다고 증거한다. 물론 우리는 그리스도 안에 있기에 아브라함의 자손이다(갈 3:29).

적용 도우미

- 하나님의 명을 좇아 낯설고 물 설은 곳에 장막을 친 아브라함, 의지할 데라곤 오직 전능하신 하나님밖에 없다. 그는 하나님의 약속을 믿고 그 외로운 길을 순종한다. 하나님을 믿는 길은 세상에서의 탈출로부터 시작한다. 아직도 세상의 끄나풀에서 벗어나지 못했다면 당신은 아직 하란에 머물고 있는 것이다. 세상은 인생을 장미 빛 환상으로 유혹하는 독소를 품고 있다. 그래도 인생들은 세상이 훨씬 좋은 곳이라고 떠들고 있다.
- 내가 떠나야 할 본토와 친척은 어디이며, 무엇인가? 무엇이 나로 하여금 주께로 가는 길을 방해하는 것인가? 하나님은 지금도 우리에게 본토 친척을 "떠나"라고 말씀하신다. 그리고 하나님이 지시하시는 땅으로 "가라"고 명령하신다. 아직도 한 발은 세상에 한 발은 교회에 들여놓고 있지는 않는가?

아브라함의 첫번째 위기 (12:10~20)

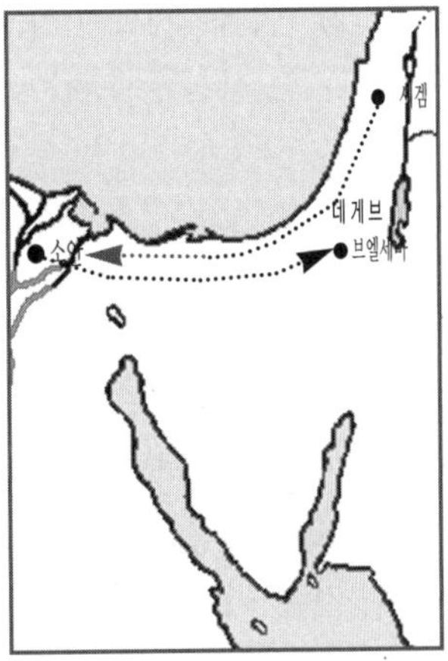

10왕조 AchthoesⅢ

당시 애굽인들은 셈족 사람들에게는 환대를 베풀었다고 한다. 셈족 사람들이 상업에 종사하는 경향이 있었기 때문이다. 아브라함이 애굽에 내려갔을 때를 10왕조나 11왕조 때라고 본다. 아브람이 자기 아내 사래에 관하여 거짓말을 한 왕은 10왕조의 아히토에스 3세(2120-2070년)가 아닐까 생각한다. 그는 "Meri-ka-Re 왕을 위한 교훈"이라는 작품을 지었는데, "아시아인들"의 불신행위에 관해 자기 아들에게 충고한 작품이라고 한다. 이 문학작품이 아브람의 이중적인 행위와 어떤 형태로든 관련이 있을지 모른다. (유진 H. 메릴, 제사장의 나라, 기독교문서선교회, 41면)

본문도입

지독한 가뭄은 아브라함으로 하여금 애굽행을 선택하게 만든다. 아브라함에게는 회의가 있었을 것이나 목축을 해야 하는 그에게는 최후의 선택으로 애굽행을 결심했을 것이다. 약속의 땅(창 12:1-3)에 대한 성취가 장애에 부딪친다. 그는 애굽으로 내려가서 엄청난 수모를 겪는다.

1 아브라함은 가뭄을 이기지 못하고 애굽으로 내려갔다. 그 일이 잘못된 선택인가?

12:10 그 땅에 (　　　)이 있으므로 아브람이 (애굽)에 우거하려 하여 그리로 내려갔으니 이는 그 땅에 (　　　)이 심하였더라.

(1) 아브라함이 어렵게 가나안 땅에 도착했지만, 얼마되지 않아 기근이 왔다. 가나안은 일반적으로 기근이 잦은 곳이기도 했다(창 26:1, 41:56). 그는 장막을 남방(네게브, 사해 남서쪽의 위치한 삼각형 모형의 사막지대)으로 옮겼다. 거기서도 극심한 가뭄으로 어렵게 되자 결국 애굽행을 택하게 된다.

(2) 아브라함의 애굽행 선택은 어쩔 수 없는 일이었을 것이다. 아브라함 가족은 단순히 가족 몇 사람이 아니다. 이들은 유목민으로서 적어도 천여명은 되는 대군단이었을 것이다(창 14:14-15 참조). 아브라함은 심한 가뭄 때문에 자연스레 애굽 행을 택했을 것이다. 이런 아브라함의 결정을 너무 불신앙적으로 몰아부칠 수 없다. 이런 대규모의 애굽으로의 이동은 쉽게 바로 정부에 표적이 되었을 것이고, 이들은 곧장 바로 앞에 서게 되었으리라.

(3) 창세기 26:1-4을 보라. 똑같은 상황에서 이삭은 하나님의 인도를 받는다. 어쨌든 아브라함은 애굽으로 내려가 어려움을 겪었다. 하나님의 특별 보호가 없었다면 어떻게 되었을까?

2 애굽에서 아브라함은 어떤 수모를 당했는가?

12:11-13

(1) 여기서 아브라함의 불신(不信)과 인간의 연약성을 볼 수 있다. 그러나 그러함에도 하나님의 주권적인 도우심이 함께 한다. 하나님은 바로에게 재앙을 내리신다. "여호와께서 아브라함의 아내 사래의 일로 인해 바로와 그 집에 큰 재앙을" 내리셨다(17절). 어떤 재앙인지는 몰라도 바로는 이 일로 되게 혼났을 것이다. 그러나 급한 분은 하나님이셨다. 메시야가 이들의 계통을 통해 탄생하셔야만 한다. 어찌 하나님의 전능하신 보호하심이 없었겠는가! 화가 머리 끝까지 치민 바로 왈(曰), "네 아내가 여기 있으니 이제 데려가라"(19절). 만약 바로가 더 우물쭈물하다가는 어떤 더 큰 재앙이 임할런지 알 수 없었을 것이다.

(2) 아브라함은 물론 믿음이 있었지만 아직은 신앙이 성숙하지 못했다. 창세기 13장에서 우리는 조금은 성숙한 신앙을 그의 조카 롯과의 관계에서 보게 된다. 아브라함은 오랜 세월 동안 훈련을 통해, 하나님을 더욱 신뢰하게 된다. 그 아들 이삭을 바치는 과정에서 우리는 그의 신앙의 성숙(成熟)을 보게 된다. 물론 그 성숙의 과정이 우리에게도 있어야 한다.

적용 도우미

• 아브라함의 나이 75세, 그리고 아내 사래는 잉태하지 못하므로(창 11:30) 자식이 없었다. 그러나 하나님은 어떤 약속을 하시는가? 이런 아브라함을 통해서 큰 민족을 이루시겠다고 약속하신다. 그의 생애를 통해 하나님의 약속이 어떻게 성취되어 가는가 보라. 그 약속은 오랜 기다림 후에 성취된다. 그 기다림에 지친 아브라함의 신앙이 최 절정의 성장을 가져온 후에야….

• 왜 신자들이 아직도 성장하지 못하고 혼돈과 좌절에 빠져 있는가? 정성이 부족해서인가, 아니면 열심이 모자라서인가? 진정한 헌신이란 무엇일까? 신앙 성장이 없이 열심만 앞선다면 어떤 일이 벌어질까? 참된 헌신을 하려면, 무엇보다 신앙의 성숙을 가져와야 한다.

• 아브라함은 처음부터 신앙의 위인이었을까? 그렇지 않다. 그도 역시 우리와 같이 위기에 처했을 때 인간의 술수를 동원했다. 예쁜 아내 때문에 그는 심각한 상황에 빠질뻔 했다. 물론 급하신 분은 하나님이셨다. 잘못하면 아내의 순결도 자신의 생명도 잃을뻔 했지만 하나님의 극적인 섭리로 위기를 모면했다. 아브라함은 메시야가 태어날 축복의 도관이기 때문이다. 그가 믿음의 상승곡선을 그린 것은 많은 성화가 이루어진 다음에야 나타났다.

창세기 12 장 요약 정리

요약질문

1-9절 : 아브라함을 부르심

- 아브라함을 처음 부른 곳은 어디인가?
- 하나님의 부르심에 아브라함은 어떻게 응답했는가? (12:4, 히 11:8)
- "내가 네게 지시할 땅"은 어디를 가리키는가? 왜 꼭 그곳으로 불러내시려 했을까?
- 아브라함이 가나안에 도착할 때 몇세였는가?
- 아브라함에 가나안으로 왔을 때 동행자들은 누구였는가? (5절)
- 아브라함이 가나안에 와서 처음으로 단을 쌓은 곳은?
- 하나님이 아브라함에게 주신 약속은 무엇인가? (2, 3절) 그리고 그 약속의 중심 내용은?
- 하나님은 아브라함이 어떤 환경에 있을 때 나타나셨는가?
- 노아의 언약과 아브라함의 언약과의 연속성을 설명해 보라.
- 바벨탑의 사건과 아브라함을 부르신 사건을 비교하여 설명해 보라. 특별히 하나님의 인류를 구원하시려는 방법의 문제에 대해 말해 보라.
- 하나님의 부르심에 아브라함은 어떻게 응답햇는가? (히 11:8을 보고)
- 믿음과 순종과의 관계를 설명해 보라.

10-20절 : 아브라함이 애굽에 체류하게 됨, 그리고 그가 당한 어려움

- '남방'(네게브)은 어느 지역을 말하는가? 왜 아브라함은 네게브 지역으로 옮겨왔는가?
- 애굽에 내려가서 아브라함이 당한 어려움과 실수는 무엇인가?
- 우리는 단번에 신앙의 성숙을 가져오지 않는다. 신앙은 오랜 기다림이다. 아브라함도 역시 아직은 성숙한 신앙이 아니었다. 그도 고난의 과정을 통해 신앙이 성숙해가는 우리와 같은 평범한 인간이었다.
- 아브라함의 실수, 그러나 그를 보호하시는 하나님의 사랑이 뜨겁다. 왜, 우리는 하나님의 보호의 대상인가?

Summary

연구과제

(1) 아브라함 언약 - 정확히 이해하고 넘어가라. 반드시 교역자의 도움을 받으라.
우선 '언약'의 개념부터 확실하게 정립하라.

(2) 아브라함을 부르신 이유와 소명에 대해 이야기해 보라.

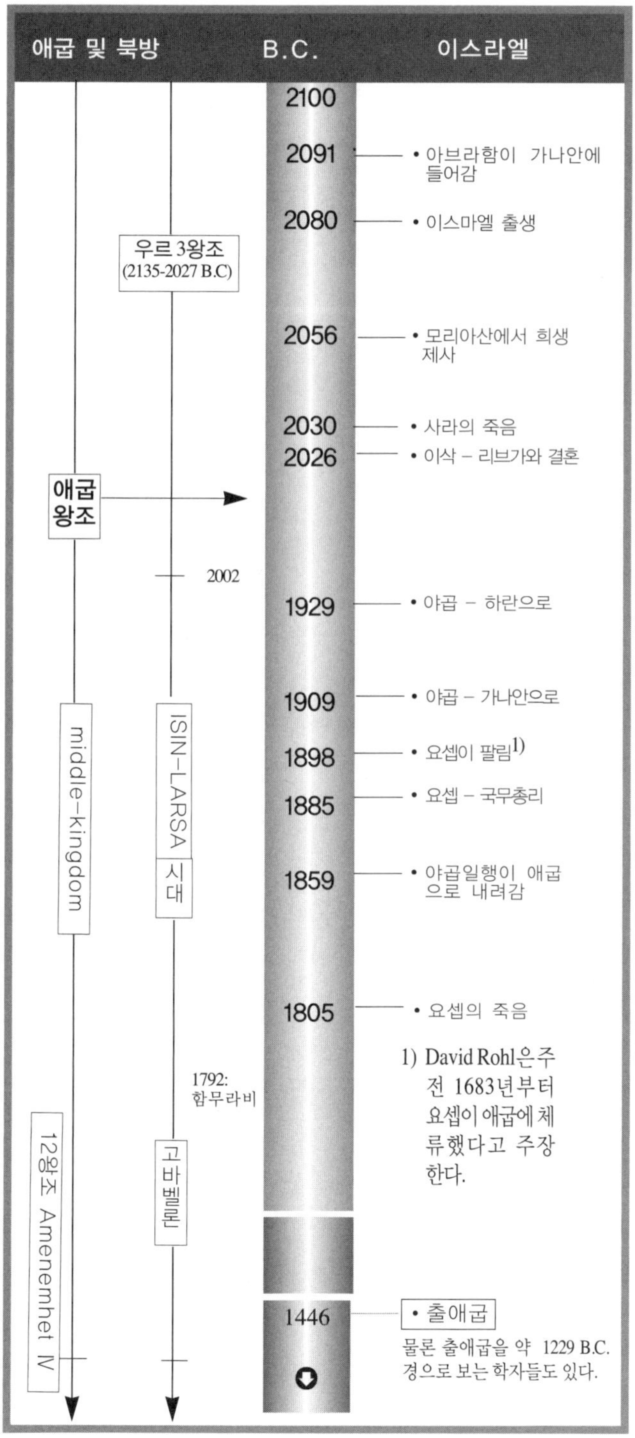

아브라함, 그는 갈대아 문화의 중심 도시 우르(Ur)에서 가나안으로 하나님의 부르심을 받는다. 그를 통해 한 민족을 형성하시고, 그리고 구별된 삶을 살게 하심으로써 그 민족 가운데서 메시야가 나게 하시기 위해서였다. 우르는 수메르 제국 전체에 막강한 영향력을 행사하던 도시국가였다.

그가 살았던 주전 2,000년경은 다수의 발달된 문명이 있었는데, 벌써 이때에 쐐기 모형의 글자(설형문자)도 있었고 나름대로의 문명생활을 누리고 있었다. 당시의 묘에서 발굴된 장신구와 수공예품은 참으로 훌륭한 것들이어서 오늘날 귀금속 쇼윈도우에 진열하더라도 어색하지 않을만큼 현대적 감각을 갖춘 것도 있다고 한다. 그런 가운데서 하나님은 아브라함을 불러내신다. 그리고 그에게 창 12:1-3과 같은 약속과 축복을 주신다. 이제 먼 훗날 이 아브라함의 자손을 통해 인류를 구원할 메시야가 오실 것이다.

☜ 야곱 일행은 이미 애굽의 국무총리가 된 요셉이 있는 곳으로 내려가 고센 땅에 정착한다. 그리고 400여년의 세월이 흐르는 동안 이들은 커다란 민족을 형성한다. 하나님께서 애굽이라는 둥지 안에서 이들을 양육하신다. 하나님의 백성을 만드시기 위해서였다. 그들의 하나님이 되시기 위해 장엄한 역사를 펼쳐가신다.

☜ 정통 연대는 요셉이 애굽에 녀려간 연대를 주전 1898년이라고 했다. 그러나 David Rohl은 주전 1683년으로 본다. 이렇게 정통 연대를 뒤엎는 주장은 그의 저서, ① 시간의 풍상, ② 문명의 창세기(해냄출판사)에서 자세히 언급되어 있다. 시간을 내어 읽어보는 것도 매우 유익하다.

▶ 이 연대는 정통 연대를 소개한 것이다(유진 H. 메릴, 제사장의 나라 / 김희보, 구약이스라엘사 등).

David Rohl은 그의 책, 「세월의 풍상」에서 새로운 연표를 주장한다. 그의 책을 참고해 보자. (해냄출판사)

Back to the Bible

13, 14장

네 자손을 땅의 티끌같게

- 아브라함이 애굽에서 벧엘로 올라옴(13:1-4)
- 네가 좌하면 나는 우하고(13:9)
- 롯과 작별한 후에 아브라함에게 또다시 나타나셔서 언약하심
- 롯이 그돌라오멜에게 사로잡혀감(14:1-12)
- 아브라함이 롯과 포로들을 구출함(14:13-16)
- 승리하고 돌아올 때, 멜기세덱의 축복(14:17-20)
- 아브라함의 신앙(14:21-24) : 전리품 사양

인류를 구원하시려는 하나님의 계획은 아브라함을 이방세계에서 부르심으로 일대 변혁을 가져온다. 이제 이 아브라함을 통해 한 민족이 형성케 될 것이다. 물론, 그들 후손이 거하여야 할 땅도 약속 받는다. 그의 이름이 창대케 될 것이며, 그는 복의 근원이 될 것이다. 그렇다면 그 약속은 언제 이루어질 것인가? 아브라함은 그 약속이 곧 성취될 것으로 기대했을 것이다. 그는 모든 것을 조급해 했다. 그는 곧 자녀의 생산을 원했다. 그러나 자녀는 잉태되지 않는다. 그리고 그 약속의(창 12:1-3) 땅에 대한 성취도 장애에 부딪친다. 그는 좋은 목초지를 구하기 위해 남방(사해 남쪽 지역, 네게브)으로 이주해 왔다.

그러나 지독한 가뭄은 아브라함으로 하여금 애굽행을 선택하지 않을 수 없게 만들었다. 이들은 많은 가축을 거느린 거대한 유목민 집단이었기 때문이다. 그는 환경을 따라 그의 길을 선택했다. 그의 선택을 믿음 없는 행동이라고 한마디로 몰아부칠 수 없다. 어쨌든 아브라함 군단은 쉽게 사람들에게 포착되었을 것이고 결국 바로 앞에 서게 된다. 그러나 문제가 발생했다. 그의 아내의 미모 때문이었다. 사라의 미모는 바로의 마음을 들뜨게 했다. 급기야는 아브라함의 연약성과 바로의 사악함으로 인해 걷잡을 수 없는 사태를 초래했다. 그래서 사라는 지금 바로의 후궁이 되어야할 판이었다. 아브라함은 그 일로 부를 얻을 수 있었지만, 그것은 비극이었다. 아브라함에게 약속하신 후손은 어떻게 될 것이며, 아브라함에게 약속하신 땅은 어떻게 될 것이며, 또한 어찌 그가 복의 근원이 될 수 있단 말인가! 그러나 하나님은 이 위기 속에서 역사하신다. 하나님은 바로의 숨통을 조이시고 아브라함에게 약속하신 그 축복의 선을 끊으려는 사탄의 궤계를 차단하신다. 이제, 아브라함은 극단적인 위기 속에서 벗어나게 된다. 사라는 다시 아브라함에게 돌아왔지만 아브라함에게는 적지 않은 상처가 남았을 것이다. 그리고 얼마의 시간이 흘렀을까, 그는 다시 애굽을 떠난다.

창세기 13장에서는 아브라함의 믿음이 한 단계 성장해 있음을 보게 된다. 성경에 자세한 기록은 없지만 아마 애굽에서 자기 아내를 누이라고 했던 사건으로 하나님께 훈련을 받았을런지도 모르겠다. 어쨌든 그는 과거보다 더욱 신앙의 성숙이 있었다. 그는 어쩌면 하나님과의 언약(창 12:2,3)을 깊이 묵상하고 있었을 것이다. 하나님이 아브라함을 어떻게 인도하여 가실까?

애굽에서 나와 벧엘로 (13:1~4)

אֶרֶץ

땅(אֶרֶץ, 에레쯔) - 하나님은 아브람과 언약하시면서(창 12:1-3) 그 후손들이 거할 땅을 약속하셨다. 롯과 헤어지고 난 후 그 땅에 약속을 재확약하신다(창 13: 14-17).

본문도입

아브라함은 애굽에서 자기 아내를 잃을 뻔 했던 아주 끔찍한 일을 당했다. 그러나 하나님은 위기 속에서 아브라함을 보호하신다. 하나님의 극적인 보호하심으로 오히려 물질적인 축복을 받는다. 그가 얼마를 애굽에 머물러 있었는지는 확실치 않지만 거부가 되어 애굽을 떠나 그의 조카 롯과 함께 그가 옛날 거했던 사해 남서쪽 지방(네게브)으로 올라온다.

1. 아브라함은 애굽으로 내려가 많은 어려움을 겪었다. 그러나 하나님의 축복으로 많은 소유물을 갖게 되었다. 얼마나 큰 축복을 받았나?

13:1, 2 아브라함이 애굽에서 나올새 그와 그 (아내)와 모든 (소유)며 롯도 함께 하여 (　　　)으로 올라가니 아브라함에게 육축과 은금이 풍부하였더라.

(1) 은금뿐만 아니라 많은 종들도 데리고 나왔다. 창세기 14:14을 보라. 집에서 길리고 연습한 자 318인을 데리고 사로잡혀간 롯을 구하러 간 것을 보아도 이들 아브라함 군단의 규모가 적지 않았음을 볼 수 있다. 그는 애굽으로 내려가기 전에 거했었던 남방(Negev)으로 다시 올라왔다. 이 계곡에는 가나안 족속, 아모리 족속(14:13), 헷 족속(23:3) 등 많은 족속들이 살고 있었다. 청동기 중엽(B.C. 2000년경)의 팔레스틴에는 푸른 계곡이 많았다고 한다. 그리고 이들은 다시 남방에서 발행하여 벧엘과 아이 사이에 있는 곳으로 이주했다.

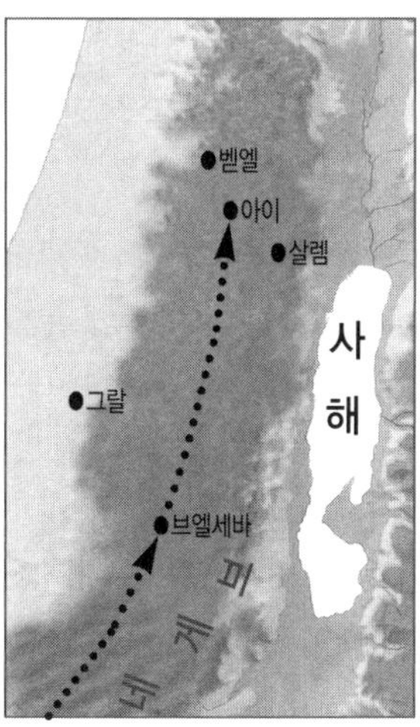

2. 아브라함은 언제나 조카 롯과 함께 동행했다. 우르, 하란, 가나안, 그리고 애굽까지. 그런데 문제가 생겼다. 어떤 문제?

13:6

(1) 이 땅은 아브라함과 롯의 동거함을 용납치 못하였다. 이미 아브라함과 롯은 둘 다 거부가 되어 있었다. 이들의 가축 숫자와 거느린 식구가 함께 거하기에는 너무 규모가 컸다. 이제는 어차피 헤어져야 할 시기가 되었다.

1) 브리스 사람 : 가나안 초기 거민들 가운데 한 종족이다(창 13:7, 15:20). 아브라함 때에 거주했던 브리스 사람들은 가나안 땅을 정복할 때, 에브라임, 므낫세, 유다 지파 지역 내에 산간 지역에 흩어져 살았다. 후에 이들은 이스라엘 사람과 결혼하여 이스라엘을 타락시키기도 했다(삿 3:5-6).

때로는 그들 목자들 사이에 다툼도 일어났고, 그 지역에 사는 '가나안' 사람이나 '브리스'[1] 사람들과의 충돌이 일어날 가능성도 있었다(7절). 은금이 있는 곳에서는 언제든지 싸움이 일어날 수 있다. "돈을 사랑함이 일만 악(惡)의 뿌리가 되나니 이것을 사모하는 자들이 미혹을 받아 믿음에서 떠나 많은 근심으로 자기를 찔렀도다"(딤전 6:10).

(2) 아브라함의 애굽의 거주 기간은 무의미한 기간이었을까? 역경은 있었지만 그렇게 무의미한 세월만은 아니었을 것이다. 아픔의 세월은 한 영혼의 성숙을 가져온다. 아브라함의 신앙은 껑충 성장해 있었다. 그만큼 진통의 세월이 흘러갔기 때문이다. 우리의 믿음은 대개 고통과 함께 자란다.

네가 좌하면 나는 우하고 (13:5~13)

본문도입

서로 동거하기에 용납할 수 없을 정도로 대군단이 된 아브라함과 그의 조카 롯, 자연히 그들 목자들 사이에 싸움이 잦아지게 되었다. 이제는 더 이상 조카 롯을 데리고 있을 수 없게 되었다. 아브라함은 롯을 독립시키기로 한다. 그리고 그에게 먼저 선택권을 준다. 롯은 세속적인 면이 강했다. 롯이 거하기로 선택한 곳은 인간적인 면으로 볼 때 완벽한 곳이었다. 그러나 그곳에 복병이 있음을 오랜 후에 깨닫게 된다.

1. 이제 결국 두 사람은 헤어지게 된다. 먼저 아브라함이 어떻게 제안하는가?

13:8, 9

푸른 요단들을 바라보는 롯의 마음에는 '하나님의 언약' 따위에는 관심이 없었을 것이다. 요단 넓은 들을 바라보는 롯의 마음 속에는 세상의 부귀영화가 영화의 한 장면처럼 돌아가고 있다. 이제 아브라함은 롯으로 하여금 마음대로 땅을 골라잡으라고 말한다. 롯에게 우선권을 주었다. 롯이 선택한 땅은 어떤 땅이었을까? "롯이 눈을 들어 요단 들을 바라본즉 '소알' 까지 온 땅에 물이 넉넉하니…여호와의 동산 같고 애굽 땅과 같았더라"(10절). 결국 롯은 요단 온 들을 택했다(11절). 그리고 그는 소돔(Sodom) 성에 정착한다. 롯은 어떤 가치관을 갖고 이 땅을 선택했을까?

2. 롯은 하나님이 아브라함에게 주신 약속의 축복보다는 기름진 땅을 더 선호했다. 훗날 이 일로 인해 롯은 큰 재난을 당한다. 어떤 재난인가?

창 14:1 이하

(1) 소돔과 고모라는 여호와의 동산 같고, 애굽 땅과 같았다고 했다. 또한 물이 넉넉한 곳이라고 했다. 에스겔서 16장은 그 상황을 다음과 같이 설명한다.

- 겔 16:48-50 "나 주 여호와가 말하노라 내가 나의 삶을 두고 맹세하노니 네 아우 소돔 곧 그와 그 딸들은 너와 네 딸들의 행위같이 행치 아니하였느니라 네 아우 소돔의 죄악은 이러하니 그와 그 딸들에게 교만함과 식물의 풍족함과 태평함이 있음이며 또 그가 가난하고 궁핍한 자를 도와주지 아니하며 거만하여 가증한 일을 내 앞에서 행하였음이라 그러므로 내가 보고 곧 그들을 없이 하였느니라."

(2) 롯은 그곳에서 더욱 세상으로 빠져들었다. 롯의 아내는 롯보다 더욱 세속적이었다. 남편에게 신앙이 없다면 아내라도 더 잘 믿어야 하는데, 롯은 소돔과 고모라가 멸망할 때 그의 가족까지도 잃게 된다(창 19:14-28을 미리 보라). 그러나 아브라함은 이미 하나님이 주신 약속을 신뢰하고 있었다. 그의 주된 관심은 물질이 아니라 하나님이 그에게 주신 약속이었기 때문이다. 롯은 이곳에서 어떤 어려움을 당하게 되는가 계속 살펴보자.

적용 도우미

- 롯의 선택, 그는 물질적인 것에는 양보가 없었다. 아브라함에게 주어진 약속도 그에게는 대수롭지 아니했다. 오직 세속적인 안락과 부귀만 눈에 어른거렸다. 아, 세상은 살만한 곳이다. 오늘 세상을 사랑하는 뭇사람들의 선택, 그것은 롯의 선택과 본질상 동일하다.

- 어떤 선택을 해야 하는 상황에 직면했을 때, 그 선택의 주체는 누구인가? 결국 선택에 대한 책임은 자기 자신에게 있다. 우리가 올바른(하나님의 뜻에 합당한) 선택을 했다면 훗날 기쁘게 웃을 수 있을 것이다. 물론 욕심이 나를 가리고 있었다면 선택은 흐려질 수밖에 없다.

네 자손을 땅의 티끌 같게 (13:14~18)

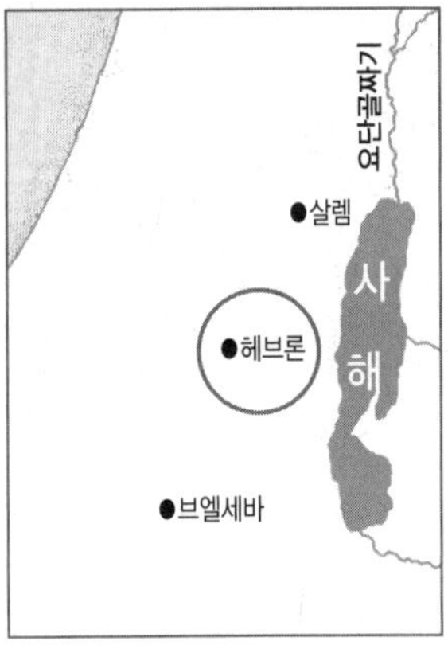

• 헤브론이라는 명칭은 모세에 의해 붙여진 설명적인 언급이다. 아브라함 이후 300년이 지나 건축되었기 때문이다(민 13:22 참조).

본문도입

조카 롯을 떠나 보낸 후에 허전해 하는 아브라함, 그는 그의 조카를 친 자식처럼 여겼다. 하란을 떠나 가나안 땅에 왔을 때도, 그리고 다시 남방으로 거주지를 옮길 때에도, 애굽의 고된 생활 속에서도 아브라함은 롯과 동행했다. 그런데 이제 롯은 그의 곁을 떠났다. 그 허전해 하는 아브라함에게 하나님은 그 전에 약속하신 언약을 재다짐하면서 용기를 주신다. 그에게 주시기로 한 땅(창 12:1-3)의 위치가 조금더 자세하게 언급된다(13:14-17).

1. 이제 하나님은 롯과 작별한 후에(13:14) 허전해 하는 아브라함에게 또다시 나타나서 이렇게 언약하신다. 언약의 내용이 무엇인가?

13:14-17

(1) 아브라함과 그 자손들이 살아갈 이 땅은 하나님 자신의 땅이며, 또한 하나님의 특별한 관심의 장소이다. 이 땅은 하나님의 택함을 받은 땅이다. 하나님은 아브라함에게 온 세상의 복의 근원이 될 것이라고 말씀하셨다(창 12:2). 이곳 가나안 땅은 하나님의 언약의 복을 온 세상에 확대하기에 가장 좋은 위치에 있었다. 따라서 에스겔은 이 땅을 다음과 같이 설명하고 있다 :겔 5:5, 38:12* 참조.

• 겔 5:5 "주 여호와께서 가라사대 이것이 곧 예루살렘이라 내가 그를 이방인 가운데 두어 열방으로 둘러 있게 하였거늘."

• 겔 38:12 "물건을 겁탈하며 노략하리라 하고 네 손을 들어서 황무하였다가 지금 사람이 거처하는 땅과 열국 중에서 모여서 짐승과 재물을 얻고 세상 중앙에 거하는 백성을 치고자 할 때에."

(2) 하나님은 아브라함에게 먼저 하신 약속(창 12:1-3)을 조금 더 구체적으로 언급하신다. 하나님은 아브라함에게 다시 나타나셔서 그 자손의 축복을 언급하신다. 그리고 그 가나안 땅을 그와 그 자손에게 영원히 주겠다고 약속하신다. 이 언약은 15장에서 정식으로 비준된다.

2. 롯이 아브라함을 떠난 후에 여호와께서 아브라함에게 나타나셨다. 그리고 약속을 주셨다. 이 약속을 받은 후 아브라함은 비교적 외부 영향에서 벗어난 고지역에 남아 계속 하나님을 섬겼다. 성경에는 어디로 옮겨 정착했다고 했나?

13:18 헤브론에 있는 (　　　) 상수리 수풀에 이르러 거기서 여호와를 위하여 (　　　)을 쌓았더라.

저주문에 언급된 팔레스타인

주전 20세기, 19세기 어간에 등장했던 애굽의 12왕조는 강력했는데, 이때 애굽의 세력은 팔레스틴 일부와 페니키아까지 미치고 있었다. 포로 모양의 진흙 인형과 토판에는 저주문이 쓰여있었다. 이 저주문에는 이집트의 반역자들과 원수들의 이름이 발견된다. 여기에 가나안 도시와 족장들의 이름이 언급되었다. (현재, 영국박물관 소장) ⬆

롯도 사로잡혀 갔더라 (14:1~16)

본문도입

롯은 그의 잘못된 선택으로인해 결국 생의 최대의 위기에 처하게 된다. 소돔과 고모라는 엘람왕이 이끄는 북방 연합군의 공격으로 초토화가 된다. 이로 인해 롯도 사로잡혀 갔고, 이 소식은 아브라함에게 전달된다. 아브라함은 집에서 기른 종들과 이웃의 도움으로 사로잡혀 갔던 롯을 구출한다.

1. 이제 롯은 새로운 곳에 정착해 얼마 지나지 않아 아브라함의 도움을 필요로 하게 되었다. 어떤 일이 일어났나 간단하게 설명해보라.

14:12

남쪽 메소포타미아에서 엘람(Elam) 왕 그돌라오멜(Chedorlaomer)이 이끄는 네 개의 동맹국들이 소돔과 고모라, 그리고 그 지역(사해 지역 - 싯딤 골짜기)의 도시들을 습격했다. 물론 이때 롯과 그 가족을 포함한 많은 사람들이 포로로 끌려갔다.

2. 왜 엘람 왕 그돌라오멜은 이들을 공격했나?

14:4

시날王	엘라살王	엘람王	고임王		북방연합군 (대장: 엘람 왕 그돌라오멜)

⬇ **공격**

소돔王	고모라王	아드마王	소보임王	소알王	사해의 왕들

성경 역사상 최초의 큰 사건은 네 북방 왕들이 연합하여 사해 골짜기의 여러 왕들과 전쟁이 있었다는 기록이다. 고고학적 연구에 의하면 북방 왕들이 휩쓸고 지나간 트랜스요르단(요단 강과 사해 동편)과 남방 정착지들은 폐허가 되었는데, 이때가 주전 20세기 말엽이다. 북방으로부터 새로운 형태의 토기와 동기구(銅器具)를 가지고 밀려 내려왔던 유목민들의 자취가 발견된다. 이렇게 초기 가나안 시대의 팔레스틴 문화는 아모리인들에 의해 모두 파괴되었다. 사해 골짜기의 왕들의 이름은 아모리 족의 이름으로 보이는데, 족장들의 이름과 저주문에 나오는 이름들과 유사점이 많다. 이러한 왕들 중에 아직 역사적 자료로 밝혀진 것은 없다. 지명들도 대부분 밝혀지지 않았는데, 사해 남단에 위치하고 있었을 것으로 추측된다. 현재까지 벨라는 사해 남단의 소알로 판명되었다. (아가페성서지도, 27면)

• 북방으로부터 가나안 지역으로 내려왔던 유목민들이 스스로 무엇이라고 불렀는지 모른다. 여러 부족 집단들에 속해 있고 여러 다른 이름으로 통했을 것이다. 아마 이들은 아모리족으로 알려진 서북 셈족계 민족들이라는 대집단의 일부였던 것 같다.

• 시날 : 메소포타미아를 가리킨다.
• 그돌라오멜 : 엘람 왕 '쿠두르라가마르'로 보려는 견해가 있었으나 정확히 말할 수 없다.
• 아므라멜 : 바빌론의 함무라비로 생각되었었다. 함무라비의 연대를 주전 1792-1750(정통연대)으로 본다면 아브라함과는 300년 뒤의 인물이므로 동일 인물이 아니라고 한다. 어쨌든 정확히 알 수 없다는 말이 정확할 것이다(유진 H. 메릴, 제사장의 나라, 44).

엘람은 당시 세계적 강국이었다. 따라서 약소 도시국가들은 그에게 조공을 바쳐왔다. 그런데 가만히 생각해 보니 화가 났다. "야, 그돌라오멜*아, 우리 더이상 너희들에게 조공 못받친다. 한번 붙어볼까!!" 큰 소리 친 것까지는 좋았는데, 화가 난 엘람 왕은 그의 연합군과 함께 사해 골짜기로 진격한다(3, 8절). 물론 싯딤 골짜기는 초토화됐다. '그러니까 자신 없으면 큰 소리 치는 게 아닌데.'

3. 그런데, 문제는 롯(Lot)이었다. 어떤 문제가 발생했나? (12절)

(1) 이들 연합군은 소돔성에 사는 사람들의 재물도, 양식도, 부인들과 아이들까지도. 모두 다 빼앗아 갔다(11절). 이 소식을 아브라함이 들었다. 아브라함은 지금 어디에 머물러 있는가?(13:18) 아브라함은 이 소식을 듣자 즉시 추격전을 벌이기로 했다. 그는 자기 집에서 길리고 연습한 종들 318명을 이끌고 철수하는 북방 왕들의 연합군을 '단' 까지 쫓아갔다(14절).

(2) 물론, 그들을 물리치고 사로잡혀 갔던 롯도 구출해 냈다. 기습 공격을 했던 것이다(15절). "다메섹 좌편 호르바까지" 쫓아가서 빼앗겼던 재물과 자기 조카 롯과 다른 포로들도 다 구출했다(16절). 아브라함의 부(富)와 세력이 대단했음을 본다. 이 일을 통해 아브라함은 용기와 재량, 하나님에 대한 신앙을 보여주었다.

적용 도우미

• 생의 위기 때마다 나타나 용기를 주시는 하나님, 그래서 아브라함은 그 긴 신앙의 여정을 승리할 수 있었다. 나에게 위기가 닥쳐왔는가? 그렇다면 하나님을 아주 가깝게 만날 수 있는 기회가 왔다는 신호이다. 지금 괴롭고, 허전하고, 견디기 어려운 환경에 있는가? 눈을 들어 하늘을 보라. 하나님은 지금 우리 가까이 와 계신 것을 볼 수 있을 것이다.

• 하나님의 언약의 풍성함을 세상의 가치관을 좇는 롯(Lot)이 이해할 수가 없었을 것이다. 우리도 정말 하나님의 언약을 믿고 감사하는가? 하나님의 뜻보다는 요단의 넓은 들을 바라보고 즐거워하고 있지 아니한가? '아니라고?' '아직도 세상의 가치관을 더 의뢰하지 않는가?'

• 그렇다. 우리는 어쩌면 롯(Lot)의 선택을 매일 반복하고 있는지도 모른다. 다만 우리는 우리의 선택이 아브라함의 선택이라고 무심코 지나치지 않는가 점검해 보아야 한다. 나는 이 세상에 속하여 있지 않고 교회 안에 있기 때문에 '아브라함의 선택'을 하고 있다고 생각하는가? 우리는 교회 안에서 여전히 요단 뜰을 바라보고 희희덕 거릴 수 있다.

지극히 높으신 하나님의 제사장 (14:17~20)

מַלְכִּי־צֶדֶק

멜기세덱

• '멜기세덱'이란 인물에 대해서는 창 14장에서 언급되고 계속 침묵한다. 그러다가 시편 110:4에서 언급될 뿐이다. 그리고 신약 히브리서에서 예수 그리스도가 멜기세덱을 반차를 좇은 대제사장이심을 설명할 때 언급되었다. (확대경 No-20번을 참고할 것)

본문도입

어려움에 처한 롯을 구출하고 돌아오는 길에 아브라함은 뜻밖에 인물을 만난다. 살렘 왕 멜기세덱을 만나 그에게 축복을 받았다. 멜기세덱에 대해서는 자세하게 언급이 되어 있지 않지만 그는 당시 예루살렘의 왕으로서 아브라함의 가계와는 별도로 여호와의 신앙을 가진 인물이었을 것이다. 이 멜기세덱은 참 제사장이신 그리스도를 예표한다고 히브리서는 언급하고 있다(히 7장).

1. 아브라함이 승리하고 돌아올 때 이 땅의 소돔 왕이 그를 영접했다(17절). 이제 아브라함의 이름은 가나안 족속들 중에 유명하게 되었다. 이번 구출 사건으로 그는 일약 영웅이 되었다. 어쨌든 그는 소돔 백성들에게 은인이었다. "아예 내친 김에 가나안 왕으로 올라서버릴까?" 아마 그가 원한다면 가능도 했을 것이다. 그러나 아브라함은 이런 것에 흔들리지 아니했다. 그는 보다 더 좋은 하나님의 약속을 기억하고 있었다. 그는 애굽으로 내려갔을 때보다는 신앙이 성숙해져 있었다.

2. 살렘(예루살렘?) 왕 멜기세덱은 누구인가?

• 창 14:19 "그가 아브람에게 축복하여 가로되 천지의 주재시요 지극히 높으신 하나님이여 아브람에게 복을 주옵소서" ⬇

14:18

(1) 멜기세덱이라는 말은 '의로운 왕' 이라는 뜻으로 그는 '지극히 높으신 하나님의 제사장' 이라고 했다. 그는 북방 왕들을 단번에 파하고 돌아오는 아브라함에게 떡과 포도주를 가지고 나왔다(14:18절).

14:20 너의 대적을 네 손에 붙이신 지극히 높으신 하나님을 (　　)할지어다 하매 아브라함이 그 얻은 것에서 (　　　)을 멜기세덱에게 주었더라.

(2) 아브라함은 전리품(戰利品) 중의 십분의 일을 멜기세덱에게 주었다. 그는 모든 소유권이 하나님께 있음을 인정했다. 멜기세덱이 실제 인물일진대, 하나님은 하나님이 선택한 민족 외에도 이 세상에는 하나님을 섬기는 소수가 (욥과 같이) 존재했음을 알 수 있다. 그런 부도덕한 가나안 족속 가운데서도 하나님께 대한 지식과 하나님을 경외함이 보존되어 있었다.

• 십일조 : 우리는 여기서 이미 하나님께 바치는 적정한 기초로서 십일조 원칙이 존재했음도 알 수 있다(창 28:22에서의 야곱의 약속도 참조해 보라). 후에 모세의 율법에서 이 원칙을 명확히 세운다(레 27:30f, 민 18:21f 참조). 그 당시 전리품은 승리한 자가 처분할 권리가 있었다. 따라서 아브라함이 멜기세덱에게 십일조를 바친 것은 하나님께 드린 것이었다.

• 전리품은 어떤 것들이었을가? 장갑차, 대포, 소총… 무슨 소리를 하고 있는 거야? 그러니까, 가축, 은금, 의복들, 각종 병기 등을 말하겠지. 이런 것들은 승리한 사람이 다 가질 수 있는 것이었다.

아브라함을 승리케 하신 하나님 (14:20~23)

1. 전쟁에서 이기고 돌아오는 아브라함에게 소돔 왕은 어떤 제안을 했나?

14:21

소돔왕은 되찾아온 물품은 아브라함이 다 갖고 백성만 돌려달라고 했다. 이 왕은 앞서 그돌라오멜과 싸우다 전사한 왕의 후계자였을 것이다. 전리품*은 어떤 것들이었을까?

2. 이에 대한 아브라함의 태도는 어떠했나?

14:22 아브라함이 소돔왕에게 이르되, '천지의 주재시요' 지극히 높으신 하나님께 내가 (　　　)을 들어 (　　　)하노니,

그는 이 세상의 왕이 아브라함을 부유케 했다는 말을 듣기 원치 아니했다. 따라서 그의 제안을 일언지하에 거절했다(23절). '아, 이 한번만 소돔왕의 말을 승낙한다면 나는 가나안의 우상이 될 수 있을 터인데. 가나안 사람들과의 유대도 돈독해질테고.' 그러나 그는 머뭇거리지 아니한다. 이 거절 때문에 그는 가나안 사람들로부터 바보(?)라는 말을 들었을지도 모르는 일이었다. 그러나 그는 모든 영광을 하나님께 돌리고자 했다. 그는 그를 승리케 하신 분이 바로 여호와 하나님이란 사실을 너무나 잘 알고 있었기 때문이었다(22, 23절). 그는 무엇만을 요구했나? (24절　　　　　　　　)

적용 도우미

• 아브라함의 선택과 비교해서 롯의 선택은 어떤 면에서 문제가 있는가? 우리의 생애에 수없이 부딪치는 선택의 순간순간들, 그럴 때마다 그 선택의 기준은 무엇인가? 우리가 아주 낮아져서 하나님의 음성에 귀를 기울이지 않는다면 선택은 우리 자신의 이기적인 목적에 따라 결정되기 쉽다. 물론 훗날에 당하는 어려움은 말할 것도 없고.

• 롯도 의로운 자라 했다(벧후 2:6-8). 그러나 아브라함과의 차이점은 무엇인가? 롯이 추구했던 삶의 가치관은 무엇이었을까? 내가 발을 딛고 살아가는 이 세상, 어떻게 살아가는 것이 이 세상에서 하나님의 뜻대로 사는 삶일까? – 뭐 골치 아프게 그런것 따질 것 있나?! 나는 주일날 안빠지고 잘 나가는데. 십일조도 잘하고…

창세기 13,14 장 요약 정리

요약질문

• 아브라함은 그의 가솔들을 이끌고 다시 가나안으로 올라온다. 롯도 함께 동행한다. 왜, 다시 가나안으로 돌아왔을까?

• 애굽을 나올 때, 아브라함은 거부가 되어 있었다. 아브라함의 연약성과 그러함에도 택하신 자를 끝까지 돌보시는 하나님의 인자를 말해보라.

• 가나안에 올라온 직후 그는 하나님께 단을 쌓았다. 어떤 환경에서도 그의 신앙의 불꽃은 꺼지지 아니했다.

• 그가 다시 장막을 친 곳은 어디인가?

• 아브라함과 롯이 헤어진 근본적인 이유는 무엇인가? • 아브라함의 선택과 롯의 선택의 차이점은 무엇인가?

• 선택은 결국 누구의 의지인가? 그 결과는?

• 언제, 하나님이 아브라함에게 나타나셨나? (14절)

• 이번에 약속은 창 12:1-3,7절보다 얼마나 더 구체적인가?

• 아브라함은 그의 장막을 어디로 옮겼나? (18절)

• 당시 롯이 살던 요단 계곡의 역사적 상황은 어떠했나?

• 엘람 왕을 포함한 메소포타미아 왕들이 왜 요단 계곡에 왕들을 공격했나?

• 롯 역시도 이들 속에 있기에 포로로 끌려갔다. 롯을 구출하기 위한 아브라함의 구출 작전을 설명해 보라.

• 소돔과 고모라를 선택한 롯의 결과가 어떠했나?

• 멜기세덱은 어떤 인물인가? 확대경을 보고 설명해 보라.

• 예수님은 '멜기세덱의 반차를 좇은 제사장'이라고 했다(히 7장). 멜기세덱과 예수님의 관계를 설명해 보라.

• 아브라함의 믿음을 보라. 그는 전리품에 손을 대지 아니했다. 소돔왕의 간청에 아브라함은 어떻게 거절했는가? 승리 후에는 교만에 빠지기 쉽다. 아브라함의 물질관을 보고 우리의 자세를 살펴보라.

Summary

연구과제

(1) 아브람의 언약의 공식적인 수립과정과 그 의의를 설명하라.

(2) 우리의 선택과 그 책임에 대해 의논해 보라.

(3) 아브람에게 주신 최초의 약속(창 12:1-3)이 어떻게 확대되어 계시되는 지 그 과정을 살펴보라.

264

지극히 높으신 하나님의 제사장, 멜기세덱

확대경(No. 21)

מַלְכִּי־צֶדֶק
(Melchizedek)

1. 멜기세덱은 어떤 인물일까? 구약에서는 이곳 창세기 14장 말고는 멜기세덱에 대해 언급하고 있지 않다. 그러다가 시편 110:4에서 다윗의 시에서 언급하고 있을 뿐이다. 신약에서는 히브리서 7장에서 그리스도의 대제사장 되심을 설명하기 위하여 언급하고 있다.

(1) 어떤 사람들은 멜기세덱을 신비로운 인물로 보면서, 신약의 대제사장이신 <예수 그리스도의 원형>으로 보기도 한다. 즉, 하나님께서는 아브라함에게 다시 한번 나타나셔서 그에게 자신의 임재를 은혜스럽게 상기시켜 주셨으며, 아브라함은 왕들에 대한 승리를 통해서 나타난 하나님의 구원 권세에 경의를 표하면서 십일조를 바쳤다는 것이다. 그래서 '살렘'을 지명으로 볼 수 없다는 것이다. '살렘'이란 용어가 '평강'을 의미하기 때문에 예루살렘이라고 하는 지명의 왕으로 불리었다기보다 '평강의 왕'으로 불리었다고 추정해 볼 수 있다는 것이다(E.H. Merill, 김인환 역, 역사적 구약개요, 총신대학교출판부, 99면 참조).

(2) 창세기 14:18에서는 멜기세덱을 "지극히 높으신 하나님의 제사장"이라고 말하고 있다.

2. 또 시편 110:4을 찾아보자. 이 시편은 메시야 예언에 대한 시이다. "너는 멜기세덱의 반차(班次, order)를 좇아 영원한 제사장이라 하셨도다."

(1) 시편 110:4은 왕에게 한 말이요, 그리고 그 왕은 고상한 반차를 좇아 영원히 제사장 기능을 발휘할 것을 말하고 있다. 이 시편은 다윗이 성령에 감동되어 예언한 시편으로서, 이 구절은 대제사장과 메시야가 동일한 사람이라는 것을 증거한다.

(1) 이 시편 구절은 분명히 창 14:7-20의 내용과 관련이 있다. 시편 110편에서는 멜기세덱과 그리스도를 예표(豫表)와 실체(實體) 관계로 묶어 기록하고 있다. 하나님과 이스라엘 백성 사이의 체결된 영원한 언약이 되게 하셨다.

3. 신약에서 예수님은 자기 자신을 제사장(祭司長)으로 직접적으로 칭하지는 아니하셨다. 그러나, 마 12:3-6, 요 2:19-21을 읽어보면 예수님은 성전(聖殿)의 자리를 대신할 것을 말씀하신다.

(1) 예수님은 비록 자신을 가리켜 '대제사장'이라고 말하지 아니하셨으나 멜기세덱의 반차를 좇은 이상적인 대제사장 개념을 자신에게 적용하셨다. 따라서 그 당시 대제사장을 포함한 종교 지도자들은 더욱 예수님을 잡아죽이려고 했을 것이다(요 11:47).

(2) 예수님도 후에 시편 기자가 그 시편(110:1)에서 묘사한 분이 "다윗의 주"라고 선언하신다. 마태복음 22:41-45을 읽어보자. 따라서 시편 110:4에서 그리스도를 멜기세덱의 반차를 좇는 영원한 제사장이라고 선언하신다. 시편 110편은 신약에서 많이 인용되고 있으며, 메시야를 왕으로, 제사장으로, 승리자로 묘사하고 있다. 바울도 그리스도를 제사장이라고 부르지 아니했으나 제사장 개념을 암시하는 여러 형태의 표현을 사용하고 있다. "희생제물, 시은소, 우리를 위해 자신을 내어주시며, 하나님께 드리는 제물" 등의 표현을 하고 있다.

(3) 자, 이제 히브리서 7:1-3에서는 어떻게 멜기세덱에 대해 언급하고 있는지 살펴보자.

"멜기세덱은 ① 살렘 왕이요 ② 지극히 높으신 하나님의 제사장이라 ③ 여러 임금을 쳐서 죽이고 돌아오는 아브라함을 만나 복을 빈 자라."

4. 창세기 14:17-20을 다시 읽어 보자. 여기서 '살렘'은 여러 논란이 있으나 '예루살렘'을 가리킨다고 본다(시 76:2 참조). 멜기세덱이 아브라함을 축복했다는 사실은 멜기세덱의 탁월성을 증명한다(히 7:4, 6, 7절을 꼭 보라). 멜기세덱(= 義의 王)은 메시야적 제사장-왕의 모형(模型)으로 나타나며, 그의 나라는 의와 평강이라는 것이다. 우리는 그리스도에게서 의와 평

강이 넘치는 다윗 계통에서 약속된 영존하시는 왕의 모습을 본다(시 72:7; 시 97:2; 시 98:3,9 등을 찾아보라). 그는 평강의 왕이요, 그의 정사(政事)와 평강의 더함이 무궁하다(사 9:6, 7). 민족들에게 평화를 외칠 오랫동안 기다렸던 왕(슥 9:9, 10)이다.

5. 계속해서 히브리서 7:3을 보자. 이 말은 멜기세덱이 실제로 부모도, 족보도 없는 초인(超人)이란 말인가? 아니면, 족보에 기록이 남아있지 않아서 기원을 밝힐 수 없다는 뜻일까? (Meyer) 그는 "하나님의 아들과 방불하여(likeness) 항상 제사장으로 있다"고 했다.

(1) 즉 멜기세덱의 제사장직은 죽음으로 정지되지 않고 대대로 계속되지만 레위 계통의 제사장들은 어떠한가? (히 7:23, 24을 보라) 멜기세덱은 레위 족보에 들지 않았다는 것이다(히 7:6). 구약에서는 아론의 자손이 아니면 제사장이 될 수 없었다(출28:1-, 민3:10, 18:1). 제사장은 그 계보를 분명히 할 것을 필요로 한다(느 7:63이하).

(2) 그런데 아브라함이 바친 십일조를 멜기세덱이 받았다는 것은 그의 제사장직이 아론의 반차를 좇은 제사장직보다 우월한 것을 증명한다. 성경은 이제 그리스도가 멜기세덱의 반차를 좇은 대제사장인 것을 밝힌다(히 4:14-15). 히브리인들은 모세의 율법을 절대시하고, 또 레위 계통의 제사직을 온전한 것으로 생각했다. 그러나 율법은 어떠한가? (히 7:19) 레위의 제사직도 온전치 못하다고 말한다. 만일 레위의 제사직이 온전했다면, 구태여 "멜기세덱의 반차를 좇는 (별다른) (한 제사장)을 세울 필요가 있겠느냐"(히 7:11)고 말한다.

6. 즉, 레위 계통(아론의 반차)의 제사장 제도가 구속(救贖)을 완성할 수 있는 것이라면, 왜 시편 110:4에 멜기세덱의 반차의 필요성을 말하였겠느냐는 것이다. 시편 110:4에 이렇게 말한 것은 레위 계통의 제사장과 율법이 불완전하여서 변역(變易)될 성격을 가진 까닭이다. 더구나 다윗이 이 구절을 예언할 당시에는 레위 계통의 제사 제도가(염소와 황소의 피로 드리는 제사, 히 9:12) 확립되어 있을 때가 아닌가? 그런데도 다윗은 시편 110편에서 멜기세덱의 반차를 좇는 대제사장의 필요성을 언급하고 있다는 것이다.

유대주의 전통을 따른 대제사장직은 임시적이요, 불완전함을 말한다(히 7:12, 23, 28). 때가 왔을 때 이것은 영구적이고 완전한 것으로 변화하지 않으면 안된다. 레위 계통의 제사장이 아닌 멜기세덱과 같은 별다른 제사장이 일어난 것으로 보아 더욱 분명하다고 말한다(히 7:15)

7. 히브리서 7:26을 보라. 그는 우리에게 합당한 제사장이라고 말한다. "거룩하고 악이 없고, 더러움이 없고 죄인에게서 떠나계시고 하늘보다 높이 되신 자"이기 때문이다. 베드로전서 1:19에는 어떻게 표현하고 있는가? "저가 (단번에, once for all) 자기를 드려 이루셨음이니라." 주님, 예수 그리스도 외에는 흠없는 제물이 없다. 그리스도는, '대제사장' 이 되신 동시에 '희생제물' 이 되셨다. 마태복음 27:46을 찾아보라. 예수님은 십자가의 제단에 바쳐진 희생제물이 되셨다. 세상 죄를 지고 가는 하나님의 어린양이셨다(요 1:29).

자기를 단번에 드림으로써 영원한 제사를 이루셨다. 그것은 반복이 필요치 않다(히 9:25, 26). 또 이 십자가는 영원히 현재적이다. 그리스도가 나타난 것을 알지 못했던 구약시대 모든 사람도, 오늘날 우리들도, 미래의 역사 위에도 미친다. 하나님의 견지에서 볼 때 예수 그리스도의 십자가는 역사의 중심이 되는 행위이다. 만사는 이 십자가에 그 근원을 두고 있다. 희망도, 모든 빛도, 모든 사건의 의미를 이 십자가에서 찾아야만 한다.

그러므로 이제, 우리는
"지극히 높으신 하나님의 제사장,
멜기세덱"(창 14:18)에게서
우리의 "영원한" 대제사장이 되셔서
"우리의 죄를 구속(救贖)하신(히 4:15)
예수님의 모형을 볼 수 있다.
우리의 큰 대제사장은 승천하신 자,
곧 하나님의 아들 예수시다(히 4:14).

15장

아브라함 언약

- 이상 중에 나타나신 하나님(1절)
- 후사에 대한 약속(2-6절): 아브라함의 믿음을 보시고 이를 의로 여기심
- 이스라엘에 대한 예언(7-17절)
- 아브람과 언약을 공식적으로 수립(18-21절) : 무엇보다 그의 후손은 400년 동안 타국에서 나그네로 지내야 한다는 것이다.

잠깐 12, 13장을 살펴보고

자, 오늘 본문 15장을 살펴보자. 이제 땅의 약속은 '약속의 후손'에게로 그 관심이 옮겨졌다. 약속을 재확인하고 있다. 이 장(章)은 특별한 의미에서 기념비적인 장이다. 바울은, '어떻게 인간이 하나님 앞에서 의롭게 될 수 있는가' 하는 문제를 '아브람이 의롭다함을 받은 사건'(창 15:6)을 인용해 논증했다(롬 4:3, 갈 3:6을 보라). 지금까지 여러번 후손이 약속되었고, 그 후손이 증대되어 살 수 있는 땅이 약속되었다. 이제, 15장에서, 이 약속은 다른 사람에 의해서가 아니라, 바로 아브라함 자신의 씨가 그의 유업을 이을 자가 되어야 한다는 보증을 확약해 주시고 계신다. 잠깐 12, 13장을 살펴보자.

12장 : 하나님은 아브라함이 하란에서 가나안 땅 세겜에 도착하자마자 다시 그에게 나타나셔서 갈대아 우르(Ur)에서 하셨던 약속을 확대시켜 말씀하신다(12:1-3). 그러다가 아브라함은 기근으로 인해 애굽으로 내려갔고 그곳에서의 비굴한 행동에도 불구하고 하나님의 약속은 계속된다. 그는 거부가 되어 다시 가나안으로 올라온다. 애굽은 그의 후손들이 영원히 거처할 약속의 땅이 아니었기 때문이다.

13장 : 롯과 함께 더이상 동거할 수 없게되자 롯을 분가시킨다. 롯은 그가 원하는 곳으로 갔고 아브라함은 롯을 떠나보내고 조금은 허탈해 한다. 롯을 분가시키는 과정에서 우리는 한 단계 올라선 아브라함의 믿음을 보게 된다. 하나님은 아브라함의 신앙과 관용을 칭찬하신다. 여기서 다시 한번 하나님은 땅에 대한 약속을 반복하시며 후손에 대한 축복을 하신다. 13:14-17을 보라. 이 약속은 12:2, 3, 7절에서보다 더욱 구체적으로 언급되었다.

그리고 오늘 배울 본문(15장)에서는 앞에서 언급된 후손에 대한 약속을 확약해 주신다. 즉, 앞에서 언급한 약속을 정식으로 비준해 주신다. 이 언약이 영원히 변치 않으실 것이라는 것을 하나님의 명예(?)를 걸고 약속하신 것이다. 그러나 이 약속은 하루 아침에 이루어지지 않는다. 그것은 그의 생애 전반에 걸쳐서 이루어진다. 그의 삶은 인내가 필요한 기나긴 대장정이었다. 갈대아 우르를 떠나면서부터 시작된 생의 높낮이, 그는 그의 삶을 살아가면서 믿음과 순종이라는 두 원칙을 고수한다.

네 몸에서 날 자가 네 후사가 되리라 (1~5)

בְּרִית

<베리트> : '계약, 동맹'이라는 말로 성경에서는 피로 맺은 약정 또는 삶과 죽음의 약정이라는 뜻으로 쓰인다. 하나님과 인간과의 결속의 궁극성을 표현한다. 9장에서 노아와의 언약이 아브라함에게서 다시 언급된다.

본문도입

롯은 엘람왕 그돌라오멜이 이끄는 연합군에게 포로로 끌려갔다. 아브라함의 전광석화(電光石火) 같은 구출 작전은 그를 일약 가나안의 스타로 떠오르게 했다. 그러나, 아브라함은 이 사건으로 말미암아 언제 다시 역 공습을 당할지 알 수 없는 상황이었다. 이러저러한 일로 아브라함은 몹시 심란해 있었을 것이다. 하나님은 또다시 나타나셔서 아브라함에게 위로와 약속을 주신다.

1. 우선, 15:1-7까지 읽어보자. 하나님이 아브라함을 향해 두려워하지 말라고 하셨다. 왜, 아브라함은 두려워하고 있었을까?

15:1

- 이 후에(아하르,rAjAa) : 어떤 일 후에? 아브람이 자기 조카 롯이 사로잡혀간 것을 구출한 사건 이후에 하나님은 異常(vision) 중에 아브람에게 나타나셨다.

- 이상 중에(마하제, מַחֲזֶה) : 그러면 15장 전체가 이상 중에 경험한 것인가? 그렇다면 12절은 어떻게 보아야 하는가? 또 만약 그렇지 않다면, 5절에서 환상(이상)은 끝난 것인가? '환상'(=마하제) 이란 말은 이곳 말고는 민 24:4,16과 겔 13:7에서만 볼 수 있는 흔치 않는 말로, 이 말이 정관사를 갖는 것은 이 환상이 하나님의 계시를 동반한 그런 형의 환상이라는 것을 암시해 준다.

(1) "두려워 말라"(Fear not) : 아브라함은 북방 엘람 왕과 그 연합군을 쳐서 이긴 후에 그들이 다시 대오(隊伍)를 정비하여 쳐들어 올 것을 무서워했는지도 모른다. 이들의 강대함을 과소평가할 수 없었기 때문이었다. 그리고 가나안 소돔 왕의 선의를 거절했기에 가나안 사람들과도 소원(疎遠)해져 있었을 것이다. 그러나, 바로 뒤에 나오는 문맥을 보아 아브라함은 이 일 때문만은 아니었던 것 같다.

(2) 아브라함은 수차례의 하나님의 약속에도 불구하고 그에게는 그 대(代)를 이을 자식이 태어나지 아니했다. 아브라함은 아들을 주시겠다던 하나님의 약속이 지금까지도 아직 성취되지 않았다. '과연 이 약속이 이루어질 것인가?' 아브라함은 하나님의 섭리를 이해할 수 없었다. 그가 바라는 것은 오직 자식이었다. '약속하신 자녀가 왜 아직 생기지 않는 것일까?'

2. 그런데 하나님은 다시 나타나셔서 크신 상급을 약속하시지 않는가!!

15:2 주 여호와여 무엇을 내게 주시려나이까 나는 (　　　　)하오니

(1) 이렇게 두려워하고 있을 때에 하나님이 나타나셨다. 나는 너의 '방패' 요, '상급' 이라고 말씀하며 용기를 주셨다. 롯을 떠나보내고 하나님은 아브라함에게 창세기 13:14-17에서 볼 수 있듯이 축복을 약속하셨었다. 그러나 이러한 약속 뒤에도 상당한 시간이 흘렀음에도 불구하고(창 14장 참고)

아브라함 당시 복장 메소포타미아

그에게 '씨'(후손)를 주시지 아니하셨다. 이제 아브라함은 하나님께 무슨 상급을 주시려는가 묻지 않을 수 없었다. 아브라함은 그의 뒤를 이을 상속자 아들을 바라고 있었다. 하나님은 아브라함이 다시 한번 자신의 행위로 하나님의 약속을 이루려 한 것을 책망하신다.

3. 아브라함은 누구를 그의 상속자로 삼으려 했는가? (15:2)

자기 집에서 태어난 종들 중에서 우두머리 종이 입양되는 관습은 고대 근동에 광범위하게 퍼져 있었던 관습이었다. 이 종(從)은 후일 이삭의 아내를 얻기 위하여 메소포타미아로 보냄을 받은 자일 것이라고 학자들은 믿고 있다. 창세기 24:1-2을 읽어보자.

• 주 여호와 : '아도나이'(yÎnOdSa)는 '만유의 주'라는 뜻이다. 이 말은 '야웨'와 결합하여 아주 공손하게 상대방을 공경하는 어법으로 표현된다. 따라서 아브라함은 하나님을 '아도나이'라고 부름으로써 하나님의 전능하심에 전혀 의심하지 않았음을 볼 수 있다. 하나님이 자기의 생애를 주관할 권한을 가지신 분이심을 인정하고 있다.

4. 아브라함이 이 다메섹 사람을 아들로 입적시킨 것은 잘못이었다. 하나님은 무엇이라 책망하시는가?

15:4 그 사람은 너의 ( )가 아니라 ( )에서 날 자가 네 후사가 되리라.

(1) '내게 씨(seed)[1]를 주지 아니하셨으니 그렇지요(3절). 속으로 투덜투덜(?) 창세기 12장에서 언약하신게 언젠데!' 우리는 '아브라함은 믿음의 조상이니까 조금도 신앙의 흔들림이 없었겠지'라고 생각하기 쉽다. 그러나 우리는 본문에서 볼 수 있듯이 그 역시도 믿음이 약해질 때가 있었음을 본다. 하나님의 자손에 대한 약속하심이 몇 차례 있었음에도 불구하고(12:1-3, 13:14-17) 오랜 기다림은 그의 신앙을 흐리게 만들었다. 아마, 하나님이 자손을 주신다는 약속에 대한 회의가 있었을 것이다.

• 씨 (제라, זֶרַע) : 씨, 자손, 소산

(2) 하나님은 다시 희미해져 가는 믿음에 불을 붙이신다. 이제, 하나님은 아브라함 자신의 몸에서 난 아들이 그의 상속자가 될 것이요, 그의 후손들도 헤아릴 수 없이 번성하리라고 약속하신다.

아브라함이 여호와를 '믿으니' (15:6-21)

본문도입

창 15:6을 정확히 분해하고 이해하라. 그리고 로마서 4장을 읽어보고, 설명해 보라. 사도 바울은 왜 이 구절을 이신칭의 교리를 설명하는데 인용했을까?

이 부분은(15:6) 사도 바울이 로마서 4장에서 오직 구원은 믿음으로 말미암아 이루어진다는 사실을 아브라함을 예증으로 제시할 때 인용한 유명한 구절이다. 하나님은 아브라함이 선불리 엘리에셀을 상속자로 결정한 사실을 책망(?)하시고 그는 상속자가 아니라고 말씀하신다. 그리고 아직도 자식이 없는 아브라함을 이끌고 밖으로 나가 별을 가리키며 하늘의 뭇별처럼 아브라함의 후손이 창성할 것을 약속하신다. 이에 아브라함은 하나님을 "믿었고", 하나님은 이 아브라함의 '믿음' 을 그의 '의'(義) 로 여기셨다. 아예 로마서 4장을 읽어보는게 어떨까?

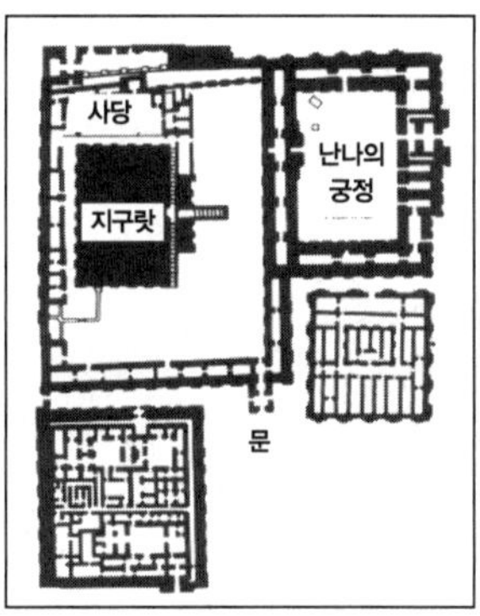

우르 남무(Ur-Nammu)의 궁전터

1. 창세기 15:6은 '믿음으로 말미암는 칭의 교리'와 관련되기에 대단히 중요한 구절이다. 바울은 로마서 4장에서 이런 사실에 대해서 어떻게 설명하고 있는가?

6 וְהֶאֱמִן① בַּיהוָה וַיַּחְשְׁבֶהָ② לּוֹ צְדָקָה③

And he believed in the LORD and he counted it to him for righteousness

① 아만(אָמַן) : '꾸준하게 믿다. 견고하다, 믿을만하다, 충실하다'라는 뜻이다. 여기서는 히필 완료형으로 쓰였다. 이 단어의 히필형(hiphil) '헤에민' (הֶאֱמִן)은 '신뢰하다', '인격을 믿다' 라는 뜻이 있다. 즉 이 단어는 '확실하게 하다' 혹은 '~에 대해 확신하다'라는 뜻에서 '믿다'를 의미한다. 이 단어는 두 가지 의미로 나누어지는데 그것은 전치사(ל와 ב)에 따라 달라진다(확대경 No-22을 참고할 것).

② 하샤브(חָשַׁב) : '생각하다, 간주하다, 판단을 내리다, 계산하다'라는 뜻으로 쓰였다.

③ 체다카(צְדָקָה): '의로움, 공의, 의로운 행위'를 의미한다.

(1) 구약에 있어서 '하나님을 믿는다' 는 것은 무엇을 의미하는가? 이는 하나님의 약속과 명령을 믿는다는 것이요, 그를 믿고 그의 인격과 성품을 믿는 것을 의미한다.

(2) 예를 들면 "올라가서 내가 너희에게 준 땅을 얻으라 하시되 너희가 너희 하나님 (여호와의 명령)을 거역하여 (לֹא הֶאֱמַנְתֶּם[1] לוֹ, 믿지 아니하고) 그 말씀을 듣지 아니하였도다"(신 9:23)라는 말씀을 보면 믿음은 다른 한편으로는 '순종'이라 할 수 있다. 물론 '불신앙'은 '주의 명령에 대한 반역'이라고 할 수 있다. 이렇게 불신앙과 불순종은 쌍둥이 개념이다.

1) 믿다: 아만(אָמַן)의 히필 동사 완료 2인칭 남성 복수

"솔개가 그 사체 위에 내릴 때에는 아브람이 쫓았더라"(창 15:11).

여기서 제물을 습격한 날짐승은 이스라엘을 괴롭힐 나라를 의미한다고 해석하는 학자도 있으나 좀 무리한 해석인 듯하다.

2. 아브라함은 하나님께 '이 땅을 얻게 될 것을 어떻게 알 수 있겠는가?' 하고 그 약속의 징표를 보여달라고 간청한다.

(1) 아브라함은 하나님의 말씀을 믿었다. 그러나 강한 확약(確約)이 필요했다. 아브라함의 몸에서 난 아들이 아니면 그 약속을 소유하지 못할 것이라고 하나님은 말씀하시지 않는가! '무슨 증거가 있어야 하지 않을까?' 따라서 하나님의 약속이 공식적인 서약에 의해 다시 한번 재확인된다. 하나님은 어떤 제물을 준비하라고 하셨나?

15:9 삼년된 (　　　)와 삼년된 (　　　)와 삼년된 (　　　)와 산 비둘기와 집 비둘기 새끼를 취할지니라.

(2) 여기서 3년이라는 것은 특별한 의미가 없다. 제물이 흠이 없고 튼튼한 짐승이어야 한다는 의미일 것이다. 여기 도살된 짐승들은 가장 강력한 서약의 구속력을 나타낸다.

3. 언약 수립 과정에서 동물 절단의 의미는 무엇인가?

(1) 동물이 '절단'[1]되는 것은 '죽기까지의 서원'(pledge to death)을 상징한다. 만약 언약자가 서약을 위반할 때는 자기에게 저주가 된다. 짐승을 준비한 것은 아브라함이었지만 그 짐승들은 아브라함의 서약의 표시가 아니라 하나님의 서약의 표시이다. 하나님은 제물을 받으시며 동시에 서약하시

1) 언약이 이루어질 때 제사 의식에서 동물이 절단된다. 그리고 쪼갠 고기 사이로 지나간다. 언약자가 만약 언약을 어길 경우 자기에게 저주가 된다. 따라서 언약이란 말 '베리트'는 '절단'을 의미한다. 하나님은 아브람에게 이 약속을 분명하게 이행하실 것을 보여 주신다.

이 비문 전문에는 바빌론의 시신(市神) 마루둑은 바빌로니아 신들 가운데 최고신이 되었고, 함무라비는 샤마쉬와 같은 사명을 띠었으며, 마루둑은 함무라비에게 국가통치의 사명을 위탁하였고, 함무라비는 정의와 법을 기록하였다는 내용이 기록되어 있다.

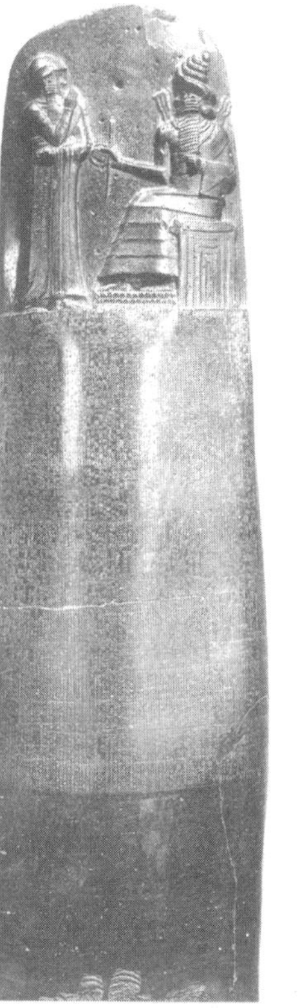

함무라비 법전

는 것이다.

(2) 피흘림은 주어진 언약의 의무에서 벗어나는 경우 행해지는 유일한 방법이다. '언약'은 당사자들이 죽음의 고통을 치루고서라도 충성을 해야하는 **'피의 약정'**이다. 일단 언약관계에 들어가면, 언약 파괴시에는 피흘림만이 주어진 의무를 경감시켜 줄 것이다.

4. 하나님의 임재는 어떻게 나타났는가? (15:17)

(1) 이제, 오직 하나님만이 쪼갠 고기 사이로 지나가신다. 하나님께서 자신의 이름을 걸고 성실히 약속을 수행할 것을 선언하시는 행위이시다. 동물이 쪼개지고 그 사이를 지나감으로써 언약의 당사자들은 삶과 죽음으로서의 서약을 하는 것이다. 만약 이 약속을 어기게 되면 이 예식에서 동물이 쪼개진 것처럼 그 자신의 몸도 조각으로 갈라지는 것이다.

(2) 이러한 아브라함과의 언약에 대한 예식은 이스라엘 전체에 계속해서 나타나고 있다. 우리는 그 뒤로 1400년의 세월이 흐른 뒤에도 예레미야에게서 다시 언급되고 있음을 본다.[1)]

(3) "아브라함이 깊이 잠든 중에"(15:12) 하나님은 그 약속한 것이 완전히 이루어지기 전에, 즉 그의 후손이 약속의 땅을 얻기 전에 일어날 일들을 알려주신다. 그러므로, 아브라함은 그 역사의 과정을 미리 알고 그 약속이 너무 더디다고 조급하게 서둘러서는 안 된다는 것을 보여주신다. 아브라함은 이 점을 인정하고 용기를 가져야만 했다. 그러나, 아브라함은 그의 생애 속에서 조급함을 많이 드러낸다. 그의 믿음이 성숙해지기 전까지는….

5. 이제 아브라함에게 하나님은 어떤 약속을 하시는가?

(1) 창 15:13 네 자손이 이방에서 (　　)이 되어 그들을 섬기겠다. 그들은 사백년 동안 네 (자손)을 괴롭게 할 것이다.

(2) 창 15:14 그 섬기는 나라를 하나님이 (징치)할 것이다. 후에 그곳을 나올 때, 큰 (　　)을 이끌고 나올 것이다.

1) 렘 34:18-20 "송아지를 둘에 쪼개고 그 두 사이로 지나서 내 앞에 언약을 세우고 그 말을 실행치 아니하여 내 언약을 범한 너희를 곧 쪼갠 송아지 사이로 지난 유다 방백들과 예루살렘 백성들과 환관들과 제사장들과 이 땅 모든 백성을 내가 너희 원수의 손과 너희 생명을 찾는 자의 손에 붙이리니 너희 시체가 공중의 새들과 땅 짐승의 식물이 될 것이며."

• 왕하 21:9 "이 백성이 듣지 아니하였고 므낫세의 꾀임을 받고 악을 행한 것이 여호와께서 이스라엘 자손 앞에서 멸하신 열방보다 더욱 심하였더라."

• 왕하 21:11 "유다 왕 므낫세가 이 가증한 일과 악을 행함이 그 전에 있던 아모리 사람의 행위보다 더욱 심하였고 또 그 우상으로 유다를 범죄케 하였도다."

(3) 창 15:16 네 자손은 (   )대 만에 이 땅으로 돌아올 것이다.

6. 무엇보다 그의 후손은 400년 동안 타국에서 나그네로 지내야 한다는 것이다. '하나님 왜, 당장 약속된 후손을 얻고, 당장 약속된 땅을 소유할 수 없단 말입니까?' 하고 아브라함은 생각했을지 모른다. "얘야(아브라함아), 그 이유는 아모리 족속의 죄악이 아직 꽉 차지 않았기 때문이란다"(16절). 아모리 족속은 가나안 주민들을 말한다. 이들은 죄악을 쌓고 있지만 그 양(量)이 관영치(충만) 아니했다는 것이다. 아직은 그들의 죄가 쫓아낼만큼 그렇게 심각하지 아니했다. 물론 400년이 지났을 때는 그들을 몰아낼만큼 죄악이 관영했다. 그래서 그 땅은 아브라함의 후손들에게 주어진다.

타락한 인간들을 보실 때, 이런 민족들은 하나님이 더이상 참을 수 없을 만큼 부패해 질 것을 아셨다. 그때에는 이들을 대신해서 다른 민족으로 대치시키실 것이다. 그런데, 나중에, 나중에 유다는 오히려 가나안 사람들 못지 않게 타락해 있었다. 얼마나 타락했을까? 열왕기하 21:9, 11*을 읽어 보자.

맹세의 땅 창 15:18

훗날 아브라함은 자기 종에게 이삭의 신부감을 구하러 하란으로 갈때 다음과 같이 언급한다.

창 24:7 "하늘의 하나님 여호와께서 나를 내 아버지의 집과 내 본토에서 떠나게 하시고 내게 말씀하시며 **내게 맹세하여**(*sware unto me*) 이르시기를 이 땅을 네 씨에게 주리라 하셨으니 그가 그 사자를 네 앞서 보내실지라 네가 거기서 내 아들을 위하여 아내를 택할지니라."

하나님이 아브라함에게 주시고자 약속하신 땅은 단순히 '약속하다'라는 의미를 뛰어 넘는다. 하나님은 아브라함에게 '**맹세로**' 약속하셨다(נִשְׁבַּע־לִי).

7. 이 말씀이 있은 후 어떤 징조를 보여주셨는가?

15:17 연기 나는 풀무가 보이며 (타는 횃불)이 쪼갠 (   ) 사이로 지나더라.

(1) 보통 언약의 경우는 양(兩) 당사자가 쪼갠 고기 사이로 지나가야 했다. 그렇게 함으로써 각자 이행해야할 책임에 대해 구속을 당하게 된다. 그러나 여기서 하나님은 그 약속을 이행하심에 아무 요구도 아니하심으로써 하나님이 혼자 성실하게 그 언약을 이행해 나갈 것임을 알려주신다. 하나님은 풀무(연기나는 화덕)와 타오르는 횃불로서 임재하셨다. 타오르는 횃불은 거의 멸망과 관련이 있으며 두려움을 준다(삿 7:16, 겔 1:4, 나 2:4, 슥 12:6, 단 10:6).

(2) 연기도 멸망이나 공포와 관련되어 있다. 시내산에서도 번개와 연기가 나타난다. 시내산에서는 하나님은 율법 언약을 깨뜨리는 자들은 멸망시키겠다고 서약하셨다. 그러나 여기 본문에 아브라함과 맺은 언약에서는 하나님 자신이 약속을 어길 경우 바로 자기 자신을 멸하시겠다고 선언하신다.

우르의 깃발

수메르의 평화와 전쟁 : '우르의 깃발'은 악기인 리라의 울림통이었던 것으로 보인다. ❶번 그림은 평화를 나타내는 것으로 주연을 베푸는 왕과 궁정으로 향하는 행렬의 모습이고, ❷번 그림은 포로를 잡아 왕에게 바치는 모습의 그림이다.

그러니까 하나님은 자기 자신의 명예를 걸고 이 약속을 꼭 성취하시겠다는 확실한 증표를 보여주신 것이다. 아브라함은 이 증표를 통해 하나님의 약속을 더욱 확신하게 되었을 것이다. 이 사건(창 15:12-21) 이 있은 후 약 14년이 지난 후 그 언약은 더욱 구체적으로 드러난다. 그것은 17장에서 공부하기로 하자.

언약의 통일성

▲ 창세기 15장에서의 '언약'을 아브라함의 언약의 개시(開始)로 보아서는 안 된다. 왜냐하면 이 언약은 이전에 주신 바 있는 약속과 관련되어 있기 때문이다. 창세기 15:2절을 보면 13:14-16에서 약속하셨던 자손의 약속이 암시되어 있다. 창세기 13:14-16에서 보는 것처럼 땅의 약속은 15:7, 18에서 다시 확약하여 보여주고 있다. 이렇게 언약은 통일성을 갖고 역사 속에 진행된다. 언약의 통일성에 대해 잠깐 정리하고 지나가자. (다음 페이지 참고)

적용 도우미

- 믿음이란 무엇인가? 신학적인 용어를 빌어 설명하지 말고 당신이 아는 대로 쉽게 설명해 보라. 아브라함이 여호와를 '믿었다'는 것은 무엇을 의미하는가? 우리가 흔히 교회에서 믿음이 좋다는 말을 할 때, 그 개념은 어떤 것인가? 혹시 열심과 믿음을 착각하고 있지는 않는가?
- 하나님과 아브라함 사이에 언약이 공식적으로 맺어지는 과정을 좀더 자세하게 설명해 보라 (15:9-17). 아브라함과의 언약이 신약 시대에 어떻게 성취되었는가? 사도 바울이 갈라디아서에서 언급한 내용을 들어 설명해 보라(갈 3:15이하를 읽어보라).
- 믿음은 '끝없는 인내'가 아닌가?! 언제까지? 하나님이 정하신 하나님의 때까지. 그런데 우리는 그 약속이 더디게 응답된다고 늘 조급해 한다. 그리고 늘 하나님의 손을 비튼다(?). 빨리 응답해 달라고 떼를 쓴다. 누가 그래? 그래도 기도 안하는 것보다 낫지 않아? 그치?

274 확대경(No. 22) 언약의 통일성 · 계시의 점진성

노아언약 (창 9장) → 아브라함 언약 (창 12-17장) → 시내산 언약 (출 20-24장) → 다윗 언약 (삼하 7장)

• 본교재, 사무엘하 7장 참조

창 12:1-3

- 갈대아에서 부르심. 너로 큰 나라를 만들고, 복주며, 이름을 창대케, 복의 근원이 될 것이다.
- 공적인 언약은 15장에서 수립된다. 12:1-3은 언약의 서곡에 해당한다.

창 13:14-17

- 롯과 헤어지고나서
- 동서남북을 바라보라. 보이는 땅을 너와 네 자손에게 주겠다.
- 보다 구체적인 땅의 언급이다.

창 15장

- 10년이 지나서 언약이 정식으로 수립됨
- 아브람은 하나님을 '주 여호와'(아도나이 야웨)로 부른다.
- 짐승을 드려 제사의식을 갖는다.

창 17장

- 그리고 약 14년이 지난후 언약이 더욱 구체적으로 드러난다.
- 아브람의 이름을 아브라함으로
- 할례제도 설정, 종들과 이방인까지도 할례를 베풀 것을 명령하셨다.

출 20장

- 이런 아브라함의 언약은 모세의 언약 부분 안에 다시 나타난다.
- 시내산에서 맺은언약이(출20:22-23:33) 성경에 나타난 최초의 언약이 아니다.
- 아브라함의 언약은 다윗 언약과 연결된다.

노아언약 :

인류의 죄악은 인류 전체를 멸망시키지 않을 수 없을 정도로 관영했다(창 6장). 이 세상은 혼돈으로 곤두박질쳤고 하나님은 마침내 심판을 내리시기로 작정하신다. 노아와 그의 직계 후손들을 제외한 모든 생명체가 이 땅에서 끊어졌다. "그럼에도 불구하고" 인류를 향한 하나님의 사랑은 중단되지 않는다. 하나님은 노아와 그의 식구, 그리고 비인간 피조물과의 관계를 회복시키기로 약속하셨다. 무지개는 창조에서 새 창조의 역사를 아취의 모양으로 연결하는 하나님 목적의 증거이다.

이사야는 예루살렘 파괴 함락 이후에 노아언약을 다시 한번 각인시킨다. 이사야 54:9-10의 말씀이다. 여기서 하나님은 "하나님 얼굴(존재)의 숨으심"은 단시 일시적인 것이라고 선언한다. 하나님의 화평의 언약은 역사의 변화무쌍에도 결코 흔들리지 않고 영원히 지속될 것이라고 노래한다. 이 '노아언약'은 결국 예수 그리스도의 피(희생)를 통해 맺은 '영원한 언약'(히 3:20)으로 이끈다. 그리스도의 언약은 노아언약 위에 세워져 있다.

바벨탑 사건과 인류의 흩어짐으로 상징되듯이 인류를 한번에 구원하시려는 하나님의 계획은 실패(?)로 끝난다. 하나님은 이제 다른 전략(戰略)을 사용하신다. 특별한 백성을 부르시기로 작정하신다. 그 백성은 아브라함의 부름으로부터 시작하신다(12:1-3).

아브라함 언약 :

노아언약과 마찬가지로 아브라함 언약은 영속적인 언약인 '영원한 언약'(베리트 올람)이다. 이 언약이 하나님의 확고한 약속(하나님의 신실함, 영원한 사랑)에 전적으로 근거하기 때문이다.

하나님은 아브라함을 부르시되 그의 고향을 떠나 가나안으로 가라는 명령으로 시작하는 약속의 역사로 시작한다. 하나님은 아브라함에게 3가지 약속을 하셨다. 첫째는 그를 커다란 '민족'으로 만드실 것이요, 둘째로, 그의 후손들에게 가나안 땅을 주시기로 약속하신다. 셋째로, 이 백성을 통하여 이 땅의 모든 백성에게 축복이 전달될 것이라고 약속하셨다. 아브라함에게 한 약속은 전 세계를 위한 목적임이 먼 지평선 너머로 보인다(롬 4:10-25). (버나드 W. 앤더슨, 구약신학)

오늘 본문 창세기 15:18에 언약(=베리트)은 12:1-3의 부르심과 약속의 말씀으로 이미 수립된 바 있는 언약관계를 확인하는데 쓰였다. "그날에 여호와께서 아브라함으로 '언약'을 세워 가라사대…"(15:8) 그리고 창세기 17장에서는 아브라함의 언약을 통합하고, 동시에 그 세부사항을 확대 설명하고 있다. 따라서 아브라함에게 하나님의 약속이 점진적으로 계시되었음을 본다. 위의 도표를 자세히 살펴보자. 이 언약이 훗날 시내산 언약 그리고 다윗언약(삼하 7장)과 어떻게 연결되는가는 우선 급한대로 동교재, 사무엘하, 7장을 참조해 보기로 하자.

창세기 15 장 요약 정리

요약질문

• 15:1-6절 후사에 대한 하나님의 약속

• 아브라함의 하나님은 어떤 하나님인가? (1절) 하나님이 아브라함에게 상급(賞給)이 되신다는 말은 무슨 뜻인가?
• 아브라함은 누구를, 그리고 왜 그를 상속자로 삼았나? (2,3절)
• 아브라함의 진정한 후사는 누가 되어야 하는가? (4절)
• "아브라함이 하나님을 믿으니"라는 말씀 중에서 '믿었다'는 말의 의미는 무엇인가?

15:7-21 : 하나님과 아브라함 사이에 언약의 공식적 수립

• 아브라함은 하나님께 그 약속의 징표를 보여달라고 했다(8절). 이는 하나님의 말씀이 확신이 없어서 요구한 것인가?
• 하나님은 무엇을 준비케 하셨는가? (9절)
• 하나님은 언약의 인준 절차를 왜 이런 희생 짐승의 주검을 통해서 행하시는 것인가?
• 그 당시 언약을 세우는 방법을 조사해 보라.
• '타는 횃불'이 쪼갠 고기 사이로 지나갔다고 했는데(17절), '타는 횃불'은 누구를 상징하는가?
• 이런 의식을 통해 하나님이 보여주시고자 하는 의도는 무엇인가?
• 하나님은 자신의 이름을 걸고 이 언약이 분명하게 성취될 것을 약속하신다. 신약에서 어떻게 성취되었는가? 약속의 궁극적 후손은 누구를 가리키는가? (갈 3:16 참조)
• 하나님은 아브라함에게 그에게 주실 땅의 경계를 말씀하셨다. 어디서부터 어디까지인가? (18절)
• 이 언약의 공식적인 수립을 통해 아브라함에게 보여주신 내용은 무엇인가? (13-16절)
• 아브라함의 후손이 거대한 민족이 되어 가나안에 다시 들아올 때까지는 몇년간의 세월이 흘러야 하는가? (16절)
• 이방인의 객이 되겠다는 것은 훗날 어떤 사건을 말하는가?

Summary

연구과제

1) 창세기 15:6를 바울이 로마서 4장에서 어떻게 인증했는지 살펴보라.
(2) 아브라함의 언약이 어떻게 점진적으로 계시되었는가?
(3) 아브라함의 언약의 공식적 수립과정에서 언약의 의미를 설명해 보라.

276

아브라함이 여호와를 믿으니(15:6)

확대경(No. 23)

창 15:6과 롬 4:4의 관계

▶ 조금 어렵다더라도 "아브라함이 여호와를 믿으니 여호와께서 이를 그의 의로 여기셨다"는 말이 무슨 의미인가 살펴보고 지나가자. 신약시대에 사도 바울은 사람이 행위로 구원 받는 것이 아니고 믿음으로 구원 얻는 원리를 설명하면서 이 구절(창 6:5)을 인용구절로 채택했다. 아래의 설명은 W.C. 카이저, 「새롭게 본 구약」을 중심으로 정리한 것이다.

1. 성경이 '구원하는 믿음'이라고 말할 때 이것은 어떤 믿음을 가리키는가?

히브리어에 '믿음'이란 단어 아만(אָמַן)은 '꾸준하게 믿다, 견고하다, 믿을만하다, 틀림없다'라는 뜻이다. 이 단어의 히필형(hiphil) '헤에민'(הֶאֱמִן)은 '신뢰하다', '인격을 믿다'라는 뜻이 있다. 이 단어는 두 가지 의미로 나누어지는데 그것은 전치사(ל와 ב)에 따라 달라진다.

(1) 라메드(ל) 용법 (he believed *<that>*) : 어떤 사람의 말을 믿는 것이나 혹은 그의 언명들을 진실되고 믿을만한 것으로 받아들이는 것을 말한다.

[예를 들어보자]
- 창 45:26 – 요셉의 형들이 그 아버지 요셉에게 요셉이 애굽에 살아있다는 것을 '믿게' 하려고 애를 썼다.
- 출 4:1 – 모세가 이스라엘 백성들이 자기가 하는 말을 '믿지' 않을까 두려워 했다(he' emin + le, ל).

(2) 베드(ב) 용법 (he believed *<in>*) : 누구를 믿는다(belive *in*)는 것은 단지 그의 말을 믿는다는 것을 넘어서 그의 인격에 대한 인정을 뜻한다. 즉 인격에 대한 전폭적인 신뢰를 의미한다.

[예를 들어보자]
- 출 14:31, 19:9 - 이스라엘이 모세를 믿었다.
- 삼상 27:12 - 가드왕 아기스는 다윗의 인격을 믿었다, 신뢰했다(he' emin + be, ב) -
  וַיַּאֲמֵן (아기스)אָכִישׁ בְּדָוִד

2. 구약에 있어서 '하나님을 믿는다'는 것은 무엇을 의미하는가?

(1) 하나님의 약속과 명령을 믿는다는 것이요, 그를 믿고 그의 인격과 성품을 믿는 것이다. 따라서 믿음은 무엇으로 판가름나는가? 그것은 하나님의 계명을 믿느냐, 아니냐에 의해(시 119:66), 백성이 여호와를 경외하며 여호와를 믿느냐에 의하여(출 14:31) 판가름난다.

(2) 그러므로 이스라엘이 하나님을 경외하는데 실패한다면? 신명기 1:32을 읽어보자. 여기서도 베드(ב) 용법을 사용했다. 즉 여호와 하나님을 신뢰하지 않았다는 말이다. "이 일에 너희가 너희 하나님 '여호와를 믿지'(מַאֲמִינִם בַּיהוָה) 아니하였도다."

(3) 그러므로 '믿음'은 곧 '순종'이라 할 수 있고, '불신앙'은 곧 '주의 명령에 대한 반역'이라고 할 수 있다. "올라가서 내가 너희에게 준 땅을 얻으라 하시되 너희가 너희 하나님 (여호와의 명령)을 거역하여 '믿지 아니하고 그 말씀을 듣지 아니하였도다"(신 9:23).

3. 오늘 본문 창세기 15:6에 언급된 '믿음'은 일반적 행위가 아니고 특별한 행위이다. 히브리서 11:8-9에서는 10-15년 전에 갈대아 우르를 떠나라는 명령에 순종한 것을 "믿음으로"였다고 말하고 있지 아니한가? 그렇다면 왜 뒤늦게 창세기 15:6에서 그를 의롭다고 말하는가? 여기서 창세기 저자는 아브라함은 이번

한번만 믿은 것이 아니고 계속 믿음의 상태에 있어 왔다는 내용을 완료시제(히필 동사, 완료, 3인칭, 남성, 단수, הֶאֱמִן)를 사용함으로써 표현하고 있다.

4. 신약에서의 용법을 살펴보자.

(1) 야고보 2:19 "귀신들도 (that이하를) 믿고 떠느니라" 여기서는 지적인 동의 혹은 단지 사실에 대한 승인으로서의 믿음을 말한다. 성경이 말하는 믿음은 동의하는 것으로 충분치 않다.

(2) 믿음의 대상에 대한 반응(反應), 즉 '~ 안에서' 믿는 것(believing <*in*>)이 반드시 있어야 한다. 이 믿음의 반응은 정보에 대한 반응이 아니다. 아브라함의 반응은 하나님 자신에 관한 것이다. 성경이 말하는 믿음은 하나님께 대한 신뢰(信賴)라는 개인적인 반응이다. 하나님은 우리가 구원을 얻는데 우리에게 선행을 요구하지 않으신다. 에베소서 2:8에서는 이런 사실에 대해서 어떻게 언급하고 있는가?

- 엡 2:8 "너희가 그 은혜를 인하여 '믿음으로'(διὰ πίστεως, *by* grace) 말미암아 구원을 얻었나니 이것이 너희에게서 난 것이 아니요 하나님의 선물이라."

(3) 야고보서 2:21-23도 읽어보라. 물론 여기서 "행함으로"(by works, ἐξ ἔργων)에서 ἐξ(에크)는 출처를 언급하며 수단(δία, 혹은 *by*)을 의미하지 않는다. 따라서 행함이 아브라함을 의롭다고 선언하지 않았고, 오직 하나님만이 심판자로서 판결하시고 선포하였다.

(4) 따라서 아브라함은 '의로워진 것' 이 아니고 '의롭다고 선포되었다.' 아브라함에 대한 하나님의 판결은 행함 '에서부터'(*out of*) 일어난 것이다.

5. 이런 아브라함의 믿음은 우리와 어떤 관계가 있는가?

- 롬 4:23-24 "저에게 의로 여기셨다 기록된 것은 아

브라함만 위한 것이 아니요 의로 여기심을 받을 우리도 위함이니 곧 예수 우리 주를 죽은 자 가운데서 살리신 이를 믿는 자니라."

- 갈 3:3-8 "너희가 이같이 어리석으냐 성령으로 시작하였다가 이제는 육체로 마치겠느냐 너희가 이같이 많은 괴로움을 헛되이 받았느냐 과연 헛되냐 너희에게 성령을 주시고 너희 가운데서 능력을 행하시는 이의 일이 율법의 행위에서냐 듣고 믿음에서냐 **"아브라함이 하나님을 믿으매 이것을 그에게 의로 정하셨다"**(창 15:6) 함과 같으니라 그런즉 믿음으로 말미암은 자들은 아브라함의 아들인 줄 알지어다 또 하나님이 이방을 믿음으로 말미암아 의로 정하실 것을 성경이 미리 알고 먼저 아브라함에게 복음을 전하되 모든 이방이 너를 인하여 복을 받으리라 하였으니."

▶ 오늘 본문, 창세기 15:6은 사도 바울이 로마서 4장에서 믿음으로 구원받는 원리를 설명하면서 인용 설명하고 있다(롬 4:3 참조). 아브라함이 "믿음으로" 의롭다함을 받았다면, 그의 후손들은 무슨 말을 더 하겠는가!

▶ 인간의 그 어떤 노력이나 공적이 구원의 근거가 될 수 없다. 아브라함은 바로 여호와 하나님을 신뢰했던 것이다. 즉 하나님의 약속을(창 15:4-5) 말씀 그대로 받아들였다는 것이다.

Back to the Bible

16, 17장

이스마엘의 출생 · 열국의 아비

- 사래의 조급함 : 자녀가 없으므로 인간적인 방법으로 해결하려고 한다(16:1-3).
- 하갈이 잉태함으로 여주인 사래를 멸시함(16:4)
- 고국으로 도망가는 하갈 - 여호와의 사자를 만나고 다시 사래에게로 들어감(16:6-9)
- 이스마엘 탄생 : 그로 인해 큰 민족을 이룰 것이다(16:10).
- 너는 열국으 ㅣ아비가 될지라(17:1-8). / '아브람' 의 이름을 '아브라함' 으로 바꾸어 주심.
- 이스라엘 모든 백성 중 남자는 할례를 받으라(17:9-14).
- 사라가 정녕 아들을 낳으리니(17:15-21) • '사래' 의 이름을 '사라' 로 고쳐주심.

하나님이 아브라함에게 자녀를 주시겠다는 약속이 있은 후(12:1-3) 상당한 시간이 흘렀는데도 아직 그에게는 자녀가 생산되지 아니했다. 초초함, 그리고 불안함이 그를 엄습하고 있었다. 조금은 실의에 빠져 있었을 아브라함, 그는 마음 속에, 집에서 충직스럽게 봉사하고 있는 엘리에셀을 상속자로 삼으려고 이미 내정했다. 약속의 성취가 늦어질 경우 대체로 인간의 방법이 동원되기 쉽다. 어쨌든 이런저런 일로 심사가 불편한 아브라함에게 하나님이 이상 중에 나타나셨다. 하나님은 상심한 그에게 위로를 주신다.

하나님은 아브라함을 위로하시며, 그가 상속자로 엘리에셀을 세운 것은 잘못임을 지적하신다. 하나님은 아브라함의 몸에서 날 자를 통해서 그의 후손을 창성케 해주시겠다는 것이다. 하나님은 희미해져가는 아브라함에게 다시 신앙의 불을 붙여주신다. 그는 다시 잠자던 신앙에 불을 지폈고, 마침내 하나님의 약속을 굳게 믿는다. 그는 아직도 하나님을 신뢰하고 있었다. 아브라함은 뛸듯이 기뻐했을 것이고, 그 약속이 확실하게 이루어질 징표를 보여주실 것을 간청한다. 지난 15장에서도 아브라함의 약속 성취는 너무 조급하게 이루어질 것이 아님을 보았다.

그러나 이런 자녀를 주시겠다는 확실한 약속이 있은 후에도 자녀는 태어나지 아니했다. 아브라함의 아내 사라는 아브라함의 유업을 이어나갈 아이를 낳지 못했다. 그들은 초조해졌다. 이들 부부는 마침내 비상 수단을 동원했다. 아브라함은 이 하갈을 통해 자녀를 생산하게 된다. 물론 사래의 적극적인 후원(?)이 있었다. 이들은 그것이 하나님의 뜻이려니 했다. 그러나 이 여자의 자녀는 하나님이 약속한 자손이 아니었다.

이 일이 있은 후 하나님은 아브라함에게 침묵하셨다. 그 뒤로 세월은 흘러갔다. 그런데 아브라함의 나이 99세, 인간의 모든 소망을 포기할 나이가 되었는데, 하나님은 마침내 그 긴 침묵을 깨뜨리시고 아브라함에게 나타나셨다. 지나간 13년의 세월은 어쩌면 아브라함이 인간의 방법을 통해 하나님의 역사를 이루려는 모든 희망을 포기해 가는 기간이었을 것이다. 인간이 자기의 연약함을 알고 모든 것을 포기할 때 하나님의 역사는 드러난다. 만약에 그렇지 않다면 인간의 공적으로 치부하지 않겠는가! 어쨌든 하나님은 아브라함과 언약을 재확약해 주신다.

자식이 없으니 어떻게 하지 (16:1~5)

본문도입

יִשְׁמָעֵאל

<이스마엘> : "하나님께서 들으시기를" - 아브람이 애굽 여종 하갈에게서 낳은 아들이다. 이삭의 이복 형이다.

자식을 주시겠다는 하나님의 약속을 받고도(15:5-6) 상당한 시간이(10여년, 3절) 흘렀는데도 자식이 태어나지 않자, 아내 사래는 세속적인 방법을 동원한다. 사래는 아브라함을 부추겨 애굽 여종을 통해 자식을 낳으려 한다. 이런 일은 당시 사회에서 매우 흔한 일이었다. 아브라함은 하나님의 약속을 신뢰하기 보다 아내의 말을 따르게 된다. 그리고 하갈을 통해 자녀를 낳는다. 그러나 이 일로 엄청난 파장을 불러온다. 아브라함은 애굽에 내려가 믿음없는 행동에 대한 댓가를 치른다. 하갈은 애굽에서 나오면서 같이 온 여종이었기 때문이다.

1. 하나님이 약속하셨던 자손이 태어나지 않자, 사라는 어떤 계획을 생각해내는가?

16:2 사래가 아브라함에게 이르되 (여호와께서)께서 나의 생산을
(허락지 아니하셨으니).

사래(이하 '사라'로 표기)는 자신이 아이를 낳지 못하는 이유를 바로 지적했다. 하나님께서 그녀의 태를 열지 아니하셨기 때문이다. 그렇다면 그는 잠잠히 기다려야 했었다. 그러나 우리는 어느 누구에게나 흔히 있을 수 있는 조급함을 이제 사라에게서도 보게 된다. 인간적인 방법으로 약속하신 후손을 얻으려고 생각하고 있었다. 더욱이 그 당시 자식이 없다는 것은 너무나 큰 저주라고 생각했다. 따라서 사라는 더욱 조급했을 것이다.[1]

1) 이러한 일은 당시 사회관습으로는 아주 자연스러운 결정이었다. 누지(Nuzi) 토판들은 아이를 못낳는 부인이 그 남편과 하녀와의 사이에서 아이를 얻는 일이 흔한 일이었음을 보여준다. 그러다가 그후에 본 부인이 직접 아이를 낳으면 그 아들이 상속자가 된다. 그러니까 사래의 행위는 당시 사회제도의 관습을 따랐음을 볼 수 있다.

"누지 토판"이 뭐야?// 다음 면에서 간단하게 설명

2. 누가 먼저 그런 제안을 했나? (16:2상)

16:2하 혹 그로말미암아 자녀를 얻을까 하노라 하매 아브라함이 (사래)의
말을 ( ).

(1) 사라가 먼저 아브라함에게 후처를 맞아들일 것을 제안한다. 물론 아브라함도 이 제안을 수락했다. 이들의 믿음에 흠이 생겼다. 이들은 기다리는 법을 배워야 했다(히 6:12을 참조해 보자). 물론 안 기다린 것도 아니다. 사라가 하갈을 첩으로 준 때는 "아브라함이 가나안 땅에 거한 지 10년 후의 일"(3절)이었기 때문이다. 그러나 여기서 아브라함의 수락은 결정적인

누지(Nuzi)는 위의 지도에서 보는 대로 메소포타미아의 하란 땅에 위치한 곳으로 이것에서 1925-31년에 약 20,000매 가량의 서판(tablets)이 발견되었다. 기원전 1500년경의 것으로서 당시 그 지역의 점령자였던 호리족(Horites)들의 유물이다. 아카드어와 바벨론어로 되어 있는데 이 서판들 중에는 특별히 자기들의 생래(生來)의 기업을 어떤 필요한 물건과 임의로 교환하는 풍습과 또 가정의 수호신을 차지함으로 상속권을 가진다는 판례들이 기록되어 있어 족장시대의 사회상을 아는 데 귀중한 자료가 된다(김희보, 구약이스라엘사, 15면).

그러나 누지 문헌에 근거를 둔 후리족들의 사회 관습 및 법률적 배경과 족장들의 이야기를 특별히 연관시키는 것은 무리가 있다. 누지 관습들은 이 장소에서 발견된 약 300개의 가족법 문헌들 중 단지 6개에서 추출된 것이다. 이것들이 누지 사회의 대표적인 것이라고 말하기는 힘들다. 그런데도 족장들의 관습이 고대 근동 지방의 관습들 사이에 유사점들이 많이 있다(윌리암 라솔, 구약개관, 168면).

큰 실수였다.

(2) 아브라함은 그동안 얼마나 많은 시험을 잘 이겨냈는가? 일가친척을 떠나라는 명령에도 순종했고(12:1-3), 롯과의 관계에서도 얼마나 큰 양보를 했는가(13:1-11). 사로 잡혀간 롯을 구하러 갈 때의 그 용기, 또 북방연합군을 쳐부수고 승리하고 돌아왔을 때 소돔 왕의 물질적인 권유를 거절한 일 등 그는 시험에 잘 승리해 왔다. 그러나, 그는 어떤 시험에 넘어졌는가? 아브라함은 일상생활에서 계속적으로 하나님을 의지하는 시험에 졌던 것이다. 그에게는 순종도, 용기도, 겸손도 있었다. 물질에 대한 욕심도 초월해 있었다. 그런데 그는 지금 수렁 속으로 뛰어들고 있지 않는가!

(3) 매일 매일을 하나님의 약속을 믿고 살아간다는 것이 얼마나 어려운 일인가! "너희에게 인내가 필요함은 너희가 하나님의 뜻을 행한 후에 '약속'을 받기 위함이라"(히 10:36). 아브라함은 하나님의 약속을 묵묵히 기다려야 했다. 그는 여기서 지고만 것이다. 물론 10년은 잘 참았지만…

3. 자, 아브라함이 하갈을 취한 후의 결과가 어떠했는가?

16:4-6

이로 인해 이들에게 불행이 왔다. 하나님의 약속을 참지 못하고 인간의 생각대로 결정하는 것이 얼마나 무모한 일인가를 보게 된다. 따라서 자연히 그 집안에 불화가 있었음은 당연한 일이 아닌가! 하갈은 자기가 잉태함을 깨닫고 사라를 멸시하기 시작한다. 하갈은 비록 사라의 몸종이었지만 지금 이 마당에 정식결혼 관계를 주장하고 있지 아니한가!

4. 구약시대에는 하나님이 다처주의(多妻主義)를 용납하셨나?

(1) 그 당시 사회가 그런 사회였다고 하나님이 이번 일을 묵인하신 것이 아니다. 이 일은 분명히 아브라함의 큰 실수였다. 이들의 잘못으로 문제가 생긴 것이다. 아브라함이 살던 그 당시 사회상은 이런 일은 아주 흔한 일이었다. 누지서판*에는 자식을 못낳은 부인이 자기 남편에게 여종을 주선해

고고학과 성경

• 성경의 족장들은 실제 인물이 아니라 민족들에 의해 전하여지기 시작한 종족 영웅이라고 주장하는 고등 비평가들이 있다. 그러나 이런 극단적인 주장들은 고고학적인 발굴로 그 빛을 잃고 있다. 아래와 같은 발굴들이 유명하다.

(1) 앗수바니팔의 도서관 : 앗수르의 최후의 왕(B.C. 668-626)이 수집한 비문들로 고대 니느웨의 궁터의 발굴로 알려짐. 창조설화와 홍수의 기록이 유명하다.
(2) 마리 서판 :유프라테스 강의 고대 도성으로 당시의 왕 Zimri-Lim의 300실에 이르는 궁전과 더불어 다곤 산당과 여신 이쉬타르의 신당이 발굴되었다. 하란의 여러 도시명들이 발견되었다. (나홀, 데라, 스룩 등) / 1933-1960년에 발굴
(3) 누지 서판 : 옆 면에서 설명
(4) 라스 샤마라 서판 : 라스 샤마라의 고대 이름은 우가리트였다. 바알신화 아낫 여신에 관한 내용이 발굴되었다.
(5) 아마르나 서판: 주전 1400-1360년의 팔레스틴과 수리아 지역의 왕들과 애굽과의 관계를 알 수 있는 문헌이 발견되었다.

주어 여종이 자기 대신에 자식을 낳을 수 있는 법적인 가능성이 있었다. 이렇게 이들은 당시의 관습을 따랐을 뿐이었다. 마음에 크게 가책을 받고 한 것 같지는 않다.

(2) '왜, 하나님은 아브라함이 이런 실수를 저지르지 않도록 미연에 방지하지 않으셨을까?' 라고 생각하는 사람은 없겠지! 하나님은 우리를 인도하실 때 모든 일을 일일히 간섭하지 않으신다. 성경은 하나님을 이 땅 위에서 일어나는 일들에 비상한 관심을 기울이시는 분으로 묘사한다. 그러나 한편으로는 그 모든 일들을 제 길로 가도록 허용하시는 분으로도 묘사하고 있다. 하나님은 인간과 '손떼고 계시기 작전' 으로 일정한 간격을 유지하신다. 인간에게 어느 정도 자유를 허용하신다는 말이다. 그러나 그 자유에 대한 책임은 인간 각자가 책임을 져야 한다. 비록 하나님이 아브라함을 부르셔서 믿음의 조상으로 삼으셨지만 아브라함 자신이 선택한 행위에 대한 책임은 자신이 져야 한다는 말이다. (역사의 주인과 인간의 자유, 본교재 룻기, 81면)

(3) 아브라함이 비록 아내 사라의 권고를 받아들여, 하갈을 통하여 자식을 생산했지만 그것은 실수였다. 그것은 그의 믿음 없는 행위였다. 그가 행한 행동은 적지 않은 파장을 불러일으켰다. 두 여자 사이의 갈등으로 가정에 불화가 생겼다. 하갈은 우리말로 씨받이였지만 그녀는 득남을 계기로 주인 사라를 멸시하는 지경에 이른다. 이 일로 인해 먼훗날 하나님의 백성을 정면에서 대적하는 민족을 탄생시키는 계기가 된다. 아브라함, 그는 인간으로서의 약점이 많이 발견되는 인물이었다. 아브라함은 흔히 생각할 수 있는 것처럼 상승곡선을 그리는 독수리의 신앙을 가진 인물이 아니었다. 그에게서도 신앙과 불신앙 사이에서 방황하는 모습을 보게 된다.

적용 도우미

• 아브라함의 선택은 훗날 얼나마 큰 파장을 불러왔는가?! 물론 아브라함이 하나님을 불신해서 이런 실수를 저지른 것은 아니다. 이 일은 그가 믿음의 하강곡선을 그릴 때 일어난 일이다. 일상생활에서 하나님의 뜻을 정확히 구별하기란 얼마나 어려운가!

• 아브라함은 뭐, 그렇다고 덜렁 사라의 말을 들었을까? 당시 고대 근동지방에서는 이러한 일은 사회관습상 아주 자연스러운 결정이었다고 한다. 잘못된 세상의 관습을 끊는다는 것은 얼마나 어려운가! 나의 생활 속에서 어떤 면이 잘 끊어지지 않는 세상 습관인가?

감찰하시는 하나님 (16:6~14)

הָגָר

하가르(Hagar): '이주하는, 도망가는' 라는 의미이다. 한글개역에서 '하갈'이라고 음역했다. 하갈은 언제 얻은 몸종일까? 창 12:16과 창 21:8-21을 참조.

이스마엘(Ishmael) : '하나님이 들으신다'는 뜻이다. 하나님이 하갈의 억울함을 기억하셨다.

본문도입

하갈은 아이를 잉태하게 된다. 자식이 없던 아브라함의 가정은 일순간 기쁨에 들떠 있었을 것이다. 여종 하갈은 자연히 여주인 사라를 멸시한다. 이 일로 사라는 분통을 떠트렸고, 결국 하갈은 사라에게 쫓김을 당한다. 그래서 그녀는 그가 살던 애굽으로 도망가게 된다. 도중에 하나님의 사자를 만나 다시 사라의 수하로 들어가게 된다. 그리고 마침내 자식을 낳는다. 그가 이스마엘이었다. 하나님은 이스마엘 후손들에게도 물질적 축복을 내려주셨지만 하나님의 은총에서는 벗어나게 된다.

1. 아무리 교양이 있는 여자라도 이런 일은 못참는다. 참을게 따로 있지! "사라가 아브라함에게 이르되 나의 받는 욕은 당신이 받아야 옳도다."(5절) 이 말에 아브라함은 뭐라고 댓구했나?

16:6

결국 사라는 하갈을 '학대' 하게 되었고, 하갈은 사라 앞에서 도망가게 된다. 처량한 하갈, 좀 조용히 있었으면 되는건데. 지금 하갈은 그 뜨거운 사막 길을 지나 자기 고국 애굽으로 가고 있다. 그것도 임신한 몸으로… 그녀는 '술' 길 샘물 곁에서 여호와의 사자를 만났다. 술(Shur) 길은 브엘세바에서 애굽으로 가는 길목이었다. 하갈의 고향은 어디였던가? (창 12:10이하). 그는 자기가 살던 고향으로 가던 중이었다.

☞ "너, 어디가니?" "저, 있잖아요. 우리 여주인이 나를 어쩌구 저쩌구. 그래서 나의 여주인 사라를 피하여 도망가는 거예요. 울먹울먹."(8절)

2. 이렇게 도망가는 하갈에게 하나님의 사자는 무엇이라고 말하는가?

- 16:9 여호와의 사자가 그에게 이르되 네 (　　　　)에게 돌아가서 그 수하에 (　　　　)하라.

- 16:12 그가 사람 중에 (　　)같이 되리니, 그 손이 모든 사람을 (치겠고) 모든 사람의 손이 그를 (칠지며) 그가 모든 형제의 (　　)에서 살리라.[1)]

1) '모든 형제의 동방에서 살리라' 라는 말은 '모든 형제를 대항하여 거주하리라' 는 말로 번역되어야 한다. 모든 골육의 형제와 등지고 살게 되리라는 말이다(공동번역 참조).

⬆ 들나귀(wild donkey, 야생 당나귀)

"그가(이스마엘) 사람 중에 들나귀 같이 되리니 모든 사람을 치겠고 모든 사람의 손이 그를 칠지며 그가 모든 형제의 동방에서 살리라"(창 16:12).

축복의 말인지, 아닌지 모르겠네. 비록 약속의 자손이 아님에도 불구하고 하나님의 축복이 임한 것을 보게 된다(10절을 보라, 25:5-6도 보라). 후에 이스마엘은 열두 아들의 아버지가 되었고, 그를 통해 많은 후손이 태어난다(창 25:13-15을 보라). 하나님의 사자의 출현으로 하갈은 다시 아브라함에게로 돌아간다. 이 이스마엘은 오늘날의 어느 민족인가? 이 민족은 계속하여 하나님의 백성의 대적들로 역사에 등장한다.

3. 그리고 하갈은 여호와의 사자를 만난 후 그 이름을 무엇이라고 불렀나? 그리고 그 뜻은 무엇인가?

11:13

- **브엘 라해로이**(בְּאֵר לַחַי רֹאִי) - "살아계셔서 나를 감찰하시는 분의 우물" : 가데스바네아(가나안 남쪽 국경 지역)와 베렛 사이에 있다. 사라를 피해 도망간 하갈이 이곳에서 여호와 하나님을 만났다. 이삭도 이 우물 근처에서 살았던 적이 있다(창 24:62, 25:11).

4. 아브라함이 이스마엘을 낳을 때가 몇세였나?

16:16

- 하나님의 약속, 그 약속은 하나님의 때에 성취된다. 우리가 아무리 발버둥을 쳐도 하나님은 그 약속이 이루어져야 할 시기에 정확하게 응답하신다. 그러나, 인간은 그 약속이 당장 이루어져야 한다고 생각한다. 그래서 금식도 하고 떼를 쓰기도 한다. 아브라함에게 후손을 주시기로 약속하신 것이 그렇게 오랜 뒤에 성취될 줄이야 꿈에라도 생각했을라고. 아브라함, 그도 역시 우리와 똑같은 보통 사람이었음을 본다.
- 나에게 아직 이루어지지 않은 기도가 있는가? 나에게 인내를 가르치시기 위한 기간일 것이다. 문제는 내가 너무나 쉽게 낙심한다는 데 있다.

(1) 나중에 하갈이 다시 들어와 살면서 잘 순종했는지 아닌지는 설명이 없다. 어쨌든 하갈은 이스마엘을 낳았다. 그러나 훗날 하갈과 그의 아들 이스마엘은 하나님의 언약의 가족에서 떨어져나감을 보게 된다(창 21:8-21절을 미리 읽어보자). 육적인 자손들(가인, 롯, 이스마엘, 에서 등)은 자연히 하나님의 언약의 범주에서 떨어져 나가게 된다.

(2) 이스마엘, 그는 하나님이 주신 약속을 기다리지 못하고 인간적인 수단에 의지한 결과로 태어난 아브라함의 자손이다. 이스마엘은 성질이 난폭하고 호전적인 사람이 되었다. 그의 후손들은 대대로 이스라엘을 대적하는 무리로 역사에 등장한다. 그들은 하나님의 역사를 정면으로 가로막는 암적 존재들이었다. 그와 그 후손들은 정말 야생 당나귀 같이 살아간다. 그러나 하나님은 이들에게도 물질적으로 번영하는 축복을 주셨다.

너는 열국의 아비가 될지라 (17:1~8)

אַבְרָהָם

<아브라함> : 열국의 아버지라는 뜻으로 본명이 아브람이었으나 창세기 17:5 계약의 갱신과 그의 이름이 <아브람>에서 <아브라함>으로 개명되었다.

본문도입

마침내 긴 침묵을 깨뜨리시고, 아브라함이 99세가 되어서야 나타나신다. 하갈을 통해 태어난 이스마엘이 벌서 13살이 되어 있었다. 연약해질 대로 연약해진 아브라함, 하나님은 아브라함에게 다시 한번 과거의 언약을 상기시키신다. 그의 몸에서 태어날 자손과 기업에 관해 구체적으로 언급하신다. 이제 아브라함의 이름을 바꾸어주시고 사라의 이름도 바꾸어주신다. 하나님의 언약의 확실성을 보여주시기 위해서였다.

1. 자, 이제 오늘 본문을 보자. 이스마엘을 낳고 하나님은 아브라함에게 몇세에 다시 나타나셨나? 몇년 만에 나타나심인가?

17:1a

- 16장 마지막 절과 17장 1절 사이가 13년이라는 사실이 놀랍다. 성경은 하루 절반에 대한 기록도 많은 지면을 할애하지만 13년을 순식간에 넘어섰다!

- 아브라함은 언젠가는 하나님이 나타나셔서 사라에게 자식이 태어나게 해주실 것이라고 기다리며 살았을 것이다. 그러다보니 13년의 세월이 흘러갔다. 그 기다림 속에서 그의 신앙은 하나님만을 전적으로 의지해야 된다는 것을 배워갔으리라. 아브라함의 나이 99세, 그런데 하나님은 이삭의 출생을 확약해 주시지 않는가! 오, 하나님!!

(1) 침묵의 그 긴 세월. 만약 우리라면 그 오랜 세월 동안 하나님의 침묵을 인내할 수 있었을까? 이스마엘이 태어날 때가 86세라고 했으니까(16:16절) 적어도 13년*이 흐르지 않았는가? 이스마엘이 약속한 자손이 아니라면, 하나님의 약속을 기다려야만 하지 않았겠는가! 그러나 너무 오래 기다리는 것이 아닌가! 이런 아브라함에게 하나님은 오랜 침묵을 깨뜨리시고 나타나셨다. 그리고 무엇이라고 말씀하시는가?

17:1b 나는 (   ) 하나님이라 너는 내 앞에서 행하여 (   ).

(2) 이제, 아브라함은 하나님 앞에서 "완전해야" 한다. 하나님은 언약의 백성들에게 하나님에 대한 신앙과 생활의 완전성을 요구하신다. 그러므로 이 말씀은 불신앙에서 떠나라는 말이다. 13년 전 그는 하나님 앞에 온전하지 못했었다. 하갈을 통해 하나님의 약속을 이루려 했다. 그러나 13년의 세월이 흐르고, 그 많은 시련을 통해, 자기 자신의 무능함을 철저히 깨닫고 있었을 것이다.

- **완전함** : 물론 여기서 '완전함' 이란 도덕적 완전성을 의미하지 않는다. 신약에서도 같은 개념으로 설명된다. 내부적인 삶과 외형적인 삶에서 올바른 믿음을 소유한 자는 온전한 자라고 할 수 있다. 물론 <온전>이란 그 자체는 당연히 윤리적 의미를 가진다(엡 4:4, 고전 2:6이하). 특히 사랑은 온전히 매는 띠라고 했다(골 3:14, 엡 4:16). 그리스도

안에서 완전한 구원을 소유하는 것, 즉 궁극적으로 예수 그리스도와 함께 영화롭게 되는 것이 <온전한 것>의 의미이다(고전 13:10). 그러나, 그리스도 안에서 새생활(New Life)은 성숙이라는 개념에 비추어 볼 때 <성장하고> <온전>을 이루어 나가야 하는 것이 분명하다. 도덕적 의미에서도 당연히 적용된다.

2. 왜, 하나님은 아브라함으로 13년을 기다리게 하셨을까?

(1) 창세기 17:24, 25에 보면 이스마엘이 양피(陽皮)를 벤 때가 아브라함이 99세라고 했다. 이스라엘 풍속에는 남아가 13세가 되면 성년 예식을 갖는다고 한다. 이스마엘은 비록 언약 밖에 있는 죄악된 혈육의 씨였지만 하나님은 그를 불쌍히 여겨 성년(成年)이 되기까지 기다리신 것이 아닐까? (양피가 뭐냐고? '그것참' '모르는 사람은 아는 사람에게 물어보기로 하자. 힌트, 고추와 관계 있음)

(2) 또 하나의 설명은 아브라함이 100세가 되기를 기다리셨다는 것이다. 100세라면 "자기 몸이 죽은 것 같음"(롬 4:19-21 참조)이 사실이다. 침묵의 13년은 인간의 모든 소망이 끊어지고 인간의 무능을 철저히 깨닫고 하나님을 온전히 의지하는 믿음이 확실해지기를 기다리는 기간이었을 것이다.

3. 그러면, 하나님이 아브라함에게 하신 약속의 말씀은 무엇인가?

17:2 (그리하면, וְ) 내가 내 (　　　)을 나와 너 사이에 세워 너로 심히 번성케 하리라.

(1) "너는 내 앞에서 행하여 완전하라."(Walk before me, and be thou *perfect*.) 1절의 명령과 2절의 진술이 연결되어 있다. '그리하면'(또는 '따라서', וְ) 내가 세울 것이라고 말씀하신다. '그리하면'이라는 말이 개역성경에는 번역이 안 되었다. 따라서 아브라함의 순종은 언약을 세우는 데 필요조건이 됨을 볼 수 있다(T.E. Mccomiskey, 계약신학과 약속). 이후 아브라함의 삶은 순종의 표본이 된다. 하나님의 약속과 명령(12:1, 17:1)은 신뢰를 유발시켰다. 아브라함은 하나님을 크게 신뢰했고, 이는 곧 순종으로 연결되었다.

(2) 이 약속의 말씀은 새로운 것이 아니라 앞에서 여러 번 반복해서 약속하신 내용이었다(창 12:7, 13:15, 15:18-21). 이제, 그 약속을 완전히 성취할 것

사라와 하갈

갈라디아서 4:21-31에서는 사라와 하갈을 언급하면서 무엇을 비유했는가?

"내게 말하라 율법 아래 있고자 하는 자들아 율법을 듣지 못하였느냐 기록된 바

- 아브라함이 두 아들이 있으니
- 하나는 계집종에게서,
- 하나는 자유하는 여자에게서 났다 하였으나
- 계집종에게서는 육체를 따라 났고
- 자유하는 여자에게서는 약속으로 말미암았느니라
- 이것은 비유니
- 이 여자들은 두 언약이라
- 하나는 시내 산으로부터 종을 낳은 자니 곧 하가라 이 하가는 아라비아에 있는 시내 산으로 지금 있는 예루살렘과 같은 데니 저가 그 자녀들로 더불어 종노릇 하고
- 오직 위에 있는 예루살렘은 자유자니 곧 우리 어머니라

- 형제들아 너희는 이삭과 같이 약속의 자녀라
- 그러나 그 때에 육체를 따라 난 자가
- 성령을 따라 난 자를 핍박한 것 같이
- 이제도 그러하도다
- 그러나 성경이 무엇을 말하느뇨
- 계집종과 그 아들을 내어쫓으라 계집종의 아들이 자유하는 여자의 아들로 더불어 유업을 얻지 못하리라 하였느니라
- 그런즉 형제들아 우리는 계집종의 자녀가 아니요
- 자유하는 여자의 자녀니라."

이라고 말씀하신다. 아브라함은 땅에 엎드려 하나님께 경배했다(3절).

4. 이런 새로운 사실에 대한 표시로 이름을 어떻게 바꾸어주셨나?

17:4 너는 이제 (　　　　　　)가 될지라.

수많은 후손을 보증하셨던 약속이(2절) 이제는 "수많은 민족들"의 아비가 될 것이라고 약속하신다. 하나님은 아브라함의 믿음을 보시고 그의 이름을 '아브람'에서 '아브라함'으로 바꾸어주신다. 그 뜻을 말해보라.[1] 하나님은 아브라함에게 먼 장래의 일도 약속하셨다. 많은 민족과 왕들이 그에게서 나오리라고 말씀하신다. 그 후손(seed)도 하나님을 섬길 것이며, 종국적으로는 하나님께서 그 후손에게 약속된 땅을 주실 것이다. 그 이름에 부합되게끔 필요한 씨(자손)를 주실 것이다.

문맥 : *by* 채호덕

7/내가 ① ——— **세워서**
/내 언약을 ③
/나와 너와 ②
/네 후손의 사이에 ②
/[너의 후에]
/[그들] 대대[로]

//(목적: לְ, for)
언약을 삼고(=삼으려고, לִבְרִית)
/영원한④

//(목적: לְ, to)
하나님이 되리라(=되게 하려고)⑤
/너와
/네 후손의
/[너의 후에]

8/내가 ——— **주어(נָתַן)** ⑥
/너와
/네 후손에게
/[너의 후에]
/이 땅[을] ⑦
/너의(=네가) 우거하는
/(곧) 일경으로(=땅을) ⑧
/가나안
/[모든]

//(목적: לְ, for)
기업이 되게 하고(=하려고)
/영원한

/나는 ——— **하나님이 되리라(לֵאלֹהִים)** ⑨
/그들의(=에게)

5 하나님은 이제 아브라함과 장차 태어날 그의 후손과 함께 세울 언약을 말씀하신다(7, 8절). 이 언약은 전적으로 하나님께서 이루어 가실 은혜의 언약이었다. 언약의 내용이 무엇인가? 옆의 문맥을 보고 대답해 보자.

(1) 3절하 ~ 8절까지는 2절상("내가 내 언약을 나와 너 사이에 세워")의

1)
- 아브람(אַבְרָם) : (높은,고상한 아버지, exalted father)
- 아브라함(אַבְרָהָם) - 열국의 아비, father of many nations)

창세기 17:7-8 분해

① 누가 언약을 세우는가?
② 누구와 언약을 세우는가?
③ 언약의 주인은 누구인가? - "내 언약"
④ 영원한 언약은 무엇까지 포함하는가? (8절)-[⑦ ⑧]
⑤ 언약을 세우신 목적은 무엇인가?
⑥ 땅의 진정한 주인은 누구인가? 땅의 신학적 의미는 무엇인가?
⑦ 후손의 약속과 땅과의 관계를 설명해 보라.
⑧ 아브라함에게 약속하신 가나안 땅은 어떤 곳인가?
⑨ 언약의 본질은 무엇인가?

사상을 확대시켜 설명한 것이다. 그리고 8절에서 땅에 대한 약속을 덧붙이고 있다. 2절(상)의 '언약'이 7, 8절에서 자손과 땅의 문제를 내포하고 있다. 이렇게 17장에서는 창세기 12, 15장의 약속[1]을 재차 확인하고 있다(언약의 통일성 · 점진성).

① 위의 구문에서 볼 수 있듯이 하나님은 **아브라함에게 재차 확인된 약속을 주신다.** 창세기 17장에서는 '언약'(베리트)이라는 말이 13회나 등장한다. 이제 하나님은 이전에 약속하셨던 언약을 더욱 상세하게 언급하신다. 하나님은 아브라함을 심히 번성케 하고 열국(many nations)의 아비가 될 것이라고 약속하신다(2, 4, 7절).

② 그 **약속은** 아브라함뿐만 아니라 **그의 후손들에까지 확대된다.**

③ 언약의 주체는 누구인가?

여기서 하나님과 아브라함 사이의 언약은 노아가 소유했던 것보다 더 중대하고 광대한 의미가 있음을 보여준다. 우리는 이미 창세기 15장에서 '하나님과 아브라함 사이의 언약의 비준'[2]을 살펴보았다.

④ 영원한 언약은 무엇까지 포함하는가?

하나님은 아브라함에게 그와 그의 후손에게 줄 가나안 땅을 약속하신다. 하나님이 아브라함에게 주신 약속은 땅에 대한 것으로부터 시작하심을 알 수 있다(창 12:1-3). 이 땅에 대한 약속은 아브라함과(창 13:14-16, 15:18-21, 17:8) 그 자손 이삭과(창 26:3-4, 24), 야곱에게서(창 28:3이하, 13-15, 35:9-12) 확언되었다. 이 확약(確約)은 출애굽기 6:8에의 성취로 나타난다. 광야 여행 중에도 이 약속은 반복되어 나타난다(출 33:1). 여호수아 시대에는 이 땅에 대한 약속이 이제 더 이상 약속이 아니라 이미 실현되었다고 선언한다(수 23:15). 하나님은 아브라함에게 의식을 통해서도 약속하셨다(창 15:7).

땅을 약속이라고 말하는 출애굽기는 또한 땅이 선물이라고 묘사하고 있다(출 6:8). 신명기에서는 땅을 선물로 말하는 구절이 30곳이나 된다. 이런 주제가 반복되는 것은 여호와의 자유로운 은혜를 강조하려는 것이다. 이스라엘은 하나님의 행동을 촉발시킬 어떤 일도 하지 않았다. 오로지 주도권은 하나님께 있으며 그의 백성을 향한 사랑 때문이었다.

1) 하나님이 그의 후손들이 바닷가의 모래 같이, 하늘의 별과 같이 무수하리라고 약속하실 때에 아브라함이 이를 믿었다 (창 15:6). 하나님은 "이를 그의 의로" 여기셨다. 물론 그 이후 아브라함의 믿음은 하강곡선을 그렸고, 그 유명한 이스마엘 사건을 만들어낸다. 그리고 13년의 침묵이 지난 후 하나님은 다시 아브라함에게 나타나셨다.
 아브라함에게 주어진 이 언약의 약속은 매우 강한 윤리적 조건을 요구하신다. 창 17:1 "아브람의 구십구세 때에 여호와께서 아브람에게 나타나서 그에게 이르시되 나는 전능한 하나님이라 **너는 내 앞에서 행하여 완전하라.**"

노아는 의인이었다고 했다(창 6:9). 이제 하나님은 아브라함에게도 이와 동일한 생활을 요구하신다.

2) 짐승을 둘로 쪼깨어 서로 대치하여 놓고, 연기나는 풀무가 보이고, 그리고 타는 횃불이 이들 사이를 통과한다. 보통 언약을 맺는 양측은 쪼개진 짐승 사이를 통과한다(렘 34:18-20 참조). 그러나 창세기 15:17에서는 '연기나는 풀무와 타는 횃불'(언약에서 하나님의 편을 상징)만이 그 사이를 통과한다. 이는 하나님 자신이 그 명예를 걸고(?) 그 약속을 지키실 것임을 가리킨다. 아브라함은 비록 희생 제물을 준비했으나 언약의 본격적인 당사자는 아니였다. 그는 약속을 받는 자였다.

1) E.A. 말텐스, 하나님의 계획, 아가페문화사, 325면.

• 수 21:43-45 여호와께서 이스라엘의 열조에게 맹세하사 주마 하신 온 땅을 이와 같이 이스라엘에게 다 주셨으므로 그들이 그것을 얻어 거기 거하였으며 여호와께서 그들의 사방에 안식을 주셨으되 그 열조에게 맹세하신 대로 하셨으므로 그 모든 대적이 그들을 당한 자가 하나도 없었으니 이는 여호와께서 그들의 모든 대적을 그들의 손에 붙이셨음이라 여호와께서 이스라엘 족속에게 말씀하신 선한 일이 하나도 남음이 없이 다 응하였더라."

• 느 9:25 "저희가 **견고한 성들과 기름진 땅**을 취하고 모든 아름다운 물건을 채운 집과 파서 만든 우물과 포도원과 감람원과 허다한 과목을 차지하여 배불리 먹어 살지고 주의 큰 복을 즐겼사오나"

• 렘 3:19 "내가 스스로 말하기를 내가 어떻게 하든지 너를 자녀 중에 두며 허다한 나라 중에 **아름다운 산업인 이 낙토(樂土)**를 네게 주리라 하였고 내가 다시 말하기를 너희가 나를 나의 아버지라 하고 나를 떠나지 말것이니라 하였노라."

⑤ 언약을 세우신 목적은 무엇인가?

아브라함과 맺은 하나님의 언약은 예언 역사 속에서 가장 기본적이고도 중요성을 지닌 획기적 사건이다. 이 언약은 그의 후손에게 반복된다. 여기서 중요 개념이 '영원한 약속'이라는 것이다. 이 약속은 영원히 집행되어 갈 것이며 전 세대를 통하여 믿음의 백성 모두에게 그 복이 확대된다. 물론 이 언약에는 인간의 복종이 요구된다. 이 약속에는 자손이 중다해지고 가나안 땅을 차지하리라는 약속이 문자적 의미에서도 성취된다(수 21:43-45* 참조). 하나님과 이스라엘은 이런 언약 관계를 통해 아버지와 자녀의 관계가 지속된다.

⑥ 땅의 진정한 주인은 누구인가? 땅의 신학적 의미는 무엇인가?[1)]

앞에서 언급되었듯이 땅은 선물이다. 하나님께서 땅의 주인이라는 전승이 풍부하게 나타난다(특히 신명기에서). 따라서 땅과 관련해서 '주다'(나탄, נָתַן)라는 표현이 성경에서 150번 이상 등장한다. 따라서 '땅'이란 말에는 "내가 그들에게 주었던"이란 개념이 들어 있다. 또한 선물과 약속을 상징하는 것 외에도 땅은 이스라엘에게 있어서 축복의 장소였다. 축복의 양 측면인 풍요(느 9:25, 렘 3:19*)와 안식이 약속된 땅과 더불어 나타난다. 그 땅은 선택된 땅이며 하나님께서 이스라엘에게 주신 유업이었다(렘 12:14).

또한 땅은 안식의 출발점이기도 하다. 그러나 훗날 이스라엘의 죄악 때문에 늘 안식의 평화로운 삶이 위협당하곤 했다. 또한 이 땅에서의 삶은 성결을 요구하는 삶이었다(스 9:11, 겔 11:18 참조). 땅은 하나님께서 자신을 구체적으로 분명히 드러내시는 수단이 되기도 했다. 하나님은 역사를 통하여 자기를 계시하는 방법이 여러 가지가 있다: 성전(聖戰), 성막, 신현(神顯), 성전(聖殿), 그리고 땅이다(E.A. 말텐스).

⑦ 후손의 약속과 땅과의 관계를 설명해 보라.

아브라함에게 땅을 주시겠다고 하신 약속은 이후 구속사의 계시 속에 나타난 땅의 역할을 이해하는 기초가 된다. 이 약속의 땅은 "젖과 꿀이 흐르는 땅"이라고 재천명된다(출 3:8, 17, 13:5; 레 20:24, 민 13:27 등). 이 약속의 땅은 앞에서 이미 살펴본 바와 같이 언약의 주님께 속한 땅이다. 따라서 이 땅을 팔아서는 안 된다(레 25:23). 그래서 모세오경에서는 다음과 같이 땅에 대해 언급하고 있다 : 첫째, 땅은 제비 뽑아 나누어야 했다. 그 땅을 분배하시는 분은 하나님이시기 때문이다(민 26:55 참조). 둘째, 십일조에 관한 율법은 하나님이 이 땅의 주인이심을 나타낸다. 셋째, 안식에 관한 율법이 땅에 적용되었다. 사람과 가축이 주님의 소유였다(레 25:2, 4).[1)]

1) 이스라엘과 땅에 관한 주제에 대해서는 O. Palmer 로벗슨의 하나님의 이스라엘(*The Isrel of God*), 기독교문서선교회, 제1장을 참고해 보자. / 또한 E.A. 말텐스, 하나님의 계획(아가페문화사)도 함께 참고해 보자.

⑧ 아브라함에게 약속하신 가나안 땅은 어떤 곳인가? (설명 생략)

⑨ 언약의 본질은 무엇인가?

하나님은 언약을 통하여 인간의 역사 속에 들어오셨다. 하나님은 이 언약을 통하여 인간과의 관계를 가진다. 즉 언약적인 관계 속에서 하나님은 인간을 대하신다는 말이다. 하나님은 특정한 사람들과 언약 관계를 맺으셨다: 노아(창 6:18), 아브라함(창 15:18), 이스라엘(출 24:8), 다윗(삼하 7장, 시 89:3) 등.

여기서 언급된 아브라함의 언약(창 12-17장)은 하나님의 사역에 대한 기념비적인 사건이다. 이후 하나님은 그 약속을 영원히 지키시키로 약속하신다. 영원한 언약이기에 역사의 전 과정에서 계속 집행된다. 이 언약은 단순히 아브라함에게만 관련된 것이 아니라 창조로부터 종말에 이르는 모든 시간대를 다루는 신학적 연속성을 제공한다. 바울은 신자의 무리를 아브라함의 자손과 동일시 하고 있다(롬 4:13, 9:6-8, 갈 3:7, 29).

6. 이제 17장에서는 '할례' 라는 명령이 덧붙여지고 있다. 이것은 이전에 맺어진 협정들을 재가하는 것으로 보고 있다. 이렇게 아브라함의 언약은 구약성경 전체에 걸쳐 하나님의 백성에 관한 언약의 뼈대를 형성한다.

적용 도우미

- 자식이 태어날 것이라는 하나님의 반복된 약속, 그러나 지금 아브라함은 백살이 가까운 나이가 되었다. 기다림에 지쳐 아브라함은 그가 갖고 있던 모든 기대를 포기했을 것이다. 그러나 하나님은 식언치 아니하시는 분이다. 약속된 자손은 분명히 태어날 것이다. 약속하신 이가 전능하신 하나님이시기 때문이다. 기도 응답의 지연, 그것은 인간적인 기대를 모두 무너뜨리시는 하나님의 계획이시다. 하나님이 정하신 하나님의 때, 그것을 알지 못하기 때문에 인간은 헛된 계획을 꾸민다. 그래서 인간의 방법으로 일을 끝마치고 하나님의 뜻이라고 우겨댄다.

- 신앙생활은 어쩌면 기다림의 훈련일 수도 있다. 만약 내가 아브라함의 경우였다면 어떻게 했을까? 사도 바울은 로마서 4:17-22까지 아브라함의 신앙을 어떻게 소개하고 있는가?

너희 중 남자는 다 할례를 받으라
(17:9~14, 23~27)

מוּל

물(מוּל, circumcise): 할례를 행하다. 할례를 행하는 것은 양피, 즉 음경의 포피를 잘라내는 것을 말한다. 이 할례를 행하는 것은 이스라엘이 하나님께 속해 있다는 표시이다. 하나님은 이 할례를 아브라함과의 언약의 표징이자 보증이라고 말씀하신다.

엘 샤다이(אֵל שַׁדַּי)

'언약'은 할례제도에서 더욱 구체화 되었다. 첫째, 하나님의 다른 이름이 사용되었다(창 17:1). 또한 '아브람'이라는 이름도 '아브라함'으로 바꿔주셨다. '사래'도 '사라'로 바꾸어주셨다. 이제 하나님은 '엘 샤다이'의 하나님으로 나타나신다. 그 이름의 뜻은 무엇인가?

'샤다이' 란 말은 '충분하다' 라는 뜻이 있다. 하나님은 自足者(Self-sufficient)라는 말이다. '엘 샤다이' 로 복합어로 나타난 곳은 창 17:1, 28:3, 43:14, 48:2,3이다. 이 구절에서 볼 수 있는 것 같이 아브라함과 이삭과 야곱, 요셉에게 계시된 하나님의 명칭들로서 특별히 그들에게 세우신 언약을 연결시키거나(창17:1, 48:3) 회상키 위해(창 28:3, 43:14) 사용되었다.

비교 :
"엘 샤다이" - 언약을 세우실 때 보여주신 명칭이고,

"야웨" - 언약을 성취할 때 계시하신 명칭이다.

본문도입

하나님은 아브라함과의 언약의 표징(sign)으로서 할례를 명하신다. 이 할례가 언약의 '표징'이라고 말하고 있으면서도(17:11), 이 할례를 받는 것 자체가 언약이라고도 언급하고 있어(17:10) 그 중요성을 말하고 있다. 이방인과 종까지도 할례를 받아야 했다. 그렇지 않으면 그 가족 및 공동체에서 끊겨지게 된다.

1. 왜, 할례를 행하여야 하나?

17:10 너희 모든 남자는 (　　　)를 받으라 이것이 '너' 와 '너희' 와 '너희 후손' 사이에 지킬 내 (　　　)이니라 너희는 양피(陽皮)를 베어라 이것이 나와 너희 사이의 언약의 (　　　)이니라.

(1) 우리는 앞에서(17:1-8), 아브라함과 맺은 언약의 재확인 과정에서 ① 땅에 대한 약속(8절)과 ② 열왕이 아브라함에게서 나오리는 것과 ③ 주께서 그의 백성의 하나님이 되시리라는 것(7절)을 살펴보았다. 이러한 약속의 재진술이 17:2, 4, 7에서 언약(베리트)이라고 소개되었다.

(2) 이제 하나님께서는 아브라함과 그 후손에게 언약을 지키는 표로서 '할례' 를 명하신다. 모든 남자 아이는 낳은지 8일만에 할례를 받아야 할 것을 명하셨다. 이 할례(割禮)는 아브라함과 언약을 맺으신 후 주어진 '언약의 징표' 라고 말한다. 따라서 아브라함과 그 자녀뿐만 아니라 아브라함의 종들의 종까지도 이 할례의 범위에 포함된다(17:9, 12).

2. 할례는 누가 받을 수 있는가?

17:12 대대로 남자는 집에서 난 자나 혹 너희 자손이 아니요 이방 사람에게서 (돈으로 산 자)를 무론하고 난 지 (　　)일 만에 할례를 받을 것이니라.

이 의식을 행하지 않으면 혈통이 이스라엘 백성이라 해도 언약의 공동체

1) 아브라함이 할례를 받은 것은99세때였다(17:24). 이때 이스마엘도 할례를 받았는데, 그의 나이 13세였다. 그렇다면 아브라함이 믿음으로 의롭다 칭함을 받은 사건은(창 15:6) 그가 할례 받기 최소한 14년 전이다. 아브라함이 의롭다함을 받은 사건은 할례 받기 전이라는 말이다. 그가 할례 받았기 때문에 의로와진 것아 아니다(롬 4:10).

인 하나님의 백성으로서의 이스라엘 백성은 될 수 없었다(14절). 이 할례는 이스라엘에게만 있었던 독특한 제도는 아니었다. 아라비아인들, 모압족, 에돔족, 암몬족, 애굽인들도 할례를 행했다. 그러나 이스라엘 백성의 할례는 그의 백성과 맺은 하나님 계약의 징표로 사용되었다는 점에서 이방인들의 할례와 다르다.

3. 할례 받지 아니하면 어떻게 되는가? (17:14)

(1) 할례를 받음으로써 언약이 주어진 것인가?
물론 아니다. 할례 받기 전에 이미 "열국의 아비"로 만들겠다는 약속에 근거하여 그 언약의 징표로 할례를 준 것이다. 로마서 4장에서, 바울은 아브라함이 의롭다함을 받은 사건이(창 15:6) 아브라함이 할례 받기 이전이라는 것을 보여주고 있다. 아브라함은 99세 때에 할례를 받았다(창 17:24). 그러므로 할례가 아브라함을 의롭게 한 것이 아니다. 도표를 보자.

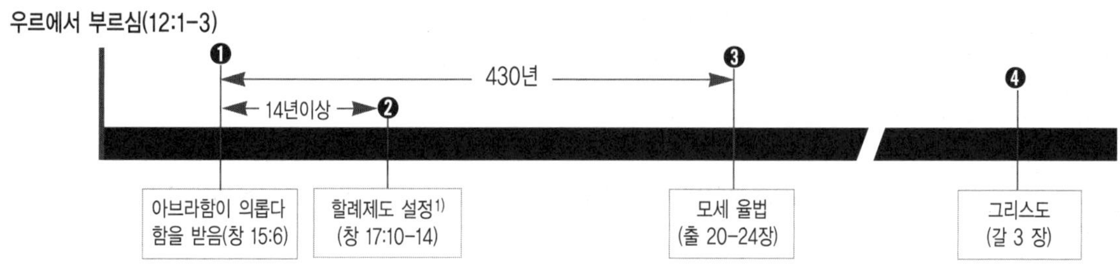

도표설명

▲ 하나님이 아브라함과 언약을 맺으실 때(❶), 아브라함이 받은 것은 예수 그리스도를 통하여 의(義)를 주시겠다는 약속이었다. 이삭의 후손 예수 그리스도를 통하여 세상을 구원하시겠다는 약속을 아브라함은 믿었다. 그 믿음을 보시고 이것을 의(義)로 여기셨다(롬 4:3, 창 15:6 참조).

▲ 갈라디아서에서는 아브라함과의 약속(❶)은 '430년 후에 생긴 율법' (❸)이 와도 변경되지 아니한다고 말한다(갈 3:17). 430년 후에 생긴 율법이 그 이전에 아브라함과 세운 언약을 취소시킬 수도, 무효화시킬 수도 없다는 말이다. 결국 그리스도 안에서의 구원은 아브라함과의 언약에 근거한 구원이라는 말이다. 사도 바울은 갈라디아서에서 "만약 우리가 받을 하나님 나라의 축복이 율법에 의존한 것이라면, 아브라함과의 언약은 무슨 의미가 있는가?" 라고 반문한다. 바울은 사람끼리도 한번 맺은 약속도 변경하지 못하는데 하물며 하나님이 약속을 이행치 않으시겠는가? (갈 3:15) 따라서 우리가 구원을 받은 것은 아브라함의 언약에 근거한 것이지 율법에 의해 구원받는 것이 아니라고 주장한다. 그렇다면 율법(❸)은 도대체 무엇이며, 왜 주셨단 말인가? 물론 여기서 이를 자세히 논할 수 없다.

▲ 바울은 로마서 4장에서 아브라함이 의롭다함을 받은 것(창 15:6 ❶)은 적어도 14년 후에 제정하신 할례(❷) 때문도 아니고, 430년 후에 생긴 율법(❸) 때문도 아니라는 사실을 변증한다. 바울은 할례는 '믿음으로 구원 받은 사실'을 '**다시한번 인친 것**'이라고 말한다(갈 4:11).

할례의 영적 의미

1 특 성 : ① 아브라함과 하나님의 계약 표시. ② 유대인과 이방인의 구별 ③ 가견적 교회에 입회한다는 표. ④ 신약에 세례(洗禮)를 예시(豫示)한다.

2 고후 1:22, 엡 1:13, 엡 4:30* 등에서는 신약의 성도들이 성령을 소유하는 것에 같은 말을 사용하고 있다.

3 골 2:11을 보라. 할례와 세례의 관계가 설명되어 있다. 할례로 그리스도와 함께 된다는 사실을 말하고 할례와 세례가 서로 연관되어 있는 것으로 표현하고 있다. 골 2:11절에서는 신자들이 할례를 받은 것으로 간주한다(그리스도 안에서). 이 할례는 물론 손으로 하지 아니한 할례를 말한다. 하나님 자신이 인간의 마음 속에 정화(淨化)의 작업을 하신다.

4 할례는 '마음의 할례'를 해야 한다고 성경은 계속 강조하여 말하고 있다(신 30:6, 신 10:16, 렘 4:4, 렘 9:25,26을 꼭 보라). 표면적 육신의 할례가 할례가 아니다(롬 2:28). 즉 유대인으로 태어났다고 해서 참 유대인이 아니다. 육체에 할례를 받았다고 참 할례가 아니라 마음의 할례 즉, 마음의 변화를 받은 사람만이 참 유대인이요, 율법에 의한 할례가 아니라 성령으로 받은 할례가 참 할례라고 말하고 있다(롬 4장).

(2) 즉 할례는 이 '믿음'에 대한 날인(捺印, sign)이었다(롬 4:10-11). 아브라함의 믿음을 받으시고 아브라함과의 언약을 끝까지 성취시켜 주신다는 사실을 확증해 주기 위해 덧붙인 것이라고 말하고 있다. 그러나, 이 할례를 받지 아니하면 백성 중에서 끊어진다. 이는 곧 하나님의 언약을 배반하는 일이기 때문이다.

4. 그렇다면 아브라함과 세워진 창세기 15:6의 원칙은 없어지는 것인가?

(1) 아예 조금 더 '아브라함 언약'과 '율법(시내산) 언약'의 관계를 설명 해보자. 그러니까 처음에 아담에게 세워진 언약은 노아와 아브라함에게서 재확인된다. 이후에 언약 관계는 모세에게서 **'갱신되어'** 법적인 차원이 강조된다. 그렇다고 하나님의 계속적인 약속이 파기된 것은 아니다. 언약은 항상 율법 위에 자리한다. 따라서 아브라함과 세워진 "믿음으로 의롭다 하심을 받는다"(창 15:6)는 원칙은 계속된다. 그러니까 모세 언약의 특징은 '믿음으로 말미암아 은혜로 하나님과 하나됨'을 (율법을 통해) 경험함으로써 언약 관계의 축복을 받은 후에 그 축복을 계속하기 위한 것이다.

(2) 그러므로 돌판 위에 새겨진 언약 규정의 구체화는 아브라함의 언약의 은혜로운 약속을 파기하는 것이 아니다. 사도 바울은 이전 언약을 폐기하기보다는 덧붙여진 것이라고 말한다(갈 3:17*). 율법 언약은 약속 언약을 폐

- 고후 1:22 "저가 또한 우리에게 인치시고 보증으로 성령을 우리 마음에 주셨느니라."
- 엡 1:13 "그 안에서 너희도 진리의 말씀 곧 너희의 구원의 복음을 듣고 그 안에서 또한 믿어 약속의 성령으로 인치심을 받았으니."
- 엡 4:30 "하나님의 성령을 근심하게 하지 말라 그 안에서 너희가 구속의 날까지 인치심을 받았느니라."
- 갈 3:17 "내가 이것을 말하노니 하나님의 미리 정하신 언약을 사백삼십 년후에 생긴 율법이 없이 하지 못하여 그 약속을 헛되게 하지 못하리라."

왜 8일만에 할례를 행하는가? 의학적으로 그럴만한 이유가 있다던데….

기하지 않았을 뿐 아니라, 약속 언약의 일시 대용품이 아니었다. 언약으로 하다가 잘 안되니까 율법을 주신 것이 아니라는 말이다. 다시말하면 '율법 언약'이 오기 때문에 '약속 언약'이 무효로 돌아간 것이 아니다.

(3) 그러므로 아브라함과 맺은 언약은 지금까지, 물론 오늘날도 여전히 유효하다. 그렇다면 오늘날 우리는 무엇에 근거해서 구원받는가? 율법에 근거해서? 아니다. 아브라함의 언약에 근거해서 믿음으로 구원받는 것이다. 이 내용은 로마서와 갈라디아서에서 자세히 배울 내용이다.

사라가 정녕 아들을 낳으리니 (17:15~21)

본문도입

오랜 기다림, 그것은 늙은 아브라함을 지치게 하기게 충분했다. 그러나 그 약속은 마침내 실현된다. 하나님의 때가 왔기 때문이다. 아직도 하나님의 약속이 피부에 와닿지 않아서 인가 사라는 자식을 주신다는 약속에 속으로 웃어버렸다. 아브라함은 백세나 되었는데, 이제 무슨 자식이 생산되겠는가, 차라리 이스마엘로 하여금 대를 이어가도록 해달라는 간청을 드린다. 너무 오랜 기다림에 지쳐서였을까? 그러나 하나님은 태어날 자식의 이름까지 지어주시면서 그 약속의 확실함을 더하신다.

1 그렇다면 약속의 소망은 누구에게 있는가?

17:19

☞ '할례'를 어떻게 하는 것이냐고? 그것 참. 모르는 사람은 아는 사람한테 물어보기로 하자.

☞ 남자들은 하루에도 여러 차례 소피를 보는 중에 하나님의 언약과 그분의 신실하심을 기억할 수가 있을 것이다. 복된 일이다. 무슨 소린지 모른다면 정말 곤란해. 그러면 여자는? 글쎄.

(1) 약속의 소망이 사라에게 있을까? 물론 사라에게도 그 약속의 소망은 없었다. 아니 그는 속으로 웃고 있지 아니한가! (18:12) 아브라함도 역시 이 사실을 의심하고(?) 있었을 것이다(17:18 참조). 그는 너무 늙어 실제 죽은 것이나 다름 없었다(18:11). 아들이 태어난다는 사실은 너무나 인간의 기대밖이었기 때문이었을 것이다.

(2) 이제는 하나님의 기적밖에는 달리 소망이 없었다. 이제 이 기적이 이 두 사람에게서 일어나게 될 것이다.

2 그런 속에서도 하나님은 사라의 이름을 어떻게 바꿔주셨으며, 그 뜻은 무

이름이 갖는 의미

구약시대에는 '이름'은 어떤 사람이나 물체의 속성을 나타나는데 필요한 것으로 사용되었다. 아담도 각종 들짐승과 공중의 각종 새에게 이름을 지어 불렀다. 모두 그 속성들을 드러내는 이름으로 지었다. 하나님은 아브람(=high father)을 아브라함(=많은 <群衆, multitude> 자의 아버지, 많은 사람, 곧 이방의 모든 사람, 신약의 성도들도 포함, 롬 4:16,17)으로 고쳐 부르게 하셨다(창 17:5). 또 야곱을 이스라엘(=야곱이 하나님과 더불어 참고 싸워 하나님의 도우심으로 마침내 자기의 혈육을 이겼다는 뜻이 있다)이라고 불렀다. 이렇게 이름이 그 인격과 그의 속성에 깊은 관계가 있음을 본다. 여기서도 함축적인 의미가 들어있음이 분명하다. (구약신학논고, 76-77면)

엇인가? (17:15)

(1) '사래'(Sarai, שָׂרַי; 나의 여왕)라는 이름을 사라(Sarah, שָׂרָה; = princess, 여왕, 왕비)로 고쳐주신다. 그녀는 열국의 어미가 되고, 민족의 열왕이 그에게서 나오게 될 것이라고 말씀하신다(16절).

(2) 그러나 아브라함은 확신이 그리 없었던 것같다. 나이가 너무 많아서 그랬을까? 아브라함은 엎드리어 웃으며 속으로 말했다. '내 나이 100살이고 내 아내 사라는 90세 된 할망구인데 어찌 자식을 낳을 수 있으리오! 차라리 이스마엘 녀석이나 잘되었으면 좋겠는데…이생각 저생각' (17:17, 18) 아브라함은 하나님께 아들은 둘째치고 이스마엘이나 잘되게 해달라고 원한다.

3. 하나님은 이스마엘에게 어떤 축복을 내리시는가?

17:20

물론 이 약속은 후에 그대로 이루어졌음을 본다(창 25:12-18). 또 쫓겨난 하갈에게도 하나님은 긍휼을 베푸셨다(창 21:18, 19). 그러나 이들은 세속적인 축복만을 받았을 뿐이다. 이들은 하나님의 언약의 반열에서 제외된다.

4. 그러나, 하나님께서는 아직도 의아해 하는 아브라함과 사라에게 어떻게 말씀하시는가? (17:19)

(1) 하나님은 하나님의 방식대로, 즉 자신이 약속하신 대로 성취시키겠다고 말씀하신다. 하나님은 이미 폐경해 버린 사라의 몸에서 이삭을 주실 것이라고 말씀하신다. 하나님은 사라의 몸에서 낳을 이삭과 언약을 세울 것을 약속하신다(21절). 이제 이 모든 것은 오직 전능하신 하나님에 의해서 성취될 것이다. 하나님이 아브라함에게 요구하시는 단 한 가지는 어린 아이와 같은 순종뿐이었다. 아브라함은 이 말씀에 확신으로 응답한다. 그는 하나님의 명령에 즉각 순종한다. 모든 식구들을 불러 모아 할례를 행한다. 이때 아브라함이 99세였고, 이스마엘은 13세였다. 아브라함에 속한 모든

사라의 웃음 : 너무나 많은 세월을 기다린 아브라함 부부, 이들은 하나님의 약속에 웃었다(17:17). 그 웃음의 뜻이 무엇이었는지는 확실치 않으나 물론 비웃음은 아니었을 것이다(롬 4:19절 을 읽어보면).

남자는 다함께 할례를 받았다.

(2) 아브라함과 맺은 언약은 영원한 언약이다. 이 약속은 인간의 순종이 아니라 하나님의 주권적 의지에 의존한다. 즉 개인이 불순종한다고 해서 이방인을 구원하시려는 하나님의 목적을 좌절시키지 못한다는 말이다. 그러나 아브라함은 하나님의 말씀에 순종했다고 성경은 말한다. 훗날 이스라엘은 불순종을 거듭했으나 그럼에도 불구하고 이들을 아주 싫어버리지 않으시고, 아주 멸하지 않으시며, 그들과 세운 언약을 폐하지 않으실 것임을 약속하신다(렘 26:44).

5. 아브라함의 언약은 그의 후손들에게 어떻게 계속되는가?

17:19 "…너는 그 이름을 이삭이라 하라 내가 그와 내 (　　)을 세우리니 그의 후손에게 (　　　　)이 되리라."

아브라함의 언약은 이삭에게서 계속될 것이라고 말씀하심으로써 아브라함과의 언약이 영원한 언약임을 말씀하신다. 이 언약은 이삭과 야곱에게서 계속 이어진다. 이 후손들을 통해서 훗날 이들이 살아가야 할 땅이 주어진다. 아브라함의 언약은 이렇게 구약성경 전체에 걸쳐 하나님의 백성에 관한 뼈대로 이어진다. 이 언약이 출애굽기에서 시내산 언약으로 연결되어짐을 보게 될 것이다(출 20장).

적용 도우미

- 아브라함의 믿음의 행로를 보라. 그의 생애 속에서 얼마나 많이 세상의 관습을 좇으려 하는가. 나는 나의 삶속에서 얼마나 성급하게 하나님의 응답을 기다렸는가?

- 나는 세례를 아주 기쁜 마음으로 받았는가, 아니면 이제 세상재미(?)는 끝났구나 하는 개운치 않은 마음으로 받았나? 후자의 경우라면 왜, 그랬다고 생각하는가?

- 아브람이 아브라함으로, 사래는 사라로 이름을 바꿔주셨다. 하나님의 언약의 확실함을 강조하기 위해서였다. 또한 이 일로 아브라함은 새로운 각오가 있었을 것이다. 우리 주위에서도 각오를 새롭게 하면서 이름을 바꾸는 사람들이 있다. 아마 하나님께 더욱 충성하려고 하는 마음에서 그랬을 것이다. 물론 그렇게 하지 않아도 될 사람이 바꾼 경우가 있어 우리는 웃기기도 하지만.

할례의 구속사적 의미

확대경(No. 24)

할례와 세례 (circumcise & baptize)

"너희 중 남자는 다 할례를 받으라…이것이 내 언약이며" "그것은 언약의 표징이니라"(창 17:9–14)

1. 언약의 표적 : 할례

(1) 하나님께서는 아브라함과 그 후손에게 언약을 지키는 표로서 할례를 명하셨다(창 17:10절). 모든 남자아이는 낳은지 8일만에 할례를 받아야 했다. 그런데, 이 할례(割禮)는 아브라함과 언약을 맺으신 후 주어진 언약의 징표라고 말씀하신다. 이 의식을 행하지 않으면 혈통이 이스라엘 백성이라 해도 언약의 공동체인 하나님의 백성으로서의 이스라엘 백성은 될 수 없었다(창 17:14).

(2) **할례의 구속적 의미** : 할례는 백성들을 외적으로 조직된 공동체 이스라엘 속으로 이끄는 표시인 동시에 하나님과의 관계 속의 신분을 나타낸다. 특히 할례의식 속에 있는 외부적 표적을 통해 강조된 죄씻음의 상징은 영혼 정화의 의미로 확대된다. ⇒ "마음의 할례" 강조(신 10:16, 30:6)

(3) 할례를 받음으로써 언약이 주어진 것인가?
아니다. 할례 받기 전에 이미 "열국의 아비"로 만들겠다는 약속에 근거하여 그 언약의 징표로 준 것이다. 로마서 4장에서 바울은 아브라함이 의롭다함을 받은 사건이(창 15:6) 아브라함이 할례 받기 이전이라는 것을 보여주고 있다. 아브라함은 99세 때에 할례를 받았다(창 17:24).

그러므로 할례가 아브라함을 의롭게 한 것이 아니다. 할례는 이 믿음에 대한 날인(捺印, sign)이다. 아브라함의 믿음을 받으시고 아브라함과의 언약을 끝까지 성취시켜 주신다는 사실을 확증해 주기 위해 덧붙인 것이라고 말하고 있다. 결국 할례자나 무할례자나 모두 믿음으로 그리스도의 의를 이룬다(롬3:30).

2. 성경에 나타난 할례의 구속적 의미

(1) 창세기 17:10-27 – 창세기 12:1-3에서 주신 언약과 '열국의 아비' 로 만들겠다는 약속을 근거하여 생식기 표피를 절단함으로써 언약의 징표(徵表)로 준 것이다.

(2) 출애굽기 12:43-49 – 유월절에 참가하기 위해 할례를 받아야 한다는 조건을 나타낸다. 이방인들도 누구든지 할례를 받으면 이스라엘인과 동일선상에 놓인다(구속의 보편성). 이 경우, '이스라엘' 은 구별된 민족의 단어가 아닌 '하나님과의 관계에서의 그의 백성' 으로 이해해야 한다. 따라서 유월절 식사에 참가할 수 있는 자격은 민족적 상징으로 보기보다는 하나님과의 관계에서 보아야 한다.

(3) 신명기 10:16 – 모세는 모압 광야에서, 백성들에게 '마음의 할례' 를 행하라고 한다. 물론 이들은 이미 할례를 받은 백성이었지만, 외적 할례를 언급치 않고, 마음의 할례를 강조한다. 그리고 목을 곧게 하지 말고, 우상을 섬기지 말라고 한다. '마음의 할례' 는 결국 하나님이 명하신 언약을 지켜 행하는 것이다(신 5:33). '마음의 할례' 를 해야지 언약을 지키며, 생명을 얻을 수 있다고 말한다. 신 6:5, 10:12). 롬 2:25-29도 보라. 여기서 새롭게 할례의 의미를 부각시킨 것이 아니고, 이미 할례의식 속에 존재했던 영혼정화의 의미를 강력하게 적용하고 있을 뿐이다.

(4) 여호수아 5:2-9 – 애굽에서 나올 때 할례 받은 자들이었지만, 이들은 불순종으로 광야에서 다 멸절되었다. 이제, 제 2세대들은 할례 받지 않은 민족이 되어버렸다. 하나님은 여호수아에게 이들에게 할례를 명한다. 그것도 적의 진지 앞에서. 그렇게 함으

로써, 구속의 의미인 유월절을 지키고 약속의 땅을 들어가게 하셨다. 그래서 그곳 이름을 '길갈'(뜻 - 굴러감, 애굽의 수치를 제거한다는 뜻)이라고 했다(수 5:9). 가나안 땅이 영원한 기업의 그림자인 것처럼 할례의 의미가 기업과 밀접한 관계를 갖는다.

(5) "할례 없는 자" - 할례 받지 않은 블레셋이 이스라엘과 대조해서 자주 등장한다(삼상 17:26,36). 사울은 할례 없는 자의 손에 잡히기보다는 차라리 죽으려 한다(삼상 31:4). 여기서는 할례 받지 않은 자라는 의미는 이방인의 성격을 뜻하기보다는 "깨끗하게 되지 않은" "자격이 없는"이란 의미이다.

(6) 예레미야 4:4 - 마음에 할례 촉구 : 부패의 극을 달리던 이스라엘에게 하나님은 이방의 심판을 받게 하신다. 이때 예레미야는 백성들에게 마음의 할례를 촉구한다. 가죽을 베는 할례가 아니라 마음의 가죽을 베어야 하나님의 심판에서 구원받을 수 있다고 외친다. 외적 할례만으로는 무가치하다는 것을 강조한다.

(7) 겔 44:7-9 - 에스겔도 예레미야와 같은 개념으로 마음의 할례를 외친다.

(8) 복음서에서는 할례에 대해 어떻게 언급되어 있나?

그 당시는 율법시대와 은혜시대의 과도기로서 할례와 세례가 겸용되었다. 예수님도, 세례요한도 8일만에 할례를 받으셨다(눅 1:59, 3:21). 그러나 할례 대신 세례를 가르치시고, 세례를 받으신 것은 율법주의 유대인에게는 도전적이었다. 이는 율법으로는 의를 이룰 수 없고 그리스도께서 대속적인 성질을 지닌 세례를 받아야 했기 때문이었다.

그래서 할례 대신 세례를 제정하신다(마 28:19-20, 막 16:15-16). 이 세례는 불과 성령으로의 세례를 의미하는 데 가치가 있다. 그러므로 사복음서는 구속의 형태가 변화되는 과정으로 할례가 세례로 발전되는 중요한 영역이며, 할례의 영적 의미가 그리스도의 구속사역과 연결되어 표면적으로 구속적 의미를 입증한다.

(9) 갈라디아서 - 바울은 유대주의자들의 주장점(율법으로서 할례의식을 통해 하나님의 백성과 아브라함의 영적 자손이 된다고 믿음)에 대해 할례의 무가치함을 역설했다. 할례나 세례가 중요한 것이 아니라 오직 사랑으로 역사하는 믿음뿐임을 강조하고 있다.

(10) 로마서 - 할례의 무가치성에서 영적 가치성을 주장. 아브라함의 자손이 될 언약은 믿음의 의로 말미암는다(롬 4:13).

(11) 에베소서 · 빌립보서 · 골로새서 - 구원받아 새 사람이 되는 것은 표면적 할례가 아니라, 그리스도 안에 있는 자라야 한다.

➲ 결 론 : 진정한 할례는 외적 할례가 아닌 성령으로 성화의 길을 걷는데 의미가 있으며, 그리스도 안에 의를 믿음으로 이루는 것이다. 그러므로 성경에 나타난 할례의 의미는 표면적 할례에서 ⇒ 내적 할례로 발전되고, 그리스도의 믿음을 통한 성령의 역사로 구속적 적용을 갖게 될 때 진정한 의미가 나타난다. (❖)

창세기 16, 17 장 요약 정리

요약질문

1- 8절 이스마엘을 낳고, 13년이 지나서야

- 하나님의 진정한 역사는 언제 나타나는가?
- 이번의 언약과(2절) 지난번 언약간에 상관성을 말해보라.
- '아브람' ➡ '아브라함' 으로의 개명(改名), 그것은 무엇을 의미하는가?
- 아브라함에게 주어진 언약의 내용은 무엇인가?(5-6절)
- 언약의 대상은 누구누구인가? (7절)
- 언약의 핵심은 무엇인가? (7-8절)

9-14절 할례제도 설정

- 할례 제도는 왜 설정하셨는가?
- 할례를 받아야 할 대상자들은 누구인가?
- 왜 이방인이나 종들까지도 할례를 베풀어야 하는가?
- 태어난지 몇일 만에 할례를 시행해야 하는가? 왜 그때 시행해야 하는가?
- 할례는 신약에서 무엇으로 바뀌는가? 할례의 구속사적 의미를 말해보라.
- 마음의 할례는 어떻게 받는 것을 말하는가?

16절 – '사래' 의 이름을 '사라' 로 고쳐주심

- 사래와 사라의 의미는?
- 아브라함의 웃음은 어떤 웃음이었는가? (17절)
- 아브라함의 단순한 소망은 무엇이었나? (18절)
- 아브라함에게서 태어날 자녀의 이름까지 주셨다. 이 언약은 이삭에게도 세워질 것이다. 언약의 영원성을 말해보라.
- 이스마엘에게는 어떤 축복을 주셨는가? (20절)
- 하나님이 아브라함에게 요구하시는 것은 무엇인가?
- 아브라함과 이스마엘은 각각 몇세에 할례를 행했는가?
- 영적 할례의 특성을 말해보라. (교재)

Summary

연구과제

(1) 창세기 17장은 아브라함의 언약을 통합하는 역할을 하고 동시에 세부사항을 확대시키는 역할을 하는 장이다. 12장, 15장과 연결해서 설명하라.
(2) 할례의 영적 의미와 신약에서의 개념을 설명하라.

Back to the Bible

18, 19장

소돔과 고모라의 멸망

- 천사의 출현: 네 아내 사라에게 아들이 있으리라(18:1-19)
- 소돔과 고모라의 죄악(18:20-33)
- 죄악이 극에 달한 소돔성(19:1-11)
  롯의 사위들은 소돔성의 멸망을 농담으로 여겼다(19:14).
- 성을 엎으실 때에 아브라함을 생각하심(19:29)
- 롯의 실수(19:30-38) : 모압과 암몬 출생

상당한 시간이 흘러갔다. 롯은 또다시 큰 어려움을 당한다. 어떤 어려움일까? 롯은 그의 삼촌 아브라함으로인해 소돔성의 지도자로 부상해 있었다. 창세기 14장에서 볼 수 있듯이, 당시의 세계적 강국 엘람 왕 그돌라오멜이 이끄는 북방 연합군이 사해지역의 도시들을 습격했다. 소돔과 고모라는 초토화되었고 많은 사람들이 포로로 끌려갔다. 롯도 역시 그 가족들과 함께 포로로 사로잡혀 갔다. 이 소식을 들은 아브라함은 가신(家臣)들을 이끌고 단까지 쫓아가 기습작전을 폈다. 롯을 비롯한 포로들을 구출해 왔다. 이 사건으로 롯은 소돔과 고모라에서 일약 스타가 되어버렸을 것이다. 이후 롯은 그 지역에서 재판관의 역할을 해왔다.

그러나 그가 살고 있는 소돔과 고모라는 다른 어떤 지역보다 부패가 극에 달해 있었다. 그 부패는 결국 하나님의 심판을 불러왔다. 그대로는 더 이상 방치할 수 없는 극악(極惡)으로 치달았기 때문이다. 하나님은 마침내 소돔과 고모라를 멸망시킴으로써 두고두고 오는 세대에게 경종을 울리시기로 작정하신다. 그래서 하나님은 두 천사와 함께 이 지역에 나타나셨다. 그러던 중 어느 날 아브라함은 천사를 영접한다. 아브라함은 지금 마므레 상수리 수풀 근처에 기거하고 있었다(창 13:18, 14:13). 오정 즈음에 장막 문에 앉아 저 멀리 눈을 들어 보다가 사람 셋이 서 있는 것을 보게 된다. 아브라함은 귀한 손님들이 찾아온 것을 알았다. 그는 아마 평소에도 손님을 잘 대접했던 것 같다. 더욱이 유목민인 아브라함에게는 여간해서 여행객을 만난다는 것은 쉽지 않았을 것이다. 그는 즉시 그들을 영접하고 최선을 다해 식탁을 마련했다. 물론 처음에는 이들이 천사였다는 사실을 알 지 못했다. 히브리서 13:2에서는 아브라함이 '부지 중에' 천사를 영접했다고 했다.

자그렇다면 왜 그들이 이곳에 나타났을까? 결국 아브라함은 이들이 천사였다는 것과 그 중에 한 분은 하나님이시라는 사실을 알게 된다. 이들은 아브라함에게는 아직도 실감이 가지 않는 약속이긴 하지만 자식이 출생될 것임을 다시 한번 확약케 해준다. 그리고 무엇보다 죄악이 가득찬 소돔과 고모라를 멸하실 것이라는 사실도 알게 된다. 순간 그의 뇌리를 스치고 가는 생각이 있었다. 자기 조카 롯이었다. 소돔과 고모라가 멸망한다면 틀림없이 롯이라고 안전할 리가 없었다. 급해진 아브라함, 그는 하나님께 롯을 그 멸망 중에서 구원해 줄 것을 간청한다.

사라에게 아들이 있으리라 (18:1~5)

본문도입

아브라함에게 자녀 출생의 약속을 확약한지(창 17장) 얼마나 지났을까? 지금 아브라함은 마므레(헤브론 북쪽 2km 지점) 상수리 수풀 근처에 장막을 치고 있었다. 그러던 중 아주 특별한 손님들을 영접한다. 아브라함은 최선을 다해 이들을 대접했다. 사라는 이 때까지도 자기 자신이 자식을 낳게 되리라는 확신이 없었다. 이들 손님들은 아브라함에게 아내 사라가 자식을 갖게 될 것이라고 통보한다. 이 이야기를 장막 뒤에서 듣고 있던 사라는 속으로 웃었다. 사라는 이들 손님에게 책망을 들은 후에야 조금은 확신이 섰을 것이다. 이들이 천사들이며 이들 중 한 분이 하나님이시라는 사실을 알게 된다.

לוט

<롯> : 로트 - 하란의 아들이며 아브라함의 조카이다. 아브라함과 애굽에까지 동행했다. 다시 가나안으로 올라온 후 아브라함은 롯을 분가시킨다. 롯은 먼저 소돔과 고모라가 있는 소알 지역을 거주지로 택한다. 그는 소돔성의 기준에서 의인이었을 것이다(벧후 2:7-8). 그러나 자신을 찾아온 손님을 대접하는 과정에서 죄와 타협하기도 했다. 그는 너무 세상에 대한 애착이 컸다(창 19:16).

1. 아브라함은 어디서 누구를 영접했는가?

18:1-3

야고보 사도는 행함을 강조할 때, 아브라함을 그 예로 들어 설명했다(약 2:18이하). 아브라함은 '하나님의 벗'이라는 칭함을 받았다(약 2:23, 사 41:8, 대하 20:7을 찾아보라). 아마 아브라함은 이 세 사람을 영접하기 전에 이 분들이 천사와 하나님이신 줄을 모르고 있었을 것이다. 히브리서는 이 사건에 대해 어떻게 설명하고 있는가? "손님 대접하기를 잊지 말라 이로써 '부지 중에'[1] 천사를 대접한 이들이 있었느니라"(히 13:2).

• 부지 중에(ἔλαθόν)
: λανθάνvω('숨기다, 모르는새, 눈치 채이지 않다' 등의 뜻이 있다. 제2부정 과거 능동태 직설법) / 천사를 대접하면서도 '눈치를 채지 못한' 어떤 사람이 있었다는 말이다. 아브라함과 사라는 바로 이와 같은 일을 했다.

2. 아브라함이 그들을 대하는 태도는 어떠했나?

18:4-8

그가 어떻게 영접했는가 성경을 보고 대답해 보자(18:3-8). 무엇을 푸짐하게 차렸을까? 떡도 만들고, 송아지 특별요리도 했고, 그리고… 상다리가 부러지도록 많이 차렸을까? 그것보다는 아브라함의 공손함과 예의가 더 맛있는 식탁이었으리라.

3 이들 천사들은 어떤 소식을 알려주었는가?

18:10 기한이 이를 때에[1] 내가 정녕 네게로 돌아오리니 네 아내 (사라)

히브리서에서는 아브라함이 부지 중에 천사를 영접했다고 말하고 있다(히 13:2).

에게 (　　　)이 있으리라 하시니, 사라가 그 뒤 (장막 문)에서 들었더라.

1) 기한이 이를 때에 : 하나님은 이미 17:21에서 아들이 태어날 기한을 제시하셨다. 그 "정해진 때에"(appointed time next year) 아들이 태어나게 될 것이다.

(1) 그러나 사라의 믿음은 어떠했나? 그녀는 지금 몰래 장막 뒤에서 이들과 아브라함의 말을 엿듣고 있었다. 그런데 이 낯선 사람들이 한 상 잘 차려 먹고 나더니 말도 안되는 소리를 하고 있잖은가! "사라가 속으로 웃고 이르되 내가 노쇠하였고, 내 주인도 늙었으니 내게 어찌 '낙'[2]이 있으리요"(12절).

2) 낙(עֶדְנָה) : 에덴(עֵדֶן)은 아단(עדן)에서 유래했으며 '사치, 화려, 진미, 즐거움, 기쁨'을 의미한다. 여기서는 성적 즐거움을 말하는 것 같다.

(2) 그녀는 속으로 웃었다. '내가 지금 나이가 몇 살인데? 임신의 능력이 사라진지가 언젠데!'(11절) '이 양반들 무슨 소리를 하고 있는거야!' 사라가 어떻게 웃었을까? '피~좋아하시네' 그렇게야 웃었을라고. 어쨌든 그녀의 웃음은 이 낯선 사람들의 농담(?)을 가볍게 웃어넘기고 있었다. 물론 비웃음은 아니었다. 아브라함도 그랬었지 않은가! (17:17을 보라)

3. 사라의 이러한 생각에 이들은 어떻게 책망했는가?

18:13,14 "…사라가 왜 웃으며 이르기를 내가 늙었거늘 어떻게 아들을 낳으리요 하느냐 여호와께 (　　　　　)이 있겠느냐 기한이

• 천사 : 세 사람 중 두 사람은 인간의 모습을 취한 천사였다(18:22, 19:1을 보라). 또 한 사람은 '여호와' 였다(18:1,13절이하 참고). 예수의 성육신 이전의 모습이라고 주장하는 학자들도 있다. 성경의 다른 부분을 더 찾아보라(참고 : 수 5:13, 6:5, 삿 6:11-22, 13:2-21).

이를 때에 내가 네게로 돌아오리니 사라에게 아들이 있으리라."

드디어 하나님은 자신의 정체를 드러내신다. 지금 하나님은 '야웨'의 이름으로 나타나셨다. 정한 기간에 약속한 아들이 태어나게 하는 신실하신 언약을 성취하는 분으로 나타나셨다. "야웨께서 아브라함에게 이르시되 사라가 왜 웃으며 왜 나의 말에 불신하느냐?" "여호와께 '능치' 못할 일이 있겠느냐?(Is anything too hard for the Lord?) 기한이 이를 때에 내가 네게로 돌아오리니 사라에게 '아들' 이 있으리라." 하나님은 지금 아브라함에게 말씀하시면서 사라를 책망하고 계신다.

4. 그러한 사라도 결국 잉태하여 이삭을 낳았다. 히브리 기자는 이 사실에 대해 어떻게 설명하고 있나?

히11:11
사라 자신도 —— **얻었으니**
/단산하였으나(=한) /믿음으로
/힘을
/잉태하는
/늙어
/나이

//이는(이유: ἐπεὶ, since)
[그가] —— 앎이라
/미쁘신 줄
/약속하신 이를

히 11:11 (　　　)으로 사라 자신도 나이 늙어 (단산하였으나) 잉태하는 힘을 (얻었으니) 이는 약속하신 이를 미쁘신 줄 앎이라.

(1) 아마 사라의 마음 속에서는 신앙과 불신앙이 서로 싸우고 있었을 것이다. 그래서 웃기도 했고 두려워하기도 했을 것이다. 성경에서 보는 대로 아직까지 사라는 그렇게 큰 믿음이 있었던 것 같지는 않았다. 그러나 마침내 그의 신앙은 승리했다. 히브리 기자는 이 사실을 찬양하게 되었을 것이다. 이삭이 출생했을 때에 사라는 영적으로 기쁜 웃음을 웃었다(창 21:6-7). 이 책망을 통해서 사라는 더욱 큰 믿음을 가지게 되었을 것이다.

(2) 잉태케 하시는 하나님, 사라는 나이 늙었음에도 불구하고 잉태하게 되었다. 하나님께서 사라를 잉태케 하셨기 때문이다. 하나님은 불가능한 상황에서도 잉태케 하시는 분이시다. 성경은 이 사실을 말씀한다. 자식을 20년 동안 기다린 리브가의 태를 여신 하나님이시다(창 25:21). 하나님은 성태치 못하게도 하시고, 잉태케도 하신다(삼상 1:6, 19-20). 그렇다고 이들 부부가 하나님에 대한 믿음 자체를 부했던 것은 아니다. 이들 부부는 하나님의 약속이 너무 더디자 일순간 아기를 포기했을지도 모른다. 따라서 믿음은 또다른 면에서 '인내'라 할 수 있을 것이다. 우리는 신앙생활 중 대개 '인내'(忍耐)라는 시험 과목에서 유급을 당하곤 한다.

조금만 더 깎아 주세요 (18:16~33)

본문도입

소돔과 고모라의 죄악은 하늘에 계신 하나님이 친히 시찰해서 확인해야 할 만큼 극에 달해 있었다. 천사들은 그 진위를 파악하고자 소돔성에 도착했다. 상황은 예상했던 대로였다. 낯선 손님들을 농락하려는 가증한 무리들, 소돔성의 죄악은 이미 끝간 데를 모르고 있었다. 결국 이 성은 유황탄을 맞고 사라진다. 롯과 그의 가족들은 천사들의 강제적인 구출작전으로 화를 면하기는 했지만 여간 부끄러운 구원이 아닐 수 없었다. 더욱이 롯의 아내는 물질에 대한 애착으로 결국 소금 기둥이 되어 후세의 사람들에게 두고두고 손가락질을 당한다. 이후로 소돔과 고모라는 죄악의 대명사가 되었다. 그리고 이 세상의 심판을 언급할 때마다 소돔과 고모라는 그 멸망의 예증이 되었다.

• 소알(Zoar, 초아르, '작은') : 소알의 위치는 정확히 확인되고 있지 않지만 사해 남쪽 약 8km 정도 지점에 위치한 곳으로 본다. 물이 풍부하고 비옥하고 목초지가 많았다. 소돔성이 멸망당할 때 롯은 이 소알성으로 도망가게 해 달라고 천사에게 부탁한다 (창 19장).

1. 소돔과 고모라가 심판 받아 멸망 당할 것이다. 소돔과 고모라 성의 죄악이 이미 멸망의 도를 크게 넘고 있었다. 어느 정도였는데?

18:20

2. 세 사람 중 두 사람(=천사)은 어디를 향하여 무엇하러 갔는가? (18:21, 22)

두 천사는 소돔성을 향해 내려갔다. '무엇을 알아보려고?' "내가 이제 내려가서 그 모든 행한 것이 '과연' 내게 들린 부르짖음 '같은지 그렇지 않은지' 내가 보고 알려하노라." 물론 하나님은 소돔과 고모라의 죄악상을 이미 알고 계셨다. 이번 방문은 마지막으로 이들에게 내릴 심판을 결정하기 위한 것이었다.

3. 아브라함은 누구를 위하여, 어떻게 중보기도를 했나?

18:23, 24

(1) 아브라함은 자기 조카 롯이 소돔성에 살고 있는 것을 기억하고 있었다. 그런데 지금 그 성(城)을 멸하시려 하고 있지 아니한가! 조급해진 아브라함, 그는 자기 앞에 서 계신 하나님께 조르기 시작한다. "가까이 나아가 가로되 주께서 '의인'을 '악인과 함께' 멸하시려나이까?"(23절) 아브라함은 지금 하나님의 공의에 대해 변론하고 있다. 이때 하나님의 인자는 어떻게 나

불타는 소돔성

타나고 있는가? "그래, 그 성중에 의인 50명만 있다면, 멸망치 않겠네."

(2) 희망이 생겼다. 가능성이 보였다. 멸망을 면할 수 있겠구나! 그러나 막상 50명이 있을 리 없었다. 그는 다시 한번 이렇게 하나님의 자비를 구한다. "티끌과 같은 나라도 감히 주께 고하나이다."(27절) 그렇게 해서 50명 ⇒ 45명 ⇒ 40명 ⇒ 30명 ⇒ 20명 ⇒ 10명까지 낮춰 간구했다.

(3) 그러나, 이 소돔성은 의인 열 사람도 없다는 사실 때문에 심판을 당한다. 그나마 의인이라고 간주될만한 사람은 오직 롯뿐이었다. 다만 하나님은 이 롯을 인하여 소돔성의 악인들을 살려두지는 않으셨다. 하나님의 자비하심으로 오직 롯과 그 가족만을 구원해 내신다.

4. 그래도 롯은 의인이라고 불릴만한 삶을 살고 있었다. 베드로후서에서 롯의 대한 설명을 참고해 보자.

"무법(無法)한 자의 음란한 행실을 인하여 고통하는 '의로운' 롯을 건지셨으니"(벧후 2:6-8).

롯(Lot)도 의로운 사람이라고 했다. 그러나 그의 삼촌 아브라함의 믿음은 더 하나님을 존귀히 여기는 사람이었음을 말해준다. 신령한 것에 눈이 어두우면 세상의 것을 더 사랑하게 된다. 롯의 믿음은 타락한 소돔성을 감화시키기에는 역부족이었다. 이 시대 · 세상은 악하며 하나님과 맞서고 있기 때문이다. 소돔과 고모라는 악한 영적인 권세들에 의해 지배되고 있는 세상이었다. 타락하고 구원받지 못한 인류가 그 권세들 앞에서 신음하고 있었다. 롯과 그의 가족이 그곳에서 허우적거리고 있었다.

적용 도우미

- 오늘 날 우리가 살고 있는 어느 동네는 소돔과 고모라보다 더하다지? 그런데 왜 유황탄이 떨어지지 않느냐고? 물론 그 불은 지옥에서 타오르겠지만, 아마 하나님의 은총이 더욱 크기 때문에 아직도 건재하고 있으리라.

- 죄에 대한 보응이 속히 임하지 않기에 사람들은 죄를 짓는데 용감하다. 아무리 소돔과 고모라가 어떻다고 말해도 우리와는 상관이 없단다. 그리고 오늘도 열심히 죄악을 쌓고 있다. 죄라는 말에 일부러 거부반응을 일으킨다. 아니 귀를 막고 있다. 세상은 아직도 우리가 살아가기에 재미있는 일이 너무 많단다. 우리가 살고 있는 세상이 자꾸만 소돔화되어감을 어찌할꼬!

죄악이 극에 달한 소돔성 (19:1–11)

본문도입

하나님은 인간들의 죄악의 참상을 확인하고 싶으셨을까?! 하나님은 두 명의 천사를 대동하고 부패의 현장에 나타나셨다. 천사들은 현장을 목격한다. 그리고 그 부패 정도가 이미 정도를 넘어섰음을 확인한다. 낯선 사람을 농락하려는 소돔 성 주민들, 이를 적극적으로 제지하려는 롯, 이성을 잃어버린 소돔성의 밤, 이들에게는 오직 하나님의 심판만이 기다리고 있었다. 심판의 급박함을 알리는 천사의 외침이 어느 늙은이의 잔소리처럼 들려오는 아침이었다. 마침내 심판이 내려졌다. 유황이 비오듯 소돔과 고모라를 덮고 있었다.

소돔과 고모라

롯 당시의 사해의 최남부 동쪽에 는 어떤 성읍이 있었나? 창세기 14:8을 보라. 이 일대는 기후가 온화하고 모압 산지에서 시냇물이 흘러내려 농사 짓기에 알맞고 목축에 적합한 지역이었다. 남쪽 아라바 계곡에는 수개의 구리 광산이 있어 이들 성읍에서 이것을 채굴하여 이용했을 것으로 추측하고 있다. 이런 천혜의 환경으로 이 성읍이 부유해짐에 따라 점차 타락한 생활을 하게 되었다. 그 후 소알 이외의 성읍은 형적도 없이 사라졌다. 사회가 부(富)하게 되었다면 그 사회는 벌써 멸망을 향하여 치닫 고 있는 중이다. 역사가 그것을 보여주고 있다.

1. 이들 천사들은 언제 소돔성에 도착했나?

19:1 (날이 저물 때에) 그 두 천사가 소돔에 이르니 마침 롯이 (   ) 에 앉았다가 그들을 보고 일어나 (   ) 땅에 엎드리어 절하여

(1) 소돔성에 대한 하나님의 심판은 감정에 의한 것인가? 아니다. 하나님의 심판은 공의로운 심판이다. 이 심판은 홍수로 인한 심판과 함께 이 세상에 있을 마지막 심판을 상기시켜 줄 것이다(벧후 2:6, 유 7절). 공의(公義)로 우신 하나님은 동시에 주의 백성의 간구에 신실하시고, 그 은혜로 죄인을 구원하신다. 심판 가운데서도 주의 인자와 은혜가 나타나고 있다. 아브라함의 간구는 헛되지 않았다.

(2) 그들은 저녁에 소돔 성에 도착했다. 마침 롯이 성문[1]에 앉았다가 이들을 발견하고 집에 가서 쉬고 가기를 간청한다(1, 2절). 만약, 다른 사람들이 이들을 먼저 발견했다면 그렇지 않아도 심심하던 차에 좋은 놀림감이 되었을 것이다. 밤에 길거리서 지낸다면(經夜, 경야) 해(害)를 당할 것이 틀림 없었다. 두 천사들은 롯(Lot)의 청탁에 응한다. 롯은 식탁을 차리고 이들을 대접했다(3절). 물론 롯은 이들이 천사라는 것을 알지 못했다.

1) 당시 성문은 단순히 하나의 통로로서의 문이 아니라 회합이나 교역의 장소로서 그 기능을 가지고 있었다.

2. 천사가 도착했을 때 소돔성의 상황이 어떠했나?

19:4, 5

(1) 이들이 아직 잠자리에 눕기 전에 소돔 백성들이 모여들기 시작했다. 어떤

놈이 소돔성 사람들에게 롯의 집에 낯선 사람이 들어와 있다는 사실을 알려주었을 것이다. "야, 오늘 밤 신나는 구경거리 생겼네. 뭐, 재미나는 일 없나 하던 참인데. 잘~됐어." "백성들이 무론노소(無論老少)하고 사방에서 다 모여 그 집을 에워싸고"(4절). 젊은이로부터 늙은이까지 예외없이 죄악을 행하려 모여들었다.

(2) "야, 롯 이시키야! 너희 집에 들어온 두 놈들, 지금 당장 끌어내!" 도대체 왜 끌어내라는 것일까? "이끌어 내라 우리가 그들을 *상관하리라.*[1]" 무슨 상관? 영어 성경(NIV)에는 이렇게 표현하고 있다 : "Bring them out to us so that we can have *sex with them*." 그렇다면 지금 이들을 성(性)의 도구로 삼겠다는 것 아닌가? 소돔성은 과연 듣던 대로였다(18:21).

1) '상관하리라'고 번역된 말의 원문은 야다(ידע)라는 말이다. '야다'는 '알다, 이해하다 경험하다, 관찰하다' 등의 뜻이 있다. 이 단어는 어떤 사람을 아는 것을 표현할 때 사용되지만 '성적 관계를 가지다'라는 의미로도 사용되었다. 예를 들어 아담이 그의 아내 하와를 알았다"고 했을 때 이는 성적 관계를 가졌다는 뜻으로 쓰인 것이다(창 4:1, 19:8, 민 31:17, 삿 11:39). NIV는 이 단어를 성적 관계로 번역했다.

3. 다급해진 롯(Lot)은 소돔 백성들을 무마하려고 어떤 제안을 했나?

19:7,8

(1) 그러나, 소용없는 일이었다. 롯은 아직 남자를 가까이 하지 않은 자기의 딸을 내주려는 제안까지 하면서 이 손님들을 보호하려 했다. 자기 집에 들어온 자는 그가 누구이건 보호해야만 하는 것이 그 당시 습관이었다고 한다. 롯은 이들 손님이 보통 사람은 아닌 것으로 알아챘을 것이다. 그러나 죄악에 깊이 빠져있는 소돔 백성들은 들은 체도 하지 않는다. 그러나 이러한 롯의 대처는 잘못된 것이었다. '롯도 정신이 나갔지.' '왜?' '자기 딸을 내주는 법이 어디 있어!' 그만큼 소돔은 부패했다는 증거일 것이다. 의로운 롯이라 했던 롯이 그 정도였으니까. 당시 여자들은 천하게 여겨졌다.

19:9 그들이 가로되 너는 (　　　　) 또 가로되 이 놈이 들어와서 우리의 (　　　　)[2]이 되려하는도다.

(2) 정말로 그들의 죄악이 극에 달했다. 듣던 대로 그들은 가장 악한 죄악까지도 서슴치 않았다. 두 천사가 지금 그 사실을 확인하고 있지 아니한가! 롯의 권유도 소용없는 일이었다. 분위기가 험악해졌다(9절하). 천사들은 "손을 내밀어 롯을 집으로 끌어들이고 문을 닫으며" 이들 무리들의 눈을 어둡게 했다(10,11절).

2) 우리의 재판관이 되려 한다니, 이게 무슨 소리인가? 앞에서도 이미 언급했듯이 롯이 북방 연합군에게 사로잡혀 갔을 때(창 14장), 롯은 그의 삼촌 아브라함의 덕택으로 구출되었다. 이때 이곳 주민들도 함께 구출을 받았던 것이다. 이후로부터 롯은 그들에게 재판관의 역할을 해왔다. 그리고 지금도 두 손님들을 위해 재판관 노릇을 하려고 하지 않는가! 소돔 백성들에게는 그 점이 아니꼬왔을 것이다. 이들은 지금 낯선 손님들보다는 롯을 더 해치려 날뛰고 있었다.

소돔과 고모라의 멸망 (19:14~28)

사해 근처의 소금 기둥

본문도입

드디어 소돔성에 심판이 내려진다. 설마하던 이들에게 유황불이 내려질 것이다. 그때까지도 천사의 경고는 메아리처럼 들렸다. 롯의 사위들까지도 농담으로 여겼다. 롯의 식구들이라고 심각해져 있었을 리가 없다. 그러나 롯의 일가족을 구출해야 하는 천사들은 바쁘기만 하다. 가까스로 롯의 식구들을 성밖으로 끌어냈지만 이미 너무 깊숙히 세상 속에 묻혀 있던 그들에게는 심판이라는 말조차 싫었을 것이다. "왜그래?! 이 좋은 세상을 두고 어디로 가란 말이야?!" 롯의 아내의 투덜거림이었다.

1. 이제 이 두 사람(천사)은 롯에게 어떻게 명했나?

19:12 롯에게 이르되 이외에 네게 속한 자가 또 있느냐? 네 (사위)나
자녀나 성중에 네게 속한 자들은 다 (　　)으로 이끌어내라.

(1) 이들은 이제 본인의 정체를 밝히고 소돔성을 멸망시킬 것을 알린다. 그리고 롯에게 속한 모든 자들을 성 밖으로 끌어내라고 말한다. 롯은 얼마나 급하게 아내와 딸들에게 이 사실을 전했겠는가! 그러다보니 정혼한 사위들도 생각이 났을 것이다. 그러나 사위들에게는 이 화려하고 좋은 성이 멸망한다는 것은 하나의 농담[1]으로밖에 들리지 않았다(14절). 세상 향락에 너무 깊이 빠진 자들은 하나님의 심판에 귀 기울이지 아니한다. 종말이라는 말에 거부감을 느끼는 자들이 있는가? 아직은 세상이 더욱 좋다고 느껴지기 때문일 것이다. 지금 우리 주위에는 롯의 사위들이 너무 많다. 물론 교회 안에서 말이다. 물론 주님이 이 땅에 계실 때에도 그러했지만…

(2) 눅 17:28, 29 또 (　　)의 때와 같으리니 사람들이 먹고 마시고 사고 팔고 심고 집을 짓더니, 롯이 소돔에서 나가던 날에 하늘로서 불과 유황이 비오듯하여 저희를 멸하였느니라.

2. 이렇게 화급한 상황 속에서도 롯의 태도는 어떠했나?

19:16a 롯은 아직도 소돔성의 멸망이 실감이 가지 않는다. 그래서 지체한다.

(1) 밤새 실랑이를 하다보니 벌써 동이 터오고 있었다(15절). 그러나 롯의 행

1) 농담(차하크, צָחַק) : 피엘형일 때 '농담하다, 놀리다'라는 뜻으로 쓰인다.

칼형은 '웃다, 비웃다'라는 뜻으로 쓰인다. 예를 들어 아브라함(창 17:17)과 그의 아내사라(창 18:12, 13, 15)의 반응을 묘사한 구절에서 쓰였다. 그러나 사라는 마침내 그 약속이 성취되어 이삭을 낳고 "하나님이 나로 '웃게'하시니 듣는 자가 다 '나와 함께 웃으리로다'라고 했다(창 21:6).

19:24 여호와께서 하늘 곧 여호와께로부터 유황과 불을 소돔과 고모라에 비같이 내리사
25 그 성들과 온 들과 성에 거주하는 모든 백성과 땅에 난 것을 다 엎어 멸하셨더라
26 롯의 아내는 뒤를 돌아보았으므로 소금 기둥이 되었더라

동이 잽싸지 못하다. 천사들의 재촉에도 불구하고 계속 머뭇거린다. 그는 소돔의 부요 속에 너무 깊이 빠져 있었다. 급한 것은 천사들이었다. 이리 뛰고 저리 뛰고. 늦잠에 떨어진 롯의 식구들의 손을 잡아끌고 간신히 성 밖까지 끌어냈다. 여호와께서 '그에게 인자[1]를 더하셨다' (merciful unto him)고 했다(16절하). '어이구, 이 골치 덩어리들!' 천사가 속으로 그랬을지도 모른다.

(2) 그리고 천사들은 이들을 재촉한다. "뒤를 돌아보거나 가다가 힘들다고 들에 머무르거나 하지 말고 뛰어!! 빨리. 아, 얼른! 아니 뭘보고 있어! 그래야 생명을 보존할 수 있단말이야!!"(17절). 그러나 롯의 투정은 계속된다. 아직도 그 화려한 성읍이 멸망 당한다는 천사의 말이 실감이 나지 않았으리라. 그 와중에 롯은 무엇을 구하고 있는가?(19-20절)

"그래 좋다. 내가 이 일에도 네 소원을 들었은즉 너희들이 말하는 성(城)은 멸하지 않으리라." "빨리 소알(Zoar)[2]성으로 도망하라. 거기 도착하기 전까지는 아무 일도 할 수 없노라"(21-22절).

3. 그런데 롯의 아내는 아직도 세상에 대한 애착이 있었다. 그는 뒤를 돌아보지 말라는 천사의 말을 어기고 뒤를 돌아본다. '어, 그러면 안되는데!'

1) 여기 인자를 더하다라는 단어는 '헤므라'(חֶמְלָה)라는 말이다. '긍휼, 자비, 연민'을 의미한다. "그들의 모든 환난에 동참하사 자기 앞의 사자로 그들을 구원하시며 그 사랑과 그 긍휼(헤므라, 즉 연민의 정으로)로 그들을 구속하시고 옛적 모든 날에 그들을 드시며 안으셨으나"(사 63:9).

2) 정확한 위치는 확인되고 있지 않으나 사해 남쪽 8km 지점이다. 골짜기의 다섯 성읍 중 하나이다(창 13:10-12). 소돔 성을 멸망할 것이라는 천사들의 말에 롯은 소알 성으로 도망가게 해달라고 간청한다. 다른 성들이 멸망 당한 뒤 롯은 소알 성에 거하게 된다. 그러나 소알에 거하는 것조차 두려워 하여 부근 야산으로 도망가 숨는다(19:30).

사해 근처 소금 계곡

(1) 롯의 아내는 뒤를 돌아보았다. 그렇지 않아도 뒤쳐져서 꿈지럭거리더니만…. 그녀는 처음부터 천사들의 이런 행동이 못마땅했을 것이다. 처음에는 열심히 뛰었겠지. 이제 거의 다 왔는데, 뭘. 그렇지 않아도 도성에 두고 온 각종 패물도 생각났을 것이고. “아이 참, 속상해. 왜, 이 날벼락일까? 한참 재미 붙이고 사는데 말야. 투덜투덜. 에라. 뒤 한번 돌아본다고 뭐, 진짜 큰일 날라고” 아, 그런데 정말 큰 일이 났다. 다른 사람들은 앞에서 뒤도 안 돌아보고 뛰었을테니까 롯의 아내를 볼 수 없었을 것이다. 롯은 나중에 소금기둥이 된 아내를 발견할 수 있었으리라.

(2) 롯이 소알에 들어갈 때에 해가 돋았다(23절). 저 멀리 보니 소돔과 고모라는 하나님께서 내리신 유황과 불로 인해(24절), 연기가 옹기점 연기 같이 치밀고 있었다(28절).

4. 아브라함의 롯을 위한 중보기도는 어떻게 응답되었나?

19:29

(1) 아브라함은 이 사건을 통해서 믿음이 더욱 견고하게 되었을 것이다. 하나님은 롯이 거하는 성을 엎으실 때에 아브라함을 생각하셨다. 그리고 그의 간청대로 롯을 멸망에서 구출해내셨다. 공의(公義) 속에서도 하나님은 주의 백성의 간구에 신실하셨다.

(2) 롯은 물론 하나님을 신뢰하는 믿음을 가졌지만 그의 삼촌 아브라함이 가졌던 것과 같은 깊은 믿음을 갖지 못했다. 사악한 도시 소돔성, 화려하고 모든 것이 풍족했던 소돔성, 거기는 꿀 같은 달콤함이 늘 있었다. 아내와 딸들도 세상의 화려함 속에 깊이 빠져 있었다. 이들에게 ‘세상은 살맛 나는 곳’이었다. 롯, 그는 그곳에서 빠져나오지 못했다. 그곳에 계속 머물러 사는 것이 하나님을 기쁘시게 할 수 없음을 알고서도 그는 계속 그곳에 거했다. 거기에는 그를 잡아끄는 악마의 매력이 있었다.

소돔(Sodom)

소돔은 고모라와 함께 악명 높은 쌍둥이 도시이다. 아드마, 스보임, 소알(창 14:2 신 29:23)과 함께 ‘평지 성읍들’(창 13:12)의 하나였으며 ‘싯딤 골짜기’에 있었다(창 14:3). 이 다섯 성읍들은 오늘날 사해의 남쪽 부분에, 즉 동쪽 연안으로부터 돌출해 있는 곳에 위치해 있었다. 옛날에 이 지역은 모두 물 위에 있었다. 요단 사해 단층을 따라 일어난 지진으로 이 성읍들이 파괴되었다(B.C.1900년경).

소돔은 방종한 죄에 대한 하나님의 심판을 보여주는 영구한 본보기로서(고모라와 함께) 가장 잘 기억되고 있다(창18-19장, 참조: 벧후 2:6, 유 1:7). 따라서 모세는 배교가 이와 같은 극심한 멸망을 초래할 수 있다는 것을 이스라엘에게 경고하였다(신29:22, 참조: 신 32:32).

선지자들은 되풀이하여 이스라엘의 부정한 죄의 배도를 소돔의 죄와 비교하여 말하였다(사 1:19이하, 사 3:9, 렘 23:14, 애 4:6, 겔 16:46이하, 암 4:11).

다음 면으로

롯의 실수 (19:30-38)

본문도입

가까스로 죽음의 고비를 넘긴 롯, 그는 지금 무슨 생각을 하고 있을까? 소돔과 고모라에 대한 심판은 지난 날들의 화려함을(?) 일시에 날려버렸다. 순식간에 알거지가 되었다. 소알성으로 피신해 왔지만 롯은 여러 모로 마음이 편치 못했다. 주위 사람들의 시선도 또한 견딜 수 없었으리라. 그는 소알성을 떠나 산중에 거한다. 그의 두 딸과 함께. 그러나 미성숙한 신앙은 결국 파국을 맞는다.

여호와께서 이스라엘에 남은 자를 남겨두지 아니하였더라면 그들은 소돔과 고모라와 같이 완전히 멸망하였을 것이다(사 1:9). 예수님은 그의 재림시에 세상이 소돔과 고모라의 날과 같이될 것임을 그의 청중에게 유사하게 설명하고(눅 10:12) 예언하셨다(눅 17:29 이하). 예수님은 복음에 대적하는 자들에게 경고하실 때 소돔과 고모라의 운명을 언급하셨다(마 10:15). 소돔은 성의 거리에 누워있는 시체들의 상징이다(계 11:8).

[바이블렉스](브니엘성경연구소)에서

1. 롯과 두 딸은 구출받은 후 어디에 거했나?

19:30

(1) 이들은 소알 성에 거하기를 두려워했다. 롯은 소알 성에서 나와 산에 올라가 두 딸과 함께 굴에 거했다(30절). 이들은 왜 소알 성 사람들을 두려워했을까? 롯이 죄악의 성, 소돔에서 자라온 딸들에게 신앙교육을 잘 시켰을 리가 없다. 두 딸은 또 하나의 죄를 공모하고 있었다. '이렇게 살다가는 후손도 남기지 못하고 죽는 수치를 당하는 게 아닌가! 우리와 결혼해 줄 남자도 없는데….'

2. 롯의 두 딸들의 공모 내용은 무엇인가?

19:32 우리가 우리 아버지에게 (술)을 마시우고 (동침)하여 우리 아버지로 말미암아 (   )을 전하자.

이들은 아버지와 불륜의 관계를 맺어 큰 죄를 범하고 만다. 딸들에게는 믿음이 없었다. 이들은 하나님의 인도하심을 위하여 기도하며 기다려야 했다. 그러나, 믿음이 없는 그들에게, 세상적인 해결 방법밖에는 달리 길이 없었을 것이다.

3. 그래서 태어난 자녀들은 누구인가? (19:37)

- 큰 딸에게서 - (   ) - (모압 족속의 조상이 되었다)
- 작은 딸에게서 - (벤암미) - (   )

주위 환경과 믿음

환경은 우리 생활에서 얼마나 중요한 것인가! 이제 소돔과 고모라의 멸망은 성경에서 죄악으로 인하여 심판이 임박한 상황이나 상태를 상징할 때 쓰여지는 용어가 되었다. 신32:32, 사1:10, 3:9, 렘 23:14, 겔 16:48-50, 계 11:8을 찾아보라. 또한 심판으로 인한 철저한 파멸을 상징할 때도 쓰였다(렘 49:18, 50:40, 애 4:7, 눅 17:29). 예수님은 복음을 지독하게 배척했던 여러 성읍들에게 소돔과 고모라를 들어 비유하셨다(마 10:15, 11:23-24).

(1) 죄의 씨앗으로 탄생한 이 두 족속은 훗날 그의 출생이 그래서인지 엄청난 죄악 속에 살아간다. 나름대로 이들은 세속적인 번영을 구가했으나 하나님의 백성 이스라엘을 여러 가지 형태로 못살게 굴었다. 모세가 가나안을 정복하려 행진할 때에 하나님은 모압과 암몬을 침공하지 말 것을 명령하신다(신 2:8-9, 19).

(2) 그러나 이들 자손은 계속해서 하나님의 백성의 적으로서 등장한다. 특히 이스라엘이 가나안을 정복하기 위해 북진을 계속할 때, 모압 왕 발락은 발람을 채용해 이스라엘을 저주케 했다. 물론 이 저주 작전은 실패로 끝났지만 이스라엘은 모압의 종교와 접촉함으로써 우상 숭배와 음행에 빠지는 잘못을 저지르게 된다(민 25장).

(3) 또한 소돔과 고모라에 대한 심판은 하나님이 죄를 얼마나 싫어하시는가를, 그리고 세상 끝날에 반드시 심판이 있다는 역사적 교훈으로, 노아홍수 사건과 함께 보여주시고 있다. 벧후 2:6-8을 읽어보자.

- 벧후 2:6-8 "소돔과 고모라 성을 멸망하기로 정하여 재가 되게 하사 후세에 경건치 아니할 자들에게 본을 삼으셨으며 무법한 자의 음란한 행실을 인하여 고통하는 의로운 롯을 건지셨으니 (이 의인이 저희 중에 거하여 날마다 저 불법한 행실을 보고 들음으로 그 의로운 심령을 상하니라)"

적용 도우미

- 세상에 도취된 사람들에게 하나님의 복음을 소개하는 것이 얼마나 어려운 일인가!! 우리가 살고 있는 이 도시는 소돔과 비교해 볼 때 어떤가? 또 하나님의 길이 참으시는 인내에 대해 말해보라.
- 아직도 우리는 세상에다 소망을 두고 있는가? 물론 그렇지는 않겠지만 아직도 세상적 가치관을 가지고 교회생활을 하지는 않는지?
- 세상을 사랑하는 것이 우리의 신앙생활에 왜 문제가 되는가? 세상을 사랑하지 말라는 것은 어떻게 살라는 말인가? 그렇다고 산에 들어가 은둔 생활을 하라는 것인가?
- 왜, 우리는 점차 죄에 대해 무감각해지고 있는가? 사회의 죄악이 더욱 만연하여 크게 병폐화 되면 어떤 요소들이 나타날까?

창세기 18-19 장 요약 정리

요약질문

18:1-19절 천사의 출현

- 아브라함은 부지 중에 천사를 영접했다고 했다. 하나님은 아브라함에게 어떤 약속을 주셨으며(10절), 이에 대한 아브라함과 사라의 반응은 어떠했나?
- 천사들이 소돔성을 향해 떠나고(16절) 하나님이 아브라함에게 어떤 말씀을 하셨는가?
- 하나님은 불신 세계를 어떻게 통치하시는가?

18:22-33 아브라함의 중보 기도

- 아브라함은 소돔성을 멸망시키시려는 하나님의 계획을 알고 어떻게 했는가? (23절)
- 하나님은 비록 불신 세계라도 죄악이 관영치 않기를 바라신다. 소돔과 고모라가 멸당 당한 이유는 무엇인가?

19:1-29 소돔의 죄악과 멸망
19:30-38 모압과 암몬 조상의 탄생 배경

- 소돔성의 죄의 부패는 어디까지 왔는가?
- 소돔성 사람들이 롯에게 두 방문객(천사)을 내놓으라고 한 이유는 무엇인가? (5절)
- 이에 대한 롯의 처신을 보라(7, 8절). 이런 그의 행동은 올바른 태도였는가?
- 롯의 사위들의 태도에서 현대인들의 어떤 모습을 볼 수 있는가?
- 롯의 식구들의 태도를 설명해 보라(15-22절을 읽고).
- 롯의 아내의 모습을 보고, 나에게서 발견되는 유사점은 무엇인가 말해 보라. (26절)
- 롯의 식구들의 구원은 누구의 기도를 들어주신 것인가? (29절)

Summary

연구과제

(1) 성령님의 일반은총에 대해 설명해 보라.
(2) 환경과 죄와의 관계를 연구해 보라.
(3) 모압과 암몬 족속이 후세에 끼친 악 영향은 어떠했는가?

20, 21장

이삭의 출생

- 남방(Negev)으로 이사하여 그랄(Gerar)에 거함(20:1). 자기 아내 사라를 누이라고 속임
- 아브라함의 불신앙에도 불구하고 하나님은 그 약속(창 12:3)을 성실히 지키고 계심 (21:7)
- 이삭의 출생(21장)
- 이스마엘이 이삭을 조롱함. 하갈과 이스마엘을 추방함(21:9-21)
- 블레셋 왕 아비멜렉이 아브라함을 찾아와 언약을 맺음(21:22-34)

아브라함은 지금까지 어디 거하고 있었는가? (13:18, 18:1 참조) 그러나 아브라함은 이곳에서 남방(Negev)으로 이사하여 블레셋 영토의 일부였던 그랄(Gerar)에 거한다. 그랄은 팔레스타인 남쪽 경계 부분으로 가사에서 남쪽으로 10마일 정도 떨어진 곳이다. 아브라함은 유목민이었기에 목초지의 사정에 따라 늘 한곳에 정착할 수는 없었을 것이다. 여기서도, 전과 같이 자기 아내 사라를 누이라고 속임으로 이전의 실패를 거듭했다.

애굽에서의 실패 이후 약 25년이 흘러갔기에 그전에 잘못한 기억이 희미해졌는지도 모른다. 그러니까 사라의 나이 지금 90세가 아닌가? 먼저 애굽에서의 나이가 65세 였으니까. 그런데 사라가 얼마나 아름다웠기에 이 나이에도 탐을 냈을까? 아마 그런건 아니었것이다. 만약 그것이 아니라면 아비멜렉은 결혼으로 거대한 집단인 유목인과 동맹을 맺으려 했을지도 모른다. 거기에 따르는 이익이 많았기 때문이었다.

어쨌든 아브라함은 여전히 그의 연약성을 드러내고 있었다. 이 일로 아비멜렉은 그의 생명을 잃을 뻔 했다. 하나님이 아브라함을 극적인 위험에서 보호하셔서 아비멜렉 일족을 죽이려 하셨기 때문이다. 하나님은 아비멜렉에게 현몽하여 그의 행동의 부당함을 지적하셨다. 하나님은 그에게 사라를 그의 남편 아브라함에게 돌려주도록 경고하신다. 이 일로 아비멜렉은 엄청난 징계를 받을 뻔 했지만 그는 즉시 이를 실행에 옮겨 아내를 아브라함에게 돌려보낸다.

이렇게 하나님은 그가 택한 아브라함을 철저하게 보호하신다. 그러는 가운데 아브라함은 마침내 자식을 생산한다. 그의 아들 이삭이 탄생한 것이다. 얼마나 오랜 기다림인가! 그 동안 인간적인 방법으로 그의 후사를 이으려는 노력을 했지만 하나님은 그 때마다 사라에게서 태어날 자식을 통해 언약 백성이 창대해질 것을 말씀하셨다. 이제 첫번 약속이 있은 후 25년만에 마침내 하나님의 약속이 성취된다. 아브라함의 나이 백세, 이 나이에 자식을 낳는다는 것은 인간적인 소망이 모두 끊겨 하나님의 기적이 아니고서는 이루어질 수 없는 나이였다. 이 일로 아브라함은 하나님의 전능하심을 체험하게 되었고, 그 자식의 이름과 같이 그는 기쁨의 웃음을 웃을 수 있었다. 우리는 이 사건을 통해 기적적으로 탄생하신 그리스도의 모형을 볼 수 있게 된다.

아브라함의 또 한차례 위기 (20:1~18)

아비멜렉 창 20:2

아비멜렉(אֲבִימֶלֶךְ) : '나의 아버지는 왕이시다'라는 뜻이다. 아비멜렉이라는 이름은 어떤 한 개인의 이름이 아니라 공적인 직함을 의미한다고 한다. 예를 들어 애굽의 왕을 '바로'라고 하는 것처럼 말이다. 아브라함이 남방(사해 서남쪽 네게브 지역)으로 이사하여 가데스와 술 사이에 거했을 때, 자기 아내를 누이라하는 바람에 그랄 왕 아비멜렉이 사라를 취했다.

그랄(Gerar)

그랄 : 블레셋 왕 아비멜렉의 수도

• 창 18:10 "그가 가라사대 기한이 이를 때에 내가 정녕 네게로 돌아오리니 네 아내 사라에게 아들이 있으리라 하시니 사라가 그 뒤 장막 문에서 들었더라."

본문도입

인간은 늘 연약하다. 그래서 같은 실수를 반복한다. 아브라함도 그러했다. 그는 아주 성숙한 신앙은 아직 아니었다. 그는 25년 전의 애굽에서의 악몽을 잊었나보다. 가나안 왕 아비멜렉에게 자기 아내 사라를 누이라고 속임으로써 또 한번의 위기에 봉착했다. 자기 아내를 또 가나안 왕에게 빼앗길 뻔 했다. 아비멜렉이 두려워서 그랬을 것이다. 믿음이 연약해져 있었기 때문이었다. 그러나 하나님의 극적인 은혜와 보호하심으로 또한차례 위기를 모면한다.

1. 아브라함은 이삭에 대한 탄생의 소식을 들은 후 또 한차례 같은 실수를 한다. 전에는 어디에서, 무슨 일이 있었는가?

창 12:11-13

(1) 먼저번에는 애굽으로 내려가서 바로가 무서워 자기 아내를 '누이' 라고 했다. 우리는 그때에도 하나님의 특별하신 도움이 없었다면 큰 일이 날뻔했었음을 보았다(12장). 어쨌든 이번에는 아비멜렉이 남의 아내를 취한 악행을 했다. 가나안 사람들이 얼마나 남의 것에 큰 탐욕을 가진 자들인가를 볼 수 있다. 이들은 남자를 죽이고 여자를 빼앗는 일을 서슴치 아니했다. 아브라함이 그랄 왕 아비멜렉의 영토로 들어가자 그랄 왕은 사라를 취하려 했다. 물론 아브라함이 자기 아내를 '누이' 라고 했기 때문이었다.

2. 이런 무례한 행동에 하나님은 어떻게 역사하셨나?

20:3

(1) 이번에도 아브라함은 자신의 거짓말로 인해 그랄 왕 아비멜렉에게 자기 아내를 빼앗길 뻔 했다(2절). 아마 아브라함의 신앙이 잠시 침체되어 있었을 것이다. 그는 지금 믿음이 하강곡선을 그리고 있다. 자, 급한 것은 이번에도 우리 하나님이셨다. 하나님은 이들 부부에게 아들을 약속하지 아니하셨던가! (창 18:10*)

(2) 그 밤에 하나님은 꿈에 아비멜렉에게 나타나셨다. "너, 정말 죽고싶냐? 그

• 아비멜렉(Abimelech: "내 아버지는 왕이다"라는 뜻이다. 학자들 중에는 아비멜렉은 한 개인의 이름이 아니라 공식적인 직함을 의미한다고 주장하기도 한다.

여자가 누군지 알기나 알어!! 만약 그 여자를 취하면 반드시 너를 죽이겠다. 그 여자는 선지자 아브라함의 아내란 말이다!!"(3절)

3. 이에 대한 아비멜렉의 대답을 보라.

20:4 그가 대답하되 (주)여 주께서 ( ) 백성도 멸하시나이까.

(1) 왠 뚱단지 같은 얘기야. 자기가 의롭다니? "그가 나더러 이는 내 누이라고 했고 그리고 또 이 여인도 그는 내 오라비라고 그러는데, 낸들 어떻게 합니까? 나는 그저 순전한 마음으로 그리했습니다요"(5절). 그렇다면 아브라함이 더 문제였었나? 이건 아비멜렉이 더 인격자요, 오히려 하나님을 경외하는 자가 아닌가?! 루터는 그가 당대의 신자들 가운데 한 사람일 것이라고 했다. 물론 하나님에 대한 그의 지식이 일반적이긴 하지만.

(2) "그래 알았다. 네가 순전한 마음으로 그랬다는 것을 내가 알았으니, 이제 그 사람의 아내를 돌려 보내라. 그는 '선지자'라 그가 너를 위하여 기도하리니 네가 살려니와 만약 네가 돌려보내지 않으면 너와 네게 속한 자가 다 정녕 죽을 줄 알지니라"(6,7절). 아비멜렉은 내적 동기야 잘못되었지만, 외적으로는 완전히 깨끗했다고 주장했다. 지금 여차하면 아비멜렉의 목숨이 없어질 판이었다.

4. 하나님의 이 추상같은 명령에 아비멜렉은 어떻게 응했나?

20:8

즉시(그 아침에 일찍이) 순종한다. 그의 종들도 이런 일을 알고 두려워하지 않을 수 없었다(8절). 아비멜렉은 아브라함을 부르고 이렇게 된 이유를 따져묻는다. 아브라함은 아비멜렉에게 질책(?)을 당하고 있다(8-10절까지 읽어보라). "네가 어찌하여 나와 내 나라로 큰 죄에 빠질 뻔하게 하였느냐?"(9, 10절)

5. 이런 아비멜렉의 질책에 대한 아브라함의 변명을 들어보라.

20:11-13

(1) "이유야 있지요. 첫째는 이곳 사람들도 다른 가나안 사람들처럼 하나님을 경외함이 없어 나를 어떻게 해할지 몰라서였고, 둘째는 사실대로 말해, 나의 부인은 나의 이복 누이였고(12절), 그리고 세번째는 13절에 있는 그대로요." 이를 보아 그 당시 사회가 얼마나 악한 사회인가를 볼 수 있다.

(2) 인간의 습관성은 얼마나 무서운 것인가! 13절을 다시 읽어보라. 처음 하나님의 부르심을 받을 때부터 그들 두 사람 사이는 남매지간이라고 약속을 했으니, 급하면 그렇게 변명할 수밖에 더 있었겠는가? 애굽에서도 그랬고, 여기서도 그랬다. 물론 말이야 바른 말이라고 하지만, 아무리 무엇이라고 해도 아브라함의 변명은 무익한 것이었다. 아무리 신앙의 위인이라 할지라도 믿음을 떠나서는 겁장이가 될 수밖에 없다. 아무리 핑계를 대도 아브라함은 잘못을 범한 것이다.

6. 아비멜렉은 아브라함에게 호의를 베풀어 그의 잘못을 표시했다. 얼마나 어떻게? (20:14,15)

(1) 아비멜렉은 진정으로 존경하는 마음으로 이런 예물[1]을 주었을 것이다. 아브라함은 이들을 위해 기도했다. 이 일로 인해 하나님은 아비멜렉의 권속들에게 임신이 불가능하게 하셨던 것이다(18절). 이렇게 하신 것은 사라를 안전하게 보호하시려는 하나님의 처방이었을 것이다. 아브라함의 이런 불신앙에도 불구하고 하나님은 그 약속(창 12:3)을 성실히 지키고 계심을 볼 수 있다. 하나님은 이삭을 약속하지 않았던가! 사라가 만약 아비멜렉의 아내가 된다면 그 약속된 예수 그리스도가 어떻게 올 수 있었겠는가! 20:7과 17절을 보고 설명해 보라.

1) 어떤 예물 : 양 + 소 + 노비 + 사라도 돌려 보내고 + 살기 좋은 땅을 골라 거기서 유하고 + 은(銀)1000개(세겔?). 이 모든 것을 기쁜 마음으로 선물했던 것 같다.

(2) 역시 아브라함도 하나님을 철저히 의지해야 하는 연약한 존재였다. 그는 여전히 훈련받아야 할 죄를 짓는 사람이었다. 그는 완전하지 못했다. 어쨌든 아브라함은 이 일로 정신을 차리게 되었을 것이다. 이런 어려움은 그의 신앙생활 속의 찌기를 걸러내는 과정이었다. 아브라함의 실수에도 불구하고 하나님의 자비는 계속된다. 아브라함은 이러한 과정을 통해 믿음의 성장을 가져오게 된다. 그는 더욱더 여호와를 신뢰하게 된다(21:22이하를 보라). 이제, 하나님은 이들 부부에게 약속된 이삭을 주시기에 지체함이 없으셨을 것이다.

이삭의 출생 (21:1–8)

본문도입

하란에 머물고 있던 아브라함을 불러내사 그에게 자손을 약속하셨던 하나님, 그 뒤로 25년의 세월이 흘렀다. 그 동안 인간적인 방법으로 그 약속을 이루려 했던 아브라함, 이제 하나님은, 하나님이 원하시는, 그 하나님의 시간에 아들을 탄생케 하신다. 그것은 분명히 하나님의 기적적인 능력에 의해 탄생했다는 것을 아브라함에게 믿게 하시려는 의도였을 것이다. 하나님의 약속은 분명히 성취된다는 것을 증명하는 순간이었다. 다만 아브라함은 그 약속이 신속히 이루어지기를 조급하게 기다렸을 뿐이다. 하나님은 신실하시다. 하나님은 그 선하신 방법대로, 하나님이 정하신 방법대로, 그리고 하나님이 정하신 시간에 정확하게 역사하신다.

하나님이 권고하심

1) 권고하다(파카드, פקד) : '시찰' 혹은 '방문하다' '세다, 계수하다' '징벌하다'라는 뜻이 있다. / 어떤 학자(Speiser)는 히브리어 동사 중 이 단어만큼 번역자를 괴롭히는 단어는 아마 없을 것이라고 했다. KJV는 'visit'로 번역했고, NASB는 took note of로 NIV는was gracious to로 번역했다.

1. 하나님은 그의 약속을 신실히 지키시는 분이시다. 사라는 마침내 아들을 낳는다. 아브라함 부부의 나이는 각각 몇 세였나?

21:5

"여호와께서 그 말씀하신대로 사라를 '권고하셨고'[1] 여호와께서 그 말씀하신대로 사라에게 행하셨으므로 사라가 잉태"했다(21:1, 2). 이들 아브라함 부부의 나이에서 이삭의 출생은 기적적인 사건이었다. 로마서 4:19-20에서는 이 사실을 어떻게 표현하고 있는가 보라. 이것은 어디까지나 하나님의 약속과 능력으로 된 일이었다. 예수님도 이런 기적적인 탄생을 하신다(마 1장, 동정녀 탄생).

적용 도우미

• 아브라함, 그는 어떤 절대적인 전설적 인물이 아니다. 그는 우리와 같은 조건과 환경 속에서 여전히 괴로워 하고, 슬퍼하고, 때로는 즐거움 속에서 본향을 향해 순례의 길을 가는 나그네였다. 따라서 그에게는 우리처럼 실수가 있었고, 그래서 가슴 아파하기도 했다. 다만 그의 마음 속에 하나님만을 기뻐하는 믿음이 있었다는 것이다. 그러나 지금 아브라함은 믿음의 하강 곡선을 그리고 있다. 믿음이 연약해져 있었다는 말이다.

• 하나님의 극적인 보호하심, 그것이 없었다면 아브라함에게는 슬픔만 있었을 것이다. 자기 자녀를 눈동자처럼 돌보시는 하나님의 자비는 지금 영적 아브라함 자손인 나에게도 쉬지 않고 흐르고 있다. 그 자비하심 때문에 나는 오늘을 기뻐할 수 있다. 비록 내가 가는 그 길이 작열하는 태양으로 인해 숨조차 쉴 수 없는 메마른 사막이지만….

יִצְחָק

<이삭> : 하나님께서 아브라함과 사라에게 약속하신 아들이다. 아브라함은 약속의 성취가 늦어지자 인간의 방법으로 상속자를 얻으려 했다. 그러나 하나님의 약속은 정확히 성취되었다.

1) **자식들** : 사라는 자식이 이삭 하나인데 왜 '자식들'이라고 복수로 말했을까? 옛날 가나안 풍속에는 아들을 낳게 되면 크게 잔치를 베풀고 이웃 동네의 여러 젊은 어머니들과 아이들을 불러 같이 즐기는 일이 있었다고 한다. 그 순서 중 하나가 아기들에게 젖 먹이는 것이라 한다. 그때 새로 아기를 난 어머니가 동네 어린아이들에게 한번씩 돌아가며 젖을 빨게 함으로써 참으로 아기를 낳은 어머니란 것을 증명해 보인다고 한다. 이렇게 동네 아이들에게 젖을 빨리울 때마다 박수를 치며 같이 기뻐하지 않았겠는가?! 그래서 21:6처럼 기록했을 것이다(김희보, 구약신학논고).

2) 창 17:17-19, 18:12-15

- 마 1:18 "예수 그리스도의 나심은 이러하니라 그 모친 마리아가 요셉과 정혼하고 동거하기 전에 **성령으로 잉태된** 것이 나타났더니."

2. 하나님의 명령을 따라(17:17-19) 아브라함은 그 아들의 이름을 무엇이라고 했나? 그 이름의 뜻을 설명해 보라. (21:3)

'이삭(Isaac)'이라는 뜻은? (21:5, 6, 7절 참조) 이들은 이삭을 낳고 기쁨을 억제하지 못하고 웃었다. 신앙의 승리의 기쁨이기도 했다. 사라는 한때 불신앙의 웃음을 웃지 않았던가(18:12). 얼마나 길고 긴 기다림이었는가!

3. 사도 바울은 로마서에서 아브라함의 믿음을 어떻게 묘사했나?

- 롬 4:19-22 그가 ( )세나 되어 자기 몸의 (죽은) 것 같음과 사라의 태(胎)의 (죽은) 것 같음을 알고도 믿음이 약하여 지지 아니하고 믿음이 없어 하나님의 약속을 의심치 않고 믿음에 견고하여져서 하나님께 영광 돌리며 약속하신 그것을 또한 (능히) 이루실 줄을 ( )하였으니 이것을 저에게 ( )로 여기셨느니라.

이삭이 태어난지 8일만에 아브라함은 언약의 표시로 이삭에게 할례를 행했다(4절). 아브라함의 믿음은 살아있는 믿음이었고, 삶으로 논증되는 믿음이었다. 그렇다. 이들의 믿음은 의심의 큰 보자기에 싸인 '겨자씨' 같은 믿음이었으리라. 그러나 하나님은 그 '겨자씨'가 살아있기에 그것을 싹트게 하고 열매를 맺게 하는게 아닌가! 사라는 그의 태(胎)가 죽은 것 같음을 알고 있었어도 하나님의 전능을 의심하지 않았던 것이다. 죽은 것 같은 태에서 이삭을 잉태하는 기적이 생겨났다. 우리도 '겨자씨'와 같은 믿음만 있다면? 있다면 뭐? 마태복음 17:20처럼 된다 이거지요.

4. 사라는 이 기쁨을 이기지 못해 큰 잔치를 베푼다(8절).

21:7 또 가로되 사라가 ( )[1]을 젖먹이겠다고 누가 아브라함에게 말하였으리요마는….

사라는 물론 그 누구도 사라에게 아기가 태어나리라고는 믿지 않았다. 그러나 그녀의 불신[2]은 찬양으로 변했다. 능치 못한 일이 없으신(창 18:14) 하나님이심을 보여주신 사건이다. 이삭을 탄생케 하신 하나님이 바로 동정녀 탄생을 주도하신 바로 그 하나님이시다(마 1:18*).

하갈의 소생이 이삭을 희롱 (21:9–21)

이삭이 젖을 뗄때

이삭이 젖을 뗄 때(아마 2~3세) 사라는 크게 잔치를 배설했다. 이 때 이삭의 배다른 형 이스마엘이 이삭을 놀리며 괴롭히는 것을 보고(21:8-9) 사라는 이를 안쓰러워 했다. 따라서 사라는 아브라함에게 하갈과 이스마엘을 내쫓을 것을 요구했다(10절). 아브라함의 마음이 몹시 상했다(11절). 이 일로 아브라함은 근심하지 않을 수 없었다. 이스마엘을 '아이'(나아르, נער)라고 부른 점을 보아 자기 자신을 보살필 줄 아는 젊은이가 된 것 같다. 나아르는 어린 아이부터 성인이 된 사람에게도 적용되는 말이다.

본문도입

이삭은 아직 나이가 어렸다. 하갈의 소생 이스마엘, 그는 여러 가지 이유로 이삭을 못살게 굴었다. 사라는 남편 아브라함에게 압력을 행사한다. 이스마엘을 내어쫓으라는 것이다. 아브라함은 이 일로 마음이 편치 못했다. 깊은 근심 속에 있다고 했다(11절). 이스마엘도 자식이 아닌가! 그러나 하나님은 아브라함에게 아내의 말을 들어 이스마엘을 내어쫓으라고 말씀하신다. 아브라함은 이제 마음이 홀가분해졌다. 그러지 않아도 이스마엘로 인해 많은 마음 고생을 하고 있었다. 결국 하나님이 교통 정리를 하신 것이다.

1. 이삭의 나이가 두 살이 되어 젖으로 키울 필요가 없게 되었을 때 아브라함은 큰 잔치를 배설했다(8절). 당시의 풍습이 그랬던 것 같다. 이때 사라는 어떤 사실을 보게 되었는가?

21:9

(1) 오늘 잔치날 하루만 희롱한 것이 아니었다. 계속해서 이스마엘이 이삭을 희롱해 왔던 것같다. 이스마엘은 이삭이 약속된 씨라는 사실을 알았을 것이다. 이스마엘은 이 사실을 인정하고 하나님의 뜻에 순종했어야 할 것이었다. 그렇다면 그는 언약 안에서의 축복을 받았을 것이다. 그러나 이스마엘의 행동은 어떠했는가? 그는 이 약속을 인정치 아니했다. 그는 계속 이삭을 희롱했다. 사라는 이런 이스마엘의 행동을 보고, 이대로 두었다가는 안되겠다는 생각을 했다. 사라는 이스마엘을 추방하는 것만이 가장 적절한 대책이라고 생각했다. 사라는 하나님께서 이삭을 통한 유업을 이을 자라는 것을 깊이 생각했을 것이다(갈 4:30 참조).

(2) 사도 바울은 복음과 율법의 관계를 설명하면서 이 사건을 인용 설명했다. "육을 따라 난 자가 성령을 따라 난 자를 핍박하였다"고 했다(갈 4:29). 왜 이런 비유를 들게 되었나? 하갈과 그녀의 아들은 참 소망을 줄 수 없는 사람들의 행위를 상징했다. 바울은 하갈에게서 난 이스마엘을 '육체'에 속한 자로, 사라에게서 이삭을 '성령'에 속한 자로 비유 설명했다(갈 4:22-31)

2. 사라는 아브라함에게 이삭을 희롱하는 이스마엘을 어떻게 해 줄 것을 요구했나? 왜 그를 내어쫓으라고 하는가?

12 하나님이 아브라함에게
이르시되
네 아이나 네 여종을 위하여
근심치 말고
사라가 네게 이른 말을 다 들으라
이삭에게서 나는 자라야
네 씨라 창할 것임이니라
13 그러나 여종의 아들도
네 씨니 내가 그로
한 민족을 이루게 하리라

21:10 이 여종과 그 아들을 (　　　　) 이 종의 아들은 내 아들 이삭과 함께 (　　)을 얻지 못하리라.

(1) 아브라함은 크게 당황하지 않을 수 없었다. 아브라함은 이스마엘에게도 자식으로서의 애정을 갖고 있었던 것이다. 추방은 그 당시 사회관습에도 저촉되는 일이었다. 따라서 그 일을 앞에 놓고 깊이 근심이 되었을 것이다(11절). 한번 잘못된 선택과 결정이 지금 어려움 속에 있게 되었다. 하나님의 뜻대로 결정하지 못했기 때문이다. 우리의 삶속에서 하나님의 뜻을 발견하기란 쉽지 않은 일이다. 약속이 늦게 성취될수록 우리의 판단은 흐려진다. 믿음이 살아있지 못하다면 대체로 인간적인 판단을 하나님의 뜻으로 오해하기 때문이다.

(2) 그러나 하나님은 어떤 명령을 내리셨는가? (21:12)

하나님은 깊은 근심 중에 있는 아브라함에게 이 일로 근심치 말라고 하신다. 그리고 아내 사라의 말을 다 들으라고 말씀하신다. 왜? "이삭에게서 나는 자라야 네 '씨'라 칭할 것"이기 때문이다. 그리고 여종의 아들 문제도 염려하지 말라고 하신다. "그로 한 민족을 이루게" 하실 것을 약속하신다(13절). 하나님의 이런 은혜의 약속으로 아브라함은 지금까지 마음 한구석 무겁게 짓누르고 있던 짐을 내려놓을 수 있었다. 그는 마음이 한결 가라앉았을 것이다.

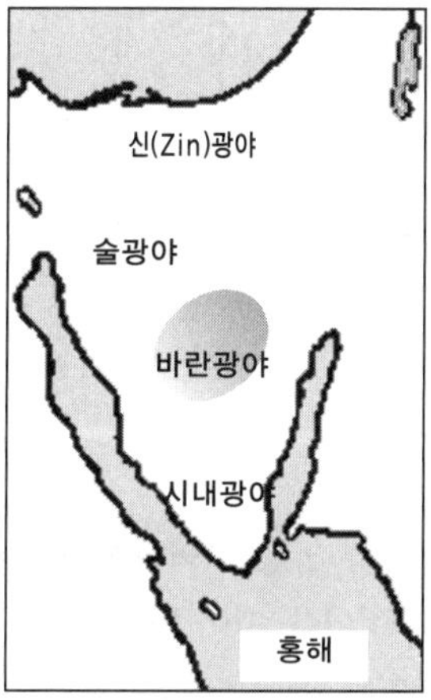

바란 광야 : 시내 반도의 동북부 지역. 이곳에 거하면서 그는 활 쏘는 자가 되었고(20절), 애굽 여인을 아내로 삼았다(21절). 이렇게 하여 그는 언약의 반열에서 떨어져 나간다. 이들의 자손이 오늘날의 아라비아족이다.

그리고 그는 곧 순종한다.

3. 아브라함은 어떻게 하갈과 그의 아들을 내보내는가?

21:14

아브라함은 아침 일찍 일어나 약간의 빵과 가죽부대로 된 물 한 병을 하갈에게 들려준다. 어디로 갈까? 먼저번에는 집을 나서 자기 고국으로 가려고 했었다(16:7). 그런데 지금 그녀는 너무 당황해서 길을 잃어버렸던 것같다.

4. 하나님은 울부짓는 하갈에게 나타나 무엇을 약속하셨나? (21:18)

(1) "하갈아, 무슨 일이냐?" "저~" "너무 걱정 말아라. 내가 전에도 너에게 약속해준 일이 있지 않느냐." 언제, 어떤 약속이요? "내가 네 자손으로 크게 번성하여 그 수가 많아 셀 수 없게 하리라(16:10)했던 약속말이다."

(2) 왜, 하나님이 이들을 찾아오셨을까? 이제 이들은 비록 언약 영역 밖에서 살게 되었지만 하나님은 그들을 버리시지 않으신다. 하나님은 아이의 부르짖는 소리를 들으시고(17절), 그에게 약속을 주신다(18절). 먼저 번에 고국으로 도망하는 하갈에게 나타나셔서 약속하셨던 그 말씀을 다시 주신다. 비록 언약 관계는 깨어졌지만, 이제 이스마엘과 그 후손들을 이 땅 위에 다른 민족과 마찬가지로 다루실 것이다. 먼 훗날 메시야가 오셔서 언약 밖에 있는 모든 민족에게 하신 것 같이 이스마엘 후손들에게 오셔서 구원을 허락하실 것이다. 오랜 후에 이스마엘의 후손들 중에서도 다른 이방 민족들과 같이 그리스도를 경배하는 자들이 있게 될 것이다.

5. 쫓겨난 이스마엘은 그후 어떻게 되었나? (21:20, 21)

비록 언약 관계는 깨어졌지만, 이제 이스마엘과 그 후손들을 이 땅 위에 다른 민족과 마찬가지로 다루실 것이다.

비록 이스마엘은 언약의 반열에 속하지는 못했지만 하나님의 축복을 받는다. 물론 세상적이고 물질적인 축복이었다. 그는 바란 광야에 거하면서 그 세력을 확장한다. 하나님은 언약의 후계자인 이삭을 보호하기 위해 그를 분리시키셨던 것이다. 그의 어머니 하갈은 이스마엘을 위하여 애굽 여인을 아내로 맞이하게 한다. 하갈이 애굽 여인이었기 때문이리라.

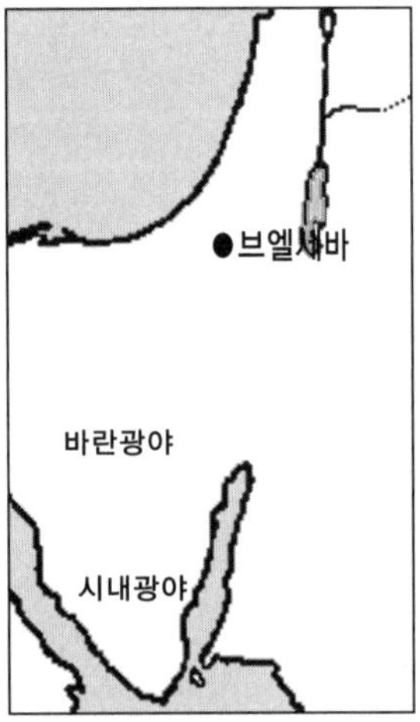

• 브엘세바(Beer-Sheba) : '맹세하다'와 '일곱'의 어근은 동일하다. '맹세의 우물' 이라는 뜻인지 아니면 '일곱의 우물' 이라는 뜻인지 확실치 않다.

1) 이웃간에 부딪치는 방법을 그리스도인의 방법대로 해결하는 것이 중요하다. 다음구절을 읽어보고 이웃간의 그리스도인이 가져야 할 태도를 말해보자(골4:5, 살전4:12, 딤전 3:7).

아비멜렉과의 언약 (21:22~34)

1. 그 당시 블레셋 왕 아비멜렉과 그의 군대 장관 비골(Phicol)이 아브라함을 찾아왔다. 이들은 아브라함에게 무엇을 원했나?

21:27

아비멜렉은 블레셋의 왕이었지만 하나님이 아브라함과 함께 역사하시는 것을 보았을 것이다(22절 참고). 그는 아브라함과 언약을 맺어 앞으로 서로 잘 지내기를 원했다. 아브라함은 당당히 일대 일로 아비멜렉과 언약을 맺는다. 아비멜렉이 아브라함을 언약의 대상자로 삼은 것을 보아 그 지역에서 아브라함의 영향력이 적지 않았을 것이다.

2. 그 이전에 아브라함은 먼저 아비멜렉에게 무엇을 요구했나? (21:25)

이전에 아비멜렉의 종들이 늑탈한 우물이 있었다. 아브라함은 그 문제를 해결하기를 원하였다. 그 당시 사막에서 우물은 대단한 가치 있는 것이었다. 이때 아비멜렉의 대답은 어떠했나?(26절) 이때까지 아비멜렉은 그 사실을 알고 있지 못했다. 오늘에서야 처음 듣는 이야기였다(26절)고 했다. 이에 두 사람은 언약을 맺고 그 이름을 '브엘세바' 라 했다(31절). 그리고 기념식수까지 했다. 불신자들과 우의의 약정을 맺는데 망설이지 않았다. 우리는 이웃들과 어떤 관계의 삶을 살아야 할까?[1)]

적용 도우미

• 우리의 잘못된 습관은 얼마나 무서운 결과를 가져올 것인가?

• 우리의 불신앙과 하나님의 신실하심(faithfullness)에 대해 이야기 해보라. 역시 아브라함도 하나님을 철저히 의지해야 하는 연약한 존재였음을 본다.

• 하나님은 아브라함에게 드디어 약속하신 씨를 주셨다. 아브라함 부부에게 얼마나 지루한 기다림이었겠는가? 하지만 하나님은 하나님께서 정하신 그 기한에(창 21:2절) 태어나게 하셨다. 우리의 기도와 하나님의 응답의 때를 말해보라. 우리는 기도의 응답에 얼마나 조급해 하는가? 우리가 아무리 떼를(?) 써서 기도해도 하나님은 빙그레 웃고 계실 때가 많으실 것이다. 왜냐하면 하나님은 그 애써 부르짖는 기도의 응답의 때를 알고 계시기 때문이다.

창세기 20-21장 요약 정리

20:1-18 아브라함의 두번째 실수

요약질문

- 아브라함은 어디에서 어디로 이사했나? (20:1)
- 아비멜렉은 어떤 자이며, 왜 그는 사라를 취하려 했나? 아브라함의 잘못은 무엇인가?
- 하나님은 아비멜렉에게 현몽하여 어떻게 말씀하셨는가?
- 아브라함은 자기의 아내를 누이라고 한 동기를 무엇이라고 했는가? (11-13절)
- 아브라함의 마음 속에서 일어났던 불신앙의 원인은 어디에서 기인한 것인가?
- 아비멜렉은 즉시 하나님의 명령에 순종한다. 아비멜렉은 아브라함에게 무엇을 바치며 사죄를 구했는가? (14-16절)
- 아비멜렉은 이 일로 인하여 어떤 형벌을 받았나?
- 택하신 백성을 보호하시는 하나님의 사랑을 말해보라.

21:1-8 이삭의 출생
21:9-21 하갈과 이스마엘의 추방
21:22-34 아브라함과 아비멜렉의 언약

- 이삭의 출생은 최초의 약속이 있은지 몇년이 지나서 성취되었나? '이삭' 이라는 이름의 뜻은 무엇인가?
- 이삭이 태어난지 몇일 만에 할례를 시행했는가? (4절)
- 7절에서 왜 "자식들"이라고 복수로 표현했는가?
- 이삭이 젖을 떼는 날에 큰 잔치를 베풀었다. 이스라엘에서는 보통 몇 살에 젖을 떼게 되나? (삼상 1:21-25, 2:11 참조)
- 왜 하갈과 이스마엘이 추방을 받게 되었나?
- 이로 인한 아브라함의 고민과 하나님의 명령을 보라. 하나님은 이스마엘에게 어떤 축복을 내리셨는가?
- 하갈과 이스마엘이 곤경에 처했던 상황과 하나님의 자비를 설명해 보라(17-19절).
- 아비멜렉은 어떤 인물이며, 왜 그는 아브라함과 언약을 맺으려 하는가? 당시 아브라함의 위치를 생각해 보라.

Summary

연구과제

(1) 이삭의 기적적인 출생과 언약의 성취에 대해 토론해 보라.
(2) 아브라함의 실수와 하나님의 보호하심
(3) 하나님은 왜 이스마엘의 추방을 허락하시는가?

22장

독자 이삭을 번제로

- 아브라함을 시험하심 : 모리아산으로 가서 네 아들 독자 이삭을 번제로 드리라(1-3절)
  갈등하는 아브라함 : 문제의 해답을 찾는다.
- 번제할 어린 양 : 하나님이 친히 자기를 위하여 준비하시리라(5-15절).
- 네 독자를 아끼지 아니하였은즉(16-19절)
  천하만민이 너로 인하여 복을 얻을 것이다.

아브라함은 우리가 생각하는 것처럼 완벽한(?) 사람이 아니었음을 본다. 그는 종종 실수를 저질렀다. 어떤 실수를? 물론 다 기억이 날 것이다. 애굽에서 바로를 무서워하여 자기 아내를 누이라고 함으로써 위험 속에 빠질뻔 했던 일, 그리고 약속된 자손이 태어나지 않자 엘리에셀을 자기의 상속자로 삼은 일, 그리고 하나님의 약속이 확실함을 증거로 보여주신(창 15장) 후에도 그는 하갈을 통해 출산되는 자식을 통해 대를 이어가려 했다. 그리고 아비멜렉에게 또다시 자기 아내를 누이라고 말함으로써 위험 속에 빠질뻔 했다. 이 되풀이 되는 연약성에도 불구하고 그는 근본적으로 하나님의 신실하심을 잊지 않았다. 그는 하나님의 언약을 굳게 믿었고, 또한 그의 명령에 순종하는 삶을 살았다. 첫번째의 약속이 있은 후 25년이 지나서야 사라를 통하여 자식이 태어난다.

그러는 과정에서 아브라함은 전보다는 더 높은 신앙의 차원으로 성장을 계속했다. 믿음이 다시 떨어지는 과정이 있었기에 어려움에 빠지기도 했지만 그는 그런 어려움을 통해 전보다 더욱 높은 신앙의 경지에 들어갔으리라. 그는 이삭의 출생을 통해 하나님의 전능하심과 하나님의 신실하심을 체험했을 것이다. 아브라함의 신앙을 본받아 이삭의 신앙도 성장하고 있었다.

자, 우리의 믿음은 무엇으로 측정되는가? 우리의 신학적 지식으로? 우리의 열렬한 열변으로? 아니면 온 밤을 새우는 부르짖음으로? 우리는 자칫 외형적인 모습만 보고 믿음을 측정하려 한다. 하나님이 인정하시는 믿음은 어떤 것인가? 어쨌든, 아브라함은 이제 그 믿음의 생애에 최고의 절정기에 와 있었다. 하나님은 그를 시험하신다. 왜? 그가 과연 어디까지 하나님을 신뢰할 수 있을까를 알기 위해서였다. 어떤 종류의 시험을 내실 것인가?

하나님이 아브라함에게 내리신 시험은 무엇이었나? 이미 우리가 잘 알고 있듯이 그 시험은 정말로 순종하기 힘든 것이었다. 자식을 제물로 드리라니! 당시 이방 세계에서는 사람을 제물로 드리는 일이 있었다. 그러나, 이런 일은 하나님의 본성 자체에도 어긋나는 일이 아닌가. 그렇다면 아브라함의 자식을 통해 천하만민이 복을 받으리라는 약속은 어떻게 되는 것인가? 아브라함의 머리가 복잡해 진다. 이 일로 얼마간은 고민했을 아브라함, 그러나 그는 마침내 하나님의 명령에 순종하기로 결정을 내린다. 어떻게 그런 결정을 내릴 수 있었을까?

아브라함을 시험하시려고 (22:1~3)

본문도입

עֹלָה

<번제, 올라 Burnt Offering> : '올라가다' 라는 말로 연기를 타고 하나님께 올라간다는 의미가 있다. 짐승의 각을 뜨고 쪼개어서 불에 태워드린다(火祭).

아브라함의 독자, 이삭은 계속 성장했다. 믿음 역시도 잘 성장했다. 아브라함은 나이가 들어갈 수록 더욱 원숙한 신앙이 되었을 것이다. 하나님은 마침내 아브라함의 신앙을 테스트하려 하신다. 아브라함이 과연 어디까지 순종할까, 우리 하나님은 그것이 관심사였다. 따라서 시험의 성격상 강제적인 명령은 아니었다. 물론 이삭을 바칠 시간적인 제한을 요구하신 것도 아니었다. 어쨌든 아브라함은 일순간 괴로워했을 것이다. 그러나, 그는 마침내 결단을 내린다. 무엇이 그로하여금 그런 결단을 내리게 했을까? 아브라함이 믿는 하나님, 그 하나님이 어떤 분이기에 아브라함은 즉시 순종할 수 있을까?

1. 왜, 하나님은 아브라함을 부르셨는가?

1) "그일 후에" : 11장의 사건 후에 몇년이 지나갔을까? 그리고 이삭의 나이는 몇 살이 되었을까? 정확히 알 수 없지만 그는 3일 길을 걷을 수 있었고, 나무를 지고 산에 오를 수 있는 나이였다.

22:1 '그 일 후에'[1] 하나님이 아브라함을 (　　　)하시려고 그를 부르시되

(1) 아브라함은 거친 세월을 살아오면서 수많은 시련을 이겨냈다. 때로는 그의 신앙이 하강곡선(下降曲線)을 그릴 때도 있었지만, 대체로 믿음의 성장을 가져왔고, '하나님의 벗' 이라는 칭함을 받는 믿음을 갖게 되었다. 하나님은 마침내 아브라함이 "어느 정도까지 순종할 수 있는가?"를 시험하시기로 하셨다. 우리가 아무리 하나님을 사랑한다고 큰 소리(?) 쳐도 만약에 순종이 없다면 올바른 믿음이라 할 수 없다. 마침내 그를 시험대에 올리셨다. '큰일났다. 시험을 잘 봐야 할텐데!'

시험과 유혹

(1) 성경에는 시험에 대한 이야기가 많이 등장한다. 유혹과 시험은 어떻게 다른가?
(2) 시험과 인격과의 관계를 말해 보자.
(3) 하나님이 아브라함을 시험하셨을 때 아브라함의 순종의 모습과 인격과의 관계를 설명해 보라.
(4) 하나님은 왜 인간을 시험하시는가?
(5) 시험과 인격의 성숙 관계를 말해 보라.

가라사대
/[너는] —— **데리고**[1]
　　/[이제]
　　/네 아들[을]
　　/[네] 이삭을
　　/[너의] 독자[를]
　　　/네[가 —— 사랑하는
—— **가서**[2]
　　/[너를 위하여]
　　/땅으로
　　/모리아 ❶
—— **드리라**[3]
　　/그를
　　/번제로❷
　　/거기서
　　/한 산[에서]
　　　/내가 —— 지시하는
　　　　　/네게

• 1)-2) 칼동사 명령법 3) 히필동사 명령법
• 독자 이삭을 드리라는 하나님의 명령에 아브라함은 갈등이 없었을까? 있었다면 어떤 점이었을까?
• 아브라함은 이 명령에 즉각 순종했는데(3절) 그 순종의 동기가 무엇이었을까?

❶ 모리아 땅은 어떤 곳인가? (대하3:1)
❷ 인간 번제가 가능한가? 이 명령에 아브라함은 어떤 고민과 어떤 결정을 내렸는가?

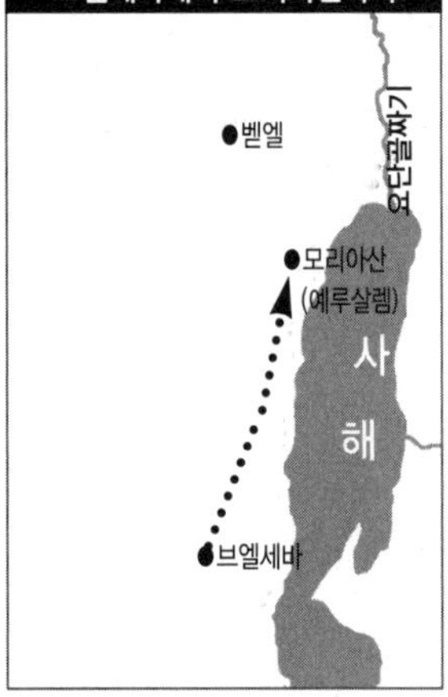

브엘세바에서 모리아산까지

(2) '시험하다'[1] : 이 내용은 "순종할 수 있는가 없는가의 문제"가 아니라 "어느 정도까지 순종할 수 있는가"에 대한 시험의 여부로 보아야 한다. 번제물로 '드리라'[2]는 원문은 명령이라기 보다는 부탁에 가까운 말씀이었다. 하나님은 기한을 말씀하시지 아니했다. 장소도 며칠 걸리는 곳이었다. 순종의 가부보다 순종의 용량을 위한 테스트였다.

(3) 성경에는 '시험'에 관한 이야기가 많이 나온다. 인생은 끊임없는 시험 가운데 있다고 말할 수 있다. 시험에 관한 이야기 중에서 행위와 인격은 매우 밀접한 관계가 있다. 행동은 인격을 나타내며, 인격은 행동을 만든다. 오늘, 아브라함의 시험이야기 가운데, 단호한 순종의 모습은 그의 인격, 즉 믿음을 중심으로 한 그의 인격을 증명한다. 그는 이삭을 바침으로써 온전히 순종의 시험을 통과했다.

1) 나싸, נִסָּה - 피엘(강조형)동사, 완료 3인칭, 남성, 단수 - 시험하다, 꾀하다

2) 드리라(הַעֲלֵהוּ) - 히필 동사, 명령법, 단수.

2. 하나님의 시험에 대한 구체적 내용은 무엇인가?

22:2 여호와께서 가라사대 네 (아들) (네 사랑하는) 독자 (   )을 ① **데리고** (   ) 땅으로 ② **가서** 내가 네게 지시하는 한 산 거기서 그를 (   )로 ③ **드려라**.

(1) 하나님은 아브라함에게 가장 가혹한(?) 시험을 내리신다. 아브라함은 하갈을 통해 난 아들, 이스마엘 문제 때문에 늘 마음이 언잖아 해왔었다. 그러나 하나님은 그를 내어 보내라고 하셨다. 그 이유까지 말씀하시지 않으셨던가! 그리고 위로해 주시기까지 하셨다(21장). 따라서 아브라함은 이 일로 '이삭'이 '약속의 아들'이라는 사실이 더욱 명백히 알 수 있었고, 모처럼 아브라함은 마음이 개운해져 있었다.

☞ 아브라함은 룰루랄라 하고 노래하며 가지는 않았겠지만 도살장으로 끌려가는 소는 아니였다. "나귀에 안장을 지우고 두 사환과 그 아들 이삭을 데리고 번제에 쓸 나무를 쪼개어 가지고" 모리아 땅을(2절) 향해 떠났다. 구약 성경에는 '모리아'라는 지명이 두번 나온다. 역대기하3:1이하를 읽어보라. 솔로몬이 성전을 지은 산을 말할 때 '모리아산'으로 되어 있다.

(2) 그러나 "약속의 자녀로 주신 이삭"을 번제로 드리라는 이런 하나님의 명령은 너무 감당키 힘든 일이었다. 또한 하나님의 본성(本性) 자체에도 어긋나는 일이 아닌가. 그러나 아브라함의 반응은 어떠했는가? 아마, 순간적으로 그는 당혹했을 것이다. 더욱이 이삭은 100세에 얻은 아들이었기에 얼마나 귀하고 사랑스러웠을까! 그러나 그보다는 이삭은 하나님께서 아브라함에게 주신 그 놀라운 구원의 약속과 축복이 이루어질 수 있는 '유일한 통로'가 아닌가! 지금까지 아브라함에게 주어진 모든 은혜와는 정면으

시험과 유혹

성경에는 시험에 대한 이야기가 많이 등장한다. 유혹과 시험은 어떻게 다른가? 도덕적이고 영적인 세계는 매순간 선과 악 사이에 큰 전쟁이 일어나는 곳이기 때문에 '유혹'이 늘 상존한다. 이 세상은 타락한 곳이기에 이곳에 사는 사람들의 매일의 삶은 하나님께 충성하거나 혹은 사단이나 악에게 충성하는 것 중 하나를 선택해야 하는 위기가운데 있는 삶이다. 그런데 그 유혹의 영향력이 매우 강하다는데 문제점이 있다. 유혹은 우리가 절제를 못하기 때문에 온다. 그러나 그 누구나 유혹에 굴복하도록 강요당하지 않는다. 인간은 유혹에 반대되는 것을 선택할 힘을 가지고 있다. 유혹에 넘어간 대가는 결코 적지 않다. 잠언 7:21-27에 유혹에 넘어간 자의 모습을 잘 비유하고 있다.

성경에는 인간을 시험하여 그 인격의 도덕적, 영적 상태를 점검하는 사건들이 하나님으로부터 온다는 사실을 읽을 수 있다. 오늘 본문은 이 사실을 잘 보여주고 있다. 고린도전서 10:13은 하나님이 우리를 시험하시되 감당치 못할 시험은 하지 않으신다고 말한다.

로 상충되는 일이 아닌가? 물론 당시 이방 세계에서는 자녀를 제물로 바치는 관습이 행해지고 있었다. 아브라함은 설마 하나님께서 자식을 제물로 바치라는 명령이 있을 줄은 몰랐을 것이다. 하나님은 바로 이런 사실을 통하여 아브라함을 시험하셨다.

(3) 그렇다면, 즉 이삭을 도로 취하신다는 사실은 하나님이 구원계획을 포기하신다는 뜻이 아닌가? 아브라함을 통해서 큰 민족을 이루시겠다던 그 약속(창 12:1-3에 이어 계속 약속하신 언약)은 어떻게 되는가? 만약 이 아이가 희생된다면, 그 약속이 어떻게 이루어질 수 있겠나? 순간 머리가 복잡해졌으리라. 그러나 아브라함은 즉시 순종한다. 마음 속에 문제해결이 났기 때문이었으리라. 어떻게 이 미묘한(?) 명령에 순종하게 되었을까?

3. 아브라함은 어떤 마음으로 떠났는가?

22:3 아브라함이 (아침에)에 (   ) 일어나

(1) 아브라함은 가기 싫은 것을 억지로 가는 것이 아니었다. 얼마 동안 고민했었는지 몰라도 어려운 문제가 마음 속에서 정리되자 아침 일찍 일어났다. 하나님의 명령에 즉시 순종했음을 볼 수 있다. 번제에 쓸 나무까지 쪼개어 가지고 갔음을 보아 그가 얼마나 철저하게 순종했는 가를 알 수 있다.

(2) 때로 하나님의 뜻이 잘못된 것처럼 보일 때도 있을 것이다. 그러나 우리가 하나님의 뜻에 순종할 때에야 그의 지혜를 깨닫게 된다. 하나님의 뜻을 알기까지는 번민할 수 있다. 그러나 그의 뜻을 안 뒤에는 즉각적인 순종이 따라야 한다. 믿음에는 반드시 사랑의 역사가 수반되어야 한다. 아브라함에게 주어진 축복에 대한 약속도 그의 순종을 통하여 이루어진다는 사실을 우리는 깨닫게 된다.

4. 그렇다면 무엇이 아브라함으로 하여금 즉각 순종하게 했을까?

22:5, 8 아브라함이 하나님의 명령에 즉각적으로 순종한 것은 하나님의 신실하심 때문이었다. 그것은 지금까지 살아오면서 그가 내린 결론이었다.

(1) '아하, 그렇지!' 순간적으로 아브라함은 마음을 스쳐가는 생각이 있었다.

시험과 인격과의 관계

• 시험은 우리에게 무익한 사건인가? 물론 아니다. 시험은 우리에게 인격의 성숙을 가져온다. 야고보서에서는 이 사실을 잘 묘사하고 있다. 야고보서 1:2-4을 읽어보자. 히브리서에서도 시험을 잘 통과하기 위해서는 인내가 필요하다고 말하고 있다(히 3:6, 4:14, 10:23). "시험을 참는 자는 복이 있도다. 이 것에 옳다 인정하심을 받은 후에는" 무엇이 기다리고 있을까? (약 1:2)

• 로마서에서는 고난으로 말미암아 어떤 덕목들이 생겨나는가를 보여주고 있다. 로마서 5:3-5을 읽고 설명해 보자. 로마서에서는 아브라함이 "믿음에 견고하여진" 사람의 예로서 제시한다. 그는 약속된 아들의 출생을 위하여 25년을 기다려야 하는 시험을 잘 통과하였다.

지금 순종 여부의 갈림길에서 아브라함은 갈대아 우르에서 불러내셨던 하나님의 자비하신 인도를 기억하고 있었을 것이다. 그의 숱한 삶의 여정에서 하나님은 한번도 아브라함을 버리시지 않으셨다. 변하고 문제를 일으킨 것은 항상 아브라함 쪽이었다. 그는 지금까지 지내오면서 하나님의 뜻만이 선(善)하다는 것을 인식했다. 그는 하나님의 명령에 순종했을 때 언제나 그의 삶이 평탄했음을 체험하며 지내왔던 것이다.

(2) "그래, 내가 하나님을 전적으로 의지한다면, 무엇을 더 신뢰할 것인가? 구원의 방편보다는 구원의 약속을 주신 하나님을 더 신뢰해야 하지 않겠는가! 그를 통해서 큰 민족이 이루어질 것이라고 약속하셨던 그 '말씀'을 더 신뢰해야 하지 않겠는가!" '휴-, 이제야 내 마음에 평안이 오는군요. 하나님 감사합니다.'

(3) 아브라함은 이 순간 창세기 15장의 하나님의 언약을 기억하고 있었을 것이다. 15:12-21까지 읽어보자. 히브리 기자도 이렇게 이야기 했다. "하나님은 아브라함에게 약속하실 때에 가리켜 맹세할 자가 자기보다 더 큰 이가 없으므로 자기를 가리켜 맹세하여, 가라사대 내가 반드시 너를 복 주고 복 주며 너를 번성케 하고 번성케 하리라"(히 6:13-14) 하셨다. 창세기 22:16도 읽어보라. 이제, 아브라함은 번제로 드릴 양은 하나님이 자기를 위하여 친히 준비하시리라(8절)는 확신이 생겼다. 그는 만약 무슨 일이 있더라도 하나님께서 "이삭을 능히 죽음에서 다시 살리실 줄을 믿었던"(히 11:17-19) 것이다. 하나님은 늘 아브라함에게 신실하셨기 때문이었다. 언제나 약속을 지키시는 분이었음을 지금까지의 생활 속에서 체험했다. 어찌 그에게 자발적이 순종이 없었겠는가!

적용 도우미

• 아브라함의 순종, 그 순종의 힘은 어디에서 오는 것일까? 우리는 왜 하나님의 말씀을 즐거운 마음으로 순종할 수 있는가? 그것은 아마도 하나님의 신실하심(faithfulness) 때문일 것이다.

• 하나님은 때로는 우리를 시험 속에 던지신다. 왜? 시험으로 오는 고통과 우리의 잘못으로 인한 어려움이 외양상 같을 수 있다. 그러기에 사람들은 자기 자신의 잘못으로 인한 고통을 하나님으로부터 오는 시험으로 착각하기도 한다. 하나님은 우리를 일부러 고통 속에 집어 던지시고 미소를 짓는 분이 아니다. 우리들에게 닥친 고통은 대체로 죄의 유혹에 넘어간 잘못으로 인해 오는 것이 대부분이다.

여호와 이레

야웨 이르에(Jehovah-Jireh) : 여호와께서 준비하시리라. 아브라함은 이삭을 대신하여 바칠 수양을 준비하여 주신 하나님의 은혜를 기억하고 이 곳을 '여호와 이레'라고 이름 붙였다. 장소는 정확히 알려지지 않았지만 전승에 의하면 이 곳에 솔로몬 성전이 세워졌다고 한다.

하나님이 친히 준비하시리라 (22:5~14)

1. 의아해 하는 두 사환에게 아브라함은 무엇이라고 말하는가?

22:5

(1) 5절을 아주 주의 깊게 읽어보면 어떻게 아브라함이 즉시 순종할 수 있었나를 알게 된다. "아브라함이 사환에게 이르되 '너희는(복수)' 나귀와 함께 여기서 기다려라(שְׁבוּ־לָכֶם[1])." '그러니까 몇 명이 기다리나요? 사환 두 명만? 그렇지요?'

(2) "내가(=아브라함) 아이(=이삭)와 함께 가서 경배하고 너희에게로 돌아오리라." 그러니까 번제를 끝나고 오면, 전부 몇명이 되나? 3명이라구요? 그러면 이삭은 죽었게? 영어성경을 한번 보자. "Stay here with the donkey while I and the boy go over there. *We* will worship and then '*we*' will come back to you"(NIV). 그러니까 " '우리' 가 저기 가서, '우리' 가 경배하고, "너희에게로'(אֲלֵיכֶם)[2] (우리가) 돌아오리라(נָשׁוּבָה).[3]" '우리' (*we*)라는 사실을 주의해 보자. 아버지와 아들 둘 다 다시 돌아오겠다는 내용이다.

1) Stay : 야솨브(ישׁב)의 칼동사 명령법, 남성, 복수

2) 너희에게로 : 전치사, 2인칭, 남성, 복수

3) 돌아오리라 : 슈브(שׁוב)의 칼동사, 미완료, 1인칭, 보통, 복수

• 다윗이 여부스 사람 오르난의 타작 마당을 샀다. 그리고 이 곳에다 성전을 짓는다. 바로 아브라함이 이삭을 제물로 드리던 장소다. ⬆

• 대하 3:1 "솔로몬이 예루살렘 **모리아 산**에 여호와의 전 건축하기를 시작하니 그곳은 전에 여호와께서 그 아비 다윗에게 나타나신 곳이요 여부스 사람 오르난(Ornan)의 타작 마당에 다윗이 정한 곳이라."

2. 아버지, "번제할 양은 어디 있어요?"라는 이삭의 질문에 아브라함은 어떻게 대답하고 있나?

22:8

(1) 의아해 했던 것은 이삭이었다. '번제할 양도 안 가지고 제사를 드리러 가다니?' 아마 이들 부자는 평소에도 번제를 드리기 위해 이렇게 동행한 적이 있었던 것 같다. 그런데 제물도 없이 가다니! "번제할 어린 양은 '하나님' 이 자기를 위하여 '친히' 준비하시리라"는 아브라함의 대답은 이삭의 질문을 피하기 위해 건성으로 한 대답이 아니었다. 그는 진실로 한 말이었다. 그렇다고 지금 아브라함이 기쁘다고 할 수 없었을 것이다. 이들 부자는 무거운 침묵 가운데 모리아 산을 오르고 있었으리라.

1) "이삭에게 손대지 말라" 왜요? 내가 알았기 때문에. "무엇을요?" "네가 하나님을 <여전히> 경외하고 있다는 사실을, 네 아들, 네 독자를 아끼지 않고 내게 내놓았다는 사실을."

시험에 합격이었다. 그것도 100점 만점에 100점이었다. 아브라함도 멋있었고, 이삭도 멋있었고, 하나님은 더더욱 멋진 분이셨다. 이후 아브라함의 삶은 어떠했을까? 이 사건 뒤에 아브라함의 가족은 하나님으로부터 인정받은 가족으로서 살아간 것 같다. 그의 기록을 보면 말이다(창 23장 이후).

(2) 아브라함은 친히 제단(祭壇)을 쌓는다. 이삭도 도왔을 것이다. 그리고 나무를 벌여놓고 이제 제물만 잡으면 되는데, 제물이 없다. 그런데, 아브라함은 자기 아들 이삭을 결박하지 않는가! 이삭은 전혀 아버지가 자기를 제물로 드리려고는 생각지 못했을 것이다.

(3) 아버지가 자신을 제물로 드리려고 결박할 때, 이삭은 어떻게 했을까? 우리는 여기서 이삭의 놀라운 순종을 보게 된다. 분명히 아브라함이 이삭을 강제로 묶지는 않았을 것이다. 힘으로 말하면 이삭이 더 많았을 것이다. 위급한 상황이라면 도망갈 수도 있었을 것이다. 따라서 이삭의 순종은 부친에 대한 완전한 신뢰에서 온 것이다. 순순히 묶인 것은 지금까지 아버지가 그에게 주어온 깊은 사랑에서 온 것이었다. 그는 부친을 신뢰할 수 있었고, 또한 하나님을 온전히 믿었다.

3. 아브라함이 이삭을 잡으려고 칼을 들자 하나님은 어떻게 반응하셨나?

22:11-12

☞ 이들의 마음은 얼마나 기뻤을까? 대학입시에 합격해도 그렇게 기쁜데, 수석까지 했다면. 뭐요? 자동차 시험에 합격해도 기분이 째진다고요? 아, 정말 그렇지요.

그런데 아브라함, 이삭 그리고 두 사환, 집으로 오면서 또 무슨 얘기를 나눴을까? "아버지, 아까 나 정말 죽는 줄 알았어요. 하하." "인석아, 하나님이 어떤 분이신데… 허허허." 두 사환도 끼어들면서 하는 말, "왜, 무슨 일이 있었어요?" "으하하하" 한바탕 웃음바다. 그렇지 않았을까?

(1) 아브라함은 "손을 내밀어 칼을 잡고 그 아들을 죽이려 했다"(10절). 그때 하늘에서 하나님의 음성이 들려왔다. Stop, Stop!! '이 아브라함 좀 보게, 진짜로 칼을 들잖아.' 여호와의 사자로부터 초긴급 메시지. All Stop!![1)]

(2) 아브라함은 하나님께서 '늙어서 주신 아들을 도로 빼앗아 가는 법이 어딨어요!'라고 항의할 수 있었을 것이다. 이삭은 막판에 '뭐, 이런 아버지가 다 있어요!' 하고 도망갈 수도 있었으리라. 그러나, 그러나 이들은 하나님께 모두를 순종했다. 아브라함의 믿음을 무엇으로 증명할 수 있었는가? 그는 하나님을 전적으로 신뢰했고 또 하나님의 말씀을 기쁨으로 순종했다.

4. 아브라함은 무엇으로 제사를 드렸는가? (22:13)

• 여호와 이레 : 여호와께서 준비하시리라

아브라함이 눈을 들어보니 수양이 한 마리 있는데, 뿔이 수풀에 걸려 있었다. 도망가려고 발버둥치다 지쳐서 얌전히 있었을 것이다. 아브라함은 여러 가지 심적인 문제로 미처 양을 보지 못했을 것이다. 아브라함은 그 수양을 가져다가 아들을 대신하여 번제로 드렸다(13절). 그래서 그 땅 이름을 '여호와 이레'(יְהוָה יִרְאֶה)[2)]라고 했다.

아브라함은 이미 영적으로 이삭을 드렸다. 한 마리의 양이 이삭을 대신하여 죽었던 것처럼,
우리의 죄악 때문에 하나님이 친히 제물을 준비하셔야만 했다. 그 제물이 바로 그리스도였다.

네 아들 독자라도 아끼지 아니하였은즉 (16-19절)

본문도입

아브라함은 하나님이 내신 시험에 합격했다. 하나님은 아브라함의 믿음(순종)을 보고 기뻐하셨을 것이다. 여호와의 사자가 두번째 아브라함에게 나타나셔서 축복을 내려주신다. 물론 이 축복의 말씀은(17, 18절) 이미 여러 차례 약속하신 내용이다. 이런 축복들이 아브라함의 "순종의 결과"로 주어진 것은 아니지만, 그러나 하나님은 이런 언약을 통한 축복들이 바로 아브라함의 순종을 통해서 내려주셨다는 것이다.

1. 여호와의 사자가 두 번째 아브라함에게 나타나셔서 무슨 말씀을 하셨나?

22:16-18 네가 이같이 행하여 네 아들 (네 독자)를 (   ) 아니하였은즉

① 내가 너로 큰 (복)을 주고

② 네 (씨, seed)로 크게 성하여 하늘의 별과 같고 바닷가의 모래와 같게 하리니

네 씨(seed)가 '그 대적의 문'(the gate of their enemies)을 얻으리라

③ 또 네 씨로 (   )이 복을 얻으리니

(because, עֵקֶב) 네가 나의 말을 (   )하였음이니라.

(1) 축복의 이유가 아브라함의 순종이라고 언급하고 있다. 그러나 17, 18절의 축복의 내용은 이미 창세기 12, 15, 17, 18장에서 하나님이 일방적으로 여러 차례 약속하신 내용이었다. 그렇다면 이 축복이 아브라함의 순종의 결과로 얻어낸 것인가? 물론 아니다. 그러나 그러함에도 불구하고 하나님은 아브라함에게 베푸실 축복이 아브라함의 순종에 대한 축복으로 말씀하신다(창 22:15-18). 믿음은 순종을 통로로 사용하시기 때문이다.

(2) 이제 이 아들 '이삭'을 통하여 천하만민이 복을 얻게 될 것이다. 비록 이삭의 희생은 이루어지지 않았지만 하나님께서는 우리를 위해 그의 독생자를 희생시키셨다. 아브라함은 이미 영적으로 이삭을 드렸다. 한 마리의 양이 이삭을 대신하여 죽었던 것처럼, 우리의 죄악 때문에 하나님이 친히 제물을 준비하셔야만 했다. 그 제물이 바로 그리스도였다. 그리스도는 우리의 대속을 위하여 하나님이 친히 준비하신 제물이었다. 하나님은 인간에

왜 성도들을 시험하실까?

하나님은 "친히 아무도 시험(temptation, 유혹)하지 아니하시니라(약1:13)"고 분명히 말씀하신다. 그러나 선생님이 학생들에게 시험을 치르게 하듯이, 하나님은 우리가 얼마나 신앙의 진보를 이루었는지, 얼마나 더 배울 필요가 있는지를 알아보기 위해 백성들을 시험하신다(test).

아브라함에게 독자를 바치라는 하나님의 명령(시험)은 우리에게 어떤 의미가 있을까? 하나님은 분명히 이삭을 통하여 구속의 역사를 이루어갈 것이라고 약속하셨었다. 그런데 이와는 상치(相馳)되는 명령을 내리셨다(22:1-2). 순간 아브라함은 갈등을 느꼈을 것이다. 그러나 아브라함은 즉시 순종하기로 결단했다. 무엇이 그로 하여금 이런 결단을 내리게 했을까? 하나님은 이 시험을 통해 하나님께 대한 철저한 순종을 요구하셨다. 아브라함에게는 ① 자기 자신이 궁극적인 것이라고 생각하는 바를 믿고 신뢰할 것인가(왜냐하면 분명히 하나님이 이삭을 통한 축복을 약속하셨기 때문에), 아니면 ② 하나님과 그의 뜻과 말씀을 믿고 신뢰할 것인가가 핵심적인 문제였다. 물론 두 가지가 다 중요하다. 그러나 후자가, 즉 하나님을 더 존중하며 하나님의 '말씀'을 더 귀중히 여기는가가 여기서 강조되어야 한다는 점이다.

• 이승구, 프로 에클레시아, 2003년 가을, 통권 4호, 도서출판 그리심), 창세기 22:1-19 설교, 184-193면을 참조해 보라).

게서 구원의 근거를 찾지 아니하시고 자신이 구원을 이룰 대속 제물, 그리스도를 준비하여[1] 구원을 이루시는 은혜의 하나님이시다.

1) 하나님은 이삭을 대신하여 바칠 수양을 준비하셨다. '여호와 이레'라는 말은 문자적으로는 '여호와께서 보실 것이다'라는 의미이다. 이는 아브라함의 고백처럼(22:8), "번제할 어린 양은 하나님이 자기를 위하여 친히 준비하시리라."는 뜻이다. 예수님은 "그러므로 세상에 임하실 때에 가라사대 하나님이 제사와 예물을 원치 아니하시고 오직 나를 위하여 한 몸을 예비하셨도다"(히 10:5)라고 한 바로 그 제물이시다. 하나님께서 영원한 제사를 위하여 한 몸을 예비하셨다.

2. 히브리서에서는 아브라함의 제사를 어떻게 설명하고 있나?

히 11:17 아브라함은 시험을 받을 때에 (   )으로 이삭을 드렸으니 저는 (약속)을 받은 자로되 그 (독생자)를 드렸느니라.

이 아브라함의 씨로 말미암아 그 '대적의 문' 을 얻게 될 것이었다(창 22:17). 이제, 그의 후손들이 원수들을 대항해 싸울 때 승리가 주어질 것이다. 성문을 얻는다는 것은 그 도성을 탈취하는 것과 같기 때문에 이런 표현을 쓴 것 같다. 참고로 창세기 3:15*과 로마서 16:20*을 연결해 읽어보자. "이 씨로 말미암아 천하만민이 복을 얻게 될 것이다"(18절). 갈라디아서 3:16에서 그 씨(후손)를 예수 그리스도로 말하고 있다.

- 창 3:15 "내가 너로 여자와 원수가 되게 하고 너의 후손도 여자의 후손과 원수가 되게 하리니 여자의 후손은 네 머리를 상하게 할 것이요 너는 그의 발꿈치를 상하게 할 것이니라 하시고."

- 롬 16:20 "평강의 하나님께서 속히 사단을 너희 발 아래서 상하게 하시리라 우리 주 예수의 은혜가 너희에게 있을지어다."

적용 도우미

- 모리아 산을 오르는 아브라함과 이삭의 모습. 번제드릴 나무는 이삭에게 짐지우고 아브라함은 불과 칼을 들고 산에 오르고 있다. 아들을 번제로 드리려고 가는 아브라함의 마음 속에는 어떤 생각들이 오갔을까? 100세에 얻은 아들 이삭, 그 사랑하는 아들을 제물로 드린다는 일은 결코 쉽지 않은 일이다. 그러나 아무리 사랑스러운 아들일지라도 하나님 보다 더 앞설 수 없다. 아브라함은 지금 하나님의 명령에 지체함이 없다. 이 세상 그 어떤 것보다 지금까지 그와 동행했던 하나님을 능가할 수는 없었기 때문이었다. 그의 하나님에 대한 사랑이 백세에 얻은 아들을 번제로 드릴 수 있었다. 나는 하나님께 어디까지 순종할 수 있을까?!
- 하나님이 아브라함에게 원하셨던 것은 무엇인가? 이삭의 생명인가? 아니면? 그렇다면 나에게서 하나님을 경외한다는 것은 무엇으로 나타나야할까?
- 요한복음 8:56을 읽어보고 그 뜻을 설명해 보자.

334 이삭은 십자가의 그리스도를 가리키는 모형인가?

확대경(No. 25)

☞ 이 부분은 Gerard von Groningen, 유재원 · 류호준 역, 구약의 메시야 사상, 기독교문서선교회, 169-171면을 정리한 것이다.

1. 이삭은 그의 아버지 아브라함에 의해 하나님께 바쳐질 희생 제물로 제단에 올려졌다. 그리스도 역시 하늘에 계신 아버지의 사랑하는 독자로서 그의 아버지(여호와 하나님)에 의해 십자가에 죽임을 당하도록 보내진다. 많은 그리스도인들은 아브라함의 사랑하는 독자 '**이삭**'을 그리스도를 가리키는 분명하고도 정확한 '**모형**'이라고 생각한다.

(1) 그러나 어느 면이 이삭이 그리스도의 상징이요, 죄인들을 위한 그의 희생적 죽음의 상징인가? 또 어느 면이 십자가에 달리신 그리스도를 가리키는 모형인가 라고 묻는다면 설명하기가 쉽지 않다.

(2) 어떤 학자(Leopold Sabourin)는 이삭의 모형론을 여러 서신들과 복음서들에 위치시키려 했다. (예, '독생한, 사랑하는, 선택된, 독생자, 어린양 등등). 그러나 자신의 입장을 확실하게 주장하지 못한다. 즉 신약에서 이런 용어들이 사용되지만 그렇다고 해서 "제단 위에 이삭"이 "십자가 위의 그리스도" 모형이라는 것을 필연적으로 암시하는 것이라고 볼 수 없다.

2. 이삭은 수동적 성격을 가진 족장으로 설명되어져 왔다. 물론 그의 유순한 성격이 단지 약자가 강자를 따른다는 식으로 해석해서는 안 된다. 수동적 역할, 복종적인 태도, 복수하기 보다는 묵묵히 기꺼이 고난을 당하는 태도는 성경에서도 반드시 필요한 성격이라고 말하고 있기 때문이다.

이런 면에서 이삭은 메시야의 조상들 중 한 사람의 모형론적 증거로 간주되어야 한다. 이삭은 아무 저항도 없이 제단에 놓여졌다는 사실은 그의 성격과 자질들을 보여준다.

3. 그러나 이삭은 희생되지 않았다. 또한 다른 사람들을 위해 죄를 대속하지도 않았다. 하나님의 마음을 '달래지도'(宥和, propitaation) 아니 했다. 유대 전승들은 탐굼에 호소하는데, 여기에는 이삭의 '결박' (아카다, דקע, עקד, 창22:9)이 달래는(appease) 성격을 가진 희생 제물이라고 언급되었다. (유화에 대해서는 본 교재, 레위기, 31-32면을 참조할 것)

4. 제단에서 대속물로서의 희생제물은 이삭인가, 아니면 수풀에 걸려있던(이미 하나님께서 준배해 두신) 어린양인가? 물론 어린양이다. 이 어린양이 이삭을 대신했다. 따라서 죽임당한 어린양이 다른 사람들을 대신하여 죽은 그리스도의 상징 역할을 했으며, 그리스도의 모형이었다.

(1) 그렇다면 이 구절에서 특별히 강조하고 있는 것은 무엇일까? 여기서 강조되는 것은 다른 사람의 죄를 담당하는 것에 주어지는 것이 아니라 어린양의 대체적인 성격에 있다.

- 창 22:13-14 "아브라함이 눈을 들어 살펴본즉 한 숫양이 뒤에 있는데 뿔이 수풀에 걸렸는지라 아브라함이 가서 그 숫양을 가져다가 아들을 **대신하여** 번제로 드렸더라 아브라함이 그 땅이름을 여호와이레라 하였으므로 오늘까지 사람들이 이르기를 여호와의 산에서 준비되리라 하더라."

(2) 아브라함과 이삭은 신앙과 철저한 순종을 보여주고 있다.

5. 결론적으로 이삭은 한 사람의 인간으로서 모형론적으로 메시야의 자질들을 드러내 보였다. 그렇다고 제단에 결박되어 올려진 그의 행동이 모형론적으로 메시야적이라고 여겨져서는 안 된다. (✝)

확대경(No. 26) 누가 아브라함의 자손인가?

1. 누가 아브라함의 자손인가?

(1) 하나님께서 아브라함에게 약속한 내용은 무엇인가? (창 22:18)

(2) 그렇다면 그의 후손들은 아브라함이 자기 조상이라고 하는 사실 때문에 하나님의 저주를 면할 수 있는가? 모세는 약속의 땅, 가나안에 들어가기 전에 백성들에게 어떻게 말하고 있는가? (신 4:23-27)

(3) 대하 7:19-22을 읽어보라. 어느 때, 누구에게 주어진 말씀인가? (솔로몬의 감독 아래 성전이 건축되고 있을 때) 이런 경고는 느브갓네살에 의해 성전이 파괴될 때 뚜렷한 역사적인 사실로 나타났다. 주후 70년 로마에 의해서도 그랬다.

(4) 바벨론 포로에서 귀환되고 유대인들은 자기들에게 임했던 형벌의 정당성을 이렇게 표현했다 : 느 9:33-36을 읽어보라.

2. 이스라엘이 하나님 앞에서 배교(背敎)했다고 해서 '하나님의 언약' 이 폐기되는가?

(1) 이스라엘의 하나님 앞에서의 배교로 인해 언약(言約)의 복(福)에서 떨어져나가고, 무서운 재앙의 심판을 자초했지만, 그러나 그것이 하나님의 언약을 폐기하거나 무효화 하지 못했다. 하나님의 언약은 분명한 목표를 지향하고 있다. 그 무엇도 언약의 목표를 성취하는 일을 좌절시킬 수 없다.

(2) 비록 하나님의 백성이 신실치 못해 벌을 받을지라도 회개하고 하나님께로 돌아오면 회복받을 소망을 가질 수 있다고 가르쳐주고 있다. 신 4:29-31을 보라.

- 인간의 죄악은 복(福)보다는 화(禍)를 자초하지만 하나님의 작정(作定)을 폐하지는 못한다. 하나님의 뜻은 영원하고 하나님의 언약은 확실하다.
- 특권은 의무를 수반한다. 이스라엘 역사는 이 사실을 분명하게 가르쳐준다. 즉, 말씀을 듣는 것만으로 만족하지 말라. 그것을 믿고 순종하라. 히브리 기자는 가장 무책임한 자기 백성을 예로 들면서 어떻게 권면하고 있는가? 히 3:12을 꼭 읽어보라.

(3) 그러므로, 언약을 저버리는 일은 자기의 복을 박차는 일이요, 약속의 선(線)에서 떨어져 나가는 일이다.

3. 하나님은 어떤 방식으로 주의 자녀를 모으시는가?

(1) 하나님은 훗날 계속되는 이스라엘의 불충성에 대해서 결코 놀라지 아니하셨다. 왜? - 하나님은 그분의 뜻을 성취시킬 방법이 있으셨다. 어떤 방법으로? 하나님은 충성스런 남은 자들을 통한 방식으로 그의 자녀들을 모으신다.

(2) 그 시대 시대마다 의인이 있었다(창 6:8,9; 7:1). 로마서 9:27이하, 사 10:22, 롬 10:21 ; 사 65:2, 롬 11:2-5, 왕상 19:12, 18을 읽어보라.

(3) 하나님은 비록 아브라함의 후손들이 바닷가의 모래만큼 많아졌을지라도, 목이 곧은 반역적 태도를 취했기에 그들은 거듭 하나님의 심판을 맛본다. 하나님은 선택된 소수(충성스런 남은 자들)를 통하여 그의 장엄한 계획이 완성을 향하여 당당하게 이행되게 하신다. 사 1:9과 롬 9:29을 보라. 롬 9:6이하에서는 어떻게 이 사실을 설명하고 있나?

(4) 그렇다면 누가 진정한 참 이스라엘인가? (롬 2:25, 28이하) 아브라함의 믿음을 본받는 자가 바로 아브라함의 씨다(갈 3:16, 29). 그리스도께서 육신으로 오신 후 택함을 받은 자들은 그를 죽은 자 가운데서 일으키신 하나님을 믿는다는 점에서 질적으로 아브라함의 것과 같은 믿음을 갖고 있다(롬 4:23-25). 이런 믿음에는 반드시 사랑의 역사가 따라야 한다(갈 5:6, 약 2:14-26). 아브라함은 그의 믿음을 확증할 수 있는 순종이 있었다.

읽어볼 책 :

<필립 E. 휴스(Hughes), 성경과 하나님의 경륜, 여수룬>

창세기 22 장 요약 정리

요약질문

22:1-14 이삭을 제물로 드림

- 하나님은 아브라함에게 어떤 시험을 주셨나?
- 아브라함에게 주신 시험의 성격을 말해보라.
- 이삭을 드리려 할 때 아브라함의 갈등은 무엇이었으며, 어떻게 그는 순종할 수 있었는가?
- 아브라함의 하나님께 대한 순종은 무엇으로 알 수 있는가?
- 아브라함의 순종의 원동력은 어디서 기인한 것일까?
- 이삭이 아브라함에게 번제로 드릴 양은 어디 있느냐 고 물었을 때, 아브라함의 대답은 무엇이었으며, 그의 대답은 진실로 대답한 것인가? (7-8절)
- 아브라함이 이삭을 제물로 드리기 위해 이삭을 묶었을 때, 이삭은 어찌하여 반항하지 아니하였을까?

22:15-19 하나님의 축복 선언

22:20-24 이브라함의 동생 나홀의 가족

- 이삭을 죽이려고 칼을 들었을 때 하늘에서 들려온 음성의 내용은 무엇인가? (12절)
- 하나님은 왜 아브라함의 믿음을 이런 식으로 확인하시는 것일까? (믿음은 행함으로 입증이 되어야 한다.)
- 믿음과 행함과의 관계를 야고보서의 내용을 들어 설명해 보라.
- 로마서 4장을 읽어보고 아브라함의 믿음과 행함과의 관계를 설명해 보라.
- 아브라함에게 두번째 나타나셔서 주신 축복의 내용은 무엇인가? 이러한 축복은 아브라함이 행함에 대한 결과적 축복인가?
- 그 축복의 내용을 분석해 보고 설명해 보라.
- 네 씨가 그 대적의 문을 얻으리라는 말은 무슨 뜻인가?
- 아브라함의 생애에 하나님께 순종한 사건은 어떤 것들이 있는가?
- 아브라함의 동생 나홀의 족보가 언급되고 있다. 왜 이 족보를 특별히 언급하고 있나? (23절)

Summary

연구과제

(1) 아브라함의 믿음과 그 믿음에 대한 아브라함의 순종을 말해보라.
(2) 번제는 어떻게 드리는 제사인가?
(3) 아브라함의 신앙의 특징은 무엇인가?

23-25장

이삭의 결혼 · 아브라함의 죽음

- 사라는 127세에 죽어 장사지냄(23장)
- 막벨라 굴을 매장지로 사다(23장)
- 이삭의 결혼 : 하란에 가서 리브가를 데려옴(24장)
- 아브라함은 그의 말년에 그두라(Keturah)는 후처를 얻음(25:1-6)
- 아브라함은 175세를 향수. 막벨라 굴에 장사됨(25:7-11)

사라의 일생. 사라는 갈대아 우르(창 11:29-31)에 있을 때 아브라함과 결혼했다. 아브라함이 하나님의 부름을 받고 정든 조국과 고향을 떠날 때 그녀도 함께 동행했다. 사라는 아브라함과 함께 유목민의 생활을 하면서 숱한 어려움 속에서 살아왔다. 그녀는 미모로 인해 두번씩이나 어려움을 겪기도 했다. 또한 그녀는 출산을 하지 못함으로써 인간적인 수모를 당하며 살아왔다. 하나님은 아브라함에게 사라를 통해 자식이 태어날 것이며 천하만민이 그로 말미암아 복을 받을 것을 약속하셨다.

그러나 그 약속의 성취가 늦어지자 사라는 그녀의 여종 하갈을 통해 자녀를 생산하려 했다. 하갈이 잉태하자 이로인한 가정의 풍파가 일어나게 된다. 자식을 잉태하려는 끝없는 열망, 마침내 사라는 하나님의 약속과 같이 고령의 나이에 자식을 잉태한다. 사라는 마침내 자식을 안고 기뻐한다. 그녀는 만년에 기쁨의 웃음을 웃을 수 있었다. 그녀는 때로 하나님의 약속에 회의를 갖기도 했지만(창 18:9-12) 하나님을 신뢰하며 살아왔다. 그녀는 마침내 하나님의 기적을 체험한다.

그러나 이렇게 아브라함을 내조하던 사라가 먼저 하늘나라로 갔다. 그녀의 나이 127세였다. 아브라함은 사라를 위하여 애통해 했다(1절). 그때 이삭의 나이는 37세였고, 아브라함은 이후에도 38년을 더 살았다. 아브라함은 사라를 위하여 헷 족속인 에브론으로부터 막벨라 동굴을 구입해 그곳에 매장했다. 히브리서에서는 사라의 믿음을 칭찬하고 있다(히 11:11). 베드로는 사라가 남편을 어떻게 공경했는가를 말하며, 모든 크리스챤 부인들의 모범으로 예시한다(벧전 3:5, 6).

사라가 죽고 3년후, 이삭의 나이 40세가 되어서 아브라함은 이삭의 신부를 구하기 위해 늙은 종을 사라가 살던 하란으로 보낸다. 그곳에서 이삭의 아내가 될 리브가를 만난다. 아브라함은 이삭의 아내를 가나안 여인 중에서 고를 수는 없었기 때문이었다. 이삭은 모리아 산에서도 보았던 것처럼 순종의 사람이었다. 그는 결혼 문제까지도 자기 아버지에게 일임했다. 이삭, 그는 성경에 이렇다할 기록이 없는 것을 보아 평범하고 조용한 삶을 살아간 것 같다. 아브라함과 함께 하셨던 하나님은 이제 이삭과도 함께 하신다. 아브라함의 언약은 이삭에게도 계승된다. 끊어질 것 같았던 메시야의 계보는 이렇게 아브라함에게서 이삭에게로 이어진다. 그리고 마침내 아브라함도 이 땅 위에서 그의 사명을 감당하고 하나님의 품으로 돌아간다.

사라를 장사지냄 (23:1~20)

본문도입

아브라함의 곁에서 일생을 같이 했던 사라는 127세를 살고 죽는다. 그녀는 자식을 잉태하지 못함으로 조바심을 내어 믿음 없는 행동을 갖기도 했지만 아브라함을 주처럼 받들며 사랑으로 내조했다. 이브라함은 그녀를 위해 헷 족속으로부터 매장지를 구입해 그곳에 장사했다. 헷 족속으로부터 매장지를 구입한 것은 훗날 이스라엘 자손들이 가나안 땅이 자신들의 조상이 묻힌 사실을 입증하기 위한 조건이 되기도 한다.

מות

<죽음, 무트> : 성경에서는 죽음의 의미가 다양하게 기술되어 있다. 죽음은 지상에서 삶이 중단되는 것을 의미한다. 죄는 바로 죽음의 궁극적 원인이다. 그러나 죽음에 대한 궁극적 승리가 그리스도의 죽음과 부활을 통해서 해결되었다. 따라서 그리스도 안에서의 죽음은 오히려 복된 것이다.

1. 사라는 몇 살을 살다가 어디서 죽었나?

23:1,2

헤브론(또는 기럇아르바*, 창 13:18, 14:13, 18:1,4)은 예루살렘에서 약 32km 떨어진 곳으로 아브라함이 롯과 갈라진 후 비교적 오래 머물렀던 곳이다. 사라가 임종한 곳이기도 하다(창 23:2). 후에 아브라함도 이곳에 묻혔다(창 25:10). 이삭, 야곱도 이 곳에 묻혔다. 창 22:19을 보면, 아브라함은 브엘세바에 거주했던 것으로 기록되어 있다. 그 뒤로 이들은 다시 옛날에 살던 곳, 헤브론으로 이주해온 것같다.

• 기럇아르바(Kiriath-Arba) : 헤브론 성읍의 옛 이름으로(수 15: 54) '아르바인들의 성' 이란 뜻. 아르바인들은 아낙인들 중에서도 가장 큰 족속들의 이름이었다(수 14:15).

2. 사라가 죽었을 때 아브라함은 그를 위하여 매장지를 사기를 원했다. 어느 족속의 땅을 사기 원했나?

23:5-20

사라가 죽었을 때 아브라함은 헷 족속(Hittite)*으로부터 헤브론(기럇아르바 – 헤브론의 옛 이름)에서 에브론의 소유인 막벨라(Machpelah) 굴을 샀다. 앞으로 이 땅은 아브라함의 후손들이 살게 될 약속의 땅이었다. 그래서 헷 사람과 같이 매장하기를 거절하고 자기 소유의 가족 매장지를 원하였던 것이다. 아브라함은 헷 족속들로부터 '하나님의 방백'이라는 말을 들었다. 이 말은 '하나님께서 인정하시는 임금'이라는 말이다. 아브라함이 하나님을 경외함으로 축복을 받았다는 사실을 이방인들도 잘 알고 있었음을 볼 수 있다.

• 헷(힛타이트) 족속 : 이들은 가나안의 둘째 아들 헷의 후손들이다(창 10:15). 이들은 기원전 2000년경 소아시아에 와서 도시국가를 건설한 인도-유로피안(Indo-European) 민족이다. 이들이 헷 제국을 건설한 것은 주전 약1800년경이었다. 이들은 이스라엘이 가나안을 정복할 때까지 가나안에 거주한 큰 민족이었다. 아브라함은 그들 중에서 나그네로 살았던 것이다. 밧세바의 남편 우리아도 헷 사람이었다(삼하 23:29).

아브라함은 헷족속으로부터 막벨라굴을 샀다.

• 아브라함은 그의 아내 사라를 장사하기 위해 헤브론의 헷 족속에게 땅을 구입했다. 아브라함(창 25:8-9), 이삭, 리브가, 레아(49:31) 그리고 야곱도 이곳에 장사되었다(50:13). 이스라엘 사람이 팔레스타인 땅을 맨처음으로 소유한 역사적 사건이기에 여러번 반복하여 언급하고 있다(창 23장,25:10,49:30, 50:13).

• 후대의 유대 전통에 의하면, 에덴 동산으로 가는 길이 이 동굴 안에서 시작되었다고 한다. - 글쎄

3. 얼마의 금액을 주고 이 매장지를 샀나? 그리고 그의 소유지는 어디까지였나?

23:16

(1) 아브라함은 밭에 속해 있는 굴만을 사기 원했으나, 밭 주인 에브론은 밭 전체를 사기를 원했다. 이는 에브론이 힛타이트(헷) 법을 지키려 했었음을 나타낸다. 이 법은 땅의 소유자는 그것을 소유하고 있는한 나라의 군사적 의무를 책임져야 한다는 것이었다. 이 땅 주인은 아브라함이 막벨라굴 일부만 사려하자, 그 굴이 속해 있는 땅 전체를 팔아 군사적 의무를 피하려 했을 것이다.[1] 결국 아브라함은 은 사백 세겔을 주고 샀다. 헷 족속은 본래 가나안의 둘째 아들 헷의 후손들이다(창 10:15). 이들은 족장시대로부터 이스라엘이 가나안을 정복할 때까지 가나안에 거주한 종족 중 하나의 큰 민족이었다.[2]

(2) 아브라함은 어쨌든 이방 불신자와의 거래에서 그 관계를 명확하고 깨끗하게 처리했음을 본다. 아브라함은 자기 아내의 죽음으로 인해 슬퍼하며 애통해 했지만(2절), 그러나, 이 세상의 "소망 없는 자들"과 같이 행동하지 않았다(살전 4:13이하를 읽어보라).

1) 헷 족속의 법전에 의하면 파는 사람의 전소유를 사는 사람은 토지의 양도와 동시에 몇 가지 봉사를 의무적으로 해야 했다고 한다. 그러나 일부를 사는 사람은 그 의무를 하지않아도 되었다. 따라서 밭 주인은 밭 전체를 팔기를 원했을 것이다.

2) 에서는 그의 아내 둘을 헷족속의 딸들 중에서 취했다고 했다(창 26:34). 그의 어머니 리브가는 야곱도 이들 헷 족속에게서 취할까봐 두려워했다는 기록을 볼 수 있다(창 27:46). 이삭의 가정이 살던 브엘세바 지역도(창 28:10) 헷족속이 많이 살았던 것 같다. 아브라함은 그들 중에서 나그네로 살았다.

이삭은

이삭은 아브라함의 그(the) 씨였다. 그는 첫번째(합법적인) 아내인 사라에게서 난 씨로 약속을 받았다. 그의 출생은 기적 가운데 성취되었다. 성경은 아브라함은 나이가 많았고, 사라가 생산치 못하였음을 강조하고 있다(창 18:12). 따라서 이삭의 출생은 하나님의 능력으로, 즉 죽은 것과 방불한 가운데서 일어난 것이었다(히 11:12). 그는 하나님의 약속의 씨로 선택한 자였다(창 17:17-22). 이삭은 많은 사람들을 섬기기 위해 지명된 후손이었다.

• 하란(Haran) : '하란' 이란 '길'(road)이라는 뜻이다. 하란은 교통의 요지였다. 니느웨와 바벨론은 물론이요, 다메섹과 두로와 애굽을 연결하는 교통의 중심지였다. 아브라함이 갈대아 우르를 떠나 가나안으로 오는 도중 그의 아버지 데라와 함께 머물러 살던 곳이다(창 11:31, 32, 12:5 참조).

이삭의 신부감의 조건 (24:1~9)

본문도입

아브라함은 나이가 많았고 이삭은 아직 결혼을 하지 않았다. 어떤 신부감을 고를 것인가? 아브라함은 이삭의 아내를 동족 가운데서 고르려 한다. 세상적인 조건을 따르려 하지 않았기 때문이다. 그는 충직한 종 엘리에셀에게 환도뼈 언약을 하면서까지 그 약속을 지킬 것을 부탁하였다. 그는 비록 가나안 사람들 가운데 섞여 살고 있지만 하나님의 신앙을 철저히 지키려 했다.

1. 아브라함은 이삭의 아내를 어디에서 구하려 하는가?

24:4

(1) 사라가 죽은 지 3년 후, 이삭의 나이 40세(창 25:20)에 아브라함은 이삭의 신부를 구한다. 그는 이삭의 아내로서 가나안 족속의 여인을 원치 않았다. 왜 그랬을까? 이삭은 아브라함의 축복의 씨로서 언약의 자손이었다.

(2) 하나님은 아브라함을 갈대아 우르에서 불러내어 그를 통해, 하나님을 경외하는 한 민족을 만드시기로 하셨다(창 12:1-3). 아브라함은 비록 가나안 족들과 함께 살아가고 있지만 결코 그들과 동화되어 살아가서는 안 되는 하나님의 선택된 족장이었다. 마치 우리가 이 세상 사람들과 함께 섞여살지만 동화되어서는 안되는 것처럼.

(3) 하나님은 약속의 자손(씨)을 기적적인 역사를 통해 주시지 않았던가! 아브라함은 이 언약의 자손을 잘 보존해야만 했다. 왜냐하면, 결코 가나안 족속과는 섞여서는 안되었고, 또한 하란으로 다시 돌아가서도 안 되었던 것이다. 아브라함은 그렇다손치더라도 이삭은 그럴 위험성이 상존해 있었다. 아브라함은 이미 나이가 많았고(24:1), 이삭은 아직 결혼하지 않고 있었다.

2. 아브라함은 늙은 종에게 이삭의 신부감이 될 조건 두 가지를 말한다. 어떤 조건인가?

24:3-6

☞ 그러면 이삭은, 몇살에 결혼하는 것인가? (창 25:20) 너무 늦었지? 나이 40에 장가도 못가고 뭐했어? 그 당시 족장들의 나이를 보면 좀 늦긴 했어도 그런대로 봐줄 수 있겠다. 그러나 이삭의 아들 에서를 보면 나이 40에 가나안 여자를 둘씩이나 취한 것을 볼 수 있다. 어쨌든 그의 성격은 아버지 아브라함의 그늘 밑에서 침묵 속에 순종하는 (수동적인) 삶을 산 것 같다 (G Vos, 성경신학). 그는 결혼 문제도 아버지께 맡기고 있음을 본다. 물론, 가나안 땅에서 살면서 가나안 여인 말고 같은 족속의 여자를 구한다는 것도 쉬운 일은 아니였을 것이다.

이제, 아브라함은 그의 늙은 종(이 종은 아마 엘리에셀일 것이다. 창 15:2)을 부른다. 그 종은 아브라함의 집의 모든 소유를 맡아 일하는 충직한 종이었다(2절). 아브라함은 그 종에게 지금 자기가 말하는 것을 귀담아 듣고 그대로 실천해줄 것을 당부한다. 그래서 손을 아브라함의 환도뼈 밑에 넣고 하나님 앞에 맹세케 한다(2,3절). 첫째, 가나안 족속의 딸 중에서 아내를 택하지 말고, 내 고향, 내 족속에게로 가서 아내를 택하라는 것과(3절) 둘째, 아내를 데려오기 위하여 이삭을 하란으로 데리고 가지 말라는 것이었다(5, 6절).

3. "만약에 아내될 여자가 좇아오지 않겠다면 어떻게 할까요?

24:8

그래도 이삭을 데리고 그리로 가지 말 것을 맹세케 했다. 이 약속을 철저히 지키도록 하기 위해 아브라함은 환도뼈에 손을 넣고 맹세케 했다. 환도뼈란 어디를 가리키나? 아브라함이 가나안 족속의 딸을 취하지 않으려 했던 것은 무엇보다도 종교적으로 이방족속의 우상과 타협하지 않으려는 의도였다(신 7:3, 수 23:12-13).

리브가를 순적히 만나다 (24:10~49)

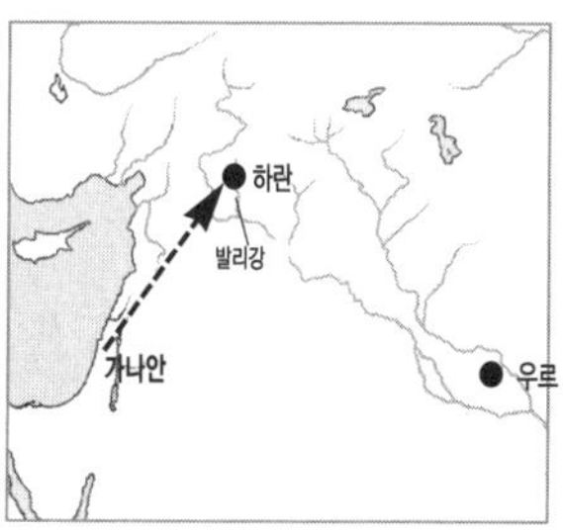

마리 문서에 의하면 나홀 성은 하란 근처 발리 강 상류 동쪽에 위치했다고 한다.

이런 낙타를 타고…

4. 아브라함의 종이 어떻게 순적(順適)히 리브가를 만나게 되었는지 이야기 해보라(24:10-49).

(1) 종은 길은 떠난다. 그리고 **나홀의 성**에 이른다(10절). 물론 성사될 경우를 생각해서 갖가지 패물도 챙겼다. 이 성은 하란 근처에 있었다(11:31, 22:20, 27:43 참조). 이 성에 이르렀을 때 그의 종의 기도의 내용과 기도의 자세에 대해 말해 보라(12절). "우리 주인 아브라함의 하나님 여호와여 원컨대 오늘날 나로 순적히 만나게 하사 나의 주인 아브라함에게 은혜를 베푸시옵소서." 이 늙은 종의 충직함을 보라. 물론 하나님은 이 종의 하나님도 되신다. 그러나 그는 아브라함과 함께 하시는 여호와를 보아왔다. 그

"종이 마주 달려와서 가로되 청컨대 네 물항아리의 물을 내게 조금 마시우라"(창 24:17)

금고리와 손목거리까지(22절) 얻어든 리브가는 집안으로 내닫는다. "엄마, 엄마, 또한번 엄-마" "아, 왜 그리 호들갑이냐?" "글쎄, 어쩌구 저쩌구. 이 금고리, 또 어쩌구 저쩌구." "오빠, 오빠 이것좀 봐. 어떤 할아버지가 글쎄 어쩌구 저쩌구. 까르르." - 리브가가 이랬을까?

오늘날의 브엘세바

가 얼마나 그의 주인 아브라함을 존경하고 사랑했는지를 볼 수 있다. 그의 기도 내용을 들어보자.[1)]

(2) 아, 그런데 기도가 끝나기도 전에(15절) 신부감이 우물가로 나오는게 아닌가! 이 종이 기도한 조건을 갖추었을 뿐 아니라 그녀는 또한 아름다웠다. 또한 리브가의 대답 공손하고 예의바르지 않는가! '오, 하나님 감사합니다.' 그녀가 리브가였다. 그러니까 족보가 어떻게 되나? 그녀는 "아브라함의 동생 나홀의 아내 밀가의 아들 '브두엘' (Bethuel)의 딸"이었다(15절). 그렇다면 이삭과 리브가 사이는 촌수가 어떻게 되나? 어쨌든 이 '리브가' 가 아브라함의 종이 기도한대로 '여차여차' 히 행동하지 않는가!(17-25절까지 읽어보자) 물론 리브가는 이 낯선 일행이 누구인지 알지 못했다.

1) "하나님, 이런이런 여자가 여차여차 하게 나오면 그 여자를 이삭을 위하여 정하신 자로 알겠습니다"(13,14절). "주여, 믿씁니다!!! 아멘" 이런 말은 성경에 없지만 그런 간절함이 없었겠나! 그리고 평소에 그가 얼마나 하나님과 가까이 동행했는가를 알 수 있다.

5. 이 늙은 종의 기도를 들어보라.

24:27 나의 주인 아브라함의 하나님 여호와를 (찬송)하나이다. 나의 주인에게 주의 (　　)와 (　　)을 끊이지 아니하였사오며

(1) 리브가가 종의 기도대로 물을 뜨러 우물가로 오는 것이 아닌가! 그녀는 아리따운 처녀였다(16절). 리브가는 종과 낙타에게 마실 물을 준다. 그리고 이 손님에 대한 이야기를 오빠에게 전한다. 오빠, 라반(Laban)이 찾아나와 이들을 맞아들인다(29-32절). 그 뒤로 긴 이야기는 각자가 성경을 읽어보기로 하고…<중략>

(2) 어쨌든 잘 대접받고 종은 아브라함에게로 돌아가려고 한다. 리브가의 부모와 오라비는 좀더 머물다가 가기를 원했고 아브라함의 종은 즉시 출발하기를 원했다. 그 결정권은 리브가에 달렸다. 리브가는 즉시 떠나기로 결정했다. 그녀는 즉시 간단하게 대답했다. "내가 가겠나이다." 리브가는 모든 면에서 이삭에 비해 결단력이 있었던 것 같다.[2)]

2) 갑자기 떠나게 되어 부산하게 되었다. 그래도 며칠은 머물러야지(55절). 한번 떠나면 영 못 보게 되는 머나먼 길인데. 짐 챙기랴, 동네 사람에게 인사하랴, 유모(창35:8에서 언급됨) 따라나서랴, 아브라함의 종과 또 그 종자들도 짐 준비하랴(59절). 한참 부산했을 것이다.

6. 이제, 아버지 브두엘과 오빠 라반이 리브가를 축복하며 떠나 보낸다. 축복의 내용은?

☞ 리브가가 떠날 때의 모습이 어떠했을가?

- "어쨌든 이 딸을 이삭의 아내로 주옵소서."
- 아버지와 오빠의 대답 : "그거야 우리가 뭐, 결정할 수 있나요. 다 하나님이 하신 일인데요"(50절).
- "그러나저러나 지가 좋다고 그래야지요"(51절).
- "리브가에게 우리가 직접 물어볼께요"(57절).
- "얘, 리브가야, 너 이 사람과 함께 가겠느냐?"
- "아, 가고말구요"(58절).

아마 리브가가 이 대답할 때, 식구들 한번씩 쳐다보았겠지.

24:60 우리 누이 리브가여 너는 (천만인의 어미)가 될지어다. 네 씨로 그 원수의 (　　　　)을 얻게 할지어다.

이 축복의 내용은 훗날 그대로 성취되었다. 그 축복의 내용은 수 많은 후손(천만)과 원수와 싸울 때 승리를 얻으리라는 내용이었다.

이삭이 들에 나가 묵상하다가 (24:61~67)

1. 아브라함의 종이 리브가와 함께 집에 도착할 무렵 이삭은 무엇을 하고 있었는가? (24:63)

이삭, 그가 얼마나 기도와 순종의 사람이었나 알 수 있다. 결혼 문제 때문에 간절히 기도했을 것이다. '이렇게 빨리 오다니.' 물론 아브라함의 종은 이삭에게 자초지종을 이야기 한다(66절). 그리고 이들은 결혼한다. 이삭이 결혼할 때 나이가 40세라고 했다(창 25:20). 어머니 사라를 잃은지 얼마 안되는 이삭에게 리브가는 크게 위로가 되었을 것이다(67절).

2. 앞으로 보게 되겠지만 이삭은 그의 생애에 이렇다 할 큰 일을 이룬 것이 없다. 하지만 조용하고 평범한 생활 속에서 하나님의 뜻을 구하며 순종의 삶을 살았다. 그는 생전에 하나님을 위하여 크게 고생한 일도 없다. 물론 이삭의 말년에는 그의 신앙의 영적 상태가 매우 혼미하기도 했다(27장).

아브라함의 종과 함께 지금 막 리브가가 도착하고 있다.

이삭은 그의 생애 전반에 수동적인 삶의 모습을 보여주었다. 그는 리브가와 결혼하여 아름다운 가정을 이루었으나 아브라함처럼 결혼한지 20년이 지나도록 자식을 갖지 못했다. 이 일로 이삭은 하나님께 간절히 기도했다. 그리하여 하나님께서 리브가의 태를 여시고 자식을 허락하신다. 에서와 야곱이었다. 어쨌든 그는 족장으로서 위대한 신앙의 삶을 살아간다.

자기 열조에게로 돌아감 (25:1~11)

본문도입

아브라함, 그는 말년에 후처(後妻)를 얻는다. 그리고 그녀에게서도 자식들을 낳는다. 자녀들의 이름이 기록되어 있다. 이들에게도 많은 재산을 주어 이삭과는 떨어져 동국, 즉 시나이 반도와 홍해 연안에 가 살게 했다. 그리고 아브라함은 나이가 많고 기운이 진하여 죽는다. 그도 역시 그의 아내 사라가 묻힌 곳에 같이 장사된다.

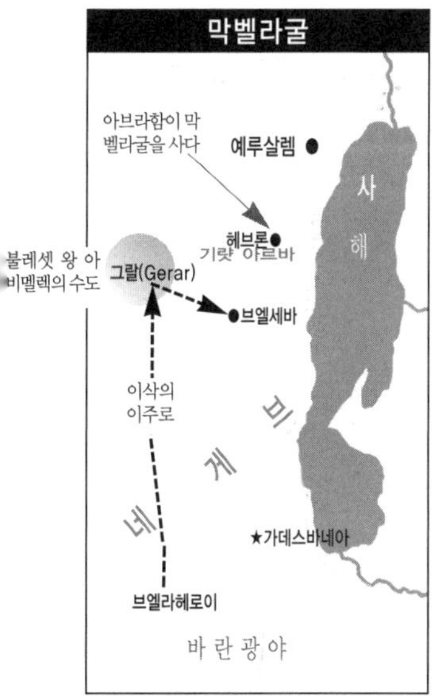

막벨라 : '갑절의, 두개의'라는 뜻 - 아브라함은 사라를 장사하기 위해 헤브론의 헷 족속에게서 구입한 동굴이다. 아브라함뿐만 아니라(창 25:8-9) 이삭, 리브가, 레아, 그리고 야곱까지도(49:31) 이곳에 장사되었다. '막벨라'라는 이름은 굴이 두 개였기 때문에 붙여진 것 같다. 아브라함이 이 땅을 구입한 것에 대해 반복하여 여러번 반복하여 기록하고 있다(창 23장, 25:10, 49:30, 50:13). 팔레스타인 땅을 맨 처음으로 소유한 역사적인 사건이기 때문이다. 이 사건은 창세기 12:7에 나타난 하나님의 약속 성취에 대한 유일한 예표였다.

1. 아브라함은 그의 말년에 후처를 얻었다. 그녀의 이름은 무엇이며 몇명의 자녀를 두었나? (25:1-4)

그의 자녀들의 이름들을 읽어보라. 아브라함은 이들에게도 재물을 주어 이삭을 떠나 동방 곧 동국으로 가서 살게 했다(5, 6절). 왜 이삭과 같이 살지 않고 그렇게 했을까? 언약의 상속자는 누구인가? '이삭'이다. 따라서 이들도 이스마엘과 같이 이삭 곁을 떠나야 했다. 동국(東國)은 아라비아와 시나이 반도와 홍해 연안을 가리킨다.

2. 아브라함은 죽어 어디에 묻히게 되었나? (25:9)

아브라함은 175세에 죽어 사라가 장사되었던 막벨라 굴에 매장했다. "수가 많고 나이 많아" 기운이 진하여 죽었다고 했다. 그는 만족한 삶을 살고, 자기 열조에게로 돌아갔다. 그는 이삭을 낳은 후 75년을 더 살았다. 그러나 그후 75년의 생활은 특별히 이렇다할 일이 없었다. 어쨌든 그는 장수하며 하나님이 축복을 받았다. 그가 묻힌 막벨라굴은 어떤 곳인가?

3. 이스마엘 자손들도 크게 번성했다. 이는 창 17:20에서의 약속의 성취였다.

창 17:20 내가 그에게 복을 주어 생육이 ( )하여 그로 크게 번성케 할지라. 그가 ( ) 방백을 낳으리니 내가 그로 큰 나라가 되게 하려니와

(1) 이 약속이 있은 후, 이스마엘은 12아들을 낳아 12방백을 이루었다. 이스마엘은 아브라함을 장사할 때에 이삭과 같이 있었음을 볼 수 있다(9절). 그러

• 자녀 결혼에 대한 크리스챤 부모의 태도는 어떠해야 할까? 배우자를 선택하는 과정에서 자녀의 선택을 존중하고 있는가? 아니면, 부모가 원하는 배우자상에 맞추려고 강요하고 있지 아니한가?

나 그 후 이삭과는 계속적인 관계를 가진 것 같지 않다. 이스마엘은 137세까지 살았다. 아브라함이 죽은 후 약 50여년을 더 산 것 같다(25:17). 이스마엘 자손은 이삭으로부터 완전히 분리되어진다.

(2) 아브라함을 통해서 하나님의 왕국 건설을 선언하신 하나님(창 12:1-3), 그 하나님의 명령에 절대 순종했던 아브라함, 그는 일생을 하늘 나라를 소망하며 살아갔다. '나는 무엇을 소망하며 살아가는가?' 물론 답은 뻔하다. 하나님의 나라를 소망하며 살아간다. 그러나 삶의 모습은 그렇지 않다. 무엇 때문에 그리 바쁘며, 무엇 때문에 마음 속에는 울분이 가득찼는가! '안 그렇다고요? 다행이네.'

(3) 만족한 삶을 살다간 아브라함, 그는 오늘도 우리 신앙인들의 모본이 된다. 그렇다고 그가 공중에 떠서 살지 아니했다. 그도 역시 우리와 같이 고뇌하며 살았다. 그런데, 왜, 그는 신앙의 모본인가? 신앙생활은 유별난 삶을 원치 않는다. 요란스럽게(?) 신앙생활 하는 사람치고 제대로 사는 사람 못봤다. 우리에게 맡겨준 사명에만 충실하자. 하나님은 그 이상을 원치 않으신다.

적용 도우미

• 아브라함을 위해 일생을 충성스럽게 봉사한 엘리에셀, 하나님은 그런 충복(忠僕)을 원하지 않겠는가! 재주 많고 빤질거리는 종보다는…

• 환도뼈 언약, 그것은 그 사람의 주권에 절대 복종할 것을 서약하는 의식이다. 우리는 얼마나 많이 그리고 굳게 하나님 앞에 충성하겠다고 맹세했는가? 그러나 대개 한 두달을 넘기지 못한다. 믿음이 없어서인가, 의지가 나약해서인가, 게으름 때문인가?

• 훌륭한 주인 아브라함, 그리고 그의 믿음, 그 믿음을 본받은 엘리에셀의 믿음. 믿음은 성경지식으로만 성장되지 아니한다. 훌륭한 영적 지도자는 쓸모있는 영적 일꾼을 길러낸다. 당신은 교회에서 영적 지도자인가?

• 우리는 무슨 일을 앞에 놓고 늘 기도하는 자인가? 아니면 내 마음대로 해놓고 나중에 감사 기도를 드리지는 않는가?

• 아브라함의 종(엘리에셀)이 하나님의 일을 매우 신중하게 처리하는 것과 또 그가 맡은 일에 충성스럽게 수행하는 종의 모습에서 우리는 무엇을 느끼는가? 우리는 하나님의 일을 수행할 때 어떤 자세로 하는가? 즐거움으로, 아니면 억지로? 그것도 대강 대강 하지는 않는지?

• 아브라함의 종의 기도가 아주 구체적이다. 혹시 우리는 너무 막연한 기도를 하지 않는가?

• 우리는 배우자를 선택할 때 어떤 기준으로 선택하는가? 왜, 아브라함은 이삭의 배우자를 가나안 여인 중에서 선택하려 하지 않는가? 참고로 고전 7:39-40과 고후 6:14-18을 읽어보라.

창세기 3 장 요약 정리

:1-20 사라의 죽음과 장사지냄

요약질문

- 사라는 몇살에 죽었는가? 그리고 어디에 묻혔는가?
- 헷 족속은 어떤 족속이며, 아브라함은 왜 그곳에 매장지를 구입했나?
- 아브라함은 헷 족속들로부터 어떤 대우를 받았나? (6절)
- 사라가 묻힌 막벨라 굴에 곳에 훗날 누가 묻혔나?

24:1-9 이삭의 신부감의 조건
24:10-49 리브가를 순적히 만남
24:61-67 이삭이 리브가를 맞아들임

- 아브라함이 이삭의 신부감을 구하기 위해 그의 종에게 어떤 조건을 제시하고 있나? 왜, 아브라함은 이삭의 신부감을 자기 동족에게서 구하려 했는가?
- 아브라함은 그의 종에게 환도뼈에 손을 얹고 약속을 했다? 환도뼈 언약의 의미를 말해보라.
- 엘리에셀이 이삭의 신부감을 선택하기 위해 하나님께 기도하는 모습을 보라. 엘리에셀의 이러한 신앙은 그의 주인으로부터 본받은 것이다. 말뿐인 신앙은 가짜 신앙이 아닌가?!
- 이삭의 신부감을 만나기 위해 아브라함의 종이 드린 기도를 읽어보라. 하나님의 응답을 기다리는 엘리에셀의 믿음을 말해보라.
- 족장 시대에는 친족 결혼이 매우 성행했다. 당시 문화적 배경은 어떠했는가?
- 리브가의 부친과 오라비 라반은 청혼에 어떻게 수락했는가? (50-60절)
- 자기 누이 리브가를 위하여 라반이 축복한 내용을 말해보라.

25:7-11 아브라함의 죽음

- 아브라함은 누구를 후처로 얻었고 몇명의 자녀가 있었나? 그리고 이들 자녀들은 어디에서 살았나?

Summary

연구과제

(1) 결혼 대상자의 선택 문제
(2) 족장 시대의 결혼 풍습 등 당시의 문화적 배경 연구
(3) 환도뼈 언약의 의미 (4) 아브라함의 생애 연구

믿음의 조상 아브라함

아브라함, 그는
하나님의 부르심을 받고
지금까지 살아왔던 갈대아 우르를 떠나
가나안으로 왔다.
아브라함을 불러
새로운 구속 역사를 실현하시려는 하나님,
하나님은 그가 친히 다시리시는
하나님의 왕국을 계획하시고,
그 모든 과정을
아브라함을 부르심으로써 그 시작을 삼으셨다.

아브라함, 그는
가나안이라고 하는 세계 무대로
첫번째 선교사가 되어 등장한다.
가나안 땅, 나그네의 삶
그의 영원한 본향은 하늘나라였기에
늘 그 나라를 소망하며
살아왔다.

하나님이 특별히 부르셨으니
그의 삶이 평탄대로였을까?
아니다.
그렇지 않다.
그도 역시 다른 여타의 사람들과 같이
숱한 어려움을 겪으며 살아 왔다.
울기도 했고,
웃기도 했다.
때로는 화를 냈고,
때로는 생존을 위해서 거짓말을 하기도 했다.
그의 신앙 곡선은 오르내림을 반복한다.
그러면서도
그의 신앙은 상승을 계속한다.
기다림의 연속
자식이 태어나지 않아 인간적인 방법을 동원하기도 했던 아브라함.

그 오랜 기다림 끝에
그는 마침내 사라를 통해 이삭을 낳는다.
100세나 되어
마침내 기다리던 자식을 얻었다.

이삭은 잘 자랐고,
그의 신앙도 성숙해 갔다.
어느날 100세나 되어 난 자식을
번제로 바치라는 하나님의 명령,
한순간 숨막히는 적막감
그러나 이내 하나님의 명령에 순종한다.
그는 평생에 하나님의 신실하심을 경험하며 살아왔기 때문이다.

시험에 합격한 아브라함
일생을 하나님과 동행했던 아브라함
그는 마침내 하나님의 벗이라는 칭호를 듣는다.
때때로 취약한 모습을 나타낼 때도 있었지만
그는 실로 하나님을 사랑한 사람이었다.

믿음의 조상 아브라함,
그는 우리에게 신앙의 모범을 남기고
175세를 살고 하나님의 품으로 갔다.
길고 긴 나그네의 삶
그 끝에는
영원한 안식이 기다리고 있었다.

아브라함의 일생을 더듬어 가면서
거친 세파를 살아가는 우리는
지금 무엇을 느끼고 있는가?

이제 아브라함의 뒤를 이어 이삭의 생애가 등장된다.
이삭은 어떤 삶의 모습을 보이며 살아갈까?
아브라함, 그리고 이삭,
그리고 야곱으로 이어지는 축복의 선(線),
그 선 끝에는, 아주 멀리
메시야의 모습이 보인다.

창세기 하권에서 이야기를 계속해 보자.

8 만일(εἰ)
우리가 죽었으면(조건절, if)
/그리스도와 함께
또한 **믿노니**
/[우리가] —— 함께 살 줄을
/그와

9 //이는(이유: 완료분사, for- NIV)
[우리가] —— 앎이로라
/그리스도께서 — 다시 죽지 아니하시고
사망이 —— 다시 그를 주장하지 못할 줄을

//(이유: 과거분사, since-NIV)
[그가] —— 사셨으매
/죽은 자 가운데서

롬

10 //(이유 γάρ, for)
그의 죽으심은 —— 죽으심이요
/죄에 대하여
/단번에
그의 살으심은 —— 살으심이니
/하나님께 대하여

11 너희도 **여길지어다**
/너희 자신을
/이와 같이
/죽은 자요
/죄에 대하여는
/산 자로
/하나님을 대하여는
/그리스도 예수 안에서

12 그러므로(οὖν)
죄로(=가) **(너희는)왕 노릇 하지 못하게 하여**
/몸에
/너희
/죽을

//(목적: εἰς + 부정사, so that)
몸의 사욕을 —— 순종치 말고

13 또한
[너희는] **드리지 말고**
/너희 지체를
/불의의 병기로
/죄에게
오직 드리며
/너희 자신을
/의의 병기로
/하나님께

8 만일 우리가 그리스도와 함께 죽었으면 또한 그와 함께
살 줄을 믿노니 9 이는 그리스도께서 죽은 자 가운데서 사
셨으매 다시 죽지 아니하시고 사망이 다시 그를 주장하지
못할 줄을 앎이로라 10 그의 죽으심은 죄에 대하여 단번
에 죽으심이요 그의 살으심은 하나님께 대하여 살으심이니
11 이와 같이 너희도 너희 자신을 죄에 대하여는 죽은 자
요 그리스도 예수 안에서 하나님을 대하여는 산 자로 여길
지어다 12 그러므로 너희는 죄로 너희 죽을 몸에 왕 노릇
하지 못하게 하여 몸의 사욕을 순종치 말고 13 또한 너희
지체를 불의의 병기로 죄에게 드리지 말고 오직 너희 자신

shall also live with Him, 9 knowing that Christ, having
been raised from the dead, is never to die again; death
no longer is master over Him. 10 For the death that He
died, He died to sin, once for all; but the life that He
lives, He lives to God. 11 Even so consider yourselves
to be dead to sin, but alive to God in Christ Jesus. 12 Therefore
do not let sin reign in your mortal body that you should
obey its lusts, 13 and do not go on presenting the members
of your body to sin as instruments of unrighteousness;
but present yourselves to God as those alive from the

백투더바이블 출간 계획(구약)

1-1	창세기(상)	15	욥기	27	나훔 · 하박국 · 스바냐
1-2	창세기(하)	16-1	시편(상)	28	학개 · 스가랴
2	출애굽기	16-2	시편(중)	29	말라기
3	레위기	16-3	시편(하)		
4	민수기	17	잠언		
5	신명기	18	전도서		
		19	아가서 · 에스더		
6	여호수아				
7	사사기	20	이사야		
8	룻기	21	예레미야		
9	사무엘상	22	에스겔		
10	사무엘하	23	다니엘		
11	열왕기상				
12	열왕기하	24	호세아		
13	역대상 · 하	25	요엘 · 아모스		
14	에스라 · 느헤미야	26	오바댜 · 요나 · 미가		

▶ 2016. 9월 현재 고딕은 출간 완료

▶ 출간 순서와 번호가 바뀔 수 있습니다.

백투더바이블(창세기 · 상)

1996년 8월 30일 초 판 발행
1998년 11월 30일 수정 2판 발행
2016년 9월 20일 수정 3판 3쇄 발행

저 자 / 장 종 길
발행인 / 조 경 혜
발행처 / 도서출판 그리심

도서출판 **그리심** · since 1998
등록번호/제7-258호(1998. 4. 23)
● Home page: grisim.biz
● E-mail:grisimcho@hanmail.net

07030 서울시 동작구 사당로 2길 72 인정apt. b-01

TEL:523-7589 / FAX:523-7590

ISBN 89-88291-88-3 94230
ISBN 89-88291-07-7 94230(세트)

값 : 책 뒷면에